KB217897

인지행동치료 입문하기

저강도 인지행동치료(LICBT) 실무 매뉴얼

Mark Papworth · Theresa Marrinan 편저
이종선 · 허지원 · 서수연 · 김소정 공역

Low Intensity Cognitive Behaviour Therapy

2nd Edition

학지사

역자 서문

인지행동치료는 치료효과에 대한 근거가 탄탄히 확립된 심리치료 기법으로, 전 세계의 수많은 인지행동치료 대가에 의해 그 원리와 기법들이 지속적으로 발전하고 있다. 이 책은 영국에서 전 국민을 대상으로 우울증과 불안을 치료하기 위해 기획된 '심리치료 접근성 향 상Improving Access to Psychological Therapies: IAPT' 프로젝트의 일환으로, 영국 무상 의료 서비스 기관인 NHS를 통해 보급된 저강도 인지행동치료에 대한 내용을 담고 있다. 이미 우리나라에도 인지행동치료와 관련한 훌륭한 저서와 번역서가 많이 나와 있지만, 역자들은 이 책을 번역해서 인지행동치료 전문가뿐만 아니라 인지행동치료를 공부하는 학생들과 일반인에게 소개하고 싶은 주요한 이유가 있다.

역자들은 모두 임상심리 전공자로, 심리치료에 대한 전문적인 훈련을 받아 왔으며, 현재는 대학에서 심리학 전공 학부생들과 임상심리 전공의 후학들을 양성하고 있다. 역자들은 인지행동치료를 가르치면서 지역사회 기반의 일반인을 대상으로 좀 더 쉽게 접근할 수 있는 인지행동치료 기법들을 전달해야 할 필요성을 느꼈다. 영국을 포함한 유럽의 여러 국가와 미국은 임상 집단과 개인의 심리치료 모델에서 벗어나, 지역사회 일반인들에게 널리 전달되는 일반인구 기반의 심리치료 모델로 전환하여 그 혜택을 확장하고 있다. 이러한 모델의 핵심은 연령, 성별, 지역, 성적 취향을 넘어서서 다양한 집단에 정신건강 혜택을 전달하여 집단 간 불평등을 해소하는 데 있다. 이것이 역자들이 이 책을 소개하고 싶은 주요한 이유이다.

이 책은 인지행동치료 입문자가 이해하기 쉽고 배우기 쉬운 내용들로 구성되어 있다. 전반부에서는 인지행동치료를 처음 시작하는 입문자들을 위해 저강도 인지행동치료사의 역할과 업무를 명확히 소개하고, 고강도 인지행동치료사의 역할과 업무와의 경계를 구분할 수 있도록 하였다. 또한 사례공식화를 통해 내담자의 문제를 이해하고 치료적 관계를 형성하는 방법, 구조화된 면담기법 및 자살 위험 평가를 포함한 심리평가 방법을 소개하고 있다. 중반부에서는 우울증과 불안에 대한 이해와 함께 지역사회 일반인들에게 적용할 수 있는 다양한 치료 전략을 소개한다. 후반부에서는 노령화에 대한 사회적 인식이 점점 높아짐에 따라 노인들과 함께 인지행동치료 기법을 사용할 때 필요한 지식을 제공한다. 또한 직장에서의 정신건강 문제나 직무 관련 스트레스를 겪는 사람들 그리고 실직 후 직장으로 복귀하는 사람들을 돕는 방법에 대한 정보도 담고 있다.

이 책의 독특한 점 중 하나는 포용적 가치와 관점 및 실무 기법을 소개하고 있다는 것이다. 각 장애에 대한 실무 기법은 쉽게 접할 수 있지만, 다양한 문화적 배경을 가진 사람들, 소수자와 함께 작업할 때 포용적 가치와 관점이 치료적 효과에 얼마나 중요한지를 배울 기회는 많지 않았다. 이 책을 통해 독자들이 포용적 가치와 실무에 대해 새로운 인식을 가질 수 있기를 바란다.

역자가 영국 런던에서 박사를 시작할 무렵, 학교 가는 길에 이층 버스를 타면 자주 듣던 BBC 방송 캠페인이 있었다. "지난 반세기, 행복을 위해 우리는 정말 열심히 달려왔습니다. 그런데 우리 여섯 명 중 한 명은 우울증과 불안으로 고통받고 있습니다. 우리 주변에 세 집 건너 한 집 꼴로 우울증과 불안을 앓고 있는 사람이 있습니다. 정부는 이들을 위한 근거 기반의 인지행동치료를 제공하기 위해 대규모 펀드를 심리치료 접근성 향상을 위한 프로젝트에 사용할 것입니다".

우리나라도 올해 시작된 '마음투자사업'과 함께 일반인에게 심리치료 접근성을 향상시키기 위한 노력들이 시작되고 있다. 일반 국민에게 심리치료 혜택을 보다 널리 보급하기 위해서는, 상담가들이 과학적으로 입증된 치료 기법을 익히고 적용하여 그 효과성을 높이는 것이 중요하다. 이 책이 근거 기반의 인지행동치료 입문서로 자리매김하여 더 많은 사람에게 치료 효과가 전달되고 지역 간, 집단 간 혜택의 불평등이 조금이나마 해소되기를 바란다.

마지막으로, 이 책을 번역할 수 있도록 성심성의껏 도와주시고 지지를 아끼지 않으신 학지사 김진환 대표님과 편집부 김지수 선생님에게 진심으로 감사의 말씀을 드리고 싶다.

역자 대표 이종선

저자 서문

한국 독자 여러분께 보내는 서언

2008년 영국 정부는 지역사회 정신건강 서비스의 접근성을 개선하기 위해 전국적인 대규모 프로젝트를 시작했습니다. 이는 여러 이유로 정신건강 서비스를 받지 못했던 이들에게 가장 강력한 근거를 가진 심리적 개입을 제공할 수 있도록 마련된 것이었습니다. 이 프로젝트는 '심리 치료 접근성 향상$_{IAPT}$' 프로그램으로 알려져 있습니다. 이 책은 이 프로그램의 '저강도' 수준 치료와 관련된 분들을 지원하기 위해 작성되었습니다(자세한 내용은 제1장 참조). 여기에는 다음이 포함됩니다.

- 대학에서 관련 과정을 공부하는 학생들
- 내담자 치료에 관여하는 임상가들
- 수련생 지도 감독자 및 자격증을 갖춘 임상가들

다수의 연구 결과에 따르면, IAPT 프로그램(현재는 'Talking Therapies 대화 치료'로 명칭이 변경됨)은 임상적으로나 비용 면에서 모두 효과적인 것으로 나타났습니다(자세한 내용은 제1장 참조). 이 프로그램은 코로나19 팬데믹 동안 정신건강 문제를 성공적으로 치료하는 중요한 수단이 되었습니다(Capobianco et al., 2023; Nguyen et al., 2022). 이는 이 프로그램이 전화나 화상 통화를 통해 원거리에 있는 사람들을 치료하기 위한 표준화된 접근방식을 통합했기 때문입니다(Capobianco et al., 2023; Nguyen et al., 2022).

영국과 한국은 역사와 문화적으로 많은 차이점이 있지만, 몇 가지 중요한 유사점도 있습니다. 예를 들어, 양국은 비슷한 인구 규모를 가지고 있으며, G20 주요 경제국 그룹의 회원국이고, 비슷한 평균 정규직 임금을 가지고 있으며(평균 임금별 국가 목록 참조), 빈곤층 인구 비율이 유사합니다(빈곤층 인구 비율별 국가 목록 참조).

'외부인'의 시각에서 보면, 한국도 영국이 직면했던 공중 보건 문제를 유사하게 겪고 있는 것으로 보입니다. 이를 뒷받침하는 데이터는 다음과 같습니다.

- 한국 성인의 25% 이상이 어떤 형태로든 정신건강 문제를 겪을 것으로 예상됩니다(Rim et al., 2023).
- 한국의 자살률은 매우 높으며 9세에서 24세 사이의 주요 사망 원인은 자살입니다(Choi, 2023).
- 약 100만 명의 한국인이 인생의 특정 시점에 자살 위험이 높은 것으로 평가되고 있습니다(Pak & Choung, 2020).
- 정신건강 문제를 진단받은 사람 중 12.1%만이 전문가의 도움을 받습니다(Choi, 2023).

한국은 이러한 문제를 해결하기 위해 야심 차고 흥미로운 국가적 계획을 세우고 있습니다(Ho-sung, 2023; Na, 2024). 한국의 프로젝트가 영국의 프로그램과 몇 가지 측면에서 다를 수는 있겠지만, 이 책의 한국어 번역본이 향후 실무자들에게 임상 교육 과정에서 유용한 자료가 되기를 바랍니다.

한국의 동료들과 우리의 작업을 공유할 수 있는 기회를 얻게 되어 매우 영광스럽게 생각합니다.

Mark Papworth & Theresa Marrinan

참고문헌

Capobianco, L., Verbist, I., Heal, C., Huey, D. & Wells, A. (2023). Improving access to psychological therapies: Analysis of effects associated with remote provision during COVID-19. *British Journal of Clinical Psychology, 62*, 312-324. doi.org/10.1111/ bjc.12410

Choi, J. (2023). Promoting Mental Health Literacy at Schools in South Korea. *Journal of the Korean Academy of Child and Adolescent Psychiatry. 34*, 15-20. doi: 10.5765/jkacap.220037

Ho-sung, C. (2023). *South Korea says it's overhauling its mental health care policies—but is it going far enough?* english.hani.co.kr/arti/english_edition/e_national/1119337.html

Na, P. J. (2024). *Na Joins South Korea's Presidential Committee on Mental Health Policy Innovation.* medicine.yale.edu/news-article/na-joins-south-koreas-presidential-committee-on-mental-health-policy-innovation/#:~:text=President%20Yoon's%20initiatives%20include%20plans,regional%20psychiatric%20emergency%20service%20centers

List of countries by average wage. (2024, August 17). In Wikipedia. en.wikipedia.org/wiki/List_of_countries_by_average_wage

List of countries by percentage of population living in poverty. (2024, August 17). In *Wikipedia.*

en.wikipedia.org/wiki/List_of_countries_by_percentage_of_population_living_in_poverty

Nguyen, J., McNulty, N., Grant, N., Martland, N., Dowling, D., King, S., Neely, L., Ball, J. & Dom, G. (2022). The effectiveness of remote therapy in two London IAPT services. *The Cognitive Behaviour Therapist, 15.* doi.org/10.1017/ S1754470X22000198

Pak, T. Y. & Choung Y. (2020). *Relative deprivation and suicide risk in South Korea. Social Science & Medicine. 247,* 112815. doi.org/10.1016/j.socscimed.2020.112815

Rim. S. J., Hahm, B. J., Seong, S. J., Park, J. E., Chang, S. M., Kim, B. S., An, H., Jeon, H. J., Hong, J. P., Park, S. (2023). Prevalence of Mental Disorders and Associated Factors in Korean Adults: National Mental Health Survey of Korea. *Psychiatry Investigation, 20,* 262–272. doi: 10.30773/pi.2022.0307

차례

제9장 불안 이해하기 ⋯ 233

제10장 치료 전략들 ⋯ 259

제14장 만성질환에 대해 작업하기 … 395

제15장 학습장애가 있는 사람들을 위한 저강도 인지행동치료 적용 … 435

제1장

서론

Mark Papworth

- 인지행동치료와 저강도 인지행동치료의 기본 원리를 이해한다.
- 인지행동치료 및 저강도 인지행동치료 개발의 역사적 맥락을 살핀다.
- 저강도 인지행동치료를 지원하는 단계별, 맞춤형 관리 체계를 파악한다.
- 해당 접근의 영향력을 최대화하는 데 필요한, 서비스 제공의 또 다른 측면들(예: 서비스 촉진 및 자기-의뢰)에 대한 지식을 습득한다.
- 영국 저강도 인지행동치료(심리치료 접근성 향상) 도식에 정당성을 부여하는 경제적 논거를 이해하고, 저강도 인지행동치료의 효과성을 인지한다.

서론

이 책의 '핵심 미션'은 독자에게 저강도 인지행동치료Low Intensity Cognitive Behavioural Therapy: LICBT를 수행하는 방법을 교육하는 것이다. 이는 치료 수단을 빌려(지원된 자조[1]와 같이), 경도에서 중등도에 이르는 일반적인 정신건강 문제를 보다 짧은 시간에 걸쳐 치료하는 데 사용하는 인지행동치료CBT의 한 형태이다. 보다 나중에는 내담자가 장기적인 신체적 건강 문제에도 대처할 수 있도록 확장되어 왔다. 그러나 이 중요하고 매혹적인 주제를 다루기 전에, 서론을 통해 이러한 접근이 성장한 다양한 맥락을 살펴보고자 한다. 이들 맥락에서 저강도 인지행동치료의 개발이 가능하였으며, 이러한 맥락은 이 치료에 힘을 싣는 데 필요하다. 이는 **역사적으로**(저강도 인지행동치료의 기원), **서비스와 관련하여**(저강도 인지행동치료를 지원하는 보건의료 서비스의 배치), 그리고 **정치적으로**(저강도 인지행동치료의 개발을 주도한 경제적·정치적 논쟁) 광범위하게 설명될 수 있다. 이를 개괄하기 위해 여기에서는 먼저 인지행동치료CBT와 저강도 인지행동치료의 원리를 검토한 후, 인지행동치료CBT의 개발에 중요했던 두 가지 심리치료적 접근, 즉 서비스 제공의 단계별 관리 모델 및 영국 심리치료 접근성 향상English Improving Access to Psychological Therapies 프로그램을 차례로 검토하고자 한다.

인지행동치료

인지행동치료는 개인의 마음에 존재하는 사고, 신념, 심상이 (일반적인 정신질환의 핵심 요소인) 정서적·행동적·신체 증상에 영향을 미친다고 가정한다. 이러한 정신적 과정은 '인지'로 불린다. 이러한 마음의 과정이 작동하는 전형적인 사례로 다음의 상황을 들 수 있겠다. 당신이 길을 따라 걷고 있는데 마침 길 건너편에서 당신 쪽으로 걸어오고 있는 지인을 발견했다고 상상해 보자. 당신은 그에게 손을 흔들었으나 그는 당신에게 손을 흔들어 보이지도 않고, 계속 고개를 숙인 채 당신을 아는 체하지 않고 걸어간다. 이후 '내가 그를 뭔가 화나게 하는 일을 했었던 걸까? 이 사람은 왜 나를 좋아하지 않지?'라는 생각이 당신의 마음을

---

1) 역자 주: 영국의 경우 경도에서 중등도의 정신건강 문제가 일차 진료 체계에 가하는 상당한 압력을 완화하기 위해 다양한 자조 도식을 개발해 왔으며, 이를 '지원된 자조 형태(supported self-help format)'라 부름.

스쳐 지나간다고 가정해 보자. 이러한 인지는 자연스럽게 그 사람과의 관계에 대한 걱정으로 이어지고, 더 일반적으로는 타인들이 당신을 어떻게 지각할지에 대한 걱정을 일으킨다. 이후에는 이런 일들이 당신의 마음에 작용하는 동안 수면에 어려움을 겪고 안절부절못하는 등 불안에 통상적으로 동반되는 몇몇 신체 증상을 경험할 수도 있다.

이제, 이 상황에 대한 대안적인 인지적 반응을 상상해 보자. 이 경우 당신은 이런 식으로도 생각할 수도 있다. '저 사람이 어딘가에 정신이 팔려 있네. 무슨 걱정거리가 있는 걸까?' 이는 당신 자신을 부정적으로 성찰하기보다는 그 상황에 대해 묻는 것이기 때문에, 당신의 기분에 영향을 덜 미쳤을 것이다. 그렇기에 어쩌면 지인에게 연락하여 어려운 점이 있는지 확인하는 등 아마 다른 행동 방침으로 이어질 수 있을 것이다.

인지행동치료 방식은 사건에 대한 개인이 해석이 어떻게 정신질환(우울 및 불안 등)의 발달 및 유지로 이어지는지를 이해하기 위한 프레임워크를 제공한다. 그런 다음 인지행동치료는 그러한 심리적 어려움의 중심이 되는 인지 및 행동의 역기능 양상을 변경하기 위한 기술의 사용을 포함한다. 이 접근법은 1950년대와 1960년대에 등장했는데, 이는 당시 유행했던 '행동적 접근법'에서 비롯되었으며 '정신분석적 심리치료'에 대한 반동reaction으로 나타난 것이었다. 인지행동치료를 더 자세히 살펴보기 전에 먼저 이들 치료적 접근법들을 탐색하여 우리가 그 뿌리를 이해하는 것을 돕고자 한다.

정신분석적 심리치료

정신분석적 심리치료는 한 세기 이상 존재해 오면서 이 기간 동안 마음과 인간 본성의 수많은 모델로 발전을 거듭했다. 그러므로 다음의 설명은 Atkinson 등(1990)과 Smith(1995)에 의해 알려진 정신분석 모델의 간략한 기본 요약인 점을 염두에 두길 바란다.

정신분석적 접근법은 개인의 심리적 구성make-up 및 성격 내부에 다양한 긴장이나 갈등이 존재한다고 가정한다. 이러한 갈등은 개인 마음에 존재하는 세 가지 다른 구성요소로 만들어진 경쟁적인 요구competing demands의 결과이다. 이들은 이드id, 자아ego, 초자아superego로 불린다. 이드는 인생에서 가장 일찍 발달하며 우리의 기본적인 충동, 동기, 충동으로 구성된다(예: 먹고 싶은 욕구, 감각적인 쾌락을 얻기 위한 욕구). 추후 유아기의 우리는 이러한 충동이 항상 즉시 충족될 수 없다는 것을 배우고, 우리 성격의 또 다른 요소나 또 다른 측면을 개발한다. 이것이 자아이다. 이것은 본질적으로 이드의 관리자가 된다. 그것은 이드, 현실 세계 그리고 초자아의 경쟁적인 요구를 번갈아 다룬다juggle. 초자아는 부모와 다른 어른들이 아이에게 가르치는 사회의 가치들과 도의들로 구성된다. 이는 개인의 착한 점에 대해 보상을 주고 나쁜 점을 처벌하려는 마음의 한 부분이다.

Sigmund Freud(1856~1939)는 이 접근의 주창자이다. 그는 이러한 요소들 사이의 긴장과 갈등에서 여러 어려움이 발생한다고 제안했다. 그는 또한 마음이 빙산과 유사하다고 묘사하였다. 빙산의 대부분은 수면 아래에 있어서 보이지 않는다. 이와 유사하게 인간 정신의 많은 활동이 우리 의식의 표면 아래에서 발생하며, 즉 무의식적인 수준에서 일어난다는 것이다. 심각한 갈등이 있을 때면 자아는 개인을 무의식으로 밀어 넣어 보호할 수 있다. 예를 들어, 억제(혹은 억압)된 무의식적이며 용납불가하거나 위험한 충동의 존재는 개인의 자존감이나 관계에 영향을 미칠 수 있어 불안장애를 부추길 수 있다. 이러한 억제는 영구적인 해결책이 아니며 무의식적인 내용들은 개인에게 압력을 가할 것이다. 자아가 상황을 충분히 관리할 수 없는 경우 이것은 때때로 이치에 맞지 않는 행동, 꿈, 그리고 어쩌면 심리적 어려움으로 표현된다.

정신분석가들은 내담자의 갈등을 인식의 수준으로 끌어올리며, 이상적으로는 증상을 통찰로 전환하는 방식으로 내담자를 돕고자 한다. 그들은 내담자의 표현을 촉진하는 기술들을 사용하여 무의식적 갈등을 드러내도록 한다. 여기에는 다음이 포함된다.

- 자유 연상: 내담자가 마음에 떠오르는 것을 그 어떤 의식적인 편집editing 없이 말할 때 무의식적 갈등이 드러날 수 있다.
- 꿈 분석: 꿈은 무의식적인 욕망을 위장된 형태로 담고 있다고 여겨진다.
- '전이' 반응 분석: 임상가[2]에 대한 내담자의 무의식적 감정은 부모에 대한 아동기의 반응을 반영하며 갈등의 기원을 설명할 수 있게 해 준다.
- 해석: 분석가가 내담자의 저항과 동기에 대해 이해하게 된 바를 내담자에게 피드백하거나 해석해 주는 것은 내담자의 통찰에 도움이 된다.

정신분석의 과정은 길고 집중적이다. 전통적으로는 일주일에 여러 번, 최소 1년, 종종 그 이상의 치료 회기로 구성된다. 정신분석의 주역들은 무의식적인 내용이 밝혀지고 이해되면서 증상이 소멸된다고 믿는다.

이 과정에서의 인지행동치료의 역사적 발전을 이해하기 위해 Morrey(1995)와 France와 Robson(1997)의 설명을 가져왔다. Albert Ellis(1913~2007) 및 Aaron Beck(1921~2021)과 같

2) 역자 주: 이 책에는 clinician을 임상가로, practitioner를 실무자로, therapist를 치료자 혹은 치료사로 구분하여 번역하였다. 이는 저자들의 의도에 따른 것임을 재차 확인하였다.

은 인지행동치료 선구자들은 본래 정신분석적 임상가였으며, 1950년대와 1960년대에 내담자의 심리적 어려움을 이해할 수 있는 완전히 다른 방법이 있음을 알게 되었다. 또 다른 핵심 인물은 임상심리학자인 George Kelly(1905~1967)로, 그 역시 1955년에 인지행동치료적 접근에 공통적으로 나타나는 원리를 밝혀낸 바 있다. 역사적으로, 영국에서 실행된 인지행동치료 중 Beck의 모델이 가장 인기 있었다는 점에서(Morrey, 1995) 이후로 이 책에서는 Beck의 모델에 초점을 맞추었다. 그러나 합리적·정서적 치료와 같은 다른 인지행동치료 접근방식 역시 널리 사용되고 있는 점도 고려되어야 한다. 또한 마음챙김 기반 인지행동치료의 개발 등 인지행동치료 분야에서 중요한 발전이 있기도 하였다.

Beck은 본래 우울증이 억압된 적대감에 의해 촉발된다는 정신분석적 명제를 실험적으로 연구하고자 하였고, 이에 우울한 사람들의 꿈 내용을 조사하였다. 도출된 결과는 이 가설과 배치되었으며, 그들의 꿈은 분노보다는 비관주의로 특징지어졌다. 마찬가지로, 그의 치료 회기에서 내담자들에게 자유연상을 요청할 때, 내담자 어려움의 근원들로 가정된 것과 연상의 내용이 늘 관련 있던 것도 아니었다. 오히려 내담자들의 생각은 (그들이 한 말을 Beck이 어떻게 판단할지 걱정하는 것과 같이) 그들의 상황에 대한 보다 즉각적인 반응을 중심으로 돌아갔다. 추가 조사에서 그는 많은 우울한 내담자가 이러한 사고의 유형들을 경험한다는 것을 알게 되었으며, 이러한 생각들이 치료 회기에서만큼 일상생활에서도 발생하는 듯 보인다는 것을 발견했다. 그는 이것들을 의식적인 자각 없이도 빠르고 순간적으로 일어난다는 점에서 '자동적 사고'라 명명하였다. 자동적 사고들은 몇몇은 꽤 그럴 듯하지만 많은 경우 비합리적이거나 근거가 없어 보이는데, 그러한 생각이 일어나는 순간 내담자는 의심의 여지 없이 그 생각을 받아들인다. 이러한 생각들은 종종 부정적인 성격을 띠기에, **부정적인 자동적 사고**로 알려졌다.

Beck은 이러한 사고 패턴이 내담자가 자신과 주변 환경을 바라보는 왜곡된 렌즈_{distorted lens}

연습 1-1 🌿 인지행동치료의 기원과 기초

다음의 인터넷 영상을 보고 인지행동치료의 기초에 대해 알아보라.

- Beck이 기술하는 인지행동치료의 기원: https://youtu.be/VBPOFEw7BLw?si=cJrYgRFnQcuWPZ8L
- Judith Beck(Beck의 딸)이 이야기하는 인지행동치료의 기초: www.youtube. com/watch?v=45U1F7cDH5k
- David Clark(영국의 저명한 임상심리학자)가 설명하는, 내담자가 이해할 수 있는 방식의 인지행동치료 원리: www.youtube.com/watch?v=bvH9kUUmGog

라는 생각에 이르게 되었다. 그는 '[어떤 문제나 상황에 대한 그들의 해석]에 대한 근거는 무엇인가?' '대안적인 설명이 있는가?'와 같은 질문으로 이러한 생각에 도전하면서 사고의 패턴을 수정하는 방법을 탐색하도록 내담자를 도왔다. 내담자들이 대안적 관점을 개발하기 위해 이 기법을 사용하면서 그들의 어려움은 빠르게 개선되었고, 이러한 결과는 인지행동치료의 초기 구성요소를 형성하였다(Beck, 1976).

행동 치료

'행동 치료'는 20세기 초중반 확립된 학습 원리에 기반한 다양한 치료적 접근을 의미한다. Ivan Pavlov(1849~1936), Burrhus Skinner(1904~1990)와 같은 학습이론의 선구자들은 동물과 인간 모두가 두 가지 주요한 방식으로 학습한다는 것을 발견했다. 학습은 크게 다음의 두 가지 원리를 따른다(Atkinson et al., 1990). 첫 번째는 **고전적 조건화**라 하며 한 사건이 다른 사건에 뒤따를 것을 학습하는 것을 말한다. 예를 들어, 아기는 유방을 보면 우유가 뒤따른다는 것을 배운다. Pavlov는 그의 고전적인 실험에서 개의 침샘 반응을 훈련시켰다. 개는 음식(이 맥락에서 음식은 '무조건 자극'으로 명명)을 보면 자연스럽게 침을 흘린다(이는 자연스러운 것이기 때문에 자극에 대한 '무조건 반응'으로 명명). 그러다 음식이 제시될 때마다 종('중립 자극')이 울린다고 가정해 보자. 시간이 지남에 따라 개는 종을 음식과 연결짓고, 이후로는 종소리만으로도 침을 흘린다(이때 '조건 자극', 즉 종소리에 대한 '조건 반응'이 됨).

두 번째 형태의 학습은 **조작적 조건화**라 하며 행동 뒤에는 결과가 따름을 학습하는 것을 말한다. 예를 들어, 아이는 형제자매를 때리는 것을 부모가 허용하지 않는다는 것을 알게 된다. Skinner는 동물이 행동(예: 레버 누르기)을 수행한 후 보상(예: 음식)을 받으면 해당 행동의 빈도가 극적으로 증가한다는 것을 발견했다. 이런 방식으로, 보상(또는 '강화')은 행동 발생률을 높인다.

강화에는 정적 강화와 부적 강화의 두 가지 유형이 있다. 정적 강화는 만족스러운 자극의 제공에 따라 행동이 증가하거나 강화될 때 일어난다. 그래서 사람들은 더 많은 급여를 받으면 더 열심히 일하거나 더 많은 직무를 수행할 수 있다. 부적 강화는 불쾌한 자극을 제거한 결과로 행동이 증가하거나 강화될 때 발생한다. 이런 식으로 사람들은 상사의 반감을 피하기 위해 낮은 업무 성과를 향상시키는 방법을 배우거나 두통을 없애기 위해 아스피린을 복용하는 방법을 배울 수 있다. 이에 비해 처벌은 행동 후에 불쾌한 자극을 제공하는 것으로 구성된다는 점에서 강화와 다르다(예: 음식을 던진 아이를 때리는 것). 이것은 행동을 억제하는 경향이 있다. 그러나 처벌이 개인에게 적절한 대안 행동을 알려 주는 것은 아니므로 그 처벌의 영향을 예측할 수 없다. 더욱이 처벌은 두려움과 공격성을 심어 줄 수 있다. 이러한 이유들로 처벌은 학습의 덜 효과적인 형태로 간주된다. 이후 심리학자들은 타인을 관찰함으로써 발생하는 학습의 형태[3]도 확인했다(Bandura, 1973).

임상적 어려움이 발달하고 유지되는 측면들은 학습이론의 관점에서 이해할 수 있다. 예를 들어, 공포증은 고전적 조건형성을 통해 발달될 수 있다. 이것은 John Watson(1878~1958)이 생후 9개월 된 아기('little Albert')에게 쥐를 포함한 여러 대상을 제시했을 때 증명되었다. 애초에 Albert는 이 대상들에 대해 두려움을 보이지 않았다. 그러나 이후 연구자들은 Albert가 이 대상들을 접할 때마다 크고 무서운 소리를 들려주었고, 결과적으로 Albert는 조건 자극(쥐)과 조건 반응(두려움)을 연관 지었으며, 이것으로 공포증 발병 메커니즘을 설명할 수 있었다.

실제로 내담자는 때때로 자신의 공포증과 유사한 과거의 사건을 보고한다. 버스에서 비자발적 배변과 같은 매우 굴욕적인 경험을 한 후 대중교통에 대한 공포증이 발생할 수 있다. 두려운 자극을 회피하는 동안 혐오 자극에 대한 회피행동이 강화[4]되면서, 조작적 조건화에 의해 공포가 지속될 수 있다(Mowrer, 1947). 이것은 대중교통을 회피함으로써 이 상황과 관련된 높은 불안을 경험하지 않는 앞의 사례로도 설명될 수 있다. 이것은 앞의 사례자가 앞으로도 대중교통을 계속 피하도록 만들 것이다.

연습 1-2 🌿 학습이론의 활용

한 엄마가 4세 된 아들과 버스를 타고 여행 중이다. 아들은 심심해서 집에 가서 장난감을 가지고 놀고 싶어 해서 짜증을 낸다. 당황한 어머니는 아들과 버스에서 내리고 여행을 포기한 채 아이를 집으로 데려간다. 이 경우 어떤 행동이 강화되고 있는가? 어떤 형태의 강화가 사용된 것인가?

엄마와 아이가 집으로 돌아왔고, 아이는 조용히 장난감을 가지고 놀았다. 이때 어머니는 아들에게 아까 자신을 창피하게 했다고 소리친다. 어머니의 의도와 달리, 실제로 어떤 행동이 그 시점에서 처벌되고 있는가?

엄마의 행동은 아이에게 도움이 되고 있는가? 그렇지 않다면, 어떤 반응이 그에게 더 도움이 될 것인지 생각해 보라.

---

3) 역자 주: 관찰학습. 이 경우 타인을 관찰하는 사회적 관찰학습을 말하고 있으며, 사람이 없는 상황에서의 관찰(예: 물체의 움직임)을 통해 행동이 수정 · 조성되는 비사회적 관찰학습도 존재함.

4) 역자 주: 혐오자극을 피할 수 있다는 점에서 회피 행동의 부적 강화가 이루어지는 것이며, 추후에도 회피 행동의 강도와 빈도가 증가할 가능성이 높음.

행동 치료에서는 심리적 문제를 극복하는 것을 돕기 위해 학습이론의 원리를 사용한다. 예를 들어, 공포증의 치료에는 탈조건화 과정이 수반된다. 이 접근방식은 '체계적 둔감화'(Wolpe, 1969)라 하며, 이는 '단계적 노출'과 유사하다. 이는 불안과 양립할 수 없는 공포스러운 자극에 대한 반응(이 경우 불안 경험과 동시에 존재할 수는 없는 이완 경험)으로 반응을 대체하도록 하는 것이 포함된다. 내담자는 불안 유발 요인을 경험하기 전에 긴장을 풀 수 있는 기술을 배운다. 이후 내담자의 임무는 자극에 노출되는 동안 긴장을 풀고 대상/상황과 두려움 간 연관성을 끊어 내는 것이다. 노출에는 단계가 있어 살아 있는 쥐가 아닌 쥐의 만화 그림과 같이 불안을 덜 유발하는 자극에서 그 과정을 시작한다. 이후 각 자극에 반복적으로 노출되어 불안이 완화된 후 점점 더 도전적인 자극을 마주하게 된다(단계적 노출에 대한 자세한 내용은 제10장 참조).

인지치료적 접근을 하는 임상가는 처음에는 고통을 완화하기 위한 인지 기술의 사용을 강조했지만, 이후 행동적 관점을 통합하여 인지행동치료를 구성했다. 예를 들어, 공황 장애 치료에 대한 Clark(1986)의 접근방식은 인지 기술(불안을 유발하는 사고를 식별한 다음 이러한 사고에 도전하고 더 기능적인 대안들로 대체)과 행동 기술(공황 관련 사고를 확인하기 위한 행동 실험 사용 및 회피된 자극에의 직면을 위한 노출. 이들 기술의 이론과 구현에 대한 자세한 내용은 제10장 참조)을 모두 활용한다. 한편 Martin Seligman(1942~)과 같이 행동주의적 접근을 하는 임상가들의 경우, 1970년대 중반 그들의 행동주의적 방식에 인지 메커니즘을 통합하기 시작했던 바, 인지행동치료 원리의 유사한 발전이 다른 시작점에서도 함께 진행되고 있었다(France & Robson, 1997).

인지행동치료의 주요 특징들

인지행동치료의 근본적인 뿌리를 살펴보았고, 이제 이 접근방식의 핵심적 특징에 집중하고자 한다. 많은 문헌에서 인지행동치료의 특징을 개괄하였으며(예: Blenkiron, 2010; France & Robson, 1997; Kennerley et al., 2017), 그 내용은 다음과 같다.

첫째, 정신분석적 심리치료는 어려움이 종종 과거의 갈등과 무의식적 과정에 뿌리를 두고 있다는 관점을 취하는 반면, 인지행동치료의 초점은 현재 내담자에게 일어나고 있는 일에 더 중점을 둔다. 특히 내담자의 증상들, 유발 자극들, 증상들을 유지하게 하는 수정자modifiers 및 순환 주기 간 관계를 고려한다. 다만 이는 인지행동치료가 과거 경험의 영향을 간과한다는 뜻이 아니다. 현재의 문제가 어떻게 유지되고 있는지에 치료의 초점을 두는 경향이 있는 것이다.

둘째, 인지행동치료 접근은 다양한 종류의 증상들이 서로 상호작용한다고 가정한다. 이들 증상은 인지, 행동, 감정 및 신체/자율신경계 영역에서 발생한다. 이 장의 앞부분에서 제시한(길을 따라 걷던) 예에서, 인지('그가 무엇을 신경 쓰고 있는지 궁금해.')는 정서(불안)에 영향을 미치고, 이어서 행동(그 친구에게 전화하기)에 영향을 미치는 것으로 보인다. 그런데 다른 심리적 '연쇄 반응'도 가능하다. 예를 들어, 심박수 증가와 같은 신체 증상은 '심장마비이다!'라는 생각으로 이어질 수 있으며, 이는 개인의 행동에 영향을 미칠 수 있다. 즉, 응급 구조대에 전화를 걸거나 상황에서 철수하는 행동을 보일 수 있다.

이때 인지행동치료 접근은 공식화formulation를 사용하여 이러한 현상 간의 관계를 조사하고 정의한다. 이는 이들 관계에 대한 일종의 지도이다(제3장 참조). 인지행동치료는 내담자가 이러한 패턴들을 끊고 더 도움이 되는 대안들로 대체하도록 하여 내담자가 자신의 문제와 목표를 다루도록 돕는다.

셋째, 인지행동치료는 조작주의operationalism와 과학적 연구의 기풍ethos으로 정의된다. 이는 인지행동치료 접근법이 비교적 정확하게 정의(또는 조작화)되어 있어, 임상가가 치료를 제공할 때 구조화된(또는 매뉴얼화된) 접근방식을 준수하도록 훈련받을 수 있다는 것을 의미한다(저강도 인지행동치료 면담 프로토콜은 제5장 참조). 청소년 우울증 치료를 위한 인지행동치료 매뉴얼의 예는 'https://tri alweb.dcri.duke.edu/tads/tad/manuals/TADS_CBT.pdf'에서 확인할 수 있다. 다른 매뉴얼은 Beck 등(1979)의 저서와 같이, 책의 형태로 출판되어 있다. 여기에서는 일반적으로 치료의 기간 및 단계, 회기들의 구조, 의심되는 장애를 이해하는 방법, 관련 개념을 내담자에게 설명하는 방법, 인지행동치료 치료 기법을 구현하는 방법과 같은 핵심 주제를 개괄한다.

또한 인지행동치료는 이론에서 맹목적으로 도출되었다기보다, 과학적 조사의 결과에 기반하며 그에 따라 수정된다. 이렇듯 연구는 어떤 치료 방법이 가장 효과적인지 확인하는 데 활용된다. 이러한 기풍은 또한 임상가와 내담자 모두 기꺼이 여러 생각을 검토하고 실험해야 하는 임상적 치료의 근간이다. **협력적 경험주의**collaborative empiricism라는 용어로 이 과정을 설명할 수 있겠다.

넷째, 인지행동치료는 임상가와 내담자 간 높은 협력 수준이 특징인 접근방식이다. 초반에는 임상가가 내담자에게 인지행동치료 원리를 공유하고, 내담자는 자신의 어려움에 대한 구체적 내용을 임상가에게 공유하는 등, 인지행동치료는 양측의 협업을 요구한다. 이후 임상가와 내담자는 내담자의 목표 달성을 위해 협력하며, 치료가 진행됨에 따라 변화에 대해 내담자가 맡아야 하는 책임이 증가한다. 일반적으로, 임상가는 내담자에게 지시하는 것을 피하고자 한다. 목표는 다만 안내된 발견guided discovery을 통해 증상들과 문제의 해결책 간 관계를 발견케 하는 것이다.

이는 행동 실험과 소크라테스식 질문법을 통해 이루어진다. Socrates(기원전 470~399년)는 지시하거나 논쟁하는 방식을 거부했던 고대 그리스 철학자로서, 마치 순진한 탐구자naïve enquirer인듯 질문을 던졌다. 그의 신중한 질문으로, 그의 학생과 철학적 반대자들은 자기주장의 약점을 끝내 인식할 수밖에 없었다. Socrates는 산파가 아이의 출산을 돕는 것처럼 개인이 '출산'하도록 돕는 역할을 자신의 역할로 보았다. 인지행동치료 임상가들은 이러한 접근방식의 몇 가지 원칙을 채택했다. 즉, "대안적 관점과 해결책을 임상가가 제안하기보다, 예민한 질문sensitive questioning을 통해 내담자 자신이 알고 있는 바를 사용하여 내담자 스스로가 대안과 해결책을 발견할 수 있도록 권장된다"(Westbrook et al., 2011: 138).

마지막으로, 인지행동치료 접근법은 구조화되어 있다. 일례로, '시간 제한'이 있다. 이것은 내담자에게 정해진 수의 회기가 제공된다는 것을 의미하며, 그 횟수는 내담자가 가진 어려움에 따라 달라진다. 구조화의 또 다른 형태로는 각 회기의 도입 부분에서 내담자와의 의제 설정을 진행한다는 것을 포함한다. 의제에는 임상가와 내담자가 그 회기 내에서 다룰 주제를 자세히 담는다.

내담자는 또한 변화의 과정에 있어 핵심적인 부분을 구성하는 과제를 회기와 회기 사이에 완수해야 한다. 평가 단계에서의 과제는 임상가와 내담자의 문제 이해를 돕는 일기 작성을 포함하기도 한다. 치료 단계에서 과제는 내담자에게 도움이 되지 않는 패턴을 확인하고 이를 변경하는 것을 목표로 하는 과제로 구성된다(제10장 참조). 이 구조화된 접근방식의 중요한 목표는 기록과 측정을 통해 학습을 극대화하는 것이다. 이러한 방식으로 내담자는 자신의 증상 패턴 및 이러한 증상에 영향을 미치는 요인을 더 잘 알아차릴 수 있다. 이는 또한 미래 과제에 대한 동기를 높일 수 있도록, 차도의 증거로 제공될 수도 있다.

이와 유사하게, 표준화된 반복 측정을 통해 내담자와 함께 치료를 주기적으로 평가한다(제3장 참조). 이것은 임상가와 내담자가 치료의 효과성을 판단할 수 있도록 한다. 또한 임상가들이 개인적으로나 지도감독을 통해서나, 인지행동치료가 내담자의 차도에 미치는 영향을 돌아볼 기회를 제공한다. 또한 관리자들과 기관 담당자들에게 인지행동치료 서비스의 효율성을 입증할 수 있게 한다.

저강도 인지행동치료의 핵심 특성

저강도 인지행동치료는 영국 성인을 대상으로 한 정신건강 서비스의 주류가 되었다. 이는 정부의 심리치료 접근성 향상Improving Access to Psychological Therapies: IAPT 프로그램의 실행에 따른 것이다(다음 참조). 이러한 접근법의 개발은 호주, 벨기에, 캐나다, 독일, 네덜란드, 이탈리아, 케냐, 뉴질랜드, 노르웨이, 파키스탄, 스코틀랜드, 스웨덴, 미국 및 우간다와 같은 다른 많은 국가에서도 진행되고 있다(Bennett-Levy et al., 2010b; European Association for Behavioural and Cognitive Therapies, n.d.; Massey University, 2016; Mental Health Innovation Network, 2015; NHS Education for Scotland, n.d.).

고강도 인지행동치료HICBT 및 저강도 인지행동치료LICBT의 용어는 서비스 제공의 단계별 관리 모델과 이어진다(다음 참조). 저강도 인지행동치료는 전술한 전통적인 혹은 고강도의 인지행동치료 모델에서 발전해 왔으며, 이 고강도 인지행동치료는 많은 주요 문헌에 기술되어 있다(예: Beck et al., 1979). 저강도 인지행동치료는 현재−초점적이며, (역자 주: 인지, 정서, 신체적) 증상 군집들 간 상호작용의 관점에서 문제를 인식하고, 과학적 접근에 기반하며, (역자 주: 임상가−내담자 간 관계가) 협력적이고, 구조화되어 있다는 점에서, 고강도 인지행동치료의 원칙을 공유한다고 하겠다. 그러나 차별화된 형태의 치료 제공 방식의 사용에서 차이가 있다. 즉, 다음과 같은 추가적인 원칙이 적용되고 정의된다.

저강도 인지행동치료의 첫 번째 신조는 효율성이다. 저강도 인지행동치료는 전문가가 고강도 형식을 통한 것보다 더 많은 수의 내담자를 전문적으로 도울 수 있는 대규모 방식의 접근법이다. 이는 치료 기간(일반적으로 주 1회, 6~8회 약속)과 각 회기의 길이(약 30분) 단축, 혹은 많은 내담자를 동시에 중재하는 방식(대규모 그룹 형식을 통해; White, 2010a 참조)으로 대표된다.

두 번째 원칙은 인지행동치료 제공을 용이하게 하기 위해 특정 수단을 사용하는 것과 관련이 있다. 이들 수단은 임상가가 빠른 속도로 개입을 수행하도록 하는 데 중요하다. 여기에는 일반적으로 자조 자료뿐 아니라 대규모 그룹 및 인터넷 기반 인지행동치료 프로그램도 포함된다. 물론 과학적 접근방식을 유지하기 위해 이러한 자료는 잘 구축된 인지행동치료 기술을 기반으로 해야 하며, 이상적으로는 강력한 근거 기반을 확보하고 있어야 한다(제2장 참조).

저강도 인지행동치료의 마지막 원칙은 서비스에 대한 조기 접근성이다. 내담자가 이러한 형태의 인지행동치료를 최대한 활용할 수 있고 이 서비스의 효율성이 극대화되려면 정신건강 문제 발생 초기에 해당 서비스에 접근 가능해야 한다. 이 단계에서는 비교적 적은 양의 치료 투입으로 내담자 문제의 궤적을 크게 바꿀 수 있다. 시간이 지남에 따라 문제는 사실상 고착화·만성화될 수 있다. 문제의 발달 및 유지와 관련한 악순환은 개인의 생활방식에 내재되어, 종국엔 저강도 접근방식에 신속하게 대응할 수 있었던 내담자의 능력을 감소시킬 수 있다. 그렇기에 저강도 인지행동치료 접근방식의 정수는, 자기−의뢰self-referral 시스템 및 그룹 내 홍보와 같이 각 서비스에 대한 조기 접근을 증가시키는 장치들에 있다. 물론 더 만성적이거나 심각한 어려움이 있는 사람들을 위해 고강도 인지행동치료 및 저강도 인지행동치료 서비스가 긴밀하게 조율되어야 할 것이다. 다음에서는 서비스가 제공되는 흐름에 대한 설명을 할 것이다.

저강도 인지행동치료 및 서비스의 제공: 단계별 관리

고강도 인지행동치료와 저강도 인지행동치료를 모두 소개하였으니 이제 내담자에서 한 걸음 더 물러나서 이러한 형태들의 인지행동치료가 제공되는 서비스를 어떻게 구성해야 하는지에 대해 보다 넓은 관점을 고려해 보겠다. 이는 **단계별 관리** 접근방식을 통해 이루어진다.

저강도 인지행동치료는 일반적인 정신건강 문제 중 대부분의 경도 및 중등도 상태에 대해 효과적인 접근이다. 그러나 모든 심리치료적 접근이 그러하듯, 만병통치약은 아닐 것이다. 이 때문에 저강도 인지행동치료 임상가는 치료 반응성이 없는 내담자가 다른 치료로 향할 수 있도록 광범위한 정신건강 관리 네트워크 내에 위치하는 것이 중요하다. 이러한 서비스를 조정하는 데 권장되는 방법은 단계별 관리 시스템stepped care system이다(National Institute for Health and Clinical Excellence: NICE; 2011a). 단계별 관리 내에서 내담자는 일반적으로 그들이 원하는 바가 충족될 때까지 다양한 '단계'(또는 개입 수준)의 치료를 거친다. 각 단계에 따라 이들 개입이 진행됨에 따라 강도가 (그리고 종종 비용이) 증가한다. 치료에 대한 내담자의 반응을 모니터링하며 해당 단계에서의 치료 반응성이 없을 경우 개인은 다음 단계로 '단계 상승'되는 등 이 시스템은 자가-수정되도록 설계되었다. 따라서 일부 개인은 한 단계만 경험하는 반면, 다른 개인은 (다른 단계를 기반으로 하는) 서비스의 다른 구성요소를 경험할 수 있다.

급성 편두통에 대한 단계별 관리 시스템의 간단한 예를 살펴보자. Lipton 등(2000)은 약리학적 치료를 위한 2계층의 단계적 관리 모델을 상술한다. 첫 번째 단계는 아스피린(800~1,000mg)과 메토클로프라미드(20mg)를 사용하는 것이다. 이 치료에 대한 반응을 보이지 않은 환자에게는, 더 비싸고 더 심각한 부작용 위험이 있지만 분명 효과가 있을 것으로 추정되는 졸미트립탄(2.5mg)의 2단계 치료가 제공된다. 이런 식으로 내담자들은 처음에는 (많은 사람에게는 불필요할 수 있는, 보다 표적화된 치료를 제공받기 전에) 더 저렴한 치료를 받게 된다.

Lipton 등(2000)이 설명한 단계별 관리 모델의 변형이 '맞춤형의matched' 또는 '계층화된

_{stratified}' 관리이다. 여기에서는 치료가 성공할 때까지 단계들을 수행하기보다는 처음부터 각자의 필요에 가장 적합한 단계에 개인을 맞출 수 있도록 시도한다. 이는 주로 개인이 드러내는 특정 문제의 양상(이 경우 두통의 심각성)을 기반으로 한다.

인지행동치료는 두 가지 이유로 단계적 관리에 이상적인 후보로 간주되었다(Bower & Gilbody, 2005). 첫째, '강도'들을 달리하여 치료를 제공할 수 있는 기반 구조가 존재한다. 둘째, 수많은 정신질환에 대한 적응증이 확보된 심리치료 중 하나이다(NICE, 2005, 2009, 2011a, 2011b).

예를 들어, 우울에 대한 단계별 관리 모델(인지행동치료 접근법만 포함함)이 〈표 1-1〉에 나열되어 있다(NICE, 2009에 기반함). 이때 초기 단계는 내담자의 일차 진료 의사_{Primary Care Physician: PCP}가 진료하는 지역사회에서 발생할 가능성이 높지만 다른 일반적인 의료 환경에서도 발생할 수 있다. 1단계에서 일차 진료 의사는 환자의 가능한 질병에 경각심을 가지며, 예를 들어 이전에 우울증을 경험했거나 심각한 신체 건강 문제를 겪고 있는 사람과 같은 고위험군에 대해 검진을 제공한다. 경도에서 중등도의 우울증이 확인되면 저강도 인지행동치료

연습 1-3 🌿 단계별 관리의 경험

혼자 또는 소그룹으로, 흔히 자조_{self-help}를 통해 배우거나 개발할 수 있는 활동(예: 자동차 정비 또는 요리)을 선택해 보라. 한 그룹의 개인들은 가능한 각자 다른 활동을 선택해야 한다. 심리학이나 치료와 관련된 것은 선택하지 마라! 이제 이 활동을 배우기 위한 수단으로 (a) 자조를 사용하는 것을 선호하는지, (b) 굳이 자조를 사용하려고 한다면야 사용할 수는 있는지, 혹은 (c) 자조를 절대 사용하지 않으려 하는지를 고려해 보라. 후자라면 그 이유는 무엇인가? 그룹에 속해 있으면 토론을 통해 개별 선호도 간 차이점을 이해하기 시작한다(예: 자신감 부족, 학습 스타일의 차이 또는 이전 경험 때문). 그룹 내에서의 변산성에 영향을 주는 요인을 정확히 찾아내 분류하라. 개별적으로 [연습 1-3]을 하고 있다면, 자기-성찰을 통해 이를 생각해 보라.

이제 이 활동을 학습하는 데 도움이 되는 단계별 관리 모델을 고려하라. 이 경우, 완전히 자기 주도적으로 학습이 이루어지는 1단계(책, 음성 또는 영상 설명을 이용한 독학), 그리고 이것이 효과가 없는 경우 최소한의 전문적인 접촉을 통해 학습하는 2단계(독학이지만 모니터링하거나 도움이 필요할 때 전문가의 지원이 가능). 이것이 효과가 없다면 마지막으로 집중적이고 전문적인 과외로 구성된 3단계가 있다.

이 단계적 관리 방식은 당신의 경험에 어떤 영향을 미칠까? 어떤 긍정적인 효과가 있을까? 잠재적인 부정적인 영향은 무엇일까? 이러한 긍정적·부정적 효과들의 뒤에는 어떤 요인이 있을까?

는 초반에는 내담자의 어려움을 돕기 위해 제공될 수 있으며(2단계), 저강도 인지행동치료에 대한 반응성이 없는 이들에게만 약물이 제공된다(이는 2단계 내에서 작동하는 미시-단계 관리 micro-stepped care 임).

3단계는 중등도에서 심도에 이르는 우울증과 2단계에 반응하지 않은 사람들을 돕는 치료로 구성된다. 이러한 개인들은 일반적으로 심리적 개입 전에 또는 이와 병행하여 항우울제를 제공받는다. 3단계의 접근은 고강도 인지행동치료가 될 것이다. 치료 저항적 우울, 재발성 우울, 비전형적 우울 그리고 정신병적 우울과 같이 보다 복잡한 형태의 우울은 전문가의 치료가 필요하다. 영국에서는 일반적으로 4단계에서 커뮤니티 팀을 기반으로 서비스를 제공한다. 마지막으로 5단계는 장애의 심각성, 자살 위험 또는 자기관리 및 방임에 대한 우려

표 1-1   우울증 치료를 위한 인지행동치료 방식의 단계별 관리 권장 시스템(NICE, 2009)

단계	장소	서비스	개입	반응성이 기대되는 조건	가능한 결과
1단계	일차 진료 의사의 진료소	일차 진료 의사(일차 진료의), 일차 진료 간호사(주치간호사)	인식, 평가, 인지행동치료 기반 심리교육, 모니터링	경도, 자기-제한적[5]	내담자의 회복 및 기능 증진
2단계	일차 진료 정신건강팀	저강도 인지행동치료 임상가	저강도 인지행동치료, 길잡이식 자조 및 인터넷 기반 인지행동치료	경도에서 중등도	치료에 대한 내담자의 반응 및 기능 증진
3단계	일차 진료 정신건강팀	고강도 인지행동치료 임상가	고강도 인지행동치료	중등도에서 심도	치료에 대한 내담자의 반응 및 기능 증진
4단계	지역 정신건강팀과 위기평가팀을 비롯한 정신건강 전문가들	다학제적 접근	일반적으로 인지행동치료가 포함된 치료	치료-저항적, 재발성, 비전형적, 정신병적 우울, 유의한 위험군	치료에 대한 내담자의 반응 및 기능 증진
5단계	입원환자 관리, 위기평가팀			생명이 위험한 경우, 심각한 자기 방치	

5) 역자 주: 자기-제한적(self-limiting)이란 증상 혹은 상태가 대체로 긴 시간 개인의 건강에 영향을 미치지는 않는 수준의, 스스로 견디거나 해결할 수 있는 수준의 상태를 말함.

로 인해 입원 치료를 필요로 하는 이들을 위한 것이다.

이 단계별 관리 권장 시스템은 내담자가 자신의 선호도와 이전 치료에 대한 반응에 따라 3단계로 직접 진입할 수 있고 혹은 전문가의 투입이 필요한지에 대한 평가에 따라 4단계로 들어갈 수 있다는 점에서, 엄밀히 말하면 단계와 계층이 혼합된 모델mixed stepped and stratified model 이다.

사실 단계적 치료 체계는 일부 내담자(예: 더 심각한 상태의 정신건강 상태를 가진 개인)가 저강도 인지행동치료로 시작할 경우 그들의 문제를 효과적으로 해결하는 데 해당 치료가 충분치 않다고 느끼게 할 수 있다. 저강도 인지행동치료의 경우 제한된 수준의 개선만을 경험하거나 심지어 이러한 개입을 치료 실패로 인식하여 필요한 도움을 받지 못하고 결국 서비스가 그들을 도와주지 못한다고 인식함으로써 절망감이나 좌절감으로 이어질 수 있다는 비판을 받아 왔는데, 단계와 계층이 혼합된 모델이 적용됨으로써 이러한 비판을 극복하게 되는 계기가 되었다.

National Institute of Health and Clinical Excellence(NICE, 2011a)에서는 일반적인 정신건강 문제를 단계별 관리 프로세스 내에서 치료할 것을 권장한다. 이 모델은 여러 장애에 대한 지침을 통합하며 정신건강 실무자가 지역사회에서 치료를 제공하는 1~3단계에 초점을 맞춘다. 독자는 이 참고문헌을 참조하게 되겠으나, 각 단계들과 관련된 개입 및 서비스들은 〈표 1-1〉에 기술된 것과 대체로 동일하다.

연습 1-4 ❦ 단계별 관리에 대해 알아 가기

NICE(www.nice.org.uk)가 개괄한 단계별 관리 시스템은 해당 내용의 작성 시점에 가용한 최선의 증거를 기반으로 한다. 우울(NICE, 2009), 불안(NICE, 2011b) 및 강박 장애(NICE, 2005)에 대해 제안한 단계별 치료 시스템을 검토해 보라. NICE(2011a)가 제안한 일반적인 성인 정신건강 문제에 대한 일반 모델과 어떻게 연관되는지도 살펴보라. 더 최신 정보를 위해서는 다음의 웹 사이트를 방문하여 살펴보라.

• https://www.nice.org.uk/guidance/conditions-and-diseases/mental-health-behavioural-and-neurodevelopmental-conditions/depression/products?ProductType=Guidance
• https://www.nice.org.uk/guidance/conditions-and-diseases/mental-health-behavioural-and-neurodevelopmental-conditions/depression/products?ProductType=Guidance&Status=Published
• https://www.nice.org.uk/guidance/ng222

모델이 실제로 구현되는 방식은 서비스(지역 네트워크) 및 내담자 관련 요소(내담자 신호도 및 동기 등)에 따라 달라지겠으나, 필히 염두에 두어야 할 것은 저강도 인지행동치료 임상가는 적절한 지도감독 없이는 기능할 수 없으므로(이 내용은 제17장에서 다룸) 이러한 지도감독 조항이 마련되어 있어야 한다는 것이다. 마찬가지로 정보 기술IT 지원과 관련된 계획은 새로운 서비스를 구성하기 전에 수립되어야 한다.

심리치료 접근성 향상

많은 요인이 영국 정부가 영국 전역의 새로운 단계별 관리 서비스이며 인지행동치료로 구성된 대규모 '절약을 위한 지출spend-to-save' 모델에 투자하도록 설득했다. 특히 이러한 서비스를 제공하기 위해 심리적 웰빙 실무자Psychological Wellbeing Practitioners: PWP라는 새 전문직의 도입 및 고용 이후 이제 저강도 인지행동치료는 영국 보건의료 분야에 확고하게 자리 잡았다. 이 전문가들은 단계별 관리 모델 중 2단계 심리치료의 주요 제공자이며, 그렇게 함으로써 영국에서 일반적 정신건강 문제를 경험하는 성인에게 많은 심리치료를 제공할 수 있게 되었다. 프로그램 명칭은 '심리치료 접근성 향상Improving Access to Psychological Therapies: IAPT'으로, 2006년 두 개의 시범 사이트로 시작되었다. 이후로 전국 단위 서비스를 개시하기 전인 2008년, 11개의 패스파인더pathfinder 사이트에 자금이 지원되었다.

이 계획을 촉진한 것은 경제학자, 의료 서비스 관리자 및 정신건강 실무자 그룹이 개괄한 강력한 주장이었다(Layard et al., 2006). 그 요지는 다음의 몇 가지 지점에 기반한다.

- 전체 장애의 약 40%는 정신질환으로 인해 발생하며 사회의 6명 중 1명은 불안이나 우울증을 경험하는 등, 정신질환은 국가에 막대한 비용을 초래함.
- 이러한 형태의 어려움으로 고통받는 이들에게 막대한 인적 비용이 발생하며, 특정 시점에서 NHS 지출의 2%가 불안과 우울 치료에 사용됨.
- 노동력 손실 측면에서 대정부 재정 비용은 120억 파운드로 추산됨(추후 170억 파운드로 수정됨.
- 다만 제안된 IAPT 계획이 도입되는 경우 이들 개인을 치료하는 데 드는 예상 비용은 6억 파운드로 추정됨.

이것은 (약리적 치료와 비교할 때) 50%의 치료 성공률을 보이며, 심리치료에 대해 접근성이 향상되어 재발 가능성이 감소할 것이라는 예측에 기반한다. 이에 감소된 약물 및 기타 의료 비용의 연쇄적 이점을 차치하더라도 IAPT 제도는 그 이상의 가치를 창출할 것으로 기대되었다.

'IAPT' 서비스는 NICE에서 제안한 단계별 관리 모델을 통해 제공되어야 하며, IAPT를 수행하는 임상가는 초기에 고강도 인지행동치료 또는 저강도 인지행동치료 교육을 받아야 하는 것으로 계획되었다(다른 근거 기반 요법에 대한 교육은 나중에 포함됨). 이때 개인은 지도감독을 제공할 수 있는 선임 임상가를 포함하고 내담자의 업무 복귀와 같은 중요한 실무적인 문제를 돕는 기타 전문가(예: 고용 자문가) 등을 포함하는 팀 안에서 협력한다. 내담자는 또한 전화 지원을 통해 지역사회나 집과 가까운 곳에서 제공되는 서비스에 자기−의뢰를 할 수 있다. 이때 계획의 효과성을 입증하기 위해 서비스의 결과는 모니터링된다(인지행동치료 접근 방식의 과학적 관점에 따른 것임; 앞의 내용 참조).

제안 당시 이 계획은 임상심리학 분야에서 논쟁을 불러일으켰다. 비평가들은 주로 오해에 기초한 몇 가지 문제를 제기했다(Clark et al., 2009a). 그럼에도 불구하고, 그 이슈들 중 하나는 주목할 가치가 있다. 많은 경우에서, 심리적 고통은 인지행동치료만으로는 해결 불가한 사회경제적 요인으로 인해 야기되고 유지된다. 예를 들어, 사회경제적 박탈의 정도가 정신적 · 육체적 건강에 영향을 미친다는 것은 잘 알려져 있다. 비숙련 육체 노동에 종사하는 남성은 전문직 남성보다 거의 8년을 덜 살 가능성이 높다. 유사하게, 실업자나 불안정 고용자는 정신건강 문제를 경험할 가능성이 두 배 이상 높다(Wilkinson & Marmot, 2003). 마찬가지로 사회적 지지가 부재한 이들은 심리적 어려움을 겪을 가능성이 더 높다(예: Brown & Harris, 1978).

인지행동치료가 이 모든 문제에 대한 해답은 아니겠으나, IAPT 내에서는 서비스 매트릭스에 고용 자문가를 배치하는 것을 포함하여 개인의 사회경제적 필요를 해결하려는 시도가 있다. 또한 이 계획 내에서 심리적 웰빙 실무자$_{pwp}$ 역할에 있어 필수적인 부분은 직업적 지원 및 기타 형태의 지원(예: 부채 관리)을 제공하는 기관과 연락을 취하며 그 기관들로 안내하는 것이다. 여기에는 몇 가지 일반적인 정보교환 기술과 각 지역에 따른 의사결정 선택지의 사용이 수반된다(제16장 참조).

IAPT 프로그램은 정부의 지원을 받았으며, Clark 등(2009b)은 2개의 IAPT 시범 사이트의 성능에 대해 보고했다. 이 중 하나(Doncaster)는 저강도 작업(특히 길잡이식 자조)을 강조하여 특별히 관심의 대상이 되었다. 내담자들은 의뢰 후 평균 21일 동안 치료에 대한 연락을 받았고 평균 4.9회의 회기를 제공받았다. 2단계의 내담자 중 3.8%만이 이후 3단계로 이행되었다. 치료를 받은 내담자 중 56%는 퇴원 당시 회복된 상태였다. 치료를 받은 모든 내담자 중

연습 1-5 🌿 커뮤니티 자원 포트폴리오 개발

커뮤니티 자원 포트폴리오Community Resource Portfolio: CRP는 내담자의 요구를 충족하기 위해 관련 커뮤니티 자원에 접근할 수 있도록 임상가가 내담자를 도와주는 매우 가치 있으며 진화하는 도구이다. 이들은 사회적·지역사회적·교육적·직업적 및 일부 임상적 요구 사항을 충족한다. 일반적으로, 인지행동치료 기반 자조 자료를 모은 것과 함께 노트북이나 메모리 스틱에 보관할 수 있는 디지털화된 자원이다. 이것은 지역사회 간 커뮤니티 자원 포트폴리오의 전송을 용이하게 한다. 관련된 부분은 내담자를 위해 적절히 인쇄되거나 이메일로 보내게 된다. 여기에는 당신 자신 또는 당신의 서비스를 위한 커뮤니티 자원 포트폴리오 구성이 포함된다.

이 포트폴리오는 다음과 같은 관련 섹션을 포함한다.

- **고용**: 고용 및 자원봉사와는 다른 형태의 직업 훈련 자발적인 경험의 기회 개인이 지속적인 훈련을 받도록 하고 자발적인 혹은 유급의 고용을 유지하도록 개인을 촉진하고 지원하는 기관들.
- **복리후생**: 내담자가 일하지 않을 때 받을 수 있는 혜택 수준에 대한 정보 개인이 복지 혜택을 받으며 수행할 수 있는 '치료적 작업'에 대한 정보와 개인이 자신의 권리를 주장하고 알 수 있도록 도와주는 자원 및 지원.
- **임상**: 법적·비법적 자원을 모두 포함하는, 개인을 위한 관련 임상 서비스 및 지원.
- **교육**: 지역 내 학교, 대학 및 지역사회의 행사장에서 이용할 수 있는 여가 및 정규 과정.
- **사교**: 취미, 클럽 및 여가 활동 사회적으로 풍요로운 생활방식을 위한 다른 수단(예: 친교 및 연애를 위한 자원).
- **기타**: 이와 같은 여러 범주에 걸쳐 있는 시민 상담소와 같은 유용한 자원들.

CRP에 대한 다양한 출처가 있다. 여기에는 인터넷, 자조 서적들에 수록된 연락처, 다른 서비스에서 출간한 기존 자원의 디렉토리, 동료 및 내담자의 피드백이 포함된다. 추가 정보를 얻기 위해 다른 조직들에 연락할 수 있으며, 가능하다면 그들을 방문하는 것도 유용할 수 있다.

50%는 10개월 추적 관찰에서도 회복세를 유지했다. 예측 모델에서 예상된 수의 내담자들이 실제로 업무에 복귀했으며, 어려움을 6개월 이하로 경험한 이들에게서는 더 높은 회복률이 관찰되었다. 이러한 방식으로 해당 보고서는 저강도 인지행동치료가 매우 효과적인 접근임을 확인해 주었다. 결과적으로, IAPT 계획은 영국 전역에서 시행되었다.

이 책의 초판 이후, 이 분야에서 두 가지 중요한 발전이 있어 이 판의 일부 내용에 반영되어 추가되었다. 첫째, 심리적 웰빙 실무자의 역할은 행동 변화에 대한 보다 일반적인 지식을 포함하도록 확장되었다. 따라서 이번 판에서는 새로운 영국 심리적 웰빙 실무자 교육 커리큘럼(제7장)의 이러한 측면에 부합하는 행동 변화 및 참여에 대한 새로운 장을 포함하였다. 둘째, IAPT 프로그램 내에서 심리적 웰빙 실무자 교육 역할이 확장되었다. 즉, 이들을 신체 건강 관리 시스템에 연결하여 장기 신체 건강 상태LTC(만성질환)[6]를 가진 사람들을 지원한다. 이는 만성질환이 있는 개인의 약 2/3가 정신건강 문제를 경험하여 이들의 치료 비용을 약 45% 증가시키기 때문이다(Naylor et al., 2012; NHS England, n.d.a). 이를 염두에 두고 우리 역시 이 판에 만성질환에 대해 작업하는 새로운 장(제14장)을 포함시켰다.

요약

- 저강도 인지행동치료는 여러 핵심 원칙으로 정의된다. 치료를 제공하기 위해 치료 '수단'을 사용하는 대규모 접근이며, 증상 영역들 간 상호작용을 가정한다. 또한 임상가와 내담자 간 높은 수준의 협력을 수반하는, 보다 현재-초점적이고 과학적이며 조작화된 접근방식이다.
- 영국의 국가 서비스 평가national service evaluation는 이 접근법이 경도 및 중등도의 여러 일반적인 정신건강 문제의 치료에 효과적임을 보였다(Clark et al., 2009b). 최근 개진된 국가 프로그램 역시 이를 일차 진료의 장기 상태long-term conditions 관리에 통합한다.
- 또한 이 접근방식은 비용 효율적인 것으로 보인다. 경제 모델링에 따르면, 작업 생산량의 손실 비용 측면에서 개입을 제공하지 않을 때보다 치료에 대한 접근을 하는 것이 훨씬 비용효율적이다(Layard et al., 2006).
- 저강도 인지행동치료를 지원하기 위해서는 적절한 서비스들의 '단계별 (치료) 관리'에 대한 매트릭스가 마련되어야 한다. 여기에는 고강도 인지행동치료 임상가들이 포함되며, 다른 서비스(예: 위기 서비스)와의 운영 연계도 포함된다. 사회경제적 문제와 관련하여 지원을 제공할 수 있는 다른 근로자들(예: 고용 상담사)도 이 시스템에 포함될 필요가 있다.
- 마지막으로, 이 서비스에는 행동의 변화가 요구되고 서비스에 조기 접근하면서 치료가 촉진된다. 지역사회 내에서 그리고 기타 의료 전문가에게 본 서비스를 홍보하기 위한 노력이 필요하다.

---

6) 역자 주: 장기 신체 건강 상태(Long-Term physical health Conditions: LTC)는 현재 치료될 수 없지만 약물 등 기타의 치료로 관리가 가능한 상태로, 만성질환으로도 기술됨. 당뇨, 천식, 관절염, 뇌전증, 고혈압 등이 이에 해당함. 이 책에서는 이후 만성질환으로 표기함.

추가로 읽어 볼 자료와 활동들

각 장의 마무리로, 해당 주제에 대해 자세히 알아볼 수 있는 몇 가지 선택지를 제공한다.

- IAPT 프로그램의 배경은 다음에서 확인할 수 있다.

  https://cep.lse.ac.uk/pubs/download/special/depressionreport.pdf
- www.IAPTus.co.uk 혹은 www.pc-mis.co.uk에서 인터넷 기반 내담자 관리 시스템의 사례를 통해 저강도 인지행동치료 서비스 지원 방식을 살펴보라.
- 일과 환경이 정신건강에 미치는 영향을 더 알아보고 싶다면, Wilkinson과 Marmot(2003)의 논문을 확인하라.

제2장

저강도 인지행동치료 임상가의 역할

Mark Papworth

- 심리치료에 대한 내담자 적합성에 영향을 미치는 요인을 인식한다.
- 길잡이식 자조, 인터넷 기반 인지행동치료 및 심리교육그룹의 효과와 관련된 배경 및 근거 기반을 알아본다.
- 이러한 치료 제공 방법의 장점과 단점을 살펴본다.
- 저강도 인지행동치료가 제공하는 방식으로 이들 수단을 사용할 때의 기본적이고 광범위한 원칙을 이해한다.

서론

저강도 인지행동치료_LICBT 임상가의 역할은 여러 요소를 아우르는 것으로 볼 수 있다. 여기에는 임상 면담의 구조, 단계별 관리 모델의 2단계에서 사용할 수 있는 적절한 중재, 임상가가 내담자와 상호 발전시키는 치료 관계, 회복을 촉진하기 위해 사용하는 자원 또는 수단이 포함된다. 저강도 인지행동치료는 길잡이식 자조_Guided Self-Help: GSH, 인터넷 기반 인지행동치료_Computerized Cognitive Behavioral Therapy: CCBT 및 심리교육그룹_Psycho-Educational Group: PEG과 같은 수단을 활용한다.

이 장에서는 이들 수단과 관련된 배경 및 근거 기반, 그리고 실제 치료적 사용과 관련된 몇 가지 핵심 원칙을 고려한다. 임상 면담의 구조와 저강도 인지행동치료 중재에 대한 더 자세한 설명은 이 책의 후반부에서 논의한다. 제4장은 보다 일반적인 수준에서 치료 관계에 초점을 맞춘다.

Clark 등(2009a)은 저강도 인지행동치료가 효과적인 접근방식이라는 것을 발견하였다(제1장 참조). 이 장에서는 이러한 저강도 인지행동치료 제공 수단 전반에 대한 여러 근거 기반을 비교함으로써 임상가의 전문성을 알리고 업데이트할 것이며, 일반적인 출간된 지침(예: NICE, 2011a)을 뒷받침하는 근거들을 제공할 것이다. 근거 기반을 자세히 고려하기 전에 잠시 인지행동치료_CBT에 대한 내담자 적합성에 대한 주제를 논의하고자 한다.

내담자 적합성

모든 개인이 심리치료적 접근에 잘 참여하거나 잘 반응하는 것은 아니다. 인지행동치료와 관련하여 Blenkiron(1999; Segal et al., 1996)은 몇 가지 요인이 더 나은 결과로 이어진다고 밝혔다. 첫째, 개인은 자신의 삶에 영향을 미치는 문제와 이슈를 정확히 파악할 수 있어야 하며, 임상가와 떨어져 있어도 치료 과제를 완수할 수 있을 만큼 충분한 수준의 동기가 있어야 한다. 이들은 자신의 인지와 감정에 접근할 수 있어야 하며, 치료 기간 동안 임상가와 내담자가 한 가지 주요 문제에 집중할 수 있을 만큼 그 삶이 안정적이어야 한다. 개인은 또한 단계적 노출_graded exposure에 참여하는 것과 같이, 어려움을 극복하는 데 종종 수반되는 심리적 고통을 다룰 수 있는 충분한 내성을 보유해야 한다.

Blenkiron(1999)은 이들 요인의 존재 여부를 나타내는 실용적인 지표가 있음을 언급한다. 이들 중 하나만으로는 의사결정을 위한 정보를 제공하는 데 충분하지 않겠으나, 일군의 요인들이 임상적 반응성 부족과 함께 관찰된다면 이는 해당 내담자가 임상가에게 접촉할 가능성이 낮고 대안적인 접근이 더 나을 수 있음을 임상가에게 경고하는 것이다(예: 내담자를 고강도 인지행동치료 수준으로 올리기보다는 약물치료가 나을 수 있음; 제1장 참조). 치료 실패의 과정은 내담자의 현 상태에도 해로울 수 있기에 중요하다(예: 내담자의 절망감 수준이 높아지는 등; Gloaguen et al., 1998).

이러한 내담자 부적합성 지표에는 내담자가 자신의 문제를 보다 경직되고, 생물학적인 원인으로 이해하고 있거나(예: 문제를 '화학적 불균형'으로 인한 것으로 보는 경우) 또는 이 과정에 적극적으로 관여하기보다 임상가가 자신의 문제를 '해결'해 주기를 기대하는 경우가 포함된다. 최근의 스트레스 상황에서 자신이 경험한 생각들을 식별할 수 없거나 회기 중의 기분 변화를 인식 혹은 반영할 수 없는 내담자 역시 해당 방식을 활용할 가능성이 적다. 면담 중의 질 나쁜 라포 및 이전 임상가를 이상화하거나 비난하는 경향도 부정적인 지표가 될 수 있다. 급성의 문제라기보다는 만성적인 어려움이 있거나 문제의 본질이 모호하거나 초점화되지 않은 경우에도 이들을 얻기 어려울 수 있다. 반면, 긍정적인 징후로는 내담자가 인지행동치료 모델의 초기 제시에 잘 반응하고 시범적 개입에서 도움을 얻었던 것을 들 수 있다.

길잡이식 자조, 인터넷 기반 인지행동치료 또는 심리교육그룹의 효과성에 영향을 미치는 내담자의 성격 또는 심리 특성에 대한 연구는 거의 없다. 따라서 어떤 개입에 배정될지에 대해서는 내담자와의 협의를 통해 결정해야 한다. 이는 내담자의 선호도와 실제 상황, 그리고 해당 지역 내에서 가용한 개입에 어떤 것들이 있는지에 따라 달리 결정될 것이다.

길잡이식 자조

자조 문헌은 문명과 문자 언어가 탄생한 이래로 존재해 왔다. Tews(1970)는 3천 년 전의 대도서관들에는 '영혼을 위한 약(또는 치료제)'이라는 비문이 있었다고 기록한 바 있다. 고대 그리스인과 로마인은 다른 사람들이 자신의 삶에 더 만족하도록 돕기 위해 희곡과 텍스트를 썼고(예: Cicero, Lucretius, Seneca), 심리학자 Albert Ellis는 성경, 코란과 같은 종교 텍스트에서의 심리적 변화 요소들을 강조했다(Barrera et al., 1981 인용). 프랑스 작가이자 신부이자 의사인 François Rabelais(1494~1553)는 치료의 일환으로 환자를 위한 문헌을 처방했으며(Schneck, 1944), 18세기 동안 여러 진보적 정신병동은 치료 지침에 따라 환자가 사용할 수 있는 문헌들을 포함하는 주택 형태의 도서관을 통해 이러한 접근방식을 체계화했다(Weimerskirsh, 1965).

정신건강 영역에서는 반세기 넘게 자조를 위해 책을 사용해 왔다. 처음에는 신중하게 선택된, 상상에 기반한 소설을 읽는 것이 대면 접촉과 유사한 치료 과정을 유발할 수 있다는 가정에 기초했다. 정신분석 심리치료의 보조 수단으로 사용된 것이었다. 책을 읽으면서 의식적이든 무의식적이든 이야기 속 주인공과 관계를 맺고, 그렇게 함으로써 이 사람에 대한 심상에 따라 자신의 생각, 감정 및 행동을 모델링할 수 있다고('동일시identification' 과정) 가정한다. 이야기가 진행되는 동안 감정이 정화되고 갈등이 표현되며, 읽는 이의 통찰을 유발할 수도 있다(Lenkowsky & Lenkowsky, 1978).

인지행동치료가 등장한 1960년대 이후, 읽는 이가 읽을거리들과 상호작용하도록 권장하는, 새로운 유형의 자조 서적이 등장했다. 폭넓게 보자면, 이는 독자가 구현하도록 구성된 치료 매뉴얼에 해당한다. 내담자가 어려움을 극복하도록 돕기 위해 저강도 인지행동치료 임상가는 인지행동치료 자조 치료 매뉴얼을 사용하게 된다.

적합한 내담자를 찾았다면, 길잡이식 자조가 고강도 인지행동치료HICBT의 '차선책'으로 저강도 인지행동치료를 선택한 것이 아님을 강조하는 것이 중요하다. 사실 많은 이점이 있어 선택한 것이다(Papworth, 2006). 첫째, 가용한 수백 개의 문헌 중에(다음 참조) 임상가는 길잡이식 자조 자료를 분별력 있게도 선택한 것이며, 일부 자료들은 실제로 해당 분야의 전문가가 작성했기에 임상가가 자료를 잘 알고 선택한 경우 내담자는 그들에게 도움이 될 수 있는 최상의 지침을 제공받게 된다. 또한 이는 표준화된 치료 패키지로, 영국의 NICE(제1장 참조)와 같이 정부 당국이 제안한 모범 사례 권장 사항을 준수하게 될 것이다.

둘째, 내담자는 자신의 편의에 따라 자료를 참조할 수 있고, 원하는 만큼 수시로 자료를 검토하고 각자의 속도대로 작업할 수 있다. 따라서 매우 유연하고 매우 편리하여, 내담자가 자신의 생활방식에 맞추어 어려움을 해결할 수 있다.

셋째, 임상가가 전화 통화로 내담자들을 지원하는 경우 교통비와 아이 돌봄 비용 등을 줄여 내담자 개인의 비용 절감으로 이어지므로, 경제적 어려움이 이슈일 때 이를 더 악화시키지 않을 것이다. 이러한 유연성은 또한 지리적 거리가 치료의 장애물이며, 대중교통에 있어 선택이 제한된 경우(예: 외진 지역에 거주하며 자가용이 없는 사람들) 심리치료에 대한 접근성을 높인다.

넷째, 변화를 가져오기 위해 내담자 자신의 심리적 자원을 사용하도록 촉진한다는 점에서, 지원되는 자조supported self-help는 본질적으로 개인에게 힘을 실어 주는 접근법이다. 즉, 이러한 자조는 임상가와의 만남을 넘어서서 내담자가 시도하는 노력 자체가 치료의 진전에 보다 직접적으로 기여한다. 실제로 향후 문제가 재발되었을 때 내담자가 자료들을 스스로 다시 참조할 것이며, 이는 내담자의 서비스에 대한 의존도를 줄여 준다. 다음으로, 자조는 원격(예: 우편 또는 인터넷)으로 접근할 수 있고 원거리에서 전화로 지원될 수 있어 일부 내담자가 심리적 어려움에 대해 도움을 요청하는 과정에서 지각될 낙인(사회적으로 불명예스러운 느낌)의 잠재적인 부정적 영향을 최소화한다. 이는 또한 자기 문제로(예: 집을 떠나는 것과 관련한 불안을 경험함) 치료에 참석하는 것이 어려운 내담자의 짐을 덜어 줄 것이다. 마지막으로, 임상가와의 접촉이 적다는 점에서 서비스상 상당한 비용 절감을 이룰 수 있다.

자조 자료들을 활용하고자 하는 내담자를 위한 지원 수준은 다양하다. Glasgow와 Rosen(1978)은 다음과 같은 범주를 설정했다. (a) 전적인 자기–실시 수준, (b) 최소한의 접촉(예: 매주, 간단한 전화, 우편 또는 개인적 접촉), (c) 임상가–실시 수준으로, 이는 일반적으로 자료를 명확하고 자세히 설명하는 것과 관련된 정기적·전문적인 접촉을 포함한다. 저강도 인지행동치료에서 임상가의 역할은, 일반적으로 더 나은 결과 및 더 감소된 위험으로 이어질 것으로 보이는 선택지에 따른다. 이와 관련한 두 가지 주제는 다음에서 더 자세히 설명하겠다.

결과들

길잡이식 자조의 효과를 살펴본 연구들의 오랜 역사가 있다. 이 연구를 간결히 개괄하기 위해, 보다 최근에 게재된 리뷰 연구를 요약한다. Gellatly 등(2007)은 자조와 우울증에 초점을 맞춘 리뷰에서 34개의 연구를 면밀히 조사하기 위해 통계 기법('메타 회귀')을 사용하여 치료 결과에 영향을 미치는 요인을 확인하고자 했다. 종합적으로, 그들은 우울증 치료에서 길잡이식 자조(일부는 인터넷 기반 인지행동치료$_{CCBT}$ 포함)의 큰 효과 크기를 발견했다(효과 크기는 관계의 강도에 대한 통계적 척도임). 그들은 비임상 인구에서 참여자를 모집한 경우, 자기–실시 자조에 비해 길잡이식 자조가 제공된 경우, 그리고 인지행동치료 기반 자료가 제공된 경우 결과가 더 성공적임을 발견했다. 비임상 인구는 일반적으로 미디어의 광고를 통해 모집된다. 이들 개인은 의료 전문가로부터 의뢰된 인구에 비해 도움을 요청하고 더 높이 동기화되어 있을 가능성이 높아 더 긍정적인 반응을 보였을 수 있다.

Cuijpers 등(2010)이 진행한 리뷰 연구는 21건의 연구(일반 인구를 대상으로 한 미디어를 통한 모집 17건 포함)를 대상으로 하였으며, 길잡이식 자조(그리고 가벼운 수준의 인터넷 기반 인지행동치료)가 불안장애 및 우울증 치료에서 대면 심리 요법만큼 효과적인지 여부를 검토했다. 연구 결과, 두 가지 형태의 개입 간에 탈락률은 길잡이식 자조군에서 높았지만(통계적으로 유의한 탈락률 차이는 아님), 증상에 대한 효과성 간 실제 유의한 차이는 없어 길잡이식 자조군이 대면치료군에 준하는 효과를 본 것으로 확인되었다.

Coull과 Morris(2011)는 불안상애와 우울증에 대한 길잡이식 자조 치료를 살핀 바 있다. 그들은 11개 연구의 결과를 결합하였고('메타 분석'의 통계 기법 사용), 길잡이식 자조가 참여자에게 이득이 됨을 발견했다. Gellatly 등(2007)의 연구에서는, 미디어를 통해 모집된 일반군에게는 큰 효과 크기를, 임상 환경에서 모집된 임상군 대상 연구에서는 더 작은 효과 크기를 보고하였다. 그러나 임상군을 대표하는 6개 연구 중 3개에 (일반적으로 길잡이식 자조 개입에 덜 순응적인 것으로 간주되는) 심도 수준의 증상이 있는 참가자가 포함되었다. 또한 연구에 참여한 임상가에 대한 교육 및 지도감독에 대한 기록도 미흡하였다. 이에 저자들은 길잡이식 자조의 효과성을(특히 추적 시점의 효과성과 관련해) 아직 단언할 수 없다고 결론지었다. 그러면서도, 적절히 훈련, 지도감독된 전문가가 특정 유형의 길잡이식 자조를 제공할 때 '특정' 장애에 효과적일 수 있다고 제안하였다.

Lewis 등(2012)은 31건의 무작위 통제 시험Randomised Controlled Trials: RCT(〈표 2-1〉 참조)을 대상으로 한 메타 분석 리뷰에서 불안장애에 대한 길잡이식 자조의 영향을 살폈다(다만 인터넷 기반 인지행동치료도 분석에 포함되었음). 이때 범불안장애, 공황장애 및 사회불안장애에 대한 유의한 효과성이 드러났으며, 강박장애와 공황장애의 경우 길잡이식 자조가 그에 동등한 용량의 대면 개입에 준하는 효과성을 보였다. 외상 후 스트레스 장애PTSD에 대한 효과의 증거는 발견되지 않았다(이에 대한 연구가 거의 없음). 전체적인 분석에 따르면, 자조 개입을 지지하는 큰 효과 크기가 나타났다.

Farrand와 Woodford(2013)는 다양한 정신건강 문제에 대한 자조 치료의 연구에 대한 메타 분석적 검토를 수행한 바 있으며, 특히 임상가-실시 지원의 우수성을 확인하고자 했다. 그 결과 분석에 포함된 38개의 RCT 중, 심도의 사례들이 포함된 우울증 관련 연구들에서 더 나은 결과가 관찰되었고, 반면 사회불안장애 및 공황장애의 경우는 그렇지 않았다. Coul과 Morris(2011) 및 Gellatly 등(2007)은 지역사회에서 모집된 자조 치료 연구들에서 보다 나은 효과성을 보고한 바 있다. 특히 예상과 달리 임상가가 얼마나 지원하는지는 대체로 결과에 큰 영향을 미치지 않았으며, 우울증의 경우 임상가-실시로 개입되었을 때보다 최소한의 접촉에 한정된 경우에서 더 큰 이점이 있었다.

Linde 등(2015)은 우울증에 대한 다양한 일차 진료 기반 무작위 통제 시험 연구를 평가한 메타 분석 리뷰에서, 길잡이된 자조가 30개 연구의 대상자에게 대면 심리치료와 유사한 결과를 가져온다는 것을 발견했다. Farrand와 Woodford(2013)와 마찬가지로, 그들은 경도 우울증minor depression(주요 우울증의 증상이 더 적은 기분장애)과 기분부전증(오랜 기간 존재해 온 경미한 우울증) 모두에서, 주요 우울증major depression에 비해 더 작은 효과 크기가 나타났음을 확인했다.

Beshai 등(2016)의 메타 분석도 우울증 치료에 초점을 맞췄다. 그들은 (인쇄된 자료 및 인터넷 기반 인지행동치료를 모두 포함하며) 46개의 연구를 살폈고, 자기-실시 및 임상가-실시 자조가 모두 효과적이라는 것을 발견했다. 이 두 가지 조건을 서로 비교한 연구에서 인터넷 기반 인지행동치료CCBT와 인쇄물 모두 임상가의 지원이 있는 경우 더 효과적이었다(그러나 임상가의 지원과 관련한 추가적인 이득은 추적 관찰에서는 관찰되지 않았음). 그러나 저자는 연구 표본의 크기가 작다는 점에서 이러한 결론에 신중한 입장을 취했다. 마지막으로, 무작위 통제 시험과 준실험quasi-experimental 연구(〈표 2-1〉 참조)를 모두 포함하는 Pearcy 등(2016)의 메타 분석 리뷰는 다양한 수준의 임상가 지원에 기반한 강박장애 자조 치료에 초점을 맞췄다. 그들은 (인터넷 기반 인지행동치료와 인쇄물을 포함한) 18개 연구의 표본에서 그들은 임상가와의 접촉 증가로 인한 이점이 증가하기에 해당 접근방식이 효과적임을 제안했다.

요약하면, 우울증, 공황장애, 범불안장애 및 강박장애를 살핀 리뷰에서 길잡이식 자조의 임상적 효과를 뒷받침하는 여러 근거가 나타났다. 리뷰 중에는 인지행동치료 기반 자료가 이러한 목적에 가장 효과적이라는 언급도 있었다. 그러나 다른 치료 모델에 길잡이식 자조를 함께 사용하는 것에 대해 고무적인 성과도 발견되었다(예: Cavanagh et al., 2014; Meadows & Kellett, 2017).

일반적으로 임상가의 지원과 인지행동치료 초점적 접근이 있을 때 그 결과가 더 좋으며, 이는 저강도 인지행동치료의 접근방식과 일관된다. 우울증에 대한 임상가 지원 수준과 관련하여서는 혼합되고 예상치 못한 발견들이 있었다. 이것이 사실이라면, 임상가 지원에 더 큰 유연성을 부여하는 것이 향후 프로토콜에 가장 적합할 것임을 시사하는 것이다. 마지막으로, 미디어를 통해 모집된 일반인 대상의 결과가 더 좋았으며, 이 역시 저강도 인지행동치료 모델의 서비스 홍보 및 자기-의뢰 측면 방식에 힘을 실어 주는 결과라 하겠다.

심리치료 접근성 향상Improving Access to Psychological Therapies: IAPT 프로그램 내에서 심리적 웰빙 실무자의 역할은 최근 만성질환LTC을 가진 개인을 지원하도록 확장되었다. 이는 신체적 건강 상태의 변화가 흔히 심리적 반응을 유발한다는 점을 고려하면 이해할 수 있는 지점이다. 예를 들어, 파킨슨병 환자의 최대 50%는 우울증을 경험하고(Murray, 1996), 최대 40%는 범불안장애, 공황장애 및 사회불안장애를 포함한 불안장애를 경험한다(Marsh, 2000; Rabinstein & Shulman, 2000; Walsh & Bennett, 2001). 이에, 만성질환을 경험한 사람들과 길잡이식 자조 사용에 초점을 맞춘 최근의 두 개의 메타 분석 리뷰를 간략히 설명하고자 한다.

Matcham 등(2014)의 메타 분석 리뷰는 25건의 연구들에서 우울증 증상의 '작지만 유의미한' 개선이 있었으나 불안 및 심리적 고통 측면에서는 대조군과 비교하여 유의미한 개선이 없음을 밝혔다. Farrand와 Woodford(2015)의 메타 분석 리뷰에는 14개의 RCT가 포함되었다.

그들은 불안과 우울 증상의 개선과 관련하여 '작은 수준의 효과 크기'를 발견했다. 그러나 그들은 만성질환 연구에 포함된 대조군이 다른 적극적인 치료를 받고 있을 가능성이 높기 때문에 그 효과가 과소 평가될 수 있다는 점에 주목한다. 실제로 이러한 결과는 정신건강 문제만을 경험한 개인을 대상으로 한 연구를 리뷰한 결과에 비해 더 미미하다. Matcham 등(2014)은 뇌졸중 환자의 정신건강 문제가 표준적인 길잡이식 자조 방식으로 더욱 악화될 수 있다는 증거를 실제로 제시하며, 만성질환이 있는 개인과의 작업이 더 복잡할 수 있다고 설명한다. 뇌졸중에 대한 정보를 내담자에게 제공하는 것이 불안과 우울의 증상을 악화시킬 수 있으며, 또한 뇌졸중과 관련된 인지적 결함으로 글쓰기 중심의 치료 형태에 제대로 반응하지 못할 수 있다고 말한다. 부전실어증dysphasia 및 주의력 결핍 장애와 같은 인지장애는 내담자가 정보를 해석하고 유지하는 수준에 영향을 미칠 수 있으며 이러한 스트레스도 고통감을 악화시킬 수 있다. 결론적으로, 만성질환을 경험하는 개인을 대상으로 길잡이식 자조를 적용하는 것에 대한 연구는 아직 초기 단계에 있는 것으로 보이며, 최근의 리뷰들에서는 이러한 내담자들에게 본 접근방식을 적용할 때에 수반되는 추가적인 어려움과 복잡성을 강조하고 있다.

자조 자료의 사용과 관련한 위험

임상가−실시 자조[1] 자료(및 인터넷 기반 인지행동치료; 다음 참조) 접근방식은 내담자에게 있을 수 있는 위험을 줄여 준다. 이는 위험 모니터링을 지속할 수 있기 때문만은 아니다(제6장 참조). 그보다는, 임상가와의 접촉을 통해 전적으로 자기−실시로 치료 작업이 이루어지는 자조의 함정을 피할 수 있다는 이점에 기반한다(Barrera et al., 1981). 자기−실시하에 이루어지는 자조의 함정 중 하나는 문제에 실제로 도움이 될 문헌들을 선택하기도 전에, 자신의 문제를 진단하려 한다는 것이다. 훈련을 받지 않은 경우 진단은 간단한 작업이 아니며, 몇몇 증상들(예: 어지럼증)은 서로 다른 임상적 문제에 공통으로 나타난다. 자기−평가에서 기인한 잘못된 결론은 실제로는 자신이 아프지 않은데도 아프다고 자가 분류하는 것으로 이어질 수 있다. 혹은 오진을 한 사안에 대해(빈혈로 인한 어지럼증을 치료하고자 인지행동치료를 사용하는 등) 혹은 아직 자조로 다루는 것이 가능한지 확인되지 않은 사안에 대해, 잘못된 치료 전략

[1] 역자 주: 임상가가 주도적으로 내담자를 위해 자조 자료를 채택하고 명확하고 자세히 설명하며 사용하는 접근방식이다.

을 채택하려는 시도로 이어질 수 있다. 결과적으로, 이러한 노력은 적절한 전문가의 도움을 구하는 것을 지연시킬 수 있다. Grant 등(2008)은 불안 및 우울과 혼동될 수 있는 여러 신체 건강 문제를 나열한 바 있다([연습 2-1] 참조).

연습 2-1 🌱 불안 및 우울과 유사한 신체적 문제

검색 포털 등의 의학 사전을 사용하여 갑상선 기능 항진증, 갑상선 기능 저하증, 과호흡, 저혈당 및 카페인 중독과 같은 상태를 탐색해 보라.

이런 질환의 증상들은 무엇인가? 그들은 어떤 심리적 어려움을 모방하고 있는가? 신체적 원인과 심리적 어려움을 어떻게 구분할 수 있는가? 만약 초기 평가를 하고 있다면, 신체 증상들은 초기 평가에 어떤 영향을 미치는가? 일차 진료의와 함께 작업하는 저강도 인지행동치료 임상가에겐 어떤 영향을 미칠 수 있는가?

지침 없이 자조 자원을 사용할 때의 또 다른 잠재적인 문제는 질이 좋지 않거나 비효율적인 자료를 선택하는 데에서 오는 위험이다. 일례로 정신약물학적 개입을 대중에게 제공할 때엔, 신중하게 통제된 연구 시험을 거쳐야 한다. 또한 해당 약물의 처방자가 약물 사용 결과로 인한 위험한 부작용을 보고하는 절차(영국의 '옐로 카드_{yellow card}' 보고 시스템)가 있어 이에 약물 사용을 중단시킬 수 있다. 반면, 자조의 영역에는 이러한 규제가 없다. 책 표지에는 과장되고 입증되지 않은 약속들이 남발된다. 그러한 허위 진술은 소비자가 자신의 문제에 가장 효과적인 자료가 무엇인지 올바른 결정을 내리는 것을 어렵게 한다. 또한 일부 열악하거나 오래된 자료는 현재 기준, 최선의 치료에 반하는 조언을 제공하기도 한다. 마지막으로, 사람들은 지원이 제공되지 않을 때 자조 자료를 끝까지 볼 가능성이 적을 수 있다. 불행히도, 치료가 조기 종결되는 경우 우울증을 겪고 있는 사람의 절망감이 증가하는 등 문제가 악화될 수 있다. 임상가의 지원은 조기 종결 가능성을 낮추며, 내담자가 반응성이 없는 경우 내담자와 함께 대안적 선택지를 탐색할 수 있다.

치료의 원칙들

제5장에서는 저강도 인지행동치료 면담의 구조를 설명한다. 이러한 접촉의 이면에는 좋은 치료를 유지하기 위한 중요한 원칙이 있다(윤리적 치료의 원칙은 이 설명에서 제외하며 이는 제11장 참조). 이 원칙들은 부분적으로는 Papworth 등(2015), Pardeck(1998), Turpin(2010)이

제안한 것들을 기반으로 한다. 다음에 기술된 원칙은 가용한 여러 자조 자료에 대해 비판적 인식을 견지하고 내담자와의 접촉이 어떤 특성을 띠는지 살필 것을 제안한다. 또한 저강도 인지행동치료는 계속해서 진화하는 근거 기반 접근방식이기에 임상가는 지속적인 전문성 개발Continuing Professional Development: CPD에 참여해야 한다. 임상가는 보수 교육에 참석해야 하고, 저강도 인지행동치료 관련 문헌(연구 논문 및 자료 모두)을 계속해서 면밀히 탐구해야 한다.

연습 2-2 🌸 최신의 정보를 유지하기

다음은 저강도 인지행동치료에 대한 정보를 편찬하는 영국의 전문 학술지 저널이다.

- 『행동 및 인지 심리치료Behavioural and Cognitive Psychotherapy』 https://www.cambridge.org/core/journals/behavioural-and-cognitive-psychotherapy

- 『CBT 투데이CBT Today』 www.babcp.com/Membership/CBT-Today.aspx

- 『임상 심리학 포럼Clinical Psychology Forum』 https://explore.bps.org.uk/content/bpscpf

- 『정신건강 학술지Journal of Mental Health』 https://www.tandfonline.com/journals/ijmh

- 『인지 행동 치료자The Cognitive Behaviour Therapist』 https://www.cambridge.org/core/journals/the-cognitive-behaviour-therapist

- 『심리학자The Psychologist』 www.thepsychologist.org.uk/

이 중 일부 사이트에서는 자격 취득 후 과정도 홍보하고 있다. 인터넷을 통해 저강도 인지행동치료의 발전을 따라잡을 수 있는 적절하고 이용 가능한 저널을 찾아보라. 당신의 서비스에 가장 적합한 저널이 무엇인지 생각해 보고 정기적으로 구독할 수 있는지 확인하라. 저강도 인지행동치료의 새로운 발전 동향을 파악하는 것을 규칙적이고 보람이 되는 습관으로 만들 수 있는 방법을 고려하라. 독서 그룹이나 월례 회의를 통해 개인이 돌아가며 관련 기사를 발표하는 방법도 있다.

임상가는 면담 구조를 따르는 것과 내담자 중심 접근방식을 유지하는 것 사이에서 최적의 균형을 찾아야 한다. 예를 들어, 특정한 내담자는 (예: 낮은 수준의 문해력 또는 낮은 자신감) 임상가의 더 많은 지원을 받으며 더 느린 속도로 회기를 진행할 필요가 있다. 이때 다음과 같은 지원이 가능하다. (a) 사례/비유를 더 많이 사용하여 개념들을 설명하기, (b) 내담자와의 관련성을 높이기 위해 자료를 내담자 맞춤화customising하기(예: 내담자의 사례를 적절한 지점에 삽입), (c) 모델링 기회를 높이기, 또는 (d) 코칭 및 피드백의 기회를 극대화하는 자료를 회기 중 사용하기 등이다.

COM-B(행동에 영향을 미치는 역량, 기회와 동기) 프레임워크(제7장)는 이러한 형태의 민감성을 촉진하는 유용한 구조이다. 내담자는 또한 평가 회기에서 이상적으로는 사례공식화를 통해 모델에 대해 완전히 '친숙'해져야 하는 동시에 이 모델이 어떻게 적용되는지 이해해야 한다. 이는 개입 근거의 토대를 형성한다. 공식화 및 용어에 대한 정보를 제공하는 모델은 임상가가 내담자와 함께 사용하려는 자료에 포함된 모델과 일치하도록 해서 혼란을 피해야 한다.

또 다른 원칙은 기존 자조 자료에 대한 비판적 인식을 갖고 최신의 상태를 유지하는 것이다. 여기에는 어떤 자료가 가용한지에 대한 광범위한 지식 이상이 포함된다. 즉, 자료의 강점과 약점뿐 아니라 자료 간의 주요 차이점에 대한 인식을 포함한다. 이는 임상가가 자료를 각 내담자의 특성과 필요(예: 선호하는 자료와 관련된 읽기 연령)에 맞추어 가장 적절한 자료를 선택하는 데 있어 중요하다. 자료에 대한 지식이 숙달되면, 회기 내에서 사용되는 용어 및 자료의 저자가 사용한 심리학적 모델 및 예시와의 설명이 서로 일치하고 동기화된 상태에서 치료가 진행될 수 있다.

가용한 자료를 평가하는 데 도움이 되는 여러 가지 유용한 기준 또는 '검증법'이 있다. 일반적인 정신건강 문제에 대한 가장 효과적인 자료의 대부분이 현재 인지행동치료 모델을 기반으로 한다는 점에 주목할 필요가 있다(Gellatly et al., 2007; Turpin, 2010). 따라서 자료를 면밀히 조사할 때 저강도 인지행동치료 임상가를 위한 첫 번째 검증법은 자료의 내용을 주의 깊게 검토하는 것이다. 예를 들어, 과제의 사용을 포함하여 사용자에게 인지행동치료 접근 방식을 얼마나 잘 제시하는지 살필 수 있다. 둘째, 내담자는 자료에 다른 내담자의 회복 여정에 대한 사례가 포함된 것을 높이 평가한다는 증거가 있다. 여기에는 그들이 그 여정에서 그들이 겪은 어려움뿐 아니라 어떻게 진전을 이루었는지에 대한 보고를 아우른다. 이러한 이야기는 내담자의 어려움을 정상화normalize하고 그들이 자료와 이어지도록 돕는다. 따라서 두 번째 검증법은 자료에 내담자의 이야기가 포함되어 있는지 여부를 확인하는 것이다(Turpin, 2010). 세 번째 검증법은 내담자의 개별 요구와 관련이 있다. 이는 혹시 있을지도 모를 특별한 사항을 자료가 충족하는지에 대한 것이다. 예를 들어, 노동 인구인 성인을 위해 작성된 책의 형식과 예시는 노령층을 염두에 두고 설계된 책과 다를 수 있다. 혹은 일부 내담자는 다른 내담자보다 읽기 능력이 더 뛰어날 수 있는데, 해당 자료가 이러한 내담자에 알맞은 것인지 확인할 필요가 있다. 일부 내담자는 큰 활자 또는 자신에게 편안한 언어로 번역된 자료를 요구할 수 있다. 이러한 버전을 사용할 수 있는지 여부도 확인할 필요가 있다.

연습 2-3 🌿 번역 자료들

소수 민족에 적합한, 인터넷에서 사용할 수 있는 자료를 탐색해 본다. 예를 들면 다음과 같다.

- https://www.dhi.health.nsw.gov.au/transcultural-mental-health-centre-tmhc/resources
- https://www.nhs.uk/about-us/health-information-in-other-languages/
- https://www.rcpsych.ac.uk/mental-health/translations

놀랍게도, 모든 인기 있는 자료가 과학적으로 검증된 것은 아니다. 따라서 최종 검증은 특정 자조 서적이 효과적이고 적절하다는 근거를 찾아보는 것과 관련이 있다. 효과성의 측면에서, 이 책의 저자가 해당 자료의 효과성을 검증한 연구를 참조하고 있는지, 인터넷상에서 자료의 효과성을 평가한 연구를 찾을 수 있는지(종종 자료의 저자는 연구 출판물을 수록한 개인 웹사이트를 가짐) 등을 확인하는 것이다. 연구의 관련성은 내담자의 규모(포함된 내담자의 수), 서비스에 의뢰된 내담자와 자료에서 다루는 내담자 간 유사성(진단 및 증상의 심각성이 유사한지 여부: 일반적으로 척도의 평균 점수가 연구상 보고됨), 임상가 지원이 있었는지 여부, 그리고 연구 설계의 강도 등에 기반해 탐색될 수 있다. 〈표 2-1〉에서는 연구 설계의 엄정성(강도) 결정하는 데 도움이 되는 계층 구조를 자세히 설명한다.

표 2-1 연구 설계의 엄정성(강도) 측정(NICE, 2007에 기반함)

연구의 강도	연구 유형	연구 설명
강도 높음	무작위 대조 시험$_{RCT}$ 또는 무작위 대조 시험의 메타 분석	'RCT'는 비교 그룹을 사용한다. 내담자는 치료 그룹 또는 비교 그룹에 무작위로 할당되며, 후자의 경우 일반적으로 임상가의 지원을 받지만 이미 잘 확립된 중재(예: 치료 그룹과 동등한 용량의 대면 CBT) 또는 비교적 가벼운 중재(예: 이완 훈련)를 시행한다. 새로운 치료의 효과는 확립된 중재 또는 중재가 없는 조건과 비교할 수 있다. '메타 분석'은 연구를 통계적으로 결합하는 방법이다.

〈계속〉

강도 높음	무작위 배정 또는 준실험 연구가 없는 대조 연구	'무작위 배정이 없는 대조 연구'는 비교그룹이 있는 것은 맞지만 참가자가 각 그룹에 무작위로 할당되지 않는다(내담자가 치료를 선택하는 경우도 있을 수 있음). 이 설계는 엄정성이 다소 약한 범주에 해당하는데, 각자의 그룹에 대해 설명을 들은 내담자 간 차이가 있을 수 있고 이것이 결과에 영향을 미칠 수 있기 때문이다(예: 어떤 그룹의 내담자는 더 높은 동기를 갖게 되거나 더 큰 증상 심각도를 가질 수 있음). '준실험 설계'는 모든 요소가 통제되지는 않는 또 다른 연구 설계이다. 예를 들어, 한 그룹만이 중재 직전, 중재 직후 및 6개월 후 조사에서 증상을 하는 연구가 이에 해당한다. 이 설계는 '성숙'(자연적인 과정에서 일부 어려움이 개선됨)이라는 변인을 통제하지 않는다.
강도 낮음	비실험적 기술 연구	이 연구는 실험 설계를 사용하지 않으며, 사례 보고$_{case\ report}$가 한 예가 될 수 있다.

연습 2-4 ❀ 자료에 대한 비판적 안목 개발하기 1

당신이 수집했거나 당신의 서비스에서 사용하는 자료를 모아 보라. 혼자 혹은 이상적으로는 동료와 함께 이러한 자료들을 면밀히 조사하라. 각자 한 세트의 자료를 선택하고 이에 관한 다음 질문에 대한 답을 탐색해 보라(Turpin, 2010에서 수정).

- 자료가 내담자의 어려움에 대해 적절한 CBT 치료를 제공하는가? 예를 들어, 다음을 포함하는가?
  (a) 자기 발견을 허용하기 위해 증상을 탐색하고 모니터링하는 방법, (b) 최신의 관련된 기술, 그리고 (c) 과제 부여 등.
- 자료가 다양한 형식으로 제공되는가(번역본 또는 큰 활자 버전, 다양한 읽기 연령을 고려한 버전)?
- 자료를 받아들일 수 있는 (혹은 받아들일 수 없을 것으로 보이는) 내담자의 범위는 어느 정도인가(이를 이해하는 데 요구되는 교육 수준, 문화 및 코호트의 수용도 및 사용된 사례의 연관성)?
- 자료에 내담자의 사례연구가 포함되어 있는가?
- 자료에 대한 근거 기반의 강도(예: 검증 연구의 표집 크기, 수 및 질적 특징)는 무엇인가?

실무를 진행하고 있는 경우 인쇄된 버전으로도 간직할 수 있는 프레젠테이션, 전자 문서의 요약본, 태블릿 문서 등으로 동료와 답변을 공유해 보라.

인터넷 기반 인지행동치료

기술의 발전으로 길잡이식 자조는 새로운 매체로 전달되도록 진화했다. 1970년대 이후 오디오 테이프, 텔레비전, 비디오 테이프 및 자동 전화 서비스의 사용이 가능해졌다. 그러다가 비교적 저렴한 개인용 컴퓨터가 등장하고 컴퓨터와 인터넷이 영상을 구현할 수 있을 만큼 빨라지면서 약간의 경미하거나 중등도의 어려움을 겪는 내담자에게 인터넷 기반으로 인지행동치료를 전달하는 정교한 프로그램이나 패키지가 등장했다. 길잡이식 자조와 마찬가지로 인지행동치료는 구조화되어 있기에 인터넷 기반 전달에 적합하다. 이러한 프로그램의 예로는 Beating the Blues(www.beatingtheblues.co.nz), Deprexis(deprexis.com), FearFighter(ccbtmain.cbtprogram.com/products/fearfighter; 현재 서비스 중단 상태), Living Life to the Full(https://llttf.com/)과 MoodGYM(https://moodgym.com.au/)이 있다.

인터넷 기반 인지행동치료 프로그램은 일반적으로 다양한 양방향 매체를 통해(예: 비디오 및 온라인 일지) 보통 매주 진행되는 6~8개의 회기를 제공한다. 다른 경우와 마찬가지로 과제는 회기와 회기 사이에 완료하도록 한다. 패키지는 종종 임상가의 설명, 내담자 사례연구 및 임상적 진전에 관한 피드백을 제공한다. 과제를 돕기 위해서, 프로그램의 워크시트들은 인쇄 가능하도록 제공된다.

인터넷 기반 인지행동치료에 대한 적합성을 탐색하고 확인하기 위해 저강도 인지행동치료 임상가와 내담자가 함께 초기 평가를 수행해야 한다(NICE, 2006). 여기에는 내담자가 충분히 컴퓨터 사용 능력이 있고, 컴퓨터와 인터넷 연결이 가능하며, 정기적으로 컴퓨터를 사용할 수 있는지를 판단하는 작업이 포함된다. 그런 다음 내담자는 자신의 컴퓨터에서 프로

글상자 2-1 - MoodGYM의 구조 -------------------------------

- 소개: 결과 측정, 여섯 가지 사례연구, CBT 소개 및 프로그램 구조
- 회기 1: 부정적인 사고 패턴, 인지 왜곡 및 이러한 것들이 감정에 미치는 영향
- 회기 2: 부정적인 사고를 식별하고 이에 도전하는 방법; 자존감 및 자기 자비
- 회기 3: 3인칭으로 사고를 바라 보고, 도전적 과제를 실험해 보고, 활동을 늘리는 방법
- 회기 4: 스트레스 및 이완 기술
- 회기 5: 생각과 감정이 관계에 미치는 영향; 문제해결
- 회기 6: 결과 측정치와 내용 요약의 검토

그램에 접속하거나 인터넷 기반 인지행동치료를 사용할 수 있는 지역 내 장소에 방문할 수 있다. 길잡이식 자조와 마찬가지로 인터넷 기반 인지행동치료는 임상가 접촉이 지원될 때 더 나은 결과가 나타나는 경향이 있다(NICE, 2006). [글상자 2-1]은 인터넷 기반 인지행동치료 프로그램 중 MoodGYM(Twomey & O'Rielly's, 2017; 축약하여 설명함)의 구조를 설명한다.

　인터넷 기반 인지행동치료는 길잡이식 자조의 많은 이점을 공유한다. 추천되는 프로그램들은 전문 임상가가 작성하므로 내담자가 지속적으로 높은 질의 도움을 받을 수 있다. 내담자가 컴퓨터와 인터넷을 사용할 수 있다면 개인적인 일정에 치료를 맞출 수 있다. 임상가의 지원은 전화를 통해서 제공될 수 있어 이러한 원격 방식으로도 개입에 접촉할 수 있다. 이때 접근방식이 내담자 개인 자원에 대한 의존도와 긴밀히 관련된다는 점에서 비교적 권한을 강화하는 접근방식이라 할 수 있다. 마지막으로, 고강도 인지행동치료에 비해 상대적으로 임상가 접촉 수준이 낮기 때문에 비용 절감이 가능하다.

　인터넷 기반 인지행동치료 접근방식에 적합한 사람들에게 인터넷 기반 프로그램은 상호작용 수준의 증가와 관련된 고유한 이점(예: 자동화된 피드백)을 제공하고, 내담자의 학습을 촉진하는 보다 다양한 유형의 정보(예: 글, 오디오, 비디오 및 애니메이션 등)를 제공한다. 다만 단점은 내담자가 자료에 편안하게 다가가는 데 필요한 최소 수준의 컴퓨터 사용 능력에 도달해야 한다는 점과 외국어 버전의 프로그램이 부족하다는 점이다. 또한 길잡이식 자조에 비해 선택의 폭이 훨씬 적어 임상가가 내담자 맞춤식으로 프로그램을 구성하는 데 있어 제한이 있다. (일부 프로그램은 온라인에서 무료로 제공되지만) 컴퓨터와 소프트웨어 라이선스를 구입해야 하는 서비스의 경우에는 상당한 비용이 들 수도 있다. 또한 전문 IT 교육 없이 임상가가 프로그램을 제공하는 경우 기술 지원이 필요할 수 있다. 콘텐츠 특유의 특성으로 인해 일부 환자는 다른 사람들이 화면 콘텐츠를 넘겨다 볼 수 있는 상황(예: 공공 도서관에서 컴퓨터를 사용하는 경우)에서 자료에 접촉하는 것을 꺼릴 것이다.

　인터넷 기반 인지행동치료가 적절한 선택인지 여부를 고려할 때, 임상가는 우울한 내담자가 종종 동기부여와 집중력 측면에서 어려움을 겪으며, 이는 인터넷 기반 인지행동치료 및 길잡이식 자조에 참여하는 능력을 저해할 수 있음을 명심해야 한다. 이와 유사하게, 이러한 접근방식과 관련된 개인 자원에 대한 의존도가 높아짐에 따라 진행에 제한이 있는 경우 내담자는 이를 자신의 결점 때문이라 탓할 수 있으며, 이는 절망감 및 위험한 상황을 증가시킬 수 있다. 이러한 문제들은 지속적인 임상가 접촉 및 지원의 중요성을 강조한다. 정기적인 지원과 모니터링을 통해 위험을 관리하고 문제를 해결할 수 있다. 예를 들어, 내담자가 압도되면 임상가는 작업을 더 작은 단계로 쪼갤 수 있다. 마찬가지로 불안장애에 대한 인지행동치료 개입은 일반적으로 일정 수준의 고통을 관리하는 것과 관련된 실제 노출 작업을 포함하는데, 이러한 작업이 임상가의 지원을 받지 않는다면 내담자가 치료를 중단하는 결과를 초래할 수 있다(Barrera et al., 1981).

결과들

어떤 결과가 가능할지 생각해 볼 수 있도록, 인터넷 기반 인지행동치료에 초점을 맞춘 여러 리뷰를 살펴보고자 한다. 유용한 출발점은 2002년 업데이트한 NICE(2006)의 지침이다. 이는 다시 Kaltenthaler 등(2006)의 리뷰 논문으로도 확인되었다. 리뷰 논문의 저자들은 일반적인 정신건강 문제와 함께 인터넷 기반 인지행동치료의 효과성을 검증했다. 그들은 우울증 치료에 사용되는 소프트웨어 프로그램을 평가한 6개의 연구를 살폈으며, 이 표본 중 하나의 연구에서 해당 프로그램의 비효과성을 확인했다. 공황장애 및 공포증에 대한 10개의 연구에 대해서는 모두 인터넷 기반 인지행동치료가 다양한 범위에서 효과적이라는 것을 발견했다. 4건의 연구는 강박 장애에 대한 효과성을 살폈으며 혼합된 지지 결과가 나타났다. 이러한 결과들과 더불어 다양한 치료 선택지와 관련된 비용을 고려하고, 또한 다양한 조직 및 전문가가 제시한 근거를 기반으로, NICE(2006)는 경도에서 중등도의 우울에 대해 Beating Blues의 사용을, 그리고 공황장애 또는 공포증 관리를 위해 FearFighter를 권장한 바 있다.

Griffith 등(2010)은 불안과 우울의 치료를 위한 인터넷 기반 인지행동치료 개입의 효과성을 검토하였으며, 26건의 시험 결과 중 23건이 대조군에 비해 효과가 있다는 근거를 제시했음을 발견했다. 이 중 8개는 우울증에, 16개는 불안장애에 초점을 맞추었으며, 2개의 또 다른 연구는 불안 및 우울 모두에 초점을 맞춘 것이었다. 모집 방법, 임상가가 개입을 지원하는 데 소요되는 시간, 그리고 증상의 심각도는 매우 다양한 것으로 나타났다. 우울에 초점을 맞춘 연구 중 6개는 유의미하고 긍정적인 결과를 얻었고, 모든 불안 관련 연구들은 사용한 측정치 중 최소 한 개 이상의 긍정적인 결과를 보고했다. 이에 저자들은 이와 같은 임상적 상태에 대해 인터넷 기반 패키지가 대면 개입 및 약리학적 접근만큼 효과적일 수 있다고 결론지었다. Griffith 등(2010)은 같은 연구에서 해당 프로그램을 스스로 관리하여 수행하는 것과 임상가가 지원하여 수행하는 방식을 비교했다. 이때 후자에서 더 우수한 결과를 얻었으나, 임상가 지원에 대한 투입되어야 할 개입의 양에 있어 최적의 수준은 아직 정해지지 않은 것 역시 고려되어야 할 부분이라고 결론내렸다.

Newman 등(2011)은 체계적 문헌 리뷰를 통해 인터넷 기반 인지행동치료를 사용할 때의 최적의 치료 접촉 빈도를 설정하려 했다. 그 결과, 불안장애와 공황장애가 혼재된 경우 통제된 대부분의 연구에서 임상가와의 상당한 접촉 정도가 최적(치료 과정 중 90분 이상)으로 보이며 일부 특정 공포증의 치료에는 덜 필요할 수도 있음을 시사하는 결과를 발견했다. 마찬 가지로, 인터넷 기반 인지행동치료에서 임상가와의 접촉은 강박장애에 있어 중요한 변화 메 커니즘으로 작용하였다.

Foroushani 등(2011)은 체계적인 방식으로 이전 리뷰 연구 결과들을 취합하는 접근방식 인 '메타 리뷰'를 통해 인터넷 기반 인지행동치료가 우울증 치료에서 어떤 효과성을 보이 는지 조사했다. 저자들은 10개의 관련 리뷰를 찾았고, MoodGYM, Beating Blues 및 Color Your Life가 우울증 증상을 개선하며, 인터넷 기반 인지행동치료가 임상가가 진행하는 인지 행동치료만큼 널리 효과적이라고 결론을 내렸다. 이때 이들 패키지 중 어느 하나가 다른 패 키지보다 우월하다는 것을 입증하는 근거는 발견되지 않았다. So 등(2013)은 우울에 대한 인 터넷 기반 인지행동치료의 효과를 평가하기 위해 메타 분석 절차를 사용했다. 이때 14개의 RCT에 대한 분석을 진행하여 인터넷 기반 인지행동치료에 대해 중간 정도의 효과 크기를 확인하였으나, 추적 조사에서 유의미한 효과가 유지되지 않은 것으로 나타났다.

Adelman 등(2014)은 불안장애(PTSD 및 강박장애 제외)에 대한 인터넷 기반 인지행동치료 의 효과를 조사하기 위해 동일한 리뷰 방식을 채택했으며, 31개의 RCT 연구결과를 분석한 결과 인터넷 기반 인지행동치료에게 대조군 대비 큰 효과 크기가 있음을 확인한 바 있다. 또 한 그들은 혼재된 불안을 가진 대상자를 염두에 둔 프로그램들에 비해, 특정한 불안장애를 대상으로 하는 프로그램에서 더 큰 이점을 있음을 발견했다. 임상가의 참여는 보고된 효과 크기와 유의한 관련이 없었다. 그러나 이메일 또는 전화/대면 접촉과 함께 인터넷 기반 인 지행동치료를 사용한 임상실험에 비해 임상가와 참여자가 전혀 접촉하지 않은 실험에서 더 작은 효과 크기가 나타났으며 중도 탈락 위험 역시 증가하였다.

Newby 등(2016)의 메타 분석은 초진단적 접근에서 인터넷 기반 인지행동치료의 효과를 조사했다. 이러한 프로그램은 불안이나 우울, 혼재된 불안장애를 모두 대상으로 삼아 설계 된 것으로, 17개의 RCT를 포함하여 분석한 결과에 따르면 우울증 치료에 대한 큰 효과 크기, 그리고 불안장애 치료에 대한 중간 정도의 효과 크기를 관찰했다.

마지막으로, Twomey와 O'Reilly(2017) 및 Twomey 등(2017)은 각각 MoodGYM 및 Deprexis라는 두 가지 특정 인터넷 기반 인지행동치료 프로그램과 관련한 RCT 연구의 메타 분석을 수행하면서 다른 접근방식을 취했다. 그 결과, 흥미롭게도 한 프로그램이 다른 프로 그램보다 더 효과적인 것으로 나타났다.[2] Deprexis를 검토한 리뷰에서는 8개의 RCT 연구

2) 역자 주: Depreyis의 중간 정도 효과 크기와 MoodGYM의 작은 수준의 효과 크기 간 비교에 대한 내용이다.

가 포함되었는데, 인터넷 기반 인지행동치료의 효과성이 임상가 지원 여부에 관계없이 중간 정도의 효과 크기를 보이는 것으로 확인되었다. 그러나 해당 리뷰 연구에 포함된 한 연구에서, 중등도 내지 심도의 우울을 가진 참여자들에게 구조화된 지원이 동반된 경우 매우 큰 효과 크기를 보인 것으로 나타났다.

MoodGYM에 대한 메타 분석은 12개의 연구를 포함하였으며, 우울 증상에 대해 작은 효과 크기의 영향을 미치는 것을 확인했다. 예상 외로, 우울증 치료를 위해 설계된 해당 프로그램은 불안 증상의 개선에 대해 중간 정도의 효과 크기를 보였다. 이 경우 면대면 안내가 원격(전화, 이메일) 안내에 비해 더 큰 효과 크기를 보였다.

요약하면, 리뷰 연구의 결과들은, 때로 다소 일관성이 없어 보일 수도 있으나, 인터넷 기반 인지행동치료가 우울 및 불안 문제에 도움이 된다는 것을 시사한다(이 장의 앞 절에서 언급한 강박장애의 효과에 대한 일부 증거 포함; Lewis et al., 2012; Pearcy et al., 2016 참조). 우울에 대한 인터넷 기반 인지행동치료의 효과는 시간이 지남에 따라 지속되지 않을 수 있으며, 이러한 접근방식이 불안장애를 겪는 사람들에게 더 큰 이익이 될 수 있다는 근거도 일부 존재한다.

우울과 관련한 결과는 초진단적 접근을 시도하는 프로그램들이 더 큰 효과성을 보이는 듯하다. 연구 결과들은 다소 상충하는 부분이 있지만, 저강도 인지행동치료의 목적에 따라 임상가와의 접촉은 프로그램 효율성을 높이거나 중도 탈락을 줄이는 데 유익한 영향을 미칠 수 있다. 그러나 길잡이식 자조에 비해서는 임상가의 지원이 덜 필요한 것으로 보인다. 이때 여러 프로그램은 그 구조와 효율성 면에 있어 큰 차이를 보인다. 예를 들어, Deprexis의 경우 MoodGYM과 비교할 때 임상가의 지원 수준에 관계없이 더 큰 효과 크기가 관찰되었는데, 이에 대해 가정해 볼 수 있는 이유는 구조상 유연성이 더 크다는 점일 것이다. 유연한 구조는 보다 내담자 중심적인 치료적 경험을 가능케 한다.

잘 설계된 인터넷 기반 인지행동치료는 스마트폰과 전자 태블릿에서도 접근할 수 있으며, 최근에는 모바일용으로 설계된 애플리케이션(이하 앱)들도 개발되고 있다. 때때로 'mHealth'라고도 하는 이러한 앱은 독자 실행형 치료로 또는 타 접근방식(예: 인터넷 기반 인지행동치료 또는 의사 대면 접촉)의 보조 수단으로 사용할 수 있다. 인터넷 기반 인지행동치료의 장점 그 이상으로 그리고 장점을 넘어서서, mHealth는 실시간 증상 및 중재 모니터링에 더 용이하며 휴대성이 높고, 사용에 있어서 유연성이 높기에 잠재적으로 치료 순응도를 향상시킬 수 있다. mHealth 연구는 인터넷 기반 인지행동치료보다 훨씬 더 예비 단계에 머물러 있지만, Firth 등에 의해 불안장애와 우울증에 대한 접근법의 효과를 각각 평가한 두 가지 메타 분석 리뷰가 완료되었다(2017a, 2017b). 이에 불안장애(9건의 무작위 통제 시험을 포함하는 검토)와 우울증(18건의 무작위 통제 시험 포함)의 치료에서 중간 정도의 효과 크기를 발견하였다. 후자의 경우 앱 내에서 피드백(예: 요약 통계 및 진행 점수)을 제공하는 앱이 더 효과적이었다. 반-직관적으로, 우울증 치료에서는 임상가와 접촉하지 않은 연구가 더 효과적이었다. 이 결과는 앞서 언급한 다른 치료법과 관련된 일부 연구 결과와 일치한다. 그러나 저자들에 따르면, 이는 해당 연구에 사용된 앱들이 본래 보다 포괄적으로 설계되었기 때문일 수 있다.

'위험 관리' 및 '좋은 치료의 원칙' 측면에서, 인터넷 기반 인지행동치료의 장점은 길잡이식 자조의 장점과 유사하다(앞의 내용 참조). 그러나 인터넷 기반 인지행동치료 프로그램은 정기적으로 기분 상태와 위험을 평가하여 건강 전문가에게 직접 주의를 주거나 내담자에게 필요시 건강 전문가에게 연락해야 한다고 이야기해 준다는 점에도 주목해야 한다.

연습 2-5 ❦ 자료에 대한 비판적인 안목 개발하기 2

당신의 서비스에서 사용하거나 향후 사용을 고려 중인 인터넷 기반 인지행동치료 또는 mHealth 자원을 고려해 보라. 동료들과 함께 [연습 2-4]에 제시된 질문을 다시 한번 해결해 보고 해당 서비스들에서 발견된 내용을 서로 나누어 보라. 현재 실무를 하고 있지 않는 경우 인터넷이나 앱스토어에서 무료로 제공되는 프로그램/앱에 [연습 2-4]의 준거를 적용하며 연습해 보라.

심리교육그룹

인지행동치료는 본래 개인을 위한 치료로 개발되었으며 이후 1970년대 후반에 그룹 형태의 인지행동치료가 개발되었다(Beck et al., 1979). 그룹으로 치료를 제공하는 데에는 다양한 방법이 있으며, 여기에는 그룹치료와 심리교육그룹Psycho-Education Group: PEG이 포함된다. 이에 대해 차례로 논의할 것이다.

그룹치료를 이용한 내담자 정신건강 문제의 치료는 제2차 세계대전 중 등장하였다. 이즈음의 인력 부족으로 새로운 접근방식이 필요했던 것이다(Free, 2007). 그룹치료(그룹 인지행동치료 포함)에서 한 가지 주요한 중점 영역은 그룹 구성원 간의 상호작용이다. 이는 치료 과정 내에서 내담자가 그들의 문제를 넘어서도록 돕기 위해 사용될 수 있다(Bieling et al., 2006). Yalom(1995)은 그룹치료 내에서 변화에 영향을 미치는 아홉 가지 요인을 다음과 같이 설명한 바 있다.

- 희망 심어 주기the installation of hope: 잠재적인 긍정적 결과들을 강조함.
- 보편성universality: 다른 사람들도 나와 비슷한 어려움을 겪고 있음을 발견함.
- 정보 전달imparting information: 정보와 조언을 제공함.
- 이타주의altruism: 내담자가 서로를 돕는 것을 통해 이익을 얻을 기회를 가짐.
- 원가족의 교정적 재현 및 대인관계 학습the corrective capitulation of the primary family group and interpersonal learning: 아동기에 발달했던 역기능적 관계를 확인하고 변화하도록 개인을 도움.
- 사회화 기술의 발달the development of socialising techniques: '역할극'과 같은 기법을 통해 사회 기술을 학습함.
- 모방 행동imitative behaviour: 타인을 관찰함으로써 학습함.
- 그룹 응집력group cohesion: 개인들이 자신의 어려움을 논의할 수 있도록 하는 신뢰 및 지지가 발달함.
- 카타르시스catharsis: 공유하고 짐을 내려놓는 과정이 됨.

일반적으로 그룹치료 형식에는 7~12명의 내담자(1~2명 중도 탈락을 예상하여)와 2명의 임상가를 포함한다. 각 회기의 길이는 일반적으로 1시간 30분에서 2시간이며, 더 긴 모임이라면 휴식 시간을 가진다(Bieling et al., 2006; Yalom, 1995). 인지행동치료 접근방식을 기반으로 하는 그룹치료는 최대 20회까지 가능하다(예: 양극성장애 및 섭식장애에 대한 그룹치료; Bieling et al., 2006).

이 형식의 특성 때문에 그룹의 임상가는 그룹에서 발생하는 상호작용을 해석하고 작업하며 치료 과정 중 발생할 가능성이 있는 문제를 다루는 경험이 필요하며, 그룹에 개인을 참여시킬 때 일대일 선별 과정에서 세심한 주의를 기울이는 것이 필요하다. 후자는 부분적으로는 한 내담자의 문제가 다른 내담자에게 부정적인 영향을 미칠 가능성을 피하기 위한 것이다.

그룹치료와 마찬가지로 심리교육그룹은 내담자에게 신체 건강 문제를 관리하도록 교육하는 데 있어 20세기 초부터 사용되어 온 오랜 역사를 가지고 있다. 이 방식은 1930년대부터 정신건강 문제가 있는 내담자를 돕기 위해 사용되었다(Free, 2007). 심리교육그룹에 기반한 접근은 그룹의 활용 및 참가자 간 상호 관찰과 상호작용을 필수적인 요소로 하지는 않는다는 점에서 그룹치료와 다르다(Whitfield, 2010). 다만 심리교육그룹은 정신건강 문제를 다루는 것과 관련된 지식과 기술을 제공하기 위해 (무료 워크북을 사용하는 것과 함께) 강의 및 과제와 같은 교육 방법의 사용에 크게 의존한다. 다만 '희망 심어 주기'와 '정보 전달'의 요소는 여전히 관련성이 높다(〈표 2-2〉 참조). 길잡이식 자조 및 인터넷 기반 인지행동치료가 그러하듯 현재의 경험에 중점을 두고 있는 인지행동치료의 구조화된/조작가능한 특성은 이 형식에

표 2-2 Yalom(1995)의 치료적 요인에 따른 그룹치료와 심리교육그룹의 비교

치료적 요인	그룹치료	심리교육그룹
희망 심어 주기	관련됨	관련됨
보편성	관련됨	크게 관련됨
정보 전달	관련됨	크게 관련됨
이타주의	관련됨	적게 관련됨
원가족의 교정적 재현 및 대인관계 학습	관련됨	적게 관련됨
사회화 기술의 발달	관련됨	크게 관련되어 있으나 그룹 밖에서 발생함
모방 행동	관련됨	관련됨
그룹 응집력	관련됨	적게 관련됨
카타르시스	관련됨	적게 관련됨

매우 적합하다고 하겠다.

특히 그룹의 리더(일반적으로 두 명의 임상가가 운영함)가 강의실 형태의 장소를 사용할 수 있는 경우 심리교육그룹의 규모가 훨씬 더 커질 수 있다. 프로그램은 일반적으로 6~10개의 회기로 구성되며, 한 회기당 약 2시간 정도(휴식 시간 포함) 소요된다(White, 2010a). 일반적인 회기의 구조는 [글상자 2-2](White et al., 1992 기반)에, 프로그램의 구조는 [글상자 2-3](Kunick et al., 2008; Macrodimitris et al., 2011)에 수록되어 있다.

이 예제 프로그램은 우울증 치료를 위한 것이지만 다양한 진단의 요구를 동시에 충족하도록 설계된 초진단적 그룹에 일반적으로 사용된다(예: Erickson et al., 2007; Macrodimitris et al., 2011). (아직 연구로 입증되지 않은) 또 다른 가설적 모델은 일련의 회기 내에서 서로 다른 진단을 가진 개인이 자신의 필요에 따라 회기에 '들이거나 빼는' 모듈화된 모델이다. 이 모델에서 일부 회기는 특정 장애(예: 우울증에 대한 행동 활성화$_{BA}$)에 더 특화되어 있고, 다른 회기는 두 가지 이상의 질환에 공통으로 나타날 수 있는 증상(예: 수면 중재)에 도움이 될 수 있다.

일반적으로 내담자의 참여 및 동기의 수준을 높이기 위해 내담자는 초반에 인지행동치료에 내재한 강력한 근거 기반에 대한 정보를 받는다. 마찬가지로 강의 형태 내에서도 내담자의 문제를 일으키고, 유지하고, 이것이 치료되는 데 필요한 이론적 근거를 제공하는 데 중점을 둔다.

Yalom이 강조한 요인 중 심리교육그룹 내 또 다른 중요한 변화 요인은 '보편성'이다. 첫 모임을 위해 모임 장소에 참석하여 비슷한 어려움으로 참석한 50명의 또 다른 개인을 발견

글상자 2-2 ─심리교육그룹 회기 구조 예시

- 환영하기. 코스 기대사항 논의, 완료된 결과 측정치의 수집 및 이전 회기 검토(15분).
- 관련된 심리적 개념에 관한 교육 섹션(예: 우울증 유지에 있어 회피의 역할 20분).
- 연결된 치료적 개입에 관한 교육 섹션(예: 행동 활성화 20분).
- 커피/티 브레이크(15분).
- 치료적 접근을 구현하기 위한 전략 및 도구의 사용에 관한 교육 섹션(예: 행동 활성화 일기 20분).
- 회기 내 내담자의 상황에 도구 적용(예: 현재 하고 있지 않은 즐겁고 가치 있는 활동의 사례를 고려하여 그룹 당일의 행동 활성화 일지 작성 20분).
- 과제 설정(다음 회기 전까지 행동 활성화 일지를 작성하고 다른 긍정적인 활동의 사례들의 목록을 기록할 것, 10분).
- 위험 수준과 관련하여 결과치 측정에 대한 회기 후 임상가 검토 위험이 확인된 경우 전화로 내담자에게 연락할 것.

글상자 2-3 ─우울증에 대한 심리교육그룹 프로그램 구조의 사례

- 1주차: 프로그램 구조 오리엔테이션; CBT 모델; 내담자 사례(증상 발현 및 회복); 근거 기반 인식 제고 활동(예: 설문지 및 일지 작업 활용) 논의.
- 2주차: 행동 레퍼토리 및 활동 일정 정리.
- 3주차: 행동 변화 및 생활방식에 대한 긍정적인 활동 수준 높이기.
- 4주차: 우울증 및 사고 모니터링과 관련된 인지 패턴 확인.
- 5주차: 인지 재구조화, 보다 '현실적인' 생각을 검토하기 위한 증거 모으기, 생각이 기분과 행동에 미치는 영향 모니터링.
- 6주차: 문제해결 및 어려움을 유지하는 데 있어 문제 회피 양상을 확인하고 행동 계획action plan을 작성.
- 7주차: 수면 개선을 위한 중재.
- 8주차: 기술 검토 및 이익 유지를 위한 계획 논의; '그룹 종료 후 목표'post-group goals.
- 3~6개월: 초점 유지, 이득 검토, 대처 기술 강화, 추진력 지속을 위한 추적 모임.

하는 것은 강력한 '정상화' 경험이다. 그들은 그들의 어려움이 독특하기보다는 비교적 평범하다는 사실을 마주한다. 또한 강의 프레젠테이션에 회복의 이야기들을 말하는 이전 내담

자(또는 이러한 사람들을 연기하는 배우)의 영상을 포함하는 것 역시 도움이 될 수 있다. 내담자는 강의 및 과제에 설명된 대로 회기 밖에서 대처하는 새로운 방법을 실험하게 될 것이다. 심리교육그룹에 참여하는 다른 내담자가 보여 준 전략을 모방하기보다는 프로그램 자료에 수록된 '모방 행동' 자료를 활용한다.

　Yalom의 그룹치료 요인들 중 일부는 심리교육그룹과의 관련성이 적다. 강의 형식 내에서는 내담자 간의 상호작용이 최소화되어 그룹원이 서로 지지하고 자기 경험을 공유하며 그룹원들의 어려움을 이해하도록 서로 돕는 등의 이타적 활동의 기회가 제한적이다. 많은 수의 인원이 참석하기에 그룹 응집력이 약할 수도 있다. 예를 들어, 그룹원들은 심리교육그룹 세팅의 외부에서 연락처 정보를 교환하거나 자발적으로 만날 가능성이 적다. 마찬가지로 개인은 (카타르시스의 한 측면일 수 있는) 개인 정보를 공개할 기회가 없다. 마지막으로, 저강도 인지행동치료는 현재에 초점을 맞추기 때문에, 심리교육그룹 내에서는 개인의 발달 경험에 초점을 맞추지 않을 것('교정적 재현' 과정의 한 측면이 제한적임)이다.

　심리교육그룹에 대한 근거 기반은 길잡이식 자조 및 인터넷 기반 인지행동치료에 비해 덜 확립되어 있지만 이 형식은 저강도 인지행동치료 서비스에서 광범위하게 사용되고 있다. 이는 효율성 측면에서 상당한 이점을 제공하기 때문이다. White(2010b)는 불안과 스트레스를 경험하는 사람들뿐 아니라 이차 우울증(만약 있다면)을 치료하도록 설계된 심리교육그룹에 대해 기술한다. 이 경우 최대 160명의 참여자를 품을 수 있는 것으로 보고되었다.

　한 가지 가능한 단점은 필연적으로 심리교육그룹이 치료 관계 측면에서 임상가와 내담자 사이에 거리를 유지할 필요가 크기 때문에 내담자의 상황과 진행 상황에 대한 임상가의 지식이 희석된다는 것이다. 예를 들어, 대규모 강의의 경우 모든 참여자를 임상가가 선별하는 것은 비현실적일 수 있다. 내담자는 단순히 광고를 통해 혹은 일차 진료의_{PCP}의 의뢰로 참여에 대한 안내를 받을 수 있다. 후자의 경우 해당 강의가 개인에게 적합한지 의료 전문가의 기본 점검이 필요하며, 일차 진료의가 심리교육그룹의 목적과 포함 및 제외 기준을 설명하게 된다.

　또한 심리교육그룹 리더가 참여자를 모니터링하고 각 참여자에 대한 개인 맞춤식의 지지를 하는 것 역시 불가능하다. 따라서 의욕이 높지 않거나 자기 자원이 부족한 내담자는 그룹의 방식이 과도하게 어려울 수 있으며 그룹에서 탈락할 수도 있다. 서비스는 이러한 개인이 나중에 다시 참석하도록 독려하는 방법, 그리고 다른 저강도 인지행동치료 방식으로 전환하거나 치료의 단계를 높일 수 있는 방법을 고려해야 한다.

　심리교육그룹의 효과는 각 회기마다 개인에게 자가 평가를 제공하여 측정할 수 있지만(적절한 평가는 제3장에 수록됨) 개인 맞춤형의 평가는 어렵다는 추가적인 단점이 있다. 또한 내담자(또는 일차 진료의)가 자신의 어려움을 정확하게 진단하지 못할 수 있으므로 심리교육그룹은 종종 참여자가 넓은 범위의 이야기를 할 수 있도록 초진단적으로 작동하도록 설계된다. 이러한 개인화된 치료의 부족은 잠재적으로 효과를 감소시킬 수 있다. 또한 더 큰 장소가 필요하다는 것은(비록 이러한 장소로 가는 대중교통은 일반적으로 양호하지만), 자신의 집에서도 가능한 다른 방식들에 비해 일부 내담자가 저강도 인지행동치료를 위해 더 먼 거리를 여행해야 함을 의미한다. 마지막으로, 원활한 심리교육그룹을 위해 최소 수준의 문해력이 필요하다는 점과 일반적으로 서비스에서 소수자/소외된 인구를 위한 병행 형식을 개발하는 것이 어려울 수 있다는 점도 고려해야 한다.

결과들

길잡이식 자조와 인터넷 기반 인지행동치료의 시행은 광범위하게 표준화되어 있고(Richards & Whyte, 2011), 치료적 변수가 NICE 가이드라인(NICE, 2006, 2009, 2011b)에 자세히 기술되어 왔지만, 심리교육그룹의 경우는 그렇지 않았다. 심리교육그룹은 우울증(NICE, 2009) 또는 공황장애(NICE, 2011b) 치료에 대한 NICE 가이드라인에서는 권장되지 않지만, 범불안장애$_{GAD}$(NICE, 2011b)의 2단계 치료로는 권장된다. '전체' NICE 가이드라인을 검토하였을 때 식별 가능한 연구가 부재하다는 사실은, 심리교육그룹이 우울증이나 공황에 대한 비효과적인 치료법이라는 근거가 되기보다는 심리교육그룹 접근방식을 권장하기를 꺼리는 이유가 된다(National Collaborating Center for Mental Health: NCCMH, 2010, 2011). GAD에 대한 권장 사항은 질이 낮거나 중간 정도인 두 연구만을 기반으로 했기 때문에 조심스럽게 기술되었다(NCCMH, 2011).

심리교육그룹 연구는 더 넓은 범주의 '그룹 인지행동치료'(Morrison, 2001; Whitfield, 2010)의 문헌에 포함되므로 관련 연구를 걸러 내기가 어렵다. 심리교육그룹의 모범적 실천 지침이 부재한 결과일 수도 있으며, 심리교육그룹이 IAPT 서비스 내에서 다양한 방식으로 시행되어 오기도 했다. 즉, 프로그램이 다소 가변적으로 구현되었으며, 이는 모범 사례 지침이 없었던 것이 아마도 영향을 미친 것으로 보인다. 다음에서는 인지행동치료 관점에서 모범 사례에 더욱 부합하는, 최근 연구에 중점을 두고 근거 기반에 대해 살펴보고자 한다. 이 모든 연구는 앞선 정의에 따라 심리교육그룹을 평가하였다.

Swan 등(2004)과 Dalgard(2006)는 Coping with Depression 프로그램에서 변형된 여러 접근을 평가하였다(Lewinsohn et al., 1984). Coping with Depression은 이러한 종류의 개입들 중 가장 널리 가용하였고 가장 오래 지속된 개입 중 하나이다. 비영어권에서 여러 버전으로 번역되었으며 청소년용으로도 구성되어 있다(Cuijpers et al., 2009 참조). Swan 등(2004)은 대조군을 모집하지는 않았지만 연구에 몇 가지 흥미로운 요소를 포함했다. 첫째, 만성적 또는 재발성 문제를 경험하는 참가자 모두에 대해 35%의 회복률을 나타내는 다소 미미한 수준의 심리교육그룹 효과를 고려해야 한다. 둘째, 1개월 및 6개월의 추적 회기('모임')는 3개월의 추적 조사 시점에서도 진전 상황이 유지되는 기저 요인일 수 있다. Dalgard(2006)는 일반 인구에서 광고를 통해 참여자가 모집된, 보다 강력한 연구 설계를 사용했다. 해당 연구의 참여자들은 Swan 등의 연구에 비해 기저선의 우울증 측정치가 훨씬 낮았다. 여기에는 부스터 회기(1개월, 2개월 및 4개월)가 포함되었고, 총 회기 수는 적지만 각 회기 내에서 더 많은 치료적 정보가 포함되었으며, 회기 사이의 사회적 지지도 권장되었다. 연구 내 일차 및 이차 치료에서 내담자의 각각 69% 및 56%가 우울증 척도의 점수 감소를 경험하면서 증상의 상당한 완화가 발생했고, 이는 Swan 등(2004)의 연구와 유사한 수준이었다. 또한 추적 관찰에서도 그 효과가 안정적으로 유지되었다. (광고를 통해 모집한) 개인을 대상으로 한 Brown 등(2004)의 RCT 연구 또한 우울증을 극복하고 자신감을 향상시키기 위해 설계된 심리교육그룹을 평가했다. 이 경우 Dalgard(2006) 연구와 유사한 수준의 우울증 수준이 기저선 시점에서 확인되었다. 이 심리교육그룹에는 3개월간의 추적 모임이 포함되었다. 해당 워크숍은 하루 동안 진행되었으며, 이들 중 약 45%가 임상적으로 유의미한 증상 변화를 경험했다. 후속 연구에서는 이때의 이득이 2년 동안 '대부분' 유지되었다고 밝혔다(Brown et al., 2008).

White 등(1992)은 범불안장애에 초점을 맞추었지만 동반이환된 우울증이 있는 내담자를 배제하지 않았으며, McEntree와 Halgin(1999)의 연구는 경도에서 중등도 수준의 불안(특정 장애)을 경험하는 개인에 초점을 맞추었다. 두 심리교육그룹 모두 증상을 유의하게 개선하였지만 비교적 짧은 추적 기간 중 일부 악화가 관찰되었다.

Erickson 등(2007)과 Houghton과 Saxon(2007)는 심리교육그룹이 다양한 장애에서 하나 이상의 불안을 경험하는 개인을 돕는 것을 목표로 한다는 점에서 '포괄적'이라 제안하였다. Erickson 등(2007)의 연구에 표집된 대상자 중 43%는 하나 이상의 불안 진단을 받았고, 20%는 우울증을 동반하였다. Erickson 등(2007)은 더 강력한 연구 디자인을 적용하였으며, 이에 심리교육그룹 참가자 63%는 설문지 점수의 20% 감소에 이른 것으로 확인되었다. 이러한 개선은 6개월 추적 관찰에서도 유지되었으며, 특히 공황장애를 경험한 사람들에게서 가장 큰 개선이 나타났다. Houghton과 Saxon(2007)의 중재는 4개의 회기만으로 구성되었으며, 표본의 25%가 3개월 추적 관찰에서 임상적으로 유의한 변화에 이르렀으나 해당 시점에서 거의 절반이 개인 인지행동치료를 추가적으로 요청했다.

Nickel 등(2007)의 심리교육그룹은 '직무 스트레스'를 경험하는(11%는 불안장애가 있고 14%

는 우울증이 있음) 남성을 위해 설계되었고, 대조군을 포함하여 연구를 진행하였다. 이때 심리교육그룹의 효과성은 확인되었으나 장기적인 효과를 평가하기 위한 추적 평가는 포함되지 않았다. Kitchiner 등(2009)은 강박장애 및 PTSD 이외의 불안장애를 경험하는 사람들을 위해 심리교육그룹을 수행하였으며, 이 무작위 통제 시험 연구는 6개월 추적 관찰에서 뚜렷한 변화를 드러내지 못하였다. Kearns 등(2010)은 무대조군 시험uncontrolled trial에서 강박장애를 치료하고자 하였고, 심리교육그룹으로 인한 상당한 증상 개선을 보고했다. 아쉽게도 후속 평가는 포함되지 않았다. 마지막으로, Bains 등(2014)은 불안장애 그리고/또는 우울증을 경험한 노인 그룹에 초점을 맞췄다. 이 경우 짧은 추적 시점에서 26%의 다소 미미한 회복률이 확연하였다.

심리교육그룹은 만성질환LTC의 심리적 영향을 해결하는 데에도 사용되어 이에 간략히 설명하고자 한다. 3개의 연구에서 여성의 임신과 출산 경험에 대한 심리교육그룹의 영향을 조사한 바 있다. 이들 중 가장 처음의 연구는 Honey 등(2002)의 것으로, 크기는 작았지만 견고한 디자인을 포함했다. 이는 6개월 추적 시점의 우울증 측정치에도 상당한 영향을 미쳤다. Austin 등(2008)의 연구는 더 큰 크기의 RCT로, 추적 시점에 기분에 대해서는 개입의 이점이 관찰되었지만 불안에서는 효과성이 관찰되지 않았다. 대조군에게 개별적으로 자조 자료가 제공되긴 하였지만 실제로 대조군과 통계적인 차이가 확인되지 않았다. Green 등(2015)의 연구는 보다 작은 연구로, 표집의 크기가 작았으며 통제 조건이나 추적 연구를 포함하지 않았다. 해당 심리교육그룹은 불안장애를 겪고 있는 주산기 여성을 위한 것으로, 연구 결과 저조한 기분과 불안 수준 모두에 이점이 있는 것으로 나타났다.

두 가지 연구에서 불안장애 그리고/또는 우울증을 경험한 파킨슨병 환자에게 심리교육그룹이 미치는 영향을 조사한 바 있다. Feeney 등(2005)은 단 4명의 참가자를 대상으로 한 파일럿 연구를 수행했고, 이들 중 2명은 추적관찰 시점의 우울한 기분에 대해 임상적으로 유의한 개선을 경험했다. 이후의 연구(Treoung et al., 2014)는 규모가 약간 더 컸으며(개입 그룹에 11명 배정), 대기 통제군과 보다 긴 6개월의 추적 평가를 포함했다. 그러나 여기에서도 기분과 불안 측면에서 개선이 나타났으나 통제군과 큰 차이는 없다는 결과가 확인되었다. 흥미로운 점은 해당 연구가 6개월 추적 평가에서 상당한 추가 개선을 확인하였다는 점이다. 이 중 89%는 우울증에서 그리고 56%는 불안에서 임상적으로 유의미하게 개선이 확인되었다.

나머지 연구는 다양한 신체 건강 상태에 초점을 맞췄다. Hambridge 등(2009) 불안장애 그리고/또는 우울증을 경험한 심장 재활 환자에 대해 심리교육그룹의 효과성을 평가했다. 비교적 큰 표본을 포함했지만 대조군이나 추적관찰 조건은 없었으며, 이때 증상 개선이 기분과 불안 수준 모두에서 나타났다. Macrodimitris 등(2011)의 연구는 Hambridge 등의 연구 디자인과 유사했지만, 이 연구는 뇌전증을 경험한 참여자 중, 불안 그리고/또는 우울증들로 의뢰된 그룹을 대상으로 하였다. 이 경우에도 기분과 불안 수준이 크게 개선된 것이 확인되었다. Penedo 등(2006)의 RCT는 전립선암 치료를 받은 남성의 심리적 상태에 대한 심리교육그룹의 영향을 조사했고, 스트레스 수준과 삶의 질 모두에서 상당한 개선이 관찰되었다. 추적 평가는 포함되지 않았다.

또 다른 연구는 중등도 수준의 불안 그리고/또는 우울증 증상도 경험하고 있는 만성 폐쇄성 폐질환Chronic Obstructive Pulmonary Disease: COPD을 경험한 사람들에 초점을 두었다(Kunik et al., 2008). 이 환자들은 호흡 전략, 생활방식 요인 및 임종 계획에 중점을 둔 다른 심리교육그룹에 참석했다. 특이하게도 이 대규모 연구는 1년의 추적 조사로까지 확장되었으며, 12개월 후에도 유지되는 기분 및 불안 수준의 현저한 감소를 확인하였다. 중재군과 대조군 간 차이는 발견되지 않았다. 마지막으로, Haghayegh 등(2011)은 설사 증상이 현저한 과민성 대장증후군Irritable Bowel Syndrome: IBS을 경험하는 개인을 위해 대조군 및 2개월 추적 조사를 포함한 심리교육그룹 평가 연구를 진행하였다. 그 결과 삶의 질, 우울한 기분 및 건강 염려에서의 개선을 확인하였으며, 다만 추적 관찰에서는 건강 염려의 그룹 차이만 유지되었다. 따라서 심리교육그룹에 대한 연구는 아직 예비 단계에 머물러 있고, 성인 정신건강 및 만성질환 초점에 맞춘 연구 모두 현재까지 다소 혼합된 결과를 보이고 있으나, 대체로는 긍정적인 결과를 보여 주고 있다.

치료의 원칙

앞서 제시한 연구를 비롯해 White(2000)의 연구와 Bieling 등(2006)의 연구에서는 심리교육그룹을 수행할 때 좋은 치료가 되기 위한 많은 원칙을 개괄한다(후자의 저자는 고강도 인지행동치료 그룹치료에 보다 더 집중하고 있음). 이 중 몇 가지 핵심 원칙을 추출하여 다음에 수록하였으며, 이들은 홍보 활동, 홍보 자료의 내용, 프레젠테이션의 구조 및 전달에 대한 것이다.

초반의 원칙은 심리교육그룹의 촉진에 대한 것이다. 앞서 언급하였듯이, 서비스는 내담자가 해당 개입으로부터 최대한의 이득을 얻을 수 있도록 저강도 인지행동치료에 대한 접근을 조기에 촉진해야 한다(제1장 참조). 심리교육그룹을 주최할 때에는 심리교육그룹을 지역사회에 홍보하기에 충분한 시간을 할당해야 한다. 여기에는 일반적으로 의료 환경 내에서의 광고를 포함하지만, 지역 언론, 슈퍼마켓, 도서관 및 교회와 같은 여러 상황에서 다양한 매체(예: 포스터, 전단지 및 영상)를 사용하여 광고할 수 있다.

낙인을 줄이고 초기 회기의 출석률을 높이려면 홍보 자료의 용어를 질병이 아닌 건강 관점에서 제시해야 한다. 여기에는 그룹 회기가 아닌 수업으로 설명하는 회기가 포함될 수 있다(참석하고자 하는 이들은 자세한 좌석 배치 및 회기의 구조로 안심할 수 있음). 초점은 '치료'나 '장애'와 같은 의학적 용어보다는 '스트레스 조절' 등으로 설명되어야 한다. 심리교육그룹에 대한 세부 사항은 홍보 자료 및 트리아지(치료 우선순위를 정하기 한 내담자 분류) 또는 초기 평가(초기 평가가 있다면)의 종료 단계에서 내담자에게 설명하게 된다. 이는 참여를 방해할 수 있는 부정적인 가정들(예: '일어서서 낯선 사람에게 내 문제에 대해 이야기하게 될 거야.' 또는 '참석자 중 일부는 정신질환 때문에 예측불가인 상태일 거야.')을 해결하는 데 도움이 될 것이다. 참여자는 참석을 강요받지 않고 자신의 의지나 임상가의 추천으로 참석하는 느낌을 가져야 한다. 내담자는 심리교육그룹의 내용뿐 아니라 수행해야 할 관련 자료, 과제 작업의 세부 사항이 포함된 매뉴얼이나 유인물을 제공받게 된다.

프레젠테이션 스타일과 관련하여 많은 모범 사례 원칙이 있다. 이는 다른 곳에서 더 자세히 문서화되어 있으며, 이 책에는 프레젠테이션 기술을 향상시키기 위해 고안된 자세한 연습 문제를 포함하였다(예제는 [연습 2-6] 참조). 일반적으로 연습들은 음성 기술, 비언어적 의사소통, 수행 불안을 관리하는 능력의 개발뿐 아니라, 시각 보조 자료 및 유인물 사용과 관련이 있다. 다음에서 일반적인 접근방식과 관련된 몇 가지 주요 원칙과 프레젠테이션의 구조 및 양식에 대해 개괄했다.

일반적으로, 심리교육그룹 리더는 길잡이식 자조와 마찬가지로 프레젠테이션 주제와 자료 모두에 대해 잘 알고 있어야 한다. (기저의 이론을 제시하며) 내담자의 일화들과 비유들을 사용하는 것은 서로 다른 학습 스타일을 가진 청중들이 자료에 접근할 수 있도록 도와 학습을 촉진한다. 마찬가지로, 다양한 교수법(예: 영상 녹화본을 사용하거나 실시간 구두 발표하기)을 사용하고 파워포인트 슬라이드에 이미지, 영화 및 애니메이션을 추가하여 청중의 관심을 유지시킬 수 있다.

연구 결과를 기반으로 더 많은 잠정적인 권장 사항이 도출되었다. Erickson 등(2007)에 따르면, 지연된 치료 조건(역자 주: 일정 시간 이후에나 치료가 시작됨)의 경우 즉각적인 치료 조건(역자 주: 참여자가 결심한 직후 치료가 시작됨)에 비해 치료를 개시하지 않는 경우가 훨씬 빈번했기에(각각 25%와 7%), 심리교육그룹에 대한 대기 시간은 가능한 한 최소화하는 것이 좋다.

또한 많은 내담자가 모든 회기에 참석하지는 않는다는 점을 고려해야 한다. 예를 들어, Kitchiner 등(2009)의 연구에서는 참여자의 12%만이 6개 회기에 모두 참석했다. 이를 염두에 두고 회기를 한 번 놓치더라도 개인이 계속 참여할 수 있도록 회기를 설계하고 참여자에게 이러한 사항을 알릴 것을 권장한다. 이때의 가능한 방안은 후속 그룹에 참여하여 해당 회기에 놓친 내용을 다루는 것이다.

Macrodimitris 등(2011)의 심리교육그룹에서는 중도 탈락률이 통상적인 수준보다 낮았으며, 이는 회기를 놓친 사람들이 나중에 연락할 수 있는 과정이 포함되었기 때문인 것으로 설명하고 있다. 이들은 또한 가능한 한 포괄적일 수 있도록 하루/한 주의 다양한 시간에 그룹을 운영할 것을 권한다. 또한 최소한 하나의 추적 회기 또는 '재회' 회기를 포함하는 것이 좋다. 이러한 과정을 포함하는 여러 연구(Brown et al., 2004; Dalgard, 2006; Swan et al., 2004)는 치료 종결 후에도 개선의 효과가 유지되는 것으로 보인다. 또한 성공적인 심리교육그룹 중 일부에는 재발 방지에 초점을 두는 것이 포함되었다(Erickson et al., 2007; Kearns et al., 2010).

일부 저자는 제시된 정보의 양과 해당 정보가 심리교육그룹 내에서 전달되는 속도 간 균형이 필요하다고 지적했다. 여러 연구의 저자들이 참여자에게 너무 많은 정보를 과부하하면 치료의 이득이 감소할 가능성이 있음을 뒤늦게 보고했다(Erickson et al., 2007; White et al., 1992). Swan 등(2004)은 또한 더 많은 기간에 걸쳐 프로그램을 진행하면서 프로그램의 강도를 줄이고자 했다. Austin 등(2008)은 개입이 너무 짧아 개입의 힘이 감소했다고 주장하였으며, Houghton과 Saxon(2007)의 단기 심리교육그룹은 더 실망스러운 결과를 낳았다고 밝혔다. 즉, 심리교육그룹은 적당한 속도로 그 과정이 진행되면서 다양한 인구와 다양한 학습 스타일을 최대한 아우르는 교육 방법을 포함하는 것이 권장된다. Hambridge 등(2009) 또한 심리교육그룹에서 탈락하는 여성의 비율이 더 높은 것은 남성 지향적인 은유를 더 많이 사용한 결과일 수 있다고 지적했다. 이는 한편으로는 임상가가 심리교육그룹의 포괄성(접근성 증가)을, 그리고 다른 한편으로는 심리교육그룹의 특이성(참여도 및 결과의 향상) 간 균형을 염두에 두어야 함을 시사한다.

구조 면에서 발표자는 '과도한 정보 제공' 또는 '시각 보조 자료의 피로감'의 위험성을 인식해야 한다. 너무 많은 슬라이드나 '시각적 장치'를 사용하면 청중을 피로하게 만들 수 있다. 슬라이드의 글꼴은 교실 뒤에서 명확하게 읽힐 수 있도록 하고 슬라이드 디자인이 난독증이 있는 개인에게 적합한지 확인하는 것이 중요하다(역자 주: https://support.microsoft.com/en-us/office/video-design-slides-for-people-with-dyslexia-a2158953-84d7-4894-8f6c-1c9968709041). 또한 화면에 전체 문장을 사용하는 것보다 간략하게 요점을 작성하는 것이 좋으며, 슬라이드 내 구두점은 최소화해야 한다.

마찬가지로 사진, 동영상과 같은 시각적 자료는 해상도가 높은 고품질로 전달되어야 한다. 프레젠테이션 중에는 다음 슬라이드로 넘어가기 전에 청중이 각 슬라이드를 소화할 수 있는 충분한 시간이 허용되어야 하며, 다이어그램은 단순히 제시되기보다 충분히 설명되어야 한다. 직장인이 참석할 수 있도록 최소한 일부 수업은 저녁이나 주말에 개최되어야 한다.

참석자가 택시를 이용하거나 버스를 타야 할 수 있으므로 회기는 정시에 종료되어야 한다.

마지막으로, 발표 양식과 관련하여 발표자는 명료하게 말해야 하고 합리적인 속도로 말해야 한다. 따라서 더 큰 장소에서는 목소리를 더 높여 말하는 것이 필요한지 여부를 고려해야 한다. '일종의' 그리고 '아시다시피'와 같은 단어를 사용하거나 기타 반복적인 말 습관에 주의해야 한다. 이는 청중의 주의를 산만하게 할 수 있다. 그룹의 리더는 또한 화면을 보고 읽기보다, 이야기하는 동안 청중을 마주보고 눈맞춤을 해야 한다(필요한 경우 메모 이용). 또한 청중이 읽을 수 있도록 슬라이드에 너무 많은 양의 텍스트를 포함하는 것은 피해야 한다. 마찬가지로 슬라이드의 내용을 단순히 반복해서 읽는 것은 매력적이지 않으며, 다만 발표자는 요점을 말해야 한다.

연습 2-6 ❁ 프레젠테이션 기술을 개발하기

[연습 2-2]에서, 나는 임상가들이 동료들을 위해 연구 논문을 발표하고 그들이 참석해 온 워크숍을 요약할 것을 권하였다. 발표 후 동료들에게 피드백을 요청하고, 발표를 하는 동안 이를 녹화한다. 녹화된 영상을 보면서 다음 영역에 대해 자신의 수행을 평가해 보라.

- **지식 및 기술**: 모든 동료가 이해할 수 있는 방식으로 정보를 제공하였는가? 그들의 모든 질문에 적절하게 대답할 수 있었는가? 다양한 교수법을 사용하였는가?
- **구조**: 슬라이드가 논리적인 순서로 제시되었는가? 이야기가 시간 안에 전달되었는가? 발표의 시작이나 소개, 중간과 끝이 자연스럽게 이루어졌는가? 발표 초반에 해당 회기에서 발표할 내용을 다루는 슬라이드를 포함하였는가? 요약이나 핵심 사항 목록으로 마무리하였는가?
- **전달 및 자료**: 슬라이드의 양을 적절하게 사용하였는가(한 개 슬라이드 분당 이하)? 슬라이드의 내용과 글꼴이 명확하였는가? 슬라이드와 발표가 시각적으로 자극적이었는가? 습관적이고 반복적인 습관을 사용하지 않도록 관리하였는가? 외견상 불안해하는 모습을 드러내지 않으려 하였는가? 발표의 양과 속도는 적절하였는가? 발표 대부분에서 청중과 마주하고 그들과 눈을 마주쳤는가?

여기에 문제가 있다면, 수행을 향상시키기 위해 이 중 하나에만 집중하고 다른 서비스에 자원하여 다시 발표를 해 보도록 하라. 피드백을 받고 필요에 따라 이 과정을 반복하라. 발표 기술을 배우는 데 도움이 되는 다양한 자원이 있다. 많은 대학 과정에서는 학생들이 발표를 해야 하므로 유용한 정보를 얻을 수 있다(McCarthy & Hatcher, 2002; van Emden & Becker, 2004 참조).

연습 2-7 🌿 자료에 대해 비판적 인식 개발하기 3

당신의 서비스에서 현재 사용하거나 향후 사용을 고려 중인 심리교육그룹의 자료를 생각해 보라. 동료들과 함께 [연습 2-4]에 나열된 질문을 다시 한번 해결해 보고 적은 내용을 당신이 진행하는 프로그램에서 활용하라.

요약

- 모든 개인이 심리치료에 참여하거나 잘 반응하는 것은 아니다. 일반적으로, 반응성이 높은 사람은 자신의 어려움을 해결하기 위해 노력하고 자기 문제의 일부 측면에 직면하는 것과 관련된 고통을 감내할 수 있다. 그들은 또한 자신의 문제를 정확히 파악할 수 있고, 치료에 집중할 수 있는 삶의 안정성을 갖고 있으며, 관련 인지 및 정서에 접근할 수 있는 충분한 자기 인식을 가지고 있다.

- 이 장의 주요 초점은 저강도 인지행동치료의 여러 전달 방식, 즉 길잡이식 자조, 인터넷 기반 인지행동치료 프로그램 및 심리교육그룹을 소개하는 것이었다. 이들의 한 가지 주요 이점은 고강도 인지행동치료에 비해 상대적으로 저렴한 비용이며, 또한 길잡이식 자조와 인터넷 기반 인지행동치료는 서비스 사용자의 편의성과 유연성과 관련된 주요 이점을 공유한다.

- 특히 심리교육그룹과 관련하여 이러한 전달 방식의 효과성을 평가하는 더 많은 연구가 필요하다. 그러나 연구의 한계를 감안하더라도 지금까지의 발견은 우울증, 일부 불안장애에 효과적이며, 일부 만성질환의 심리적 효과에도 도움이 된다는 것을 나타낸다.

- 길잡이식 자조 및 인터넷 기반 인지행동치료에서의 임상가의 접촉 수준은 부작용의 위험을 최소화하고 내담자 중도 이탈 가능성을 줄이며 해당 개입의 효율성을 극대화하는 데 도움이 될 수 있다. 그러나 역시 이 주제에 대한 더 많은 연구가 필요하다.

- Bennett-Levy 등(2010b)은 다양한 저강도 인지행동치료 활동 및 접근방식을 자세히 설명한다.

- Papworth 등(2015)은 좋은 길잡이식 자조 실무의 원칙에 대해 더 자세히 논의한다.

- UCL(2015)은 다음에서 확인할 수 있다. 이는 자조 자료를 선택하는 데 있어 유용한 조언을 제공한다.

  www.ucl.ac.uk/pals/sites/pals/files/7_guide_to_evaluating_self-help_materials.pdf

- White(2000)는 심리교육그룹 접근법을 자세히 설명한다.

제**3**장 **문제 이해하기**
Mark Papworth

- 내담자의 증상을 이해하는 다양한 방법을 비판적으로 인식한다.
- 잠정적 진단을 내리고 이를 내담자에게 제공할 수 있다.
- 검사의 측정치를 해석하고 그 결과를 내담자와 공유할 수 있다.
- 사례공식화를 구성하고 이를 내담자와 소통할 수 있다.
- 내담자 사례에 적용 가능한 도식적 · 언어적 공식화의 다양한 구조적 형태에 대한 지식을 습득한다.

서론

이 장에서는 진단, 검사 측정치 및 사례공식화의 세 가지 방법을 사용하여 내담자의 문제를 이해하는 과정을 설명한다. 저강도 인지행동치료LICBT 접근방식에서, 중요하지만 불완전한 그림을 개별적으로 제공하는 이 세 가지 방법을 모두 사용하여 모든 내담자에 대한 사례공식화를 진행한다. 코끼리의 완전한 모습을 한 장의 사진으로 담을 수 없는 것처럼(앞에서 보면 꼬리가 보이지 않고 뒤에서 보면 몸통이 보이지 않듯), 내담자, 개업가 및 임상적 서비스에 필요한 이해를 제공하기 위해 이 모든 방법이 함께 요구된다. 다음에서 이들 방법을 설명하고자 한다.

진단

범주화는 공통점을 공유하는 것들을 그룹classes 혹은 '상자boxes'에 배치하는 과정이다. 우리 모두는 의식적·무의식적으로 우리 삶의 다양한 것을 범주화한다. 그런 다음 한 항목을 다른 항목과 구별할 수 있도록 해당 범주의 내용을 명명labelling한다. 우리가 분류하고 명명하는 양상은 우리의 개인적 관심사, 생활방식 및 환경에 따라 다르다. 하이킹 중에 베리류를 먹을 때라면, 식용 가능한 베리와 독성이 있는 베리의 두 '범주'로 항목을 구별할 수 있는지가 중요하다. 우리가 와인을 만들거나 구입할 때라면, 각기 다른 포도 품종들이 와인에 각기 다른 특성을 부여하기 때문에 포도 품종을 구별하고 명명하는 것이 도움이 된다. 이렇듯, 범주화 과정을 거치고 추후 그 범주 내의 항목들을 명명하는 과정은 세계에 대한 우리의 이해를 발전시키고 이를 소통하는 데 있어 중추적이라 하겠다.

이 과정은 과학 지식의 진보에도 중요하다. 정신건강 연구(예: 정신의학 및 임상심리학 분야)에서는 개인의 고통을 유발하는 경험을 명명하는 체계가 중요하다. 이를 통해, (말하자면) 런던의 연구팀은 그들이 연구하고 있는 현상이 뉴욕에 기반을 둔 다른 연구팀이 관심을 두고 있는 것과 동일한 현상임을 확신할 수 있다. 정신건강 서비스를 구성하는 임상팀은 다양한 형태의 고통을 경험할 개인을 돕는 올바른 치료법을 제공하고 있는지 확인하기 위해 이러한 명칭들을 정확하게 이해해야 한다. 이 명칭들은 또한 임상적 지도감독 및 사례 논의에서 정신건강 문제를 약식으로 설명하는 수단이 되며 일차 진료의에게 보내는 서신에도 사용된다. 정신(및 신체)건강에서 이러한 명칭을 '진단'이라 한다. 이에 임상가가 자신의 작업과 관련된 진단에 대한 철저한 지식을 갖는 것이 중요하다.

정신질환의 진단은 주로 현재 고통의 삽화 및 때로는 과거 삽화와 연결된 특징들('증상들')로 서로 변별된다. 또한 때때로 이러한 증상들의 유발 요인이 진단으로 이어지기도 한다(예: 약물 남용이나 다른 의학적 상태로 인한 경우). 진단은 과학적 지식, 문화적 변화에 따라 시간이 지나며 정제된다(후자에 대한 자세한 내용은 제11장 참조). 저강도 인지행동치료 임상가가 역할을 해야 하는 모든 진단은 범주 체계에 따르며 이는 두 개의 (서로 연관된) 진단 편람에 자세히 설명되어 있다. 첫 번째는 『국제 질병 분류 10차 개정판International Statistical Classification of Diseases and Related Health Problems 10th Revision: ICD-10』(World Health Organization, 1992a)이며, 여기에서 검색할 수 있다(WHO, 1992b의 ICD-10의 V장 '정신 및 행동 장애' 참조: apps.who.int/classifications/icd10/browse/2016/en).[1] 두 번째는 『정신질환 진단 및 통계 편람 5판Diagnostic and Statistical Manual of Mental Disorders 5th Edition: DSM-5』(American Psychiatric Association: APA, 2013 참조)[2]이다. 두 편람이 동기화되도록 DSM-5는 각 진단에 대해 ICD-9 및 ICD-10의 동등한 항목에 대한 ICD 코

표 3-1 | 장애의 일부 선별된 진단적 특징 및 권장되는 서비스

장애군	장애	장애의 선별된 특징들*	적절 단계(제1장 참조)**
불안	공황을 동반한 광장공포증	공황발작과 그 영향에 대한 우려 도피가 어렵거나 도움을 받을 수 없는 장소에 있는 것에 대한 불안	• 경도에서 중등도 = 단계 2 • 경도에서 심도 = 단계 3
	범불안장애	통제하기 어려운 과도한 불안과 걱정	• 경도에서 중등도 = 단계 2 • 경도에서 심도 = 단계 3
	강박장애	강박사고(침습적으로 경험되는 인지 또는 충동) 그리고/또는 강박활동(강박사고에 대한 반응 혹은 엄격한 규칙에 따라 수행되는, 손 씻기와 같은 반복적인 행동)	• 경도에서 중등도 = 단계 2 • 경도에서 심도 = 단계 3
	외상 후 스트레스 장애	외상적 사건에의 과거 노출 해당 사건의 반복적인 회상/재경험	• 단계 3

〈계속〉

---

1) 역자 주: 2019년 이후 ICD-11(https://icd.who.int/en)를 사용함.
2) 역자 주: 2022년 이후 DSM-5-TR(Diagnostic and statistical manual of mental disorders 5th Edition Text Revision)을 사용함.

	사회불안장애	굴욕적이거나 당혹스러울 것으로 예상되는 사회적 수행 상황에 대한 현저하고 지속적인 두려움	• 단계 3
	특정공포증	특정 대상이나 상황(예: 동물)으로 인한 현저하고 지속적인 두려움	NICE/IAPT에서 구체적으로 다루지는 않으나, 광장공포증으로: • 경도에서 중등도 = 단계 2 • 경도에서 심도 = 단계 3
섭식 장애	신경성식욕부진증	체중 유지 거부; 체중 증가에 대한 두려움과 체중/체형이 경험되는 방식의 장해	• 초기부터 단계 4의 외래진료 추천
	신경성폭식증	반복적인 폭식과 체중 증가를 방지하기 위한 부적절한 행동(예: 자기유발 구토 등)	• 경도에서 중등도 = 단계 2 • 경도에서 심도 = 단계 3(영국 IAPT 도식의 일부는 아님)
기분 장애	주요우울장애	2주간의 우울 기분 및 흥미 상실(기타 우울 증상들 동반)	• 경도에서 중등도 = 단계 2 • 반응부터 단계 2 • 중등도에서 심도 =단계 3 • 심도 및 복합적, 생명에 대한 위험 존재, 심각한 자기-방치 = 단계 4
	양극성장애	1회 이상의 주요우울삽화 및 한 번의 조증 삽화(최소 일주일간 지속되는, 지속적으로 기분이 고양된 기분이 있는 기간)	• 단계 4 다중-전문가 개입
	기분부전증(역자 주: DSM-5 기준 지속성 우울장애)	최소 2년 이상 하루의 대부분 우울한 기분(주요 우울증의 준거를 충족시키기에는 증상이 충분하지 않음)	• 단계 1 또는 단계 2
성격 장애		규준에서 현저히 벗어나는, 지속적이고 만연한 양상의 경험 및 행동	• 규준에서 현저히 벗어나는, 지속적이고 만연한 양상의 경험 및 행동
조현병		망상(압도적인 반대 증거에도 불구하고 유지되는 믿음) 또는 환각(현실에 근거하지 않은 생생한 지각)	• 단계 4 다중-전문가 개입

주: * 전체 설명은 DSM-5를 참조하시오.
　** NICE/심리치료 접근성 향상(IAPT) 지침 기준임.

드를 제공한다. 저강도 인지행동치료 임상가에게 가장 관련성이 높은 진단에 대한 간략한 설명을 〈표 3-1〉에 수록하였다.

저강도 인지행동치료 임상가가 내리는 진단적 결정을 '잠정적 진단'이라 한다. 완전한 진단은 저강도 인지행동치료 임상가가 수행하는 것(제5장에서 설명)보다 더 광범위한 정신과적 면담, 즉 병력, 가족력 및 사회적/발달적 이력을 포함한 면담에 따라 도출될 것이다. 그러므로 잠정적 진단은 확정적인 결론이 아니라 잠정적인 결론으로, 시간이 지나면서 정확성에 의문이 제기되는 다른 정보가 나오면 언제든 수정될 수 있다(글상자 3-1] 참조).

글상자 3-1 — 잠정적 진단 내리기 ----------------------------

Judy의 사례는 부록에 기술되어 있다. Judy와 함께 트리아지(치료 우선순위를 정하기 위한 내담자 분류) 평가를 마친 후, 그의 임상가는 그의 증상이 비교적 최근에 발생되었으며, 우울한 기분, 눈물, 피곤함, 활력의 상실, 수면 문제, 활동의 감소 및 자살 사고의 출현 등을 포함하고 있다고 기술하였다. 또한 직장에 가지 않기 시작했고 사회 및 여가 활동을 피하고 있다고도 하였다. 임상가는 서비스의 전자 기록 시스템에서 Judy에게 DSM-5상 주요우울장애 잠정진단을 할당하였으며, 시스템 내에서 Judy가 일주일 이내에 길잡이식 자조 개입을 시작할 수 있도록 조치하였다.

잠정적 진단을 내릴 때에 두 가지 특정한 어려움이 있다. 첫 번째는 한 진단을, 공통된 특성을 가진 타 진단과 변별하는 것이다. 이 과정을 '감별 진단 절차'라 한다. 이 과정은 내담자

연습 3-1 🌿 감별 진단 절차에서의 질문 사용

DSM-5의 기술을 참조하여 다음에 짝지어진 진단 간 차이점을 고려해 보라. 이러한 차이점을 파악한 후 하나의 장애를 다른 장애와 변별하는 질문을 구성하라. 예를 들어, 주요우울장애와 지속성우울장애를 감별하는 데 도움이 되는 질문은 "이러한 어려움을 얼마나 오랫동안 겪었는지 말해 주시겠습니까?"가 될 것이다. 진단 쌍은 다음과 같다.

- 주요우울장애 및 지속성우울장애
- 광장공포증 및 사회불안장애
- 사회불안장애 및 단순공포증
- 주요우울장애 및 양극성장애
- 단순공포증 및 광장공포증

로부터 정보를 수집하여 임상가의 머릿속에 떠오르는 여러 가능한 진단들 중 특정 장애가 드러날 확률을 높인다. 예를 들어, 임상가가 주요우울장애를 지속성우울장애와 감별할 수 있게 하는 유용한 정보 중 하나는 내담자가 증상을 경험한 기간이다.

두 번째 문제는 내담자에게 동시에 두 가지 이상의 장애가 있을 때 발생한다. 이것을 진단적 '동반이환'이라 한다. Roth와 Fonagy(2004: 153)는 "불안장애가 현재 우울 및 양극성장애 등의 기분장애와 높은 동반이환율을 가지는 것은 범불안장애(26%)와 광장공포증(25%)에 해당하며, 이는 공황장애(8%)와 사회불안장애(14%)에서는 분명 다소 낮은 비율이라고 말한다.

NICE는 이때 어떤 순서로 문제를 다루어야 하는지에 대한 가이드라인을 제공한다. 예를 들어, 범불안장애의 경우 그들은 동반이환된 우울 장애 또는 기타 불안장애가 있을 때 가장 심각한 장애를 먼저 치료해야 한다고 조언한다. 만약 동반된 성격장애가 있다면, 단계 4의 중재(제1장, 단계별 치료 모델 참조)를 고려해야 한다(NICE, 2011b).

일반적으로 트리아지가 끝나면 내담자에게는 잠정적 진단과 광범위한 치료 선택지가 제공된다. 이 과정에서 유용한 첫 번째 단계는 내담자가 이미 이해하고 있거나 의심하는 것을 확실히 해 두는 것이다. "당신의 어려움에 대해 의사가 어떤 정보를 주었나요?" 이후 필요하다면 진단과 관련한 하나 혹은 두개 정도의 관련된 확인된 특징들을 제시하고, 이것이 고통의 핵심을 대표하는지를 확인한다. "당신의 말에 따르면, 당신의 주된 문제는 도피가 쉽게 가능하지는 않은, 혼잡한 상황을 지속적으로 두려워하고 이것이 당신의 삶에 상당히 방해가 된다는 것입니다. 제가 지금 맞게 보고 있나요?" 이후 잠정적 진단을 내리고 이에 관한 내담자의 지식 수준을 확인하고 적절하게 정상화한다. "의사와 같은 다른 건강 전문가와 이야기할 때, 우리는 이것을 광장공포증이라고 부릅니다. 들어본 적이 있나요?" 이후 추가 정보를 제공하고 적절하게 정상화한다. "광장공포증은 이 서비스에서 빈번히 다루고 돕게 되는 문제입니다. 우리는 여러 치료 선택지를 가지고 있습니다……."

이 절에서는 진단의 개념, 잠정적 진단을 내리는 과정, 그리고 마지막으로 진단 과정의 결과를 내담자에게 전달하는 과정을 요약했다. 다음에서는 질문이나 설문지를 통한 심리학적 측정치를 통해 내담자를 이해하기 위한 약간은 다르지만 보완적인 접근방식을 설명한다. 나는 이러한 도구들을 '측정치'라고 부른다.

측정치

이 절에서는 다양한 형태의 관련된 평가 도구 또는 심리적 측정치들을 살펴본다. 이때 진단 프로세스와 이러한 측정치들을 구별하기 위해 '명목' '서열' 및 '등간'이라는 용어를 사용하고자 한다.

진단은, 마치 불을 껐다 다시 켜는 과정과 같이, 개인이 건강에서 질병으로 이동했다가 다시 되돌아온다는 관점에 기반한다. 이 접근방식은 뭔가 한 범주 또는 다른 범주에 배치되고 그에 따라 명명된다는 점에서 '명목적' 접근이라고 한다. 임상 서비스에서 수집한 내담자의 인구통계학적 데이터(예: 성별, 민족의 범주 등)도 본질적으로 명목적 정보이다.

다른 관점 하나는, 세상이 흑백뿐 아니라 회색 음영으로 구성된다는 것이다. 불안하고 우울한 기분은 정신질환일 뿐만 아니라 일상의 건강한 생활의 일부이기도 하다. 두려움은 위험으로부터 인간들을 보호하는 역할을 하며 우리가 위협을 받고 있다고 자각할 때엔 우리의 수행을 높일 수도 있다(〈표 9-1〉 참조). 유사하게, 저조한 기분과 그에 수반되는 피로는 (나를 자극하는 불리한 상황이 이후 개선될 때까지) 에너지 낭비와 위험한 행동을 최소화하는 데 도움이 될 수 있다. 즉, 개인은 연속선상에서 다양한 감정 스펙트럼을 경험한다. 연속체의 보다 더 극단적이며, 부정적인 극에만 머무르며, 그곳에서 보다 오랜 기간 동안 겪게 되는 경험들은 정신건강 문제와 관련된다. 따라서 개인의 문제를 이해하는 또 다른 방법은 연속선상에서 그 개인이 어디에 머물러 있는지 확인하여 개인의 경험을 측정하는 것이다. 이는 일반적으로 설문지를 통해 조사된다. 설문지의 '연속선'이라는 것은 일반적으로 동일한 간격으로 구성된 척도로 구성되기 때문에 이를 '등간' 측정치 형태라고 한다. 이러한 측정치들은 측정치의 정확함을 보장하는 속성들을 가진 연구 절차를 통해 구성된다. 이러한 속성들은 '신뢰도'(그들이 얼마나 일관되는지) 및 '타당도'(그들이 측정하려고 했던 것을 측정하고 있는지) 범주에 속하는 것들이다.

- 검사-재검사 신뢰도: 동일한 일군의 개인들이 서로 다른 시점에 설문지를 수행할 때 그들의 건강 상태가 변경되지 않는 한 동일한 결과를 보일 것.
- 평가자-간 신뢰도: 동일한 개인들에게 서로 다른 임상가들이 설문지를 수행해도 동일한 결과를 얻을 것.
- 내용 타당도: 설문지 내 문항들은 적절한 관련성에 따라 선택되었을 것.
- 준거 타당도: 설문지 결과는 다른 우수한 척도에 상응할 것(예: 기 구축된 설문지 또는 정신

과적 면담의 결과와 대응될 것).

　이러한 관점들에서 설문지가 충분히 견고하다면 연구자는 건강한 그룹과 건강하지 않은 그룹에서 일반적으로 관찰되는 측정치의 범위를 연속선상에서 설정할 수 있다. 임상가는 설문지를 사용하며 이들 측정치의 범위에 준하여 진단적 결정을 고지하고 내담자의 회복을 모니터링할 수 있다. 질문지 개발에 수반되는 엄정성을 이해한다면, 구조나 문구를 불필요하게 변경하는 것이 점수와 그 해석의 정확성에 영향을 미칠 수 있음을 알 수 있다. 예를 들어, 질문지들은 후반으로 향할수록 종종 더 민감한 항목(예: 자살 충동의 유무, 성욕의 변화에 관한 것)을 다룬다.

　심리치료 접근성 향상Improving Access to Psychological Therapies: IAPT 프로그램 내에서 정기적으로 사용되는 설문지는 자유롭게 복사하여 사용할 수 있으며, 세 가지 유형의 면담(치료 우선순위를 정하기 위해 내담자를 분류하는 트리아지, 평가 및 치료)을 위한 모든 만남(정보 수집 섹션 내)에서 사용한다. 이는 내담자의 진전 상황을 모니터링하도록 촉진할 것이다. 저강도 인지행동치료 중재에도 불구하고 자살 위험의 증가했거나(우울증 선별 도구와 위험 평가를 결합하여 관찰된 부분) 또는 점수 확인 결과 증상 개선이 미진한 것으로 나타났다면, 해당 내담자가 다른 형태의 도움을 받도록 단계를 올리는 것stepped up이 필요함을 의미하는 것일 수 있다. 설문지 점수에서 어떤 진전이 있었다면, 이는 내담자의 이해와 동기를 높이는 것뿐만 아니라 더 발전할 수 있다는 믿음('자기 효능감')을 강화하는 데에도 도움이 될 수 있으므로 내담자와 논의되어야 한다. 이러한 진전을 임상가의 노력과 능력보다는, 가능한 한 내담자의 노력과 능력에 귀인하는 것이 중요하다. IAPT 프로그램에서 정기적 평가 측정치 결과 사본은 'allwithinthemind.co.uk/wp-content/uploads/2016/10/MDS-questionnaire.pdf'에서 확인할 수 있다. 이제 측정치들을 차례로 살펴보고자 한다.

우울증 선별 도구(Spitzer et al., 1999)

　우울증 선별 도구Patient Health Questionnaire: PHQ-9는 내담자가 우울증을 경험하는 수준을 평가하도록 설계되었다. 단 9개의 항목으로 구성되어 있다는 것이 PHQ-9의 장점 중 하나로, 다른 우울증 척도의 절반에 못 미치는 정도에 해당한다. 9개 항목은 DSM-5의 우울증 증상군 구조와 일치하므로 설문지에 대한 내담자의 응답이 잠정적 진단에 대한 결정에 더 쉽게 반영될 수 있다. 증상 심각도의 측면에서 0~27점의 척도 범위 중, 0~4, 5~9, 10~14, 15~19 및 20~27 범위의 점수는 각각 ① 증상 없음/최소, ② 경도, ③ 중등도, ④ 중등-심도, ⑤ 심도의 범위를 나타낸다. (임상적 우울에 해당하는) 우울 사례 'caseness'의 점수는 내담자에 대해 치료를 개시하기에 적절한 임계치(역자 주: 절단점 점수)를 나타낸다. PHQ-9의 경우에는 10점이다.

불안장애 선별 도구(Spitzer et al., 2006)

불안장애 선별 도구General Anxiety Disorder Assessment: GAD-7 설문지는 PHQ-9와 구조가 유사하지만 훨씬 더 짧은 7개 항목으로 구성되어, 0점에서 21점까지의 범위를 보인다. 이 설문지의 구조와 DSM-5상 범불안장애의 증상군은 일부는 중첩되나 일부는(수면 및 집중 문제와 관련하여) 다르다. 척도는 단일 장애를 염두에 두고 있으나 공황장애, 사회불안장애 및 외상 후 스트레스 장애와 관련된 증상들을 측정하는 데에도 상당히 좋은 수행을 보인다(Kroenke et al., 2007). 따라서 이 척도는 IAPT 체계 내에서 다양한 불안장애에 대한 보다 일반적인 척도로도 사용된다. 점수 범위 0~4점, 5~9점, 10~14점 및 15~21점은 각각 증상 없음/최소, 경도, 중등도 및 심도의 범위를 나타낸다. 'caseness' 성립의 임계치는 8점이다.

많은 다른 유용한 무료의 혹은 상업적 측정치가 있다는 점에도 유의해야 한다. 가장 널리 사용되는 상업적 질문지 세트 중 하나는 Aaron Beck이 개발한 것으로, 다음에서 확인할 수 있다(www.pearsonclinical.com/psychology/products/100000776/beck-family-of-assessments.html#tab-details).[3] 여러 장애를 동시에 측정하여 동반이환 및 감별 진단 상황에서 의사결정에 정보를 제공할 수 있는 몇몇의 긴 설문지들도 존재한다[예: Zimmerman & Mattia(2001)의 Psychiatric Diagnostic Screening Questionnaire 참조; www.wpspublish.com/store/p/2901/psychiatric-diagnostic-screening-questionnaire-pdsq에서 접근 가능].

저강도 인지행동치료 면담의 정보 수집 섹션 중 설문지 점수에 대해 피드백을 주고 논의할 때, 임상가는 처음에 내담자에게 설문지들을 사용하는 근거를 설명하거나 검토하거나, 혹은 그 근거를 알고 있는지 질문할 수 있다. "우리가 매 회기 당신의 점수를 살피면서 회기에 따른 당신의 진전을 함께 모니터링하는 것이 도움이 됩니다." 이후 설문지 결과에 대해 피드백을 주고 적절히 정상화한다. "이는 당신의 증상들이 이 서비스에서 흔히 볼 수 있는, 중등도-심도에 해당하는 범위라는 것을 의미합니다. 몇 주에 걸쳐 우리가 함께 작업을 진행하면서 이 점수가 낮아지는 것을 확인할 수 있기를 바랍니다."

---

3) 역자 주: Beck Anxiety Inventory(벡불안척도).

치료적 면담을 진행하는 경우, 증상 변화가 있는시 간략히 검토할 수도 있다. "이 점수가 Y까지 내려왔네요. 이것이 당신의 느끼는 바를 잘 반영하고 있는 것 같습니까? 이렇게 증상이 낮아지는 데 도움이 될 다른 방법도 있을까요?" 전자 기록 시스템은 일반적으로 시간 경과에 따른 설문지 점수를 그래픽으로 표시할 수 있는데, 이것이 내담자와 공유되는 경우 진전에 특히 도움이 될 수 있다. 종종 내담자는 집으로 가져가도록 인쇄된 이 그래프들을 보며 자신의 진전 및 평가치의 수준에 놀라곤 한다. 질문지 검토는 또한 임상가가 놓친 문제 영역들을 찾아내고 불일치하는 정보를 명료히 할 수 있는 기회이기도 하다. 즉, "이전에 X라고 하셨지만 이 측정값은 Y를 나타내는 것 같습니다. 이에 대해 더 이야기해 보시겠습니까?"라고 제안할 수 있다.

불안장애들을 평가하는 다른 무료 질문지가 다수 있으며, [글상자 3-2]에 불안 사례 'caseness'의 임계치와 함께 수록해 두었다(PHQ-9 및 GAD-7의 임계치는 IAPT, 2010b에서 얻어짐). 동시 발병한 의학적 건강 상태 등 다른 요인들로 점수가 상승할 수 있으므로 질문지들을 단독으로 사용하여 잠정적 진단을 내려서는 안 된다. 이러한 방식으로, 트리아지 혹은 평가 면담 내에서 수집된 언어적 정보는 항상 질문지 결과 및 사례공식화와 함께 3각 측량 triangulation되어야 한다.

'IAPT' 일상적 측정치의 나머지 섹션은 '서열' 척도로 구성되며, 여기서 내담자는 문항을 읽고 자신의 위치를 표기한다. 이 접근방식의 한 가지 예는, 0~10점(0은 전혀 피곤하지 않음, 10은 매우 피곤함)의 척도로 얼마나 피곤한지를 묻는 것이다. 이러한 항목 사이의 간격들은

글상자 3-2 불안장애 특정 측정치

- 광장공포증: Mobility Inventory(Chambless et al., 1985)-절단점 점수 평균 2.3점.
- 범불안장애: 펜실베니아 걱정 증상 질문지(Penn State Worry Questionnaire; Meyer et al., 1990)-절단점 점수 45점.
- 건강불안: Health Anxiety Inventory(Salkovskis et al., 2002)-절단점 점수, 14개 문항 버전으로 15점 이상.
- 공황장애: 공황장애 심각도 척도Panic Disorder Severity Scale(Shear et al., 1997)-절단점 점수 8점.
- 외상 후 스트레스 장애: 사건 영향 척도Impact of Events Scale(Weiss, 2007)-절단점 점수 33점.
- 강박장애: 강박장애 척도Obsessive Compulsive Inventory(Foa et al., 1998)-절단점 점수 40점.
- 사회불안장애: 사회불안장애 척도Social Phobia Inventory(Connor et al., 2000)-절단점 점수 19점.

연습 3-2 🌿 설문 점수들의 민감도

지난 2주간의 경험과 관련하여 PHQ-9를 직접 작성해 보라. 이제, 그 기간 동안 심한 치통을 경험하여 치과 예약을 기다리거나, 스포츠를 하다가 허리를 다쳐서 물리치료사를 기다리고 있다고 상상하면서 이 시행을 반복해 보라. 이 척도의 어떤 문항 점수가 변경되었는가? 총점으로 드러난 심각도의 범주가 이동되었는가? 통증 수준 외에 이 측정치의 점수에 영향을 줄 수 있는 다른 것은 무엇인가? 다른 정보가 부재한 상태에서 설문 결과를 고려할 때의 위험은 무엇인가?

잠재적으로 동등하지 않고[4] 개인마다 다르게 해석될 수 있으므로 일반적으로 이러한 측정치의 총점을 덜 강조한다. 그럼에도 불구하고, 그것들은 진단적 의사결정에 도움이 될 수 있으며 진전에 대한 유용한 척도가 된다. 이것들은 다음에 설명된다.

IAPT 공포 척도IAPT Phobia Scales

이들은 사회불안장애, 공황장애 및 광장공포증과 관련된 역기능의 수준을 검토하도록 설계된 3개의 8점 척도로 구성된다. 일반적인 지침에 따르면, 4점 이상의 점수는 질문을 통한 추가적 탐색이 필요하다.

일과 사회 적응 척도(Mundt et al., 2002)

일과 사회 적응 척도Work and Social Adjustment Scale: WSAS는 내담자에게 그들의 어려움이 업무, 집안일 관리, 그룹 여가 활동, 단독 여가 활동 및 사회적 관계에 얼마나 영향을 미쳤는지 평가하며, 이러한 다섯 가지 영역에 대해 8점 척도로 평가하도록 되어 있다. 이들 항목은 내담자의 문제가 삶의 질에 얼마나 영향을 미치는지를 알려 준다. 이때 내담자의 응답을 '평가 및 트리아지 면담의 정보 수집 섹션에서 확인된, 개인 문제의 영향에 대한 응답'과 상호 참조하는 것이 유용하다. 이 척도의 저자들은 측정치에 대해 다음과 같은 대략적인 지침을 제공한다. 10점 미만의 점수는 임상적으로 유의미한 어려움이 없음을 말한다. 10~20점은 덜 유의한 임상적 문제를, 20점 이상의 점수는 유의한 심리적 어려움을 말한다. 그러나 척도는 치료

---

4) 역자 주: 8점만큼 피곤하다는 것이 반드시 4점 피곤한 것의 2배로 피곤하다는 의미가 아님.

에 대한 진전의 척도로서 더 큰 효용을 가진다.

지금까지 우리는 진단, 치료 계획 및 임상적 진전의 수준을 알리는 측정치들이 얼마나 중요한지 살펴보았다. 마지막으로, 치료 계획과 치료 관계의 발전 모두에서 중심이 되는 임상적 공식화clinical formulation의 사용을 통해 내담자의 문제를 이해하는 수단을 살펴본다.

공식화

진단 과정은 규칙(그리스어 nomos는 '법'을 의미함)에 따라 개인을 범주로 분류하는 것을 포함하기 때문에 '법칙정립적 방식nomothetic'이라고도 한다. 대조적으로, '표의적 ideographic' 접근은 개인의 독특하고 사적인 경험을 염두에 둔다(그리스어idios는 '자신의' 또는 '개인적'이라는 의미를 가짐).

두 내담자가 동일한 진단 범주에 속할 수 있고 질문지 평가에서 유사한 점수를 보일 수도 있지만 그럼에도 장애와 관련한 매우 다른 경험을 하고 있을 수 있다. 그들은 서로 다른 인지(이 경우, 생각 및 해석들), 행동적 변화(관찰 가능한 행동/습관의 증가 또는 감소) 및 생리적 증상(몸에서 발생하는 신체적 변화)을 보고할 수 있다. 또한 서로 다른 발달적 경험 및 문제 촉발 경험을 가질 수 있다. 이러한 표의적인 세부 사항은 '사례공식화case formulation'('사례개념화case conceptualisation'라고도 함)라고 하는 내담자의 어려움에 대한 하나의 지도map 안에서 함께 제공된다. 이 지도는 대부분 트리아지 및 평가 면담에서 내담자가 제공하는 언어적 정보에서 만들어지지만 평가 측정치로도 구성된다. 공식화formulation는 내담자와의 상호적이며 협력적인 과정에서 도출된다.

> 이런 느낌이 들 때 몸에서 일어나는 주요 변화는 X, Y, Z라고 말씀하셨던 것 같습니다. 맞나요? 다른 중요한 변경 사항들이 있을까요? 네, 그럼 저를 위해 이 내용을 '생리적'이라고 이름 붙여진 네모 칸 안에 써 주시겠습니까? 생각하시기에 이것이 당신의 행동에 어떤 영향을 미치는 것 같습니까?

다이어그램으로 표현된 공식화가 요약 중 평가 면담의 정보 수집(평가) 섹션 끝부분에 제공되거나([그림 5-1] 참조) '문제 기술'(정보 제공 및 공동 의사결정 섹션)과 함께 제공되는 경우가 있다. 후자는 평가 면담의 정보 제공 섹션에서 작성되는 언어적 공식화로, 이후 다시 제시될 것이다.

공식화에는 다음과 같은 여러 기능이 있다.

1. 치료 계획을 알림.
2. 문제가 지속되는 과정에 대해 내담자와 임상가가 공유된 이해를 갖도록 함.
3. 변화를 관찰할 수 있는 표지자임.
4. 공식화를 통해 임상가에게는 공감이, 내담자에게는 희망이 생기도록 촉진함.
5. 치료 관계를 갖게 함.
6. 치료 과정을 복잡하게 만들 수 있는 잠재적인 문제를 임상가가 예상하도록 도움(Eells, 2010; Grant et al., 2008).

사례공식화는 또한 내담자가 받아야 하는 치료의 유형에 따라 결정된다. 예를 들어, 정신분석적 공식화는 내담자의 유아기나 아동기에 발달된 기저의 갈등에 대한 세부 사항을 포함할 가능성이 높고, 가족 치료적 공식화에는 가족 구조, 경계 및 가족 상호작용 패턴이 포함될 수 있다. 반면, 인지행동치료_{CBT} 기반 공식화는 고통감이 지속되는 데 있어 인지와 행동의 역할을 포함하게 된다.

제1장에서 우리는 인지행동치료와 저강도 인지행동치료의 주요 기능을 살펴보았다. 둘 다 현재 발생하고 있는 증상에 초점을 맞춘다는 점은 같지만, 내담자 배경에 대한 정보 수집에는 다른 측면이 있다. 이는 효과적인 저강도 인지행동치료를 위해 개인력 요인을 고려할 필요는 없다는 점에서 차이가 나타난다.

이에 대한 비유의 예시로서 자동차 엔진을 들 수 있다. 전기적 스타터 모터는 자동차를 구동하는 주 연소 엔진을 시작한다. 이때 스타터 모터는 자동차를 움직이는 과정의 첫 번째 부분에 관여하는 것이며, 엔진을 멈추거나 끄는 과정에서는 스타터 모터가 필요하지 않다. [그림 3-1]에 나와 있는 Judy의 공식화에서처럼, 아버지와의 관계가 우울증에 대한 취약성에 영향을 미쳤음을 알 수 있다([그림 3-1]의 섹션 1). 아버지는 거리감이 있는, 내성적인 사람이었다. 아버지는 Judy가 그토록 바랐던 칭찬과 인정을 결코 표현하는 법이 없었다. 어린 시절 Judy는 학업과 스포츠 활동으로 학교 내 성공을 통해 아버지의 관심을 얻으려고 시도했다. Judy는 발달기에 자신이 '충분치 않다.'라는 믿음을 키웠고, 성취를 통해 이를 보상하려고 시도했다(섹션 2). 아버지와의 어린 시절 경험과 그 이후 깊이 자리잡은 신념 혹은 '핵심' 신념_{'core' belief}은 완벽주의 경향성과 수행에의 비판에 대한 취약성을 발달시키는 결과를 가져왔다. 따라서 업무 수준을 점검하게 된 Judy의 최근 상황은 그의 정신건강에 큰 영향을 미쳤다(섹션 3). 이러한 개인 이력의 영향이 Judy의 현재 정신 상태에 대한 매우 매력적인 설명이 될 것이다.

그러나 저강도 인지행동치료 면담 및 공식화의 구조에서는(발병과 관련된 사건들을 언급하는 것 제외하고는) 이러한 영향을 고려하지 않는다. 저강도 접근은 실용적(그저 이러한 탐색이 필요치 않음)이며 임상/윤리적 이유(단계적 치료 체계)로 내담자의 회복에 필요한 최소한의 '침습적' 개입을 제공하는 것을 목적으로 하기 때문이다. 이 모두는 이러한 접근에 대한 구체적인 임상적 근거에 기반한다(James, 2001 참조).

저강도 인지행동치료를 수행할 때 우리가 염두에 두어야 할 두 번째 원리는 현재 발생한 증상이 서로 상호작용하면서 문제를 지속시키고 현재의 고통감을 구축하는 연쇄적 사슬과 순환을 만든다는 것이다. 저강도 접근의 맥락에서 이들은 별개의, 그러나 겹쳐 있는 일반적인 다이어그램 형식으로 표현되는 경향이 있다. 예시는 다음과 같다.

- 세 영역들: [그림 3-1]의 섹션 5, 6, 8(예: Chellingsworth & Farrand, 2016; Farrand & Chellingsworth, 2016).
- '뜨거운 크로스 번cross bun'[5](일반적으로 주변 타원형에도 포함된 '환경적 유발 자극'): 섹션 5, 6, 7, 8(예: Fitzgerald, 2013; Greenberger & Padesky, 2015).
- 다섯 가지 영역들: 섹션 4, 5, 6, 7, 8(예: Williams, 2012, 2014).

저강도 인지행동치료 임상가가 사용하는 대부분의 인지행동치료 기반 자조 도서는 (다소간의 차이가 있기는 하지만) 일반적으로 본문 중에 다섯 가지 영역 모두를 어떤 형태로든 고려한다. 예를 들어, Farrand와 Chellingsworth(2016)는 공황을 유발하는 요인이 사고 또는 신체적 감각의 양상들이라고 설명한다. 따라서 이 경우 유발 자극은 세 영역들 내에서 발생한다. 또한 감정적 경험의 많은 부분이 실제로 생리적 반응과 인지적 해석으로 구성되어 있다는 증거가 있다(정서의 2요인 이론Two-Factor Theory; Schachter & Singer, 1962).

가능한 경우, 길잡이식 자조를 활용하는 임상가들은 내담자와의 논의에서 사용된 공식화된 구조 및 용어를, 과제로 내 줄 자조 챕터에서 사용되는 구조 및 용어와 일치시킬 필요가 있다. 예를 들어, 후자와 관련하여 Myles와 Shafran(2015)은 섹션 6을 설명하기 위해 '신체 감각'이라는 용어를 사용하는 반면, Fitzgerald(2013)는 동일한 현상을 설명하기 위해 '신체 증상'을 사용한다.

---

5) 역자 주: 영국에서 부활절 무렵에 먹는, 슈가 아이싱으로 그린 십자가 무늬가 있는 빵. 타원형 내 요소들이 십자가 형태로 서로 연결되어 있는 것을 비유해 이름.

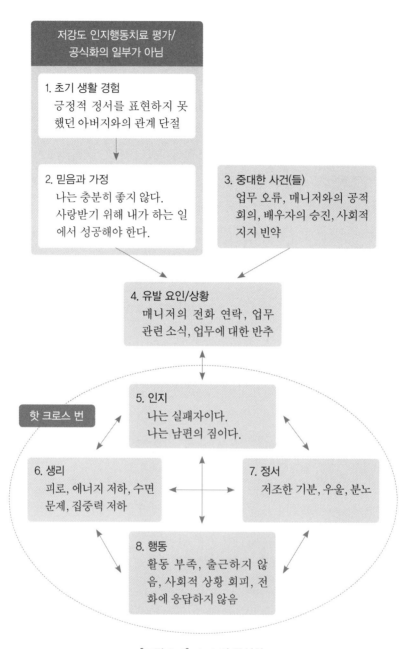

[그림 3-1] Judy의 공식화

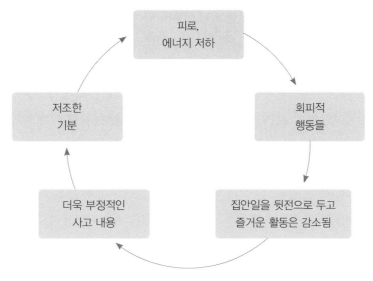

[그림 3-2] 우울에 대한 순환적 공식화

    내담자가 정보에 압도되는 것을 피하기 위해 공식화에는 그들 고통감의 핵심을 포착하는 데 가장 적합한 정보의 조각들만 포함되어야 한다. Judy의 최근의 우울증은 업무 관련 요인들에 의해 촉발되었다([그림 3-1]의 섹션 3). 그의 저조한 기분(섹션 4)에 대한 일상적 유발 자극에는 직장에서의 연락, 미디어의 업무 관련 주제들(예: 해고에 대한 언급) 및 일반적 반추 양상(매우 반복적이고 부정적인 양상으로 자신의 생각들을 곱씹는 경향성)이 포함된다. 이후 이러한 유발 요인들은 [그림 3-1]의 섹션 5~8에서 상호작용하는 증상군을 유발하며, 이는 다시 더 많은 유발 자극을 발생시킨다. 따라서 현재 패턴을 설명하는 [그림 3-1]의 모든 섹션은 서로 인과 관계가 있을 수 있어 다른 섹션과 양방향 화살표로 이어져 있다.

    예를 들어, 매니저의 전화 연락은, '나는 실패자야.' '나는 직장으로 돌아갈 수 없을 거야.' '나는 그것에 대처할 수 없어.'와 같이 Judy에게 부정적인 인지를 초래할 수 있다. 그녀가 전화 응답을 하지 않게 되는 등 행동의 변화로도 이어질 수 있다. 이는 다시 다른 유발 자극들을 초래할 수 있다(예: 매니저는 Judy와 전화 연락이 안 되기에 공적 서신을 보내거나 자택으로 전화를 걸 수도 있다). 제8장과 제9장에서는 여러 진단에서 이러한 요인들이 상호작용하는 방식에 대해 자세히 설명한다. 일부 내담자의 경우 서로 다른 영역 간 관계가 악순환을 심화시킨다. 이 경우 순환적 공식화가 더 도움이 될 수 있으며([그림 3-2]), 필요에 따라서는 더 단순화될 수도 있다(다른 예는 [그림 9-3]과 [그림 9-6] 참조).

    다른 치료적 접근에 비해 저강도 인지행동치료의 장점 중 하나는 전화를 통해 치료를 전달할 수 있다는 것이다. 저강도 인지행동치료 임상가들이 이런 방식으로 지도감독을 받는 것도 일반적이다. 이러한 비−시각적 형태의 의사소통이 널리 사용된다는 것은 내담자와 언어적 공식화를 구성하는 것이 더 일반적이라는 것을 의미한다. 이는 초기 평가 면담이 끝날 때쯤 이루어지며, 이를 '문제 진술'이라고 한다. 이는 간결해야 하며(보통 한두 개의 문장), 그림상의 각 요소들이 그러하듯, 개인 고통감의 본질을 포착하는 데 필요한 핵심 정보만 포함한다.

　여기에는 '일상적인 유발 요인, 인지, 행동, 생리적 증상 및 문제에 따른 영향들'의 정보가 포함된다. 이 정보는 평가 면담의 다섯 가지 영역 및 문제의 영향 요소와 관련된다. 예를 들어, [그림 3−2]에 나와 있듯, 몇 가지 인과 관계를 포착할 수도 있다(예: '피곤할 때면 나는 ~을 유발하는 활동을 피한다.'). 일반적으로 1인칭으로 작성되며 가능한 경우 내담자의 실제 표현을 포함한다. 다이어그램 공식화과 마찬가지로 이는 내담자와 협력하여 구성한다.

　　이 시점에서 당신의 어려움에 대한 간략한 요약을 함께 구성해 보고자 합니다. 우리는 이것을 문제 진술이라고 부릅니다. 이는 내가 당신의 문제를 올바르게 이해하고 있는지 확인하기 위한 것이며, 변화가 발생하는 지점을 확인하기 위해 매주 검토할 수도 있습니다. 괜찮으실까요? 내가 처음에 당신의 문제가 무엇인지 물었을 때, 당신은 나에게 X라고 말했습니다. 여기에서부터 시작하면 될까요? 이것을 문제 진술에 포함해 볼까요?

연습 3−3 ❀ 문제 진술을 구성하기

Judy의 문제 진술:

　상사의 연락이나 직장으로부터의 소식 하나하나가 나를 실패자라는 생각이 들게 하고, 피로감과 수면문제를 겪고 있다. 결과적으로 나는 집을 떠나거나 친구들과 통화를 하는 것을 피하게 되었고, 이는 내가 사회적 활동을 더 이상 하지 못하고 일을 할 수 없다는 것을 의미한다.

문제 진술 중 다음을 식별할 것:

• 일상적 유발 요인

• 인지

• 행동

• 생리적 증상들

• 문제의 영향들

　문제 진술의 다른 예시들은 부록에 제공된 짧은 사례의 도입부에 기술되어 있다.

　이제 Tom(부록의 사례연구 2)에 가능할 법한 문제 진술을 구성하라.

문제 진술을 작성하는 일을 때때로 내담자에게 넘길 수 있다. 그러나 일반석으로 필요한 모든 영역을 다루고 올바른 용어를 사용하도록 안내해야 한다. 특히 후자와 관련하여 내담자들은 종종 인지를 감정으로 잘못 기술한다('나는 다시는 일을 할 수 없을 것 같은 느낌이 든다.'). 사고들과 달리, 감정은 한 단어(예: 행복, 슬픔, 화)로 포착되는 감정 상태 또는 반응임을 설명하는 것이 도움이 된다. Plutchik과 Kellerman(1980)의 감정 수레바퀴는 경험할 수 있는 감정의 범위를 설명하고 있어 참조할 만하다(simple.wikipedia.org/wiki/List_of_emotions#/media/File:Plutchik-wheel.svg).

'행동'과 '영향'의 개념도 혼동될 수 있다. 행동 변화는 관찰 가능한 행동의 변화로 구성된다(예: 하루 중 늦은 시간이 되어야 침대에서 일어나거나 아예 일어나지 않음; 집 떠나는 것을 피함; 양치질을 하지 않거나 양치질을 적게 함; 전화를 받지 않음; 영화관에 가자는 초대를 거부함). '영향'은 행동 변화가 생활방식에 미치는 영향이다(예: 사회적 접촉 소실, 자기관리 감소).

결론

평가 면담 후에 저강도 인지행동치료 임상가는 내담자의 어려움에 대한 철저한 그림을 얻어야 하며, 이를 통해 잠정적 진단을 제공할 수 있다. [글상자 3-1]은 Judy에게 적용된 이 의사결정 과정을 설명한다. 잠정적 진단은 (내담자의 목표와 함께) 내담자에 맞는 단계와 치료를 결정하는 데 중요하다. 면담 중 일상적 심리평가 질문지 섹션에서 질문지를 실시한 후 임상가는 점수의 프로파일 양상을 살펴야 한다(Judy의 원점수는 부록 참조). Judy의 점수는 PHQ-9에서 '중등도-심도' 범위 내에 있는 반면, GAD-7에서는 '중등도' 범위의 임계치에 달하는 것으로 나타났다. Judy의 경우, 임상가는 이 프로파일이 그에게 적합할 것으로 판단했던 주요우울장애의 잠정적 진단과 일관된다고 보았다. 이것이 확정되면 문제 진술을 구성해야 한다. 제시된 예에서는 Judy의 실패와 관련된 인지, 그리고 자기관리 및 사회적 활동의 감소, 의사가 전형적인 우울의 증상으로 인식한 기타 생리적 증상(무기력 및 수면 문제)을 아우르고 있다. 이 전체 프로세스를 통해 임상가는 다양한 평가 영역이 일관되어 있는지를 다양한 요소로 삼각 측량한 결과, 내담자의 문제를 완전히 이해했다는 강한 확신을 가지게 된다.

요약

- 저강도 인지행동치료에는 임상가가 내담자의 문제를 이해할 수 있도록 하는 세 가지 프로세스가 있다. 이는 잠정적 진단, 측정 및 공식화이다.

- 진단에 대한 지식은 내담자를 위한 적절한 단계와 치료를 결정하는 데 필수적이다. 이는 DSM-5 및 ICD-10에 설명되어 있다. 개인이 둘 이상의 공병질환을 가질 때 그 진단 과정은 까다롭다.

- IAPT 프로그램에서 정기적으로 사용되는 평가 척도는 PHQ-9, GAD-7, 공포증 척도 및 일과 사회 적응 척도이다. 이들은 각 회기마다 실시되며, 진단 프로세스를 용이하게 하고, 내담자의 상태를 지속적으로 모니터링할 수 있다.

- 공식화는 초기 면담의 주요 산물이지만 치료 계획 및 중재 기술에 대한 근거를 제공하기 위해 치료 과정 전반에 걸쳐 참조되기도 한다. 공식화는 다이어그램으로 만들어지거나 전적으로 언어로 표현될 수 있다. 후자는 IAPT/저강도 인지행동치료 내에서 사용되며, 다이어그램은 언어적 공식화를 유용하게 보완할 수 있다.

- 〈표 3-1〉에 나열된 각 진단에 대해 개인적으로 또는 (관련 직군에 있다면) 동료의 도움을 받아 기록하시오. 기록에는 다음이 포함된다.
  - 특징들 및 진단적 특성을 포함하는 장애에 대한 기술, 또한 기억을 돕기 위한 기호$_{mnemonic}$(예: 'MR FISC'라는 용어는 GAD에 대한 여섯 가지 진단 준거 첫 글자를 따 옴).
  - 다른 유사한 임상적 상태와 변별할 수 있는 감별 진단 정보.
  - 장애의 특징을 떠올리는 데 도움이 되는, 장애에 대한 기타 정보.

- 관련 분야에 종사하고 있다면 지도감독자가 평가 면담을 하는 동안 그를 관찰하라. 지도감독자가 내담자와 이에 대해 논의하기 전에 잠정적 진단을 내려 보라. 당신의 잠정적 진단이 지도감독자의 진단과 다르다면, 회기가 끝난 후 이러한 의견 차이가 어떻게 발생했는지 논의하라.

- 서비스 내에서 사용할 수 있는 다양한 IAPT 측정 및 기타 평가 도구를 조사하고, 점자 버전, 큰 활자 버전, 또는 비영어 버전이 있는지 확인하라.

- 대면 접촉 시 내담자에게 과제로 나눠 줄 수 있는, 모든 관련 설문지와 채점 가이드, 여분의 메모지, 예약 카드, 자조 자료 세트로 구성된 '치료 패키지'를 만들어 보라.

- 서비스에서 전자 기록을 사용하는 경우 이 시스템에 입력할 수 있는 결과 측정치를 확인하고, 이러한 점수를 내담자에게 그래픽으로 제시할 수 있는지 알아보라.

- 내담자 치료에 사용할 가능성이 있는 각 자기계발서에 사용된 공식화 및 용어의 구조를 선택한다.

- 이 주제에 대해 더 알고 싶다면 Kennerley 등(2017, 제4장)과 Wilkin 등(1992, 제3장)을 읽어 보라.

치료 관계

Anna Chaddock

학습 목표

- 인지행동치료 내에서의, 보다 구체적으로는 저강도 인지행동치료 내에서의 치료 관계의 본질에 대해 이해한다.
- 저강도 인지행동치료의 맥락에서 '공감'한다는 것이 무엇을 의미하는지 더 깊이 이해한다.
- 내담자를 참여시키는 데 중요한 대인 기술의 예를 제공하고 연습할 기회를 제공하는 사례를 접한다.
- 현재 각자가 사용하고 있는 치료 및 대인 기술에 대한 관찰과 반영을 촉진한다.

서론

온정, 공감, 경청 기술, 반영, 요약, 질문 기법 및 협력은 치료 동맹을 구축하고 유지하기 위한 필수적 자질이자 기법이다(심리치료 접근성 향상Improving Access to Psychological Therapies: IAPT, 2010a). 그러나 이러한 자질과 기술은 서로 독립된 것이 아니며 타인과 효과적으로 관계 맺는 과정의 일부를 구성한다. 이 '대인관계 과정'의 결과는 관계의 형성과 발전이다. 인지행동치료CBT에서 우리는 관계가 협력적일 때 이를 '치료적'이라 정의하고, 내담자가 변화 과정에 착수할 수 있도록 하는 관계라고 정의한다. 그러나 전통적 치료의 치료 관계는 2자 관계(내담자와 임상가, 두 사람의 사이)로 설명될 수 있는 반면, 저강도 개입에서의 관계는 3자 관계, 즉 내담자, 임상가, 개입 자료 간의 상호작용으로 구성된다. 이는 저강도 인지행동치료LICBT에서의 치료 관계의 본질에 분명한 함의점을 갖는다.

저강도 기반 모델은 '제한된 접촉 시간'(Bennett-Levy & Farrand, 2010)하에서 수행되기에 치료 관계의 발전과 같은 대인적 요인이 덜 중요하다는 견해를 가질 수도 있겠으나 그 반대이다. 내담자와의 접촉이 제한적이기에 대인관계적 요소가 매우 중요한 것이다. 저강도 인지행동치료 임상가에게는 내담자의 어려움을 이해하고, 관계를 발전시키며, 치료의 초기부터 개입 자료에 대한 참여를 촉진하고, 발생하는 모든 어려움을 극복하는 데 필요한 정보를 이끌어 낼 수 있는 시간이 적다. 치료 관계의 문제는 시간 제한적 개입 및 접촉 제한적 개입에 따라 다를 수 있지만 확실히 덜하지는 않다(Farrand & Williams, 2010). 실은 치료의 수준(낮음, 높음, 매우 높은 수준)에 관계없이, 내담자와 형성하는 관계는 모든 평가, 이해, 개입 및 결과가 구축되는 기반이 된다.

사적인 관계(친구, 가족, 연인 관계 등), 특히 관계를 시작할 때 그 관계에 얼마나 많은 시간과 노력을 들였는지 잠시 생각해 보자. 당신의 성공적인 관계가 시간이 흐르며 어느 정도로 실제 작동해 왔는지 되짚어 보자. 이처럼 치료에서도 관계는 똑같이 중요하며 그만큼 많은 노력과 관심이 필요하다고 하겠다. 이 장의 목적은 저강도 인지행동치료에서 치료 관계의 주요 특징들 중 일부를 소개하고, 관계의 발달 및 유지에 있어 타협을 이룰 수 있도록 실용적 지침을 제공하는 것이다. 이는 하나의 시작일 것이며, 이 장의 끝에서 더 많은 조언을 제공할 것이다.

인지행동치료에서 치료 관계의 특성

인지행동치료에서 치료 관계의 본질

치료 관계는 종종 치료에서 '비특이적' 요인으로 언급된다(예: Richards, 2010b). 비특이적 요인은 다양한 치료 형태와 모델에 공통적인 것으로 '공통 요인'이라 불리기도 한다. 예를 들어, 온정, 진실성 및 공감은 흔히 공통 요소가 된다(이 세 가지에 대해서는 추후 자세히 설명함). 특정적 요인은 특정 치료법에 고유한 기술적 특징을 나타낸다(Katzow & Safran, 2007). 회기의 구조와 문제 진술의 개발은 저강도 인지행동치료의 치료-특정적 요인 중 일부로 정의된다. 그러나 Castonguay와 Holtforth(Castonguay, 1993, 2000; Castonguay & Holtforth, 2005)는 사실 '공통'으로 간주되는 많은 변수가 실제로는 꽤 치료-특정적인 활용성을 갖거나 치료의 특정 유형에만 특이적인 방식으로 사용될 수 있다고 주장하였다. 따라서 어떤 종류의 치료 혹은 어떤 치료 관계를 언급할 때 우리가 의미하는 바를 구체적으로 기술하는 것이 중요하다.

'협력적 경험주의'는 인지행동치료에서 치료 관계를 정의하는 데 사용되는 용어이다(Beck et al., 1979). '협력'이라는 것은 다른 많은 치료법과 달리 인지행동치료에서 의사와 내담자가 변화를 위해 함께 일하는 능동적이고 동등한 팀 구성원이라는 사실을 나타낸다(Beck, 1995; Blackburn & Twaddle, 1996). 표준 인지행동치료에서 치료자는 다양한 문제를 치료하는 데 지식과 경험을 제공하고 내담자는 자신에 대한 지식과 경험을 제공한다. 지식과 경험의 두 원천이 함께 모이고 두 참여자가 함께 작업하며 그 과정에 참여할 때 관계는 치료가 된다. 이것은 치료자와 내담자 모두가 기여하는 능동적인 과정이다(Kennerley et al., 2017). Gilbert 와 Leahy(2007)는 이것을 두 파트너 간의 춤에 비유했다. 이상적인 수준에서, 둘이 함께 음악에 맞추어 움직인다. 이것이야말로 본질적으로 우리가 목표로 하는 것이다. 치료자와 내담자가 함께 '걷는 것'이다. 발걸음이 일치하고 시간이 지남에 따라 한 사람의 움직임이 다른 사람의 움직임을 돕고 그 움직임을 가능하게 한다.

이것이 인지행동치료의 특징이다. 이것이 인지행동치료의 관계를 독특하고 구체적으로 만든다. 다른 어떤 치료적 접근에서도 임상가와 내담자가 그런 식으로 함께 일하지 않는다. 이러한 종류의 협력을 통해 특정한 문제에 대해 공유된 이해를 발전시키고 인지와 행동이 변화하도록 하는 여러 가지 일을 함께 해낼 수 있다. 이것이 협력적 경험주의 중 '경험주의'의 정의에 해당하는 바이다. 치료사와 내담자는 '개별 과학자'로서 함께 일한다(Beck et al., 1979). 그들은 이론을 검증하며 새롭고 다양한 방식을 시도한 다음 이러한 실험의 결과를 평가한다. 그러므로 인지행동치료 중 치료 관계의 본질을 기술할 때, 우리는 또한 인지행동치료의 본질을 말하고 있는 것이기도 하다.

연습 4-1 ⚜ 협업의 경험을 반영하기

누군가와 프로젝트를 잘 수행했거나 결정을 내리기 위해 잘 협력했던 때를 생각해 보라.

- 다른 사람과 쉽게 작업할 수 있었던 이유는 무엇인가?
- 어려운 점이 있었다면 어떤 점이 어려웠는가? 당신, 다른 사람, 그리고 당신들의 결합과 관련된 요소에 대해 생각해 보라.
- 당신과 다른 사람은 공동 작업 또는 협업을 촉진하기 위해 무엇을 하였는가?
- 협업할 때의 느낌은 어땠는가? 협업하지 않을 때 기분이 어땠는가?
- 여기에서 당신의 임상적 치료, 특히 내담자와의 협력적 관계를 촉진하는 역할에 대한 당신의 반영이 의미하는 바는 무엇인가?

인지행동치료에서 치료 관계의 역할

어떤 형태의 치료에서는 치료 관계가 내담자의 문제를 변화시키는 주요 요인으로 간주된다. 인지행동치료에서 Beck 등(1979)은 치료가 일어나는 **맥락**으로서 치료 관계의 역할을 강조한다. 여기서 우리는 맥락이라는 단어를 잘못 해석하지 않도록 주의해야 한다. 이때의 맥락은 배경이라는 뜻이 아니다. 적절한 영양소, 빛, 습도의 수준이 씨앗이 발아하고 성장하는 데 필요한 조건을 제공하듯, 치료 관계는 치료가 일어날 수 있는 조건이나 환경을 제공한다. 이와 유사하게, 치료의 관계적이고 기술적인 부분은 인지행동치료 내에서 떼려야 뗄 수 없이 연결되어 있다. 즉, 인지행동치료에서 우리는 치료 관계가 그 자체로 변화에 영향을 미치는 **충분** 요건이라고 생각하지는 않지만 변화 과정의 필수 요건인 점은 명확하다(Beck et al., 1979).

내담자도 치료 관계에 적극적으로 기여한다는 사실을 기억할 필요가 있다(Kennerley et al., 2017). '참여'는 내담자의 개입 및 그 개입의 성격을 설명하는 데 자주 사용되는 용어이다. 참여를 확인할 수 있는 부차적인 신호가 여럿 있을 수 있지만(예: 회기 참석, 과제 완료), 참여하는 내담자란 본질적으로 그 자신의 학습과 변화를 꾀하는 데 능동적으로 참여하는 사람이다(Beck et al., 1979).

저강도 인지행동치료에서 치료 관계의 특성

지금까지 우리는 인지행동치료의 정의적 특징이 협력적 경험주의를 특징으로 하는 치료 관계임을 확인했다. 그러나 저강도 인지행동치료 임상가로서의 역할은 보다 전통적인 '인지행동임상가'의 역할과는 상당히 다르다. 이 절에서는 이러한 몇몇의 차이점을 살펴볼 것이다.

저강도 인지행동치료에서는 그룹 기반 개입을 제공하고 제한적인 수의 더 짧은 회기들로 개입을 제공하여 내담자–임상가 접촉 시간을 줄인다(Bennett-Levy et al., 2010a). 이때 치료의 초점은 자조 자료로 내담자를 참여시키고 해당 자료를 훈습하도록 내담자들을 지원하는 것이다. 따라서 우리는 저강도 인지행동치료에서 임상가와 내담자 간 치료 관계가 협력적 경험주의보다는 **협력적 참여**로 특징지어진다고 요약할 수 있으며, 이는 사고의 검토 및 실험(예: 행동을 해 보는 등)이 인지행동치료 자료 내에서 개시되기 때문이다.

> 인지행동치료는 이제 임상가 내부가 아니라 **재료 내부**에 주로 존재한다. 임상가는 인지행동치료에 대한 전문 지식을 표로 제공하고 내담자는 자신에 대한 전문성을 제공한다고 할 수 있다. 이제 자료는 인지행동치료에 대한 전문적 지식을 제공하고 저강도 임상가는 가치 있는 지침과 지원을 제공하며 그들의 경험을 나눈다(Bennett-Levy et al., 2010a: 13).

이는 저강도 인지행동치료의 치료 관계를 이해하는 데 있어 많은 함의점을 보여 준다. 첫째, 2자 관계(두 사람 간 관계)로 설명될 수 있는 전통적인 내담자–임상가 관계와 달리 저강도 인지행동치료는 내담자, 임상가 및 자료의 세 요소로 구성되어 있기에 이때의 치료 관계는 3자 관계이다.

Gilbert와 Leahy의 춤 비유(2007)를 확장하자면, 이때 대조되는 부분은 (임상가가) 댄서 중 하나가 되는 것이 아니라 댄스 파트너십을 코칭하는 것과 유사하다고 할 수 있다. 춤을 코칭하거나 안무를 하기 위해 춤에 대한 지식과 기술이 있어야 좋은 작업을 할 수 있지만 코칭을 맡은 댄서에게서 최고의 기량을 이끌어 내기 위해서는 다소 다른 방식으로 당신의 기술을 활용해야 한다. 이와 유사하게, 좋은 대인 기술은 내담자와 관계를 잘 맺는 데 필수적일 뿐만 아니라 내담자가 인지행동치료 자료와 좋은 관계를 유지하고 이를 최대한 활용할 수 있도록 돕는다. 훌륭한 댄스 강사는 두 댄서 모두에게 필요한 스텝을 알고 있으며 댄스 파트너가 '시간 내 스텝을 밟도록' 그리고 가능한 최선의 방법으로 협업하도록, 지시, 조언 및 격려를 제공할 수 있는 사람이다. 이와 같이, 훌륭한 저강도 인지행동치료 임상가는 인지행동치료 자료에 대한 지식과 경험뿐 아니라 내담자와 그들의 어려움에 대한 지식을 가지고 있다. 따라서 그들은 내담자가 자료에서 이익을 얻을 가능성을 최대화할 수 있도록 지침, 팁, 조언, 격려 및 지원을 제공할 것이다.

이 비유는 또한 표준적인 인지행동치료의 특성과 저강도 인지행동치료의 치료 관계에 있어 또 다른 차이점 하나를 강조하고 있다. Webb(2014)는 이를 '원격 동맹'으로 설명하였다. 이것은 전화 통화 기반 인지행동치료에 대한 연구를 토대로 논의된 것으로, Webb은 이러한 방식으로 치료가 수행될 때, 치료 관계는 질적으로 다른 것으로 간주되어야 한다고 말한다. 당시 연구 참가자들의 경험을 통해 얻은 두 가지 유익한 주제는 치료에 대한 집중력 증가와 내담자의 권한 부여였다.

참여와 지원은 대면, 전화, 이메일, 인터넷, 편지, 그룹 등 상상할 수 있는 거의 모든 형태의 의사소통 방식으로 가능하다. 이는 또한 협력적 참여를 촉진하는 기법 및 임상가 행동에 영향을 미친다. 예를 들어, 전통적인 대면 회기에서는 비언어적 의사소통이 온정, 진정성 및 공감을 전달하는 데 큰 역할을 할 것이다(예: 눈맞춤, 표정, 목소리 톤, 자세를 통해). 그러나 이러한 비언어적 단서 중 많은 부분은 전화나 이메일로 내담자와 상호작용할 때에는 사용할 수 없다(전화 통화와 관련된 몇 가지 실질적 문제는 제5장 참조).

저강도 인지행동치료에서는 임상가와 개입 자료가 임상가의 역할을 공유한다고 할 수 있다. 그래서 Beitman 등(1989)은 치료 관계를 내담자, 임상가의 개인적 자질, 그리고 이들 사이의 상호작용으로 기술했다면, 저강도 인지행동치료에서는 이것이 내담자, 임상가, 자료의 자질 및 이들 간의 상호작용이 된다. 이는 우리가 개입 자료로 내담자를 참여시킬 때 우리 자신뿐 아니라 내담자 및 자료의 관계적 특성도 고려해야 함을 의미한다.

자조 자료에 관계적 측면이 있다는 제안에는 논란의 여지가 있지만 자조 문헌과 관련하여서는 이에 대한 증거가 증가하고 있다(Richardson & Richards, 2006; Richardson et al., 2010). 실제로 생각해 보면, 좋은 책에 빠져 본 적이 있는 사람이라면 누구든, 글과의 관계라는 것이 가능하다고 말할 수 있을 것이다. 종종 우리를 가장 감동시키는 것은 우리 자신의 일부와 관련이 있거나, 부모로서의 감정, 사랑하는 사람의 상실, 관계에서의 배신 및 와해와 어떤 식으로든 관련된 글귀들이다. 우리는 작가나 등장인물이 우리 자신에 대해 뭔가를 이해하고 있고 우리와 연결되어 있다고 느낀다. 자신이 경험하는 것을 설명하는 듯한 구절을 읽거나, 제안된 활동이 자신을 움직이거나 변화하도록 영향을 미치는 등의 구절을 읽는 것은 상상 이상으로 내담자에게 강력할 수 있다. 따라서 고통 중에 있는 것이 어떤 것인지 저자들이 이해하고 있다는 사실을, 양질의 자료들은 내담자에게 전달할 수 있다. Richards와

Farrand(2010)는 내담자의 입장에서 생각하고, 재료가 내담자와 소통하는 방식이 내담자가 참여하는 느낌이 들게 하는지 묻는 등 내담자를 위한 자조 재료를 선택함에 있어 공감적 접근방식을 취할 것을 주장한다. 이는 인지행동치료 자료의 효과적인 활용을 위해서는 임상가가 이에 대한 상세한 지식과 이해를 필요로 함을 의미하기도 한다. 인지행동치료 기법과 자료를 자신에게 적용하는 연습을 하는 임상가가 인지행동치료에 대한 더 깊은 수준의 이해를 발전시키고 내담자에 더 큰 공감을 경험할 수 있음을 시사하는 몇 가지 증거 역시 존재한다(Bennett-Levy et al., 2003; Farrand et al., 2010; Thwaites et al., 2014).

요약하면, 우리는 치료 관계가 협력적 참여로 특징지어진다는 것, 그리고 관계에는 3자(내담자, 임상가 및 인지행동치료 자료)가 참여한다는 것을 확인했다. 우리는 저강도 인지행동치료에 대한 내담자의 참여를 촉진하고, 특히 인지행동치료 자료에 대한 참여를 촉진하는 데 있어 우리의 훌륭한 대인 기술이 필수적이라는 것을 확인하였다. 또한 전화나 서면을 통해 내담자를 참여를 촉진하는 데 필요한, 좋은 관계의 특성과 관련한 특정한 고려점이나 조정점이 있을 수 있음을 이해했다. 마지막으로, 우리는 내담자에게 적절한 자료를 선택할 때 인지행동치료 자료의 관계적 특성을 고려할 필요성을 강조했다.

협력적 관계를 촉진하는 임상가의 역할

치료 관계에 대한 인지행동치료 관점의 기본은, 내담자와 임상가가 서로 '조율'하여 공유하는 목표를 향해 협업할 것을 요청하는, 팀워크에 대한 것이다. 내담자가 임상가를 '자신(내담자)의 감정과 태도에 맞추고 있으며 자신을 이해하고 수용하는 사람'으로 인식할 때, 그리고 임상가의 염려와 관심을 느끼고 그들이 자신과 동일한 파장으로 움직이고 있음을 느낄 때, 협력적 관계가 수립된다. 분명한 것은, 임상가가 경청하고 관점을 수용하고 의사소통하는 데 있어, 모든 지각 기술perceptive skills을 사용할 필요가 있다는 것이다. 이러한 대인관계 기술과 특성은 일반적으로 '온정' '진정성' 및 '공감'의 제하로 요약되어 있다.

인지행동치료에서는 임상가의 따뜻함을 '보살핌의 관심caring concern'을 전달하는 일종의 '부드러움과 온화함'으로 정의한다(Gilbert, 2007: 134). 따뜻함은 임상가가 느끼는 것, 즉 내담자에 대한 따뜻함을 '느끼는 감각'으로 시작된다. 내담자에게 영향을 미치기 위해서는, 임상가가 '느끼고 그 감각'을 표현하거나 내담자에게 전달해야 한다. 이는 대부분 목소리 톤, 자세 및 표정과 같은 비언어적 수단을 통해 달성된다. 진솔성은 가식, 과장 또는 연기가 없는 내담자에 대한 솔직한 반응으로 정의될 수 있다(Beck et al., 1979). 이것은 뭔가 '가식'이 아닌 방식으로 내담자과 관계를 맺는 것을 의미한다. 즉, 진솔성은 내담자에게 전달되는 모든 것이 진실되도록 임상가가 먼저 체화('몸으로' 느끼거나 경험하는)하는 것으로 시작된다. 때로 개입은 원거리(예: 전화를 사용하는 등)에서 수행되기에, 임상가가 온정을 느끼고 소통하는 일은 때때로 어려울 수 있다.

공감은 정의하기가 훨씬 더 어렵다. 넓게는, 내담자의 경험에 대한 우리의 지각(Burns & Auerbach, 1996; McLeod et al., 2002; Overholser & Silverman, 1998)과 그들이 생각하고 느끼는 방식을 이해하려는 우리의 민감성과 태도(Bennett-Levy et al., 2003; Hoffart et al., 2002)와 관련이 있다. 이는 내담자의 관점을 취하고 그들의 상황이라면 어떨지 느끼는 것을 의미한다(Bennett-Levy et al., 2003; Burns & Auerbach, 1996; Deffenbacher, 1999; Sloan, 1999). 또한 이 모든 것을 내담자에게 전달하는 우리의 기술까지를 말한다. 공감을 통해 내담자는 우리가 이해하려고 노력해 온 것을 알게 될 것이며, 우리가 내담자의 경험을 이해하는 데 얼마나 근접해 있는지 알게 될 것이다.

여기에서는 여러 이유로 따뜻함과 진정성보다는 공감에 중점을 둘 것이다. 첫째, 이 세 가지 개념 중에서는 공감이야말로 협업의 촉진 및 '팀워크' 자세에 가장 많이 기여하는 것으로 보이기 때문이다. 이 점이 중요한 이유는 앞서 살펴본 바와 같이 내담자의 접촉에 있어 시간적 제약으로 인해 관계적 요인(역자 주: 따뜻함, 진정성, 공감)에 명시적으로 집중할 시간이 제한적이기 때문이다. 따라서 하나의 요인에 집중하는 것이 세 가지를 모두 고려하는 것보다 더 현실적일 수 있다.

더욱이, 공감이 부재한 상태('조망 수용' 요인 없이)에서 내담자에게 따뜻하고 진솔성 있게 반응하는 것은 가능하지만, 따뜻함과 진솔성을 나타내지 않고서는 진정으로 공감적인 반응을 할 수는 없다. 차갑고 가식적인 반응은 공감의 준거에는 맞지 않을 것이다.

Thwaites와 Bennett-Levy(2007: 596)는 특히 인지행동치료에서 공감을 '정보 처리 방식'으로 정의한다. 네 가지 핵심 구성요소는 '지식' '태도 또는 입장' '조율' 및 '소통'이다.

공감적 지식empathy knowledge은 당신의 교육과 훈련, 독서로부터 학습되며, 당신의 치료가 발전함에 따라 학습되며, 당신이 사람들과 협업하는 지속적인 경험에서 학습된다. Thwaites와 Bennett-Levy(2007)에 따르면, 치료적 공감과 자연스러운 공감 반응이 구분되는 지점은 우리가 내담자에 반응을 할 때 우리의 결정을 뒷받침하는 전문 지식들이다.

공감적 조율empathic attunement의 이해를 위해, 특정 방송국 주파수에 맞추기 위해 수동 다이얼을 돌려야 하는 구식 아날로그 라디오의 비유를 들고자 한다. 알맞은 주파수로 조정되지 않으면 소리는 왜곡되고 백색 소음으로 가려진다. 다른 방송국의 간섭 신호를 자신이 맞추려 했던 방송국 신호로 오인하게 될 수도 있다. 때로 **조율**attuning로도 일컫는 이 '조율' 과정은 내담자가 '전송하는' 모든 신호에 주의를 기울여 능동적으로 수행해야 하는 작업이다. **조율**은 치료적 공감의 중요한 구성요소로, Thwaites와 Bennett-Levy(2007)가 **지각 기술**perceptual skill로 정의한 바 있다. 이를테면 당신이 당신의 내담자와 같은 파장을 가지고 있지 않다면 그들을 협력적으로 치료 과정에 참여시키는 정도가 제한적일 것이다.

내담자 관점에서 뭔가를 이해하기 위한 주요 단서는 내담자가 우리에게 말이나 글로 표현하는 것에서 나온다. 그러나 단어의 선택, 이야기하는 **방식**(예: 단어의 강조, 어조, 높낮이, 말하는 속도), 눈맞춤, 표정, 자세, 씻거나 면도를 했는지, 어떤 냄새가 나는지 등에서 더 많은 단서를 얻을 수도 있다. 심지어 그의 호흡조차도 그의 경험을 전달할 수 있다. 이것들은 내담자가 느끼고 생각할 법한 것들을 우리가 인지하는 데 도움이 되는, 내담자가 보여 주는 모든 단서라 할 수 있다. 따라서 이러한 단서들을 포착하는 지각적 기법은 당신의 공감을 가능케 하는 기술이기도 하다. 전화나 이메일을 통한 소통에서는 단서의 범위가 제한될 수 있다.

연습 4-2 ❦ 공감적 조율을 연습하기

귀마개나 헤드폰, 눈가리개, 그리고 '커뮤니케이터' 역할을 할 누군가가 필요하다. 동료, 지도감독자, 혹은 자발적인 가족이나 친구가 될 수도 있다. TV 프로그램에서 녹음된 대화를 사용할 수도 있으며, 누군가가 자신의 경험에 대해 이야기하는 것이라면 무엇이든 사용할 수 있다.

커뮤니케이터의 역할은 몇 분 동안 짧게 경험이나 사건을 설명하는 것이다. 이것은 우울하거나 불안한 사람이 자신의 어려움에 대해 이야기하거나 실제의 문제에 대해 이야기하거나 그 사람이 편안하게 이야기할 수 있는 주제로 이야기를 할 때(예: 하루가 어땠는지, 주말에 무엇을 했는지, 그들이 마지막으로 보았거나 감동했었던 영화가 무엇인지) 역할을 하게 된다.

나는 커뮤니케이터에게 고통스럽거나 이야기하기 어려운 것을 선택하지 말라고 조언하고자 한다(고통감 척도의 주관적인 단위로는 10 중에서 4 이하인 경우).

이때의 목적은 적극적으로 다른 사람의 의사소통에 주의를 기울이고 지각하는 것을 능동적으로 연습하는 것이다. 그들이 문제를 설명하고 있을 때, 당신('인식자perceiver')은 그들의 대화에서 가능한 한 많은 정보를 수집해 보라. 다음 세 가지 조건하에서 세 단계로 수행하라.

- 귀마개나 헤드폰을 끼어서 상대방의 말을 들을 수 없는 조건.
- 눈가리개를 하거나 화자들을 등지고 앉아 그들을 보지 못하는 조건.
- 눈과 귀를 가리지 않아 그들을 보고 대화를 들을 수 있는 조건.

TV 프로그램이나 영화의 한 장면을 사용하는 경우 소리를 끄거나, 앉아서 화면을 바라보지 않거나, 외국어로 된 프로그램을 보는 것도 이러한 기술을 연습할 수 있는 좋은 기회가 된다.

이러한 경우에 당신은 내담자가 느끼고 생각하는 것이 무엇인지 명료화하면서 보다 더 명시적으로 설명해야 할 수도 있다.

연습 4-3 ❀ 치료에 대한 반영(공감적 조율)

[연습 4-2]와 관련하여 각 조건에 대해 다음을 고려하라.

- 무엇을 관찰/지각하였는가? 커뮤니케이터의 경험(커뮤니케이터 및 인식자$_{perceiver}$)에 대해 어떤 정보를 수집하였는가?
- 당신에게 가용했던 정보를 기반으로 커뮤니케이터의 경험을 이해하려고 노력하는 것은 어떠하였는가?
- 이 사람의 생각, 감정적 경험이나 행동에 대해 당신이 보고 들은 것을 기반으로 한 초기 가설이 있는가?
- 그들의 커뮤니케이션에 대해 내적인 반응을 경험하였는가?
- 각 조건하에서 수집한 정보에 있어 차이점들이 무엇인가?

그리고 전반적으로,
- 이 연습에서의 경험을 바탕으로 다른 사람들의 의사 소통을 지각하는 것에 대해 어떤 것을 배우고 있는가?
- 당신의 임상 실습과 관련하여 이 연습의 함의점은 무엇인가?
- 전화나 통역사를 통해 누군가와 작업하는 데 있어 특별한 의미가 있는가?

공감을 마저 이해하기 위해 라디오 비유로 돌아가 보자. 내담자의 '주파수'를 파악했다면 그 다음 단계는 보고, 듣고, 냄새 맡고, 감지한 것을 해석하는 것으로, 이제 당신이 알아챈 것이 무엇인지 '미세 조정'하고 명료화하는 것이다. 이때 요약, 반영 및 명료화는 모두 **공감적 의사소통**empathic communications으로 설명될 수 있다. 이들은 모두 내담자의 경험과 감정 상태에 더 가까이 다가가려 하고, 내담자에게 우리가 그들을 이해하기 위해 노력하고 있음을 알리는 데 사용될 수 있기 때문이다(〈표 4-1〉 참조). 이러한 기법들은 공감을 전달할 수 있는 기회를 제공할 뿐만 아니라 더 많은 치료의 구조를 제공하고, 내담자가 인지해야 할 가장 중요한 요점을 이끌어 냄으로써 내담자가 회기에 더 쉽게 접근하도록 돕는다. 요약 기법은 회기에 집중하도록 하고 '현재의 메시지에 머무르도록on message' 돕는다는 점에서 가장 유용할 것이다.

사람들은 다양한 방식으로 자신의 감정을 표현한다. 어떤 사람들은 다른 사람보다 자신의 고통을 공개적으로 공유하는 데 더 능숙하지만, 또 다른 사람들은 자신의 고통감을 심지어 숨기려고 적극적으로 노력할 수도 있다. 특히 맥락적 영향을 고려할 때 비언어적 의사소통의 의미를 해석하는 것이 항상 쉬운 것은 아니다. 예를 들어, 회기에서 당신과 눈을 마주치는 것을 피하는 경우 그러한 모습이 관찰되는 맥락에 따라 해석해야 한다. 이때 내담자가 지루해하거나, 비관여적인 태도를 취하거나, 짜증이 나 있거나, 수줍어하거나, 부끄럽거나 당혹스러워하는 등 각기 다른 의미가 있을 수 있다. 침묵은 내담자가 생각을 하고 있는 상태이거나, 화가 나 있거나, 무슨 말을 해야 할지 모르거나, 혹은 이해하지 못한다는 것을 각기 의미할 수 있다. 이것은 실제로 당신이 이미 알고 있는 바와 관찰하고 있는 바, 그리고 그것을 관찰하고 있는 맥락을 결합한 이후 다시 내담자와 함께 당신이 이해한 바를 확인하고 통합하는 것을 통해 이루어진다.

연습 4-4 ❀ 공감적 소통 연습하기

상대방의 말을 경청하고 주의를 기울이고 있음을 어떻게 나타낼지 생각해 보라. [연습 4-2]의 '커뮤니케이터'로 연습을 반복한다. 이번에는 다음의 조건하에서 모든 주제 또는 이슈(예: 마지막 휴가, 최근 영화 또는 개인적 관심사)를 두고 자신에게 이야기하도록 커뮤니케이터에게 요청하라.

- 그들이 안대를 착용하거나 의자를 돌려서 당신을 볼 수 없는 조건.
- 귀마개를 하여 당신의 이야기를 들을 수 없는 조건.
- 귀마개나 안대가 없어 당신을 보고 들을 수 있는 조건.

이때 당신의 임무는 그들이 말하는 것에 평소처럼 반응하는 것이다. 각 상황 후에, 커뮤니케이터에게 당신이 듣고 있고 주의를 기울이고 있음을 표현하는 데 있어 얼마나 효과적이었는지, 그리고 이를 전달하기 위해 한 일들이 얼마나 효과적이었는지 피드백을 요청하라. 역할을 바꾸어 커뮤니케이터 또는 내담자 관점에서의 경험을 취할 수도 있다. 몇몇 추가 연습을 위해 〈표 4-1〉에 언급된 몇 가지 임상가 행동을 시도해 보는 것도 좋겠다.

표 4-1 '미세-조율' 행동

내담자 소통

"지난 회기를 마치고 한 주 동안 제가 잘 해내지를 못했어요. 이후에 같이 논의한 몇몇 일을 시작하고 싶은 동기가 생겼지만 막상 해 오려니 생각보다 훨씬 어려웠어요. 침대에서 바로 일어날 수 있었던 날에는 그래도 그럭저럭 괜찮았고 화요일에 심지어 친구 병문안도 가긴 했거든요. 너무 고마워하더라고요. 하지만 어떤 날은 좀 더 힘들긴 했어요. 무슨 말인지 아실까요?"

〈계속〉

임상가 행동	설명	예시
요약	가능한 경우 내담자의 언어를 사용하여 내담자가 말한 것을 하나로 묶거나 '덩어리로 만드는 chunking' 진술문이다.	'이번 주에 잘못한 것 같다고 말씀은 하셨지만, 처음 생각했던 것보다 더 힘들었음에도 불구하고 여러 일을 해내셨네요.' '맞아요. 생각했던 모든 것을 다 달성하지는 못했지만 친구를 만나는 일도 해내었고, 이건 당신과 그 친구분에게 모두 참 중요했던 것 같아요.' '어떤 날은 더 힘드셨군요.' '이번 주에는 잘하지 못했다고 생각하시는 거군요.'
반영	거울이 앞에 있는 상을 반사하는 듯, 내담자의 말이나 경험을 재연한다. 반영은 종종 내담자의 기분이나 감정을 파악했음을 알리는 것이기도 하다.	'당신이 얼마나 많은 성취를 했는지를 두고 힘든 시간을 보내고 있었군요.' '실망하신 것처럼 보여요.'
명료화	이해한 내용이 맞는지 확인하기 위한 질문이다. 요약 또는 반영 뒤에 명료화를 할 수도 있다.	'이번 주에 당신이 더 많은 것을 하지 못해서 스스로에게 실망하신 것이라고, 그렇게 제가 생각해도 될까요?' '그래서 이번 주에 조금 힘든 시간을 보낸 것 같은데, 맞을까요?'

연습 4-5 ✿ 공감적 소통에 대한 반영

　이전 연습에서 어떤 경험을 했는지 생각해 보라.

- 당신을 놀라게 한 것이 있는가?
- 어떤 것이 어려웠고, 어떤 것이 더 쉬웠는가?
- 이 연습에서의 경험을 바탕으로 다른 사람들의 의사소통에 대해 어떤 것을 배우고 있는가?
- 당신의 임상 실습과 관련하여 이 연습의 함의점은 무엇인가?
- 전화 혹은 통역사를 통해 누군가와 작업하는 데 있어 특별한 의미가 있는가?

　이러한 기술을 연습하는 데 거의 모든 사회적 상황을 활용할 수 있다. 사회적 상황이라는 것이 크게는 보고, 듣고, 혹은 타인의 언어나 말하는 방식이나 보디랭귀지로 전달되는 것들에 면밀한 주의를 기울이게 되는 경우들이기 때문이다. 슈퍼마켓에서 계산대에 줄을 서 있을 때조차도 사람들의 의사소통을 관찰하는 연습을 할 기회가 된다. 간단해 보일 수 있겠지만 모든 기술과 마찬가지로 지각 기법을 기예의 수준으로 개발하는 데는 연습이 필요하다.

또한 이러한 지각과 주의의 강도를 유지하려면 많은 노력이 필요하며, 주의가 산만해지는 바쁜 시간에는 이 강도를 유지하기가 더욱 어렵다.

내담자가 전달하려는 바를 당신이 맞게 이해한 것인지 그르게 이해하고 있는지가 중요한 것은 아니다. 내담자에게 훨씬 더 중요한 것은 당신이 이해하기 위해 노력하고 있다는 것을 그들이 확신하게 되는 것이다. Thwaites와 Bennett-Levy(2007)의 '공감적 소통'에 대한 정의는 당신이 내담자에 '조정tune in'하고 이해하기 위해 노력하고 있음을 드러내는, 내담자와의 모든 적극적인 의사소통을 포함한다.

경험에 비추어 볼 때, 우리의 내담자는 자신에게 무슨 일이 일어나고 있는지 우리가 이해할 거라 기대하며 치료 장면을 찾는 것은 아니다. 실제로 내담자는 종종 타인이 자신의 문제를 이해하지 못하거나 이해가 어려울 것이라는 예상 또는 경험을 가지고 온다. 이때 이해를 위해 노력하고 있음을 보여 주는 것은 협업을 촉진하는 중요한 요소가 될 수 있다. 이는 당신이 그들의 편에 있고 그들과 함께 일하려고 노력하는 것을 보여 주기 때문이다.

반면에 당신이 내담자를 정확하게 이해하고 있다고 가정하는 것은 오히려 협업에 역효과일 수 있다. 〈표 4-1〉에서 임상가는 절대적인 용어보다는 잠정적인 용어를 사용하여 그들이 이해한 바에 대해 이야기한다. "말씀하신 바를 제가 지금 이해하기로는……." "~라고 제게 말씀하고 있는 것 같으신데요." "~제가 이렇게 생각하는 것이 맞습니까?"와 같은 잠정적인 이해의 표현은 임상가의 오해석 문제를 줄이는 데 도움이 될 수 있다. 이와 같은 언어의 형태들은 당신의 이해와 내담자의 이해가 맞아떨어지는지를 당신이 내담자와 함께 확인하고 있음을 전달하기 때문이다(Beck, 1995). 따라서 내담자가 생각하고 느끼는 것을 임상가가 일방적으로 전달하는 것으로 인식될 가능성이 줄어든다.

누군가와 협업하는 것을 생각해 보면, '같은 파장'에 있는 것은 분명 도움이 될 것이다. 실

표 4-2 피드백을 유발하기

피드백 시나리오	예시
다섯 가지 영역 평가에 대한 이해	"우리가 지금 하려는 일이 매우 중요할 것 같은데, 여기에서 잠시 멈추고 우리 둘 다 같은 생각인지 확인하고 싶습니다. 우리가 지금까지 한 일에 대해 어떻게 생각하시나요?"
문제 진술의 정확성에 대해 피드백받기	"이것이 우리가 함께 작업하게 될 주제라면, 이 문제 진술이 만족할 만한 수준인지 확인하는 것이 꽤 중요할 것 같습니다. 지금 문제가 얼마나 잘 요약되어 있다고 생각하십니까?"
일반적으로는, 회기가 얼마나 잘 진행되고 있는지 피드백받기	"우리가 그간 몇 차례 만났었는데요, 저는 당신이 보시기에 지금까지는 어떠셨는지 궁금합니다."

제로 우리는 지금까지 내담자에게 맞추려는 임상가와 그 노력의 관점에서 많은 것을 살펴보았다. 그러나 내담자가 우리의 파장과 조화를 이루고 우리에게 맞추도록 지지하는 방법을 고려하는 것 역시 중요하다. 이를 촉진하는 가장 중요한 방법 중 하나는 피드백이다. 피드백이란 먼저 내담자가 작업이나 개념을 이해하고 있는지 또는 작업의 진척이 어느 정도 이루어지고 있는지를 살피고자 내담자가 당신에게 피드백을 제공하는 것을 의미한다. 〈표 4-2〉는 내담자로부터 피드백을 이끌어 내는 것이 유용할 수 있는 몇 가지 예를 보여 준다.

　임상가가 내담자에게 어떤 식으로든 뭔가 바르게 이해하지 못했거나 궤도에서 벗어났다고 피드백을 주는 것은 어려울 수 있다. 이때 내담자의 관점을 취해 내담자 입장에서 이 말을 들었다면 어떻게 느낄지 자문해 보는 것은, 공감적이며 협업 구축이 가능한 상황에서 피드백이 지속되는 것을 돕는다.

연습 4-6 ❀ 반영 실습

　잠시 다음 상황을 상상해 보라. 사랑하는 사람과 말다툼을 한 후 일을 시작했고, 처리해야 할 회기 일정이 꽉 차 있고, 출근길에 교통 상황도 좋지 않아 일을 일찍 시작하려 계획했던 것도 무산되었으며, 동료 몇 명이 병가를 내어 무엇보다도 이들 업무량의 일부를 맡아서 해야 한다. 이 시나리오에 대한 느낌이 느껴질 때까지 몇 분간 마음속으로 이 상황을 둘러보라.

• 어떤 감정을 느끼고 있는가? 어떤 신체 감각을 경험하고 있는가? 어떤 생각이 떠오르는가?

　이제 이러한 외부 상황과 그들에 대한 내적 경험이 당신의 공감적 태도에 어떤 영향을 미칠 수 있는지 고려하라.

• 이 날 내담자와 조율하는 데 어떤 어려움을 겪게 될까? 당신의 공감적 의사소통은 어떤 영향을 받을 수 있는가?

　이제 지난 몇 주를 생각해 보라. 당신이 평소와 다른 공감적 태도를 보인 것 같은 상황이나 특정 내담자가 있는가? 작업하기 싫어하는 특정 유형의 문제가 있는가? 한 가지 구체적인 예를 생각해 보라.

• 이것에 대해 지금 생각해 보면, 그 이유를 뭐라고 생각하는가?
• 이것은 당신 자신에 대해 어떤 통찰력을 제공하는가?
• 비슷한 상황에 앞으로 어떻게 다르게 접근할 수 있겠는가?

　마지막의 반영 질문들이 어렵다고 생각되면 여기에서 멈추고 이에 대해 지도감독을 받을 수 있는지 고민해 보라. 반영 중 막혀 버릴 때, 다른 사람과 함께 반영을 시도하는 것이 종종 도움이 될 수 있다.

내담자에게 긍정적인 피드백을 제공하는 것 역시 중요하지만 종종 잊기 쉬운 일일 것이다. 긍정적인 피드백은 칭찬이나 확언(예: "이 문제에 접근한 당신의 방식이 정말 인상적이었습니다."), 그리고 격려하는 문장의 형태로 제공될 수 있다(예: "이건 쉽지 않은 일인데, 당신은 제대로 하고 있고 정말 잘하고 있어요. 이번 주에 무엇을 더 해낼 수 있는지 봅시다."; 이에 대한 자세한 내용은 제7장 참조). 여기에서 온정과 진정성의 개념을 기억할 필요가 있다. 중요한 것은 당신의 칭찬과 격려에 진정성이 있어야 한다는 것이며(즉, 실재적인 무언가에 대한 반응으로 피드백을 하는 것), 진정성이 없는 경우 그것이 진실하지 않고 마치 시혜적인(마치 은혜를 베푸는 듯한) 태도로 비추어질 수도 있다는 것이다.

내담자는 다른 여느 사람들과 마찬가지로 누군가가 좋은 의도를 가지고 있고, 도움을 주고자 하는 동기가 있다는 것을 알게 될 때 일반적으로 긍정적인 반응을 보인다. 이는 때때로 공감적 '입장$_{stance}$'이라고 부르는 공감적 태도에 대해 생각하게 한다. Thwaites와 Bennett-Levy(2007)는 이를 부분적으로는 내담자를 돌보고 염려하고 이해하려는 임상가로서의 일반적인 의도라고 설명하며, 또한 특정 순간에 주의를 기울이고 조율하며 내담자와 만날 때 임상가 자신의 정서와 사고를 경험하는 데 있어 개방적인 태도를 취하는 능력으로도 본다.

현실을 직시해야 할 것은, 어떤 날은 그저 견디기만 하면 되는 날도 있다는 것이다! 이런 날에는 내담자에게 완전히 공감하고 싶지만 실제로 이를 실행하는(내담자에게 조율하고 당신이 이해한 바를 세심하게 전달하는) 능력이 저해될 수 있다. 다양한 내담자, 그들의 표현 방식들, 대인관계 유형(다른 사람들과 상호작용하는 방식) 및 행동이 실제로 우리의 공감적 입장에 영향을 줄 수 있다. 이것은 우리 자신의 삶과 관계에서 일어나는 일들과 상호작용할 때 특히 두드러지는 바이다. 이에 대한 대표적인 예로, 최근 우리 자신의 삶에서 발생한 상실의 영향을 생각해 볼 수 있다. 이러한 경험은 최근 사별을 겪은 내담자의 감정에 조율하는 우리의 능력에 영향을 미칠 수 있다. 이 경우 우리의 최선의 의도 혹은 타고난 자질에도 불구하고 내담자에 대한 공감이 더 어려워지기도 한다. 이때 우리는 더 열심히 작업하고 더 많은 관심을 기울여야 한다.

공감적 자세로 문제를 다루는 데 있어 핵심은 내담자와의 작업에 대해 그리고 자기 자신에 대한 반영을 적용해 보는 것이다. 이러한 반영은 당신의 태도나 자세가 평소와 다를 때를 스스로 인식하고 그의 잠재적 영향을 줄이는 데 도움이 된다. 예를 들어, 유독 어떤 날 당신이 내담자의 관점을 취하기 위해 더 많은 노력을 기울일 필요가 있는 날이 있다. 이런 경우에는 지도감독을 받거나 다음 일정 진행 전에 몇 분간 차 한잔을 마시는 것이 도움이 될 것이다.

연습 4-7 ☙ 공감에 대한 반영

- 여기까지, 공감에 대해 당신은 어떻게 이해하고 있는가?
- 공감의 핵심 기능은 무엇이며 '공감적이라는 것'은 무엇을 수반하는가?
- 당신이 공감하고 있(었)다는 것을 어떻게 알 수 있는가?
- 내담자가 어떻게 공감을 경험할 수 있다고 생각하는가?
- 이 연습이 당신의 임상 실습에 미치는 영향은 무엇인가?

치료 관계의 발전을 지지하기

이 장에서 우리는 공감, 온정, 진솔성의 과정이 우리에게 얼마나 중요한지 확인하였다. 이는 내담자에 대한 반응에서 시작하며, 당신이 지각하고 해석한 것을 다시 내담자에게 전달하는 과정이다. 우리는 또한 이 장에서 공감하고 조율하는 능력에 영향을 줄 수 있는 많은 요소를 확인했다. 이러한 요인 중 많은 경우는 당신의 통제를 벗어난 것이며 그저 어떤 날, 삶이 우리에게 무언가를 던지고 반향을 일으킨 것이다. 이는 자기-인식을 개발하고 자신의 심리적 웰빙을 돌보는 것이 치료 관계를 지지하는 데 있어 중요한 요소임을 의미한다.

저강도 임상가의 역할이 상당히 어렵다는 점에서, 자신의 웰빙에 투자한다는 것은 장기적으로는 내담자와 좋은 치료 관계를 발전시키고 유지하는 능력에 투자하는 것을 의미한다. 또한 직장 생활 내내 이러한 활동을 지속할 수 있는 체력에 투자한다는 것을 의미한다. 마찬가지로, 정기적으로 반영을 연습해 나간다면 시간이 지나면서 자신에 대한 통찰을 얻는 데 도움이 되며 자신의 경험에서 더 효과적으로 배움을 얻을 수 있다(Haarhoff & Thwaites, 2016). 반영의 시간을 따로 갖는 것이 어려울 수는 있겠지만(Thwaites et al., 2015) 분명 노력할 만한 가치가 있다.

연습 4-8 ✿ 특정 내담자와의 치료 관계를 반영하는 데 도움이 되는 질문

- 내가 이 내담자와 만날 때 감정적으로 또는 신체적으로 어떤 것을 느끼는가?
- 나는 그들과 나 자신에 대해 어떤 생각을 갖고 있는가?
- 이것(내적 경험)은 내 내담자에 대해 무엇을 말하는가?
- 이것은 나에 대해서는 무엇을 말해 주는가?
- 나의 내적 경험이 이 나의 입장, 조율, 이 내담자와의 의사소통에 어떤 영향을 미칠 수 있는가?
- 나의 내담자는 어떻게 느끼는가? 나, 그리고 우리의 작업에 대한 그들의 경험은 어떠한가?
  - 알 것 같다면 이것을 어떻게 그들과 함께 확인할 수 있는가?
  - 모르겠다면 어떻게 확인할 수 있는가?
- 나는 나 자신, 내담자, 그리고 치료에 대해 대체로 무엇을 배웠는가?
- 조치를 취해야 하는 사항이 있는가? 추가 도움 및 지원(예: 동료 또는 지도감독자와의 논의)을 받으려면 어디로 가야 하는가?

연습 4-9 ✿ 최종적 반영

이 장을 전체적으로 생각해 보자.

- 당신의 눈에 띄거나, 놀랐거나, 영감을 주거나 혼란스러웠던 것은 무엇인가?
- 생각하게 만든 것은 무엇인가?
- 저강도 인지행동치료에 대한 내담자의 경험에 대해 알게 되거나 깨달은 점이 있는가?
- 강사, 지도감독자 또는 추가 읽을거리 등의 도움을 통해 추가로 학습할 필요가 있는 내용이 있는가?
- 우리가 논의한 것 중 일부를 당신의 업무에 어떻게 적용할 수 있는가?
- 현재의 연습과 관련해 변경하고 싶은 사항이 있는가? 그렇다면 무엇인가? 이 작업을 어떻게 수행할 수 있는가?
- 당신에게 치료 관계에 대한 이 장에서 '가져가야' 하는 가장 중요한 메시지는 무엇인가?

결론

　이 장의 목적은 저강도 인지행동치료의 치료 관계에 대한 지식과 이해를 더하고, 효과적이고 공감적인 치료의 구성에 대한 통찰을 제공하는 것이다. 또한 가능한 한 쉽게 접근할 수 있는 내용을 만들고자 하였다. 당신이 내담자를 지지하고 격려하고 동기를 부여하듯, 당신의 지식과 치료 수준을 더욱 발전시키도록 지지하고 격려하며 동기를 부여하려는 목적이었다.

요약

- 협력적 치료 관계는 당신이 개입하는 수준과 무관하게 인지행동치료를 정의하는 특징이다.
- 저강도 인지행동치료의 가장 큰 장점 중 일부는 시간 효율성 및 전달 방식의 유연성이며 내담자가 스스로를 돕도록 힘을 실어 주는 것에 중점을 두는 것 역시 장점 중 하나이다. 이는 치료 관계를 발전시키는 전통적인 관점에 모종의 도전을 제기하는 바로 그 특징이라 할 수 있다.
- 공감은 내담자를 참여시키는 강력한 도구이다. 공감은 내담자의 경험에 대한 지각, 그들의 경험에 대한 느낌 혹은 이해, 그리고 당신이 의사소통한 반응들을 포함하는 과정이다. 이는 저강도 인지행동치료 치료에 단지 추가적으로 얹어서 사용하는 것이 아니며, 내담자과 함께하고 내담자를 저강도 인지행동치료의 핵심 과제들에 참여시키는 방법 그 이상이다.

추가로 읽어 볼 자료와 활동들

- Thwaites와 Bennett-Levy(2007)는 인지행동치료에서 치료적 공감에 관한 '필독' 논문이다.
- Kennerley(2014)는 훌륭한 내용의 인지행동치료의 치료적 동맹 장을 수록하고 있다.
- 치료 관계에 대한 Kennerley 등(2017)의 장은 치료적 경계, 파열 및 다양성을 다루는 작업을 아우른다.
- Haarhoff와 Thwaites(2016)는 인지행동치료 기법 발전, 심리적 웰빙 실무자$_{PWP}$ 훈련 및 발전, 그리고 치료 관계에서의 반영의 중요성을 탐구한다.
- Lovell(2010)은 전화로 내담자를 참여시킬 수 있는 최선의 방법을 자세히 설명한다.

이 장에서 살펴본 바와 같이, 당신의 치료 및 대인관계 기술을 녹화하여 검토하는 것은 큰 도움이 될 수 있다. 그러나 우리는 종종 우리 자신의 최악의 비평가가 되는 경향이 있다. 이 경우 균형 잡힌 두 번째 의견을 얻을 수 있도록 지도감독자 또는 신뢰할 수 있는 동료와 함께 녹화본을 검토하는 것이 좋다. 다른 사람들의 치료를 관찰하거나 검토하는 것도 도움이 될 수 있다. 당신은 당신의 지도감독자나 경험 많은 동료의 회기에 들어갈 수 있는지(또는 그들의 치료 녹화본을 살펴볼 수 있는지) 요청해 볼 수 있다. 어떤 것이 잘되었는지, 어떤 것이 그다지 잘되지 않았는지, 특히 효과가 있었던 것은 무엇이었는지 생각해 보고, 치료를 조정할 수 있는 방안을 성찰해 보라. 일부 지도감독자와 동료는 이 작업에 불편해할 수 있으며 일부 서비스에는 내담자와의 회기를 녹화할 수 있는 시설이 없을 수도 있다. 데이터 보호 및 동의에 관한 조직의 정책과 절차도 준수해야 함은 물론이다.

제**5**장 **면담의 구조**
Mark Papworth

- 저강도 인지행동치료의 내담자 분류, 평가 및 치료 면담의 구조에 대한 근거를 이해한다.
- 내담자가 도움을 받을 수 있는 최적의 서비스를 결정하고, 내담자가 겪고 있는 어려움을 이해하며 내담자의 어려움을 찾아 해결하는 데 면담을 활용한다.
- 전화로도 면담을 진행할 수 있도록 면담을 조정한다.

서론

면담의 구조는 임상가가 도움을 제공할 때의 뼈대가 된다. 구조는 저강도 인지행동치료 LICBT 접근을 지탱하고(뼈대가 근육을 지탱하는 것처럼) 할당된 시간 내에 임상가가 내담자를 돕는 데 필요한 내용을 다룰 수 있도록 한다. 전형적으로는 매주 6~8회, 30분 회기로 구성된다. 따라서 임상가가 면담의 구조를 배워 시간 내 개입이 가능하도록 하는 것이 중요하다. 수련생이 이에 능통하지 않으면 정해진 시간 내에 회기를 진행하기 어렵고 기본적인 임상적 실수를 범할 수 있다.

이러한 실수에는 면담의 중요한 부분들을 놓치거나 면담의 민감한 부분(예: 위험 평가)을 구조 중에 너무 일찍 배치하여 내담자의 참여에 장벽을 만들거나 내담자에게 개별적인 이유를 제시하지 않고 과제를 하도록 요청하여 의욕을 꺾는 것 등이 포함된다.

다음에서는 저강도 인지행동치료 접근에 따른 면담(평가, 분류 및 치료 면담)의 구조를 소개한다. 그러나 새로운 국가 심리적 웰빙 실무자PWP 훈련 프로그램에서는(UCL, 2015) 자유 재량이 높아진 측면이 있어, 훈련 과정별로 이러한 면담이 구조화되는 방식이 달라질 수 있다. 평가 및 치료 면담의 구조는 이 책의 초판에도 설명되어 있지만 새 커리큘럼(주로 COM-B, 행동에 영향을 미치는 역량, 기회와 동기 프레임워크)과 관련된 추가 사항을 포함하였다. 이 커리큘럼에는 트리아지(치료 우선순위를 정하기 위한 내담자 분류) 면담이 포함되어 있어 이 역시 수록하였다. 또한 면담을 실행하는 데 개선될 수 있는 몇 가지 실용적인 조정 사항(더 많은 요약을 구체화) 및 증거 기반(제2장 참조)에 따른 추가 지침도 소개하였다. 마지막으로, 세 가지 면담법의 공통 요소를 인식할 수 있도록 일부 절을 재명명하였다.

여기에서는 Judy와의 면담 일부를 재현하여 평가 면담이 실제로 어떻게 진행되는지 설명하고자 하였다. 이 내담자는 직장에서 발생한 어려움으로 의뢰되었다(제3장 및 부록에서 사례의 자세한 내용 참조).

평가 면담

평가 면담은 몇 가지 중요한 기능을 가진다(Grant et al., 2008). 첫째, 면담은 저강도 인지행동치료와 내담자 문제의 본질에 대한 정보를 제공하기에 내담자에게 교육적 역할을 한다. 임상가가 질문을 하여 내담자가 증상과 유발 요인 간 연결성을 찾도록 도우면, 내담자는 임상가와 함께 자기 문제의 정보에 입각한 그림을 그릴 수 있다.

면담의 막바지 무렵에는 내담자와 함께 문제 진술을 시도한다. 이는 현재의 어려움에 대해 서로가 공유하고 있는 이해를 제공하고, 치료 작업을 향해 내담자와 임상가를 안내하는 역할을 한다. 이렇듯 평가 면담은 그들의 문제가 이해받을 수 있으며, 그들 자신에게만 국한된 것이 아니며, 치료될 수 있음을 알려 주는 방식으로 내담자에게 희망을 심어 준다. 이는 다시 내담자에게 동기를 부여하고 치료 관계를 강화한다.

평가(혹은 대안으로는 추후 설명할 트리아지)는 내담자가 저강도 인지행동치료 서비스와 처음으로 만나는 장면일 수 있다. 첫 만남에서 임상가는 서비스의 '얼굴'이 된다. 내담자는 이 첫 만남에서 특히 취약하고, 불안하고, 불확실하다고 느낄 가능성이 높다. 따라서 임상가는 대인관계 치료 기술을 최대한 활용해야 한다(제4장 참조). 실제로 대기실에서 내담자를 처음 맞이할 때 따뜻하며 적절한 수준으로 환영하는 태도를 갖도록 주의해야 한다. 또한 일반적으로 건강 전문가에 어울린다고 여겨지는 외양을 취하는 것도 도움이 된다. 이는 내담자에게 희망을 심어 주며, 관계에서 불필요한 장벽이 생기는 것을 피하는 데 도움이 된다. 대기실에서 치료실로 내담자가 일정 거리를 이동해야 하는 경우, "여기까지 찾아오시는 건 괜찮으셨어요?" 등의 중립적이고 편안한 대화가 이들을 안심시킬 수 있다. 이와 유사한 수준으로 중립적인 질문들은 또한 내담자가 처음 진료실에 앉았을 때 조금 더 편안해지도록 도울 수 있다.

> 임상가: 오늘 여기에 오셨는데 기분은 어떠신가요?
>
> 내담자: 괜찮아요. 그렇지만 약간 긴장되네요. 뭘 기대할 수 있을지 잘 모르겠어요.
>
> 임상가: 사실 이런 상황에서는 당연한 일일 거예요. 보통은 대화가 시작되면서 안정이 되는데, 일단은 시도해 보면서 어떻게 될지 살펴볼까요?

평가, 트리아지(치료 우선순위를 정하기 위한 내담자 분류) 및 치료 면담의 공식적 구조는 [그림 5-1]과 같다. 이제 Judy와의 면담 중 일부를 발췌한 것을 토대로, 평가 면담을 위한 구조를 더 자세히 살펴보고자 한다. 다음의 구조는 하나의 예시로 제공되는 것이며, 크게는 심리치료 접근성 향상Improving Access to Psychological Therapies: IAPT 프로그램(Richards & Whyte, 2011)에 기반하였고, Grant 등(2008) 및 Kennerley 등(2017) 역시 참고하였다. 안내용으로 설계되었기에 실제로는 이와 다소 다를 수도 있으며, 내담자 중심으로 유연하게 활용하는 것이 가장 좋다. 그러나 이 구조에는 논리적인 순서가 있으므로 특히 훈련 중이라면 가능한 경우 크게는 이러한 순서를 따르는 것이 좋다. 면담을 위한 기록 시트의 예는 [그림 5-2]와 같다.

서론

임상가는 대기실에서 내담자를 처음 만날 때 이미 간단히 자신을 소개했을 것이다. 그러나 혼동을 피하기 위해 임상가의 이름, 내담자의 이름 및 선호하는 호칭을 확인하고 면담을 시작하는 것이 가장 좋다.

> 임상가: 제가 당신을 Jenkins 부인이라고 부르는 게 편하신가요? 아니면 Judy나 다른 이름으로 부르는 것이 편안하시겠어요?
> 내담자: 모두 저를 Judy라고 불러요.
> 임상가: 아, 알겠어요. 그리고 물론 저를 편하게 Jenny라고 부르셔도 돼요.

그런 다음 내담자의 생년월일을 확인한다(임상가가 올바른 내담자 정보를 기억하고 있는지 확인할 수 있음). 이는 특히 전화 저강도 인지행동치료에서 중요한데, 임상가 입장에서는 누가 전화를 받았는지 명확하지 않고 어떤 가족은 구성원이 이름을 공유하는 것이 드문 일이 아니기 때문이다. 또한 전자 환자 기록 시스템이 있는 경우 동명이인들이 포함될 수도 있다.

다음으로, 임상가는 자신의 전문적 역할(예: 저강도 인지행동 임상가 또는 심리적 웰빙 실무자)과 담당업무를 명시해야 한다. 이때 임상가가 앞으로 경도에서 중등도의 우울증이나 불안에 대해 다룬다는 설명, 즉 길잡이식 독서 또는 인터넷 기반 치료 패키지를 통해 새로운 대처방법을 배우고 개발하도록 내담자를 코칭한다는 설명을 포함한다. 단계가 올라가는 내담자의 경우 혼란을 방지하기 위해 이 설명이 인지행동치료(3단계) 임상가가 사용하는 설명과 구별될 수 있을 만큼 충분히 구체적인 것이 좋다. 그런 다음 임상가는 회기에 대한 의제를 제시하고(내담자가 이에 만족하는지 확인하며), 회기에 소요되는 시간을 알려야 한다. 의제는 일반적으로 다음과 같은 항목으로 구성된다.

- 문제에 대한 전체 그림을 얻을 것.
- 내담자가 안전한지 확인할 것.
- 문제의 본질을 결정하는 데 도움이 되는 설문지를 검토할 것.
- 내담자가 이를 통해 달성하고자 하는 것을 설정할 것.
- 내담자를 위한 최선의 선택이 무엇인지 함께 결정할 것.

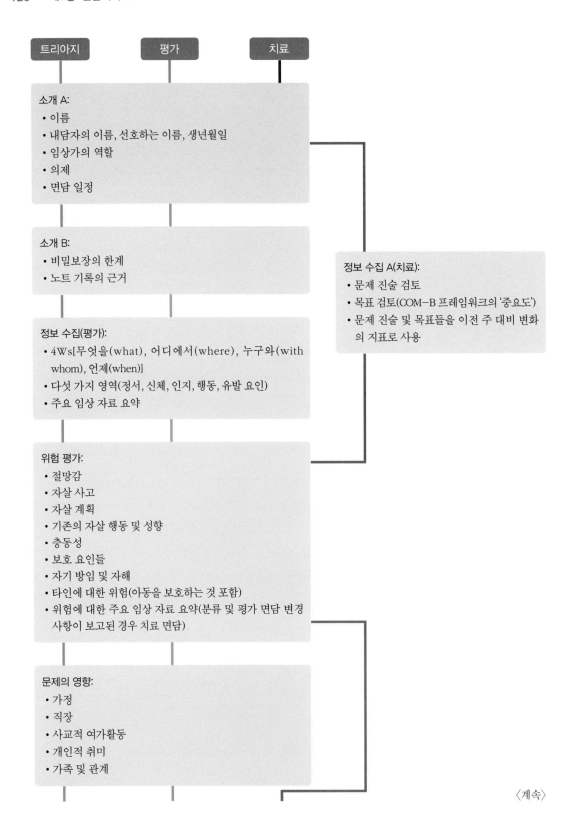

트리아지   평가   치료

소개 A:
• 이름
• 내담자의 이름, 선호하는 이름, 생년월일
• 임상가의 역할
• 의제
• 면담 일정

소개 B:
• 비밀보장의 한계
• 노트 기록의 근거

정보 수집 A(치료):
• 문제 진술 검토
• 목표 검토(COM-B 프레임워크의 '중요도')
• 문제 진술 및 목표들을 이전 주 대비 변화의 지표로 사용

정보 수집(평가):
• 4Ws[무엇을(what), 어디에서(where), 누구와(with whom), 언제(when)]
• 다섯 가지 영역(정서, 신체, 인지, 행동, 유발 요인)
• 주요 임상 자료 요약

위험 평가:
• 절망감
• 자살 사고
• 자살 계획
• 기존의 자살 행동 및 성향
• 충동성
• 보호 요인들
• 자기 방임 및 자해
• 타인에 대한 위험(아동을 보호하는 것 포함)
• 위험에 대한 주요 임상 자료 요약(분류 및 평가 면담 변경 사항이 보고된 경우 치료 면담)

문제의 영향:
• 가정
• 직장
• 사교적 여가활동
• 개인적 취미
• 가족 및 관계

〈계속〉

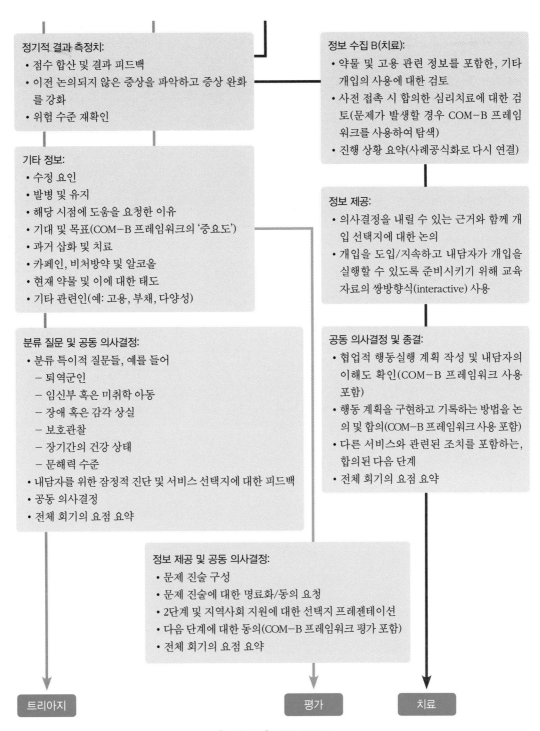

정기적 결과 측정치:
- 점수 합산 및 결과 피드백
- 이전 논의되지 않은 증상을 파악하고 증상 완화를 강화
- 위험 수준 재확인

기타 정보:
- 수정 요인
- 발병 및 유지
- 해당 시점에 도움을 요청한 이유
- 기대 및 목표(COM-B 프레임워크의 '중요도')
- 과거 삽화 및 치료
- 카페인, 비처방약 및 알코올
- 현재 약물 및 이에 대한 태도
- 기타 관련인(예: 고용, 부채, 다양성)

분류 질문 및 공동 의사결정:
- 분류 특이적 질문들, 예를 들어
  - 퇴역군인
  - 임신부 혹은 미취학 아동
  - 장애 혹은 감각 상실
  - 보호관찰
  - 장기간의 건강 상태
  - 문해력 수준
- 내담자를 위한 잠정적 진단 및 서비스 선택지에 대한 피드백
- 공동 의사결정
- 전체 회기의 요점 요약

정보 수집 B(치료):
- 약물 및 고용 관련 정보를 포함한, 기타 개입의 사용에 대한 검토
- 사전 접촉 시 합의한 심리치료에 대한 검토(문제가 발생할 경우 COM-B 프레임워크를 사용하여 탐색)
- 진행 상황 요약(사례공식화로 다시 연결)

정보 제공:
- 의사결정을 내릴 수 있는 근거와 함께 개입 선택지에 대한 논의
- 개입을 도입/지속하고 내담자가 개입을 실행할 수 있도록 준비시키기 위해 교육 자료의 쌍방향식(interactive) 사용

공동 의사결정 및 종결:
- 협업적 행동실행 계획 작성 및 내담자의 이해도 확인(COM-B 프레임워크 사용 포함)
- 행동 계획을 구현하고 기록하는 방법을 논의 및 합의(COM-B 프레임워크 사용 포함)
- 다른 서비스와 관련된 조치를 포함하는, 합의된 다음 단계
- 전체 회기의 요점 요약

정보 제공 및 공동 의사결정:
- 문제 진술 구성
- 문제 진술에 대한 명료화/동의 요청
- 2단계 및 지역사회 지원에 대한 선택지 프레젠테이션
- 다음 단계에 대한 동의(COM-B 프레임워크 평가 포함)
- 전체 회기의 요점 요약

트리아지　　　　평가　　　　치료

[그림 5-1] 면담의 구조

주: 정기적 결과 측정치는 제3장, 위험 평가는 제6장, COM-B 프레임워크 사용은 제7장을 참조하시오.

내담자 이름: Judy Jenkins   내담자 생년월일: 1966년 3월 1일   내담자 번호: 808445   날짜: 2017년 3월 6일

임상가 이름	Ⓨ / N	내담자 이름	Ⓨ / N	생년월일	Ⓨ / N
선호되는 이름	Ⓨ / N	임상가 역할	Ⓨ / N	성별	Ⓨ / N
평가 주기	Ⓨ / N	비밀보장	Ⓨ / N	노트 기록	Ⓨ / N

• 제시된 문제(4W)

무엇을: 우울, 저조한 기분.

어디서: 계속되는 우울한 기분, 최근 사교관계가 불가함, 집을 나서기 어려움.

언제: 하루 종일 발생, 특히 외출 시, 사회적 상황에서 악화됨.

누구와: 현재 파트너와 친척에게 더욱 의존적인 상태로, 남편 John과 함께 있으면 더 많은 일을 할 수 있음.

• (다섯 가지 영역: 정서, 신체, 인지, 행동, 유발 요인)

정서: 저조한 기분, 눈물을 글썽임, 죄책감.

신체: 피곤함, 피로, 집중력 상실, 수면 장해.

인지: 걱정, '나는 실패자다.' '나는 남편의 걸림돌이다.' '나는 다른 사람들에게 짐이 되고 있다.'

행동: 비활동성, 회피, 대부분의 시간을 집에 머무름.

유발 요인: 업무에 대해 반추하면 기분이 악화됨, 저조한 기분이 직장에서의 사회적 접촉으로 악화됨, 아침이면 기분이 더 나빠짐.

• [위험: 이 회기에 대한 형식: [그림 6-1] 참조]

• 문제의 영향:

병으로 결근 중. 집안일을 할 수없음-가족에게 도움을 요청함. 생활방식에 영향이 있음. 이들 부부는 서로 어울리지 않고 다른 사람들과도 어울리지 않음(남편이 직장에서 일을 더 많이 하게 됨). 관계는 지지적임.

• 측정치 결과:

PHQ-9: 16   GAD-7: 10   WSAS: 29

• 발병, 수정 및 유지 요인:

발병: 업무 관련 문제, 승진(4개월 전) 및 이에 따른 대처 문제 대략 한 달 전 발생.

수정: 회피 행동(어울림, 커뮤니티 내 활동); 활동의 일반적인 감소.

유지: 남편이 내담자에게 주의를 기울일 수 있을 때 개선됨; 다른 사람의 실질적인 지원이 기분을 악화시킴(실패에 대한 생각).

• 내담자의 기대 및 목표(COM-B 행동에 영향을 미치는 역량, 기회와 동기 프레임워크의 '중요도' 포함): 대부분 개선되기를 원하고('옛날의 자기로 돌아가기') 또한 이전 수준의 활동으로 돌아가기를 원함(집안일 대처하기). 내담자의 목표는 직장으로 복귀하는 것이지만 이전 역할을 해낼 수 있을지 불확실함(중요도 = 10/10).

• 약물 및 내담자 동의:
플루옥세틴, 1일 20mg

• 다른 관련 사항(예: 고용 상태, 부채, 다양성/장애):
현재는 일을 하고 있지 않음. 직장에서는 내담자가 돌아오기를 간절히 바람. 내담자는 현재로서는 고용주와 대면하여 논의할 수 없음. 재정적 스트레스는 없음.

• 문제 진술:
상사의 연락이나 직장 소식 하나하나에 내가 실패자라는 생각이 들고 극도의 피곤함과 수면 장해를 경험하고 있다. 그 결과, 나는 집을 나서거나 친구들과 통화를 하는 것을 피하게 되는데, 이는 더 이상 사회적으로 어울리지 못하고 더 이상 일을 할 수 없다는 것을 의미한다.

• 합의된 조치(COM-B 포함):
내담자는 길잡이식 자조 6~8 회기에 동의함. 내담자에게 우울증 회복 매뉴얼을 주고 회복 사례들을 읽어 보도록 함. 내담자는 자료가 자신과 관련이 있다고 보았고(중요도 10/10), 읽기를 완료할 수 있다는 자신감을 느낌(9/10). 내담자는 읽기를 완료하고[기회] 과제를 이해[능력]하기 위해 저녁 시간을 할당함. 나는 내담자를 이 팀의 고용 자문가에게 의뢰하는 것이 내담자가 고용주와의 초반 논의를 용이하게 하는 데 도움이 될지 생각해 보도록 요청함. 일주일 후 추가 약속을 잡음.

[그림 5-2] 완료된 평가 인터뷰 워크시트

　내담자가 문제를 이야기하기 전에 기밀 유지에 대해 논의하는 것이 중요하다. 내담자들은 때때로 치료실에서 자신이 한 말이 어떤 상황에서도 타인에게 공개되지 않으리라는 가정 하에 참석한다. 반대로, 회기의 내용은 정기적으로 임상가의 지도감독자와 공유되며, 서신은 일반적으로 최소한 내담자의 일차 진료의에게 전송되며, 누군가(역자 주: 자신 혹은 타인)가 위험에 처해 있음을 내담자가 드러내는 경우 기밀 유지는 위반될 수 있다(제6장 참조). 내담자가 회기를 계속할지 여부에 대해 정보에 입각한 결정을 내릴 수 있도록 기밀 유지의 한계를 알도록 하는 것이 중요하다. 마지막으로, 임상가는 통상적으로 자신 역할의 일부 중에 메모가 포함되어 있다는 것을 내담자에게 알린다. 메모는 기억을 돕고, 지도감독 과정을 가능하게 하고, 다른 임상가가 내담자와 접촉해야 하는 경우(예: 내담자가 한 단계 올라야 하는 경우) 기록물로도 사용된다.

이러한 소개는 짧게 진행되며(일반적으로 2분 이하), 주로 저강도 인지행동치료의 환경을 설정하는 것과 관련이 있다. 내담자가 정보를 이해했는지 또는 명확히 설명할 필요가 있는지 여부를 임상가가 간헐적으로 확인하는, 대화식 방식으로 수행되기도 한다.

정보 수집(평가)

이 단계가 끝나면, 임상가는 내담자가 의뢰한 어려움에 대해 질문한다. 이 단계는 개인의 고민을 구성하는 다양한 요소를 발견하고 도식화하는 협업 과정이다. 종종 내담자는 면담에 참석하기 전에 이 단계를 마음속으로 시연해 보았을 것이다. 그러므로 일부 경우에서 이 단계는 내담자가 자신의 이야기를 잘 전달할 수 있도록 이끌어 주고 방향을 제시해 주는 데 중점을 둔다.

문제의 다양한 본질적 차원을 확실히 하기 위해서는 '4W'와 '다섯 가지 영역'을 고려하는 것이 유용하다. 이는 평가의 가이드 역할을 하는 중첩된 프레임워크이다. 이것의 기원은 1960년대로(예: Lang, 1968), 서로 다른 여러 자조 서적 내에서도 사례공식화의 기초로 사용되었다(Greenberger & Padesky, 2015; Williams, 2012).

'4W'는 다음과 같은 영역으로 구성된다. 문제는 무엇인가What the problem is?(예: "오늘 나를 만나러 오기까지 겪었던 문제들을 설명해 줄 수 있나요?"); 문제가 발생한 장소는Where the problem occurs?("어떤 상황에서 이러한 증상이 나타나나요?"); 누구와 함께 있을 때 문제가 좋아지거나 나빠지는가With whom the problems gets better or worse?("당신이 누군가와 함께 있다면, 그것이 당신이 해당 상황에서의 대응 방식을 바꾸나요?"); 문제가 발생하는 시기는When the problem happens?("증상이 호전되거나 악화되는 경우가 있나요?"). 숙련된 임상가는 각 평가에서 이러한 질문(또는 다른 예시)을 기본 질문으로 사용하는 대신, 공감을 표현하고 깔때기 프레임워크를 이용해 이러한 영역(및 다음에 설명된 영역)을 민감하게 탐색한다.

'퍼널링funnelling'(개방형에서 폐쇄형으로 진행되는 깔때기형 질문 스타일)은 임상 정보를 얻는 효율적인 수단이다(Tohoku, 2007). 이는 개방형 질문으로 시작된다("당신이 겪고 있는 문제에 대해 말씀해 주시겠습니까?"). 개방형 질문은 가장 많은 정보를 끌어내며, 단순히 '예/아니요'로 답할 수 없고 대개 '무엇' '어떻게' '언제' 또는 '어디'에 대한 실제의 또는 함축적인 정보들이 있다. 초반의 보다 광범위하고 개방형으로 제시된 질문은 이후 다소 특정적인 개방형 질문으로 이어진다.

그런 다음 ('예/아니요' 응답 또는 정보의 개별적인 조각들로 이어질) 폐쇄형 질문을 사용하여 정보를 명료하게 하거나 더 자세한 정보를 얻는다("붐비는 상황에 들어갈 때마다 이러한 변화들을 알아차리나요?")。 'FIND'라는 약어는 면담의 4W 섹션에서 '무엇'을 중심으로 하는 질문 과정에 포함될 수 있는 몇 가지 유용한 폐쇄형 질문을 기억하는 데 도움이 된다(Grant et al., 2008). "문제가 얼마나 자주 발생합니까(빈도$_{Frequency}$)?" "0에서 10 사이의 척도로 보면 증상은 얼마나 심한가요(강도$_{Intensity}$)?" "이런 일이 몇 번이나 발생하나요(횟수$_{Number}$)?" "경험이 얼마나 오래 지속됩니까(지속 기간$_{Duration}$)?"

그런 다음 깔때기 과정의 끝 무렵에는 보통 요약 또는 의역$_{paraphrasing}$ 문장을 사용하여 임상가가 내담자의 이해도를 확인하고, 이후 새로운 개방형 질문으로 내담자를 이끈다("당신이 말하는 것에서 미루어 볼 때 ~으로 보입니다. …… 누군가와 함께하는 것이 당신이 그러한 상황들에 대처하는 것에 영향을 미치나요?")

교육을 위해 이 절에서는 면담을 개별 섹션으로 분류하였으나 경험이 풍부한 저강도 인지행동치료 임상가의 경우 면담을 여러 섹션에 걸쳐 원활하게 진행한다. 이때 섹션을 연결하면서 면담을 진행하고자 요약 기법을 사용한다. "말씀하신 내용에 따르면, [요약]인 것 같습니다. 방금 말씀하신 내용(요약에서 간략하게 언급된 새로운 주제)을 제가 잘 이해했을까요? 이것에 대해 좀 더 자세히 말씀해 주시겠습니까?"

'다섯 가지 영역'은 제3장에 설명되어 있다. 이를 통해 임상가는 내담자 증상 중 상호작용하는 차원들에 대한 정보를 얻을 수 있다. 첫 번째는 **정서** 차원이다. 대개 내담자가 도움을 구하게 되는 것은 이 차원의 문제이다. 그러므로 문제의 '무엇' 요소에 대해 질문을 받을 때 "저는 대부분의 시간 동안 우울을 느낍니다."와 같이 정서 차원은 보통 자발적으로 보고된다. 내담자는 사고와 정서를 자주 혼동하기에 면담을 할 때 이 섹션에 명명을 하는 것이 도움이 된다.

두 번째로 일부 개인(예: 노인)은 **신체적** 차원의 문제를 보고할 가능성이 더 높다("저는 늘 피곤함을 느끼고 있으며 모든 활력을 잃었습니다."). 이러한 증상은 '신체적' '생리적' 및 '자율적'과 같은 용어를 사용하여 기술되며, 이 책의 다른 곳 그리고 자조 자료에서도 언급된다. 내담자가 여러 요인을 혼동하는 상황에서는 감정에 대한 질문이 필요할 수도 있다. 예를 들어, "이러한 변화를 경험하기 시작한 이후로 기분에 어떤 변화가 있었습니까?"라는 질문이 필요할 수 있다. 우울의 신체 증상의 예로는 발한, 심박수 증가 및 불안으로 인한 떨림, 에너지 상실, 성욕 및 식욕의 감퇴 등이 있다(제8장과 제9장 참조). 내담자가 자신의 신체 증상에 대해 자세히 설명하도록 하는 질문의 예는 다음과 같다. "이러한 상황에서 신체상에 다른 변화가 있습니까?"

세 번째 차원은 생각이나 **인지**로 구성된다. 처음에는 내담자에게 '인지'와 같은 전문용어를 사용하지 않는 것이 중요하지만, 접촉이 진행됨에 따라 회기에서 사용된 용어를 자조 자료에 포함된 용어와 일치시키는 것이 유용하다. 인지는 문제가 발생하는 동안 내담자의 마음을 통과하는 단어 혹은 심상이다. 때로 이 차원은 개인이 알아차리기 더 어려울 수 있다. 가장 최근에 유의미한 증상을 경험한 때를 내담자에게 자세히 기술하도록 요청하는 것은 인지를 떠올리는 데 도움이 된다. "그때 머릿속에 무엇이 떠올랐나요?"와 같은 질문이 이어질 수도 있다. 특정한 사례를 탐색한 후에는 유사한 증상을 경험한 다른 때에도 이 사례가 전형적으로 나타났는지 확인하는 것이 중요하다. 이러한 방식으로 임상가는 문제가 발생하는 상황의 범위에 대한 명확한 그림을 그리고 문제의 양상과 주요 증상을 확인하게 될 수 있다.

행동 차원은 내담자의 변경된 활동 및 활동을 포함한다. 여기에는 불안한 내담자에게 일반적으로 나타나는, 문제가 되는 특정 상황을 회피하거나 '안전 행동'을 채택하는 것과 같은 새로운 행동(제9장 참조) 또는 우울한 내담자에게서 볼 수 있는, 보다 전반적인 활동 수준의 감소(제8장 참조)가 포함될 수 있다. 이러한 변화를 조사하는 질문의 예는 다음과 같다. "그 상황에 대처하는 데 도움이 되는 것이 있습니까?" "이 문제가 발생한 이후로 덜 하고 있는 일이 있습니까?"

이 절을 마무리하기 전에 알아본 다섯 번째이자 마지막 영역은 심리적 고통의 삽화와 관련한 일상의 유발 요인이다. 이는 고통감을 일으키는 요인으로, 공통된 주제가 드러날 수 있다. 가령, "당신의 [감정]이 변화되는 상황의 예를 말해 줄 수 있습니까?" 붐비는 슈퍼마켓, 영화관, 혼잡한 대중교통으로 인해 불안이 촉발되는 경우, 이 내담자의 주제는 '도피가 어려운 붐비는 공공장소'일 수 있다. 이러한 주제를 식별하면 내담자와 임상가 모두 내담자에게 문제가 될 수 있는 상황의 범위를 예측하고 탐색할 수 있다. 이것은 저강도 인지행동치료의 치료 단계에서 도움이 될 것이다.

면담의 이 단계에서 임상가는 내담자가 당면한 문제에 대한 광범위한 그림을 그릴 수 있다. 이때 다음 단계로 진행하기 전에 임상가가 이해한 바를 요약하여 내담자에게 제시하는 것이 도움이 된다. 이것은 임상가가 문제의 세부 사항과 범위를 파악하고 있음을 확인시켜 주며, 또한 내담자 문제의 다양한 측면 간의 관계를 이해하도록 내담자를 촉진한다. 이 경우 요약한 바를 몇 문장으로 전달하거나 내담자와 함께 자조 서적을 참고하여 다섯 가지 영역의 사례공식화 다이어그램을 완성해 보며 임상가가 요약한 내용을 전달할 수 있다(이상적으로는 추후에 내담자가 자신의 어려움을 해결하기 위해 길잡이식 자조 선택지를 선택할 경우 이러한 방법을 사용할 수 있도록 함). 이러한 정보 수집 과정은 Judy와의 평가 면담에서 발췌한 내용에 나타나 있다.

Judy와의 면담: 초기 평가 면담, 4W 및 다섯 가지 영역 발췌

임상가: ……많은 것을 하셔야 하고 [프로토콜의 '소개 A/B' 섹션에 제공된 정보 등]을 말씀해 주셔서 정말 감사합니다. 이제 당신에게 무슨 일이 일어나고 있는지에 대해 생각해 보기 위해 10분 정도를 시간을 내어 줄 수 있을지요? Jones 박사는 당신의 기분이 많이 가라앉았다고 말한 것 같아요.

내담자: 그러셔요.

임상가: 당신에게 무슨 일이 일어나고 있는지 조금이라도 이야기해 주실 수 있는지요.

내담자: 음, 저는 지금 잠시 동안 일을 하지 않고 있어요. 한 달 정도 된 것 같은데, 예전의 제가 아닌 것 같아요. 피곤해요.

임상가: 네.

내담자: 가끔은 심지어 눈물도 날 것 같아요.

임상가: 그렇군요.

내담자: 그리고, 그러니까, 저는 제가 예전의 제 껍데기처럼 느껴져요.

임상가: 그래요.

내담자: 그리고 전 정말 여러 일에 질려 버린 것 같아요.

임상가: 지금은 여러 일들이 당신에게 매우 어려운 것처럼 느껴지네요. 당신은 당신이 예전 같지 않다는 것을 알아차리고, 상당히 피곤해하고 많은 시간 눈물을 흘리기도 했고요. 또 다른 신체적인 변화도 있었다고 생각하시나요?

내담자: 네, 더 이상 일에 집중할 수가 없어요. 저는 뭔가를 이해해야 하는 상황에서 너무 애쓰고 있어요.

임상가: 그리고 또 있을까요?

내담자: 예전보다 잠을 자는 게 더 어려운 것 같아요. 제 걱정 때문에 계속 못 자는 건가 싶어요.

임상가: 그래요. 지금은 신체로 나타나는 몇 가지 증상을 이야기하셨네요. 더 피곤하고, 일에 집중하기 어렵고, 이전처럼 잠을 잘 자지 못하고요.

내담자: 네.

임상가: 그리고 한 달간 쉬었다고도 하셨지요?

내담자: 네.

임상가: 그리고 한 달 전 즈음에 당신에게 무슨 일이 있었는지 한번 되돌아보면, 그 전에 특히 스트레스를 받았던 일이 있었나요?

내담자: 음…… 제 생각에는 일들이 조금 쌓인 것 같아요. 저는 큰 정비소에서 일을 해요. 저는 늘 제가 저의 일을 아주 잘한다고 생각했었거든요. 사람들도 그렇게 말하곤 했고요. 그러던 중 기회가

생겨 매니저를 돕고 있었는데, 뭔가가 잘 안 되었어요. [수습기간 중]

임상가: 그래서 그게 지속되었나요?

내담자: 네, 그리고 몇 가지 일이 잘못되었고 저는 그냥 모든 자신감을 잃은 거죠.

임상가: 네.

내담자: 제가 직원들 교대 일정을 중 하나를 착각했어요. 저는 가끔 책상에 앉아 전화를 받고 있는데, 몇 가지 고객 약속을 뒤섞어 버린 거예요. 매니저가 저를 데려가서 제가 그 역할에 적합한 사람인지 이야기를 나눴고요. 그러고 나자 저는 완전히 납득이 되더라고요. 제가 일을 계속하는 것이 너무 어렵겠다는 생각도 들고요. 제가 감시를 받고 있다는 느낌도 들어서 그래서 직장을 나온 거예요. 또 가정과 남편 John에 대해 부담을 느끼고 있던 중 남편이 새로운 직책을 맡았고 지금은 영업에 직접 관여하기보다는 교육에 더 많은 시간을 할애하고 있어요. 그렇지만 이런 상황이다 보니 남편은 더 많은 곳에 출장을 다니고 저녁에는 다른 준비들을 해야 하고, 그런 상황이에요.

임상가: 그렇군요.

내담자: 그리고 제가 그냥 느끼기에, 그러니까, 우리가 같이 지내는 시간이 없는 것 같아요.

임상가: 그러니까 지금 당신뿐 아니라 John에게도 너무 많은 변화가 일어나고 있는 것 같네요.

내담자: 맞아요.

임상가: 그리고 처음에 당신은 직장에서 더 많은 책임도 맡게 되었고, 상황이 상당히 긍정적으로 보였다고 했었죠. 그런데 변화의 시기가 있었고 일들이 잘 풀리지 않은 것 같네요. 맡은 일에 착오가 있었나요?

내담자: 네.

임상가: 그리고 우리 중 누구라도 새로운 역할을 맡는다면 그 역할을 처음부터는 제대로 못할 것 같아요. 여러 실수를 할 수밖에 없잖아요.

내담자: 네, John도 그렇게 말을 했었지만…….

임상가: 그런데 실장 사무실에 불려 간다던가……. 그런 일이 일어나면 너무 무서울 것 같고요.

내담자: 그렇죠.

임상가: 그리고 한 달 전만 해도 출근을 못할 것 같다는 생각이 들었고요.

내담자: 맞아요.

임상가: 그리고 이후에 John과는 몇 가지 변화가 생겼어요. 이건 다시 긍정적이긴 했고요. 그런데 그가 여행을 더 많이 하게 되면서 가정에서는 많이 도와주지 않았던 것 같이 뭔가가 바뀌고 있는 것 같네요.

내담자: 네.

임상가: 그리고 저녁에도 일을 해야 한다는 말씀이시군요.

내담자: 네, 그래서 더 압박감이 들어요. 하지만 남편이 새로운 역할을 정말로 즐기고 있어서 그에게 브레이크를 걸고 싶지는 않아요. 죄책감이 너무 들어요.

임상가: 그래서 직장을 그만둬야 할 정도로 일이 문제가 되었고, 또한 가정생활 면에서도 John은 훨씬 더 많은 압박을 받고 있다는 말씀이시네요. 다른 문제들도 있나요? 예를 들어, 집에서의 활동이나 사회생활에서 현재 상태는 어떤가요? [문제가 미치는 영향의 다른 영역들을 탐색하기 시작함–다음 참조]

내담자: 음, 이걸 아시는 게 좋진 않으실 텐데. 제가 상당히 기분이 좋지 않은 또 다른 이유인데요, 저희에겐 두 자녀가 있어요. Jack은 6세이고 Julia는 7세예요. 우리 엄마가 와서 도와주고 있고, John의 어머니도 와서 도와주고 있어요. 제가 빨래도 못하니 빨랫거리는 쌓여 가고 있고 어떤 때엔 너무 피곤해서 아침에 출근도 할 수 없고요. 현재로선 너무 어렵기만 해요. 집에서도 실패하는 느낌이 들어요.

임상가: 집에서 하는 요리, 청소 및 씻기 같은 그런 종류의 일상 활동에 엄청난 노력이 필요하다고 느끼시는 거죠.

내담자: 네.

임상가: 너무 피곤해서 집에서 힘들어하고, 어머니와 시어머니가 도와주시고요.

내담자: 맞아요.

임상가: 실패하고 있다는 생각을 하고 다른 분들에게 짐이 되는 것 같다고 생각하시네요. 이런 생각을 하면 어떤 기분이 드나요?

내담자: 더 죄책감이 들 뿐이에요.

임상가: 기분이 저조할 때 다른 생각도 드나요?

내담자: 그런 때면 너무 쓸모없게 느껴져요. 아무것도 할 수 없으니까요.

임상가: 마음을 관통하는 다른 것이 있었군요. 스스로가 쓸모없다는 생각이 드시네요.

내담자: 네.

임상가: 사방에서 타격을 받으신 것 같네요. 일이 큰 문제였었고, 가정생활에도 영향이 있었고요.

내담자: 네.

임상가: 친구들과의 외출이나 John과 외출에 있어서도 눈에 띄는 변화가 많이 있었나요?

내담자: 아, 저희는 더 이상 외출은 많이 하지 않아요. 제 말은, John이 일을 하고 있기도 하고, 제가 어딜 가도 별로 좋은 친구가 되어 주지 못할 것 같아요. 지금은 외출을 해서 혼자 맥줏집에 가거나 친구를 만나 식사를 하거나 하는 것이 제게는 모두 큰 결심이에요.

임상가: 그래서 지금은 피하고 있는 일들이네요.

내담자: 네.

임상가: 몇 달 전에는 하고 있던 일들을 안 하는 것들도 있을까요?

내담자: 사회생활이 가장 문제인 것 같아요. 저희는 훨씬 더 자주 밖에 나가곤 했거든요.

임상가: 현재 모든 면에서 영향을 미치고 있는 것 같네요. 삶의 방식에 큰 영향을 미친 것 같습니다. 더 이상 사람들을 편안한 마음으로 사귀지 않을 것 같나요? 정말 그런지, 아니면 다른 면에서 자신감을 잃은 것 같은지요?

내담자: 제가 실패하고 있다는 것 말고는 드릴 말씀이 별로 없는 것 같아요.

면담의 이 시점에서 임상가는 내담자가 겪고 있는 증상에 대한 잠정적 진단을 내릴 수 있는 지점에 있을 가능성이 높다(잠정적 진단이 있는 경우는 이를 초기 트리아지에 기록된 잠정 진단과 상호 참조). 진단 관련 가설을 구축하는 것은 어떤 자료가 내담자에게 도움이 될 수 있으며 현재의 필요를 가장 잘 충족시키기 위해 단계적 치료 체계stepped care system 내에서 어디에 배치되어야 하는지를 결정하는 데 도움이 된다는 점에서 중요하다(제1장과 제3장 참조). 내담자가 저강도 인지행동치료에 부적합하지 않은 상태에서 참석하고 있는 경우, 면담이 끝날 때 공동 의사결정 섹션에서 서비스의 몇몇 선택지를 두고 이를 내담자와 논의해야 한다. 진단 범주에 대한 간략한 지침은 〈표 3-1〉과 같으며, 불안 및 우울 증상에 대한 더 자세한 정보는 제8장과 제9장에서 제공된다.

연습 5-1 ※ 치료 과정 확인하기

다음에 몇 가지 주요한 대인관계 전략을 기술하였으며 이들 중 일부는 제4장에 자세히 설명되어 있다.

- **공감적 표현**empathic statements: 다른 사람의 상황과 감정을 이해한다는 것을 구두로 설명하기.
- **부연**paraphrasing: 다른 단어를 사용하여 말한 것의 의미를 다시 설명하기.
- **반영**reflecting: 당신에게 했던 말의 마지막 부분을 되풀이해서 말하기.
- **요약**summarising: 보고된 여러 이슈/문제의 요소들을 간략하게 다시 설명하기.
- **깔때기법**funnelling: 면담 주제를 탐색하면서 개방형 질문에서 폐쇄형 질문으로 옮겨 가는 과정.

앞의 Judy의 기록을 살펴보고 이러한 치료의 과정들을 확인해 보라. 또한 4W 및 다섯 가지 영역의 모든 측면이 적절하게 다루어졌는지 확인해 보라. 아니라면, 어떤 측면이 그렇지 않았으며 Judy에게 질문하는 데 다른 어떤 질문들이 유용했을지 생각해 보라.

문제의 영향

초기 면담의 다음 요소는 위험 평가이며, 이는 제6장에서 자세히 다루므로 여기서는 다루지 않는다. 그 후 면담은 내담자에 대한 '문제의 **영향**'을 탐색한다. 일반적으로 문제는 내담자의 생활방식을 방해한다. 특히 일정 기간 문제가 있었던 경우에는 더욱 그러하다. 이는 직장에서 일을 계속 수행하고, 집안의 대소사를 관리하고, 사회 활동에 참여하고, 취미를 유지하고, 대인관계를 유지하는 능력에 방해가 되는 모습일 수 있다. 어려움의 영향에 대해 묻는 질문은 다음과 같다. "이 문제가 일상에 어떤 영향을 미치는지 말씀해 주시겠습니까?" 일반적으로는 문제의 전체 영향을 조사하기 위해 후속 질문이 필요할 것이다. "이 문제는 당신의 사회생활에 큰 영향을 미쳤던 것 같은데요, 평소 혼자 하는 취미에도 영향을 미쳤을까요?" 해당 문제가 내담자에게 얼마나 많은 변화를 가져왔는지 상기시키는 데 어려운 영역이기 때문에 공감의 사용이 중요할 수 있다. 관련 영향에 대한 몇몇 탐색들이 앞서 제시한 면담 발췌문에 기록되어 있다.

면담의 다음 섹션에는 정기적 결과 측정치에 대한 검토가 포함된다. 이는 제3장에 설명되어 있어 여기에서는 설명을 생략하고자 한다.

기타 정보

프로토콜의 기타 정보Other Information 섹션으로 이동하면, 먼저 문제의 발생을 둘러싼 상황과 증상의 유지 요인 및 변동성을 조사하게 된다. 때로 내담자는 발병 당시를 기억할 수 있으며, 과거의 유발 자극이나 문제 발전에 기여한 일련의 상황을 기억할 수도 있다. 혹은 발병 당시에 있었던 문제나 스트레스의 광범위한 양상을 회상할 수 있다. 문제 발생에 대해 묻는 질문의 예로는 "이러한 문제를 처음 경험한 때가 언제인지 기억할 수 있을까요?" "그즈음 무슨 일이 있었나요?" "당시 경험한 스트레스가 있었습니까?" 등이 있다.

문제의 유지 요인은 내담자 문제가 지속되는 데 기여한다. 이러한 요인(수정 요인modifying factors과 함께)은 면담의 '4W/다섯 가지 영역' 섹션에서 내담자가 이미 언급했을 수 있다. 의제들이 프로토콜에서 다뤄지기 전에 이미 언급된 경우 임상가는 의제가 보고된 시점에 그 대화를 따라갈 것을 권장한다. 이후 프로토콜의 관련 섹션에서 임상가는 이 이전의 논의를 요약하되 내담자가 더 추가할 사항이 있는지 확인한다. 유지 요인이 이전에 확인되지 않은 경우에만 이를 확인하는 것이 적절하다. 유지 요인의 예로는 안전 행동, 도망/회피, 활동 감소 또는 주시/과경계와 관련된 요인들이 있다(이에 대한 자세한 내용은 제8장 및 제9장 참조). 유지 요인에 대해서는 다음과 같이 질문할 수 있다. "어려움을 겪고 있는 분들은 때로 이를 대처하기 위해 특정한 물건을 소지하거나 어떤 일들을 하곤 합니다. 그렇게 하고 계시는 게 있는지 한번 생각해 보시겠어요?"

수정 요인은 문제나 상황의 곤란한 정도를 변경하는 요인들이다. 이는 사회적 변인(함께하는 이가 있는지 여부), 생리적 변인(예: 내담자의 생리 주기), 기분 관련 변인(예: 지루함), 상황 및 지리적 변인(예: 광장공포증을 경험하는 내담자의 경우 가게가 얼마나 붐비는지 또는 자신이 집에서 얼마나 멀리 떨어져 있는지) 등과 관련된다. 수정 요인을 묻는 질문은 "문제/상황을 더 낫게 또는 더 나쁘게 만드는 것이 무엇인지 생각해 보시겠어요?"가 될 것이다.

이제 면담의 기타 정보 섹션의 끝부분에 다다르고 있다. 그러나 아직 다루어야 할 몇 가지 영역이 있다. 첫 번째는 내담자가 왜 이 시점에서 나타났는지에 대한 질문을 포함한다. 예를 들어, 이는 어려움이 최근에 발생했거나 증상이 생활방식에 더욱 큰 영향을 미치기 시작했기 때문일 수 있다. 일례로, 사회적 관계가 스트레스 상황하에 있거나 내담자가 업무를 유지하는 데 어려움을 겪는 것을 깨달았을 수 있다. 이것은 치료에 대한 내담자의 **기대**와 그들이 달성하고자 하는 **목표**에 영향을 미칠 수 있다. '기대'는 '목표'보다 더 넓은 개념으로, 출근에 대한 내담자의 걱정이나, 어떤 변화가 일어날지, 이때의 자신의 역할은 무엇일지에 대한 생각들을 포함할 수 있다.

내담자와 임상가 모두 치료 결과의 측면에서 그들이 무엇을 위해 노력하고 있는지에 대해 공유된 이해에 도달해야 한다. 이러한 목표의 설정은 또한 내담자가 당장의 어려움보다 미래의 가능성에 초점을 맞춘다는 점에서 유익하다. 명확한 목표를 설정하면 치료 전반에 걸쳐 진행 상황을 평가할 수 있다(결과 측정치를 사용하고 문제에 대한 진술을 재확인하는 것과 함께). 임상가는 이 시점에서 비현실적인 목표와 기대(결코 슬프거나 불안해하지 않으려는 등)를 수정하고, 필요한 경우 더 도움이 되는 방식으로 틀을 구성하려 시도해야 한다. 이 프로세스의 또 다른 기능은 임상가가 저강도 인지행동치료에 수반되는 다른 서비스(예: 직장 복귀를 돕기 위한 일자리 자문)가 필요한지 여부를 조사하도록 하는 것이다. 이는 추후 면담에서 선택지로 내담자에게 제안될 수 있다.

목표는, '내담자가 벗어나려는 부정적인 것'보다는 '나아가고자 하는 긍정적인 것'으로 구성되어야 한다(COM-B 행동에 영향을 미치는 역량, 기회와 동기 프레임워크에 대한 제7장 및 목표를 통한 동기 평가 및 목표 계획에 대한 자세한 내용은 제14장 참조). 내담자는 면담 초반에 자신의 목표를 언급했을 수 있는데, 예를 들어 "다시 일을 할 수 있었으면 좋겠어요."와 같은 이야기를 했을 수도 있다. 이 경우 모든 것이 검토되었는지 확인할 수 있는 기회가 된다.

그런 언급이 없었다면 다음과 같은 특정 질문이 내담자의 목표에 초점을 맞추는 데 도움이 될 수 있다. 즉, "이러한 문제가 없었다면, 현재는 하고 있지 않은 일들 중에서 특히 무엇을 하고 있을 것 같나요?"라든지 "모든 문제가 마술처럼 사라진다면 당신의 삶은 무엇이 달라지고 다른 사람들에게 어떻게 보일까요?"와 같은 질문들이 가능하다.

또한 목표는 구체적이고 특정적인 것이 도움이 된다. 따라서 내담자가 "다시 정상인 것처럼 느껴 보고 싶어요."라고 하면 임상가는 "당신이 다시 정상이 된다면 삶이 어떻게 달라질까요? 지금 하고 있지 않은 일 중에 어떤 일을 하고 있을까요?"와 같은 질문을 할 수 있다. 그러나 일부 내담자의 경우 치료 근거를 제시하기도 전에 목표에 대해 과도하게 구체적인 논의를 하면 스트레스나 절망이 불필요하게 증가할 수 있기에, 이 작업에서는 균형이 중요하다.

다음으로, 임상가는 내담자가 경험한 심리적 문제들의 **과거 삽화**(특히 현재 삽화와 유사점이 있는 것)와 기존에 받았던 치료들에 대해 질문한다. 이전 치료에 대한 임상적 반응은 현재의 문제와 관련하여 도움이 될 수 있는 것과 도움이 되지 않을 수 있는 것을 드러내기에 중요하다(예: "약물에 대한 반응은 어땠었나요?"). 이는 또한 다른 치료에 대한 내담자의 태도("약을 다시 복용하는 것에 대해 어떻게 생각하세요?")와 이것이 자신의 상태에 대한 이해에 영향을 미쳤는지("지난번에는 제 뇌의 화학적 불균형을 교정한 약제들로 기분이 바뀌었어요.") 탐색할 수 있는 기회이기도 하다. 이 정보는 잠재적으로 다른 기관의 보고서를 얻고, 이전에 도움이 된다고 밝혀진 특정 전략을 통합하는 것을 고려하며, 저강도 인지행동치료를 본격적으로 시작하기 전에 내담자가 인지행동치료적 접근방식으로 나아가도록 안내하는 단서로 작동할 수 있다.

또한 이 섹션에서 임상가는 어떤 식으로든 문제와 상호작용할 수 있는 **약물**을 내담자가 복용하고 있는지 탐색한다. 최소한 알코올, 카페인 및 비처방 약물/기분전환용 마약의 섭취에 대해 문의하는 것이 유용하다. 알코올이나 비처방 약물/기분전환용 마약의 과도한 사용은 중독 혹은 역기능적 대처 전략을 나타낼 수 있다. 이러한 강력한 습관을 고치려 할 때 추가적인 문제들이 발생한다면, 내담자가 일차 진료 환경에서 저강도 인지행동치료에 덜 적합하다는 것을 의미할 수 있다(전문가와 함께 시행하는 자조 프로그램에 알코올 관련 문제가 잘 반응한다는 증거가 있긴 하지만; Apodaca & Miller, 2003). 또한 과도한 카페인은 과민성, 두통, 빈맥(심박수 증가), 심계항진 및 불면증과 같은 증상을 유발할 수 있다. 이는 불안 증상과 혼동될 수 있으며, 임상가는 치료의 일환으로 내담자가 카페인 섭취를 줄이도록 도울 수 있다. 마찬가지로 과도한 알코올 섭취는 피로와 수면 장해를 유발할 수 있으며 종종 우울 증상과 관련된다.

협력치료Collaborative care는 전문적인 정신건강 관리를 일차 치료와 통합하는 것을 목표로 하는 모델이며(Mullican, 2011), 이때 심리 사회적 문제는 일차 치료 상담의 약 70%와 관련이 있다(Fries et al., 1993). 이를 염두에 두고, IAPT 프로그램은 면담의 이 지점에서 현재 약물에 대한 검토를 포함하도록 구성되었다. 여기에는 내담자의 태도와 순응도에 대해 초점을 두는 것이 포함되며, 저강도 인지행동치료 임상가는 일차 진료의와 협력하는 데 있어 명확한 역할을 수행한다. 이것이 일반적으로 저강도 인지행동치료의 구성요소일 필요는 없지만 IAPT의 심리적 웰빙 실무자$_{PWP}$는 이 협력적 치료/사례관리 요소를 실행해야 한다(Katon et al., 1999; Richards & Suckling, 2009). 이러한 역할에 대한 자세한 내용은 이 책의 범위를 벗어나지만 이에 관한 정보는 Myles와 Rushforth(2007)의 문헌에 수록되어 있으며, Healy(2016)의 저서에서도 약물에 대한 유용한 개론을 제공하고 있다(www.nhs.uk/Conditions/Pages/bodymap.aspx?r=1&rtitle= Health+Encyclopaedia).

마지막으로, 이 지점에서 내담자의 문제와 관련된 기타 관련 정보를 수집해야 한다. 상황에 따라 여기에는 고용 상황, 부채 수준 및 복지 혜택과 관련된 모든 문제(예: 임박한 리뷰 면담)에 대한 세부 정보가 포함될 수 있다. 소수자 그룹에 속하는 내담자의 경우, 내담자의 특정 요구를 충족시키기 위해 맞춤형 접촉을 하는 데 필요한 관련 정보를 얻을 수 있다. Hays(2001)는 장애$_{disability}$ 문제와 관련하여 유용하고 촉진적인 질문들을 제공한다. 예를 들어, "장애를 경험한 적이 있습니까?" 혹은 "[내담자]님의 장애가, 지금 이곳에서 해결하려는 문제의 일부이기도 합니까?"와 같이 물을 수 있으며, 이러한 조정에 대한 더 많은 내용은 제11장과 제12장을 참조하라.

정보 제공 및 공동 의사결정

면담의 이 섹션에서는 사전 섹션의 정보를 요약한 후 내담자를 위한 중재 선택지를 고려하는 데 초점을 맞춘다. 이 섹션의 첫 번째 요소에서 임상가는 내담자와 협력하여 문제 진술을 생각해 본다. 이후 해당 진술의 정확성을 내담자와 함께 확인한다. 문제 진술은 제3장에서 자세히 설명되어 있어서 여기서는 다루지 않는다.

치료 선택지는 내담자의 상태에 효과적인 것으로 확인되어 온 개입, 그리고 해당 지역에서 가용한 서비스에 따라 달라진다. 일반적으로 저강도 인지행동치료 임상가는 각각의 장점, 단점 및 실용성을 강조하여 각 선택지에 따른 추가 정보와 함께 여러 선택지를 내담자에게 제시한다. 예를 들어, 인터넷 기반 인지행동치료$_{CCBT}$는 내담자가 저녁과 주말에 집에서 해당 작업을 할 수 있고 거의 즉시 시작할 수 있다는 점에서 보다 유연한 접근방식일 수 있다. 그러나 지역 내 서비스의 양상에 따라 인터넷 기반 인지행동치료 내담자는 길잡이식 자조 프로그램을 수행하는 이들에 비해 임상가로부터 대면 지원을 덜 받게 될 수도 있다. 이러한 선택지에 대해 들은 후 내담자는 즉시 자신의 선호에 따른 선택을 할 수도 있고, 불확실한 경우라면 일부 정보 유인물을 가져가서 예약된 시간에 통화로 또는 추가 대면 면담으로 임상가와 결정을 위한 논의를 하려고 할 수 있다. 내담자가 길잡이식 자조 프로그램 수행을 위해 임상가와 계속 연락하기로 선택하는 경우 일부 사전 읽기 자료를 과제로 내어 줄 수 있다. 또한 내담자는 다른 기관의 의견(예: 일자리 자문 또는 채무 관리 자문)이 필요한 목표나 문제가 있을 수 있다. 이러한 선택은 내담자가 원하는 실질적 요구과 함께 이 단계에서 논의될 수 있다.

면담의 마지막 요소는 임상가가 내담자를 위해 회기의 내용을 요약하는 것을 포함한다. 이때 내담자가 이해할 수 없을 정도로 많은 정보를 담은 긴 요약과 내담자 특정적이지 않은 너무 짧은 요약 사이에서 균형을 맞추어야 한다.

이제 평가 면담이 막바지에 이르렀다. 남은 것은 임상가가 회기 내에서 단계를 합의하고 그 책임이 누구에게 있는지 확인하는 것이다(예: 내담자가 채무 자문 서비스에 직접 문제를 의뢰할지 아니면 임상가가 대신하여 의뢰할지 등). 이 논의를 하면서 COM-B(행동에 영향을 미치는 역량, 기회와 동기) 프레임워크를 사용한다면 내담자가 합의된 행동들을 수행할지 여부에 대해 가늠할 기회가 있다(필요한 경우 탐색/개입할 것; 제7장 참조). 후속 작업이 진행될 것으로 보이면, 이에 대한 준비가 이루어진다. 초기 회기에서 (치료 계약을 포함하여) 내담자에게 추가 질문이 있는지 물어본 후 면담이 끝날 즈음 회기가 어땠는지 묻는 것이 유용하다. 임상가는 해당 개입이 내담자에게 도움이 되는지 판단하기 위해 피드백을 요청할 수 있다. 이러한 정보

연습 5-2 초기 면담 연습

동료들과 함께 3명씩 그룹을 이룬다. 이 연습에서는 임상가, 내담자 및 관찰자의 역할을 순환하여 수행하게 된다. 이 역할극에서는 초기 면담을 연습한다. 부록에 있는 자료들의 평가 사례들 중 하나 또는 당신이 잘 알고 있는 사례를 바탕으로 내담자를 만들어 보라. 임상가가 면담에서 막히거나 면담의 일부를 놓치면 관찰자가 이를 다시 촉진하여 역할극을 계속할 수 있다. 필요에 따라 이 장과 자료들을 다시 참조하라. 멈추기 전에 모든 관련 섹션을 다루는 것을 목표로 하라. 역할극이 끝난 후 참여자들은 다음을 생각해 볼 수 있다.

- 무엇이 잘되었는가?
- 무엇이 덜 잘되었는가?
- 추가 연습을 통해 어떤 측면에서 이점을 얻을 수 있을까?

[연습 5-1]에 설명된 기법들과 비언어적 양식/상호작용(예: 눈맞춤, 표정 및 자세)에 특히 주의를 기울여 보라. 이후 역할을 교대하고 연습을 반복하라. 인터넷의 심리적 웰빙 실무자$_{PWP}$ 임상 실습 영상(예: youtu.be/CmQ7PlGZuyA)을 지침서로 살펴보라.

는 임상가가 향후 회기에서 내담자의 요구를 가장 잘 충족시키기 위해 개입의 형식과 양을 조정하는데 도움이 된다. 환자 경험 설문지~Patient Experience Questionnaires~(https://www.bsmhft.nhs.uk/our-services/birmingham-healthy-minds/patient experience-questionnaire/)와 내담자 만족도 설문지~Client Satisfaction Questionnaire~(Wilkin et al., 1992: 249-250)도 피드백을 얻는 데 유용한 도구이다.

문제해결

Carlat(2016)은 초기 면담 중 발생할 수 있는 문제들에 대처하는 것과 관련하여 유용한 조언을 제공한다. 이들을 다루는 방법을 요약하자면 다음과 같다.

어떤 내담자는 문제를 논의할 때 임상가의 질문이 위협적이라고 생각할 수 있고, 이로 인해 중요한 정보를 공개하는 것을 보류할 수 있다. 그러므로 질문 내에서 '정상화' 기법을 사용하여 위협의 수준을 낮출 수 있다. 즉, 상황에 대한 내담자의 반응이 이해 가능하거나 예측 가능하다는 것을 암시할 수 있다. 예를 들면, "때때로 사람들은 이런 종류의 어려움을 겪을 때 술을 더 마시기도 합니다. 당신도 이런 식으로 영향을 받으셨을까요?"

내담자는 문제의 특정 측면(예: 인지적 어려움)을 회상하기 어려울 수 있다. 앞서 언급한 바와 같이, 이러한 경우 어려움에 직면한 최근 상황을 자세히 생각해 보도록 요청함으로써 회상을 증진시킬 수 있다. 의사소통을 더욱이 꺼리는 내담자의 경우 개방형 질문의 사용을 늘리고, 내담자가 이야기를 지속하도록 강화하는 반응들(예: "그거 매우 흥미롭네요. 조금 더 말씀해 주시겠습니까?" 이때 임상가는 끄덕이며 적절한 눈맞춤을 유지한다.)을 사용하면 내담자의 자기 공개에 도움이 될 수 있다.

일부 내담자는 말수가 매우 많아 임상가가 면담을 진행하는 데 어려움을 겪을 수 있다. 이때 폐쇄형 질문 및 부드럽게 끼어들기("방해해서 미안하지만 시간이 10분 정도 남았습니다. 저는 지금 당신의 문제가 현 상황에 어떤 영향을 미치는지 진심으로 알고 싶습니다.")를 사용해 임상가가 면담에서 명확한 초점을 유지하도록 한다.

마지막으로, 어떤 내담자는 자신의 어려움을 설명하며 눈물을 흘리기도 하며, 그 시점에서 임상가가 공감적인 반응을 제공하는 것이 중요하다. 또한 사용한 휴지가 이미 들어가 있는 쓰레기통과 함께 휴지를 제공함으로써 내담자가 자신의 감정을 표현해도 된다는 것을 암묵적으로 보여 준다. 그러한 고통을 표현할 때 "무엇이 슬펐는지 이야기해 줄 수 있습니까?" "그 시점에서 마음에 무슨 생각이 떠올랐습니까?"와 같은 질문으로 내담자의 표현들을 영리하게 탐색할 수 있다.

환자 트리아지 면담

IAPT 프로그램(2단계 및 3단계) 내에서 저강도 인지행동치료 임상가는 종종 분류 면담을 수행한다. '트리아지_{triage}'라는 단어는 '체로 치다' 또는 '선별하다'를 의미하는 프랑스어 동사이다. 이러한 맥락에서 환자 분류는 내담자가 의뢰되었을 때 (a) 서비스가 그들에게 적합한지(그렇지 않은 경우 가장 적합한 위치는 어디인지)를 결정하고, (b) 그 결정에 따라 어떤 임상가_{worker} 또는 단계가 그들의 필요와, (c) 그들의 우선순위 수준을 가장 잘 충족시킬 것인지를 결정하는 절차이다. 이러한 분류 의사결정은 개인의 진단, 상태의 중증도, 내담자가 어떤 우선순위 그룹에 속하는지 여부, 그리고 지역사회에서 이용 가능한 파트너 서비스 등의 요소를 기반으로 한다.

일반적으로 이러한 형태의 면담은 20~30분 내에 수행되는데, (a) 많은 내담자가 자기-의뢰를 통해 서비스에 참여하므로 서비스에 내담자 정보가 없을 수 있고, (b) 전문적인 의뢰의 경우 일차 진료의가 일련의 결정을 정확하게 내리는 데 필요한 모든 가용한 IAPT 중재에 대한 포함/제외 기준에 대한 지식이 부족할 수 있으며, (c) 의뢰서 단독에 기반해 트리아지 결정을 하기엔 정보가 불충분할 수 있기에 이러한 유형의 면담이 필수적이다.

일부 트리아지 결정은 처음에는 간단해 보일 수 있다. 예를 들어, 임상가는 누군가의 목소리를 듣는 사람에게는 지역사회 정신건강팀(영국의 경우)의 도움이 필요하고, 반면 기분이 우울하고 눈물을 흘리는 사람은 저강도 인지행동치료에서 도움을 받을 것으로 생각할 수 있다. 그러나 이러한 결정은 항상 완전한 트리아지 평가를 기반으로 내려져, 임상가가 내담자의 경험을 완전히 이해하고 내담자의 요구를 가장 잘 충족하는 방법을 정확히 찾아낼 수 있도록 해야 한다. 예를 들어, 목소리를 듣는 것은 일부 문화 및 종교적 맥락에서 정신질환의 근거가 되지 않는다. 최근 사별 후 우울한 기분과 눈물을 보인다면 이는 치료가 필요하지 않을 수 있다. 전체적인 평가가 중요한 또 다른 이유는 내담자를 다른 건강 전문가에게 의뢰할 때 내담자의 문제에 대한 완전한 이해가 포함된 문서를 제공하는 것이 일반적이기 때문이다. 이를 통해 다른 전문가는 내담자가 제공한 정보로부터 의뢰 사유를 바로 이해할 수 있다.

트리아지의 초기 요소는 평가 면담의 요소를 반영하지만, 트리아지에 더 적은 시간이 할당된다(UCL, 2015). 이는 (a) 정보 수집 섹션 내에서 해당 평가를 진행하는 경우 (평가 면담에서 발생하는 것보다) 내담자의 문제에 대해 덜 탐색할 수도 있고(예: 더 광범위한 질문과 덜 좁혀진 질문을 하거나, 또는 다섯 가지 영역에 대한 질문을 덜 하게 됨), (b) 일반적으로 환자 분류의 막바지 부분은 시간이 덜 걸리기에 시간 단축이 일어날 수 있는 것이다. 그러나 수집된 정보가 불충분한 경우 내담자가 잘못된 치료 경로에 놓일 위험이 있으며, 평가 면담 이후에 경로 수정이 필요할 수 있다.

저강도 인지행동치료는 단계적 치료 시스템의 2단계(정신건강 서비스의 가장 낮은 단계)에서 제공되므로 임상가는 기본적으로 내담자에게 저강도 치료가 제공될 것을 가정한다. 그러나 프로토콜의 정보 수집(평가) 섹션에서 임상가는 내담자가 다른 전문가에게 보일 필요가 있는 잠재적 진단을 받은 것을 발견할 수도 있다. 마찬가지로 면담의 위험 평가 섹션은 응급/위기 서비스 또는 지역사회 정신건강팀에의 의뢰를 시사하는 높은 수준의 급성 또는 만성의 위험성을 드러낼 수 있다. 면담의 정기적 결과 측정치 섹션에서 문제 심각도가 높다고 평가되었다면, 이는 내담자를 다른 실무자가 봐야 함을 시사할 수도 있다. 마찬가지로, 기타 정보 섹션에서의 응답들에 기반해 타 기관에의 의뢰를 제안할 수 있다(예: 발병이 사별과 연관된 경우라면 애도 관련 기관으로 또는 물질 남용이 문제인 경우 전문 중독 서비스로 의뢰). 이런 식으로 트리아지 담당자는 면담의 모든 영역을 다루고, 건강 관련 시스템에서 자신과 다른 전문가/조직의 역할 범위, 그리고 서비스에의 포함/배제 기준을 완전히 인지하고 있는 것이 중요하다.

면담이 끝날 무렵의 프로토콜은 평가 프로토콜과 다르다. 트리아지 과정에서는 문제 진술서를 작성하지 않아도 된다. 이는 다른 임상가들이 이러한 사례공식화 형식을 사용하지 않는 경향이 있고 임상단계에서 내담자 배치와 관련된 의사결정에서는 표의적$_{ideographic}$ 요소가 덜 중요하게 작용하는 경향이 있기 때문이다. 분류 면담의 마지막 단계는 다만 우선순위 그룹(누가 더 빨리 치료를 받을지) 및 내담자에게 더 적합한 파트너 서비스를 식별하는 것과 관련하여 분류−특정적인 질문을 할 수 있는 기회이다. 이는 지역마다 다를 것이다. 예를 들어, 때로 개인은 임신 또는 어린 자녀의 여부에 대한 질문을 받는다. 부모에게 만성 정신건강 문제가 있는 경우 아동에게 장기적인 심리적 문제가 발생할 수 있기에 이러한 개인은 자주 우선순위로(또는 전문 서비스로) 지정된다. 장기적인 신체 건강 상태가 있는 개인은 때때로 별도의 IAPT 치료 경로에 배치된다. 영국에서는 퇴역 군인을 우선순위 그룹으로 지정하며, 장애 또는 감각 상실로 인해 치료 방법을 조정해야 할 필요가 있는 모든 내담자에게 확인해야 한다. 내담자는 또한 보호 관찰 서비스와 접촉했는지 질문을 받을 수 있다. 학습장애가 있거나 보호 관찰 중인 일부 내담자는 더 맞춤화된 치료를 제공하는 더욱 전문적인 서비스가 필요함에 따라 전진 배치될 수 있다. 마지막으로, 문해력 수준을 측정하는 것 역시 유용할 수 있다(문해력 문제가 있는지 여부도 포함). 이를 통해 어떤 자원이 개인의 요구를 가장 잘 충족시킬 수 있는지를 알고, 추후 문제가 될 수 있는 참여 양식(예: 심리교육그룹)을 배제할 수도 있다. 그러므로 내담자에게 읽기 또는 쓰기에 어려움이 있는지를 묻고, 개인이 치료

연습 5-3 🌿 트리아지 데이터베이스의 개발

[연습 1-5]에서 개발한 커뮤니티 출처 포트폴리오로 돌아가서 이를 변형하고 추가하여 트리아지 목적으로 사용할 수 있는 파트너 서비스의 데이터베이스를 구축한다. 다음의 열column이 있어야 한다. 첫 번째 열은 서비스 유형에 대한 것으로, 그 범주에는 긴급 상황(예: 위기 서비스, 경찰 및 사회 서비스); 사별; 가정 폭력; 약물 남용; 법률/부채/금융; 피해자 지원; 기타 정신건강(예: Samaritans 및 MIND); 고용(예: 직업 센터 및 자원봉사 중개자); 건강 및 웰빙(예: HIV/AID 지원); 성소수자 흑인, 소수자 및 민족; 관계 및 가족; 섭식장애; 도박; 간병인; 만성화된 상황; 노인; 젊은 사람들; 형사 사법 제도(예: 보호관찰 서비스)가 포함되어야 한다.

또한 다른 열에는 다음이 포함되어야 한다. (a) 소속된 곳의 이름, (b) 연락처 정보, (c) 서비스에 대한 간략한 설명, 그리고 (d) 마지막 열에는 포함 및 배제 기준의 세부 사항이다. 이는 서비스 내의 공유 드라이브에 가장 잘 보관되며 계속해서 진화하는 자원이 될 것이다. 이후 지역 네트워크에 변경사항이 있을 때 변경된 서비스 구성원이 서비스에 추가될 수 있다.

에 완전히 관여하도록 하기 위해 어떤 조정이 필요할지 확인하려는 목적으로 이러한 문제들을 탐색해야 한다. 문해력 문제가 보고되지 않은 경우 개인의 독서 습관에 대해 간단히 질문하는 것이 유용할 수 있다. 예를 들어, 그들이 읽는 신문은 그들의 '독서 연령'에 대한 가늠을 제공한다(www.see-a-voice.org/marketing-ad/effective-communication/readability/ 참조)

그 후, 개인에게 면담의 결론에 대해 피드백한다. 여기에는 일반적으로 잠정적 진단에 대한 세부 정보(이를 알리는 세심한 방법에 대해서는 제3장 참조), 내담자가 이용할 수 있는 치료/서비스 선택지뿐 아니라 의사결정에 반영된 기타 요소가 포함된다. 그런 다음 치료/서비스 옵션은 (선호하는 선택지를 결정하게 되는) 공동 의사결정 절차의 시작점이 된다. 이후 임상가는 내담자에게 회기의 주요 사항을 요약하고, 다음 단계를 알리고 요구 사항 충족의 측면에서 기대할 수 있는 사항을 알린다(예: 서비스로부터 연락을 받을 수 있는 시기, 진료 의뢰를 위해 일차 진료의와 함께 참석해야 하는지 여부).

대부분의 내담자에게 있어 트리아지의 결과는 머지 않아 동일한 저강도 인지행동치료 임상가나 동료에게 의뢰된다는 것이다. 관련 정보의 많은 부분이 트리아지에서 이미 수집된 경우, 정보 수집 단계에서의 후속 평가는 트리아지 당시의 면담 내용을 검토하고 해당 정보의 수집 이후 바뀐 점이 있는지 확인하는 데 중점을 둔다. "우리가 마지막으로 만났을 때 슈퍼마켓과 같은 혼잡한 상황에 대처하는 것이 어렵다는 것이 당신의 주된 문제임을 알게 되었다고 말했었습니다. 여전히 그러한가요? 아니면 바뀐 것이 있나요?" 더 간단한 트리아지가 수행된 경우, 피상적인 방식으로 다루어졌던 모든 요소를 더 깊이 탐색하는 작업도 검토 절차에 포함한다. 이 경우 검토 절차에는 내담자의 어려움에 대한 더 완전한 이해를 얻기 위해 추가적으로 깔때기 질문을 하게 된다. "지난번에 설명한 상황을 조금 더 그려 봐도 될까요? 슈퍼마켓 외에 당신에게 영향을 미치는 상황에 대해 더 말씀해 주시겠습니까?"

치료 면담

[그림 5-1]에서 치료 면담의 구조가 평가 면담과 많은 유사점을 가지고 있음을 알 수 있다. 또한 저강도 인지행동치료 개입과 관련된 일부 기술 및 절차는 이 장의 앞부분과 제 3, 6, 7, 10장의 다른 곳에서 설명되었으므로 이곳에서는 치료 면담의 구체적인 내용을 다루지 않는다. 평가 이후 실시되는 치료 면담은 학습 및 변화의 주기를 통해 내담자의 진전을 유지하는 것을 주된 목적으로 한다(약물 관리 및 다른 서비스에 대한 안내와 같이 다른 목표도 포함할 수 있음). 이때의 학습이란 내담자가 어려움을 극복할 수 있도록 저강도 인지행동치료를 활용하는 것 역시 포함한다. 이때 여러 단계에 걸쳐 학습을 구성하는 것이 도움될 수 있다(Kolb, 1984; serc.carleton.edu/introgeo/enviroprojects/what.html 참조). 내담자는 주기의 어느 시점에든 진입할 수 있으며, 예를 들어 다음 단계에 따라 면담이 진행될 수 있다. (a) 추상적 사례개념화(주제와 관련된 개념 이해; 예: 행동 활성화의 이해), (b) 활성화 실험(활동의 변화를 검토하기 위해 일기와 플래너를 사용하며 이들 자료에 따라 변화를 줌), (c) 구체적 사례공식화(발생한 사건의 인지, 긍정적인 활동 증가), 그리고 (d) 반영적 관찰(경험의 의미 이해, 특정 활동 참여의 이점 및 그것이 어떻게 기분 개선을 가져오는지에 대한 이해)이다. 그 후 주기는 반복될 수 있지만, 이는 동일한 주제 또는 완전히 새로운 주제에 대한 새로운 학습과 연관된다.

이제 치료 면담에 대해 설명하면서 설명이 중복되거나 반복되는 부분은 초기 평가에서 언급했던 부분을 다시 언급하고자 한다. 다음에서는 길잡이식 자조GSH에 기반한 치료를 가정하여 설명할 것이지만 인터넷 기반 인지행동치료 역시 유사한 구조를 가진다. 또한 이러한 심리적 발달 과정을 설명하기 위해 면담의 측면이 학습 주기와 어떻게 관련되는지도 강조하고자 한다.

소개

이 섹션에서 임상가는 내담자에게 환영의 인사를 건네고 자신의 이름을 다시 말하며 내담자의 이름과 생년월일을 확인하면서 임상가의 역할을 상기시킨다. 이 검토 절차는 전화로 저강도 인지행동치료를 수행할 때 특히 중요하며, 내담자와 임상가 모두 상대와 임상 기록이 일치하는지 완전히 확신한 상태에서야 개인적인 정보를 공개하게 된다. 또한 소개 섹션은 내담자에게 합의된 연락의 범위를 알려 주고 임상가가 도울 수 있는 문제와 도울 수 없는 문제를 상기시켜 준다. 또한 다시 한번 의제가 설정되고 정해진 시간 동안 면담이 제공된다.

정보 수집 A

면담의 이 섹션은 평가 단계에서 내담자와 함께 구성한 문제 진술을 검토하는 것으로 시작된다. (주요한 개입의 구성요소가 적용되기 전인) 두 번째 회기는 일정 기간 숙고하는 시간을 가진 후에 내담자가 임상 표현의 중요한 측면이 누락되었다고 느끼고 있지는 않은지 확인하는 기능을 한다. 이후 이어지는 회기에서 임상가는 문제 진술을 활용, 그 내용을 다시 참조하여 내담자의 상태 변화를 모니터링한다. 이때 긍정적인 변화가 발생한 경우라면 그 진전을 강화해 주어 내담자에게 동기를 부여할 수 있다(인센티브 절차; 제7장 참조). 또한 초기 회기에서 설정한 목표에 대한 진행 상황을 검토하고 이러한 목표가 여전히 유관성이 있는지 확인하며, 내담자의 목표 달성에 대한 동기가 유지되고 있는지를 확인하는 것도 유용하다(제7장 참조).

다음으로 위험 평가의 결과를 검토하여 이러한 측면에 변화가 있었는지 확인한다(제6장 참조). 이후 주간 결과 측정치를 검토한다(제3장 참조).

정보 수집 B

이 섹션에서는 내담자가 이전 회의에서 설정한 과제들을 어떻게 수행하고 있는지 검토한다. 여기에는 자조 챕터 읽기, 일지 작성, 자조 정보에서 파생된 활동의 수행 및 타 기관에의 연락 등이 포함될 수 있다. 임상가가 이러한 작업을 검토하면서 이전 회기에서 설정한 변경 사항과 루틴이 유지되는지, 이와 관련하여 장해물이 생기지는 않았는지 확인할 수도 있다. 임상가는 내담자가 무엇을 했고 이를 어떻게 했는지 확인하며 지난주 과제를 검토한다. 이때 내담자가 과제에서 무엇을 배웠는지, 어떤 어려움이 발생했는지, 무엇이 영향을 미쳤는지 내담자와 임상가가 함께 살필 수 있다. 이러한 과제를 완료하는 데 문제가 있었다면

COM−B(행동에 영향을 미치는 역량, 기회와 동기) 프레임워크 접근방식을 사용하여 조사하고 이를 적절하게 해결한다(제7장 참조). 임상가는 또한 이해의 통합을 촉진하고 내담자가 가질 수도 있는 질문들에 답을 주도록 노력해야 한다. 이러한 방식으로 임상가는 학습 주기의 '구체적 경험' '반영적 관찰' 및 '추상적 사례개념화' 요소에 초점을 맞추게 된다.

이 단계에서는 임상가가 과제의 모든 측면을 기계적으로 검토하는 대신, 내담자가 이러한 과제로부터 적절한 수준의 통찰과 행동 변화를 달성했는지 확인한다. 그런 다음 회기는 다음 주에 수행할 추가 작업을 고려하는 단계로 넘어가는데, 이 작업은 적어도 부분적으로는 이를 학습에 기반한다. 예를 들어, 내담자는 읽을거리 중에 자신의 문제에 기여하는 인지를 식별하기 위해 워크시트의 3열(유발 요인, 인지 및 생리적 변화/감정)을 채워 넣도록 요청받았을 수 있다(제10장 참조). 내담자에게 일반적으로 고통을 경험하는 상황이 있고 문제적인 감정이나 신체적 감각이 발생한다면, 이때 작업의 일반적인 목적은 이러한 증상을 유발하는 특정 사고가 선행된다는 것을 깨닫도록 하는 것이다. 임상가는 질문을 요약하고 새로운 주제로 옮겨 가기 전에 깔때기 형식(좁혀 가는 형식)을 사용하여 이에 대해 질문한다. 예를 들어, "지난주에 일지 작업은 어떻게 진행되었습니까?" 등으로 물을 수 있고, 관련된 내용이 자발적으로 표현되지 않으면 "연습을 통해 무엇을 배웠습니까?"로 물을 수 있다. 이해의 수준이 불확실한 경우라면 "당신이 낙심하게 되는 상황이 어떤 패턴인지 알아차렸습니까?"라고 묻고, 더 많은 질문이 필요한 경우라면 "기분이 저하되는 대부분의 시점에, 파트너가 당신을 비판하는 것 같은 대화가 선행되는 것 같습니다. 실제로 관련이 있을까요?"라고 묻는다. 실제로 이러한 깨달음이 발생했는지 여부에 따라 임상가는 또 다른 과제를 두고 내담자와 협의할 수도 있고, 또는 원래의 과제를 수정해 나가면서 이전 단계에 계속 집중하는 것을 고려할 수도 있다.

임상가는 일반적으로 과제를 검토할 때 수용적이고, 따뜻하며, 호기심이 많고, 부드럽게 칭찬하는 접근방식을 채택하도록 해야 한다(칭찬은 다시 인센티브가 된다). 즉, 저강도 인지행동치료는 (이는 다른 심리치료 접근방식과 유사하게) 일반적인 치료적 요소(즉, 공감, 온정성 및 진정성)를 시사하는 대인관계 양식을 표방한다. 이는 내담자의 자기 공개와 관여를 촉진할 것이다. 예를 들어, 어떤 이들은 처음에는 지필 양식의 과제나 심리학 이론/기법에 대해 제한된 이해만을 가지고 있어 이에 당황할 수 있다. 임상가의 긍정적인 접근방식은 내담자의 자신감과 추진력을 쌓아 올리지만, 비판적이거나 냉담한 접근방식은 내담자가 과제를 완료하고 다음 회기에 참석할 가능성을 낮출 수 있다.

또한 다른 기관에서 제공하는 관련 개입도 검토되어야 한다. 예를 들어, 협력치료가 임상가 역할의 일부인 경우라면 약물 사용에 대해 검토하는 것이 포함된다. 이러한 내용은 면담의 정보 제공 섹션으로 넘어가는 데 방해되지 않도록 해당 회기의 초반에서만 다루게 된다.

정보 제공

임상가가 만족할 만큼 내담자가 이전 과제를 이해하고 이를 실천했다면, 다음 주의 과제로 주의를 돌릴 수 있다. 내담자는 자신에게 가장 도움이 되고 특정 시점에는 달성 가능한 것으로 보이는 개입을 선호할 가능성이 높다. 임상가는 자료와 치료 계획을 내담자의 읽기 능력, 목표 및 문제에 최대한 맞추어야 한다. 다른 모든 조건이 같다면, 특정 코호트(예: 노인) 맞춤형으로 설계된 자료는 해당 내담자에게 모델링 기회를 증가시키므로 우선적으로 사용될 수 있다. 또한 다양한 중점 영역이 구현되는 데에는 보다 더 자연스러운 순서가 있는 경향이 있다. 예를 들어, 광장공포증이 있는 내담자는 어느 정도의 기능 수준에 도달해야 자발적인 활동에 대해 고용 감독자를 만나 상담하는 것을 편안하게 받아들일 것이다. 이들 요소를 고려한 공동의 의사결정 절차에 따라 어느 항목들에 초점을 맞출 것인지를 결정하게 된다.

대부분의 내담자는 이미 사회적 관계망 내의 지인들으로부터 많은 조언을 받았을 것이다. 대부분은 임상가가 제공할 조언(예: "더 많은 것을 얻으려고 노력해 보세요." "점진적으로 일을 구축하려고 노력하세요.")과 일치할 수 있다. 그러나 이 두 정보원이 이야기하는 내용 간 주요 차이점은 (임상가의 역할과 관련된 '권한'은 제외하고) 임상가는 사례공식화를 사용하여 문제를 유지하는 심리적 과정 및 치료의 수단을 내담자가 이해할 수 있도록 한다는 것이다. 이렇게 함으로써 임상가는 문제를 직면하기 위해 이러한 방식의 노력을 기울여야 하는 이유에 대해 내담자에게 명확한 근거를 제공한다. 이를 임상적 진료 안에 포함시키려면(다섯 가지 영역에 대한 사례개념화와 같이) 도표를 통한 사례공식화를 이용하는 것이 도움이 된다. 이때의 사례공식화는 이전 회기(이전 과제의 기능에 대해 내담자에게 상기시키기)에서 지금의 회기(문제 행동이 유지되는 주기를 저해하도록 하는, 치료의 새로운 초점과 그 기능에 대해 내담자에게 알려 주기)로 이어지는 연결고리로 작동한다.

임상가는 자료를 참조하여 치료의 새로운 초점을 소개한다. 임상가는 비-길잡이식 방식non-guided input의 접근에 비해 길잡이식 자조가 갖는 장점을 최대한 활용하는 것을 목표로 해야 한다. 여기에는 다음과 같은 임상가의 능력이 요구된다. (a) 내담자의 삶에서 이끌어 내어진 사례들을 사용하여(이전 과제 포함) 자료를 개인 맞춤화하는 능력, (b) 자료 내에 포함된 여러 연습을 확인하고 해당 연습들에 반응하도록 그 접근방식의 모범을 보이는 능력, (c) 연습의 초기 시도들에 대해 내담자를 코치하는 능력, (d) 개념을 설명하는 또 다른 방법들로 자료를 보완하여 이해를 촉진하는 능력 등이다. 마지막 자질의 경우 개인마다 학습하는 방식 및 선호도가 다르다는 점과 관련이 있다(Kolb, 1984). 일부 내담자는 비교적 독립적으로 도움을 거의 필요로 하지 않고 훈습할 수 있다. 그러나 많은 사람에게는 해당 회기를 마치기 전에 자료에 대한 소개 및 논의를 제공하는 것이 도움이 될 수 있다. 이렇듯 임상가는 대개 주기의 추상적 개념화 및 적극적인 실험 단계를 훈습하도록 하는 방식으로 그들이 학습의 새로운 주기에 익숙해지도록 한다.

저강도 인지행동치료 임상가는 다양한 개인의 학습 선호도에 반응적인 태도로 임하여, 자료에 포함된 과제와 개념을 설명하는 데 있어 전문가가 되는 것을 목표로 해야 한다. 예를 들어, 일부 개인에게는 사례개념화의 바탕이 되는 **이론**을 이해하는 것이 더 쉬울 수 있으므로 이 경우라면 추상적 개념화 단계에서 학습 주기에 진입하는 것이 더 나을 수 있다. 각 접근법 기저에 있는 이론은 여러 방법으로 소개될 수 있다.

- 자료에 포함된 다이어그램 작업하기(예: 행동 활성화 관련, 저조한 기분 및 비활동적 주기에 대해 작업하기; Blenkiron, 2010: 90).
- 이론적 사례theoretical examples 사용하기('교도소에 일주일 동안 격리되면 어떤 기분이 들까? 이 감정에 어떤 것들이 영향을 미칠까?').
- 사고를 압축해 보여 줄 수 있는 언어적 일화 또는 시각적 이미지 사용하기.

기분 및 비활동성과 관련된 후자의 예로, 전화를 걸거나 SNS를 통해 연락을 유지하고 혹은 편지를 쓰는 등의 노력을 기울이지 않으면 대개 사람들에게서 많은 연락(긍정적 강화물)을 받지 못하는 것을 생각해 볼 수 있다. 청구서 혹은 광고전화만 받을 뿐이다. 이는 다시 우리의 기분을 저조하게 만들고, 이는 다시 우리가 친구들에게 연락을 유지하려는 경향성을 더 감소시킨다. 반면 그러나 어떤 사람들은 개념을 이론적으로 이해하기가 더 어려울 수 있다. 이들은 자신의 이전 경험에 대한 반영적 관찰을 통해 도움을 받을 수 있다(예: 그날의 진료로 인해 다소의 기분 변화가 있었다는 것을 알아차리는 데 도움을 받음). 또는 일부 내담자는 활동적인 실험을 더 편안하게 느낄 수 있으며, 자신의 노력으로 어떤 변화가 일어날지 관찰해 보는 것을 더 편안해할 수 있다. 이러한 방식으로 저강도 인지행동치료 임상가는 때로 내담자가 다양하면서도 가능한 지점에서 새로운 주기에 들어갈 수 있도록 다양한 방법으로 주제를 설명하며 자료를 보완해야 한다.

다시금 강조하건대, 개인의 필요에 맞게 지원의 **내용**이 조정되어야 함은 물론이며, 제공되는 지원의 **양** 역시 각기 다를 수 있다. 어떤 개인에게는 이러한 학습 주기 절차에서 추진력을 유지하기 위한 임상가의 지원이 그다지 많이 필요하지 않을 수 있다(제2장 참조). 한편으로 어떤 사람은 임상가의 최선의 노력에도 불구하고 자료를 이해하고 활용하는 데 큰 어려움을 겪을 수 있다. 그러므로 여기에서도 임상가는 내담자 중심적이어야 하며, 내담자에게 최적의 지원을 제공하여 내담자가 더욱 참여적인 태도로 임할 수 있도록 해야 한다. 지원의 양이 너무 많으면 임상가는 어느새 내담자를 가르치려 들 수 있고, 치료가 표류할 위험이 있다(제17장 참조). 지원이 너무 적은 경우 내담자는 완전한 회복에 이르지 못할 수도 있을 것이다.

공동 의사결정과 종결

다음 회기 전까지 수행할 과제는 임상가와 내담자가 공동으로 결정해야 한다. 지나치게 적은 과제로는 주어진 시간을 제대로 활용할 수 있다. 예를 들어, 하나의 과제만을 설정해 두면, 내담자는 회기 직후 이를 재빨리 달성하고 다음 약속 전까지는 어떤 작업도 거의 하지 않을 수 있다. 반면 내담자를 압도하지 않는 것 역시 중요하다. 이를 위해 다음 주까지 합리적으로 달성할 수 있는 것이 무엇인지 함께 생각하고 'SMART' 원칙을 고려하여 이를 미세 조정 및 지정하는 것이 도움이 된다(제14장 참조). COM-B(행동에 영향을 미치는 역량, 기회와 동기) 프레임워크는 각 과제가 완료될 가능성이 있는지 확인하는 데 사용된다. 자신의 심리적 자원을 과소평가하는 경향이 있는 내담자의 경우, '핵심' 과제와 몇 가지 추가 과제를 각기 설정하는 것이 도움이 될 수 있다. 추가 과제는 이를 추가적으로 더 할 수 있다고 느끼는 상황에서만 실제 수행을 고려하면 된다. 실제로 특별한 지원이 없거나 혹은 방해 요인이 존재하는 상황에서는 작업이 본 궤도를 벗어날 가능성이 있으며, 이는 해당 회기 이후에 과제를 조정할 필요가 있음을 의미한다. 이 경우 '플랜 B'를 생각하는 것이 유용할 수 있다. 또한 이전 회기에서 확인된 치료의 초점과 연결된 성과가 있다면, 이 성과를 어떻게 유지할 수 있을지 생각해 보는 시간을 갖는 것이 중요하다.

평가 면담과 마찬가지로, 임상가는 상담 내용을 요약해 주고 다음에 진행될 단계를 재확인하면서 회기를 마친다. 여기에는 앞에서 언급한 읽을거리/연습을 완료하는 것, 이전 과제에 대한 참여를 유지하도록 하는 것, 다른 기관과의 접촉을 시작하거나 유지하는 것과 같은 기타 조치가 포함될 수 있다. 저강도 인지행동치료 임상가와의 다음 만남도 계획된다.

문제해결

문제가 발생한 경우 임상가는 문제해결 모드로 이동하여 가능한 해결책을 찾아야 한다. 과제를 완료해 오지 않는 경우 COM-B(행동에 영향을 미치는 역량, 기회와 동기) 프레임워크를 사용하여 내담자와 함께 상황을 부드럽게 탐색해야 한다. 대개는 너무 많은 과제를 배정하거나, 내담자의 문제와 일치하지 않는 과제를 설정하거나, 내담자가 읽기 자료를 이해하는 데 어려움이 있거나, 너무 어려운 과제를 설정한 경우(너무 많은 불안을 유발했을 수 있음) 또는 (우울증의 사례에서) 너무 많은 노력이 필요한 경우 전형적으로 문제가 발생한다. 내담자와 함께 비판단적으로 이러한 문제를 부드럽게 탐색하는 것은 치료의 장애물을 식별하는 데 도움이 되므로 매우 중요하다. 때때로 내담자의 이해도를 확인하기 위해 이전 회기에서 다룬 내용을 다시 살펴보는 것이 도움이 될 수 있다. 내담자가 덜 압도되도록 작업을 더 작은 목표로 나누는 것도 도움이 될 수 있다. 또 다른 어려움 중 하나는, 내담자가 식별된 문제에 대한 치료에 집중해야 할 때 내담자의 집중을 흐트러뜨리는 문제가 삶에서 계속되는 것이다. 이러한 상황이라면 COM-B(행동에 영향을 미치는 역량, 기회와 동기) 프레임워크(제7장)에 기반한 논의 및 의사결정이 도움이 된다.

과제와 관련한 문제는 내담자와의 회기 내에서 해결되는 것이 이상적이다. 그러나 때때로 임상가는 질문에 대한 답을 얻지 못할 수도 있고, 해결방법을 찾을 수 있는 자원이 없을 수도 있다. 이 상황에서 임상가는 지침을 조사하거나 탐색하는 동안 가능한 문제해결을 유보하도록 해야 한다("지금 당장은 답을 드릴 수 없지만 다음 주까지는 그 답을 찾아보겠습니다.").

연습 5-4 ❀ 치료 면담을 연습하기

세 그룹 연습으로 돌아가 보자. 다시 한번, 임상가, 내담자 및 관찰자 역할을 번갈아 가며 수행하게 된다. 부록에 제공된 사례연구(Julian)를 사용하여 치료 면담에 대한 역할극 연습을 수행한다. 이때에도 임상가가 막히면 관찰자는 임상가를 촉진하고, 역할극은 면담이 끝날 때까지 계속해야 한다. 필요에 따라 관련 장과 자료를 다시 참조하라. 역할을 번갈아 가며 연습을 반복하기 전에 다시 한번 이전의 수행([연습 5-2]에서와 같이)을 되돌아본다.

전화를 통한 업무 접근방식의 조정

길잡이식 자조를 전달하는 방식으로 전화를 사용하는 것과 관련된 근거 기반은 제한적이다. 그러나 이는 많은 내담자가 선호하는 유망한 접근방식인 것으로 보인다(Bee et al., 2008). 일부 연구에서는 전화를 이용하는 것이 대면 방식보다 더 효과적인 것으로 나타났다(Farrand & Woodford, 2013). 전화 접근방식이 더 효과적인 이유 중 하나는 임상가가 최적의 근거 기반 치료를 전달하는 데 실패하고 표류하게 되는 것therapeutic drift을 막을 수 있기 때문인 것으로 보인다(Waller, 2009).

전화 상담과 대면 상담은 각기 다른 장점과 단점이 있다. 장점으로는 (예: 광장공포증, 우울증 또는 신체장애로 인해) 특정 장소에 물리적으로 방문하기 어려운 사람들의 접근성을 증가시킨다는 이점이 있다. 또한 임상가에게는 내담자에게 가정 방문을 하는 것보다 훨씬 시간이 효율적이다. 내담자의 경우 회기 참석과 관련된 비용(보육비, 주차비 및 교통비 등)도 절감할 수 있다. 또한 지역의 클리닉에 방문하여 대기실에서 정신건강 실무자가 자신을 호명하는 것이 노출될 수 있는 것보다는 낙인효과가 덜할 것이라 기대하기도 한다. 임상가는 정해진 지역 클리닉에서 예정된 주간 시간표에 따라 내담자를 만나지 않아도 되므로 내담자에게 연락을 해야 할 때 더 유연하게 시간을 사용할 수 있다. 주간에 일하는 사람들의 편의를 고려한다면, 전화 연락은 야간과 주말에도 가능한 것이 이상적일 것이다.

단점으로는 내담자를 직접 시각적으로 확인할 수 없으며 통화를 하는 시점에 내담자 환경에서 일어나는 일을 인식할 수 없다는 제한점이 있다. 따라서 전화로 작업하는 것은 임상가와 내담자 간 '볼 수 없음'을 어떤 방식으로든 보상하는 것이 필요하다. 또한 면담 구조는 동일하게 유지하면서도 임상가는 내담자에게 소개 섹션에서 해당 시간에 대화가 가능한지를 확인하고(예: 예상치 못하게 사람과 함께 있을 수 있음), 통화하기가 어렵다면 임상가가 다시 전화하기에 좋은 시간은 언제쯤인지 질문해야 한다. 임상가는 또한 내담자가 모든 준비물(예: 펜, 종이, 결과 측정치 및 자조 자원)을 지참하고 있는지 확인해야 하며, 그중 일부는 사전에 전달해 두어야 한다. 면담의 종결 단계에서는 내담자가 작성한 지필 작업의 사본을 임상가에게 보내어 임상가가 다음 전화 상담 전에 검토할 수 있도록 시간적 여유를 두어야 한다(그렇게 하지 않으면 통화 중 순전히 '실시간'으로 검토될 수밖에 없음). Lovell(2010)은 또한 임상가에 대한 정보를 초기 면담 전에 내담자에게 제공할 것을 권장한다. 여기에는 그들의 전문적인 경험에 대한 사진이나 세부 사항이 포함될 수 있으며, 또는 그러한 주제에 대해 이야기하는 임상가의 인터넷 영상이 있다면 이를 보도록 안내할 수도 있다. 이는 내담자가 '마음의 눈'으로 임상가의 모습을 형성하는 데 도움이 되며, 이는 다시 치료 관계의 발전을 촉진한다. Richards와 Whyte(2011)는 초기에는 대면 면담 일정을 잡아 작업 관계를 수립하고 전화 연락의 실용성을 논의해 볼 것을 권장한다.

Lovell(2010)은 임상가가 메모를 작성하거나 통신망을 통해 제공되는 실시간 지도감독에 참여하는 동안 대화가 장시간 중지될 수 있다는 사실을 내담자에게 미리 알릴 것을 추천한다. 또한 누군가 갑자기 집에 들어온 경우와 같이 내담자가 통화를 조기 종료해야 하는 경우 임상가에게 통화를 갑자기 종료해야 함을 나타내는 암호를 결정할 필요도 있다. 임상가와 내담자는 또한 내담자가 아닌 다른 이가 전화를 받는 경우에는 어떻게 해야 하는지, 내담자가 예정된 통화 시간에 부재중일 경우 자동 응답기에 메시지를 남기는 것이 허용되는지 여부에 대해서도 합의해야 한다. 시각적으로 소통할 수 없다는 것은 임상가가 내담자를 위해 개인화된 다이어그램을 완성하기보다는, 개념을 설명하기 위해 주어진 자료나 일화에 더 많이 의존할 수밖에 없음을 의미할 수 있다. 그러나 Lovell은 내담자에게 시계 모양의 그림을 그리도록 요청하고 숫자판에 해당하는 각각의 지점들에 단어를 기입하는 방식으로 주기 기반 다이어그램을 그려 내담자의 이해를 돕는 방법을 제안한다.

연습 5-5 ❀ 전화 접촉 시 역할극

동료와 전화를 통해 [연습 5-2]와 [연습 5-4]를 반복한다. 대안적으로는 (시각적 단서를 이용할 수 없도록) 내담자와 등을 맞대고 앉아 임상가와의 면담을 시도하라. 마지막 절에 설명된 바와 같이 조정을 시도해 보라. 이러한 경험이 어떻게 다르게 느껴지는지 살펴보라. 상황 내에서 어떤 조정을 해 보았는가? 다시 한번 수행을 되돌아보고 ([연습 5-2]에서와 같이) 역할을 번갈아 가며 연습을 반복한다.

요약

- 저강도 인지행동치료 접근방식의 기본이 되는 세 가지 인터뷰 형식은 트리아지, 평가 및 치료이다.
- 이들 모두에는 소개 단계, 정보 수집 및 정보 제공 섹션, 동 의사결정 단계가 포함된다.
- 트리아지 면담은 서비스가 내담자에게 적합한지, 만약 그렇다면 서비스 내에서 어떤 의료 전문가가 적합한지를 결정한다. 또한 임상가는 내담자의 치료 우선순위에 대한 판단을 내릴 수 있다.
- 초기 면담의 결과에는 내담자를 위해 치료와 관련된 초기 단계의 목표, 기대치 및 계획을 설정하는 문제 진술의 작성을 포함한다.
- 학습 주기는 치료 면담의 기능을 구현하는 데 사용된다. 이 구조는 내담자가 어려움에 대처하기 위해 저강도 인지행동치료를 활용하는 데 도움이 되도록 학습의 지속적인 주기에 참여할 수 있도록 한다.
- 면담이 전화로 수행되는 경우, 원활한 진행을 위해 여러 가지 조정이 요구된다.

추가로 읽어 볼 자료와 활동들

다음과 같은 추가적인 읽기 자료를 권장한다.

- Grant 등(2008)과 Kennerley 등(2017)은 주로 전통적인 인지행동치료와 관련이 있는 문헌이지만 이들은 한편으로는 (다섯 가지 영역과) 관련된 모델을 다루고 유용한 평가 전략/질문의 예시도 함께 제공한다.
- Healy(2016)는 약물치료에 대한 입문서이다.

역할극 연습을 통해 면담 연습을 지속하시오. 관찰자는 Richards와 Whyte(2011)가 제공한 평가 척도를 사용하여 평가 및 치료 면담에서 임상가의 수행을 평가할 수 있다(여기에는 COM-B 행동에 영향을 미치는 역량, 기회와 동기 관련 요소는 포함되지 않음을 고려하시오). 연습을 영상으로 기록해 자신의 수행을 평가하시오. 지도감독자에게도 척도를 사용한 수행 평가를 요청해 보시오. 피드백을 요청하고 또다시 반복, 반복, 반복을 거듭하라! 우리 역시도 학습의 주기에 오른 것이다. 획득하는 경험과 피드백이 많을수록 우리의 기술은 더 빨리 발전한다.

제**6**장 **평가와 위험 관리**

Mark Papworth

- 위험 평가 및 관리의 근거를 이해한다.
- 자살 위험 평가에서 다뤄야 하는 위험 요인을 파악한다.
- 이러한 요인이 자살 위험을 이해하는 데 어떻게 사용되는지 이해한다.
- 위계적 질문을 사용하여 자살 위험을 평가할 수 있다(또한 다른 형태의 위험도 평가할 수 있다).
- 위험 관리와 관련된 원리를 이해할 수 있다.
- 타인에 대한 폭력과 관련된 위험 요소 및 자기 방임의 지표를 인식할 수 있다.
- 위험 평가를 용이하게 할 수 있는 도구를 알고 있다.

서론

임상가는 필연적으로 위기에 있는 내담자와 만나게 된다. 자살은 정신건강 종사자가 직면하는 가장 어려운 치료 문제 중 하나이다. 영국에서는 매년 약 6,000명이 자살한다(Office of National Statistics: ONS, n.d.a.). 자살은 20~34세의 주요 사망 원인이며(Mental Health Foundation, n.d.), 19세 이하에서는 자살과 자해가 피할 수 있는 사망 원인 중 가장 많은 수를 차지한다(ONS, n.d.b.). 정서장애가 있는 사람 중 1% 미만이 자살한다는 점을 감안할 때(Bryan & Rudd, 2006), 많은 사례를 보는 저강도 인지행동치료LICBT 임상가가 당면하는 가장 큰 과제는 드물지만 치명적인 사건의 발생 위험을 예측하는 것이다.

이 장에서는 독자에게 위험 평가하는 방법을 소개한다. 이 장은 영국 보건복지부(DoH, 2007)와 미국정신의학회(APA, 2010)의 관련 원칙, 증거 및 지침을 바탕으로 하지만, 저강도 인지행동치료의 역할에 부합하는 Bryan과 Rudd(2006)의 의사결정 모델도 많이 적용하고 참고한다. 또한 심리치료 접근성 향상Improving Access to Psychological Therapies: IAPT에서 위험 평가의 주요 초점은 자살 위험이므로 다음에 제시된 틀의 초점에도 반영되어 있다. 그런 다음 이 장에서는 위험 관리의 원칙에 대해 살펴본 후에, 후반부에는 저강도 인지행동치료 치료에서 발생할 수 있는 다른 형태의 위험에 대해 논의한다. 마지막으로, 임상가는 자신의 실무가 소속 기관의 위험 관리 정책에 부합하는지 인지하고 확인해야 한다. 이는 일반적으로 취약한 성인과 아동을 보호하는 내용을 포함하는 법정 및 의무 교육을 최신 상태로 유지해야 한다는 것을 의미한다.

배경: 환경 조성하기

위험 평가의 목표는 자살 위험에 영향을 미치는 내담자의 요인을 파악하고 균형을 맞추는 것이다. 저강도 인지행동치료의 역할에 자살 치료가 포함되지는 않지만, 때때로 경도에서 중등도의 불안 및 우울증 증상을 가지고 있는 내담자가 자살 관련 요인들을 보고할 수 있다. 또한 임상가가 트리아지triage 클리닉에 근무를 하면 필연적으로 광범위한 내담자와 관련된 위험 요소들을 대면하게 될 것이다. 위험은 환자의 선택, 진단, 증상의 심각도 및 기타 특성과 함께 단계별 치료 시스템 내에서 내담자가 어디에 배치될지 결정하는 요소 중 하나이므로 위험을 평가할 수 있는 능력이 중요하다. 이는 주의 깊게 모니터링해야 하며, 이 작업을 하는 것은 치료에 필수적이다. "……임상가는 모든 평가/중재가 서비스 이용자에게 최선의 이익이 되도록 노력하며, 가능한 한 해악을 최소화하고 장단기적으로 혜택을 극대화하는 동시에 다른 사람에게 미칠 수 있는 해로운 영향과 균형을 맞추기 위해 노력한다"(British Association for Behavioural and Cognitive Psychotherapy: BABCP, n.d.: 1). 자살자의 약 45%는 자살 전 1개월 동안 일차 진료 기관을 방문하며(Luoma et al., 2002), 24%는 지난 1년 동안 정신건강 서비스를 이용했다고 보고되었다(British Psychological Society: BPS, 2006). 따라서 임상가는 위험을 모니터링하는 데 지속적으로 주의를 기울여야 한다. 안타깝게도 자살을 완전히 예측할 수 있는 신뢰할 만한 평가 척도나 임상적 의사결정 과정은 없다(DoH, 2007). 그러나 모범적인 의사결정을 하기 위해 관련 있는 요인과 원리들은 있다.

자살 위험 평가의 목적은 위험을 완전히 없애는 것이 아니다. 이는 궁극적으로 불가능하다. 또한 비밀보장성을 위반하거나 내담자를 불필요하게 위기 서비스에 참여시킴으로써 라포를 해칠 수 있다는 점에서 비생산적일 수도 있다. 이처럼 위험 평가에 대한 과잉 반응은 내담자가 적절한 도움을 받는 데 장애가 될 수 있으며, 향후 도움을 구하는 행동을 제한할 수 있다. 그러나 과소 반응은 내담자에 대한 부적절한 치료로 이어져 내담자를 위험 상황에 처하게 하고, 임상가가 의무를 다하지 않은 것으로 간주되어 전문적 책임 문제가 발생할 수 있다.

IAPT 저강도 인지행동치료 틀 내에서 위험 평가는 면담의 정보 수집 섹션의 일부로, 트리아지 또는 초기 평가 회기에서 이루어진다(제5장 참조). 지침서에 명시된 단계([그림 5-1] 참조)에서 위험을 탐색하는 것은 치료 동맹이 시작된 후에 잘 수행될 수 있다. 이렇게 하면 내담자가 자신의 위험 수준에 영향을 미치는 요인에 대해 충분히 밝힐 가능성이 높아진다. 그런 다음 향후 모든 회기에서 초기 위험 평가가 검토되어 여전히 정보가 정확한지 확인한다. 위험은 **정적** 요인(예: 이전의 사건)과 **동적** 요인(예: 관계 안정성)을 모두 기반으로 하기 때문에 이는 중요하다. 후자는 매주 변경될 수 있으며(다음 참조), 치료 관계가 깊어짐에 따라 전자에 대해 더 많이 공개할 수 있다(Farber, 2003). 내담자의 상황(예: 기분, 절망감 또는 관념의 악화)이 변하거나, 내담자의 공개 수준이 증가하여 위험 수준이 높아지는 경우, 위험 평가를 자세히 검토해야 한다. 위험 평가와 관련한 모범 사례는 관련 지침을 준수하고, 이용 가능한 정보(경험적 증거 및 내담자 보고서)를 기반으로 하며, 철저하게 문서화되고, 내담자를 돌보고 책임지는 관련자에게 알려야 한다(DoH, 2007).

이 장에서 다시 한번 살펴볼 주제는 지도감독과 같은 상황에서 다른 전문가들과 이 중요한 주제에 대한 개념을 전달할 수 있는 공유된 언어의 필요성이다. 이 장의 뒷부분에서 위험 수준의 범주에 대해 설명하지만, 내담자가 보일 수 있는 위험 관련 현상을 설명하기 위한 표준 용어도 있다. 이러한 용어는 자살 생각부터 부상을 초래한 자살 시도까지 다양하다(O'Carroll et al., 1996; Bryan & Rudd, 2006 인용). 이러한 증상의 범위는 〈표 6-1〉에 요약되어 있다.

표 6-1 자살 위험 관련 행동의 범위

상해가 있는 자살 시도	치명적이지 않은 결과, 증거를 살펴보면 자살할 의도가 있었고, 시도의 결과로 상해를 입음
상해가 없는 자살 시도	치명적이지 않은 결과, 증거를 살펴보면 자살할 의도가 있었고, 시도의 결과로 상해를 입지 않음
도구적 자살 관련 행동	자해로 이어진 행동으로, 증거를 살펴보면 자살할 의도는 없었고 이차적인 목적을 이루기 위해 행동을 함(예: 도움을 요청하거나, 누구를 처벌하거나 관심을 받기 위해)
자살에 대한 위협	자해 직전에 그치는 행동으로, 다른 사람에게 미래에 자해 행동을 할 것을 암시함
자살 사고	자살 관련 행동을 하는 것에 대한 자기 보고식 사고

위험 평가에는 여러 가지 접근방식이 있다(DoH, 2007). **구조화되지 않은 임상적 판단** unstructured clinical judgement은 광범위한 임상 평가의 일부로 위험 평가 정보를 체계적이지 않은 방법으로 수집하는 과정을 말한다. 이 접근방식의 단점은 특히 일부 자살 충동이 있는 내담자가 안정되고 침착해 보이며, 사소한 문제로 온 것처럼 보일 수 있기 때문에 중요한 위험 관련 요인이 누락될 수 있다는 것이다. 또한 초기 면담에서 자살을 시도하지 않던 내담자도 치료를 받는 과정에서 자살을 시도할 수 있다. **계리학적 접근방식**actuarial approach은 일정 기간 동안의 위험을 추정하는 공식에 입력하는 정적 위험 요소에 중점을 둔다. 이 접근방식은 일반적으로 특정 집단의 위험을 예측하는 데 사용되며 서비스를 활용하는 개인에게 사용하기에는 적합하지 않다. 마지막으로, **구조화된 임상적 판단**structured clinical judgement은 임상가가 가장 권위 있는 연구 근거, 내담자와의 임상적 접촉 그리고 내담자의 상황에 대한 내담자 자신의 견해를 바탕으로 결정을 내리는 것이다. 나는 후자의 접근방식을 옹호한다. Bryan과 Rudd(2006)의 틀은 임상가에게 특히 유용한 의사결정의 틀을 제공하며, 사례관리 감독 과정에서 유용한 위험을 분류하기 위한 공유 언어를 제공한다.

우울증이나 일반적인 심리적 문제를 평가하는 많은 자기 보고식 질문지에는 자살 사고에 대해 묻는 항목이 하나 이상 포함되어 있다. 이 정보는 면담의 위험 평가 부분과 독립적으로 논의하는 것이 좋다. 즉, 자살 위험 관련 질문지의 문항에 대한 응답을 활용하여 위험 평가 면담을 시작해서는 안 된다. 이는 내담자가 자기 보고식 질문지와 대면 면담 내에서 서로 다른 보고를 할 수 있기 때문이다. 이 두 가지 정보원을 분리하여 보관하면 임상가가 '이중 확인'을 통해 두 정보 자료를 비교할 수 있다. 면담의 후반부에 자가 보고 목록에 표시된 위험 반응은 내담자가 면담의 이전 위험 평가 섹션을 다시 재확인할 수 있게 도와준다.

> "지난번 면담 이후 자살에 대한 당신의 생각이 변하지 않았다고 말씀하셨는데요. 하지만 척도의 이 항목에서 당신의 응답이 달라진 것을 볼 수 있어요. 이 항목에 동그라미를 표시했을 때 어떤 생각이 들었는지 궁금합니다."

자살 위험과 관련이 있는 요인

이제 의사결정의 기반이 되는 자살 위험 관련 요인을 살펴볼 예정이다. 그런 다음 내담자 치료와 관련된 결정을 내릴 때 이러한 요소들 사이의 균형을 맞추는 방법을 살펴볼 것이다. 마지막으로, 이러한 정보를 가장 잘 수집하기 위해 면담을 구성하는 방법을 살펴볼 것이다. 이러한 요소들 간의 관계는 복잡하지만 일반적으로 상호 보완적인 관계에 있다. '보호적 특성'을 제외하고, 내담자에게 이러한 요인이 많이 존재할수록 위험성도 높아진다. 이러한 요인은 자살 성향, 증상 발현, 유발 자극 또는 스트레스 요인, 절망감의 존재, 자살 사고의 성격, 이전 자살 행동, 충동성 및 자제력, 보호적 특성이다(Bryan & Rudd, 2006). 다음에 보고된 확률 통계의 출처로 APA(2010)와 Steele 등(2017)을 참고하여 이를 차례로 설명할 예정이다.

자살에 대한 취약성

자살에 대한 취약성 또는 성향은 여러 가지 개인적 특성에 의해 결정될 수 있다. 이러한 특성은 일반적으로 평가 면담 중 정보 수집 섹션의 다른 부분, 트리아지 면담(일반적으로 저강도 인지행동치료 연락에 앞서 진행됨) 및 의뢰인의 서신에서 확인할 수 있다. 이러한 특성에는 심리적 문제에 대한 과거력(예: 임상적 수준의 우울증이 있는 경우 자살률이 20배 높음), 전년도 입원 치료 퇴원 여부(특히 남성), 동성애 성적 지향, 만성 신체질환(예: HIV/AIDS, 악성 종양, 헌팅턴 병, 다발성 경화증, 척수 손상 또는 통증 증후군), 남성 성별(남성의 자살률이 최대 4배 높으며 65세 이상에서는 자살률이 더 증가함), 미혼 상태(기혼자보다 자살률이 2배 높음), 아동 학대 경험(자살률이 약 10배 증가), 아동기 외상 또는 가정 폭력 등이 있는 경우를 포함한다.

증상의 발현

자살하는 사람의 90% 이상이 진단 가능한 정신질환이 있을 정도로 정신질환의 존재는 자살의 가장 중요한 위험 요인이다. 이 요인에 관한 정보는 면담의 정보 수집 섹션 앞부분에서 수집된다. 우울 삽화 중에 기분장애는 특히 자살 사망과 가장 연관성이 높은 진단이다. 지속성 우울장애(만성적이고 낮은 수준의 우울증; 제3장 참조)의 경우 약 12배의 위험이 증가하며, 주요 우울증의 경우 그 위험은 20배까지 증가한다. 불안장애도 6~10배 높은 위험성과 관련이 있지만, 대부분 공존 증상의 일부로 나타난다. 섭식장애(특히 신경성 식욕부진증)와 성격장애도 위험 증가와 관련이 있으며(후자의 경우 약 7배 증가), 알코올 중독은 위험을 6배 증가시키는 것으로 추정된다.

유발 자극이나 스트레스 요인

유발 자극은 일반적으로 평가 면담의 기타 정보 섹션('발병')의 초기 섹션에서 확인된다. 여기에는 일반적으로 관계 갈등, 이혼, 사별(특히 남성의 경우 기혼자보다 사별자의 자살률이 더 높다), 건강 문제 또는 해고(45세 미만에서 실직 이후 특히 위험이 높으며, 알코올 섭취 증가로 인한 영향도 있을 수 있음) 또는 경제적인 문제와 같은 상실과 관련된 사건 또는 요인이 포함된다. 중·장년층에서 직장, 재정 또는 법적 문제와 관련된 자살 건수가 증가하는 추세를 보이고 있다. 초기 평가 면담 초기에 이러한 요인이 확인되지 않은 경우, 이러한 요인을 탐색하기 위한 관련 질문의 예는 다음과 같다. "최근에 어떻게 지내셨나요?" "특별히 스트레스를 받았던 일이 있다면 말씀해 주시겠어요?" "지금 이 시점에서 서비스를 받기로 마음을 먹은 계기는 무엇인가요?" 등이 있다.

절망감의 유무

절망감은 자신과 미래에 대한 부정적인 기대와 연결된 인지 및 신념과 관련이 있다. 보통 우울증과 함께 발생하는 절망감은 다른 우울증 증상에 비해 자살과 더 밀접한 관련이 있다. 이는 우울증 증상에 대한 전반적인 평가보다 자살을 더 강력하게 예측하는 것으로 확인되었다. 절망감의 수준을 알아보는 질문의 예시는 다음과 같다. "우울할 때 상황이 나아지지 않고 개선되지 않을 것 같다고 느끼는 것은 흔한 일입니다. 이런 기분이 든 적이 있습니까?" "상황이 절대 나아지지 않을 것 같습니까?" 등이 있다. Bryan과 Rudd(2006)는 절망감의 존재, 심각성, 지속 기간을 모두 조사해야 한다고 주장한다. 심각도를 평가하는 한 가지 방법은 내담자에게 0점(전혀 절망적이지 않음)에서 10점(상상할 수 있는 만큼 절망적임)까지의 척도로 절망감을 평가하도록 요청하는 것이다.

자살 생각의 특징

자살 생각은 내담자의 자살 위험성의 핵심 요소이므로 저강도 인지행동치료 면담의 위험 평가 요소에서 신중하게 평가해야 한다. 자살 사고는 자살에 선행하여 발생하지만, 일반인 가운데 13% 이상이 인생의 어느 시점에서 자살 사고를 경험할 만큼 흔하다(APA, 2010). 따라서 자살과 관련된 다른 요인들을 함께 고려하는 것이 중요하다. 또한 자살은 현재보다는 과거 최악의 자살 사고(자살에 대한 생각을 하는 과정)를 경험한 삽화와 더 밀접한 관련이 있으므로, 현재 경험뿐만 아니라 과거 경험도 살펴보는 것이 중요하다.

일부 초보 임상가들은 자살 충동에 초점을 맞춘 질문 과정이 내담자의 마음을 그 주제에 집중시켜 자살 위험성을 높이지 않을지 우려한다. 이는 사실이 아니다. 오히려 사람들은 임상가에게 더 많이 이해받고 있다고 느낀다는 연구 결과도 있다(Steele et al., 2017). Bryan과 Rudd(2006)는 자살 충동의 빈도("얼마나 자주 이런 생각이 들었습니까?"), 강도("1부터 10까지 척도에서 이 생각이 얼마나 강합니까?"), 지속 기간("언제부터 이런 생각을 하기 시작했습니까?")을 조사해야 한다고 주장한다. 또한 개인이 자살 충동에 대한 과거 경험을 이야기하는 것이 더 편안하게 느껴질 수 있으므로, 본인의 이야기를 노출하는 것을 더 어렵게 느끼는 일부 내담자의 경우, 현재 경험에 대해 질문하기 전에 과거 경험부터 시작할 수 있다(다음의 '위계적 질문' 참조). 자살 사고("죽고 싶다는 생각이 들어요.")와 자살 내용이 없는 죽음에 대한 생각("더 이상 견딜 수 없어요.")을 포함하는 비자살적 병적 사고를 구분하는 것이 유용하며, 전자는 후자보다 자살과 연관성이 더 있다.

내담자에게 자살 계획이 있는 경우 위험 수준이 높아진다. 일반적으로 계획이 더 구체적이고 치명적이며 실행 가능한 경우 위험도가 높아진다. 이 요인과 함께, 자살 계획은 문화적 혹은/그리고 종교적 신념에 따라 달라질 수 있으므로, 일부 소수자 그룹의 구성원을 위해 임상가는 이를 조사하고 탐색해야 한다(제11장 참조). 내담자가 계획이 있는 것으로 확인되면, 이를 완수하기 위한 준비 단계(예: 약을 모으거나 투신할 위치를 정확히 파악하는 등)를 취했는지의 질문을 통해 탐색할 필요가 있다. 적절한 질문은 다음과 같다. "어떻게 자살할지 생각해 본 적이 있나요?" "언제 자살할지 생각해 본 적이 있나요?" "[수단]에 접근할 수 있나요?" "자살 완수 행동에 얼마나 근접하게 가 본 적이 있나요?" "자살을 실행할 가능성이 얼마나 높다고 생각하세요?" 내담자가 자살을 시도할 위험이 임박한 경우, 사랑하는 사람들의 어려움을 최소화하기 위한 준비를 시작했을 수 있다. 이를 확인하기 위한 질문의 예시는 다음과 같다. "유언장을 작성했습니까?" 또는 "최근에 재산을 나눠 준 적이 있습니까?" 등이 있다. 내담자가 처음 질문할 때 가장 치명적이거나 접근하기 쉬운 방법을 말하지 않는 경우가 있으므로, 임상가는 계획된 자살 방법에 대해 최소 두 번("다른 자살 방법은 생각해 보셨나요?") 질문하는 것이 좋다.

또한 임상가는 다양한 출처를 통해 내담자의 의도(목표)에 대해 정보에 입각한 판단을 내려야 한다. 내담자가 이야기하는 것은 **주관적인 의도**(내담자가 임상가에게 말하는 것)이다. 그러나 내담자는 자신의 '내면 세계'를 인식하지 못하거나 항상 정확하게 보고하지 않을 수 있다. 내담자는 임상가가 자신의 의도에 따라 행동하지 못하도록 조치를 취할까 봐 자신의 의도를 밝히기를 꺼리거나, 자해와 관련된 진술 및 자살 이외의 다른 목적(예: 관심을 받기 위한 것)을 가진 의도로 과장할 수 있다. 따라서 내담자의 **객관적인 의도**도 고려해야 한다. 이는 과거에 자살을 시도한 적이 있는지 여부와 같은 환경적 · 행동적 요인으로 과거 상황과 선택한 방법의 치명적 정도를 기반으로 한다. 객관적인 의도는 주관적인 의도와 일치하지 않을 수 있다. 객관적 자료와 주관적 자료가 일치하지 않는 경우, 임상가는 이를 내담자와 함께 탐색하여 의도에 대한 전반적인 추정 정확도를 높여야 한다(예: "자살 생각이 없다고 말씀하셨지만, 이전에 관계가 깨졌을 때 심각한 약물 과다 복용을 한 적이 있었습니다. 그 당시 자살에 대한 생각이나 계획을 세웠던 기억이 있나요?")

과거 자살 행동

자살 시도 과거력은 향후 자살 시도의 가장 중요한 위험 요인 중 하나이다. 완료된 자살 중 최대 80%가 과거에 자살 시도가 있었으며, 과거 자살 시도가 있으면 내담자의 자살 위험이 38배 증가한다. 따라서 임상가는 위험 평가에서 이러한 시도의 시기와 세부 사항을 조사해야 한다. 여기에는 일반적으로 당시의 유발 자극, 알코올/약물 사용 여부, 자살 시도의 잠재적 치명성이 포함된다. 이러한 요소를 조사하는 질문에는 다음이 포함된다. "과거에 자살이나 자해를 시도한 적이 있나요?" "당시에 무슨 일이 있었나요?" "왜 그런 방법을 선택했나요?" "계획한 일을 다른 사람에게 알렸나요?" "누군가 발견할 것이라고 믿었나요, 아니면 우연히 발견되었나요?" "이후에 스스로 도움을 요청했나요, 아니면 누군가 대신 도움을 받았나요?" "과거에 자해나 자살을 시도한 다른 시도가 있었나요?" 등이 있다.

충동성과 자기 조절

충동성과 적대감 및 공격성과 관련된 특성은 자살 위험을 높인다. 충동성은 개인이 발생할 수 있는 결과에 대해 충분히 생각하지 않고 행동을 시작하는 경향을 특징으로 하는 성격 특성이다. 많은 자살 시도가 유발 자극이나 스트레스 요인에 대한 반응이기 때문에 충동성 수준이 자살 계획의 존재 여부보다 더 큰 예측 가치를 가질 수 있다. 충동성은 안정적인 성격 특성으로 간주되므로 충동성이 높고 이전에 자살을 시도한 적이 있는 사람은 미래에 대한 장기적인 위험이 있는 것으로 간주해야 한다.

알코올과 약물은 충동성을 증가시킬 수 있다. 전체 자살 사건의 최대 1/3이 알코올이 원인이며, 자살한 사람의 50%가 사망 당시 술에 취해 있던 것으로 밝혀졌다. 알코올 중독자의 자살 사망률은 일반인보다 6배나 높으며, 관계 문제는 알코올 중독의 결과일 뿐만 아니라 자살 시도의 전 단계이기도 하다. 자살하는 알코올 중독자는 주요우울장애와의 공존율이 50~75%이다. 다른 약물의 남용도 자살과 관련이 있으며, 약물 사용 장애를 경험하는 사람들 사이에서 자살을 시도한 이력이 있는 경우가 흔하다. 이 요인과 관련된 정보를 이끌어 낼 수 있는 질문은 다음과 같다. "인생이 통제가 불가능하다고 느낀 적이 있나요?" "이런 기분이 들면 어떤 생각이 드나요?" "이런 생각으로 인해 나중에 후회되는 행동을 한 적이 있나요?" "이로 인해 문제를 일으킨 적이 있나요?" 알코올 또는 불법 약물 사용량이 높다고 표시된 경우, 위험 평가 섹션에서 알코올 또는 불법 약물 사용을 조사하는 것이 도움이 될 수 있다. "술을 마시거나 마약류 약물을 사용하나요?" 그렇다면 "얼마나 자주, 얼마나 많이 사용하나요?"라고 질문한다. 또는 트리아지/초기 평가 면담 후반에 알코올 및 하위 약물 사용을 일상적으로 검토할 때 위험 등급을 재검토해야 할 수도 있다.

보호 요인

보호 요인이 있으면 자살 가능성이 낮아지므로 면담의 위험 평가 섹션에서 이러한 특성을 살펴봐야 한다. 개인이 가질 수 있는 보호 요인은 다양하다. 이러한 보호 요인의 한 가지 예로는 문제를 피하지 않고 해결할 수 있는 대처 기술이 뛰어난 경우를 들 수 있다. 또한 미래에 대한 목표가 있거나 종교적 신념이 강한 사람은 목적과 지지를 제공하는 신앙이 많으며, 자살을 도덕적으로 잘못되거나 죄악으로 보는 경향이 있기 때문에 자살 위험성을 낮춘다. 의료 전문가와의 원활한 소통과 비공식적인 사회적 지지도 자살을 예방하는 요인으로 작용할 수 있다. 비공식적인 사회적 네트워크는 자조 단체와의 접촉을 통해 개발될 수 있다. 그러나 이미 언급했듯이 관계 갈등은 자살 위험을 높일 수 있으므로 이러한 네트워크의 존재 여부와 상태를 평가하는 것이 중요하다. 가족과 자녀는 종종 자살을 이행하지 못하게 도와주는 요인으로 언급되며, 특히 여성의 경우 (임신뿐만 아니라) 집에 자녀의 유무와 자녀의 수가 위험을 감소시킨다. 노인의 경우 사회적 유대감, 공동체 역할의 존재, 가까운 가족의 든든한 지원 등 사회적 지지가 관련성이 있다. 보호 요인을 묻는 질문의 예는 다음과 같다. "주변에 대화하고 의지할 수 있는 가족이나 친구가 있나요?" "주변에 여러분이 없으면 살아갈 수 없는 사람이 있나요?" "자살을 생각할 때 삶에 대해 더 희망을 갖도록 도와주는 것은 무엇인가요?" 등이 있다.

자살 위험 평가를 기반으로 의사결정하기

자살 위험 수준을 결정하는 데 관련된 요인에 대해 알아보았다. 이 정보를 어떻게 구조화된 방식으로 사용하여 내담자의 안전 여부를 판단할 수 있을까? 안전하지 않다면 어떻게 해야 할까? Bryan과 Rudd(2006)가 개발한 의사결정 지침이 도움이 될 수 있으며, 이를 수정한 버전이 〈표 6-2〉에 제시되어 있다. 첫 번째 열에는 앞에 나열된 여덟 가지(번호가 매겨진) 요인이 있다. 표의 하단에는 다양한 위험 수준에 대한 개별 응답이 제시되어 있다. 위험 수준 추정치는 표의 열에 제시된 위험 수준 설명에 대한 내담자의 위험 요인 패턴을 최대한 일치시키는 것을 기반으로 한다. 낮은 위험 범주는 자살 사고나 기타 식별 가능한 위험 요소가 없는 경우에 사용된다. 이 범주의 경우 치료 계획의 변경이 필요하지 않다. 경미한 위험 수준은 불쾌감(괴로움과 불안감이 있는 상태)이 경미한 것으로 평가되고, 자살 사고와 관련된 활동이 제한적이며, 자기 통제 및 보호 요인이 양호하고, 기타 위험 요인이 거의 확인되지 않는 경우에 사용된다. 이 위험 수준은 각 회기에서 위험에 대한 보다 세심한 평가를 필요로 한다.

보통 수준의 위험은 반드시 사례관리 감독하에서 논의되어야 하며, 일반적으로 의료 시스템 내에서 단계적 치료를 진행할 때 내담자를 어느 기관으로 의뢰하게 할지 고려해야 한다. 단계별 치료 시기와 대상에 대한 결정은 지역 단계별 치료 시스템 내에서 이용 가능한 다른 서비스의 역할과 제공에 따라 어느 정도 달라질 수 있다(따라서 지역 자원에 따라 달라질 수 있음). 중등도 위험 수준은 보다 심각한 불쾌감 증상과 수반되는 계획과 함께 빈번한 자살 사고를 동반한다. 내담자의 자제력 및 보호 요인은 양호하지만 다른 위험 요인도 존재할 수 있다. Bryan과 Rudd는 내담자의 필요와 관련하여 임상적 개입을 늘리고 전문적인 위기 서비스(예: 긴급 전화 번호 등)에 대한 개방적 접근이 필요할 수 있다고 주장한다. 가족의 적극적인 참여

표 6-2 내담자 증상 및 식별 가능한 반응

	낮음	경도	중등도	심도
1. 자살에 대한 취약성		위험 요인 적음	위험 요인 몇 개 있음	위험 요인 다수 있음
2. 호소하는 증상		경미한 우울한 기분	간헐적인 우울한 기분	심각한 우울한 기분
3. 유발 자극		As 1	As 1	As 1
4. 절망감		As 1	As 1	As 1
5. 자살 사고	없음	간헐적 자살 사고의 빈도, 강도와 기간 계획 없고 죽을 의도 없음	자살 사고의 높은 빈도와 중간 정도의 강도와 기간, 어느 정도 구체성이 있는 계획은 있으나 죽을 의도는 없음	높은 강도와 강렬하고 지속적인 자살 사고, 구체적인 계획이 있음, 주관적 의도는 없지만 객관적인 징후는 있음(예: 치명적인 방법의 선택, 접근 가능한 방법, 제한된 준비 행동)
6. 과거 자살 행동		As 1	As 1	As 1
7. 충동성		자기 통제력 좋음	자기 통제력 좋음	손상된 자기 통제력
8. 보호 요인		식별 가능한 보호 요인이 존재함	식별 가능한 보호 요인이 존재함	보호 요인이 적거나 없음
식별 가능한 반응 (세부 사항은 본문 참조)	치료 계획에 변화 없음, 의례적 모니터링	자세한 모니터링	단계 올리는 것을 고려하고, 서비스에 대한 관여도를 높이는 것을 고려하며, 지지와 자세한 모니터링이 필요함	즉시 단계 올리는 것이 필요하며, 특화된 서비스를 바로 관여시킬 필요가 있음

와 함께 치료 예약 빈도를 늘리고 모니터링 목적으로 전화 연락을 사용하는 것도 고려해야 한다.

일반적으로 일차 진료의에게 연락하여 약물 검토를 고려하고, 단계적 의뢰를 받은 정신건강 임상가는 내담자와 함께 위기 대응 계획을 수립하고 연습한다. 여기에는 위기 상황에 처했을 때 내담자가 따라야 할 구체적인 지침이 명시되어 있다(Bryan et al., 2009 참조). 관리 계획에는 자기관리 전략, 사회적 지지 등 내담자의 삶을 보호하는 방법, 관련 외부 기관의 참여(업무 시간 외 연락 포함)가 포함된다.

위험 수준이 심각하면 위기/전문 서비스와의 신속한 연락이 필요하다. 이 단계는 심각한 수준의 우울 증상이 나타나고, 빈번하고 지속적인 생각과 구체적인 계획이 있는 경우이다. 또한 자기 통제력이 손상되고 보호 요인이 거의 없으며 기타 여러 가지 위험 요소가 있다. Bryan과 Rudd는 극단적인 위험 범주도 사용한다. 그러나 이 범주는 심각한 범주와 동일하게 반응을 하기 때문에 추가적인 실무적 유용성이 제한적인 이유로 목록에 포함되지 않았다. 그러나 내담자가 절박한 상황에서 서비스에 연락하거나 전화로 내담자를 모니터링할 때 임

연습 6-1　🌿 위험 관리의 기반 만들기

이제 지도감독자 및/또는 관리자와 이 모델에 대해 논의한다. 이 모델이 여러분의 업무 범위에 적용되는가? 그렇지 않다면, 차이가 있다고 느끼는 영역은 어디인가(아마도 여러분의 역할이나 지역 서비스 제공의 차이 때문일 수 있다)? 필요한 경우 해당 모델을 조정하여 서비스에 적용한다. 수련생인 경우, 수련생으로서 그리고 자격을 취득한 후 '짊어져야 할' 위험의 수준에는 어떤 차이가 있는가?

주중에도 짧은 시간 내에 요청할 수 있는 감독 지원 시스템(대기 중인 감독자, 감독자 및 관리자를 위한 휴일 대체/당번)이 있는지 확인한다. 있다면 어떻게 이용할 수 있는가(예: 동일한 지역이 아니라 아닌 다른 곳에서 근무하는 경우)?

직무 설명을 살펴보고(현재를 포함하여 주기적으로 다시 읽어 보라.) 자신의 직무 역할 내에서 활동하고 있는지 확인한다. 자신의 역할을 벗어난 업무는 내담자와 임상가 모두를 위험에 빠뜨리게 된다.

연습 6-2　🌿 위험을 분류하기

다음 사례연구를 생각해 보자([그림 6-1]에 예시를 사용하여 요약되어 있다).

Jane은 35세이며 "더 이상 견딜 수 없다."라고 호소하며 저강도 인지행동치료 회기에 나타났다. 추가 질문을 하자, 그녀는 몇 주 동안 그런 생각을 자주 했다고 설명한다. 그러나 그녀는 자살하지는 않을 것이라고 보고한다. 그녀는 8세, 10세, 14세의 세 자녀를 두고 있으며 지난 12년 동안 어머니와 함께 살고 있다. 그녀는 최근 회사의 정리해고로 인해 청소부로 일하던 직장을 잃었다. 지난 10년 동안 두 차례 우울증 치료를 받은 적이 있으며, 마지막으로 비슷한 문제를 겪었을 때 약을 과다 복용한 적이 있다. 그녀의 증상은 기분이 가라앉고 눈물을 흘리는 등이며, PHQ-9에서 21점을 받았다. 그녀는 현재 대부분의 시간을 매우 절망적이라고 느낀다고 보고한다. 간헐적으로 자살 충동을 느끼며 '더

이상 견딜 수 없을 때'를 대비해 치명적인 양의 약을 비축해 두었다. 자살이나 학대의 가족력은 없다. 알코올이나 불법 마약을 사용하지는 않지만 때때로 자신이 예측 불가능하며 충동적이라고 묘사한다. 결혼한 적은 없지만 현재 남자친구가 있으며 이 관계는 때때로 지지적이지 않다고 보고한다.

　이 내담자를 설명할 때 어떤 범주의 위험을 사용할 것인가? 표시된 대응 중 어떤 대응(있는 경우)이 필요하다고 생각하는가?

상가는, 예를 들어 치명적일 수 있는 약물 과다 복용 후와 같이 위험이 즉각적이고 극단적인 경우 응급 서비스에 알려야 할 수 있다.

면담 구조

　평가해야 하는 위험 요소와 이 정보를 바탕으로 의사결정을 내리는 방법에 대해 설명했으니, 이제 저강도 인지행동치료 면담 구조 내에서 이 정보를 얻는 방법에 대해 집중적으로 설명하겠다. 초기 평가(그리고 이 면담이 이루어진 경우 분류)에서 위험을 탐색해야 하며, 의뢰서와 같은 다른 출처에서 정보를 적절히 통합해야 한다. 면담의 한 섹션은 전적으로 위험 평가에 전념하지만, 임상가는 평가 과정 내내 위험 징후에 주의를 기울여야 한다. 물론 이 임상 면담 섹션은 정확한 위험 평가가 이루어질 수 있도록 내담자를 참여시키기 위해 높은 수준의 기술이 필요하다는 점에서 다른 섹션과 다르지 않다. 일부 내담자의 경우, 이 면담 섹션에서는 다른 사람에게 공개하지 않은 지극히 개인적인 생각을 털어놓기도 한다. 이러한 내담자들은 논의 중에 죄책감, 수치심 또는 슬픔과 관련된 강렬한 감정을 경험할 수 있으며, 임상가가 어떻게 반응할지에 대한 우려와 관련된 불안이 발생할 수 있다. 임상가는 판단을 하지 않는 태도를 유지하고 개인적인 불안감이나 지루함, 피로감을 억제하는 것이 중요하다. 대신 침착하고 공감하며 배려하는 태도로 위험 평가의 요소들을 해결하려고 노력해야 한다.

　따라서 "어떻게 해야 할지 모르겠네요."라고 외치거나, 공포감을 표현하거나, 위험 관련 주제에서 벗어나도록 유도하거나, 시계를 쳐다보는 등의 임상가의 반응은 모두 내담자가 자신의 진술에 귀 기울이지 않는다는 메시지로 전달될 수 있다. 이는 결국 거절이나 실패로 받아들여질 수 있으며, 위험을 더욱 높이거나 내담자가 서비스를 중단하게 만들 수 있다.

내담자 이름: Jane Smith	생년월일: 1982년 8월 3일	내담자 번호: 808445
회기: 2	날짜: 2017년 3월 2일	

자살에 대한 취약성 두 번의 주요 우울 삽화 과거력	
관찰되는 증상 우울한 기분, 눈물, PHQ-9 = 21	
유발 자극이나 스트레스 요인 직장에서 해고 당함, 관계 갈등	
절망감의 유무 대부분의 시간동안 절망적이라고 느낌 (반 이상의 시간), 심각도는 5/10	
자살 사고의 내용 몇 주 동안 '더 이상 버틸 수 없을 것 같다.'와 같은 생각을 자주함, 하루에도 여러 번, 강도는 5/10 주관적인 자살 의도는 없음, 구체적 계획은 있음, 치명적일 가능성이 있고 계획 이행을 시작함.	
과거 자살 행동 관계가 끝난 후 과거에 약물 과복용 있었음. 잠재적으로 치명적이라고 보고하였으나 약물의 이름이나 숫자는 보고하지 못함, 파트너가 발견하고 응급 서비스에 신고함.	
충동성과 자기 통제력 과한 음주나 마약 사용은 없음, '예측불가능하고 충동적임', 대인관계 문제 있음.	
보호 요인 세 명의 자녀(8, 10, 14세), 안정적인 관계가 있고 엄마와 연락하고 지냄.	

위험 수준 [독자가 고려할 것]	**계획** [독자가 고려할 것]
타인에 대한 위험 혹은 자기 방치 충동성 있으나(앞의 내용 참고) 아이들에게 중대한 영향은 없음, 자기 방치 없음.	**계획** [독자가 고려할 것]

[그림 6-1] 위험 평가를 기록하기 위한 양식 예시

내담자가 자기 공개를 더 잘할 수 있게 하기 위해 위험 평가는 자살 위험에 대해 논의하기 전에 안정적인 치료 동맹을 구축할 수 있도록 내담자의 문제에 대한 먼저 광범위한 탐색을 한 다음에 수행한다. 또한 앞에서 언급한 바와 같이 임상가가 두 가지 정보원(대면 및 자기 보고 피드백) 간의 정보를 비교할 수 있도록 완료된 질문지 평가에 대한 논의에 선행해서 다루게 된다. 위험이 심각한 상황에서는 위험을 충분히 탐색하고 〈표 6-2〉에 제시된 대응 지침에 따라 행동 계획을 수립할 수 있도록 면담의 나머지 부분을 연기하거나 포기해야 할 수 있다.

Bryan과 Rudd(2006)는 위험 평가가 **위계적 질문 양식**이라고 부르는 형식을 따를 것을 권장한다. 이는 논의가 계속됨에 따라 질문의 강도와 민감도가 점진적으로 증가하는 것을 의미한다. 이 방법은 과정 내에서 내담자의 참여와 공개를 증가시킬 가능성이 높다. 이런 식으로 위험 평가를 시작할 때 "자살 충동을 느낀 적이 있나요?"와 같은 핵심 질문으로 위험 평가를 시작하는 대신, 이 주제에 앞서 내담자의 경험을 자극하지 않는 질문을 먼저 해서 내담자가 증상이 있는 경우 더 쉽게 보고하도록 유도한다.

전형적인 위험 평가 구조는 [그림 6-2]에 제시되어 있다. 여기에는 위계적 면담 과정과 초기 면담 형식 내에서 위험 평가 정보가 어디에서 도출되는지를 보여 주기 위해 예시 질문이 제시되어 있다. 증상, 유발 자극 및 내담자의 성향에 대한 세부 사항은 면담의 정보 수집 섹션에서 적어도 부분적으로 다루어졌을 가능성이 높다(섹션 A, [그림 6-2] 참조). 절망감의 수준, 자살 사고의 특성, 과거 자살 행동, 충동성 수준 및 보호 특성의 존재 여부는 위험 평가 섹션(섹션 B)에서 위계적으로 다루게 된다. 마지막으로, 위험 정보는 루틴 결과 측정 섹션(섹션 C)에서 설명하는 자가 보고 측정과 비교·대조하여 사실을 확인한다.

위험 평가의 예시

이 절에서는 두 가지 저강도 인지행동치료 위험 평가에서 발췌한 내용을 제시하여 실제 위험 평가의 몇 가지 예시를 살펴본다. 먼저 제3장에서 처음 만났던 Judy에 대한 평가에서

A. 정보 수집 섹션에서 얻은 정보에 대한 면담 순서를 설명하는 질문 예시

1. 오늘 저를 만나러 오게 된 계기를 말씀해 주시겠습니까? (소인/증상/유발 자극, 개방형 질문)
2. '기분이 우울할 때' 어떤 경험을 하는지 자세히 알려 주세요. (증상, 구체적인 개방형 질문)
3. 마지막으로 운 적이 언제였습니까? (증상, 폐쇄형 질문)
4. 우는 동안 어떤 생각이 떠올랐나요? (증상, 폐쇄형 질문)
5. [그래서, 당신이 저한테 말씀하신 것에서…….] (요약)
6. 최근 어떻게 지내셨나요? (유발 자극, 개방형 질문)
7. 기타

〈계속〉

B. 위험 평가 섹션에서 얻은 정보에 대한 가능한 면담 순서를 설명하는 질문 예시

8. 앞서 '기분이 우울하다'고 언급하셨습니다. 사람들이 이런 기분을 느낄 때 상황이 나아지지 않고 더 좋아질 것이 없을 것 같다고 느끼는 것은 드문 일이 아닙니다. 귀하도 이런 기분을 느껴 본 적이 있나요? (절망감, 정상화, 1에서 이어지는 위계적 질문)

9. 우울하고 절망감을 느끼는 사람들은 때때로 죽음과 죽는 것에 대해 생각합니다. 자살에 대해 생각해 본 적이 있습니까? (자살 사고, 정상화, 위계적 질문)

10. 과거에 이런 생각을 한 적이 있나요? (자살 사고, 과거 사건부터 시작하여 개방을 늘리기)

11. 이전에 자살을 시도했거나 어떤 식으로든 자해를 시도한 적이 있습니까? (이전 자살 행동, 위계적 질문)

12. 이에 대해 자세히 말씀해 주시겠습니까(횟수, 유발 요인, 의도, 계획, 치사율, 사건 세부 사항)? (이전 자살 행동, 위계적 질문)

13. 최근에 이에 대해 행동할 계획을 세운 적이 있습니까? (자살 사고, 위계적 질문)

14. 이전에 자살을 시도한 적이 있는 사람들은 때때로 자신을 더 충동적인 사람으로 여깁니다. 이 설명이 당신에게도 해당됩니까? (충동성, 정상화, 위계적 질문)

15. 하지만 당신은 문제에 대해 도움을 구하고 있습니다. 그것은 당신이 살아가는 데 몇 가지 이유가 있다는 것을 암시합니다. 그 이유가 무엇인지 생각해 볼 수 있나요? (보호 요인, 위계적 질문)

16. [당신의 말을 들어 보니…….] (요약)

C. 일상적 결과 측정 섹션에서 얻은 정보에 대한 가능한 면담 순서를 설명하는 질문 예시

17. 이 질문[Q2, PHQ-9]을 보면, 당신은 하루의 절반 이상 기분이 저조하거나 우울하거나 절망감을 느낀다고 응답하셨습니다. 이 응답을 선택할 때 어떤 생각을 하셨는지 자세히 말씀해 주시겠습니까? (2번과 9번 항목을 다시 확인하라.)

18. 이 질문[Q9, PHQ-9]은 당신을 마지막으로 본 이후 대부분의 날 동안 자해 또는 죽음에 대한 생각이 들었음을 시사합니다. 여기에 어떤 상자에 체크해야 할지 생각할 때 무엇이 떠올랐습니까? (9번과 12번 항목에 중복 체크)

[그림 6-2] 초기 평가 내에서 가능한 연대기적·계층적 위험 평가 구조를 설명하기 위한 질문 예시

자살 위험이 경미한 수준으로 나타난 것을 설명한다. 그런 다음 심각한 수준의 위험이 표시된 Kate에 대한 위험 평가를 살펴본다. 첫 번째 발췌문에서는 질문의 기능과 임상가의 의도를 모두 설명하기 위해 간략한 실행 해설을 제공한다.

Judy와의 면담: 초기 평가 면담의 발췌문, 위험 평가

[주: 해설은 대괄호 안에 제시함]

임상가: 직장에서 이런 어려움을 겪은 후 우울해졌고, 그것이 가정에서 대처하는 능력에도 영향을 미쳤

다고 말씀하셨어요. 또한 John의 업무 변화도 영향을 미친 것 같습니다. 기분이 가라앉고 때로는 자신이 상당히 실패하고 있다고 생각한다고 말씀하셨습니다. 많은 사람이 가끔 우울하고 기분이 나빠지면 모든 일에 대해 절망적이 되기도 하죠. 혹시 Judy도 비슷하신가요? [절망감에 대한 질문, 정상화]

내담자: 그런 것 같아요. 제 직업에 대해 걱정하고 있고, 어떤 면에서는 제게 좋은 가족들이 있어 운이 좋다는 것을 알고 있지만, 가끔은 상당히 절망적으로 느껴지기도 합니다. 어떻게 해야 할지 모르겠어요.

임상가: 네, 가끔 사람들은 절망감을 느낄 때 더 이상 살아갈 수 없다고 생각하면 '내가 과연 살고 싶은 걸까?'라는 생각과 함께 삶을 끝내고 싶다는 생각을 할 수 있습니다. 그런 생각(자살 충동, 정상화)을 해 본 적이 있는지 물어봐도 될까요?

내담자: 아니라고 하면 거짓말이겠죠. 내일 아침에 일어나지 않고 그날 하루를 어떻게 보낼지 고민하지 않는 것이 더 쉬울 수도 있겠다는 생각이 들었습니다. 하지만 행동으로 옮길 것 같지는 않아요.

임상가: 그러니까 그런 생각, 즉 자살에 대한 생각을 해 본 적은 있지만 행동으로 옮기지는 않을 것 같다는 생각이 드셨나요? 제가 제대로 이해한 것이 맞을까요? [계획에 대한 문의, 위계적 질문]

내담자: 전 못할 것 같아요. 전 너무 겁쟁이라고 생각해요. 가족에게 그렇게 할 수 없을 것 같아요. 사람들이 여전히 저를 아끼고 있다는 걸 알지만 가끔은 아무런 의미가 없다고 느껴져요.

임상가: 좋아요. 그냥 머릿속에 떠오르는 생각보다 더 자세히 생각해 보지 않은 것 같다는 말씀인가요? 계획이나 그런 것을 세우지 않았나요? [의역]

내담자: 아니요.

임상가: 네, 다행이네요. 의사가 [과거 사건에 대해 문의하기] 전에 상담을 받았다고 말씀하셨다고 하던데 혹시 여쭤 봐도 될까요?

내담자: 네, John을 만나기 전에는 아주 끔찍한 이별을 경험한 적이 있어서 그때가 우울한 시기였던 것으로 기억해요. 병원에 상담사가 있었는데 아마 6회 정도 상담했던 것 같아요.

임상가: 그게 언제였어요?

내담자: 10년 전쯤이었던 것 같아요.

임상가: 당시 [과거 사건과 관련된 자살 생각에 대해 질문] 이런 종류의 생각이 있었는지 이야기해 줄 수 있나요?

내담자: 다시 말하지만, 하루하루가 너무 힘들고 계속하기 위해 노력하는 것 같다고 생각했지만 당시에는 이런 것에 대해 그렇게 많이 생각한 기억이 없어요.

임상가: 그러면 가끔 그런 생각이 들기는 했지만, 계획을 하거나 행동으로 옮긴 적은 없다는 것이죠? [과거 행동에 대한 계획과 연결]

내담자: 네, 그런 적은 없었어요.

임상가: 살면서 다른 때에도 이렇게 기분이 우울하거나 이런 생각을 한 적은 없었나요?

내담자: 아니요, 이렇게 나빴던 적은 없었던 것 같아요.

임상가: 그렇군요. 그리고 성격이 어떤지도 여쭤 보고 싶은데, 특정 상황에서 어떤 사람들은 다른 사람 보다 더 충동적이고 즉흥적으로 행동할 수 있어요. 당신은 어떤 사람인 것 같나요? [충동성에 대한 질문]

내담자: 저는 엄청나게 즉흥적인 사람은 아닌 것 같아요. 네, 아닌 것 같아요. 만약 술을 너무 많이 마시 면 평소에 하지 않을 결정을 할 수도 있지만, 다른 사람들과 비교했을 때 특별히 다른 것 같지 는 않아요.

임상가: 그리고 가족 때문에라도 스스로 해를 끼치는 행동은 하지 않을 것이라고 말씀하셨어요. 생각 을 행동으로 옮기는 데 있어 멈추게 하는 이유들에 대해 더 구체적으로 말씀해 주실 수 있나 요? [보호 요인에 대한 질문]

내담자: 저를 정말 사랑하는 사람들이 있다는 것을 알고 있고, 저희 가족들은 정말 좋은 사람들이고 최선 을 다해 저를 지지하거든요. 제가 그들에게 상처를 줄 수는 없을 것 같아요.

임상가: 요약하자면, 그동안 우울했으며, …… [스트레스 요인들과 유발 자극들에 대한 요약] 가끔 절 망적이라고 느끼고, 더 이상 살고 싶지 않고 죽고 싶다는 생각을 한다고 하셨어요. 그러나 계 획은 없고, 이런 생각을 더 구체화시키지는 않으셨다고 했어요. 주변에 지지해 줄 분들도 있고 요. 제가 비교적 정확하게 요약을 잘했나요?

내담자: 네, 그런 것 같아요.

임상가: 네, 좋아요.

Kate와의 면담: 초기 평가 면담과 위험 평가에 대한 발췌문

임상가: Kate, 안타깝게도 직장을 잃고 최근에 연인과도 헤어졌다고 말씀하셨는데 정말 힘드실 것 같네 요. 사람들은 때때로 이런 일을 겪고 기분이 너무 나쁠 때 더 이상 살고 싶지 않다는 생각을 하 기도 합니다. 혹시 그런 생각을 해 본 적이 있으신가요?

내담자: 살아야 할 이유가 없잖아요. 저는 이제 아무것도 남아 있지 않아요.

임상가: 조금 더 이야기해 주시겠어요? 아무것도 없다고 하셨는데, 그런 생각이 드는 건가요?

내담자: 그게 사실이잖아요. 저는 직장이 없는데, 지금 상황에서는 도대체 누가 저를 고용하겠어요? 그 런 희망은 전혀 없어요. 더 이상 연애도 안 하는데 어디서 어떻게 다른 사람을 만날 수 있을까 요? 다신 그런 일은 없을 거잖아요. 저한테 뭐가 남았나요? 집을 잃게 될 거예요. 다들 저랑 같

이 있는 것도 혐오스럽게 느낄 거예요. 친구와 가족들도 더 이상 저를 참아 주지 않겠죠? 아무 것도 없어요.

임상가: 지금 상황이 정말 절망적으로 느껴지는 것 같습니다. 앞날이 전혀 보이지 않는다는 거죠.

내담자: 현재는 그래요. 정말 아무것도 없는 것 같아요!

임상가: 정말 고통스러우신 것 같아요. 또 정말 고통스러운 곳인 것 같습니다. 때때로 사람들은 극심한 고통을 겪을 때 삶을 끝내고 싶다는 생각이 들 수도 있어요. 혹시 그런 적은 없나요?

내담자: 매일 그렇게 생각해요.

임상가: 자살에 대해 생각한다고 하셨는데, 구체적으로 그 이상의 생각을 한 적은 있나요?

내담자: 좀 찾아보기는 했어요. 집에 약이 꽤 있고, 아시다시피 더 구할 수 있거든요. 그리고 와인 한 병과 같이 먹으면…… 모든 게 더 쉽지 않겠어요?

임상가: 이야기를 들어 보니 약을 모으신 것 같네요. 맞나요?

내담자: 지금 알약 6개 정도 비축해 놨어요.

임상가: 언제부터 모으기 시작했어요?

내담자: 저번주부터요. 이곳에 올 때마다요.

임상가: 그러니까 지난주부터 좀 바뀌기 시작했다는 건가요?

내담자: 네. 좋아지는 것은 아무것도 없고, 앞으로 나아갈 길은 없어요. 그래요.

임상가: 그래서 자살에 대한 생각과 관련하여, 이 약을 복용하고 싶다는 생각이 자주 든다고 하셨는데요. 그런 생각이 항상 떠오르는 건가요, 아니면 특정 시점에만 떠오르는 건가요?

내담자: 아니요, 하루 중 자주 생각해요. 이제 필요한 것은 용기뿐인 것 같아요.

임상가: 이야기를 들어 보니 용기를 키우고 있는 것 같네요?

내담자: 네, 맞아요. 전 약하거든요. 아마 그렇게 자살하기에도 너무 약한 것 같아요. 전 정말 한심하기 짝이 없어요.

임상가: 와인에 대한 이야기를 하셨는데요. 자주 술을 드시나요?

내담자: 고통이 조금은 줄어들잖아요? 하지만 이제 돈도 조금 없어지고 있습니다. 곧 더 이상 쓸 수 없는 대처방법이죠!

임상가: 상황이 점점 더 나빠지고 있는데 문제를 해결할 수 있는 돌파구가 안 보인다는 거네요? 자살하고 싶다는 생각이 들면서 약을 비축해 두었고, 언젠가 와인을 마시면 자살할지도 모른다는 생각을 하고 있는데 돈은 바닥나고 있습니다. 그렇다면 어느 정도의 시간이 걸릴까요? 계획이 얼마나 진행되었는지 궁금합니다.

내담자: 몇 알, 한 세 알을 더 받으면요. 오늘 여기 끝나고 이후에 시내에 들를 계획이거든요. 내일 의사와 또 만나기로 했어요. 그래서 그곳에 있는 동안 약국에 갈 수 있다고 생각했습니다. 가능하

다면 며칠 안에요.

임상가: 정말 절박한 심정이신 것 같네요. 과거에 연인이 헤어지고 문제가 생겨서 힘들었다고 하셨는데요. 이전에 이와 비슷한 시도를 해 본 적이 있나요?

내담자: 네, 그런데 그때 또 실패했습니다! 약 15알 정도 먹은 것 같고 와인 한 병을 반쯤 마신 다음 엄마가 오셨어요. 엄마는 저를 병원으로 데려갔어요. 저는 죽는 것도 제대로 할 수 없었어요!

임상가: 엄마가 오실 것을 알고 있었나요, 아니면 연락 없이 들른 건가요?

내담자: 아니요, 몰랐어요. 가끔 그렇게 연락 없이 들를 때가 있긴 했어요. 엄마는 제가 정말 속상해하고 있다는 것은 알고 있었지만 엄마가 집에 오는 것은 계획에 없었어요.

임상가: 그때뿐이었나요, 아니면 전에 다른 약물도 과다 복용한 적이 있나요?

내담자: 약물을 과다 복용한 적은 없어요. 십대 때는 자해하기 위해 팔과 다리에 칼집을 낸 적은 있었지만 그때 죽을 의도는 없었어요.

임상가: 지금 말씀하신 내용을 들어 보면 현재 상황이 정말 안 좋은 것 같습니다. 이 약을 쌓아 두고 가까운 미래에 자살할지도 모른다고 생각하는 등 상당히 절망적인 상황인 것 같습니다. 자살 방법에 대해 다른 생각이나 다른 계획을 세운 적이 있는지 궁금합니다.

내담자: 철로에는 정말 쉽게 갈 수 있고 제가 '알아낸' 구간이 있습니다. 가끔은 그게 훨씬 더 쉬울 것 같다는 생각이 들기도 해요. 아무도 저를 찾아오거나 그런 일이 없을 테니까요. 더 빠를 것이고, 용기가 많이 필요하지 않을 것 같아요. 오래 걸리지도 않을 것이고.

임상가: 방금 말씀하신 것도 잘 짜인 계획처럼 들리네요? 약에 대해 말씀하셨고 그 약을 모으는 데 시간이 좀 걸릴 것이라고 하셨어요. 다른 처방전을 받기 위해 의사 선생님을 만난다고 하셨어요. 기찻길에 대해 더 말씀해 주세요. 약 먹는 대신에 계획한 것인가요, 아니면 약 먹고 자살하는 것이 실패하면 사용하려고 생각한 계획인가요? 어떤 계획이에요?

내담자: 지금은 매일 그 철로 구간으로 내려가 거기 앉아서 멍때려요. 거기서 위안을 얻는 것 같아요.

임상가: 알겠어요, 기찻길로 간다는 거죠. 아직 여기 있는 거 보니 아직 기차 앞에 뛰어들지는 않았고. 뛰어들지 않게 만드는 건 어떤 것들이 있을까요?

내담자: 잘 모르겠어요. 용기가 필요한 것 같고, 운전자가 약간 걱정되네요. 운전자가 어떤 기분이 들지, 자기 잘못이라고 생각하지 않았으면 좋겠어요. 그렇게 생각하지 않을 것 같지만요.

임상가: 저는 단지 Kate가 현재 어떤 상태인지, 그리고 내일 일차 진료의를 보러 가신다고 말씀하셨는데, 여전히 그렇게 할 계획인지 아니면 오늘 출발해서 기차 앞에 뛰어들 수 있는지 궁금합니다.

내담자: 아직 안 갔어요. 오늘 오후에 갈 거예요. 잘 모르겠어요.

임상가: 그래서 기찻길 가는 것에 대해서는요. 거기를 가는 것이 위안이 된다고 하셨는데, 이야기를 들어 보니 마음 한켠으로는 '나는 기차 앞에 뛰어들 수도 있어.'라고 생각하고 있는 것 같네요. 맞

나요?

내담자: 네, 벗어날 수 있는 방안이 있다는 것을 알고 있다는 자체가 어느 정도 위안이 되는 것 같아요.

임상가: 0에서 10까지의 척도에서 10은 '반드시 기차 앞에 뛰어들 것이다.'이고 0은 '생각이나 기분이 나아지는 데 도움이 되니 거기에 가는 것이다.'라고 생각했을 때, Kate는 현재 어느 정도에 해당하나요?

내담자: 지금 시점에서는 7 정도 되는 것 같아요.

임상가: 7이요. 알겠습니다. 그러면 죽는 쪽으로 조금 더 기울었다는 말씀이시죠? 말씀하시는 것들을 들어 보니, 솔직하게 말씀드리면 Kate의 안전이 걱정돼요. 우울한 사람들은 종종 자살하고 싶은 생각이 들고, 우울증을 경험하는 위기의 일부분이 돼요. 잠깐 10년 전의 시점으로 거슬러 올라가서 약물 과복용을 할 때로 돌아가 볼 수 있을까요? 그 이후 인생이 좀 나아지기는 했나요?

내담자: 네, 그런 것 같아요.

임상가: 지금은 삶이 힘들지만 그 후에는 조금 나아졌어요. 그런 경우가 많아요, 상황이 나아지죠. 그래서 어떤 사람들은 그 시점에서 아무리 결단력이 있어도, 자살 시도했다가 후회하기도 합니다. 그래서 제가 하고 싶은 것은, 팀에서 일하는 동료들 중 위기 상황에 처한 사람들을 위해 그 상황을 극복할 수 있도록 도와주는 일을 하는 사람들이 있습니다. 그들과 얼마나 긴밀히 함께 하는지는 Kate에 따라 달렸겠지만, 이 시점에서 저는 그들에게 당신의 상황과 당신이 겪고 있는 일에 대해 알려 주고 싶습니다. 이에 대해 어떻게 생각하시나요?

내담자: 이 회기들은 비밀이 보장된다고 하지 않으셨나요?

임상가: 그렇긴 하지만 처음에 우리가 위험에 처한 사람이 있다면…… 그리고 당신도 위험에 처해 있다고 말했었죠, 그렇죠? 다른 무엇보다도 제 의무는 Kate를 보호하는 것입니다. 그 의무의 일부에는 저 혼자서 할 수 없다면 Kate를 도울 수 있고, 필요한 지원을 제공할 수 있는 다른 사람들을 동원하는 것도 포함됩니다. 정말 원치 않는 일인가요, 아니면 양가적 감정을 갖고 있나요? 어떻게 생각하시나요?

내담자: 시도해 볼 수는 있겠지만, 그들이 할 수 있는 일이 있을지 모르겠어요. 아무도 도와줄 수 없을 것 같아요.

임상가: 예, 하지만 그렇게 생각하시는 것도 현재 겪고 있는 상태의 일부일 수 있는지 고민해 보는 것도 필요한 것 같아요. Kate는 예전에도 힘든 경험이 있었고 그것을 극복한 경험이 있어요. 그래서 Kate만 어느 정도 괜찮다면…… 저를 만나러 올 것으로 예상하고 오셨는데 갑자기 다른 사람을 끌어들이니 혼란스러우실 것 같아요. 대기실로 돌아가서 기다리고 계시면 제가 동료한테 전화해서 Kate에 대해 여쭤 보고 뭐라고 하는지 들으려고 하는데요, 어떠신가요? 그리고 난 다

음 제가 다시 모셔 와서 그 이후 어떻게 하는 것이 Kate에게 가장 도움이 될지 다시 논의하면 좋을 것 같아요. 어떤 것 같나요?

내담자: 알겠습니다.

임상가: 네, 알겠습니다.

연습 6-3 ⚘ Kate와의 면담 이해하기

Judy와의 면담에서 질문의 목적을 명료화하기 위해 간략한 해설을 덧붙였다. Kate와의 발췌문에서도 임상가가 여러 종류의 위험 요인을 논의하는 부분들을 식별할 수 있는지 보자. 빠진 부분이 있는가?

연습 6-4 ⚘ 위험 평가 적용하기

교육 환경에서 서비스 또는 교육을 받고 있는 경우, 동료 몇 명과 함께 3인 1조를 구성한다. 임상가, 내담자, 관찰자 역할을 번갈아 가며 맡는다. 부록의 사례(또는 자신의 사례)를 사용하여 초기 평가의 정보 수집 섹션부터 일상적인 결과 측정 섹션까지 역할극을 하며 20분 이내에 완료하는 것을 목표로 한다. 자살 위험이 보통 또는 심각한 수준인 내담자 역할극으로 연기한다고 가정해 본다. 이 위험 수준에 맞게 사례를 조정해야 한다. 막히는 부분이 있으면 위계적 모델을 기준으로 삼고 [그림 6-2]의 예시 질문을 참조한다.

위험 관리와 관련이 있는 임상 기술

의사결정 과정을 설명했으니 이제 자살 위험을 완화하는 데 도움이 되는 몇 가지 임상적 접근법을 살펴볼 것이다. 이러한 접근법은 APA(2010)에서 제안한 몇 가지 구성요소를 중심으로 느슨하게 구성되어 있다. 치료 관계 및 내담자의 안전에 대한 관심, 다른 사람과의 접촉 및 지원 촉진, 자살로부터 멀어질 수 있게 '균형 맞추기', 스트레스 요인의 영향 줄이기, 치료 계획 개발 및 치료 순응도 최대화와 같은 요소들이 있다. 심각한 수준의 위험이 발견되면 저강도 인지행동치료 임상가는 내담자에게 전문 서비스를 의뢰해야 한다. 그러나 이 단계에서 위험을 어느 정도 완화하는 것은 가능할 수 있으며, 내담자가 전문가의 지원을 받는 데 불가피하게 지연이 발생할 수 있으므로 바람직할 수 있다(단, 심각한 수준의 위험을 치료하거나 '억제'하려는 시도는 저강도 인지행동치료 내에서 하지 않는 것이 중요함). 몇 가지 원칙과 간단한 개입 방법을 개괄적으로 설명하지만, 이러한 원칙과 개입 방법 중 일부는 위험이 확인된 후 남은 저강도 인지행동치료 면담 시간에 통합할 수 있는 것은 많지 않을 가능성이 높다. 내담자의 안전에 주의를 기울이는 것(따라서 회기에서 내담자와 계속 도움을 주고받는 것)이 가장 중요하다. 다른 구성요소는 내담자의 필요와 회기 내에서 제시된 개입 기회에 따라 내담자 중심적인 방식으로 구현하는 것이 가장 좋다.

치료 관계의 유지

첫째, 특히 전화 평가에 동의하지 않고 지역 클리닉에 직접 찾아가는 노력을 한 경우, 내담자는 저강도 인지행동치료 접촉에 어느 정도 희망을 걸었을 가능성이 높다. 임상가는 이를 중요하게 생각해야 하며, 어떤 경우에는 내담자를 다른 서비스로 옮기기 위해 비밀보장성을 위반하고 내담자의 위험 수준으로 인해 저강도 인지행동치료를 중단해야 할 수도 있다. 적절한 근거를 제시하면 많은 내담자가 이에 반대하지 않는다. 치료 중단은 자살을 유발할 수 있으므로 제4장에서 설명한 대인관계 기술을 충분히 활용하여 이러한 조치를 신중하게 취하는 것이 중요하다.

회기를 시작할 때 이 상황에 대해 논의했으며, 상담사의 가장 중요한 관심사는 내담자의 안전이라는 점을 내담자에게 민감하게 상기시킴으로써 비밀보장성 위반을 완화할 수 있다. 따라서 그들은 다른 사람들을 참여시킬 의무가 있다(앞의 Kate와의 면담에서 이 대화가 이루어짐). 이러한 방식으로, 이 조치가 때때로 내담자의 의사에 반할 수 있음에도 불구하고 임상가는 그것이 보살핌과 관심의 입장에서 비롯된 것임을 전달할 수 있다. 위기 서비스의 개입은 지역에서 임상가와 함께 일하지만, 내담자와 같은 위기에 처한 사람들을 돕는 전문가를 '동료'라고 지칭함으로써 연결을 부드럽게 활성화할 수 있다. 이러한 방식으로 임상가와의 접촉이 철회되더라도 내담자는 궁극적으로 본인이 필요한 부분이 충족될 가능성이 더 커진다는 것을 인식하게 된다. 내담자가 서비스에 계속 참여하고 있다는 사실을 알고 회기를 떠날 수 있도록 서비스가 서로 긴밀하게 연계되는 것이 좋다. 이는 내담자가 클리닉에 있는 동안 위기 서비스 담당자에게 전화를 걸어 내담자가 떠나기 전에 어떤 조치가 취해졌는지 전달하는 방식으로 이루어지면 된다. 또한 임상가는 위기 서비스 담당자를 만나기로 한 후 내담자에게 전화로 간단히 연락하여 만남이 이루어졌는지, 현재 서비스에 참여하고 있는지 확인(그렇지 않은 경우 적절한 조치 취하기)하도록 내담자와 협의할 수 있다.

내담자의 안전에 주의 기울이기

임상가는 가능한 한 위험 수단을 모두 제거하여 반드시 내담자의 안전에 추가로 주의를 기울여야 한다. 예를 들어, 약을 비축하고 있는 내담자로부터 사용하지 않은 약을 약사에게 안전하게 반환하겠다는 약속을 받거나 가족을 참여시켜야 한다. 또한 내담자의 일차 진료 의에게 상황을 알려 소량으로 처방하거나 독성이 적은 대체 약품으로 전환하고 복약 순응도를 면밀히 모니터링할 수 있도록 해야 한다. 가족 구성원도 상황에 대한 경계를 유지하기 위해 참여할 수 있다. Bryan(2007)은 의사가 내담자의 아내에게 연락하여(내담자의 허락을 받고) 총기 금고의 비밀번호를 변경하고, 새 비밀번호를 내담자에게서 숨겨 달라고 요청한 미국 사례연구를 보고한다. 이 사례는 임상가의 직접적인 행동이 자살 수단의 즉각성과 치사율에 따라 어떻게 달라질 수 있는지 보여 준다.

지지 체계 활성화하기

임상가는 내담자에 대한 사회적 지지를 동원하기 위해 노력할 수 있다. 이는 내담자의 상황에 대한 모니터링 수준을 높인다는 측면에서 유익하다. 자살을 시도하는 사람들은 종종 다른 사람들이 자신 없더라도 더 잘 살 수 있을 것이라고 믿으며 점점 더 고립되고 다른 사람들과 단절된다는 느낌을 받는다(Joiner, 2005). 사회적 지지망의 재구축은 다른 사람들이 자신을 돌보지 않는다는 믿음을 불식시킨다. 이러한 노력은 또한 임상가가 내담자의 견해를 진지하게 받아들이고, 내담자의 이익을 염두에 두고 있다는 것을 보여 준다. 따라서 다른 사람에게 연락하는 것은 행동 계획의 일부가 될 수 있으며(다음 참조), 내담자의 허락을 받은 경우 임상가는 이를 촉진하기 위해 내담자의 가장 가까운 지인들에게 연락할 수 있다. 이는 전문 서비스가 개입할 때까지 특히 유용할 수 있다.

균형 맞추기

내담자가 자살 충동을 느낀다고 보고할 때는 대개 죽고 싶다는 생각과 살고 싶다는 생각 사이에서 정확하게는 양가적 감정을 느끼는 경우가 많다. 따라서 임상가의 목표는 내담자가 삶을 선택하도록 균형을 맞추도록 노력하는 것이다(Beck et al., 1979). 이러한 목표를 달성하는 데 도움이 되는 몇 가지 전략이 있다. 첫째는 축약된 형태의 문제해결 과정에 참여하는 것이다(자세한 내용은 제10장 참조). 자살 위험성이 높은 환자는 대개 자신의 삶에서 실제적이고 중요한 문제를 가지고 있지만, 종종 문제해결 과정에서 자살이 최적의 선택으로 보일 정도로 문제해결 능력이 떨어져 있다(Martell et al., 2001). 내담자가 문제에 대한 다른 각도를 고려하도록 도와주면 예상치 못한 해결책의 가능성이 생길 수 있다. 이는 희망을 심어 주고 내담자의 마음속에 자살 대신에 실행 가능한 대안을 제시할 수 있다. 예를 들어, Beck 등(1979)은 가족이 있는 한 남성이 실직한 사례를 설명한다. 그는 '나는 무가치하다.' '내가 죽으면 가족이 더 나아질 것이다.'와 같은 생각을 가지고 있었다. 이 사례에서는 임상가가 대체 일자리를 찾는 방법(직업 상담사에게 의뢰하는 것이 도움이 될 수 있음)과 재취업할 때까지 가족을 부양할 수 있는 충분한 재정적 자원 확보(복지 권리 기관에 연락하여 어떤 복지 지원을 받을 수 있는지 알아보는 것)의 측면에서 문제를 재구성하는 과정을 설명한다. 임상가는 이런 식으로 불가능해 보이는 상황을 해결 가능한 상황으로 재포장한다.

둘째, Beck 등(1979)은 이러한 균형을 맞추기 위해 내담자의 사고에 '인지 부조화'를 소개할 것을 제안한다. 인지 부조화는 개인이 모순된 견해를 동시에 가질 때 발생한다(이 주제에 대한 자세한 내용은 제7장 참조). 이러한 상황에서는 자연스럽게 일관성을 높이기 위해 인식을 바꾸는 경향이 있다. 이 기법은 치료자가 내담자의 인지 패턴 내 또는 내담자의 경험과 인지 사이의 불일치를 강조하여 치료적 변화를 유도하는 것을 포함한다. Beck 등(1979: 217)은 한 여성이 두 번째 남편과의 관계가 끝난 후 치료를 받기 위해 내원한 사례를 통해 설명한다. 임상가가 자살에 대한 생각을 품고 있는 이유를 묻자, 그녀는 "피터 없이는 살 수 없다." "남자 없이는 잘 지낼 수 없다."라고 대답했다. 임상가는 항상 그랬던 것인지 물었다. 내담자는 깨달음을 얻은 표정으로 "사실, 제 인생에서 가장 좋았던 때는 완전히 혼자였을 때였어요……[내담자는 이에 대해 자세히 설명했다.]"라고 말했다. 이 새로운 증거는 그녀의 인식과 모순되는 것이었고, 그 결과 그녀의 사고가 변화되기 시작했다. 앞의 Judy와의 면담에서도 마찬가지로, 임상가는 질문을 통해 내담자가 이전에 자살 충동을 느꼈다가 이를 극복했다는 점을 강조한다. 이러한 과거의 경험은 그녀의 미래에는 아무것도 나아질 수 없으며 변화는 불가능하다는 현재의 견해와 인지 부조화를 일으켰다.

셋째, Beck 등(1979)과 Martell 등(2001)은 자살로부터 멀어지는 균형을 맞추기 위해 고안된 두 부분으로 구성된 기법을 설명한다. 이 개입에 내담자를 참여시키려면 내담자는 임상가와 함께 자신의 상황을 객관적으로 재검토할 의지가 있어야 한다. 작업의 첫 번째 부분은 내담자가 사는 이유를 나열하는 것이다. 내담자가 현재 살아야 하는 이유를 고려하는 데 어려움을 겪는 경우, 이전에 더 행복했던 시기의 이유(예: 손자를 안거나 석양을 보기 위해)를 떠올리도록 유도할 수 있다. 그런 다음 임상가는 내담자와 함께 이러한 과거의 이유 중 현재에도 여전히 적용 가능한 이유를 고려한다. 종종 자살 위험성이 높은 내담자는 인지와 회상 모두에서 왜곡을 보이며, 현재 상황과 관련하여 이러한 이유를 무시하거나 외면한다. 이 개입은 내담자가 죽음의 이유에 대한 반대의 이유에 균형을 맞추며 힘을 실어 준다. 내담자는 임상가가 특정 사고방식을 강제로 강요하고 있다고 인식하면 이 연습이 역효과를 낼 수 있으므로 중립적이고 탐색적인 방식으로 수행해야 한다. 이 개입의 두 번째 부분은 저강도 인지행동치료 임상가가 사용할 수 있는 남은 시간 내에 이행하기 어려울 수 있다. 그럼에도 불구하고 완전성을 위해 언급하겠다. 그 이후, 죽음을 선택하는 것의 장단점을 탐색한다. 임상가는 내담자가 죽음을 맞이하는 이유를 진지하게 받아들이고 이 연습을 하는 동안 유머나 경솔한 언행 또는 시도를 피하는 것이 중요하다. 개입이 끝나면 내담자는 자신의 상황을 보다 객관적으로 바라보게 되고 죽음의 이유가 이전보다 덜 설득력 있게 느껴지는 경우가 많다.

스트레스 요인 제거하기

개입의 또 다른 가능성은 내담자가 직면하고 있는 즉각적인 스트레스 요인을 줄이는 것이다. 여기에는 부채 상담 서비스 참석 등 이를 위한 수단이 될 수 있는 다양한 선택지에 대해 내담자와 논의하는 것이 포함될 수 있다. 또는 이웃으로부터 괴롭힘을 당하고 있는 내담자를 위해 지역 의회에 재임대 지원 서한을 작성하는 등 내담자를 대신하여 직접 개입할 수도 있다. 이 경우, 내담자를 신속하게 지지해야 하기 때문에 저강도 인지행동치료 임상가가 이러한 조치를 수행할 수 있을 것 같지는 않지만, 가까운 미래에 만나게 될 전문 서비스에서 이용할 수 있는 선택지로 내담자에게 강조할 수 있다.

계획 수립하기

스마트폰이나 지갑/지갑에 넣어 둘 수 있는 카드에 메모하여 내담자가 가져갈 수 있도록 안전 계획을 수립하는 것이 좋다. 이 계획은 개인에게 맞춤화되며 일반적으로 위험성이 증가했을 때 보이는 조기 경고 신호와 함께 절박한 상황에 처했을 때 취해야 할 조치를 자세히 설명한다. 이러한 계획에는 가까운 가족이나 친구에게 연락하여 위로와 문제해결을 위한 자원을 얻고 자살 충동에서 벗어나기 위한 수단이 될 수 있다. 또한 이 계획에는 위기팀, 24시간 무료 지원 서비스(예: '영국의 사마리아인'과 같은) 또는 긴급한 위험에 처한 경우 응급 서비스와 같은 의료 지원 기관에 연락하도록 안내하는 내용이 포함될 수 있다. 그리고 도움이 될 수 있는 활동(예: 산책하기) 또는 기억/이미지(예: 안전하고 편안한 장소에 있는 내담자의 모습)를 나열할 수도 있다. 노인의 경우 가족, 친구 및 지역사회와 연결 상태를 유지하는 데 중점을 두어야 한다. 이러한 안전 계획은 내담자가 연락하는 동안 자살을 시도하지 않기로 동의하는 생명존중 계약보다 더 도움이 되는 것으로 간주된다. 후자와 관련하여 이점이 있다는 증거는 거의 없으며(Bryan & Rudd, 2006; Steele et al., 2017), 단순히 부정적인 행동을 하지 말 것을 요구하는 것보다 앞으로 나아갈 수 있는 긍정적인 방법을 제시하는 것이 분명히 더 도움이 된다(Brown et al., 2005).

준수 행동 최대화하기

마지막 권장 사항은 내담자가 치료를 받도록 격려하는 것이다. 여기에는 내담자에게 해를 끼치지 않겠다는 계약서에 서명하도록 요청하는 대신, 우울증은 자살 충동 증상을 동반하는 질환이라는 점을 강조하며 안내하는 것이 포함된다(우울증 자기 보고식 질문지에서 자살 관련 항목에서 알 수 있듯이). 또한 우울증은 치료가 가능하며, 회복되면 자살 충동도 감소한다. 따라서 자살 충동을 행동으로 옮기기 전에 일정 기간 치료 후의 반응을 지켜보자는 합리적인 입장을 취하도록 내담자를 격려할 수 있다.

다른 형태의 위험에 대한 평가

이 절에서는 다른 형태의 위험, 즉 타인에 대한 폭력 위험, 성인의 심리적 문제로 인한 아동의 피해 위험, 자기 방임과 관련된 위험에 대해 간략하게 살펴볼 것이다.

다른 사람에게 심각한 위험을 초래하는 내담자를 치료하는 것은 저강도 인지행동치료 전문가에게 부적절할 수 있다. 따라서 효과적인 의뢰 관리 시스템을 통해 이러한 사례를 보기 전에 다른 서비스 경로에서 걸러지는 것이 좋다. 그러나 자가 의뢰의 경우 항상 가능한 것은 아니며, 전문 의뢰 시스템이 완벽하지 않고, 의뢰자가 의뢰 시점에 개인의 상황을 완전히 인지하지 못할 수도 있다. 또한 과거에 폭력적인 행동을 한 적이 있지만 최근 공격성과 관련된 이력이 없는 개인에게는 적절한 의뢰가 이루어질 수 있다. 임상가는 업무에서 자신을 보호해야 하고 다른 사람을 위험으로부터 보호해야 할 의무가 있으므로 폭력 위험 요인을 숙지하여 당국에 알리거나 다른 사람에게 경고해야 할 시기를 아는 것이 중요하다. 이는 지연으로 인해 개인이 위험에 처하지 않는다면 지도감독자와 먼저 논의해야 한다. 이러한 위험 요인은 다음에 요약되어 있다(Kropp & Hart, 1997; Webster et al., 1997).

과거 또는 '정적' 요인의 관점에서 볼 때, 타인에 대한 이전의 폭력 행위는 향후 폭력 발생 위험과 상관관계가 있다. 여기에는 낯선 사람이나 지인에 대한 범죄 행위 또는 가속 구성원에 대한 폭행이 포함될 수 있다. 마찬가지로, 폭력 패턴이 시작된 시기가 어릴수록 이러한 패턴이 지속될 가능성이 높다. 약물 남용이 있는 경우 과거에 폭력적인 행동을 했을 확률이 통계적으로 10배 증가한다는 점에서 약물 남용은 중요한 관련 요인이다. 아동기나 청소년기에 폭력적인 행동을 목격하는 것은 배우자 폭행을 미리 예측할 수 있는 더 강력한 요인 중하나이다. 과거의 정신증 또는 기분장애는 폭력 위험을 증가시키는 것으로 간주되지만, 정신건강 문제 측면에서 더 강력한 예측 인자는 사이코패스적 특성psychopathy이다. 이는 개인이도덕적 책임감이 결여된 성격장애의 한 형태이다. 개인 및 업무와 관련된 관계의 안정성도관련성이 있는 것으로 밝혀졌다. 이러한 관계의 안정성이 낮을수록 폭력의 위험이 높아진다. 그러나 이 요인은 개인의 과거 폭력 과거력만큼 예측 강도가 높지는 않다.

폭력적 행동과 상관관계가 있는 다른 임상적 요인으로는 통찰력 부족(특정 방식으로 반응하는 이유를 이해하기 어려움), 타인의 행동이나 의도를 잘못 인식하는 경우(예: 의도하지 않은일을 개인적으로 받아들이는 경우), 이전의 폭력적 행동을 최소화하는 것 등이 있다. 그러나 화를 잘 내는 성향(또는 화를 잘 내는 경향)이 더 강력한 예측 인자이며, 살인에 대한 생각이나의도도 관련성이 있다. 정신증과 폭력 사이에는 연관성이 있으며, 충동성이 자살 위험과 관련이 있는 것처럼 타인에 대한 폭력 위험과도 관련이 있다. 개인의 미래가 안정적이지 않을수 있는 여러 요인은 좌절감을 증가시켜 이와 관련된 위험을 증가시킬 가능성이 높다. 여기에는 실현 가능성이 부족한 계획, 주거 및 재정상의 어려움과 같은 일상적인 번거로움에 노출, 사회적 지지 부족 등이 포함된다.

추가로 고려해야 할 영역은 내담자가 부모일 때 나타날 수 있는 정신건강 문제의 어려움으로 인한 아동에 대한 잠재적 위험이다. 전문가 단체의 규정과 조직 정책은 아동에 대한 신체적 · 정서적 · 성적 학대 신고의 중요성을 규정하고 있으므로 여기서는 이에 대해 다루지않겠다. 오히려 모든 정신건강 실무자는 고용 기관으로부터 이 주제에 대한 의무 교육을 받아야 하며(취약한 성인에 대한 위험은 물론이고), 소속 전문 기관의 지침을 따라야 한다. 그러나 일부 상황에서는 정신건강의 어려움으로 인해 아동이 받는 정서적 · 신체적 보살핌이 제한되는 등 더 미묘한 형태의 위험에 처할 수 있다. 예를 들어, 강박장애가 있는 내담자가 어린 자녀를 동원하여 강박적인 일상을 돕는 경우, 광장공포증이 있는 내담자가 자녀가 곁에있으면 더 안전하다고 느껴 외출을 제한하는 경우, 우울증이 있는 독거 부모를 부양하기 위해 집안일과 식사 준비를 하는 자녀가 있는 경우 등이 이에 해당할 수 있다. 이와 같이, 내담자가 생활방식에 상당한 제약을 주는 임상 증상을 보일 때마다 임상가는 가정에 자녀가 있는지 물어보고 자녀의 나이와 해당 질환이 자녀에게 미치는 영향을 파악하는 것이 좋다(내

연습 6-5 ❦ 아동 보호하기

자신의 내담자에 대해 생각해 보거나 지도감독자의 사례에 대해 함께 토론해 본다. 서비스 내에서 일하지 않는 경우, 부록에 제공된 사례연구를 사용하여 연습을 완료한다. 이러한 내담자에게 실제로 자녀가 있는지 여부에 관계없이, 내담자의 어려움에 대해 생각하고 연령대가 다른 자녀를 돌보는 데 어떤 영향을 미칠 수 있는지 생각해 본다. 답이 거의 없거나 전혀 없다면 '이 아동의 돌봄과 발달에 영향을 미치기 시작하려면 이러한 문제가 얼마나 심각해져야 할까?'라는 질문을 스스로에게 던져 본다. 그런 다음, 상사와 함께 적절한 기관을 찾아 조언을 구하거나 위험에 처한 아동을 알게 되었다는 사실을 공식적으로 보고한다.

담자는 이러한 영향을 대수롭지 않게 여길 수 있음). 내담자의 반응에 따라 아동 보호 전문가에게 조언을 구해야 할 수도 있다. 이는 판단하기 어려운 문제일 수 있으므로 임상가는 이러한 문제가 발생할 경우 감독자에게 자문을 구해야 한다.

마지막으로 고려해야 할 영역은 자기 방임의 위험이다. 가정 방문은 일반적으로 저강도 인지행동치료 임상가의 업무에 포함되지 않기 때문에 내담자의 주거 환경을 보지 못할 가능성이 높다. 따라서 내담자의 정원이 잘 관리되고 쓰레기가 없는지, 집이 유지 관리되고 있는지, 집 내부도 깨끗하고 깔끔하며 위생적인지 판단할 수 없다.

따라서 자기 방임에 대한 판단은 내담자가 연락을 통해 임상가에게 제공하는 정보(이는 초기 면담에서 내담자가 어려움의 영향에 대해 질문할 때 살펴볼 수 있음)와 면담 내에서 내담자가 표현하는 방식에 의해 제한된다. 예를 들어, 내담자가 현재 스스로 장을 보거나 요리를 할 수 없거나(또는 이를 대신해 주지 않는 다른 사람에게 의존하고 있다고 말하거나), 식욕이 떨어지고 저체중으로 보인다고 말하는 경우(체질량 지수를 측정하여 확인할 수 있음; www.nhs.uk/Tools/Pages/Healthyweightcalculator.aspx 참조) 우려를 제기할 수 있다. 기타 신체적 신호로는 빗질하지 않은 헝클어진 머리카락, 길고 더러운 손톱, 열악한 피부 상태 또는 병변, 더럽거나 더러워진 옷, 비위생적인 냄새가 나는 경우 등이 있다. 이러한 문제가 있는 경우, 임상가의 지도감독자와 논의한 다음 논의 결과에 따라 안전 전문가와 상의해야 한다.

[글상자 6-1]에는 다른 위험 영역이 있는지 살펴볼 수 있는 질문 목록이 나와 있다. 자살 위험 질문 바로 다음에 해당 질문을 한다.

글상자 6-1 다른 위험 분야 탐색하기

임상가는 다음 질문(또는 그 변형 질문)을 통해 다른 영역 내 위험이 심각한지 판단할 수 있다.

• 때때로 이러한 종류의 어려움은 개인이 자신을 돌보는 능력에 영향을 미칩니다. 자신을 돌보는 능력에 변화가 있었나요? [자기 방임]

• 집에 자녀가 있거나 당신이 돌봐 주는 사람이 있습니까? [그렇다면 관련 세부 정보를 얻은 다음] 이러한 어려움으로 인해 자녀를 돌보는 능력에 영향을 받은 측면이 있습니까? [아동 또는 취약한 성인에 대한 위험]

• 때때로 이러한 어려움으로 인해 스스로 취약해지고 다른 사람들로부터 위험에 처할 수 있습니다. 당신의 상황에서도 그러한 위험이 있습니까? [다른 사람으로부터의 위험]

• 때때로 이러한 어려움을 겪는 사람들은 좌절감을 느끼고 다른 사람이나 자신을 해치고 싶다는 생각을 하기도 합니다. 본인도 그런 적이 있나요? [다른 사람에 대한 위험 및 자살이 아닌 자해]

내담자가 이 질문 중 하나라도 "예."라고 대답하면 자살 위험에 해당하는지 살펴본다(취약성, 증상, 유발 자극, 이전 행동, 생각 내용, 계획, 수단, 충동성, 관련 행동이 없는 이유).

평가 척도의 역할

임상의가 위험을 평가하는 데 도움이 될 수 있는 여러 도구가 있다. 상당한 시간을 들이지 않고 이러한 도구를 저강도 인지행동치료 임상가의 업무에 일상적으로 포함하는 것은 불가능하다. 그러나 일부 도구는 중대한 위험을 식별한 후 그 심각성에 대한 임상가의 판단을 돕는 데 유용할 수 있다. 그러나 이러한 도구를 개별적으로 사용할 경우, 누가 자신의 의도/상황에 따라 행동할 것인지, 그렇지 않을 것인지를 식별하는 데는 일반적으로 예측 능력이 제한적이라는 점에 유의해야 한다. 다양한 도구에 대한 자세한 평가는 영국보건복지부(2007)의 문서에서 확인할 수 있다. 따라서 사용 가능한 도구의 범위를 파악할 수 있도록 일반적으로 자주 사용되는 측정 도구 중 일부를 소개하겠다(〈표 6-3〉 참조).

표 6-3 위험 평가에서 임상가에게 도움을 줄 수 있는 도구 예시

척도명	목적	종류	설명	홈페이지
벡 절망감 척도 Beck Hopelessness Scale	자해 및 자살 위험에 대한 평가	자기 보고식 질문지	20개의 ○/×항목으로 구성됐으며, 내담자의 미래에 대한 조망을 평가하며, 절망감이 중요한 위험 요인으로 평가함	www.harcourt-uk.com
갈라테안 위험 선별 도구 Galatean Risk Screening Tool	타인에 대한 폭력, 자해, 자살과 자기방임 위험에 대한 평가/취약성	구조화된 선별 도구	일반적인 선별 도구로 다음 영역들을 평가함: 자살/자해, 기물 파손, 자기방임, 의존자에 대한 위험 해당 섹션은 위험이 존재한다면 추가 질문으로 이어짐	www.egrist.org
임상적 과거력 위험 척도-20 Historical Clinical Risk-20	타인에 대한 폭력에 대한 위험성 평가	구조화된 임상적 판단 도구	역사적, 임상적, 그리고 위험 관리 항목 20개로 구성되며, 3점 척도로 기록됨	www.parinc.com
자살 사고 척도 Scale for Suicidal Ideation Scale	자살 시도 후 죽기위한 의도에 대한 평가	자기 보고식 도구 혹은 구조화된 선별 도구	21개의 항목으로 구성된 척도로, 지난 일주일간 발생한 자살 시도의 자살 사고 강도를 평가함	www.harcourt-uk.com

요약

- 이 장에서는 주로 자살 위험 평가에 중점을 두었다. 이러한 형태의 위험 평가의 목표는 자살 위험에 영향을 미치는 내담자의 요인을 파악하고 균형을 맞추는 것이다.

- 위험은 정적 요인과 동적 요인을 모두 기반으로 하므로 만날 때마다 정적 요인과 동적 요인에 대한 위험 평가를 모두 검토해야 한다. 회기와 회기 사이의 기간에도 잠재적으로 변화할 수 있는 동적 요인과 치료 관계가 깊어짐에 따라 정적 요인의 공개 범위가 달라질 수 있다.

- 고려해야 할 여덟 가지 요인은 다음과 같이 자살에 대한 취약성, 주호소 증상, 유발 자극, 절망감, 자살 사고, 과거 자살 행동, 충동성과 보호 요인을 포함한다. 이러한 요소는 Bryan과 Rudd(2006)의 프레임워크를 사용하여 자살 위험에 대한 정보에 입각한 결정을 내리는 데 사용할 수 있다.

- 이러한 요소는 위계적 질문 형식을 사용하여 저강도 인지행동치료 면담 내에서 가장 잘 탐색할 수 있다.

- 일단 식별되면 위험을 관리하는 데 사용할 수 있는 여러 가지 원칙이 있다. 이는 치료 관계와 내담자의 안전을 고려하고, 다른 사람과의 접촉과 지지를 촉진하고, 자살로부터 멀어질 수 있게 '균형'을 맞추고 스트레스 요인의 영향을 줄이며, 안전 계획을 수립하고 치료 순응도를 극대화하는 방식으로 이루어질 수 있다.

- 또한 임상가는 타인에 대한 폭력, 자기 방임, 자해 및 자해 위험도 평가해야 한다.

- 방임, 자해 및 아동/취약계층 성인에 대한 위험도 평가해야 한다.

- 이러한 노력에 도움을 줄 수 있는 여러 가지 위험 평가 도구가 있다.

Bryan과 Rudd(2006)는 자살 위험 평가의 원칙을 개괄적으로 설명한다. Beck 등(1979)은 자살 위험 관리에 대한 섹션이 있는 고전적인 책이다. Steele 등(2017)은 자살 위험 요인을 다음과 같이 차례로 자세히 검토한다. (a) 아동 및 청소년, (b) 생산 가능 연령대 성인, (c) 고령자이다. 그런 다음 이러한 개별 그룹에 대한 위험 평가 및 관리의 광범위한 원칙을 설명한다.

Jane을 위한 세부 안전 계획을 수립해 본다([그림 6-1] 참조). 필요한 정보를 모두 갖추지 못했다고 생각되면 사례연구를 자세히 살펴보고 이를 보완한다.

지역 위기 및 보호 팀에 대해 알아본다. 그들에게 연락하는 방법, 팀에 포함 및 제외되는 기준, 그리고 그들이 제공하는 서비스를 확인한다. 가능하면 위기대응팀과 만나서 운영 방식에 대해 자세히 알아본다. 마지막으로, 지역 및 전국적으로 이용할 수 있는 자발적 위기 지원 서비스에 관한 정보를 얻는다. 가능하면 일부 내담자에게 제공할 수 있는 지원 서비스 연락처가 기재된 카드나 인쇄물을 구한다. 또는 서비스를 위해 직접 디자인하는 것도 방법이다.

제**7**장 **행동 변화와 내담자 참여**

Mark Papworth

- 행동(예: 과제 완료)이 수행될 가능성이 있는지 여부를 결정하는 요인을 이해한다.
- 평가 및 치료 프로토콜 내에서 이러한 요인(즉, 내담자의 역량, 동기부여 수준 및 이용 가능한 기회)을 평가할 수 있다.
- 설득, 인센티브, 모델링 및 환경 재구조화를 기반으로 하는 개입을 활용하여 내담자의 참여를 향상시킬 수 있다.

서론: 행동에 영향을 미치는 요인

'행동'이라는 용어는 우리의 행동과 상황에 대한 반응을 포괄한다. 달리기, 타이핑, 식사, 공 잡기, 웃음은 모두 행동이다. 출근이나 휴가 등 우리 삶의 경험은 이러한 행동의 패턴으로 구성된다. 제8장과 제9장에서 살펴보겠지만, 행동 패턴은 신체 건강 문제뿐만 아니라 많은 일반적인 정신건강 문제의 발생과 유지에도 핵심적으로 관여한다. 또한 임상 면담에서 이루어지는 많은 상호작용을 구성하는데, 예를 들어 언어적 의사소통은 행동 프레임워크 내에서 개념화될 수 있다. 과제는 특정 상황에 직면하고 일기를 작성하는 등의 행동으로 구성된다. 회기에 참여하는 과정도 행동이다. 이러한 방식으로 치료 경험에는 내담자의 행동에 따라 달라지는 여러 층위가 있다. 이러한 행동은 '내담자 참여' 과정의 핵심이며, 이는 내담자가 자신의 건강 관리에 참여하고 책임을 지려는 의지의 표현이다. 따라서 저강도 인지행동치료LICBT 임상가에게는 행동의 실행 여부를 결정하는 행동에 대한 다양하고 광범위한 영향을 이해하고 영향을 미칠 수 있는 능력이 필수적이다.

Michie 등(2011)은 효과적인 행동 변화 개입에 대한 체계적인 리뷰를 발표했다. 이 종설의 일환으로 연구자들은 이러한 영향을 이해하기 위한 일반적인 프레임워크를 제시했다. 이 프레임워크에 따르면, 행동은 (a) 역량, (b) 기회, (c) 동기부여의 세 가지 요인에 의해 결정된다.

역량이라는 개념은 개인이 어떤 행동을 완료할 수 있는 능력이 있는지를 의미한다. 여기에는 신체적 능력과 심리적 능력이 모두 포함된다. 마라톤 완주라는 목표가 있다면 체력 수준을 높이기 위한 프로그램이 필요하다. 여기에는 식단의 변화, 근력과 체력을 키우기 위한 운동, 운동 후 부상을 예방하거나 관리하기 위한 자기관리가 포함될 수 있다. 적절한 훈련 프로그램을 구성하는 방법에 대한 지식은 심리적 능력의 한 예시이다. 훈련 도중 부상을 입어 운동을 계속할 수 없게 되면 프로그램을 완수할 수 있는 신체적 능력이 부족해진다.

기회는 외부 환경으로부터 발생하며 행동을 허용하거나 유도한다. 이 요소는 '물리적'과 '사회적 기회'라는 두 가지 요소로 세분화할 수 있다. 저자의 훈련 요법에서 물리적 기회의 예로는 인근에 운동을 할 수 있는 운동장이 있다는 것을 들 수 있다. 사회적 기회는 지역 달리기 동호회나 훈련에 도움을 줄 수 있는 달리기 파트너를 이용할 수 있는 것이다.

마지막으로, **동기**는 행동을 유발하는 심리적 과정을 의미한다. Michie 등(2011)은 이를 다시 한번 두 가지 하위 범주로 구분한다. 보다 신중하고 '성찰적인' 형태의 동기는 개인적인 목표 및 가치와 같은 의식적인 심리적 개념(예: 건강을 유지하고 건강한 생활방식을 갖기 위한 것)과 관련이 있다. '자동적' 형태의 동기부여는 덜 의식적이며, 예를 들어 과거의 강화에 의한 것일 수 있다(이 주제에 대한 자세한 내용은 제1장과 다음 참조). 바지의 허리 사이즈가 점점 더 헐렁해지거나 다른 사람의 칭찬을 통해 운동을 긍정적으로 강화했다면, 동기부여는 보다 자동적인 과정에 의해 촉진되고 있는 것이다.

이 세 가지 COM-B(행동에 영향을 미치는 역량, 기회와 동기) 요인 중 하나라도 부족하거나 없으면 해당 행동이 발생할 확률에 영향을 미칠 수 있다. Michie 등(2011)은 이러한 요인에 기초하여 개입을 계획하고 이해해야 한다고 제안한다. COM-B 모델을 통해 이러한 요인에 따른 개입의 다양한 구성요소를 비교하여 치료적 메커니즘을 이해하거나(예: Marie et al., 2013) 특정 건강 문제를 공유하는 개인 그룹에 대한 개입을 계획하는 수단으로(예: Taylor et al., 2016) 구조화해서 사용되는 경향이 있다. 이 프레임워크는 잠재적으로 약 83개의 행동 변화 이론을 다루기 때문에(Michie et al., 2014), 임상가가 이러한 요인에 따라 다양한 개별 내담자에 대한 개입을 조정하는 데 있어 실용성이 떨어진다. 이를 염두에 두고, 저강도 인지행동치료 접근법을 보완하기 위해 맞춤화된 모델의 사용법을 다음에 간략히 설명한다. 이 모델을 통해 임상가는 내담자가 저강도 인지행동치료에 참여할 가능성이 있는지 여부를 판단하고, 미준수 이유를 진단하고, 내담자의 참여 수준을 높이기 위해 개입할 수 있다.

참여도 평가 및 어려움 '진단'

평가 인터뷰에서는 프로토콜이 끝날 무렵에 이 세 가지 COM-B 요소를 고려하게 된다. 이 과정은 비교적 빠르게 진행될 수 있으며, 내담자가 치료 과정에 참여할 가능성이 높은지 확인할 수 있다. 반성적 동기의 수준을 분석하는 프레임워크는 동기강화면담Motivational Interviewing: MI 접근방식에서 제공된다(Miller & Rollnick, 2012). 동기강화면담은 변화를 유도하기 위해 내담자의 동기를 높이는 데 초점을 맞춘 상담의 한 형태이다. 중독 분야에서 등장한 이 접근법은 독립적인 접근법으로 사용되기도 하고, 심리적 개입을 받기 전에 내담자의 참여를 촉진하기 위해 진행하는 치료의 한 단계로 사용되기도 한다. 이 두 가지 중 하나가 없으면 양면성이 생길 수 있다. 첫 번째는 개인이 목표나 변화에 부여하는 중요성의 수준이다. 두 번째는 변화에 대한 자신감의 정도이다. 내담자는 이 두 가지 차원의 수준이 다양하며, 응답에 따라 네 가지 동기 프로파일에 분류해 볼 수 있다.

- 낮은 중요도/낮은 자신감: 변화는 중요하지 않으며 내담자가 노력해도 변화에 성공할 수

없다고 생각한다.

- 낮은 중요도/높은 자신감: 변화는 중요하지 않지만 가능한 것으로 생각한다.
- 높은 중요도/낮은 자신감: 목표는 중요하다고 생각하지만 개인은 변화가 가능하다고 생각하지 않는다.
- 높은 중요도/높은 자신감: 변화는 중요하며 내담자는 변화가 가능하다고 믿는다.

동기강화면담은 개인의 중요도 또는 자신감 부족 여부(또는 이러한 요소의 조합)에 따라 그 수준에 맞춰진 개입 접근방식을 권장하므로 이러한 구분을 하는 것이 평가에 도움이 된다.

면담의 여러 섹션을 개괄적으로 설명하는 프로토콜은 제5장에 설명되어 있으며, [그림 5-1]에 요약되어 있다. 평가 면담의 초기 섹션은 동기부여 수준을 결정하는 데 도움이 될 수 있다. 예를 들어, 내담자가 임상가가 제공한 치료 지침을 따랐는지, 스스로 의뢰했는지, 제3자로부터 의뢰를 받았는지, 또는 과제를 완료한 후 후속 치료 회기에 참석했는지 여부 등이 있다. 그러나 평가 면담이 끝날 무렵, 임상가는 내담자가 치료 과정에 적극적으로 가능성이 어느 정도인지 판단하기 위해 구체적인 질문을 할 수 있다. 먼저, 기타 정보 섹션에서 내담자의 목표를 정확히 짚어 낼 때 "0점부터 10점까지의 척도(10점은 '매우 중요하다', 0점은 '전혀 중요하지 않다')에서 이 목표를 어떻게 평가하시겠습니까?"라는 척도 질문을 할 수 있다. 내담자가 자신의 목표가 덜 중요하다고 평가하는 경우(예: 모든 목표에 대해 6점 이하로 평가한 경우), 임상가는 시간을 들여 이를 더 조사하여 동기강화면담 개입이 도움이 될 수 있는지 확인하는 것이 좋다. 예를 들어, 내담자가 다른 사람의 압력으로 인해 참석하는 경우, 어려움의 일부 측면에 대해 '부정' 상태에 있거나 어려움의 결과로 어떤 형태의 '이차적 이득' (일반적으로 사회적·직업적·재정적 혜택의 형태)을 받고 있을 수 있는 경우 낮은 등급이 보고될 수 있다.

치료 선택지는 평가 면담의 정보 제공 및 공동 의사결정 섹션에 제시되어 있다. 여기에는 일반적으로 저강도 인지행동치료 접근법에 대한 정보 제공과 내담자가 선호하는 치료 수단에 대해 정보에 입각한 선택을 하도록 요청하는 것이 포함된다. 이 단계에서 내담자의 자신감을 평가할 수 있다. "이러한 형태의 도움을 받을 수 있다는 것에 대해 치료에 준수할 수 있는지 얼마나 자신감이 있습니까(0은 '전혀 자신감이 없다', 10은 '매우 자신감이 있다')?"라고 질문한다. 다시 한번, 내담자가 더 낮은 점수를 제공하면 동기강화면담이 도움될 가능성이 높다는 것을 나타낸다(다음 참조). 내담자가 치료의 원칙을 이해했다고 가정할 때, 이 시점에서 낮은 점수는 자기 효능감이 낮거나 참여에 영향을 미치는 임상적 상태의 측면(예: 불안 또는 절망감 수준)을 반영할 수 있다. 과제 완료 여부와 다음 회기에 참석할 의향과 관련하여 자신감도 평가할 수 있다. "다음 주에 우리가 논의한 독서치료를 할 기회가 있을 것입니다."와 같이 기회도 이 시점에서 평가할 수 있다. "언제쯤 할 수 있을 것 같나요?" 종종 이런 종류의 질문은 내담자가 과제 실행을 더 자세히 생각할 수 있도록 하는 데 도움이 될 수 있다. 예를 들어, 바쁜 엄마가 목욕하는 중에 과제를 하기로 결정을 했는데, 방해받지 않고 집중할 수 있는 가장 좋은 기회이기 때문에 그때 과제를 하기로 결정했다. 마지막으로, 임상가는 치료 시행에 방해가 될 수 있는 능력 문제가 없는지 확인한다. "이 작업을 완료하는 데 필요한 모든 정보와 자료를 가지고 있습니까? 저희가 준비해 드린 작업의 양이 적절한지 확인해 봐도 될까요?" 등이 있다.

이러한 형태의 COM−B 분석은 치료 면담의 공동 의사결정 및 종료 섹션에서도 이루어지지만, 여기서는 과제를 중심으로 질문이 이루어진다. "0~10점 척도에서 이 과제가 귀하의 어려움을 돕는 데 얼마나 적절하다고 생각하십니까? 같은 척도에서 과제를 완수할 수 있다고 얼마나 확신하십니까?"와 같은 질문이다. COM−B 구조는 결석이나 과제를 완료하지 않는 행동의 배후에 있는 문제를 파악하는 데에도 사용할 수 있다. 후자에 대한 탐색은 치료 면접의 정보 수집 B 섹션에서 이루어진다. "과제를 완료할 기회가 없었나요? [기회] 이해하지 못한 요소가 있었나요, 아니면 대처할 수 없는 상황이 발생했나요? [역량] 과제가 앞으로 나아가기 위한 수단으로서 덜 중요하다고 느꼈나요? 어떤 형태의 '딸꾹질'이나 문제가 발생하여 자신감을 잃었나요? [동기]"

이 접근방식은 Sandra와의 인터뷰에서 나온 이 녹취록에 설명되어 있다. 저강도 인지행동치료 임상가는 면담에서 이전 회기에서 설정한 과제를 복습하는 단계에 있다.

Sandra와의 면담: 치료적 면담 중 심리치료 설명에 대한 녹취록 발췌

임상가: 그리고 저희는 우울증 회복 매뉴얼에서 읽은 내용에 대해 논의하고 있었어요. 그것은 우리가 이야기했던 몇 가지 증상에 대해 앞으로 나아가고 노력하는 방법에 관한 것이었습니다. 읽어 보시니까 좀 어땠어요?

내담자: 괜찮았지만, 솔직히 말해서 다 읽지는 못했어요. 조금 미룬 것 같긴 한데, 부탁하신 일기는 겨우 해냈어요. 가끔씩 내용이 어려워서 다 읽지 못했어요.

임상가: 일기를 쓰셨다니 정말 잘하셨어요. 읽기가 너무 어려웠나요, 아니면…… 커피 테이블 위에 놓아 두려고 했던 것을 기억하시나요? 할 기회가 없었나요, 아니면 다른 일이 방해가 되었나요? [과제 완수에 방해가 되는 COM−B 요인에 대한 초기 문의]

내담자: 탁자 위에 놓아 두긴 했는데 첫 장을 펼쳐서 읽었는데 한 번에 다 읽으려다 보니 솔직히 불안해

셔서 나시 내려놓았어요. 반면에 일기장을 채우는 것은 그렇게 어렵지 않았습니다. 그래서 저는 어떤 일을 할 때마다 적었습니다. 알아요, 독서는…… 꼭 해야 할 것 같아요. 얼마나 유용할 수 있는지 말씀하셨잖아요.

임상가: 네.

내담자: 아마도…… 다음에 다시 시도해 볼게요.

임상가: 좋아요, 이것을 할 수 있는 과제 중 하나로 가능성을 남길 수 있도록 기록해 둘까요?

내담자: 제가 읽은 것 중 일부는 꽤 유용했어요. 하지만 마지막 부분을 읽었는데, 그다지 마음에 와닿지 않았어요. 읽기는 했지만 그다지 마음에 와닿지는 않았어요.

임상가: 좋아요, 이야기를 들어 보니 커피 테이블 위에 놓여 있었고 일주일에 걸쳐 할 시간이 있었는데 한 번에 다 하려고 조금 과욕을 부린 것 같네요? 자료의 주제가 너무 무겁거나 관련성이 적었는지 확인해 봐도 될까요? [과제를 방해하는 '역량' 요인이었는지 문의]

내담자: 네, 제 생각에는 제가 읽기를 미루고 마지막 순간에 벼락치기를 한 것 같아요.

임상가: 그래서 한 번에 한꺼번에 하는 것보다 매일 조금씩 할 수 있도록 조금씩 쪼개서 접근해 보는 것은 어떨까요? 그런 방식이 유용할까요? [내담자의 역량을 높이기 위한 전략에 관한 초기에 문제해결 전략 사용하기]

내담자: 네, 그렇게 하는 것이 좋겠어요. 왜냐하면 제가 이곳을 떠날 때는 '꼭 해내겠다'고 다짐했고 계획이 있었거든요. 하지만 막상 시작해 보니 아까 말씀드린 것처럼 불안감이 컸어요.

임상가: 좋아요, 그럼 그 얘기는 나중에 다시 할 수 있을까요? 일기 쓰기에 대해 말씀하셨죠?

평가 및 치료과정에 이러한 COM-B 요소들을 추가하면 임상가는 내담자와 만나는 동안 내담자가 회기에 집중하고 있는지 확인할 수 있다. 그렇지 않은 경우, 이는 임상가의 개입이 필요함을 시사한다. 다음 부분에서 이러한 맥락에서 사용할 수 있는 접근방식이 소개되었다.

참여도 향상

Michie 등(2011)은 개입 전략의 여덟 가지 범주를 나열하고 역량, 기회 또는 동기가 각각에 의해 영향을 받는지 여부를 기술했다(www.ncbi.nlm.nih.gov/pmc/articles/PMC3096582/table/T2/ 참조). 역량은 '훈련' '교육' '지원'의 영향을 받는다. 이 내용은 이 책의 제10장에서 주로 다루고 있는데, 저강도 인지행동치료에 교육적 요소가 포함되어 있으며 내담자가 스스로 자가치료를 할 수 있도록 권한을 부여하는 것을 추구하기 때문이다. 따라서 내담자가 역량에 문제가 있다고 보이면 치료 자료를 다시 한번 검토하고, 개념을 명확히 하거나 다른 방식으로 설명하며, 과제의 난이도를 낮추는 등의 개입이 이루어질 수 있다. 동기는 '교육' '설득' '인센티브' '강제' '환경 재구조화' '모델링' 및 '활성화'를 통해 강화된다. Michie 등(2011)은 '제한' '환경 재구조화' '지원'이 개인의 기회에 영향을 미친다고 말한다(이 모든 용어의 정의는 www.ncbi.nlm.nih.gov/pmc/articles/PMC3096582/bin/1748-5908-6-42-S5.PDF에서 확인할 수 있다). 임상가가 내담자의 참여 수준에 영향을 미치는 방법을 더 자세히 안내하기 위해 '설득' '인센티브' '모델링' 및 '환경 재구조화' 접근방식이 다음에 요약되어 있다.

설득

설득은 개인이 다른 사람의 관점을 바꿀 때 발생한다(Michie et al., 2011). 동기강화면담$_{MI}$은 이 범주에 속하며 여러 가지 가정을 기반으로 한다. 첫째, 심리적 변화와 관련하여 저항하는 개인은 변화에 완전히 반대하는 경우가 거의 없다. 일반적으로 그들은 어떤 방식으로든 앞으로 나아갈 때 얻을 수 있는 이점을 알고 있다. 그러나 변화의 비용 및/또는 현상 유지와 관련된 이점에 비해 이러한 이점이 더 클 수 있다. 예를 들어, 광장공포증이 있는 내담자는 두려움을 극복함으로써 얻을 수 있는 이점을 알고 있지만, 문제를 극복하는 데 수반되는 불편함이 이보다 더 크다고 인식할 수 있다. 둘째, 개인은 자신의 생각, 가치관, 생활방식, 행동이 '일치'하도록 노력함으로써 정신적 불편함(또는 '인지 부조화')을 줄이려는 경향이 있다. 동물의 권리를 신봉하고 채식주의자인 한 개인이 꿩 사냥을 주최하는 시골에 위치한 호텔에서 일하는 상황을 상상해 보자. 이러한 상황에서는 사직하거나, 아픈 척하거나, 사냥이 있는 날 근무를 피함으로써 자신의 가치관과 업무 역할 사이의 모순을 줄이려고 노력하거나, 개인적으로 어려운 상황에 직접적으로 직면하지 않도록 사냥이 있는 날에는 뒤에서 일하려고 할 수 있다. 후자는 일종의 '부정'을 실행하는 것으로, 업무 역할이 개인적 가치와 덜 모순되도록 허용함으로써 현상 유지를 가능하게 한다. 그 후, 동기강화면담의 변화를 위한 한 가지 메커니즘은 그러한 불일치를 드러내는 방식으로 내담자와 함께 상황을 충분히 탐색하는 것이다. 임상가는 내담자와 논쟁하지 않고 내담자가 보다 완전한 그림을 볼 수 있도록 노력한다. 심리적 모순을 부각시킴으로써 현상 유지를 불안정하게 만들고 개인이 변화를 향해 다시 균형을 잡을 수 있다. 셋째, 개인이 변화에 대한 압박을 받으면 역설적으로 반응할 수 있다. 쉽게 말해, 잔소리를 하면 더 완고하게 본인의 현재 입장을 고수할 수 있다. 따라서 동기강화면담 접근방식은 지원적이고 공감적이며 상대적으로 중립적인 접근방식이다. 마지막으로, 변화와 관련된 말은 행동에 선행하기 때문에 내담자의 '변화 대화'를 시작하고 촉진하는 것이 목표이다. 이러한 대화는 다음과 같이 구성된다. 즉, (a) 현상 유지의 단점, (b) 변화의 장점, (c) 변화에 대한 낙관주의, (d) 변화하려는 의도이다.

변화를 촉진하는 방식으로 내담자의 상황을 검토하는 데 도움이 되는 다양한 전략이 있다. '결정적 저울'을 작성하여 현상지와 긍정적인 변화의 장단점을 모두 살펴보는 것이 도움이 된다(www.motivationalinterviewing.org/sites/default/files/decisionalbalance.pdf 참조). 또한 동일한 범위의 덜 구조화된 논의(내담자에게 현 상태의 단점 또는 변화의 장점에 대한 견해를 묻는 것)도 마찬가지로 변화하기 위한 대화를 이끌어 낼 수 있다. 다른 사람들이 내담자에 대해 가지고 있는 특정한 걱정을 중심으로 대화를 나누면 내담자가 새로운 관점에서 생각하도록 유도할 수 있다. 마찬가지로, 어려움이 발생하기 전에 내담자의 생활습관을 되돌아보고(잃어버린 것에 집중하게 함), 앞으로 어려움이 내담자에게 어떤 영향을 미칠지 예상해 보는 것도 효과적이다. 마지막으로, 내담자의 목표와 가치를 발견한 다음 이를 현재 행동과 대조하는 것도 유용한 기법 중 하나이다(예: 광장공포증이 있는 어머니는 가족 가치관이 강할 수 있으며, 자신의 문제가 자녀에게 얼마나 깊은 영향을 미치는지 인식하는 데 도움을 받을 수 있다; 다음 Joan과의 면담 참조).

이 접근방식은 광장공포증을 겪고 있는 어머니 Joan과의 평가 면담에서 발췌한 다음 기록에서 설명되어 있다. 저강도 인지행동치료 임상가는 면담에서 Joan이 치료의 우선순위를 정한 목표를 정확히 파악하는 단계에 있다.

Joan과의 인터뷰: 초기 면담 발췌, COM-B, 중요성 및 목표 설정

임상가: 자녀를 데리고 외출하기, 혼자 쇼핑하기, 커피 마시러 가기, 이 세 가지 목표 중 자녀를 데리고 외출하는 것에 대해 생각해 봅시다. 매우 중요하다는 것을 10, 전혀 중요하지 않다는 것을 0으로 하여 0에서 10점까지 어떻게 평가하시겠습니까?

내담자: 현재 5점 또는 6점 정도요.

임상가: 좋아요, 같은 척도로 장 보는 것은 어떻습니까?

내담자: 그다지 중요하지 않아요. 아마 3점 정도일 거예요.

임상가: 커피를 마시러 갈 때는 어때요?

내담자: 아마 이번에도 6점 정도일 겁니다.

임상가: 그럼 아이들을 데리고 외출하는 것과 커피를 마시는 것이 가장 중요하신 건가요?

내담자: 네, 그런 것 같아요. 좀 더 독립적으로 할 수 있을 것 같아서요. 장 보는 것은 남편이 할 수 있어요. 제가 특별히 좋아하는 일은 아니거든요. 사실 별 거 아니에요.

임상가: 이 목표들이 10점 만점에 8점 또는 9점이 되는 이유는 무엇인가요? 그렇게 중요하다고 평가하지 않으신 것 같은데요?

내담자: 지금은 잘 지내고 있고 크게 문제없이 생활하고 있어서 그런 것 같아요. 도움을 받으면 어느 정도 지낼 수 있고, 현재로서는 그다지 큰 영향을 미치지 않아요. 현재는 여동생이 잔소리하는 것 외에는 크게 할 이유가 없다고 느껴져요. 언젠가는 했으면 좋겠고 언젠가는 하겠지만, 지금은 더 중요한 일이 우선이라고 느껴져요.

임상가: 현재로서는 크게 필요성을 느끼지 못하는 것이네요.

내담자: 아니요, 하고 싶지만 하고 싶은 일이 너무 많아서 지금은 괜찮아요.

임상가: 이곳에 오는 것은 쉽지 않았을 것 같아요. 많은 사람에게 스트레스를 주는 경험이에요. 그럴 필요가 없는데도 여기에 온 이유가 궁금해요. [그녀의 말과 행동 사이의 모순을 강조하면서]

내담자: 여동생과 남편이 저를 공격하는 것 같은 느낌을 받아요. 남편과 조금씩 더 많이 다투고 있어요. 남편이 때때로 상당히 화가 난 것 같아요. 그는 제가 이런 일을 할 수 있어야 한다고 말해요. 그러면 저는 분명히 하고 싶지만 그럴 수 없기 때문에 정말 화가 나요. 여동생이 바쁘다는 걸 알아요. 그녀는 자신의 가족을 돌보고 자신의 일을 해야 합니다. 제가 그녀에게 많이 의존하고 있어서 그녀가 가끔 약간 기분이 나빠진다고 느껴요. 그렇기 때문에 지금 당장은 저를 위해서라기보다는 가족을 위해 이 일을 하는 것이 더 중요하다고 생각해요.

임상가: 그렇다면 그들이 문제라고 생각하는 것은 무엇인가요? [문제에 대한 다른 사람의 관점에서 보는 것]

내담자: 글쎄요, 제 생각에는 제가 좀 더 즉흥적으로 쉽게 아이들을 데리고 외출할 수 있어야 한다고 생각해요. 저는 이제 30대에 접어들었으니 다른 사람에게 의존해서 외출할 필요가 없을 것 같아요. 하지만 그들은 제가 외출할 때 겪는 일을 이해하지 못해요.

임상가: 그래서 그들은 당신이 어떤 식으로든 당신을 제한할까 봐 걱정하는 것인가요?

내담자: 네, 그렇습니다.

임상가: 그래서 당신은 지금 당장은 필요 없다고 말하기 때문에 당신을 제한하고 있다고 느끼나요? [변화를 위한 대화 촉진하기]

내담자: 제한이 있는 것 같고 더 많은 일을 할 수 있을 것 같아요. 아이들을 데리고 외출할 수 있으면 좋겠어요. 혼자 커피를 마시러 가고 싶기도 하지만 현재로서는 큰 문제가 아니라고 생각합니다. 너무 우울하게 생각 안 하려고 노력해요. 다만 남편이나 여동생이 문제를 해결하라고 다그칠 때만 좀 우울해져요.

임상가: 그 뜻은, 남편이나 여동생의 도움 없이는 장을 볼 수 없다는 뜻이군요.

내담자: 네, 그들이 꼭 필요해요.

임상가: 그리고 알톤 타워[놀이공원]에 갈 수 없다고 말씀하셨죠?

내담자: 그게 가장 어려워요! 저 혼자서는 절대 할 수 없는 일이에요.

임상가: 그런 것들이 전부인가요, 아니면 제한하는 다른 것들이 있나요?

내담자: 솔직히 말해서 저는 마을 밖으로 나가는 것이 정말 힘들어요. 일주일에 두어 번 정도 아이들을 데리고 마을 공원에 나가지만, 그 외에는 힘들어요.

임상가: 그렇다면 알톤 타워와 마을의 공원 외에 아이들이 [현 상태의 부정적인 면을 탐색하기 위해] 가고 싶다고 한 다른 곳이 있는지 궁금합니다.

내담자: 시내에서 햄버거를 먹으러 가거나 장난감 가게에서 도예가를 만나고 싶어 하는 것은 그 [큰아이]가 원하는 일이기도 합니다.

임상가: 그는 어떻게 느낄 것 같아요? [가족에 대한 가치와 그녀의 심리적 문제로 인한 한계 사이의 갈등을 강조]

내담자: 짜증날 것 같아요. 그래서 제가 죄책감을 느껴요. 다른 엄마들은 할 수 있는 것이잖아요. 친구들은 생일에 시내에 나가 햄버거를 먹거나 테마파크에 가잖아요. 그는 그런 경험을 박탈당하고 있으니까.

임상가: 그리고 앞으로 자녀가 나이가 들어감에 따라 그런 일이 줄어들까요, 아니면 [앞으로 발생할 수 있는 문제에 대해] 더 많이 생길 것 같나요?

내담자: 네, 더 나아지지 않을 것 같네요. 아이들이 나이가 들수록 더 많은 것을 하고 싶어 할 것 같아요. 내가 그렇게 할 수 없다면 남편이 그들과 함께할 것입니다.

임상가: 그래서, 아마도 중요한 것을 놓칠 수도 있다고 생각하시나요? [변화 대화를 강조]

내담자: 당연하죠.

임상가: 그리고 그것에 대해 생각할 때 어떤 것들이 떠오르나요? [미래의 현상 유지에 대한 부정적 탐색]

내담자: 글쎄요, 제가 집을 그렇게 많이 떠날 수 없다면 모든 것을 놓칠 수 있다는 생각이 들어요. 아이들이 결국에는 무언가를 하게 될 것이고, 저는 그것을 보지 못할 가능성이 높을 것 같아요. 아마도 많은 것이 있을 것입니다. 나이가 들어감에 따라 그 모든 성취를 놓칠 수도 있겠네요. 그렇죠.

임상가: 이에 대해 어떻게 생각하시나요? [내담자에게 이 영향을 숙고하라고 보내는 메시지]

내담자: 솔직히 말해서 생각해 본 적이 없습니다. 하루하루를 살아가면서 앞으로 어떤 영향을 미칠지 생각해 보지 않았어요. 네, 제가 그들과 함께 이런 일을 할 수 없다면 끔찍할 것이고 끔찍한 기분이 들지 않을까요?

임상가: 그런 것들을 떠올리면 처음에 생각했던 것보다 더 큰 문제라고 생각하시나요?

내담자: 그런 것 같아요. 더 이상 악화되는 것을 막고 싶고 유일한 방법은 이 문제를 해결하는 것 같아

요. 하지만 지금 제 기분을 생각하면 어디서부터 시작해야 할지 모르겠어요. 무서워요.

임상가: 그런 두려움을 잠시 접어 두고 조금 더 생각해 보면, 아이들을 데리고 마을 공원이나 알톤 타워에 갈 수 있다는 것이 5점 또는 6점 정도라고 생각하시나요? [이전의 중요도를 재평가]

내담자: 제가 놓칠 수 있는 모든 것을 생각하면 아마 그보다 더 높은 8점이나 9점이 될 것 같습니다. 저는 제가 그들을 위해 존재한다는 것이 중요하다고 생각합니다. 모든 것을 내려놓고 변덕스럽게 일을 할 수 있다는 것, 그것이 바로 진짜로 그렇게 하는 방법입니다. 그게 저에게 중요한 문제예요.

임상가: 좋아요, 더 자신감을 가질 수 있는 방법을 찾을 수만 있다면 문제해결에 전념할 의지가 있는 것 같아요.

내담자: 네, 물론입니다.

연습 7-1 ❧ 습관 변화의 중요성을 향상시키기

앞으로 바꾸고 싶은 자신의 습관(예: 흡연, 다이어트, 도박)을 생각해 보라. 새해 결심에 실패한 적이 있는 습관일 수도 있다. 이 습관에 중요성 강화와 관련된 기술을 적용하는 실험을 해 본다.

혼자서 성찰하거나 가능하면 동료와 함께 연습하면서 서로의 부정적인 습관에 대해 토론하는 가운데 이 기법을 적용해 보라. 동료와 함께 연습할 수 있는 경우, 중립적이고 공감하는 자세를 유지하고 있는지 확인한다. 이러한 기술을 연습하는 또 다른 방법은 Joan과 비슷한 내담자를 연기하는 동료와 역할극을 하는 것이다.

반성적 동기의 또 다른 측면은 자신감이다. 이는 일반적으로 임상가가 내담자에게 치료 접근법에 대한 근거를 제공할 때 저강도 인지행동치료 내에서 일상적으로 강화된다. 이 시점에서 이전에는 앞으로 나아갈 길을 찾기 위해 고군분투했을 가능성이 높은 내담자에게 회복에 대한 가능한 경로를 공개하게 된다. 그러나 때때로 만성적인 어려움, 과거의 치료 시도 실패 또는 낮은 자기 효능감으로 인해 직접적으로 자신감을 높이기 위해 개입해야 하는 경우가 있다. Joan의 경우, 임상가는 이러한 사전 논의를 하지 않고 치료 접근법을 제시하면 Joan이 압도당하거나 겁을 먹거나 압박감을 느낄 수 있기 때문에 이러한 개입이 도움될 것이라고 생각했다(다음 사례연구 참조). 이 때문에 그녀의 동기 프로파일은 '낮은 중요도/낮은 자신감'이었다.

여기서도 동기강화면담은 개입 전략을 제공한다. 첫째, 현재 문제와 공통점이 있는 경우(예: 이전에 불안한 상황에 성공적으로 대처했거나 성공적으로 극복했거나 상실/좌절 후 회복한 경우) 이전의 성공 경험에 대해 물어보는 것이 도움이 될 수 있다. '자신감 대화'를 촉진하는 또 다른 방법은 이전에 변화에 대처하는 데 도움이 되었던 개인의 강점(예: 고집스러움 또는 회복 탄력성)에 초점을 맞추는 것이다. 변화를 방해하는 것이 아니라 촉진하는 방식으로 문제를 재구성하는 것이 도움이 된다. 예를 들어, "나는 실패했다."와 같은 단정적인 표현을 "한 번 이상의 시도가 필요한 경우가 많으므로 이로부터 무엇을 배우고 발전시킬 수 있을지 궁금하다."와 같이 경험을 진행 중인 과정의 일부로 간주하는 용어로 바꾸거나, 과거 또는 현재의 변화 시도를 외부적이고 불안정한 요인의 관점에서 재구성하는 것이 도움이 될 수 있다.

이러한 요인은 개인 외부에 기반을 두고 있으며 시간이 지남에 따라 변할 가능성이 있는 요인이다. "가게의 화재 경보가 울려서 거리가 그렇게 혼잡할 것이라고 예측할 수 없었다는 점에서 운이 나빴다."와 같이 말을 하는 것이다. 마지막으로, 내담자에게 특정 장애물이나 요인이 없는 것처럼 가상으로 문제를 생각해 보도록 요청하는 것도 도움이 될 수 있다. 이렇게 하면 내담자의 사고에 여유가 생기고 문제에 대해 더 창의적으로 생각할 수 있다. 따라서 광장공포증이 있는 여성이 남편과 동행하지 않으면 집 밖으로 나가기를 꺼리는 경우에는 "남편이 아파서 집을 나갈 수 없다고 가정해 봅시다. 시장을 보는 것과 관련해서 두 사람을 모두 돌볼 수 있는 가장 쉬운 방법은 무엇일까요?"라고 질문을 해 본다.

다음은 앞의 발췌문에서 이어진 단계에서 Joan과의 대화가 어떻게 진행되었는지에 대한 내용이다.

Joan과의 인터뷰: 초기 면담 발췌, COM-B, 자신감 및 목표 설정

임상가: 그렇다면 이러한 목표가 중요하다고 생각하지만 현재로서는 앞으로 나아가는 것이 다소 벅차다고 느끼시는 것 같나요?

내담자: 네, 정말 그래요. 어디서부터 말해야 할지 모르겠어요. 모두가 저를 공격하는 것 같고 그냥 저를 내버려 뒀으면 좋겠어요. 지금 뭐라도 해야겠다는 생각을 하는 것만으로도 너무 벅차요.

임상가: 이와 관련된 두려움은 무엇인가요?

내담자: 과거에 외출했다가 압도적인 공포감에 휩싸여 집에 돌아와야 했던 적이 있었어요. 그래서 저는 아이들과 함께 밖에 나가서 통제 불능 상태에 빠지고 그런 일이 다시 일어났을 때 무슨 일이 일어날지 모른다는 생각이 싫어요. 솔직히 말해서 그런 상황에 직면하지 않는 게 훨씬 나아요.

임상가: 불안 증상이 재발할까 걱정하시는 건가요?

내담자: 네, 그리고 아이들이 주로 함께 있을 때뿐만 아니라 혼자 있을 때도 저에게 나쁜 일이 일어나요. 저는 매우 취약하고 그 기분을 경험하는 것은 정말 끔찍해요.

임상가: 우리가 이야기한 세 가지 목표, 즉 아이들과 공원에 나가기, 커피 마시러 가기, 쇼핑하러 가기, 10이 매우 자신감이 있는 경우이고 0이 전혀 자신감이 없는 경우로 척도를 생각한다면 각 목표에 대해 어디쯤 있다고 생각하시나요? [상대적인 자신감의 영역을 이끌어 내기 위한 수단으로 척도를 사용]

내담자: 다른 사람과 함께 커피를 마시는 것이 혼자서 마시는 것보다 쉬울 것 같아요. 지금은 혼자서 커피를 마실 자신이 없는 것 같아요. 그래서 아마 0점일 거예요. 다른 사람과 함께 가는 것이 조금 더 나을지도 모르죠. 그래서 너무 바쁘지 않다면 억지로 여동생과 함께 갈 수도 있어요. 그것은 모두 시간과 요일에 따라 다르겠지만요. 저는 토요일이나 점심 시간에는 절대 가지 않을 것이에요. 하지만 이른 아침에 여동생과 함께라면 조금 더 자신감이 생길지도 모르죠.

임상가: 그러면 0점이에요?

내담자: 0점은 혼자 커피 마시러 가는 거예요.

임상가: 그러면 여동생과 함께 더 조용할 때 가면요?

내담자: 5점 정도 되는 것 같아요.

임상가: 좋아요. 장 보는 것과 아이들과 외출은 몇 점이에요?

내담자: 혼자서는 시장은 못 볼 것 같아요. 아마 0점일 거예요. 남편과 함께한 적이 조금 있어요. 아직은 자신감이 없지만 4점이나 5점 정도는 될 것 같아요. 그리고 아이들과 함께라면 공원이 집에서 모퉁이를 돌면 바로 집에 갈 수 있기 때문에 힘들지 않아요. 하지만 밖에 나가서 무슨 일이 일어날지 생각하면 아이들이 너무 어리잖아요. 잠재적으로 매우 안전하지 않을 수 있어요. 그것도 영향을 미쳐요.

임상가: 안전하지 않다는 것은 무엇을 의미하나요? [위험 확인]

내담자: 제가 기절하면요.

임상가: 네, 알겠습니다.

내담자: 그리고 그들이 홀로 남으면요. 그들은 무슨 일이 일어나고 있는지 모를 거예요. 아이들은 겁을 먹을 것이고 괜찮지 않을 수도 있어요. 하지만 아마 2 정도라고 말하고 싶어요.

임상가: 따라서 어떤 것에는 더 자신감이 있고 어떤 것에는 자신감이 덜 있을 수 있다고 하셨어요. 상대적으로 커피를 마시러 가는 것은 중요하고, 자신감이 더 있다고 말씀하셨는데 맞나요? [자신 있는 부분을 강조]

내담자: 다른 사람과 함께라면 그렇죠. 그런 조건이 갖춰져 있다면 고민해 볼 수 있을 것 같아요. 하지만 혼자서 간다고 생각하면 도저히 할 수 없을 것 같아요.

임상가: 그렇다면 특정 조건이 맞는다면 어떤 것들은 할 수 있다고 느껴지시는 것이네요? [자신감을 향상할 수 있는 대화를 유도하기 위해]

내담자: 아마도요.

임상가: 과거에 불안을 극복했던 경험이 있는지 궁금해요. 사람들은 종종 새로운 것을 배울 때, 성장할 때 [과거의 성공에 대한 토론을 유발하는] 불안한 상황에 직면하게 되거든요.

내담자: 글쎄요, 아이가 생기기 전에는 그랬던 것 같아요. 첫 아이를 낳고 나서부터 조금은 위축되고 불안한 사람이 되었어요. 아이들에게도 나쁜 일이 생길까 봐 너무 걱정돼요. 그 전에는 그렇게 나쁘지 않았어요. 전에는 제가 약간 불안해할 만한 상황에 처하곤 했어요. 새 직장을 구했을 때요.

임상가: 면접을 보러 가셨나요? [예시에서 현재 상황과 가장 관련성이 높은 측면을 포착하기 위해]

내담자: 몇 년 전이에요. 아이들 때문에 지난 몇 년 동안 일을 하지 않았어요. 네, 그런 적도 있었지만 상황이 달라진 것 같아요. 전에는 지금과 같은 공황 증상을 겪은 적이 없어요. 그냥 약간 '두근두근'한 느낌으로 약간 불안해하는 정도였죠.

임상가: 하지만 어려운 상황을 직면하고 그 상황을 헤쳐 나가는 방법을 과거에도 유사한 경험을 한 것 같은데 맞나요? [과거의 강점에 집중하고 자신감을 향상시키는 대화를 유도하려고 시도]

내담자: 네.

임상가: 많은 사람이 운전을 배우거나 수영을 배울 때에도 그렇죠. 이러한 예시에 대해 공감할 수 있나요? [과거의 성공 경험에 대한 추가 논의를 유도]

내담자: 네. 저는 운전을 끔찍하게 못했는데 그 부분은 제가 개선된 것 중에 하나예요. 인내심을 갖고 노력한 결과 지금은 괜찮지만, 몸 상태가 좋지 않아 한동안 운전을 하지 못했습니다. 시험에 세 번이나 떨어졌지만 포기하지 않았어요. 계속했죠. 그래서 시험에 합격한 이후로 자신감이 더 생긴 것 같아요. 확실히요.

임상가: 강사가 어떻게 도와주셨는지 궁금해요. 어떻게 견딜 수 있게 해 주었나요?

내담자: 약간의 반복이 필요하지 않나요? 계속 연습하는 거죠. 전에는 너무 좌절하곤 했어요. 사실 그렇게 하지 않으면 운전을 할 수 없다는 것을 알기 때문에 계속하는 것이 최선이라는 것을 알았고 그렇게 했어요. 쉽지 않은 일이었지만 해냈다는 사실이 자랑스러워요.

임상가: 강사가 출퇴근 시간에 고속도로에서 연습을 바로 시켰나요?

내담자: 아니요, 지금은 기억에서 지워 버렸을지도 몰라요! 처음 연습할 때는 동네 집 근처에서 했어요.

임상가: 그래서 종종 더 쉬운 것부터 시작하곤 하죠. 그래서 만약 우리가 당신이 더 견딜 수 있는 것부터 시작하는 비슷한 접근방식을 생각해 볼 수 있다면 조금 더 자신감을 가질 수 있을 것 같나요? [면담이 끝날 때 과제로 제시된 더 자세한 논의와 관련 독서로 이어지는 치료 접근방식에 대한 잠정적인 정보 제공]

내담자: 네, 그 접근방식이 저에게 적합할 것 같아요.

연습 7-2 🌿 습관 바꾸기에 대한 자신감 향상하기

자신의 습관이나 사례연구로 돌아가 보라. 자신감 향상과 관련된 기술을 적용해 본다. 다시 한번, 개인적인 성찰을 통해 이 작업을 수행하거나 가능하면 동료와 함께 이러한 기술을 연습한다.

Michie 등(2011)은 동기를 강화하기 위한 다른 접근법을 소개한다. 많은 사람이 학창 시절을 떠올리면 특별히 동기를 부여해 준 교사를 떠올린다. 이는 해당 과목에 대한 교사의 열정, 수업 참여도 또는 긍정적인 피드백의 빈도와 같은 요인 때문일 수 있다. 후자는 '인센티브'의 범주에 속한다. 이는 어떤 형태의 자극(예: 교사의 칭찬)이 특정 행동(예: 과제 완료)에 대한 개인의 동기를 강화하는 경우에 발생한다. 이에 대해서는 다음에 자세히 설명되어 있다.

인센티브

제1장에서는 학습이론과 행동치료의 원리에 대해 설명했다. 학습의 두 가지 핵심 유형은 Pavlov와 Skinner에 의해 각각 확립되었다. 첫 번째는 고전적 조건 형성으로, 한 사건이 다른 사건에 뒤따른다는 것을 학습하는 것이다(예: 아기가 젖을 본 후 우유가 뒤따른다는 것을 학습하는 것). 두 번째는 행동에 뒤따르는 결과가 있다는 것을 학습하는 조작적 조건화이다(예: 아스피린을 복용하면 두통의 통증이 사라짐). 이러한 원리를 사용하여 문제가 되는 습관을 교정할 수 있다. 임상적 맥락에서, 이는 최소한 (a) 행동 수행에 선행하는 '선행 조건' 또는 상황, (b) 행동에 대한 설명, (c) 행동의 '결과'로 구성된 기록을 유지하는 것에서 시작된다. 행동에 대한 개념을 활용하여 문제를 정의한 후, 임상가는 어떤 행동 변화가 가장 큰 효과를 가져올 수 있는지, 그리고 그 행동이 변화될 가능성이 얼마나 높은지 예측하여 개입의 초점을 결정한다. 예를 들어, 비만에 대한 치료의 경우 다음 사항에 중점을 둘 수 있다. (a) 식사 시간 사이에 간식 끊기, (b) 칼로리가 높은 디저트 대신 과일로 대체하기, (c) 일주일에 세 번, 30분 동안 빠르게 걷기 등이 있다.

문제 식습관을 유발하는 행동은 대개 학습된 것이다. 텔레비전을 보면서 습관적으로 음식을 먹는 경우, 이러한 상황은 조건 자극이 되어 음식을 먹도록 유도하고 결과적으로 음식 섭취량을 증가시킨다. 마찬가지로 단 음식이 일시적으로 불쾌한 감정을 해소해 준다면, 그러한 음식 섭취는 부정적으로 강화된다. 기록 과제는 이러한 패턴을 강조한 다음 행동 수정 접근방식을 통해 이러한 도움이 되지 않는 연관성을 소거할 수 있도록 한다. 예를 들어, 식탁에서만 음식을 먹고 텔레비전을 보면서 실내용 자전거를 타면 먹는 것과 텔레비전 시청의 관계가 깨진다. 체중 감량 목표를 달성했을 때 영화관 관람과 같은 즐거운 활동을 하는 것은 체중 감량에 도움이 되는 긍정적인 강화의 한 형태이다. 이러한 방식으로 인센티브를 제공하는 과정은 행동 변화를 유발하는 강력한 방법이자 의식적으로 '자동적' 형태의 동기부여를 증가시키는 방법이다.

연습 7-3 ✿ 습관 이해하기 및 바꾸기

다시 한번 습관으로 돌아가 보자. 행동 패턴을 유지하는 데 고전적 조건 형성 또는 조작적 조건 형성이 어떤 역할을 하는지 파악할 수 있는가? 문제를 극복하기 위한 목표로 측정 가능한 행동 목표를 생성할 수 있는가? 학습이론의 원리를 사용하여 역기능적 연상을 깨고 이 습관과 관련하여 행동 변화를 일으키려면 어떻게 해야 하는가?

학습이론의 원리는 모든 형태의 행동에 적용될 수 있다. Adachi(2005)는 이러한 원칙을 임상 면담 자체에 적용하여 참여를 이해하고 향상시켜야 한다고 주장한다. 이 과정은 심리치료의 한 형태인 **상호작용 분석**transactional analysis에서 **스트로크**strokes라는 개념으로 개념화되었다(Stewart & Joines, 2012). 일상생활에서 긍정적인 스트로크는 기분 좋은 것으로 인식되는 상호작용이다. 미소, 고개 끄덕임, "안녕하세요, 만나서 반가워요."와 같은 문구로 구성될 수 있다. 반대로 부정적인 스트로크는 눈살을 찌푸리는 등의 행동이나 "그건 바보 같은 짓이었어."와 같은 문구로 구성된다. 사람들은 긍정적인 표현을 하는 사람과 함께 있는 것을 즐거워한다. 임상적 장면에서는 임상가가 행복한 표현을 하면 내담자가 더 부정적인 경험에 대해 이야기하거나 어려운 감정을 표현하는 데 방해가 될 수 있으므로 보다 중립적인 자세를 취해야 한다. 그러나 임상가는 '임상적 스트로크'를 잘 활용하여 노출("이런 이야기를 하는 것이 어려운 일이라는 것을 알고 있지만, 당신은 정말로 당신의 문제를 잘 알려 주고 있습니다."), 노력("이번 주 일기장에 정말 좋은 항목이 많았어요."), 그리고 진전을 강조("이번 주에 PHQ-9 점수를 성공적으로 줄이기 위해 무엇을 했다고 생각하십니까?" "상황에 대처하는 이 새로운 접근법을 정말 잘 이해한 것 같습니다.")하는 등 내담자의 행동을 긍정적으로 강화하는 데 사용할 수 있다. 비언어적 표현으로는 고개를 끄덕이거나 '아하'와 같은 소리를 내는 것 등이 있으며, 이는 보다 자세한 설명을 유도한다. 메모를 작성할 때는 대화의 필수 요소만 녹음하고 임상가가 (문자 그대로) 대면 접촉을 최소화하면서 (내담자에게 머리 위를 보여 줌으로써) 필기하는 전략을 채택하는 것이 도움이 된다. 이렇게 하면 회기 내내 비언어적 스트로크의 흐름이 중단되지 않고 계속 이어질 수 있다. 그러나 긍정적인 표현이 너무 많으면 거짓이나 아첨으로 보일 수

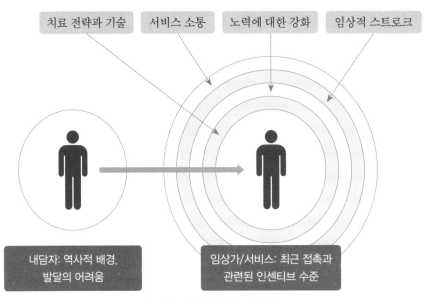

[그림 7-1] 인센티브의 종류

있으므로 균형을 잡아야 한다. 따라서 이를 올바르게 표현하는 것은 연습이 필요한 치료 기술이다. 또한 치료의 초기 단계에서는 과제와 관련된 도전을 얼마나 할 수 있는지는 내담자와 함께 신중하게 상의해야 한다. 초기 성과는 노력을 강화할 수 있기 때문에(그리고 반대도 마찬가지로 노력을 좌절시킬 수 있기 때문에) 중요하다.

또한 임상 서비스와의 접촉은 참여를 강화하거나 중립적인 것으로 받아들여지거나 심지어 처벌로 인식될 수 있다(예: 내담자가 거절당했다는 인식을 유발하는 등). 공식적인 민원은 불참 후 급하게 퇴원시키거나, 내담자와의 연락 사이에 긴 공백(예: 대기자 명단에 있거나 임상가가 병가 중일 때)이 있거나, 임상적 서신에 판단적인 문구를 포함함으로써(내담자가 보게 되는) 발생할 수 있다. 오히려 소통의 빈도와 내용을 통해 배려하고 공감하며 소통하는 모습을 보여 주는 것이 더 나은 서비스이다. 또한 서비스 이용에 대한 장벽을 최소화하기 위해 노력하고(예: 응답하지 않을 경우 퇴원을 초래하는 옵트인_{opt-in} 서신), 서비스 경로에서 내담자가 어디에 있는지 계속 알려 주고, 내담자의 생활 환경에 맞춰 치료를 맞춤화해야 한다.

따라서 저강도 인지행동치료에서는 인센티브(또는 조건화) 과정이 다양한 수준에서 작동한다([그림 7-1] 참조). (a) 문제 생성에 기여하고, (b) 심리적 어려움을 직접적으로 치료하는 데 사용되며, (c) 치료 내에서 전략을 적용하는 데 내담자의 노력을 강화할 수 있고, (d) 회기 내에서 특정 형태의 유용한 의사소통에 대해 보상할 수 있으며, (e) 서비스가 내담자와의 의사소통에서 '강화'됨으로써 참여를 극대화할 수 있다.

제1장에서 잠깐 언급했던 학습의 마지막 형태를 '모델링'이라고 한다. 이에 대해서는 다음에서 자세히 설명한다.

모델링

Pavlov와 Skinner의 연구에 이어서, Albert Bandura(1925~2021)는 학습에 조건화가 중요한 역할을 하지만, 학습은 순수하게 관찰을 통해서도 일어날 수 있다는 사실을 발견했다. 이러한 형태의 학습을 **모델링**이라고 한다. 모델링은 관찰 후 모방으로 이어진다. 모델링 자극은 개인이 원하는 행동을 보여 주거나 설명하는 실제 사람일 수도 있고, 또는 어떤 형태의 미디어(예: 텔레비전, 인터넷, 라디오)를 통해 전송되는 상징적인 인물(예시적이지만 실제 인물이 아닌)일 수도 있다.

Michie 등(2011)은 조건화와 마찬가지로 모델링도 동기의 자동적 형태에 영향을 미침으로써 행동에 영향을 미친다고 지적했다. 심리치료의 맥락에서는 임상가가 역할극 연습을 통해 자기주장 행동을 모델링하는 것을 예로 들 수 있다. 예를 들어, 뱀 공포증에 대한 점진적 노출 치료의 일환으로 뱀을 만지는 시연을 하거나 부부 문제를 겪고 있는 부부를 대상으로 분쟁 해결 기법을 모델링할 수도 있다. 이 시연은 내담자가 행동을 모방할 수 있는 기회를 제공한다. 그런 다음 상담실 밖에서 패턴을 반복하여 문제 상황에 더 효과적으로 대처할 수 있다. 이러한 변화는 결과적으로 고통의 감소 또는 기능의 증가로 이어지며, 새로운 행동이 강화된다.

저강도 인지행동치료 내에서 모델링 자극은 치료 수단과 임상가로 구성된다. 예를 들어, 자조 서적에는 일반적으로 치료에 성공한 내담자들의 예시가 포함되어 있다. 이 예시들에는 내담자의 초기 심리적 어려움에 대한 세부 정보, 치료 진행 상황에 대한 설명, 행동 및 완성된 워크시트에 대한 예시가 포함되어 있다. 이는 자료가 자신에게 적용 가능하다는 것을 내담자에게 안심시키는 데 도움이 되며, 어려움을 정상화하고, 회복에 대한 희망을 제공하고, 새로운 대처방법을 모델링하고, 내담자가 모방할 수 있는 행동 및 완성된 자료의 예를 제공한다. 다른 모든 것이 동일할 경우, 모델링 자극과 내담자의 상황(예: 연령, 증상 발현, 성별)이 유사할수록 내담자가 공감할 수 있는 정보를 더 많이 포함할 수 있다는 점에서 도움이 될 가능성이 높다(Papworth et al., 2015).

저강도 인지행동치료 임상가는 자료를 보완하고 회기 내에서 문제해결 전략을 시연하는 측면에서 중요한 모델링 역할을 할 수 있다. 그들은 내담자 자신의 경험에 보다 구체적으로 맞춘 추가 예제를 사용하여 자조 연습에 접근하는 방법을 내담자에게 보여 줄 수 있다. 또한 치료 작업을 용이하게 하는 유용한 질문 형식의 예시를 제공할 수 있다. 그런 다음 내담자는 이를 내재화하여 회기 외부에서 사용할 수 있다. 이러한 방식으로 잠재적으로 내담자가 자료를 통해 얻을 수 있는 이점을 극대화할 수 있다. 임상가는 또한 내담자가 스스로 일부 연습을 시도할 수 있도록 회기 내에서 발생할 수 있는 기회를 주어야 한다. 이를 통해 코칭과 강화가 이루어질 수 있는 기회를 제공한다.

이러한 면담 요소는 내담자의 역량과 자신감 수준을 높여 준다. 이렇게 하면 내담자는 회기에서 더 많은 준비를 하고 나머지 연습들을 스스로 할 수 있도록 동기를 높여 준다. 임상가는 비유와 같은 추가적인 상징적 모델을 사용하여 자료를 보완할 수도 있다. 연습을 하는 과정에서 문제가 발생하는 경우(회기 중 또는 과제를 수행하는 중에), 임상가는 관련 문제해결 과정을 모델링한 다음 내담자에게 코칭할 수 있다. 그런 다음 남은 치료 기간 동안 내담자는 스스로 적용할 수 있으며, 그 후에도 다른 상황에 적용할 수 있게 된다. 그러나 회기 내에서 자가 진단 자료를 피상적으로 참조하면 내담자가 이용할 수 있는 학습 기회가 줄어들기 때문에 모델링을 사용할 때 주의할 필요가 있다.

모델링은 자신감을 높여 동기부여를 향상시키지만, 내담자가 역량에 문제가 있다는 신호를 보내는 경우(예: 과제 접근 방법을 잘 모르는 경우)에도 유용하다. 따라서 저강도 인지행동치료 임상가는 특히 치료 면담의 공동 의사결정 및 종료 섹션에서 자신감 또는 역량 문제가 표시된 경우 추가적인 모델링 개입을 고려해야 한다.

환경 재구조화

이 마지막 형태의 개입은 변화의 기회를 확대하기 위해 내담자 환경의 물리적 또는 사회적 요소를 재배치하는 것으로 구성된다. **환경 재구조화**environmental restructuring 개입은 내담자가 면담 중에 치료에 참여할 기회가 충분하지 않다고 지적하는 경우 실시해야 한다. 과제가 완료되지 않은 경우 치료 면담의 정보 수집 B 섹션 또는 과제에 동의한 경우 평가 및 치료 프로토콜의 의사결정 섹션에서 강조할 수 있다.

개인의 '권한'(개인이 자신의 삶을 통제할 수 있는 능력) 부족으로 인해 기회가 제한될 수 있다. Hagan과 Smail(1997a)은 유용한 파워 맵 프레임워크를 제공하는데, 이 프레임워크는 임상가가 기회를 저해할 수 있는 내담자의 삶의 관련 영역을 고려하고 개입을 안내할 수 있도록 해 준다. 파워 매핑 과정의 원래 의도는 내담자와 협력하여 지도를 완성하는 것이었다. 그러나 이 프레임워크는 임상가가 내담자 상황의 이러한 측면을 회고할 때 이해할 수 있도록 하는 공식화 도구로도 사용할 수 있다.

〈표 7-1〉은 힘power과 관련된 네 가지 영역에 대한 설명과 가능한 개입의 몇 가지 예시를

제공한다. 이는 Michie 등(2011)의 '기회' 범주에 포함된 사회적 요소와 물리적 요소를 모두 포함한다. 내담자의 치료 참여 기회를 제한하는 영역이 정확히 파악되면, 임상가는 내담자가 자신의 권한을 키우는 것을 목표로 문제해결 과정을 거치도록 돕는다. 이 과정의 일환으로 임상가는 내담자에게 부채 상담 또는 직업 야간 수업과 같은 정보를 제공할 수 있다. 문제해결을 촉진하기 위해 내담자와 함께 문제를 더 철저히 탐색한다(예: 내담자가 치료에 집중할 수 있는 시간을 가질 수 있도록 내담자 네트워크 내에서 이용할 수 있는 추가 육아 지원이 있는지 탐색하는 것; 다음 Joan의 사례 참조). 또한 내담자를 대신하여 자원(예: 학대하는 이웃으로부터의 이주를 지원하기 위한 주택)에 연락하거나 위험 수준에 따라 다른 기관(예: 사회복지 서비스

표 7-1 환경 재구조화를 위한 권한 영역 및 초점 예시

영역	영역 범위	구조 조정 초점의 예
물리적 문제	재정적 자원, 고용 및 고용 가능성, 교육 수준, 안전한 물리적 환경(예: 주택)	야간 수업, 직업 과정/제도, 자원봉사, 일자리 센터, 이력서/구직 지원서 지원, 안정적 고용, 재정적 혜택 및 부채 지원, 사회복지 투입, 이주, 경찰 지원, 지역 의회의 의견, 임상가의 지원 편지
개인적 요인	지능 및 개인 매력도, 자기관리, 자신감/자기 효능감, 개인 목표에 대한 인식, 개인적 가치에 대한 통찰 및 이러한 가치의 근원에 대한 수준	성인 교육, 문해 및 수리 수업, 난독증 지원, 지지적이고 긍정적인 형태의 개인 피드백, 가능성에 대한 새로운 이해, 부당한 상황 및 개인 자원에 대한 통찰력, 심리적 성찰을 가능하게 하는 '공간' 및 자원
가정 및 가족	가족 또는 배우자의 지원 여부, 역기능적 가족 관계의 부재, 부모님의 지원 여부, 지원 가능한 파트너의 존재 여부	기타 실질적이고 정서적인 지원, 유연성 및 다른 사람들과 '팀'으로 협력하여 부하를 분담하고, 필요에 대응할 때 책임을 분담하며, 휴식(공식적·비공식적)의 여유, 아동/가족을 위한 출구, 아동 및 가족 정신건강 서비스, 가정 폭력(정신적·신체적) 부재, 연애 자원, 적합한 파트너를 만날 기회 제공
사회생활	다른 사람, 소셜 네트워크, 레크리에이션 활동, 지원 및 성취감을 제공하는 그룹에 참여하고 영향을 미칠 수 있는 능력	사회적 교류처, 다른 사람을 만나기 위한 여행 능력(예: 대중교통 승차권), IT 자원/접근성 및 IT 기술, 친구 또는 가족과 가까운 주거지, 대중교통 이용이 가능한 주거지, 타인의 정서적·실질적 지원, 여가 시간(사회적 지원으로 촉진), 개인적인 욕구를 우선시하는 능력, 여가 자원 이용, 사회 단체 이용(예: 북클럽, 다트 팀, 여성 연구소, 젊은 엄마/또래 지원)

출처: Hagan & Smail(1997a)에서 인용함.

또는 경찰에 가정 폭력 사건 신고)에 연락할 수도 있다.

이제 사례연구로 돌아가 보자. Joan은 첫 번째 치료 회기를 위해 임상가를 다시 만났지만 과제를 완료하지 못했다. 이 발췌문은 임상가가 그 이유를 탐구하면서 시작된다. 그 후 그들은 현실적인 문제(가정 및 가족 영역)와 죄책감(개인적 요인 영역)이 모두 그녀의 참여 기회를 가로막고 있는 것을 발견한다.

Joan과의 인터뷰: 치료 인터뷰 발췌문, COM-B, 심리치료 및 환경 재구조화 검토

임상가: 지난번에 이야기할 때 마트에 가는 것이 중요하다고 느낀다고 말씀하셨잖아요. 지금도 그렇게 느끼시나요? [중요도 체크]

내담자: 네, 그렇습니다. 이번 주에 다른 일들이 방해가 되었을 뿐이에요. 솔직히 말해서 정신없이 바쁘게 지낸 한 주였기 때문에 시간이 정말 빨리 지나간 것 같아요.

임상가: 그렇다면 다른 것보다 일을 볼 기회가 없었다는 것이 더 큰 문제였던가요? [기회가 없었다는 것이 주요 이유라는 것을 확인]

내담자: 네, 어느 정도 그래요. 하루는 시도해 보았지만 도착했을 때는 이미 사람이 많아지고 있었어요. 아침 일찍 가겠다고 해서 큰 애를 여동생과 함께 데려다주고, 작은 애는 여동생이 데리고 갔어요. 그래서 계획대로 하루 일과에 이 시간을 만든 후, 저는 이 일을 해야 한다고 스스로 다짐을 했어요. 그런데 막상 도착해 보니 예상보다 더 바빠서 당황하기 시작했어요. '그래도 집에서 할 수 있는 일이 있겠지.'라고 생각했고 결국 그 시점에서 그냥 집으로 돌아왔어요.

임상가: 그래서 계획대로 비어 있을 때 갈 수 없었나요?

내담자: 예상보다 늦게 도착했어요. 10시에 도착했는데 생각보다 더 붐볐어요. 정말 당황스럽고 통제 불능 상태가 되어서 그냥 나가야겠다고 생각했어요.

임상가: [자조 자료] 챕터에서 이에 대해 이야기했었죠? 벗어나고 싶다는 욕구와 함께, 일찍 그 자리를 피했기 때문에 그 상황에 대처할 수 없다는 신념이 더 확고해진다고요. 이는 계속 같은 악순환을 만들어 내요. [내담자의 이해 수준(능력) 확인]

내담자: 물론 진정하고 나니 사물이 더 명확하게 보이기 시작했고 집에 돌아왔을 때 정말 답답한 마음이 들었어요. 이번 주에 가서 다시 시작할 계획이었지만 여동생이 전화해서 몸이 좋지 않다고 해서 아이들을 맡길 수 없었어요. 다른 누가 아이들을 돌봐 줄 수 있을지 정말 몰랐어요. 또 한 번은 남편이 돌아와서 솔직히 말해서 말다툼이 좀 있었기 때문에 그 후에는 갈 수 없을 것 같았어요. 기분이 별로 좋지 않았거든요. 그 당시에는 우선순위가 아니라고 생각했어요.

임상가: 따라서 성공 가능성이 높은 시기와 자신감을 가질 수 있는 시기를 강조하는 데는 여러 가지 요

소가 방해되고 있는 것 같네요. 이에 대해 생각해 본 결과, 일주일에 몇 가지 '시간대'를 두어 필요할 때 갈 수 있도록 아이디어를 내보면 어떨까요? [문제해결을 유도]

내담자: 제 여동생은 지금 몸이 회복됐기 때문에 여동생과 상의해서 언제 가능할지 현실적으로 판단해야 할 것 같아요. 하지만 계속 여동생에게 부담을 주고 싶지는 않아요. 남편은 주말에 며칠 쉬는데 그때 함께 시간을 보내려고 계획하고 있었어요. 남편에게 한 시간만 아이들을 돌봐 줄 수 있냐고 물어보면 그때 가서 할 수 있을 것 같아요. 큰아이는 어차피 학교에 있을 테지만 막내는 돌봐 줄 사람이 필요하거든요. 그렇게 해 보는 것도 한 방법일 것 같아요.

임상가: 좋아요, 이번 주에 남편분이 도움을 줄 수 있을 것 같네요. 궁금한 게 있는데, 여동생도 당신이 이 문제를 해결하려고 상담하러 여기 온다는 걸 알고 있나요? 언니는 당신이 도움을 구하길 원했죠?

내담자: 그랬죠. 하지만 그 이유 중 하나는 그녀가 저한테 짜증이 좀 난 것 같았어요. 그래서 이제 상담을 받아야겠다고 생각했어요. 그녀에게 부탁을 하고 싶을 때마다 마음 한구석에 그 생각이 떠올랐어요. 제가 또다시 부담을 주면 결국 그녀가 저에게 정말 짜증을 낼 것 같아요.

임상가: 이것이 치료의 일부라는 사실을 알게 되면 여동생이 어떻게 느끼실 것 같나요? [추가적으로 환경적 지지를 촉발]

내담자: 그런 생각은 못해 봤어요. 제가 아주 비밀로 했기 때문에 그녀에게 조금 더 설명할 수도 있습니다. 그녀는 저에게 너무 잘해 줬기 때문에 제가 죄책감을 많이 느끼는 게 문제예요. 여동생이 도와주고 싶어 할 거라는 걸 알아요. 제가 말하지 않아서 속상해할 수도 있죠. 장기적인 관점에서 제가 이걸 극복할 수 있다면 우리 모두에게 좋은 일이 될 거예요.

임상가: 그렇다면 오늘 논의한 것 중에 다음주에 좀 더 지지를 받기 위해 가능한 선택지들이 좀 더 있는 것 같은데요?

내담자: 네.

Maslow(1943)는 인간에게 욕구 위계가 있다고 주장했다. 가족의 안전, 안전한 주거, 생활비를 충당할 수 있는 충분한 수입과 같은 기본적인 욕구는 일반적으로 심리적 욕구보다 우선순위가 높다. 즉, Joan은 자녀를 돌볼 사람이 없을 때 자조 자료에 집중해야 할 필요성보다 자녀의 욕구를 우선시하게 될 수밖에 없다. 임상가는 Joan과 함께 문제해결 과정을 시작하고 Joan의 회복에 우선순위를 두는 여동생에 대해 질문함으로써 이 기본적인 욕구를 충족할 수 있는 추가적인 지원 선택지를 파악할 수 있었다. 그러면 Joan은 남은 회기 동안 자신의 심리적 욕구에 더 많은 시간을 집중할 수 있게 된다. Joan이 이러한 지지를 받을 수 있다는 것을 인식하도록 도와줌으로써 임상가는 그녀의 사회적 환경을 재구조화했다.

연습 7-4 🌿 환경 재구조화하기

다음 제시된 세 가지 사례연구에 대해 제한 사항과 기회 측면에서 무엇이 고려될 수 있는지 생각해 보자. 무엇을 탐색하고 어떻게 개입할 수 있을까?

- Jack은 61세이다. 혼자 살고 있으며 더 이상 가족과 연락을 하고 있지 않다. 아일랜드에 성인 자녀 세 명이 있다. 그는 약 30년 전에 이혼하고 게이츠헤드로 이사한 이후로 가족을 본 적이 없다. 그는 트럭 운전사로 일했지만 두 달 전에 정리해고를 당했다. 그는 국가 혜택에 등록하지 않았으며, 하루에 한 봉지의 과자를 사서 끼니를 해결하고 있었다. 그는 친목을 도모하던 술집에 가는 것을 중단했다. 일차 진료의는 그를 우울증으로 진단하며 의뢰하게 되었다. 행동 활성화를 통해 그의 활동 수준을 증가하려고 노력했지만 과제를 완료하지 못했다.

- Josie는 일차 진료의에게 의뢰되었으며, 그에 따르면 그녀는 우울하고 짜증이 많다고 보고했다. 그녀는 12세 아들의 비행 행동으로 인해 이웃들과 사이가 멀어진 어려운 환경에서 살고 있었다(9세와 8세의 자녀도 있음). 이웃들은 그녀에게 불평하고 위협을 가했다. 그녀의 배우자는 폭력적이었고, 그녀의 자녀들은 그와 연락하지 않고 있었다. 최근에 그녀는 회기에 참석하여 아들이 커튼에 불을 질렀다고 보고했다.

- Julia는 현재 2세인 딸이 태어난 후부터 '우울한' 기분이 들어 일차 진료의에 의해 의뢰되었다. 그녀는 아이가 잠자리에 들 때까지 모든 시간을 딸과 함께 보낸다. Julia는 기혼자이다. 남편은 친구들과 축구 경기를 보러 다니고 다트를 치며 시간을 보내는 반면, Julia는 엄마가 된 후 인간관계가 소원해졌다. 딸은 엄마가 옆에 없을 때 투정을 부리고, Julia의 부모는 이전에 이런 상황에 적응하지 못했기 때문에 손자와 단둘이 시간을 보내는 것을 꺼린다. Julia는 딸이 관심을 지속적으로 요구하기 때문에 현재 길잡이식 자조 자료에 집중하기가 어렵다.

결론

이 프레임워크는 참여 문제를 '진단'하고 이러한 문제를 해결하기 위한 개입을 계획할 수 있는 길잡이를 제공했다. 평가 및 치료 프로토콜에 수정된 COM-B(행동에 영향을 미치는 역량, 기회와 동기) 모델이 포함되어 회기 길이에 미치는 영향은 적다(참여도가 문제가 있는 것으로 표시되지 않는 경우). COM-B 분석을 사용하지 않으면 참여 가능성이 낮은 내담자를 정확히 찾아내지 못할 위험이 있다. 이러한 내담자의 경우, 치료 반응이 악화되거나 치료를 중단할 수 있다. 양가감정을 보고하는 내담자가 확인된 경우, 개입을 안내하기 위해 COM-B 프레임워크를 사용하시 않으면 임상가는 내담자가 치료에 더 잘 참여할 수 있는 상태가 될 때까지 치료를 다시 시작하라는 메시지와 함께 퇴원시키는 것으로 선택지가 제한된다고 인식할 수 있다. 이 보조 도구를 사용하면 임상가가 내담자의 참여 수준에 영향을 줄 수 있으므로 더 포용적이며 치료 결과가 향상된다. 위험도가 높아졌을 때와 마찬가지로, 준수율이 낮으면 회기 프로토콜의 나머지 요소보다 우선적으로 고려가 필요한 임상가의 추가 개입이 필요하며, 내용 중 일부는 다음 회기에서 다룰 수 있게 연기해야 할 수 있다.

요약

- 어떤 행동이나 행동이 일어날 가능성이 있는지 여부는 능력, 기회, 동기의 세 가지 요소에 따라 달라진다.
- 평가 및 치료 면담 프로토콜 내에서 이러한 요소를 평가하기 위해 질문을 하면 내담자의 치료 참여 능력을 파악할 수 있다.
- 수정된 COM-B 프레임워크의 결과로 참여 문제가 강조되는 경우, 이러한 문제는 일반적으로 추가 저강도 인지행동치료를 시행하기 전에 해결해야 한다.
- 동기부여는 중요성과 자신감이라는 두 가지 요소로 유용하게 세분화할 수 있다. 이는 참여도를 높이기 위한 동기강화면담의 내용은 이 중 어느 것이 문제가 되는지에 따라 달라지기 때문입니다. 동기강화면담은 행동 변화에 선행하는 '변화 대화'를 장려하는 방식으로 작동한다.
- 인센티브는 보다 '자동적인' 형태의 동기부여를 강화한다. 이러한 과정은 치료 내에서 여러 단계에 걸쳐 작동한다. 이러한 과정은 다음과 관련이 있다.
  - 치료 전략
  - 내담자와 임상가 간의 상호작용
  - 임상가의 반응이 내담자의 노력에 미치는 영향
  - 과제의 효과
  - 임상 서비스와의 의사소통이 내담자의 참여를 활성화하는 정도
- 모델링은 역량뿐만 아니라 동기부여에도 영향을 미친다. 임상가의 지지과 함께 모델링과 후속 코칭 및 강화를 통해 자조 능력을 향상시킬 수 있다.

- 환경 재구조화를 통해 내담자가 치료에 참여하는 기회를 늘릴 수 있다. '권한'에 대한 고려를 통해서 임상가는 기회 부족으로 인해 내담자의 치료 참여 능력이 제한될 수 있는 상황을 파악하고 그에 따라 개입할 수 있다. 임상가는 내담자가 보다 기본적인 욕구를 해결할 수 있도록 지원함으로써 심리적 문제에 집중할 수 있는 능력을 향상시켜 준다.

추가로 읽어 볼 자료와 활동들

- COM-B(행동에 영향을 미치는 역량, 기회와 동기) 모델에 대한 정보는 다음 링크에서 확인할 수 있다. www.ncbi.nlm.nih.gov/pmc/articles/PMC3096582/
- 동기부여 인터뷰 전략에 대한 자세한 정보는 다음 링크에서 확인할 수 있다. www.motivationalinterviewing.org/ 이 웹사이트에는 이 접근방식과 관련된 다양한 자원이 있다. Miller와 Rollnick(2012)에서 더 자세한 내용을 확인할 수 있다. 이 주제에 대한 무료 입문 장은 www.ncbi.nlm.nih.gov/books/NBK64964/에서 확인할 수 있다.
- 동료와 역할극을 통해 중요성과 자신감을 높이기 위한 동기강화면담을 계속 연습해 본다. 그런 다음 양가감정이 있는 내담자에게 이 기법을 적용해 보라.
- 인센티브의 원칙을 임상 장면에 적용한다. 비디오 역할극 또는 임상 면담을 통해 거짓이나 시혜적으로 보이지 않으면서도 참여도를 높이기 위해 이 개입을 활용하고 있는지 확인한다.
- 문제가 있는 식습관 사례연구에 대한 지식을 넓히기 위해 다음 문서에서 식습관 개선을 위한 행동 수정에 대한 소개를 확인할 수 있다. psycnet.apa.org/journals/bar/2/2/133.pdf
- 다음은 '뇌졸중'에 대한 추가 정보이다. www.uktransactionalanalysis.co.uk/transactional-analysis/key-concepts/strokes
- Hagan과 Smail(1997b)은 아동 성적 학대 생존자 치료에서 파워 맵을 사용하는 방법을 설명한다 (이는 저강도 인지행동치료의 범위에는 포함되지 않는다).

제**8**장 **우울 이해하기**

Theresa Marrinan

학습 목표

- 우울의 전형적인 증상과 진단 기준에 대한 지식을 습득한다.

- 우울의 심각도를 구별하고 중복 장애를 감별한다.

- 우울의 위험과 재발 관리의 중요성을 이해한다.

- 인지행동치료 모델에서 제안한 우울의 일반적인 유지 과정을 설명할 수 있다.

서론

우울은 저강도 인지행동치료LICBT 임상가가 치료 장면에서 자주 접하는 흔한 장애이다. 이 장에서는 우울(임상 또는 주요 우울이라고도 함)의 전반적인 특성을 살펴보게 될 것이다. 주요 증상과 공식적인 진단 특징, 그리고 우울한 기분이 특징으로 나타나는 다른 장애와 우울을 구별하는 방법에 대한 지침이 포함되어 있다. 저강도 인지행동치료 임상가의 역할은 경증과 중등도의 우울을 다루는 일이기 때문에 다양한 수준의 심각도를 구별하는 방법을 숙지해야 한다. 우울에서 발생하는 두 가지 주요 문제, 즉 자기 위험과 재발도 고려해야 한다. 이 장의 마지막 절에서는 우울한 기분을 유지시키는 주요 과정과 우울의 인지행동치료CBT 모델을 살펴볼 것이다.

우울이란

글상자 8-1 ─사례연구: Alison ─────────────────────────────

Alison은 심리치료에 의뢰된 39세 여성이다. 그녀는 하루 종일 울적한 기분을 느끼며, 아이를 돌보거나 집안 일 등 일상적인 일을 하는 데 필요한 에너지나 동기가 거의 없는 상태로 지낸다. 그녀는 치과 접수원으로 파트타임 일을 하고는 있지만 일을 하기 위해서는 몸을 '끌어내야'만 하는 상태로 지내고 있다. 직장에 도착하면 그녀는 안절부절못하고 짜증이 난 상태로 일에 집중하거나 몰두하기가 어려운데 이로 인해 실수를 하지 않을까 걱정을 한다. Alison은 계속 피곤함을 느끼고 밤에 잠드는 데 어려움이 있다. 그녀는 지난 1개월간 식욕이 감소했고 체중도 많이 줄었다. 아침 시간은 그녀에게 엄청난 투쟁을 하는 듯 힘겨우며 지난 2주 동안 세 번이나 병가를 내었다. 그녀는 남편과 아이들을 사랑하지만 삶에 '갇혀 있다'는 느낌이며 미래가 보이지 않는다. 이런 상태로 인해 그녀는 마치 자신이 '나쁜 엄마이자 끔찍한 아내'라고 느낀다. 그녀는 최소 지난 2개월 동안 이런 느낌을 받아 왔다.

[글상자 8-1]의 사례연구에서 언급된 Alison에 대한 기술은 임상적으로 우울한 사람에게서 볼 수 있는 전형적인 증상의 일부를 보여 준다. 일반인들은 종종 자신의 삶에 대해 우울

함이나 불만족스러움을 느낄 수 있기 때문에, Alison의 증상이 임상적 우울이나 실제 다른 장애의 임계 기준을 충족하는지를 판단하는 것은 중요하다. 다만, 우리가 말하는 '우울'의 의미를 이해하기 위해서는 기분이 좋지 않았던 자신의 경험을 고려해 보는 것이 도움될 수 있다([연습 8-1] 참조). 그런 때 우리가 어떻게 느끼고 생각하고 행동하느냐는 임상적 우울을 가진 사람들이 경험하는 증상을 반영할 수도 있고, 우울하다는 것이 무엇을 의미하는지 어느 정도 통찰을 얻을 수 있다.

연습 8-1 ❀ 기분이 좋지 않았던 나의 경험

지금부터 몇 분 동안 당신이 우울하거나 진저리가 났었던 때를 생각해 보라. 아마 당신은 인생에서 일이 제대로 풀리지 않는다는 느낌을 받았을 수도 있고, 실망스러운 소식이 있었을 수도 있고, 어쩌면 관계가 끝났을 수도 있다. 다음 네 가지 질문을 검토해 보고 시간을 내어 자신의 생각을 적어 보자.

• 슬픔, 분노, 짜증, 수치심 등 당신이 경험했던 감정은 어떤 것이었는가?
• 어떤 생각이 들었는가? 예를 들어, 자신이나 다른 사람을 비난하였는가? 그것이 자신, 당신의 삶 또는 미래에 대한 당신의 생각을 바꾸었는가?
• 피곤하거나 에너지가 넘치거나, 안절부절못하거나 긴장하는 등 신체로는 어떤 느낌을 받았는가?
• 바쁘게 지내거나, 주의를 돌리기 위해 텔레비전을 보거나, 친구를 피하거나, 침대에 계속 누워 있는 등 기분이 좋지 않은 상태에서 당신이 대처하려고 했던 행동들은 무엇이 있는가?

우리는 이제 우울의 전형적인 반응을 생각, 감정적 반응, 신체적 반응 그리고 행동으로 나누어 살펴볼 것이다.

생각

[연습 8-1]에서 당신이 답한 내용을 살펴보자. 당신은 우울할 때 어떤 종류의 생각을 했는가? 스스로를 비난하지는 않았는가? 당신은 다른 사람들이 당신을 실망시켰다고 보지는 않았는가? 세상이 돌아가는 방식, 예를 들면 세상이 정의로운지, 공정한지 등 세상이 돌아가는 방식에 대한 이해에 의문이 생겼는가? 우울한 기분 상태에서는 자신, 타인 그리고 세상을 바라보는 방식이 달라질 수 있다. 생각은 대부분 자동적이고 의심의 여지가 없다. 즉, 생각은 보통 우리 마음속에서 자발적으로 떠오르는 것들이고, 사건에 대한 '진실한' 해석이라고 볼 수 있다. 물론 나중에 다른 관점을 적용시킬 수도 있겠지만 말이다. 인지행동치료의 창시자

중 한 명인 Beck은 우울한 내담자들이 부정적인 생각을 많이 한다는 것을 발견했고, 이를 **부정적인 자동 사고**라 불렀다(Beck et al., 1979). 그는 이러한 것들이 부정적인 인지 삼제로 알려진 세 개의 영역으로 묶인다고 제안했다. 각 영역은 다음과 같다.

- 자기: 예를 들면, '모두 내 잘못이야.' '나는 쓸모없는 존재야.'
- 세상 또는 타인: 예를 들면, '사람들은 항상 나를 실망시켜.' '삶은 불공평해.'
- 미래: 예를 들면, '항상 이렇게 잘못될 거야.' '아무것도 변하지 않을 거야.' '영원히 혼자로 있겠지.'

Beck은 내담자들이 특정 사건이나 상황에 관계없이 동일한 자동적 사고를 보이는 경우가 많다는 사실을 발견하고, 이는 그 사람이 자신과 세상에 대해 가지고 있는 기본적 믿음에서 비롯된 것일 수 있다고 제안했다.

정서

정서는 분노, 슬픔, 죄책감, 수치심, 기쁨, 두려움과 같은 기분 상태를 말한다. 기분 저하는 임상적 우울의 핵심 특징으로, 개인 삶의 모든 영역에 퍼져 있으며 이전에 즐겼던 활동에서 쾌락이나 기쁨을 경험하지 못하게 만든다(Beck et al., 1979) 그 결과, 삶은 훨씬 더 힘들고 영혼 없이 단순히 몸만 움직이며 기계적으로 살고 있다는 느낌을 들게 할 수도 있다. 한편, 긍정 정서는 느끼지 못하는 것처럼 보이는 반면, 부정 정서는 훨씬 더 강한 강도로 느껴질 수 있는데, 이로 인해 때때로 견딜 수 없는 상태에 와 있는 것처럼 보일 수 있다. 이러한 부정 정서는 슬픔과 절망에만 국한되지 않고 죄책감, 짜증, 불안도 포함할 수 있다.

생리적 증상

우울은 다양한 생리적 증상과 관련이 있다. 이전에 했던 연습 내용을 다시 떠올려 보자. 신체로 느낀 경험이 어떤 것이었는지 기억하는가? 우울해지면 오랜 시간 동안 활동을 하지 않아도 힘이 없고 기운이 빠지며 둔감하다고 느끼는 것이 일반적이다. 휴식을 취하려는 마음에서 평소보다 더 오래 잤지만 더 피곤하거나 나른한 기분이 들었던 때를 떠올려 보라. 우울을 경험하고 있는 사람들은 대부분의 시간을 이런 느낌으로 지낸다. 지속적인 피로 상태에 있는 것은 그들의 에너지 수준을 회복하기 위해 더 많은 휴식이 필요하다고 믿게 만든다.

결과적으로, 그들은 활동량을 줄이고 잠을 더 많이 자는 경향이 있는데, 이것은 무기력한 느낌을 지속시키는 역할을 할 뿐이다.

신체적으로 지칠 뿐만 아니라 주의집중에 어려움이 있어 정신적 과제(예: 독서)에 집중하는 데 큰 어려움을 겪을 수 있다. 우울한 사람은 정보를 처리하거나 질문에 답하는 데 평소보다 더 오래 걸리기 때문에 다른 사람에게 '느려 보이는' 사람으로 비칠 수 있다. 내담자를 평가하고 치료할 때 이 점을 고려해야 하며, 속도를 조정해야 할 수도 있다.

다른 신체 증상으로는 흥분, 눈물, 성에 대한 관심의 저하 등이 있다. 많은 사람은 또한 기존에 가지고 있던 신체적 통증, 두통, 근육의 긴장이 심해졌다고 보고한다. 실제로 우울을 앓고 있는 사람들이 의사에게 신체적인 통증을 호소하는 경우가 드물지 않은데, 우울을 제대로 인지하지 못할 경우 오진으로 이어질 수 있다. 우울한 사람들은 수면 문제를 흔하게 가지고 있다. 잠에 들거나 잠을 지속하는 데 어려움이 있다고 호소하거나, 이른 아침에 깨거나, 대신에 낮에 과도하게 잠을 자거나, 하루의 대부분을 침대에 있는 것 등이다. 식욕의 경우 어떤 사람들은 식욕부진으로 인해 체중 감소를 경험할 수 있는 반면, 다른 사람들은 '배고픔이 아닌 단지 정서적 욕구로 건강한 음식이 아닌 맛있는 음식을 편안하게 섭취하다'가 체중이 증가하기도 한다.

행동

[연습 8-1]에 답했던 내용을 떠올려 보자. 무언가에 진저리가 나 지루함을 느낄 때 어떤 종류의 일을 했는가? 밖에 계속 나가 친구들을 만나고 활동적으로 지냈는가? 무엇을 그만뒀거나 덜했는가? 우울할 때 활동이 줄어들고 외부 세계로부터 철수하는 것은 우울한 사람들이 보이는 전형적인 특징이다. 의욕이 현저하게 감소하고 이것은 낮은 에너지 수준 및 집중력의 저하와 동반되어 나타나는데, 이것은 우울한 상태에 있는 사람이 이전에 하던 일상적인 일을 수행하는 데 어려울 수 있음을 의미한다. 시험공부, 집안일, 입사지원서 작성, 세금 신고서 작성과 같이 당신이 하기 싫어하고 가능하다면 피하고 싶은 일을 생각해 보자. 우울을 경험하는 사람들에게 대부분의 활동은 심지어 이전에 즐거웠던 활동들조차 하기 싫고 피하고 싶어질 수 있다. 일상생활에서 효과적으로 기능하기 위해 필요한 업무들, 예를 들면 청구서 납부, 집안일, 출근과 같은 일들이 극도로 부담스러워진다. 사람들은 종종 활동에 들여야 하는 노력 때문에 또는 활동에서 더 이상 즐거움을 얻을 것으로 기대하지 않기 때문에 사회적 접촉이나 취미를 피한다. 다른 사람들이 자신의 상태를 어떻게 볼지에 대한 수치심도 있을 수 있다. 결과적으로, 우울한 상태에 있게 되면 활동이 줄어들고 사회적으로 고립된다.

우울한 상태에서 더 많이 철수할수록, 사회적 접촉을 다시 시작하기가 더 어려워질 수 있다. 그들의 활동 수준은 낮아졌고, 에너지 수준은 더 낮아져 있으며 더 무기력감을 느낀다. 게다가 활동이 줄어들수록 그들이 경험했던 어려움을 되새기거나 **반추**하는 데 더 많은 시간을 할애할 수 있다.

우울이 더 심할 경우 일어나거나 옷을 입고 씻는 등의 기본적인 자기관리에도 영향이 갈 수 있다. 우울에 완전히 압도될 경우 삶을 완전히 포기하고 싶은 바람을 가질 수도 있는데, 이것은 어떤 것이 변화될 수 있다는 것에 대한 그리고 더 이상 견디기 힘든 상태로부터 벗어날 수 있다는 바람이 무너진 무기력감의 결과일 수 있다. 자살 사고, 자해, 그리고 자살 시도가 우울에서 흔히 보고된다. 따라서 이들의 위험 평가가 중요하게 다루어져야 한다(위험에 관한 다음 절과 제6장 참조).

〈표 8-1〉은 전형적인 우울 증상들을 보여 준다. 이들은 사고, 정서, 생리적 증상 및 행동에 초점을 맞춘 다섯 가지 영역의 접근법으로 구분된다(Greenberger & Padesky, 2015; Williams & Chellingsworth, 2010; 다섯 가지 영역의 접근법에 대한 자세한 내용은 제3장 참조).

표 8-1 우울의 전형적 증상

사고	정서	생리적 증상	행동
• 자기, 타인, 그리고 미래에 대한 부정적 사고 • 비관론/절망감 • 무가치감과 무기력감 • 처벌받아 마땅하다는 신념	• 기분 저하 • 죄책감 • 불안 • 과민성 • 슬픔 • 절망	• 에너지 저하 • 수면의 문제 • 식욕 변화 • 근육 긴장 • 통증 • 초조 • 성욕 감퇴 • 눈물 • 집중력 저하 • 주의력 저하	• 사회적 철수 • 활동의 감소 • 반추 • 배고픔이 아닌 정서적 욕구에 의한 식습관(예: 정크 푸드, 고당 · 고칼로리 음식 섭취) • 자해 • 자살 시도

연습 8-2 ❀ 증상 확인하기

앞서 제시한 Alison 사례를 떠올려 보라([글상자 8-1]). Alison이 우울을 앓고 있다는 증거로 볼 수 있는 증상들은 어떤 것인가? 〈표 8-1〉을 참고하여 Alison의 증상들을 분류해 보라.

임상적 우울

우울은 가장 흔한 정신건강 문제 중 하나이다. 실제로, 우울은 매우 광범위하게 발생하기 때문에 종종 '마음의 감기'라고도 불린다(Seligman, 1973). 전 세계적으로 우울은 장애의 주요 원인 중 하나로 간주되며(Mathers, 2008), 인구의 약 7%가 우울로 영향을 받고 있다(Ayuso-Mateos et al., 2010). 우울이 널리 퍼져 있음에도 불구하고 사람들은 종종 우울을 인정하는 것을 꺼린다(Meltzer et al., 2000). 또한 우울을 앓고 있는 대부분의 사람이 처음에 방문하게 되는 일차 진료에서 우울증 진단이 제대로 이루어지지 않는 경우가 많다(Gates et al., 2016; Goldberg & Huxley, 1992; Kessler et al., 1999).

나이, 성별 및 결혼 상태는 모두 주요우울과 상당히 관련이 있다(Kessler & Bromet, 2013). 발병 연령은 보통 20대 초반에서 중반이다. 따라서 아동기나 청소년기에 발생하는 불안장애보다 우울의 발병 연령은 늦다. 유병률은 나이가 들면서 감소하는 경향이 있다. 이혼하거나 별거 중인 사람들은 우울의 비율이 더 높다. 연구에 따르면, 여성은 남성보다 우울을 경험할 확률이 거의 두 배나 높다는 결과가 지속적으로 발표되고 있다(Kessler & Bromet, 2013; Waraich et al., 2004). 일부 연구자들은 이것을 설명하기 위해 상대적으로 높은 수준의 빈곤, 불평등 및 차별과 같은 요인을 강조했다(예: Belle & Doucet, 2003). 또한 여성이 남성보다 도움을 구할 준비가 더 잘되어 있다는 증거도 있다(Verhaak, 1995).

우울의 유병률은 나이가 들수록 감소하는 경향이 있지만, 신체적 건강, 장애 및 사회적 고립과 같은 요인의 발생률이 증가하면 일부 노인들 사이에서 우울 발병에 대한 취약성이 증가할 수 있다. 실제로, 우울은 노년기 삶에서 발생하는 가장 흔한 정신질환으로 간주되고, 그 영향은 자기 방임 및 자살률이 높아질수록 더 파괴적일 수 있다(Blazer, 2003). 종종 우울을 잘 탐지하지 못해 치료를 제대로 받지 않는 경우가 많다(Anderson, 2001; Chew-Graham et al., 2012). 이것은 다양한 요인 때문일 수 있다. 노년기에는 특히 자신의 증상을 정상적인 노화 과정이라고 생각하거나 낙인이 걱정되어 자신의 증상을 과소 보고하기도 한다(Gallo et al., 1994). 마찬가지로, 단순히 서비스에 접근하는 방법에 대한 지식이 부족해서일 수도 있다(Robb et al., 2003; Segal et al., 2005). 불행히도 우울을 발견하고 치료하는 사람들 역시 사회 내에 존재하는 일부 부정적인 고정관념(예: 늙는다는 것은 고통과 상실을 동반한다는 생각)에서 자유롭지 못하기 때문에, 노인들에게 우울증에 대처하기 위한 도움을 덜 제공할 수도 있다(노인들과 함께 일하는 것에 대한 자세한 내용은 Cuddy et al., 2005와 제13장 참조).

일부 소수 민족 배경을 가진 사람들 사이에서 우울이 더 흔할 수 있다는 증거가 있지만

(예: Bhui et al., 2004), 연구 결과는 다양하다. 때때로 사람들이 정신건강 서비스에 어떻게 참여하는지에 대해 문화가 영향을 미치기도 하는데, 예를 들어 다른 사람들에게 심리적인 증상보다는 신체 증상을 호소하는 것이 더 받아들여질 수도 있다(추가적인 논의는 제11장 참조). 또한 소수 민족 배경을 가진 사람들에게서 우울이 과소 진단될 수 있으며, 심리치료를 제공할 가능성이 낮다는 보고가 있다(NICE, 2009).

실업, 빈곤, 낮은 사회 계층, 낮은 교육 수준과 같은 일반적 사회경제적인 요인들도 우울 발병 위험을 증가시킨다는 연구 결과도 있다(NICE, 2009).

우울 진단하기

앞서 설명한 것처럼, 우울할 때 사람들이 겪는 경험은 기분이 다운되거나 지치거나 의욕이 떨어질 때 느끼는 것과 크게 다르지 않다. 이런 의미에서, 우울은 분류의 개념이 아닌 차원의 개념으로, 즉 우울이 연속선상의 어디에 위치해 있는 것으로 볼 수 있다. 증상이 경미한 경우 잘 대처하는 것처럼 보이며 일상적인 활동을 하는 데 문제가 없지만, 증상이 심각할 경우에는 전혀 기능하지 못하고 삶을 끝내고 싶은 충동을 느낄 수 있다. 임상적인 우울의 진단을 충족시키기 위해서는 『정신질환의 진단 및 통계 편람 5판DSM-5』(APA, 2013)[1]의 표준화된 분류 체계에 명시된 대로, 다양한 증상이 존재해야 하고 특정 임계치를 넘어야 한다. 임상가는 치료를 결정하는 데 도움을 받기 위해 합의된 기준을 알고 있어야 한다(제3장 참조). DSM-5는 우울에 대한 공식적인 진단을 위해 충족시켜야 하는 많은 증상을 다음과 같이 제시하고 있다.

- 우울한 기분
- 거의 대부분 또는 모든 활동에서의 저하된 관심이나 즐거움
- 유의미한 체중 감소 또는 증가
- 수면장애
- 정신운동성 초조 또는 지체
- 피로

---

1) 역자 주: DSM은 처음 출판된 뒤 다섯 차례 개정되었다. DSM-5는 2013년에 발행되었고, 2015년에 국내에서 번역되었다. 최근 2023년에는 『정신질환의 진단 및 통계 편람 제5판 수정판』(DSM-5-TR; 권준수 역, 학지사, 2023)이 출판되었다.

- 무가치감 또는 과도한 죄책감
- 집중력의 어려움
- 죽음에 대한 반복적 생각 또는 자살 사고

이러한 증상 중 적어도 다섯 가지는 최소 2주 동안 지속되어야 하며, 그중 하나는 우울한 기분이거나 관심 또는 즐거움의 감소가 있어야 한다(APA, 2013).

연습 8-3 ✿ 진단 기준 사용하기

DSM-5를 참조하여 주요 우울진단에 필요한 모든 기준을 숙지한다. 앞서 소개한 Alison을 생각해 보라([글상자 8-1] 참조). 그녀의 증상에는 어떤 것들이 있었는가? 그녀의 증상들 중 주요 우울로 진단하기 위한 공식적인 기준에 부합할 수 있는 것은 무엇이었는가? 진단을 내리기 위해 현존하는 증상과 관련하여 추가적으로 필요한 정보는 어떤 것인가?

특정 증상을 확인하는 것 외에도 임상가는 증상의 지속 시간과 심각성을 고려해야 한다. 이러한 요인을 결정하는 방법은 이 과정을 돕기 위해 사용하는 주요 선별 도구에 대한 개요와 함께 다음에 좀 더 자세히 설명할 것이다.

지속 기간

지속 기간은 우울 증상을 경험한 기간이다. 일반적으로 우울로 공식적 진단을 내리기 위해서는 적어도 2주간 증상이 지속되어야 한다. 특히 기분 저하와 관련하여 증상의 지속성과 일관성을 고려하는 것이 중요하다. 우리 대부분 일상생활에서 기분의 변동을 경험하게 되는데, 예를 들어 행복과 같은 긍정적인 정서를 생각해 보자. 행복한 기분을 가능한 오랫동안 지속하는 것이 바람직하겠지만, 우리의 기분은 시간이 지남에 따라 변하고, 안타깝게도 이러한 기분은 결국 사라지게 된다. 반대로 불안이나 슬픔 또는 분노처럼 불쾌한 정서 역시 영원히 지속될 수는 없기에 사라지는 경향이 있다. 게다가 정서는 어떤 사건이 발생하게 될 때 일반적으로 영향을 받게 되는데, 가령 위협적인 상황에서 벗어나면 두려움이 사라지게 될 것이다. 기분 좋은 즐거운 경험을 하면 슬픔이 사라지고 사과를 받으면 분노가 줄어든다. 그러나 우울한 사람들에게는 우울한 기분이 그들이 하는 경험의 지속적인 특징이 되어 버려서 긍정적인 사건들에 면역이 된듯 영향을 받지 않는 것처럼 보일 수 있다. 때때로 어떤 긍정적인 사건이 일어날 때 잠시 잠깐 기분이 상승될 수는 있지만 이러한 기분이 지속되지 못하고 다시 빠르게 저하된다. 따라서 우울을 평가할 때 증상의 지속 여부는 물론이고 증상이 얼마 동안 지속되는지 지속 기간을 모두 평가하는 것이 중요하다.

심각도

심각도는 증상의 강도와 이전의 '정상' 수준에서 기능하는 데 방해가 되는 정도에 따라 측정된다. 우울이 심각한 수준에 있을 경우에 사람들은 씻기, 옷 입기, 먹는 것과 같은 가장 기본적인 활동조차 수행할 수 없다고 느낄 수 있다. 우울 수준이 가벼운 경우, 예를 들어 의욕이 떨어지고 일에 집중하는 것이 평소보다 더 어렵다는 느낌에도 불구하고 출근하여 일을 계속하는 등 겉으로 보기에는 정상적으로 기능하고 있는 것으로 보일 수 있다. 일상적인 활동은 수행할 수 있지만 더 많은 노력이 필요할 수 있으며, 반면에 운동이나 사교 활동과 같이 덜 필요한 활동은 피할 수 있다. 물론 정상적인 활동 수준에 대한 판단은 다를 수 있다. 따라서 각각의 개인에게 일상생활에 어느 정도 영향을 받았는지 확인하는 것이 중요하다. 다음과 같은 질문이 도움이 될 수 있다. "당신이 예전에 하던 일을 어느 정도까지 중단했습니까?" "우울한 기분을 경험하기 시작한 이후로 무엇을 중단했거나 덜 하고 있으세요?" 또는 "어떤 활동을 수행하기가 더 어려워졌습니까?" 이것은 임상가가 그 사람의 기능이 얼마나 부정적으로 영향을 받았는지를 확인하고 증상의 심각도를 판단하는 데 도움이 될 것이다.

우울에 대한 사람의 경험이 경도, 중등도 또는 심도의 범주에 속하는지 여부를 결정하는 것은 저강도 인지행동치료 임상가에게 특히 중요하다. 치료는 경도에서 중등도의 우울을 가진 사람들을 대상으로 해야 하며, 더 심각한 증상을 보이는 사람들은 한 단계 더 나아간 집중적인 접근이 필요하다. 실제로, 심각도를 구별하는 것이 항상 명확하지는 않은데 증상의 수, 유형, 강도에 따라 결정된다. 치료하지 않고 방치할 경우 주요우울로 발전할 가능성이 높아질 수 있다는 점을 근거로 주요우울의 임계 기준 아래에 있는 지속적인 우울 증상을 가진 사람들을 치료해야 한다는 강력한 주장이 제기되고 있다(NICE, 2009).

선별 도구

선별 척도는 평가 과정에서 유용하게 사용될 수 있다(제3장 참조). 전통적으로 Beck 우울 척도 II$_{BDI-II}$(Beck et al., 1996) 및 해밀턴 평정 척도$_{HARS}$(Hamilton, 1960)가 우울의 평가 도구로 사용되어 왔다. 그러나 저강도 인지행동치료와 같은 단기 치료에서는 더 적은 문항으로 구성된 평가 척도를 사용하는 것이 더 효율적이다. 적은 문항으로 구성된 평가 척도는 더 빠르고 쉬우며, 매주 사람들의 우울 상태를 검토할 때 그리고 전화 상담에 보다 적합하다. 환자 건강 질문지PHQ-9는 그러한 평가 도구 중 하나이며, 이 척도의 간결성은 좀 더 자주 그리고 정기적으로 사용할 수 있도록 하는 데 주요한 이점이 있다(Kroenke et al., 2001). 치료 시작 시 그리고 치료 기간 내내 환자의 증상을 평가하기 위해 변화를 모니터링하는 방법으로 사용할 수 있다. 또한 직업 및 사회적 적응 척도WSAS(Mundt et al., 2002)는 다양한 활동에서 개인의 기능 및 참여 수준의 변화를 평가하는 데 도움이 되는 간단하고 유용한 척도이다.

우울을 다른 장애와 구별하기

우울을 진단할 때 나타나는 증상이 다른 진단 범주로 더 잘 설명되지는 않는지를 검토하는 것이 중요하다. 이 과정은 **감별 진단**으로 알려져 있는데, 이에 대한 명확한 지침은 진단 분류 시스템 내에서 제공된다. 기분 저하는 여러 다른 상태나 다른 장애의 증상일 수 있으므로, 다른 장애들을 배제하는 것이 중요하다. 고려해야 할 주요 영역은 다음과 같다.

의학적 건강 상태

앞서 설명했듯이, 우울은 다양한 신체 증상과 관련이 있다. 그러나 우울에서 나타나는 신체 증상은 당뇨병, 뇌졸중 또는 암과 같은 다양한 의학적 상태에서도 나타날 수 있다. 따라서 내담자가 호소하는 피로, 집중력 저하 또는 수면장애와 같은 상태가 신체적 건강 상태로 인해 나타나는 것인지, 아니면 우울 증상으로 설명할 수 있는지 여부를 잘 감별하는 것이 중요하다. 내담자의 증상이 우울로 명확히 설명되지 않는 경우, 갑상선 기능 항진이 있을 경우에도 과민성, 기분 변화, 불면증, 피로와 같이 우울에서 나타내는 유사한 증상을 유발할 수 있으므로 이에 대한 검사를 받았는지 확인하는 것이 중요하다. 갑상선 기능 항진증 증상이 있을 경우 적절한 약물치료를 통해 증상을 감소시킬 가능성이 높다. 또는 의학적 문제를 장기간 경험할 경우에도 우울한 기분으로 이어질 수 있다. 이 경우 저강도 인지행동치료 임상가가 적절한 개입을 하는 것이 도움이 될 수 있다(이에 대한 자세한 내용은 제14장 참조). 노인의 경우 우울과 치매를 구별하는 데 어려움이 있을 수 있는데, 이 연령대에 우울과 치매가 자주 나타나며(Maynard, 2003), 두 장애 모두 기억력 및 집중력 장애와 같은 유사한 증상을 보인다(Wright & Persad, 2007).

약물 남용

알코올이나 불법 약물의 과도한 사용은 사람의 기분과 생리적 증상에 상당한 영향을 미치는 경향이 있다. 이러한 물질에 대한 의존은 우울에서 경험한 것과 유사한 증상을 유발할 수 있으며, 이 경우 일반적으로 전문 서비스에 내담자를 의뢰하는 것이 더 적절하다.

불안과 우울

우울과 불안이 동반되는 경우가 흔해서 이 둘을 구별하는 것은 어려울 수 있으며(Brown et al., 2001), 실제 둘 사이의 경계가 모호한 경우가 많다(Blackburn & Davidson, 1995). 우울에 불안이 동반되는 경우 어떤 증상을 치료할 것인지 결정하는 것이 중요한 문제이다. 임상가를 안내하려면 다음 질문을 고려하는 것이 유용하다.

- 우울 이전에 불안장애가 있었는가? 기존의 불안장애와 주요 우울(또는 우울 증상)이 동반되는 경우, 불안장애를 먼저 치료하는 것이 중요하다. 범불안장애와 사회불안장애와 같은 일부 불안장애는 주요 우울의 시작 전에 나타나는 경향이 있으며, 우울에 대한 개인의 취약성을 증가시키는 것으로 보인다는 증거가 있다(Belzer & Schneier, 2004). 불안장애가 있는 사람이 왜 우울해질 수 있는지 이해하는 것은 어렵지 않다. 지속적으로 불안 상태에 있는 경험은 고통스럽고 지칠 수 있기 때문에, 불안을 줄이기 위해 그 사람은 많은 상황을 피할 수 있다. 예를 들어, 공황발작이 일어날 수 있다는 두려움 때문에 외출하지 않는 등 정상적인 기능에 큰 제약을 받을 수 있다. 불안을 극복하는 데 어려움이 있으면 낙담 또는 절망감이 생기기도 하고, 그러다 보면 기분이 우울해질 수 있다. 따라서 우울 증상은 근본적인 불안장애로 인한 이차적 증상일 수 있으며, 이 경우 불안을 먼저 치료하는 것이 우울 증상을 해결하는 가장 효과적인 방법일 수 있다.
- 불안 증상이 우울장애의 일부인가? 예를 들어, 안절부절못하거나, 가만히 앉아 있기가 힘들거나, 서성거리거나, 손을 쥐어짜는 것과 같은 초조함은 우울증의 일반적인 특징이다. 불안 증상은 드물지 않지만, 불안장애로 별도 진단을 내리기에는 충분하지 않을 수 있다. 아이들을 실망시키고 남편에게 부담을 주는 것에 대해 불안해하고 직장에서 실수를 하는 것에 대해 크게 걱정하는 Alison을 생각해 보자. 이러한 경우, 불안 증상은 우울 장애의 일부로 간주할 수 있다. 따라서 우울을 치료하면 불안 증상이 줄어들 가능성이 높다.

• 우울한 기분이 치료에 참여할 수 있는 능력에 영향을 미치는가? 우울의 쇠약 효과 때문에 기존의 불안장애가 있는 경우에도 먼저 우울 증상을 해결하는 것이 중요할 수 있다 (제7장의 참여 모델 참고). 그들은 동기 부족, 집중력 저하 또는 높은 수준의 절망감을 경험할 수 있다. 저강도 인지행동치료 모델 내에서 내담자는 치료에 적극적인 역할을 해야 한다. 우울 증상이 치료될 때까지 내담자를 불안장애에 대한 작업에 참여시키는 것은 어려울 수 있다. 또한 위험 문제가 있을 수도 있다. 이 경우 우선순위는 내담자의 기분을 개선하고 절망감을 줄인 다음 불안장애를 치료하거나 적어도 불안과 우울 증상을 동시에 관리하는 것이어야 한다. 임상가가 이러한 결정을 내리는 데 도움이 되는 의사결정 트리가 [그림 8-1]에 나와 있다. 임상가는 지도감독을 통해 이러한 문제를 해결해야 한다.

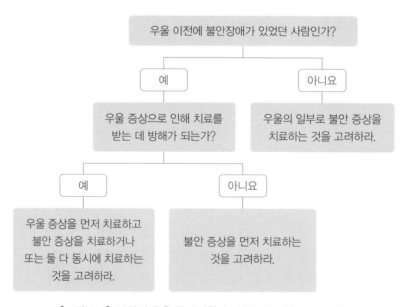

[그림 8-1] 불안과 우울 동반이환의 경우 치료 의사결정 트리

사별

마지막으로, 사별을 고려하는 것이 중요하다. (누군가의 죽음으로 인한) 애도는 상실에 대한 정상적인 반응이며 그 과정이 자연스럽게 진행되도록 허용되어야 한다. (누군가의 죽음으로 인한) 애도와 우울을 구분하기 위해서는 그 사람의 증상이 사별과 관련된 유발 요인(예: 상실한 대상에 대한 기억이나 기념일)에 반응하여 일어나는 것인지를 고려해 보는 것이 유용하

다. 게다가 기분 저하가 지속적인 특징인 우울과 달리 누군가의 죽음으로 인해 경험하는 애도는 파도처럼 밀려오는 경향이 있다. 하지만 사랑하는 사람을 잃은 후 일부 사람들은 우울 증상을 보이기도 하는데, 이 경우 치료를 고려해야 한다.

위험

위험은 우울을 보이는 사람에게서 특히 탐색해야 하는 중요한 영역이다. 이 장애에서 경험하는 높은 수준의 비참함과 절망은 자살 생각이 흔하다는 것을 의미하며, 자살은 참을 수 없는 상황을 벗어나기 위한 수단으로 간주될 수 있다(Beck et al., 1979). 우울을 앓고 있는 사람들은 일반인보다 자살할 확률이 최소 4배 높은 것으로 밝혀졌다(NICE, 2009). 특히 높은 수준의 절망감은 자살 행동의 위험을 상당히 증가시키는 것으로 보인다(Beck et al., 1975, 1989).

증상이 심각할수록 그리고 정신적 또는 신체적 건강 문제가 같이 있을 때 위험이 증가하는 경향이 있다(APA, 2010). 하지만 경미한 수준의 우울을 앓고 있는 사람들 또한 위험에 취약하다. 따라서 정기적으로 모니터링을 하는 것이 중요하며, 위험이 주요 문제가 되는 경우 종합적인 위험 관리 계획을 수립해야 한다(제6장 참조). 또한 임상가가 내담자와의 직접적인 접촉이 적은 경우, 예를 들어 회기가 빈번하지 않거나 전화, 그룹 상담 또는 인터넷 기반 인지행동치료CCBT와 같은 다른 방식으로 치료가 진행되는 경우 위험 문제에 충분히 주의를 기울일 필요가 있다.

정기적인 사례관리 감독을 통해 위험 문제가 있다고 판단되는 내담자를 모니터링해야 한다(제17장 참조). 저강도 치료 작업을 할 때 중등도 또는 고위험 수준의 사람들은 다른 곳으로 의뢰하는 것이 일반적이다. 그러나 그들이 다른 서비스 기관에 의뢰되어 기다리는 동안 지원을 받지 못한 채 방치되어서는 안 되며, 중간에 필요한 임시 지원을 하거나 신뢰할 수 있는 다른 기관의 도움을 받을 수 있도록 돕는 것이 중요하다.

재발

우울은 종종 4개월에서 6개월 후에 완전히 회복되는 시간 제한 장애로 특징지어지지만, 많은 사람에게 이 증상은 훨씬 더 오래 지속될 수 있다(NICE, 2009). 연구에 따르면, 우울 삽화를 경험한 사람 중 적어도 절반은 또 다른 우울 삽화를 겪게 될 것이며, 재발한 사람은 우울 삽화를 더 겪을 가능성이 높다(Kupfer, 1991). 저강도 치료는 경도에서 중등도 수준의 우울 삽화를 처음 경험하는 사람들을 대상으로 해야 한다. 더 만성적인 우울이 있는 사람들은 더 강도 높은 치료를 받을 필요가 있다.

경도에서 중등도 수준까지의 정신건강 문제를 치료하는 저강도 인지행동치료 임상가들의 역할을 고려할 때, 저강도 인지행동치료 임상가는 우울의 초기 징후를 감지하고 적시에 개입할 수 있는 유리한 위치에 있다. 치료에 대한 신속한 접근은 저강도 인지치료의 핵심 원칙이며, 증상이 더 공고해져 변화하기 어려워지기 전 초기 단계에서 치료적 변화를 만들 수 있도록 돕는 것이 목표이다. 치료적 효과가 쉽게 나타나지 않는 우울의 특성과 초기에 치료하지 않았을 때 개인에게 미칠 수 있는 누적되는 부정적인 영향을 생각하면 조기에 치료하는 것이 정말 중요하다. 우울이 만성화될 경우 직업이나 사회적 지지와 같은 영역에 다양한 형태로 손실을 초래할 수 있으며, 이는 개인의 자존감에 큰 영향을 미쳐 우울을 더 지속·심화시킬 수 있다.

우울의 재발 빈도가 높은 점을 감안할 때, 회복 이후에 겪게 될 어려움에 대비하도록 준비시키는 것이 중요하다. 특히 유용하다고 판단한 전략들을 생각해 보게 하고 향후에 겪게 될 어려움에 대처하는 데 그 전략들을 계속 사용할 수 있도록 격려하는 것이 중요하다. 이에 대해서는 우울의 저강도 인지행동치료 치료를 다루는 제10장에서 더 자세히 살펴볼 것이다.

우울의 유지 과정 이해하기

지금쯤이면 우울에서 일반적으로 경험하는 정서, 인지, 생리적 증상 및 행동의 유형에 익숙할 것이다. 제3장에서는 인지행동치료 모델 내에서 이러한 서로 다른 영역이 어떻게 서로 연결되고 강화되어 기존 문제를 계속 유지하게 되는지 설명했다. 이것을 유지 사이클 maninternance cycle, **공식화**formulation 또는 **사례개념화**라고도 한다. 공식화는 기분이 저하될 때 그 사람이 어떻게 반응하게 될지를 파악하는 데 사용할 수 있다. 공식화에서 각기 다른 영역들 간의 가능한 연결 고리를 살펴봄으로써 우리는 그 사람의 우울한 기분이 어떻게 시작되고 지속되는지 이해할 수 있다. 우울과 관련된 핵심 유지 과정에 대해서는 다음에서 설명하고 있다.

활동 수준 감소

앞에서 설명한 것처럼 우울의 일반적인 특징은 동기부여가 잘 되지 않는다는 점이며, 이는 일반적으로 활동 수준의 저하로 이어진다. 자기관리를 포함한 일상생활을 소홀히 하게 된다. 출근, 청구서 지불, 집 수리와 같이 효과적인 기능을 수행하는 데 필요한 행동을 회피하거나 수행하는 데 큰 어려움을 겪을 수 있다. 사교 활동, 취미 생활과 같이 즐거움을 주었던 활동조차도 참여하기 어려울 수 있다. 결과적으로, 친구와 즐거운 시간을 보내거나 의미 있는 활동을 수행하고 삶의 목표에 집중하며 목적 의식을 얻는 등의 긍정적인 경험을 할 기회가 거의 없다. 이것은 그 사람의 자존감을 낮추고 삶이 만족스럽지 못하다는 느낌을 증가시켜 부정적인 믿음을 강화하고 우울한 기분을 더욱 지속시킬 수 있다. 장기간 활동을 하지 않은 것은 무기력감을 증가시킬 수 있으며, 이는 활동을 하거나 상황을 바꾸기에 충분한 에너지가 없다는 믿음에 영향을 줄 수 있다. 결과적으로, 그 사람은 이 상황에서 벗어나기 어려운 부정적인 주기에 갇히게 된다. 이것은 높은 수준의 절망감과 아무것도 변하지 않을 것이라는 믿음을 초래할 수 있다.

인지편향

앞서 설명한 것처럼 우울은 자기, 세상, 타인 그리고 미래에 대한 부정적인 자동적 사고(부정적 인지삼제)를 증가시키는 경향이 있다. 활동 수준의 저하는 부정적 사고를 강화시킨다. 또한 우울한 사람은 반대 또는 대안적 설명이 가능한 증거는 무시하거나 평가절하하면서 부정적인 생각을 확증하거나 지지하는 경험의 한 측면에 주의를 집중하는 **잘못된 정보 처리**를 하는 경향이 있다(Beck et al., 1979). 마치 '장밋빛 안경'을 쓴 것과 정반대의 경험을 하고 있는 것 같다. 이것은 그 사람이 경험한 상황에 대한 그 사람의 생각이 타당하지 않다는 것을 의미하는 것이 아니라, 우울한 기분이 지배할 때 그 사람의 사고를 부정적으로 편향시키고 전체 그림을 보는 것을 매우 어렵게 만들 수 있다는 것을 말한다.

Beck은 부정적으로 편향되어 세상을 보는 방식이 종종 **도움이 되지 않는 사고방식**이라고 불리는 **체계적 사고 오류**의 결과일 수 있다고 제안했다. 이들은 네 가지 주요 범주로 분류될 수 있다. 즉, 자기비난, 직관적 사고, 선택적 주의 및 극단적인 사고이다(〈표 8-2〉 참조). 사람들은 우울을 경험하기 전에도 이러한 사고방식에 관여했을 수 있지만, 이것이 심각한 영향을 끼치지 않았을 수 있다. 실제로 우리 모두는 정보를 처리하는 방식에 편향을 보인다고 주장할 수 있다. 하지만 일단 우울해지면 이런 종류의 편향들은 부정적인 믿음을 악화시키고 기분을 더 저하시키는 강력한 요인으로 작용한다. 이것의 한 가지 예는 **선택적 주의**인데, 이 경우 부정적인 상황을 **지나치게 일반화**하고 긍정적인 면을 무시할 수 있다. 예를 들어, Alison이 직장에서 실수를 했을 때, 이것은 그녀가 직장에서 실패했다는 것을 의미하는 명확한 증거라고 했다. 그녀가 몇 년 동안 그 역할을 매우 효과적으로 해냈다는 증거는 무시하면서 말이다. 그리고 나서 그녀는 전날 저녁 너무 피곤해서 아이들의 과제를 도와주지 못했다는 등 실패했다고 느꼈던 다른 예들을 적극적으로 기억에서 끄집어내어 증거로 찾았다. 한두 가지 사례에서 지나치게 일반화하여 확인 증거를 적극적으로 찾는 이러한 경향은 그녀가 어떻게 대처하고 있는지에 대한 그녀의 인식을 왜곡하여, 그녀의 마음속에 그녀가 삶의 모든 영역에서 실패하고 있다는 분명한 증거를 제공한다. 이것은 그녀 자신에 대한 부정적인 시각을 강화하고, 절망감을 증가시키며, 그녀의 저하된 기분을 악화시킬 가능성이 있다.

이러한 유형의 사고 왜곡은 심지어 우울한 경험에까지 영향을 미칠 수 있는데, 가령 우울한 기분을 극복할 수 없다는 것을 실패자라고 생각하는 사람도 있다(Kennerley et al., 2017). 집중력 저하와 같은 증상에 대해 '바보 같잖아.'(자기비난)라는 사고로 이어지게 하기도 한다. 그리고 소진된 기분을 느끼면 '나는 다시는 일하러 갈 수 없을 거야.'(극단적 사고)라고 결론 내리게 할 수도 있다. 고양된 정서 상태는 또한 사고 편향이 발생하는 경향을 증가시킬 수 있다. 예를 들어, 기분 좋을 때 우리는 그 상황의 긍정적인 측면에 집중하는가 하면, 기분이 다운될 때는 좀 더 부정적인 측면에 주의가 집중된다. 이러한 경향을 **기분 일치 효과** (Bower, 1981)라고 한다.

종합해 보면, 이러한 요인들은 사람이 전반적으로 우울한 기분을 경험할 때 부정적인 생각이 더 많이 일어나고 지속된다는 것을 의미하며, 이는 우울한 기분을 유지하고 악화시키는 효과를 가져올 수 있다는 것을 의미한다. 이것은 종종 내담자가 변화에 대한 생각을 할 수 없게 만드는 **절망감**으로 이어진다.

표 8-2 도움이 되지 않는 사고 유형

자기비난	선택적 주의
• 개인화 • 자기비난 • 명명하기	• 과잉 일반화 • 긍정적인 측면 무시 • 모든 책임 지기 • 부정적 사건 확대
직관적 사고	극단적 사고
• 독심술 • 미래에 대한 부정적 예측 • 감정 반응에 근거한 추론	• '흑백' 논리 • 비현실적 기준 적용 • 파국화

우울 공식화하기

　우울은 이혼, 실직 또는 건강 문제와 같은 유의미한 상실이나 스트레스가 많은 삶의 사건의 결과로 처음 시작될 수 있다. 이는 우울 발병과 관련된 요인으로 초기 평가에서 다루어야 할 중요한 정보이다. 그러나 현재 우울한 기분이 어떻게 지속되고 있는 것인지 이해하기 위해서는 기분의 부정적인 변화를 감지한 최근 시점, 가령 잠을 설치고 아침에 우울한 기분으로 일어났거나, 헤어진 애인을 만나고 난 후 상실이 상기되었거나 하는 시점에 초점을 맞추는 것이 더 도움이 된다. 때로 우울한 기분의 만연하고 지속적인 특성으로 인해 기분의 분명한 변화를 식별하기 어려울 수 있으므로 내담자에게 가장 최근에 특히 기분이 나빴던 때 그리고 이러한 기분 몇 시간 전에 무슨 일이 있었는지를 회상하도록 요청하는 것이 필요하다. 유용한 질문은 다음과 같다. "기분이 우울할 때 무엇을 하고 있었습니까?" "어디에 있었습니까?" "누구와 함께 있었습니까?" 그 다음 임상가는 나머지 다섯 가지 영역에 대한 정보를 이끌어 내야 한다. 생각의 변화("매우 기분이 나빴다는 것을 알았을 때 어떤 생각을 했습니까?" "기분을 더 나쁘게 만든 어떤 생각이 있었습니까? 그렇다면 이것에 대해 좀 더 자세히 이야기해 줄 수 있을까요?" "이로 인해 그 상황을 어떻게 보게 되었나요?")와 정서의 변화("우울한 기분 외 다른 감정도

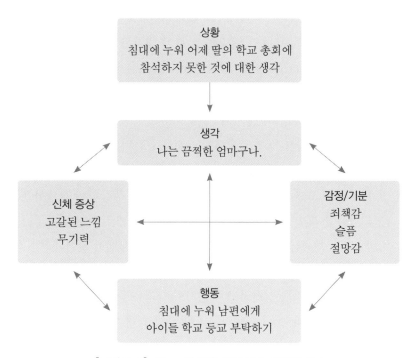

[그림 8-2] Alison의 우울 기분 지속 주기의 예 1

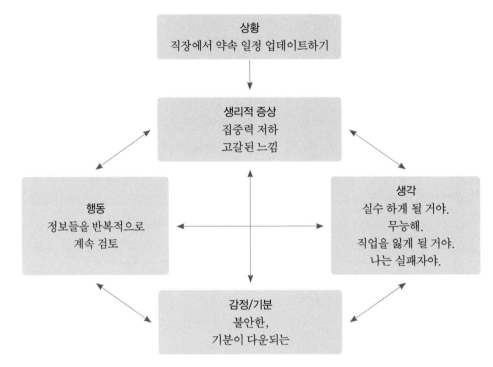

[그림 8-3] Alison의 우울 기분 지속 주기의 예 2

느끼셨나요?"), 관련된 생리적 반응("이때 당신의 몸에 어떤 느낌이 들었나요?" "이 시점에서 어떤 종류의 신체적 변화를 알아차렸습니까?"), 우울한 기분에 대처하기 위해 취한 행동 유형("당신은 기분이 나쁠 때 무엇을 했나요?" "그렇게 기분이 나쁠 때 기분을 가라앉히거나 이것에 대처하기 위해 어떤 조치를 취하셨습니까? 그렇다면, 어떤 종류의 것들을 했습니까?")이다. 자조 자료는 내담자가 과제로 작성할 수 있는 공식화 주기의 예를 제공하여 부정적인 생각이나 무활동과 같은 습관적인 반응을 알아차리는 것에 익숙해지는 것을 돕는다(예: Williams & Chellingsworth, 2010; Williams, 2014). Alison에 대한 공식화의 몇 가지 예가 다음에 제시되어 있다.

Alison은 전날 딸의 학교 총회에 참석하지 않았다는 것을 생각하며 잠에서 깼을 때 우울한 기분이 촉발되었음을 확인할 수 있었다. 결과 그녀는 '나는 끔찍한 엄마구나.'라는 생각이 들었다. 이런 생각은 죄책감, 슬픔, 절망감으로 이어져 침대에서 일어나려는 의욕을 떨어뜨렸다. 결국 그녀는 침대에 누운 채 남편에게 아이들을 학교에 데려다 달라고 부탁했다. 이것은 나쁜 엄마가 된다는 생각을 강화하고 부정적인 감정을 증가시켰으며 그녀의 피로감을 악화시켜 그녀가 더 오래 침대에 머물게 하고 엄마로서 그녀 자신에 대한 부정적인 시각을 더욱 강화했다([그림 8-2] 참조).

Alison은 그녀가 직장에 있을 때 매우 기분이 좋지 않다는 것을 알아차린 후 과제로 가져갈 또 다른 사례공식화 예를 작성해 보았다. 그녀는 이것을 업무와 관련된 일(약속 일정 업데이트)에 집중하는 데 어려움을 겪었던 것과 연결시킬 수 있었고, 이것이 실수를 할지도 모른다는 걱정으로 이어졌다는 것을 알게 되었다. 이로 인해 '무능하다'는 생각(자기비난)과 직장을 잃을 것이라는 두려움(파국화)이 생겼다. 그 결과, 불안이 증가하고 스케줄을 계속해서 체크하는 자신을 발견했으며, 이것이 자신이 일에 집중하는 데 더욱 어려움을 준다는 것을 알게 되었고, 그렇게 부정적인 생각이 더욱 강화되었다. 이런 일이 계속되면서 그녀는 자신이 일을 할 수 없다는 것을 더욱 확신하게 되었고, 이것을 실패(과잉 일반화)의 증거로 해석했다. 이것은 그녀의 기분을 떨어뜨리고, 작업에 집중하는 것을 더욱 어렵게 만들고, 불안과 우울한 기분의 주기에 갇히게 만들었다([그림 8-3] 참조).

　지속 주기의 개념은 인지행동치료 모델의 핵심으로 우울을 촉발한 원래 사건이 끝난 후에도 왜 낮은 기분이 지속될 수 있는지를 설명할 수 있다. 이러한 주기를 공식화를 통해 도식화해 보는 것은 내담자가 어디에 갇히게 되었는지를 파악하고 치료의 시작점을 제공할 수 있다. 제10장에서는 임상가가 저강도 인지행동치료를 사용하여 내담자가 이러한 주기를 깨고 우울로부터 벗어날 수 있는 방법을 살펴볼 것이다.

결론

　이 장의 목적은 임상적 우울 증상을 보이는 내담자를 인식하는 데 도움을 주기 위함이다. 여러 요인으로 인해 진단은 까다로울 수 있다. 임상가는 정상적 우울한 기분과 임상적 증상의 차이를 구분할 수 있어야 할 뿐만 아니라 공병질환과 같은 문제도 잘 파악하고 있어야 한다. 경도에서 중등도의 우울과 심도 우울을 구별하는 것도 중요하다. 이는 임상가가 저강도 접근에 적합한 내담자를 결정하는 데 도움이 되기 때문이다. 인지행동치료 모델 내에서 우울한 기분은 생각, 정서, 생리적 반응 및 행동 사이의 상호작용, 특히 활동 수준 감소 및 정보처리의 부정적인 편향에 의해 유지되는 것으로 보인다. 이러한 과정을 이해하는 것은 효과적인 치료 방법을 결정하기 위한 중요한 출발점이 된다. 이러한 내용은 제10장에서 다룰 것이다.

요약

- 저강도 인지행동치료는 경도에서 중등도의 우울 치료에 권장된다.
- 우울의 전형적인 증상으로는 기분 저하, 즐거움 부족, 에너지 수준 저하, 수면 부족, 식욕 및 집중력의 저하, 무가치감 및 자살 충동이 있다.
- 우울한 기분은 여러 장애에서 나타낼 수 있는 일반적인 특징이므로 우울을 진단할 때 다른 장애나 의학적 상태를 배제하는 것이 중요하다.
- 우울과 불안은 종종 동반이환되는 경우가 많으므로 임상가는 어떤 증상을 먼저 치료할 것인지 신중하게 평가해야 한다.
- 자살 충동은 우울에서 흔히 볼 수 있으므로 위험 평가와 주의 깊은 모니터링이 매우 중요하다.
- 연구에 따르면 우울은 재발률이 높으므로 치료에 재발 방지 전략을 세워야 한다.
- 우울은 활동 수준의 감소와 부정적인 사고 편향으로 유지되며, 이는 정서 및 생리적 증상과 상호작용하여 내담자가 벗어나기 어려운 악순환을 초래한다.

추가로 읽어 볼 자료와 활동들

이 장에서 배운 것을 생각해 보자. 기억해야 할 핵심 사항은 무엇일까? 우울이 있는 내담자를 평가할 때 탐색해야 하는 중요한 문제 목록을 만들어 보자. 혼란스러운 부분이 있거나 이 장에서 특별히 궁금한 점이 있다면 이러한 문제를 수련감독자 또는 지도교수와 추가로 논의하는 것이 도움이 될 수 있다.

지금까지 배운 내용을 바탕으로 추가로 읽을 수 있는 여러 참고문헌을 추천한다. Williams와 Chellingsworth(2010)는 공식화에 대한 유용한 가이드를 제공하는 반면, Williams(2014)의 자조 안내 파트 1은 내담자가 자신의 우울 증상을 이해하도록 안내하는 방법을 보여 준다. 우울을 경험한 사람들의 견해를 얻으려면 이전 환자의 우울 경험에 대한 간단하면서도 강력한 통찰력이 담겨 있는 Johnstone(2007)을 참고하라. 인지행동치료 모델에 대한 추가 배경 정보는 Kennerley 등(2017)을 읽어 보기 바란다. 매우 중요하고 가치로운 정보를 담고 있다. 마지막으로, 우울에 대한 최신 NICE 가이드라인을 숙지하는 것이 좋다.

제9장

불안 이해하기

Theresa Marrinan

- 정상 불안과 임상 불안을 구별한다.
- 임상 불안을 유지시키는 핵심 요인들 설명한다.
- 저강도 인지행동치료 접근법을 사용하여 치료될 수 있는 주요 불안장애를 식별한다.

서론

이 장에서 우리는 불안이라는 용어가 의미하는 것을 정상적인 불안 반응과 임상 불안 증상 간 차이를 통해 살펴볼 것이다. 우리는 불안의 인지행동치료$_{CBT}$ 모델에서 설명한 대로 임상장애로서의 불안 증상이 인지과정과 행동을 통해 어떻게 유지되고 있는지 그 방식에 특히 초점을 맞출 것이다. 다양한 불안장애가 표준화된 인지행동치료를 사용하여 성공적으로 치료가 될 수 있었지만, 우리는 특히 저강도 인지행동치료$_{LICBT}$ 접근법을 활용한 근거 기반이 있는 장애들에 초점을 둘 것이다. 저강도 인지행동치료를 사용하여 불안장애를 치료하는 방법에 대한 좀 더 자세한 정보들은 제10장에서 다루게 될 것이다.

불안이란

인간은 위험하고 예측할 수 없는 환경에서 진화해 왔다. 위험을 인식하고 효과적으로 대처할 수 있는 능력은 인류의 생존에 결정적인 역할을 해 왔고, 이와 관련된 공포 반응은 우리의 생물학적 구성요소로 내장되어 왔다(Öhman & Mineka, 2001). 즉, 우리는 위험과 관련된 상황에 대한 반응으로 두려움을 경험하도록 선천적으로 연결되어 있다. 우리가 위협감을 경험할 때, 우리의 뇌와 신체는 그 상황을 좀 더 효과적으로 대처할 수 있게 변화를 일으킨다. 이때 우리가 의식적으로 통제하지 않아도 우리의 신체 기능을 조절하는 데 도움을 주는 신경계 일부를 포함하여 자율신경계에 변화가 일어난다. 아드레날린이 혈류로 방출되어 다음과 같은 변화를 일으킨다. 근육으로 가는 혈류가 증가하고 신체의 다른 부분으로 가는 혈류가 전환되어 신체에 추가적인 속도와 힘을 낼 수 있게 한다. 또한 심박수와 호흡이 증가하는데, 이는 신체에 더 많은 산소를 공급하고 근육이 더 많은 에너지를 생산하는 데 도움을 준다. 더불어 소화 시스템이 중지되어 우리의 몸이 즉각적으로 외부 위협에 집중할 수 있고 땀을 흘려 몸을 식히는 등의 변화가 일어난다.

우리가 위협을 느낄 때, 우리의 정신 상태에도 변화가 일어난다. 우리의 주의가 위협과 그 결과에 집중되면서 높아지기도 하고, 위협과 관련된 단서에 선택적으로 주의가 가면서 주의력이 좁아지기도 한다. 이렇게 하면 우리의 주의가 외부 요인으로부터 분산되고 우리가 당면한 위험에 집중할 수 있도록 돕기 때문에 가장 효율적인 방식으로 대응할 수 있게 해 준다. 예를 들어, 당신이 길을 건너고 있는데 속도를 내며 당신에게 달려오는 차가 있다고 상상해 보자. 이 상황에서 당신은 차 색깔이 무엇인지, 어느 회사 차인지, 누가 그 차에 타고 있는지 어느 방향에서 오고 있는 차인지 인지하는 데 시간을 할애하겠는가? 아니면 바로 달려서 그 상황을 피해 나오겠는가? 일반적으로 후자를 선택할 것이다. 아마도 당신은 잠재적 위험을 곰곰이 생각하며 맥락적 정보를 고려하는 데 시간을 보낼 수도 있지만, 당신의 본능은 덜 중요한 요인들을 고려하지 않고 가능한 한 빨리 거기서 빠져나와 생존의 기회를 높이게 될 것이다.

우리는 불안 반응을 다섯 가지 영역으로 나눌 수 있다. 즉, 반응을 유발하는 상황이나 유발자극, 정서, 생리적 반응, 사고 및 행동이다. 각각에 대해 다음에서 더 자세히 설명할 것이지만, 먼저 당신의 불안 경험에 대해 생각해 보는 것이 유용하다([연습 9-1] 참조).

연습 9-1 ❋ 당신의 불안 경험

면접이나 발표 상황 또는 치과에 와 있는 상황을 상상하면서 당신이 느꼈던 불안을 떠올려 보라. 당신의 마음속에 어떤 생각들이 지나가는가? 어떤 두려움이 느껴지는가? 몸에 어떤 변화가 느껴지는가? 당신이 경험하고 있는 불안에 대처하기 위해 또는 불안을 줄이기 위해 어떤 것을 하고 있는가?

상황

불안 반응은 일반적으로 위험이나 위협이 존재한다는 감각에 의해 유발된다. 이것은 예를 들어 화재 경보가 울리는 것과 같이 매우 명백할 수도 있고, 다른 사람이 작성한 댓글에서 비판 수위를 인지하는 것과 같이 더 미묘한 상황일 수도 있다. 실제 신체적 위험이 있는 상황이나 개인이 거부당하는 것을 두려워하는 대인관계 상황을 포함하여 다양한 상황이 불안을 유발할 수 있다. 때로는 두려움을 아주 쉽게 설명할 수도 있지만 공포 반응을 일으키는 대상이 명백한 위험 자극이 아닐 수도 있는 상황에서 두려움을 느끼는 많은 공포증과 마찬가지로 두려움이 비합리적으로 보일 수도 있다.

정서

위협과 관련된 가장 일반적인 정서는 공포이다. 우리는 지각된 위협의 수준 그리고 야기된 고통 정도에 따라서 다양한 방식으로 공포를 설명할 수 있다. 이것은 가벼운 불편감에서부터 초조함, 불안함, 그리고 두려움과 공포에 이르기까지 그 수준이 다양하다. 또한 당황,

수치심 또는 분노와 같은 이차 정서(Hackmann et al., 2009)와 관련될 수도 있다.

생리적 반응

우리의 불안감이 고조되는 상태에 있을 때 우리는 빠른 심장 박동, 빠르고 얕은 호흡, 현기증, 떨림, 바짝 마른 입, 긴장된 가슴, 과도한 땀 등 신체적 변화를 경험하게 될 때 이러한 상태를 가장 잘 느낀다. 또한 자신을 관찰하는 것처럼 또는 마치 자신의 몸 밖에 있는 것처럼 느끼거나(이인화), 안개 속에 있는 것처럼 주변 환경과 분리된 느낌을 받는 **비현실감**을 경험할 수 있다. 이러한 증상은 종종 개인에게 매우 고통스럽다. 불안의 일반적인 신체적 징후 목록이 [글상자 9-1]에 제시되어 있다.

생각

위협적이라고 인식된 상황에서, 우리가 벗어날 수 없거나 적어도 위험을 최소화할 수 없을 경우 발생할 수 있는 잠재적인 결과를 고려하면서 우리의 생각이 좁아지는 경향이 있다. 우리가 어떤 특정 상황에서 불안을 경험하는지 여부는 객관적인 상황뿐만 아니라 위협에 대한 우리 자신의 인식에 달려 있다. 예를 들어, 우리는 대부분의 사람에게 위협이 되는 테러 공격이 있는 상황에서 불안을 경험할 것이라 예상할 수 있지만, 사교 모임은 사건에 대한 기대에 따라 다른 반응을 일으킬 수 있다.

글상자 9-1 ─불안의 일반적 신체적 징후 ─────────────────

- 근육 긴장, 아픔 또는 통증
- 빠르게 뛰는 심장
- 발한
- 떨림/흔들림
- 긴장되고 안절부절못하는
- '후들거리는' 또는 무거운 다리
- 바짝 마른 입
- 붉어지거나 창백해지는
- 손가락, 발가락 또는 입술 저림 또는 무감각

- 시야가 흐려짐
- 얕은 호흡
- 현기증 또는 기절할 것 같은 느낌
- 목구멍이 조이는 느낌 또는 삼키기 어려움
- 소화불량/위경련
- 설사, 메스꺼움
- 소변 충동
- 이인화
- 비현실감

행동

위협에 직면했을 때 인간은 일반적으로 세 가지 방법 중 하나로 대응한다. 위협에서 벗어나려고 시도하거나, 맞서 싸우거나, 가만히 있는 것이다. 이러한 반응은 집합적으로 **투쟁, 도피 또는 얼어붙음** 반응으로 알려져 있으며 위험에 대처하는 효과적인 방법이 될 수 있다(〈표 9-1〉 참조).

불안 증상은 불쾌할 수 있으며 증상을 줄이려는 욕구는 두려움을 유발하는 상황을 피하거나 회피하도록 이끌 수 있다. 회피는 위험을 지각하고 도망치는 것과 같은 명백한 행동부터 우리를 두렵게 만드는 것을 생각하지 않으려고 노력하는 것과 같은 미묘한 행동에 이르기까지 다양한 형태를 취한다. 때로 우리는 불안을 유발할 수 있는 잠재된 모든 상황에 놓이는 것을 피하기 위해 우리의 활동을 제한할 수 있다.

결론적으로, 위협에 대한 불안 반응은 위협적인 상황을 피하거나 이에 대응하도록 동기를 부여한다는 점에서 적응적이라고 볼 수 있다. 그러나 일부 개인은 위협 수준에 적응적인 수준을 넘어서서 과장된 불안 반응을 경험할 수도 있다. 이것은 일상활동을 수행하는 능력에 상당한 영향을 미칠 수도 있다. 다음에서 이런 상황을 좀 더 자세히 살펴보자.

표 9-1 불안 반응의 보호 이점

반응	잠재적 이점들
투쟁	안전을 지키는 가장 효과적인 방법으로 위협이 되는 요소를 제거하는 방법이 있다. 투쟁을 통해 우리는 위협을 제거하거나 피해를 입을 가능성을 줄일 수 있는데, 예를 들어 위험한 포식동물을 죽이거나 가두는 방법 등이다.
도피	위험한 상황에서 가능한 한 빨리 도피하는 것은 위험이 되는 근원으로부터 우리 자신을 보호하는 가장 효과적인 수단이다.
얼어붙음	위험이 있는 상황에서 가만히 있으면 들키는 것을 피할 수 있다. 동물들이 사용하는 위장(눈 덮인 배경에 흰색의 털을 가진 토끼, 식물 사이에 붙어 있는 녹색 도마뱀)이나 군제복은 위험한 환경에서 눈에 띄지 않도록 한다. 다른 방법으로 위험한 포식자가 있는 상황에서 가만히 반응을 하지 않은 채 있는 것은 우리를 위협의 대상으로 보일 가능성을 줄여 준다.

임상 불안

　　임상적 수준의 불안은 "불쾌한 감정상태…… 환경적 위협과 관련이 없거나 위협의 실제 수준에 비해 불균형한 상태"(Roth & Argyle, 1988: 33)로 정의된다. 위협에 대한 불안 반응이 적절할 때 이는 적응적인 것으로 우리를 안전하게 지키는 데 도움이 된다고 본다. 그러나 위협 수준이 계속 과대 평가될 경우 문제가 발생한다. 이 경우 과도하거나 만성적인 불안, 높은 수준의 회피 및 정상적인 기능의 중단으로 이어질 수도 있다.

　　임상 불안의 발현은 개인이 가지고 있는 특정 불안장애에 따라 다르다. 예를 들어, 어떤 사람들은 거미와 같은 특정 대상에 대한 두려움을 경험할 수도 있고, 다른 사람들은 사회적 상황에서 불안감을 느낄 수 있다. 어떤 사람들은 심각한 질병에 걸릴 가능성에 대해 지나치게 걱정할 수도 있다. 각 불안장애는 특정 상황이나 대상에 의해 유발되는 고유한 특징이 있다. 〈표 9-2〉에 이러한 특징들이 자세히 나와 있다.

　　임상가가 저강도 인지행동치료를 효과적으로 적용하기 위해서는 다양한 불안장애를 구별하여 저강도 인지행동치료를 적용하는 것이 적절한지 여부와 어디에 중점을 두고 치료를

표 9-2 불안장애의 주요 특징

불안장애	주요 특징
특정공포증	특정 대상이나 상황에 대한 지속적인(때로는 과도한) 두려움이 주 특징으로 두려운 대상에 대한 높은 수준의 회피 행동을 이끈다.
공황장애	반복적이고 예상치 못한 공황발작(갑작스러운 극심한 공포가 몇 분 안에 최고조에 이르고 두근거림, 숨 가쁨, 현기증과 같은 증상을 초래하는 갑작스러운 강렬한 공포의 급증). 공황장애가 있는 사람은 미래의 공황발작에 대한 지속적인 두려움을 가진다. 공황장애가 있는 사람은 신체적·정신적 증상을 위험한 것으로 잘못 해석하고, 회피와 같은 공황발작을 예방하기 위한 행동으로 이어진다.
광장공포증	개방되거나 밀폐된 공간, 군중, 혼자 집 밖에 있거나 안전한 장소에서 멀리 있거나 대중교통을 이용하는 것에 대한 두려움이 주 특징이다. 광장공포증은 종종 공황장애와 동반되는 경우가 많다.
사회불안장애	사회적 또는 수행 상황에서 부정적으로 평가될 것에 대한 두려움이 주 특징이다. 사회불안장애를 가지고 있는 사람은 이러한 상황을 피하거나 극심한 불안이나 두려움으로 견딘다.

〈계속〉

범불안장애	지속적이고 과도한 걱정 그리고 불확실성에 대한 대처의 어려움이 주 특징으로 개인 삶의 다양한 측면에 영향을 준다. 범불안장애가 있는 사람은 불안감과 함께 안절부절못한 상태, 피로, 주의집중의 문제, 근육 긴장, 짜증, 수면장애와 연관될 수 있다.
강박장애	반복적 강박(원치 않는 침습적 사고, 충동, 상상, 의심) 또는 강박활동(침습적 사고 또는 규칙에 대한 반응으로 두려운 결과를 방지하기 위해 해야 한다고 느끼는 행동)이 일반적인 증상이다. 강박활동은 일반적으로 과도하고 도움이 되지 않는 것으로 인식되지만, 그 행동을 수행해야만 할 것 같이 느끼게 된다.
질병불안장애 (이전에는 건강불안 또는 건강염려증으로 알려짐)	신체 증상이 없는 상태에서(있어도 매우 경미한 경우), 심각한 질병이 걸리거나 걸릴까 봐 두려워하며, 질병의 징후가 있는지 반복적으로 확인하는 등 과도한 건강 관련 행동이 동반되는 경우이다.

진행할지를 결정할 수 있어야 한다. 공황장애, 범불안장애 및 강박장애는 모두 저강도 인지행동치료가 권장되는 불안장애이다(Clark, 2011). 특정공포증은 일차 진료 기관에서 흔히 볼 수 있는 증상으로 인지행동치료에 효과적으로 반응한다고 알려져 있기 때문에, 이 장에서 다루게 될 것이다(Choy et al., 2007). 저강도 인지행동치료는 경도에서 중등도 수준의 불안장애에 적합하다. 심각한 수준의 불안 증상을 나타내거나 저강도 치료가 효과적이지 않을 경우, 치료 기간이나 회기 수를 늘리는 고강도 인지행동치료를 고려해야 한다. 내담자의 장애가 중복되는 경우가 흔한데, 이 경우 동반이환의 특성을 고려하는 것이 중요하다. 진단 결정을 내릴 때 DSM-5(APA, 2013)와 같은 진단 메뉴얼을 참고해야 한다(보다 자세한 내용은 제3장 참조).

우리는 특정 상황이나 특정 시기에 불안을 경험하는 것은 정상적이라는 것을 확인했다. 정상 불안과 임상적인 상태를 구분하는 중요한 요소는 증상이 일으키는 고통의 정도, 증상이 정상적인 기능(사회, 가족, 직업 등)에 심각한 손상을 일으키는지 여부, 그리고 증상이 나타나는 기간이다(일반적으로 증상은 적어도 6개월 이상 존재해야 하지만 이는 장애에 따라 다를 수 있다). 이러한 영역은 자세한 질문과 심리평가(제3장 참고)를 통해 측정되어야 한다.

불안장애는 일반인 중 14~29%가 일생에 한 번 어떤 형태로든 임상 불안을 경험하는 것으로 보고된다(Michael et al., 2007). 실제로 범불안장애_GAD_는 직장 내 장애의 가장 일반적인 원인으로 밝혀졌다(Ballenger et al., 2001). 불안장애를 겪는 성인의 수는 공포증(8.7%), 사회불안장애(6.8%), 범불안장애(3.1%), 공황장애(2.7%), 외상 후 스트레스 장애(1.3~3.6%) 및 강박장애(1%) 순으로 나타났으며, 연령이 높아짐에 따라 유병률이 낮아진다는 보고가 있기도 하다(Byers et al., 2010). 일반적으로 여성이 남성에 비해 2배 정도 더 높은 유병률을 보이며, 불안장애 간 공병 또한 일반적이다(APA, 2013). 또한 불안 증상을 보이는 내담자에게 우울 증상도 흔하게 나타날 수 있으므로 전문가는 이에 대한 주의를 기울여야 한다(Fava et al., 2000). 약물남용장애도 공병질환이 될 수 있다(Michael et al., 2007).

불안장애는 종종 아동기에 발병하고, 치료를 받지 않으면 성인기까지 지속될 수 있으며, 늦은 발병은 공병질환 발생 가능성이 높다는 것을 강조한다(Kessler et al., 2005). 많은 정신건강 문제와 마찬가지로, 낮은 사회경제적 지위를 가진 사람들 사이에서 불안장애가 더 흔하며, 저소득, 저학력 및 실직과 같은 요인은 임상적 불안장애 발생 위험인자일 수 있다는 것을 시사한다(Michael et al., 2007). 사회경제적 지위는 또한 만성 스트레스와 같은 요인으로 인해 치료 결과가 더 나빠질 가능성이 있는데, 이는 사회적 박탈감과 관련이 있을 가능성이 높다(Roy-Byrne et al., 2009).

불안이 유지되는 과정

우리가 실제 위협에 직면했을 때 '투쟁, 도피 또는 얼어붙음'이라는 우리 신체의 자연스러운 반응은 우리가 위험에 대처하고 불안을 줄이는 데 도움이 된다. 그러나 임상 불안이 있는 사람들의 경우 동일한 반응은 실제 불안을 더 유지하게 만들 수 있다. 이것은 인지행동치료 모델에서 임상 불안을 가지고 있는 사람들이 흔히 나타내는 인지 및 행동 반응으로 설명이 된다. 인지 반응은 위험 수준을 과대 평가하거나 대처능력을 과소 평가하는 것과 같이 불안 유발 상황을 사람이 어떻게 인식하는지에 대한 것이다. 행동 반응은 불안을 줄이기 위해 취하는 행동들을 말하는데, 이는 나중에 좀 더 자세히 설명할 것이다.

인지편향

인간은 세상을 이해하기 위해 노력한다. 우리는 끊임없이 우리의 경험을 검토하고 최선을 다해 이해하려고 노력한다. 때로는 이해의 근거가 충분한 정보를 바탕으로 정확할 때도 있지만, 종종 완전하지 않은 정보를 활용하거나 현재의 필요에 적합하지 않을 수 있는 다른 분야의 지식을 적용해야 할 때도 있다. 완전한 정보가 없거나 이전의 부정적인 경험으로 인해 우리의 생각은 종종 편향될 수 있다. 임상 불안을 이해하는 데 중요한 것으로 보이는 다양한 형태의 인지편향이 다음에 설명되어 있다.

위험 가능성을 과대 평가하는 경우

이는 두려워하는 결과가 발생할 가능성이 얼마나 되는지에 대한 개인의 인식을 말한다. 예를 들어, 사회적 상황에서 발표하는 것이 걱정되는 사람은 중간에 머릿속이 하얘져서 발표를 계속할 수 없게 될까 봐 두려워할 수 있다. 이러한 결과가 일어날 가능성이 높다고 믿을수록 불안이 커져 회피로 이어질 수 있다.

결과의 끔찍함을 과대 평가하는 경우

사람들은 일반적으로 두려운 결과가 발생할 가능성을 과대 평가할 뿐만 아니라, 그 결과가 발생했을 때 발생할 수 있는 결과도 고려한다. 예를 들어, 비행기 추락 사고는 도로 교통사고에 비해 드물지만, 그 결과는 일반적으로 훨씬 더 치명적이기 때문에 많은 사람이 운전보다 비행을 훨씬 더 두려워한다. 또한 개인적 의미는 종종 두려운 결과가 발생할 것이라는 것에 기인할 경우가 많다. 가령 앞선 예에서, 연설 도중에 말이 끊어질 가능성은 자신이 어떤 식으로든 부적절하거나 매우 가혹한 평가를 받을 것이라는 의미로 받아들일 경우 특히 힘들어질 수 있다. 따라서 두려운 결과가 발생할 가능성이 낮더라도 그 결과가 특히 끔찍할 것이라고 인식하는 경우에도 불안을 유발할 가능성이 높다. "[두려운 사건이] 실제로 일어난다면, 그 일로 인해 가장 최악의 일은 무엇입니까?" "그 일이 당신에 대해 말하는 바는 무엇입니까?" "다른 사람들이 어떻게 생각할까 봐 걱정되나요?" 등의 신중한 질문을 통해 이러한 정보를 이끌어 내는 데 도움이 될 수 있다.

연습 9-2 ✿ 불안의 인지과정

불안을 유발할 수 있는 상황이나 가까운 시일 내에 불안을 유발할 수 있는 일을 생각해 볼 수 있는가? 예를 들어, 프레젠테이션을 하거나, 낯선 사람들과의 사교 모임에 참석하거나, 첫 데이트를 하거나, 새로운 것을 시도하는 것 등이 있다. 불안감을 느끼게 하는 상황은 무엇인가? 어떤 일이 일어날까 봐 가장 두려운 것은 무엇인가? 이런 일이 일어날 가능성은 얼마나 되는가? 만약 이런 일이 발생한다면 최악의 상황은 무엇인가?

대처능력에 대한 과소 평가

또 다른 인지편향은 위협적인 상황에서 자신의 대처능력을 과소 평가하는 경향이다. 좌절에 대처하는 능력이 부족하거나 일이 잘못되었을 때 대처할 수 없다고 생각하는 사람은 불안을 유발하는 상황을 회피할 가능성이 더 높다. 안타깝게도, 대처 기술에 대한 과소 평가로 인한 회피는 어려운 상황에서 기존의 기술과 자원을 활용하거나 문제해결 기술을 연습하거나 불안한 상황에서도 효과적으로 기능할 수 있다는 것을 배울 기회가 거의 없음을 의미한다.

주의집중

위험에 직면하면 각성 수준이 높아지고 위험을 알릴 수 있는 신호를 더 잘 알아차리게 된다. 예를 들어, 어두운 밤에 혼자 골목길을 걷는 것이 불안한 사람은 누군가 따라오는 소리나 신호에 더욱 주의를 기울일 수 있다. 실제 위험이 있을 때, 이는 위험에 대한 경각심을 유지하고 자신을 보호하는 데 도움이 되므로 매우 적응력이 높을 수 있다. 그러나 위험에 대한 과장된 인식이 있는 경우, 이는 편향된 사고를 강화하는 역할을 할 수 있다. 우리는 종종 제한된 정보를 가지고 있기 때문에 모호하거나 중립적인 신호를 잘못 해석하여 불안한 예측을 뒷받침하는 데 사용할 수 있기 때문이다. 실제로 위험을 나타낼 수 있는 신호에만 집중하고 다른 정보원은 무시하는 경향이 있을 수 있는데, 이를 **선택적 주의**라고 한다. 예를 들어, 대중 연설에 긴장하고 청중이 지루해하거나 적대적이거나 조롱하는 신호에 매우 예민하게 반응하는 사람을 생각해 보자. 누군가 하품을 하거나 알 수 없는 미소를 빨리 감지하여 알아차리는 것은 최악의 두려움을 확인시켜 줄 뿐이므로 불안을 더욱 악화시키고 편향된 사고를 강화할 수 있다.

연습 9-3 ❀ 선택적 주의

여러분을 불안하게 했던 상황을 떠올려 보라. 불안 예측을 강화했을 수도 있는 상황에서 어떤 단서들을 포착하였었는가? 다시 그 상황으로 돌아가서 불안을 강화했던 특정 측면에 얼마나 선택적으로 주의를 기울였는지 알 수 있는가?

감정적 추론

불안을 유지할 수 있는 마지막 인지과정은 순전히 감정적 반응에 근거하여 경험을 해석하는 경향이다. 감정은 주어진 상황에서 일어나는 일을 이해하는 데 도움이 되는 강력한 반응이다. 그러나 감정은 우리의 사고과정을 편향시킬 수도 있다. 예를 들어, 기분이 우울한 사람은 자신의 상황에 대해 더 절망적으로 느낄 수 있다. 마찬가지로, 공포를 **느끼면** 상황이 실제로 위험할 것이라고 생각할 수 있다.

행동 반응

앞서 설명한 것처럼, 불안 반응은 위험을 제거하거나 최소화하여 관련 불안을 줄이려고 노력하게 한다. 안타깝게도 위험에 대한 인식이 과장된 경우, 이러한 행동은 단기적으로는 불안을 감소시킬 수 있지만 자신의 두려움이 지나치게 과장되었다는 사실을 학습하지 못하게 된다. 이는 자신의 행동을 통해 인지된 위험을 성공적으로 피했다고 믿게 만들지만, 그 사건이 발생할 가능성이 낮거나 예상보다 덜 끔찍할 것이라는 사실을 학습하지 못하여 과장된 믿음이 그대로 유지되는 악순환으로 이어질 수 있다. 또한 단기적으로 불안감이 감소하고 자신의 행동으로 인해 인지했던 위험이 발생하지 않았다고 믿기 때문에 향후에도 동일한 행동을 할 가능성이 더 높다. 이런 사람들이 취할 수 있는 행동의 유형은 다음과 같다.

안전 추구 행동

내담자는 지각된 위험으로부터 자신을 보호하고 종종 안전을 지키기 위해 고안된 행동에 참여한다. Salkovskis(1991)는 이러한 전략을 **안전 추구 행동**, 또는 더 간단하게는 **안전 행동**이라고 부른다. 가장 명백한 안전 행동은 회피와 도피로, 두려운 상황을 피하거나 일단 그 상황에 처하면 도피 수단을 찾는 것이다. 예를 들어, 거미 공포증이 있는 사람은 지하실과 같이 거미를 만날 가능성이 있는 상황을 피하려고 할 수 있다. 예를 들어, 화장실에서 거미를 발견하면 바로 나가거나 동거인에게 거미를 제거해 달라고 요청하여 접촉 가능성을 없앨 수 있다. 이렇게 하면 당사자의 불안감은 줄어들 수 있지만, 실제 위협(또는 위협의 부재)에 대한 올바른 정보를 얻을 수 있는 기회가 차단된다. 예를 들어, 거미가 자신에게 위험하지 않다는 사실을 알게 되거나 시간이 지나면서 거미와 함께 있는 불편함이나 불안이 줄어들 수 있다는 사실을 알게 될 기회를 놓칠 수 있다. 이러한 안전 행동은 또한 어려운 상황에 대한 능력이나 내성을 키우는 데 방해가 될 수 있다. 사람들 앞에서 처음으로 연설했던 때를 떠올려 보자(또는 한 번도 해 본 적이 없다면 어떨지 상상해 보자). 대부분의 사람에게 이것은 매우 불안감을 유발하는 경험이 될 수 있다. 하지만 약간의 연습과 격려, 그리고 몇 번의 좋은 결과를 얻게 되면 자신감이 높아지고 실력이 향상되며 불안감의 강도가 줄어들 가능성이 높다.

우리는 종종 두려운 상황을 피하거나 벗어날 수 있는 선택권이 없을 수도 있다. 이에 대처하는 한 가지 방법은 위험을 다루기 위해 안전 행동을 사용하는 것이다. 예를 들어, 비행을 두려워하는 사람은 단거리 비행으로 제한하거나, 가까운 친척과 동행할 때만 여행하거나, 미리 진정제를 복용하거나, 긴장을 풀기 위해 알코올을 사용하거나, 비상구 옆 좌석을 예약할 수 있다. 안전 안내 방송 중에 주의를 분산시키거나 만트라를 반복하거나 행운의 부적을 소지하는 등의 안전 행동은 매우 미묘하거나 안전하게 자신을 보호하는 데 전혀 도움이 되지 않을 수도 있다. 안타깝게도, 이러한 행동을 하는 사람은 이러한 행동을 함으로써 위험에 대처하거나 피할 수 있었다는 결론을 내릴 가능성이 높다. 그 결과, 인지된 위험에 대한 믿음은 그대로 유지되며 앞으로도 동일한 안전 행동을 계속 사용할 가능성이 매우 높다.

임상가와 내담자가 이러한 행동을 사용하고 있는 것에 대해 인식하는 것이 중요하다. 임상가는 신중한 질문을 통해 내담자가 이러한 행동을 인식하도록 도울 수 있다. 효과적인 질문은 다음과 같다. "불안해하지 않기 위해 평소에 무엇을 하나요?" "(두려운 사건이) 일어나지 않도록 하기 위해 무엇을 했나요?" "그 상황에서 자신을 안전하게 지키기 위해 무엇을 했나요?" "그 상황에 처했을 때 불안을 줄이거나 관리하기 위해 어떤 행동을 하셨나요?" 등이 있다.

안전 행동을 사용하면 의도하지 않은 결과를 초래할 수도 있는데, 예를 들어 지각된 위협에 더 주의를 집중하고 높은 경계 상태를 유지하여 불안을 유지하게 만든다. 이러한 안전 행동은 불안 주기를 유지하는 강력한 요인이 된다.

연습 9-4 ❀ 안전 추구 행동

지나치게 과도한 두려움을 느꼈던 상황에 대처하기 위해 안전 행동을 사용했던 적이 있는가? 인지된 위험을 피하기 위해 무엇을 했는가? 회피나 도피뿐만 아니라, 여러분이 사용했을 수 있는 좀 더 미묘한 안전 행동에 대해서도 생각해 보라. 그 행동으로 인해 의도하지 않은 결과가 발생했을 수도 있는가? 이러한 행동이 위협에 대한 인식에 어떤 영향을 미쳤을까?

스캐닝/과잉 경계

앞서 설명한 것처럼, 자신이 위험에 처해 있다고 인식하면 위험과 관련된 신호에 선택적으로 주의를 기울이면서 집중력이 좁아지는 경향이 있다. 불안한 내담자는 위협적이라고 인식되는 상황에 처했을 때 위협 신호를 찾기 위해 환경을 적극적으로 스캔할 수 있다. 중립적이거나 모호한 정보도 위험이 존재한다는 증거로 해석될 수 있기 때문에 위험의 신호를 찾는 것 자체가 자기충족적 예언이 될 수 있다. 또한 위험의 신호를 탐색하는 것은 사람을 높은 경계 상태로 유지하여 불안한 상태를 유지할 수 있게 만든다.

결론적으로, 불안을 유지하는 요인을 이해하기 위해서는 인지적 반응, 즉 개인이 지각된 위험을 이해하는 방식과 과도한 신념을 부정하지 못하게 하는 행동을 모두 탐색해야 한다. 이러한 과정을 이해하는 방법은 문제의 **개념화**라고도 하는 도식화를 사용하여 입증할 수 있다.

공식화

인지행동치료에서 공식화는 문제를 설명하고, 문제가 어떻게 발생했는지 이해하고, 현재 문제가 어떻게 유지되고 있는지를 설명하는 수단이다(제3장 참조). 저강도 인지행동치료 접근법에서는 현재 그 사람의 불안을 유지하는 과정에 초점을 맞춘다. 이와 관련하여 다섯 가지 핵심 영역이 고려되며, 다섯 가지 영역의 공식화 모델을 사용하여 파악할 수 있다. 이는 앞서 논의한 상황, 생각, 감정, 생리적 반응, 행동 등 각 영역이 어떻게 서로 상호작용하여 문제를 유지하는지를 대략적으로 보여 준다([그림 9-1] 참조).

이 모델은 내담자를 인지행동치료 모델에 적응시키는 데 유용한 방법을 제공할 수 있다. 여러 영역을 세분화하면 문제를 더 쉽게 분석할 수 있고 내담자가 부담을 덜 느끼도록 도울 수 있다. 그런 다음 변경이 필요한 영역을 목표로 삼는 방법으로 특정 유지 관리 과정에 보다 구체적으로 집중하는 것이 유용할 수 있다. 다음에서는 특정공포증, 공황장애, 범불안장애, 강박장애 등 저강도 인지행동치료 접근법을 사용해 치료할 것을 권장하는 불안장애의 맥락에서 이에 대해 자세히 살펴보겠다. 사례연구는 이해를 돕기 위한 설명이다.

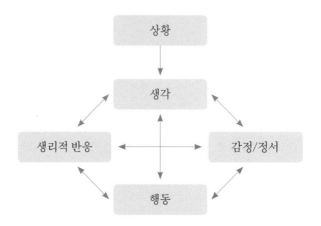

[그림 9-1] 장애 유지 사이클의 다섯 가지 영역

특정공포증

글상자 9-2 사례연구: 특정공포증

Helen은 쥐 공포증이 있는 25세 여성이다. 언제부터 시작되었는지 정확히 알 수는 없지만, 학교에서 주인공이 쥐에게 고문을 당하는 George Orwell의 소설 『1949년』을 읽은 기억이 난다고 했다. 그녀는 쥐를 마주치면 쥐가 옷 밑으로 다리를 타고 올라와 얼굴까지 올라간다고 믿었다. 또한 어미를 찾아 발 주변을 뛰어다니는 아기 쥐의 이미지도 가지고 있다고 했다. 이 문제는 Helen이 자신의 아파트로 이사한 이후 특히 두드러졌다. 그녀는 쓰레기통에 썩은 채소와 패스트푸드 용기가 넘쳐나기 때문에 쓰레기를 공동 쓰레기장에 버리기가 어렵다고 말했다.

이웃이 가끔 쓰레기를 대신 버려 주며 도움을 주기도 한다고 말했다. 하지만 Helen은 이제 아파트에서 사는 것이 괴롭기 시작했다. 그녀는 패스트푸드점이 많은 거리에서 쥐를 만날까 봐 이와 유사한 장소에 가는 것을 피하기 시작했다. 또한 즐겨 다니던 강변 산책이나 공원에 가는 것, 쓰레기통이나 배수로 근처를 걷는 것도 피하고 있다.

공포증은 특정 대상이나 상황에 대한 지속적인 두려움으로 인해 해당 대상이나 상황을 피하게 되는 것이 특징이다. 두려움은 실제 위협 수준과 무관하게 나타난다. 종종 환자는 자신의 두려움이 과장되거나 비합리적이라는 것을 인식한다. 그러나 그럼에도 불구하고 공포 자극이 있을 때 또는 그것에 대해 생각할 때에도 높은 수준의 고통을 경험할 수 있다. 공포증은 매우 흔한 질환으로 유럽과 미국에서는 유병률이 6~9%, 아시아, 아프리카, 라틴 아메리카 국가에서는 약 2~4%에 달한다(APA, 2013). 가장 흔한 공포증은 고소공포증, 거미, 밀폐된 공간, 비행, 치과 치료, 뱀, 주사에 대한 공포증이다(Oosterink et al., 2009). 많은 환자가 여러 공포증을 가지고 있다고 보고된다(APA, 2013). 대부분의 사람이 특정 대상이나 상황에 대해 어느 정도의 공포를 경험하는 것은 드문 일이 아니지만, 임상적 임계치에 도달하기 위해서는 환자의 기능에 심각한 장애가 있어야 한다.

공포증에 따라 두려움의 주된 초점이 달라지는 경향이 있기 때문에 공포 자극에 직면했을 때 어떤 일이 일어날지 파악하기 어려울 수 있다(LeBeau et al., 2010). 흔히 사람들은 다치거나 갇히거나 통제력을 잃는 것에 대해 걱정한다. 일부 공포증의 경우 주된 반응은 역겨움 또는 혐오감이며, 특히 피를 흘리는 공포증이나 동물 공포증에서 두드러진다. 두려운 대상 앞에서 공황발작을 경험하는 사람들의 경우, 주된 두려움은 불안 증상에 대한 것일 수 있다. 다른 사람들은 두려운 대상과 함께 있을 때 어떤 일이 일어날지 정확히 파악하기 어려울 수 있다. 치료 목적으로는 두려움의 주된 초점을 이끌어 내는 것이 필수적이지는 않을 수 있으며, 공포 자극이 있을 때 그 사람이 매우 두려워한다는 것을 아는 것으로 충분할 때가 많다.

일반적으로 공포증은 아드레날린이 급증하여 혈압과 심박수가 증가하는 반면, 혈액 손상 공포증은 반대되는 신체의 반응과 연관되어 있다는 점에서 특이하다고 볼 수 있다. 이런 공포증을 겪는 사람들은 혈압이 처음에 상승했다가 갑자기 떨어져 실신할 수도 있다. 이러한 유형의 공포증을 가진 사람들은 다음과 같은 상황을 두려워하고 피하는 경향이 있다. 혈액, 부상, 상처, 주사 또는 치과 치료나 채혈과 같은 기타 침습적인 건강 관련 처치에 직 · 간접적으로 노출되는 상황을 두려워하고 피하는 경향이 있다. 전체 인구의 약 4%가 이러한 유형의 공포증을 가지고 있는 것으로 보이며, 많은 사람이 어린 시절에 이러한 공포증을 앓았으며, 상당수가 실신한 병력을 가지고 있다(Öst, 1992).

공포증에서 두려운 대상에 대한 회피는 매우 흔히 나타난다. 예를 들어, 개를 마주쳤을 때 공원을 피하거나(개 공포증), 쓰레기를 피하거나(쥐 공포증), 정원이나 지하실을 피하는(거미 공포증) 등 특정 대상이나 상황을 뛰어넘어 그 대상이 일반화될 수 있다. 이러한 회피는 자신의 두려움이 과장되었음을 학습하지 못하게 하여 두려움을 유지하게 만든다([그림 9-2] 참조).

또한 일기 예보를 자주 확인하거나(천둥 공포증), 다른 운전자가 너무 가까이 다가오는지 지속적으로 확인하거나(운전 공포증), 먼 거리에서 개를 산책시키는 사람을 경계하는(개 공포증) 등 공포 대상의 존재를 나타내는 징후가 있는지 주변 환경을 지속적으로 살피는 과잉 경계가 흔히 나타날 수 있다. 앞서 설명한 것처럼 이러한 행동은 인지된 위험에 대한 경각심을

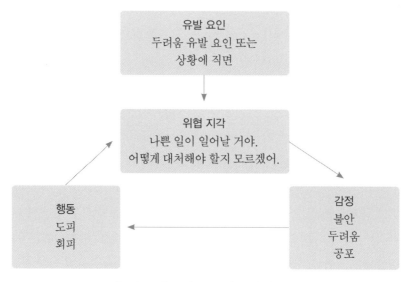

[그림 9-2] 특정공포증의 유지 사이클

유지하거나 회피를 유도하는 역할을 할 수 있다.

공황장애

─사례연구: 공황장애 ─────────────────────────

Angela는 48세 여성으로 3개월 전부터 공황발작을 겪기 시작했다. 그녀는 공황발작이 일어나는 동안 심장이 빨리 뛰는 것을 매우 잘 느낀다고 일차 진료의에게 보고했다. 또한 숨이 가빠지며 아무리 깊게 숨을 쉬려고 해도 폐로 공기가 충분히 들어가지 않는 것 같다고 말했다. Angela는 처음 공황발작을 겪었을 때 겁이 났고 폐가 심각한 문제가 생겨 망가진 것 같다고 생각했다. 그녀의 친구는 걱정이 되어 구급차를 불렀다. Angela는 지역 병원의 응급실에 갔고, 의사는 그녀가 공황발작을 겪고 있다는 진단을 내렸다. 의사는 이것이 "불안한 것과 관련이 있다."라고만 말했을 뿐 정확히 설명하지 않았고, 그 이후로 공황발작을 계속 겪어 왔다고 했다. 그녀는 쇼핑을 하러 나갔을 때 첫 발작을 겪었다. 이제 그녀는 바쁜 시간에는 시내에 나가는 것을 피하고 남편이 함께 갈 때만 쇼핑을 하며, 가게에 오래 머물지 않도록 소량을 구입한다. 그녀는 불안감을 느낄 때마다 충분한 산소를 섭취하기 위해 호흡을 늦추거나 심호흡을 더 깊게 하려고 노력한다.

공황장애는 반복적이거나 예기치 않은 공황발작이 나타나는 것이 대표적인 특징이다. 공황발작은 갑작스러운 불안감이 급상승되는 것이 특징인데, 그 불안감은 몇 분 안에 최고조에 달하고 호흡곤란, 두근거림, 떨림, 질식감, 현기증 등 여러 신체 증상이 함께 동반된다. 또한 자신의 외부에 있는 듯한 느낌(비인격화) 또는 환경으로부터 분리된 느낌(탈현실화)이 있을 수도 있다. 인지행동치료 모델(Clark, 1986)에 따르면, 공황발작은 이러한 증상에 대한 **치명적인 오해**로 인해 발생한다고 알려져 있다. 즉, 심장이 두근거리면 심장마비가 올 것이라고, 삼키기 힘들면 질식할 것이라고, 어지러우면 기절할 것이라고, 증상이 멈추지 않아서 미치거나 통제력을 잃을 것이라고 믿는 등 증상이 의미하는 바가 무엇인지에 대해 두려움을 느낀다는 것이다. 이는 불안감을 증가시켜 증상을 증가시키거나 유지시켜 악순환으로 이어지게 만든다(그림 9-3 참조).

공황장애를 공식화할 때 이러한 치명적인 오해는 공황발작을 유지하는 데 핵심적인 요소이므로 이를 잘 인식하고 표현할 수 있도록 이끌어 내는 것이 중요하다. 예를 들어, "심장이 빨리 뛰는 것을 느꼈을 때 어떤 일이 일어날까 두려워했나요?" "숨을 쉬기 힘들었을 때 어떤 일이 일어날까 봐 두려워했나요?" "증상이 계속되거나 그 상황에서 벗어나지 못했다면 어떤

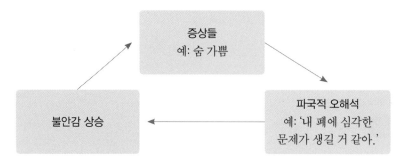

[그림 9-3] 공황장애의 유지 사이클: 파국적 오해석

최악의 일이 일어났을까요?" 등의 질문을 통해 이러한 증상과 관련된 의미를 탐색하는 데 초점을 맞춰야 한다. 때때로 공황발작은 갑자기 찾아오는 것처럼 보일 수 있다. 이러한 상황에서는 공황발작이 발생했다는 첫 번째 징후가 무엇이었는지 당사자에게 물어보는 것이 필요하다. 공황장애를 경험하는 사람들은 심장이 더 빨리 뛰거나 호흡이 더 얕아지는 등 증상이 나타나는 징후에 대해 과민하게 경계하는 경우가 많다. 이를 공황발작이 임박했다는 신호로 잘못 해석하여 불안을 키우고 증상을 더욱 악화시킬 수 있다.

공황발작을 경험하는 것은 극심한 고통이 될 수 있으므로 증상을 회피하는 것으로 흔히 나타난다. 여기에는 이전에 공황발작을 경험했거나 공황발작이 예상되는 상황(예: 사람이 많은 장소)을 피하거나 불안감을 느끼기 시작하면 즉시 그 상황을 빠져나오는 행동으로 이어질 수 있다. 회피 또는 도피가 어려운 경우, 공황발작을 예방하거나 완화하기 위해 더 미묘한 안전 행동(예: 약을 휴대하거나, 조용한 시간에만 쇼핑을 하거나, 항상 친구나 친척과 동행하거나, 빠르게 벗어날 수 있는 출구를 확인)을 취할 수 있다. 이러한 행동은 공황발작에 대한 두려움에만 집중하게 하고, 결정적으로 공황발작이 해롭지 않으며([그림 9-4] 참조), 운동 후 몸이 저절로 진정되는 것과 마찬가지로 불안 증상도 저절로 사라지는 경향이 있다는 것을 배우지 못하게 만든다.

안타깝게도, 내담자들은 호흡을 늦추거나 심호흡을 하는 등 도움이 되지 않는 방식으로 증상을 관리하려고 하는 경우가 많다. 앞서 설명한 것처럼, 불안 반응은 심박수와 호흡을 증가시켜 신체에 더 많은 산소를 공급하여 근육이 더 많은 에너지를 생산할 수 있도록 한다. 숨을 깊게 쉬려고 하면 할수록 단지 혈중 산소 농도만 높아져 불안 증상이 유지되고 어지럼증과 같은 다른 증상도 악화시킬 수 있으므로 계속 악순환에 빠지게 된다. 이러한 행동을 이끌어 내는 데 유용한 질문은 다음과 같다. "불안을 줄이기 위해 어떤 행동을 취했나요?" 또는 "(심장마비 등 우려되는 결과가) 발생하지 않도록 예방하기 위해 어떤 노력을 했나요?" 등이다.

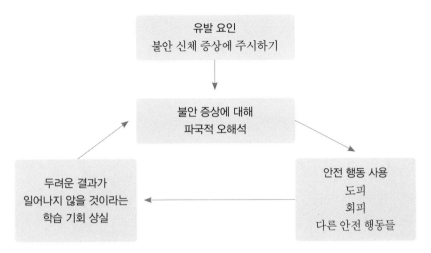

[그림 9-4] 공황장애 유지 사이클의 예: 안전 행동들

광장공포증

광장공포증은 공황장애와 동반되는 경우가 많은 장애이다. 밀폐된 공간, 군중 또는 대중교통을 이용한 여행과 같은 특정 상황에 갇히거나 안전한 장소로부터 멀리 떨어져 있는 것에 대한 두려움이 주 특징으로 나타난다. [글상자 9-3]에 제시된 공황장애 사례연구를 보면 Angela가 사람이 많은 장소에 가는 것을 기피하게 된 것을 알 수 있다. 시간이 지남에 따라 그녀는 공황발작이 일어날까 봐 두려워하는 장소를 점점 더 많이 피하게 되었다. 광장공포증이 있는지 평가할 때 다음과 같은 유용한 질문이 도움이 될 수 있다. "공황발작을 예방하기 위해 피하는 상황이 있나요?" "공황발작이 시작된 이후 그만둔 일은 어떤 것이 있나요?" "공황발작이 없다면 무엇을 더 하고 싶나요?" 등이다.

범불안장애

글상자 9-4 ─사례연구: 범불안장애 ─

Martin은 아내 그리고 두 명의 십대 자녀와 함께 살고 있는 46세 남성이다. 그는 항상 걱정이 많은 편이라고 말하지만, 지난 1년 동안 직장에서 정리해고가 여러 차례 이루어진 후 불안감이 점점 더 커지고 있다. 그의 걱정은 주로 정리해고에 대한 두려움에 관한 것이다. 이자율이 상승하여 모기지를 갚지 못할까 봐, 연로하신 부모님이 아프실까 봐, 자녀가 학교에서 따돌림을 당할까 봐, 가전제품이나 자동차가 고장날까 봐 걱정하기도 한다. 그는 잠들기 힘들고 밤에 자주 불안한 상태에서 깨어난다. 끊임없이 안절부절못하고 짜증을 내며 담배를 많이 피우고 식욕도 잃었다. 그의 아내는 점점 더 남편을 걱정하며 도움을 요청하고 있다.

범불안장애_{GAD}의 '기본' 특징은 걱정이다(Wilkinson et al., 2011: 5). 범불안장애에 노출된 사람들은 걱정하는 경향이 지속적이고 과도하다. 걱정의 내용은 가족, 재정, 일, 인간관계 등 대부분의 사람이 걱정하는 일반적인 것들과 비슷하지만, 이 임상 상태와 관련된 걱정은 불균형적인 경향이 있으며, 특별한 유발 사건이 없음에도 불구하고 대부분의 시간 동안 지속되는 경향이 있다.

범불안장애를 보이는 사람들은 걱정이 자신의 통제 범위를 벗어난 상태라고 인식하는 경향이 있다. 그러나 인지행동치료 모델에 따르면, 이들은 불확실성을 줄이기 위해 적극적으로 걱정에 관여하는 것으로 나타났다. 즉, 이들은 가능한 모든 최악의 시나리오를 예상하려고 애쓰고 있다. 이는 걱정하는 것이 문제에 대한 해결책을 찾는 데 도움이 되고, 자신이 책임감 있는 사람임을 보여 주며, 나쁜 일이 일어나는 것을 방지해 준다고 믿는 등 자신이 완전히 인식하지 못하는 걱정의 이점에 대해 **긍정적인 믿음**을 갖고 있기 때문일 수 있다(Wilkinson et al., 2011). 이런 의미에서 걱정은 정신적으로 문제를 해결하려는 잘못된 시도로 볼 수 있다. 따라서 문제가 발생하면 모든 최악의 시나리오에 대비하고 가능한 모든 결과를 예상하면서 끝없는 '만약'의 시나리오에 몰두하게 된다. 안타깝게도, '만약에⋯⋯'라는 상상을 할 때마다 그 사람의 머릿속에는 또 다른 최악의 결과가 떠오르고, 그 과정이 계속되면서 걱정은 당면한 문제와 점점 더 관련이 없어지게 된다. 이를 실제 걱정과 달리 가상의 걱정이라고 부르기도 한다. 예를 들어, 보일러가 고장 났을 때 Martin의 걱정은 실제 문제('어떻게 고칠 수 있을까?' 실제 걱정)에서 시작될 수 있지만, 순식간에 다음과 같은 걱정으로 발전하게 된다. 수리비를 감당할 수 없을 것 같고, 모기지 상환이 밀려 집을 잃고 거리에서 살게 될 것 같다는 걱정(가상의 걱정)으로 빠르게 확장될 수 있다. 이러한 걱정을 하게 되면 압도감을 느끼고 불안이 증가하여 당면한 문제를 적극적으로 해결하기가 어려워져 걱정에 계속 집중하게 된다([그림 9-5] 참조). 이로 인해 만성적인 불안 상태가 지속되면 안절부절못함, 피로, 집중력 문제, 근육 긴장, 짜증, 수면장애가 나타나게 된다. 장기적인 결과로는 어려움을 관리할 수 없다는 믿음이 강화되어 문제가 발생했을 때 문제를 해결하는 것을 더욱 회피하게 될 수 있다.

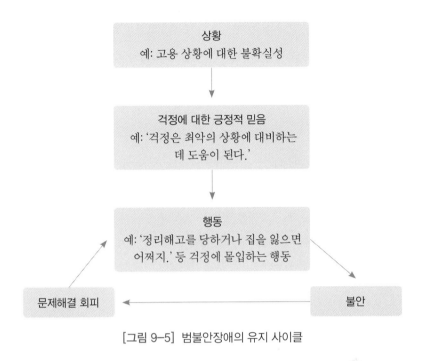

[그림 9-5] 범불안장애의 유지 사이클

내담자와 함께 범불안장애에 대해 사례공식화할 때 임상가는 내담자의 걱정 경향에 대한 정보를 수집해야 한다. 유용한 질문은 다음과 같다. "스스로를 걱정하는 사람이라고 생각하나요?" "주변 사람들이 당신을 걱정하는 사람이라고 말하나요?" "항상 걱정하는 사람이었나요?" "이 특정 상황(예: 직업의 불확실성)에 대해 걱정하지 않았다면 걱정할 다른 것이 있나요?" "이 특정 걱정이 저절로 해결된다면 다른 걱정거리를 찾을 수 있을까요?" 이러한 유형의 질문은 내담자가 현재 겪고 있는 특정 스트레스보다는 걱정하는 성향이라는 불안의 핵심 측면에 초점을 맞추는 데 도움이 된다. 이러한 방식으로 임상가는 환경적 스트레스 요인(예: 과도한 업무, 지나치게 많은 돌봄 책임, 부채 등)에 대한 단기적인 반응인 스트레스와 환경적 스트레스 요인에 관계없이 존재할 수 있는 장기적인 걱정 경향을 구분할 수 있게 된다(환경적 스트레스 요인에 의해 강화될 수는 있지만). 이러한 유형의 질문은 지난 3개월 이내에 발생한 식별 가능한 스트레스 요인으로 인해 현저하게 괴로워하고 기능이 손상된 급성 적응장애와 범불안장애를 구별하는 데에도 도움이 될 수 있다(APA, 2013).

범불안장애를 가지고 있는 사람과 작업할 때 내담자가 가져오는 모든 걱정의 내용을 다루려고 애쓰기보다는 과정으로서의 걱정에 초점을 맞추는 것이 무엇보다 중요하다. 내담자는 종종 그 주에 자신을 괴롭히는 특정 걱정을 가지고 상담에 온다. 내담자는 걱정거리에 대해 파국으로 치닫는 경향이 있기 때문에 미묘하게 또는 대놓고 안심을 구하려고 할 수도 있는데, 이는 대개 비생산적인 결과를 가져온다. 따라서 범불안장애가 있는 내담자와 성공적으로 작업하려면 걱정의 내용보다는 걱정하는 과정에 초점을 맞추는 것이 우선이다.

강박장애

글상자 9-5 사례연구: 강박장애

강박장애를 앓고 있는 32세 여성인 Ayesha는 강박장애 환자이다. 그녀는 집을 나설 때나 잠자리에 들기 전에 수많은 확인 행동을 한다. 충분히 확인하지 않으면 전기 제품에 불이 나거나, 수도꼭지가 열려 있어 홍수가 나거나, 문단속을 제대로 하지 않아 도둑이 침입하는 등 나쁜 일이 발생할 수 있다는 두려움 때문이다. 매일 몇 시간씩 걸리는 점검 작업으로 인해 정상적인 생활이 어렵다.

강박장애Obsessive Compulsive Disorder: OCD는 반복적인 집착과 강박이 특징인 장애이다. 강박장애 발병의 핵심은 다른 사람에게 해를 끼치는 것을 막아야 한다는 과도한 책임감이다 (Salkovskis, 1985). 여기에는 부주의로 인해 다른 사람을 위험에 빠뜨릴 수 있다는 두려움, 수도꼭지를 잠그고 또는 가전제품을 끄거나 문을 잠그는 등 필요한 활동을 했는지에 대한 의구심, 세균을 전염시켜 다른 사람을 오염시킬 수 있다는 두려움, 부적절한 생각이나 집착으로 인해 허용되지 않는 방식으로 행동할 수 있다는 두려움 등이 포함될 수 있다. 괴롭거나 자신의 도덕이나 가치관에 위배되는 생각(자아 이질적 사고라고도 함)을 경험할 수 있다. 여기에는 타인에게 해를 끼칠 수 있다는 생각, 용납할 수 없는 성적 생각 또는 불경스러운 생각이 포함될 수 있다. 이러한 생각이 일시적으로 나타나는 것은 일반 대중에게 흔한 것으로 알려져 있으며(de Silva & Rachman, 2004), 대부분의 사람은 이러한 생각으로 인해 괴로워하지 않는다. 이러한 생각을 하는 것이 무엇을 의미하는지에 대해 지나치게 걱정하고, 그러한 생각을 자신의 도덕성이 좋지 않다는 신호로 여기거나, 다른 사람에게 나쁜 일이 일어나기를 바라거나, 심지어 그러한 생각을 행동으로 옮길 수도 있다고 생각하여 높은 수준의 괴로움을 겪게 될 때 어려움이 발생하게 된다. 이로 인하여 두려운 결과를 막기 위해 다양한 행동(강박이라고 함)을 하게 된다. 예를 들어, 가전제품이 꺼져 있는지 반복적으로 확인하거나, 과도한 청소나 손 씻기, 받아들일 수 없는 생각을 없애거나 무력화하려는 시도 등이 여기에 해당한다. 후자의 경우 가구를 두드리거나 특정 문구를 반복하는 등 미신적인 의식을 사용하는 경우가 많다. 이러한 행동이 과도하거나 도움이 되지 않거나 심지어 비합리적이라는 것을 인지하고 있지만, 이러한 행동을 수행하지 않을 경우의 잠재적 결과가 너무 재앙적일 것으로 예상되어 이러한 행동을 하지 않는 것이 오히려 더 위험하다고 생각한다. 안타깝게도, 이러한 행동에 관여하면 그 사람의 주의를 그 생각에 계속 집중시키고 더 많은 정당성을 부여하게 되는 의도하지 않은 결과를 만들어 낸다. 또한 이러한 행동은 오히려 두려워하는 결과가 발생할 가능성이 거의 없다는 점을 깨닫지 못하게 하거나 강박적인 생각은 주의를 기울이지 않으면 저절로 사라질 가능성이 높다는 것을 배우지 못하게 만든다.

[그림 9-6]은 [글상자 9-5]의 사례연구에 언급된 Ayesha의 증상 유지 사이클의 예시를 보여 준다. 강박장애를 사례공식화할 때는 강박적 사고의 본질에 대해 그리고 의심, 충동 또는 침습적 사고에 반응하지 않을 경우, 당사자가 두려워하는 결과와 그 결과로 인해 나타나는 확인 행동이나 의식에 대한 정보를 수집하는 것이 중요하다. 이러한 정보를 이끌어 내는 데 유용한 질문은 다음과 같다. "이런 생각이 든다는 것은 어떤 의미라고 생각하십니까?" "이 생각을 떨쳐 버리지 못하면 어떤 일이 일어날까 걱정되십니까?" "이런 생각에 대응하기 위해 어떤 행동을 하십니까?" "행동을 하지 않으면 일어날 수 있는 최악의 상황은 무엇인가요?" 용납할 수 없는 생각으로 인식되는 경우, 내담자는 임상가가 자신을 부정적으로 판단할까 봐 두려워하거나 그러한 생각을 말하면 그런 일이 일어날 가능성이 높아질까 봐 걱정할 수 있기 때문에 그 내용을 이끌어 내는 것이 매우 어려울 수 있다. 이를 위해서는 임상가의 세심한 민감성이 필요하다.

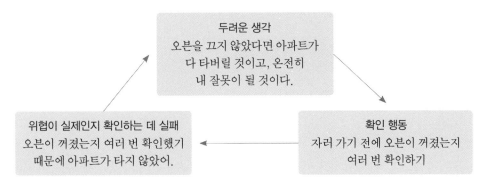

[그림 9-6] 강박장애의 유지 사이클: 안전 행동들

연습 9-5 🌿 불안 공식화

이 장에서 다룬 모든 장애에 대한 사례연구를 참고하여 해당 장애의 어려움이 어떻게 지속될 수 있는지에 대해 몇 가지 더 가능한 설명을 공식화로 작성해 보라.

자조 정보 활용하기

저강도 인지행동치료 접근법을 사용하여 내담자와 작업할 때, 임상가는 평가 및 초기 치료 회기 동안 내담자가 증상이 유지되는 과정을 이해할 수 있도록 도와야 한다. 내담자의 반응을 이끌어 내고 문제가 어떻게 지속되는지 이해하도록 돕기 위해 문제가 발생했던 상황의 대표적인 예에 초점을 맞추는 것이 중요하다. 최근의 예는 내담자가 기억하기 쉽고 더 정확한 세부 정보를 제공할 가능성이 높아진다. 그런 다음 내담자가 직접 더 많은 사례를 수집하도록 권장해야 한다. 이는 내담자가 자신의 반응과 이러한 반응이 문제에 어떻게 영향을 미치는지 인식할 수 있도록 돕고, 도움이 되지 않는 악순환에서 벗어나기 위해 무엇을 해야 하는지 파악하는 데 도움이 준다. 다음 웹사이트와 도서에 유용한 템플릿이 제공되어 있으니 이를 참조하기 바란다.

- Get Self Help 웹사이트: www.getselfhelp.co.uk
- 『How to beat panic disorder one step at a time』(Farrand & Chellingsworth, 2016).
- 『How to beat worry and generalised anxiety disorder one step at a time』 (Chellingsworth & Farrand, 2016)
- 『Break free from OCD: Overcoming obsessive compulsive disorder with CBT』 (Challacombe et al., 2011)

결론

지금까지 살펴본 바와 같이 불안장애가 지속되는 데에는 여러 가지 증상 지속 과정이 관여한다. 각 불안장애의 핵심은 위협의 본질에 대한 생각 또는 신념이다. 이러한 생각이나 신념은 불안 반응과 그 결과로 나타나는 행동을 촉발하는 것으로 보인다. 내담자가 두려운 결과를 예방하기 위해 취하는 행동은 두려운 결과가 과장되었음을 그리고 실제로 그 일이 발생하더라도 대처할 수 있다는 것을 학습하지 못하게 만들어 문제를 계속 유지하게 만든다. 저강도 인지행동치료 접근법을 사용하여 불안장애를 치료하려면 내담자가 이러한 유지 요인에 대한 이해가 높아져야 하고 유지 사이클을 끊는 데 도움이 되는 기술을 배울 수 있도록 자세한 자조 자료를 사용하도록 안내해야 한다. 이 내용은 제10장에서 살펴볼 것이다.

요약

- 불안 반응은 정상적이고 적절하며 우리가 안전하게 기능하는 데 필요한 반응이다.
- 저강도 인지행동치료 모델에 따르면, 불안장애는 잠재적 위협에 대한 과장된 믿음에 의해 유지되며, 자신이나 타인을 안전하게 지키기 위한 행동에 관여하지만 두려워하는 상황에 대한 올바른 정보를 배우지 못하게 하여 문제를 더 유지하게 만든다.
- 불안장애는 일반인에게 매우 흔히 나타날 수 있으며, 정확한 평가를 위해서는 임상가가 진단적 특징을 잘 이해하고 있어야 한다.
- 저강도 인지행동치료는 특정공포증, 공황장애, 범불안장애, 강박장애를 치료하는 데 효과적으로 사용될 수 있다.
- 평가하는 동안 임상가는 주요 인지 및 행동을 탐색하기 시작하고, 일반적으로 자조 자료에 포함된 사례공식화 도식을 사용하여 내담자와 함께 이를 도식화해야 한다. 이를 통해 내담자가 자신의 어려움이 어떻게 유지되고 있는지 이해하기 시작하여 도움이 되지 않는 주기로부터 벗어날 수 있는 변화 기법들을 배우고 준비하는 데 도움이 될 수 있다.

추가로 읽어 볼 자료와 활동들

모든 새로운 지식과 기법이 그렇듯이, 많은 정보와 조언은 실제로 실습을 시작해야만 명확하게 이해될 것이다. 각 불안장애에 대한 진단 기준을 숙지하면 내담자에 대한 저강도 인지행동치료의 적합성과 따라야 할 특정 치료 프로토콜에 관한 결정을 내릴 때 도움이 될 것이다. 불안장애 치료를 위한 NICE 가이드라인과 DSM−5의 진단 기준을 숙지하는 데 시간을 투자하는 것이 좋다. 진단을 내릴 때 Morrison(2014)을 참조하는 것도 도움이 될 수 있다. 다섯 가지 영역 접근법을 사용한 사례공식화 작업에 관한 자세한 내용은 Williams와 Chellingsworth(2010)를 참고하길 바란다. 불안장애에 대한 이해를 넓히고자 한다면 Kennerley 등(2017)을 읽어 보는 것도 도움이 될 수 있지만, 이는 고강도 인지행동치료를 위한 것임을 염두에 두기 바란다.

제 **10**장 **치료 전략들**

Theresa Marrinan

- 저강도 인지행동치료 기법 내에서 우울과 불안에 대한 일반적인 치료 기법들을 식별하고 적용한다.
- 치료 전략을 실행하고 그 과정에서 발생할 수 있는 몇 가지 어려움을 관리한다.
- 재발 방지 접근법을 사용하여 개선된 상태를 유지하고 어려움을 관리한다.

서론

　이 장에서는 불안과 우울에 대한 저강도 인지행동치료LICBT 치료에 대해 개괄적으로 소개할 것이다. 이 장의 내용은 불안과 우울의 핵심 특징과 핵심 유지 과정을 설명한 제8장과 제9장을 기반으로 구성되어 있다. 사례연구를 통해 저강도 인지행동치료 접근법 내에서 우울과 불안을 치료하는 데 사용되는 주요 전략과 이러한 전략이 어떻게 적용될 수 있는지 살펴볼 것이다. 저강도 인지행동치료 치료를 실행하는 데 있어 잠재적인 어려움을 살펴보고 몇 가지 해결책을 제시할 것이다. 마지막으로, 내담자가 개선된 상태를 유지하고 어려움을 관리할 수 있도록 재발 방지 계획을 수립하는 방법을 살펴볼 것이다.

개관

　효과적인 치료를 뒷받침하는 핵심 메커니즘에 대한 이해가 높아짐에 따라 인지행동치료CBT에 대한 증거 기반의 결과들이 계속 확대되면서 일반적인 정신건강 문제에 대한 더 간단한 치료법을 개발하는 방향으로 나아갈 수 있게 되었다. 여기에는 길잡이식 자조GSH 및 인터넷 기반의 프로그램과 같은 새로운 전달 매체의 개발이 있어 왔으며, 그 효능을 뒷받침하는 근거 기반도 점점 증가하고 있다(Andrews et al., 2010; Cuijpers & Shuurmans, 2007; Cuijpers et al., 2010; Gellatly, 2014; Lewis et al., 2012; Williams et al., 2013). 그 결과 더 많은 임상가가 이러한 접근법에 대한 교육을 받을 수 있는 가능성이 열렸고, 이러한 혁신은 심리치료가 더 널리 보급될 수 있는 길을 열어 주었다.

　치료 접근성을 높이는 데 있어 필수적인 측면은 치료가 이루어지는 장소를 포함하여 치료가 제공되는 방식에 대해 내담자에게 더 많은 선택권을 제공하는 것이다. 일부 내담자는 낙인찍히는 것에 대한 두려움 때문에 정신건강 서비스를 받는 것을 꺼릴 수 있다. 마찬가지로, 우울의 경우 동기 저하, 불안의 경우 회피 등 장애의 증상이 장애물로 작용할 수 있다(행동에 영향을 미치는 역량, 기회와 동기, 즉 COM-B 관점에서의 **자신감** 또는 **역량** 참조). 안타깝게도, 이로 인해 내담자가 변화에 대한 동기가 부족하다고 가정하게 될 수도 있다. 저강도 인지행동치료 접근법에서는 낙인을 줄이기 위해 도서관이나 커뮤니티 센터 등 의료 서비스 환경 밖에서 치료를 제공하거나, 치료에 대한 접근성을 높이기 위해 전화나 이메일 등 다양한 방식으로 치료를 제공함으로써 이러한 어려움을 해결하려는 시도가 이루어지고 있다. 자가 의뢰는 환자가 서비스를 받기 위해 거쳐야 하는 단계의 수를 줄여 주기 때문에 이 접근법의 또 다른 중요한 측면이다.

저강도 인지행동치료 개입은 일반적으로 30분 동안 6~8회의 개별 길잡이식 자조 회기 또는 심리교육그룹으로 짧게 진행되며, 경도에서 중등도의 우울과 불안을 겪는 사람들을 대상으로 실시한다. 이를 지원하기 위해 다음과 같은 다양한 자조 자료가 마련되어 있다.

- 도서: 예를 들어, Books on Prescription scheme(https://overcoming.co.uk/14/Help-for-Mental-Health)을 보라.
- 워크시트: Get Self Help(www.getselfhelp.co.uk), Centre for Clinical Interventions(www.cci.health.wa.gov.au), Cedar(cedar.exeter. ac.uk)
- 전자 패키지: Beating the Blues, FearFighter, MoodGYM과 같은 인터넷 기반 인지행동치료로 알려진 패키지

독자에게는 현재 시판 중인 여러 자조 자료 중 일부 샘플이 제공되며, 이를 치료에 어떻게 사용할 수 있는지 설명해 주고 있다. 하지만 임상가가 적절한 자료를 선택하는 데 능숙해지는 것이 중요하다(자세한 지침은 Baguley et al., 2010 및 제2장 참조).

평가

의뢰 후 임상가는 내담자와 평가를 실시하여 현재의 어려움을 파악하고, 치료 목표를 설정하고, 내담자의 기대치를 논의하고, 치료 제공 방법에 대해 함께 결정한다. 이를 위한 면담 구조는 제5장에 설명되어 있다. 이러한 초기 단계에서는 내담자를 저강도 인지행동치료 모델로 안내하고, 어떤 치료가 필요한지 명확히 설명하며, 이 접근법 내에서 내담자가 수행해야 할 적극적인 역할에 대해 논의하는 것이 무엇보다 중요하다. 자조 자료의 샘플을 제공하거나 인터넷 기반 인지행동치료$_{CCBT}$의 짧은 시연을 제공함으로써 내담자가 치료 방식에 대해 결정을 내리는 데 도움을 주는 것이 유용할 수 있다(Martinez & Williams, 2010). 또한 자료를 보관할 파일을 만들거나 전화 통화를 관리하는 방법과 같은 실용적인 사항을 고려하도록 내담자를 격려해야 한다.

저강도 인지행동치료 치료법

　이 절에서는 불안과 우울을 치료하는 데 사용되는 주요 저강도 전략에 대해 알아볼 것이다. 치료를 구조화하기 위한 다양한 모델이 있다. 내담자는 주어진 자조 패키지를 통해 체계적인 방식으로 치료를 진행할 수도 있고 개별화된 패키지의 일부로서 제공되는 다양한 출처의 구성요소를 사용할 수도 있다(자세한 내용은 Williams & Morrison, 2010 참조). 일부 전략은 특정 장애(예: 우울에 대한 행동 활성화, 강박장애에 대한 노출 및 반응 예방, 범불안장애에 대한 걱정 시간 예약)에 더 특화된 반면, 다른 전략(예: 사고 도전 및 행동 실험)은 여러 장애에 모두 적합할 수 있다. 〈표 10-1〉은 각 장애에 가장 자주 사용되는 치료 구성요소에 대한 일반적인 가이드라인이다. 다음에서는 각 구성요소를 차례대로 살펴보고, 각 실행 단계를 사례연구와 함께 설명하고 있으며, 임상가가 겪을 수 있는 일반적인 어려움과 몇 가지 제안된 해결책을 제시하고 있다.

표 10-1　장애별 주요 치료 선택 전략들

치료 전략	장애				
	우울	단순(특정) 공포증 & 광장공포증	공황장애	범불안장애	강박장애
행동 활성화	✓				
사고 도전	✓	✓	✓		✓
노출		✓	✓		
노출/반응 방지법					✓
긴장 유지하기[1]		✓*			
행동 실험		✓	✓		✓
문제해결	✓			✓	
걱정타임				✓	

〈계속〉

---

1) 역자 주: 긴장 유지하기(applied tension)는 혈액이나 주사에 대한 공포증이 있을 경우 신체 근육에 긴장을 적용시켜 실신할 가능성을 줄여 주는 기법이다. 긴장과 이완을 반복하되 혈압을 떨어뜨리지 않을 정도로 긴장과 이완을 잘 조절하는 것이 중요하다.

이완				✓	
수면 위생	✓			✓	
연습	✓				

주: * 혈액손상공포증.

행동 활성화

행동 활성화_{Behavioural Activation: BA}는 우울치료에 사용되는 효과적인 기법이다. 우울을 경험하면 기분 저하, 의욕 저하, 에너지 부족, 절망감 등의 증상이 나타나며, 일반적으로 사회생활에서 위축되거나 정상적으로 기능하기 위해 필요한 업무를 회피하게 된다. 제8장에서 설명한 바와 같이, 이로 인해 즐겁거나 보람 있는 경험을 할 기회가 줄어들고 일상적인 문제들이 누적되는 부정적인 악순환이 반복될 수 있다. 이전에 즐겼던 활동에 참여하더라도 현재 기분 상태로 인해 즐거움을 거의 느끼지 못할 수 있으며, 이로 인해 우울한 기분에 갇혀 있다고 느낄 수 있다. 이 주기를 깨기 위해 필요한 노력이 부담스럽게 느껴져 절망감이 더욱 커지고 더 많은 회피로 이어질 수 있다. 제8장에서 소개한 Alison은 지난 6주 동안 매우 우울한 기분을 느꼈다. Alison은 기분이 우울할 때면 침대에 누워 지내는 경향이 있다. 그러다 보니 친구를 만나거나 취미 생활을 하는 등 즐거운 이벤트를 경험할 기회가 줄어들었다. 또한 그녀는 지속적으로 피곤함을 느끼고, 그 결과 억지로 출근해야 한다고 이야기한다. 출근한 후에는 집중력이 떨어지고 실수할까 봐 불안해진다. 쉬는 날 밤에 잠을 충분히 자지 못하면 자녀의 등교 준비나 집안일을 할 수 있는 에너지를 끌어내는 것이 어렵다는 것을 알게 된다. 이런 상황에서는 다시 침대로 돌아가는 것이 더 쉬워 보일 수 있다. 이는 단기적인 안도감을 줄 수 있지만 결과적으로 절망감을 유지하거나 증가시킬 가능성이 높다.

행동 활성화는 내담자가 보다 적극적으로 행동하도록 돕고 압도되지는 않을 정도의 구조화된 방식으로 회피에 대처할 수 있도록 만들어진 기법이다(Jacobson et al., 2001). 이 기법은 내담자에게 즐거움과 보상이 될 만한 활동을 계획하여 참여하게 하는 **활동 계획표**와 같은 다른 행동 방법의 전통을 따른다(Beck et al., 1979). 행동 활성화는 강력한 증거 기반을 가지고 있으며(Cuijpers et al., 2007a; Ekers et al., 2014), 지지 상담 및 간단한 심리치료와 같은 다른 유형의 치료보다 우수한 것으로 밝혀졌고(Ekers et al., 2008), 6개월 동안 개선 효과가 유지되는 것으로 나타났다(Jacobson et al., 1996). 행동 활성화는 또한 단기 치료로 진행할 때 효과적인 것으로 나타났다(Hopko et al., 2003). 비교적 간단한 개입이기 때문에 저강도 작업

에 특히 적합할 수 있다. 다음에 제공된 행동 활성화에 대한 설명은 사용 가능한 자조 자료
에 기반한 단순화된 버전이지만, 전체 접근방식을 제공하는 자조 자료도 존재한다(Addis &
Martell, 2004 참조). 우울을 치료할 때는 인지적 전략보다 먼저 행동 활성화를 사용해야 하는
데, 이는 내담자의 활동성을 높임으로써 기분이 좋아지기 시작하면 우울치료에 필요한 전략
에 참여할 가능성이 높아지기 때문이다.

글상자 10-1 ─행동 활성화 적용을 위한 유용한 자조 자료들 ─────────────
- Chellingsworth & Farrand (2015).
- www.moodjuice.scot.nhs.uk/behaviouralactivation.asp

행동 활성화 단계는 다음에 설명되어 있다.

1. 치료의 방향 제시하기

내담자에게 행동 활성화를 소개할 때는 접근방식에 대한 명확한 근거를 제시하고 이를
내담자의 사례공식화 방식과 연관 지어 설명하는 것이 중요하다. 그렇지 않으면 내담자는
단순히 더 적극적으로만 행동하라는 지시를 받는 것으로 인식할 위험이 있다. 이러한 접근
방식은 효과적이지 않을 수 있으며, 최악의 경우 오히려 실패에 대한 부정적인 믿음을 강화
할 수 있다. 어떤 경우든 해당 대상자의 지지 네트워크에 있는 누군가가 이미 그러한 제안을
했을 가능성이 높으며, 이로 인해 큰 변화가 일어나지 않을 수도 있다. 이때는 협력적인 접
근방식이 중요하다. 사례와 함께 자료를 제공하면 그들의 어려움을 타당화하는 데 도움이
될 수 있다(예: Williams, 2014). 임상가는 내담자가 갇혀 있는 부정적인 주기를 이해하고 활
동 수준을 높이는 것이 어떻게 이 주기에서 벗어나는 데 도움이 될 수 있는지 탐색하도록 도
와야 한다. 심리교육을 통해 에너지 수준의 저하가 우울의 흔한 증상이며, 에너지 수준을 높
이는 가장 효과적인 방법은 휴식보다는 활동량을 늘리는 것임을 이해하도록 도울 수 있는
데, 이는 직관에 반하는 것처럼 들릴 수도 있다. 활동을 덜하는 것은 오히려 무기력감을 강
화하는 경향이 있고 부정적인 사고에 계속 집중하게 할 수 있다는 점을 설명하기 위해 내담
자의 사례공식화 공식을 다시 참조하는 것이 도움이 된다. 다음 녹취록은 앞서 언급한 임상
가가 Alison에게 행동 활성화를 소개하는 장면을 보여 준다.

임상가: Alison, 어제 기분이 매우 나빠서 아침 내내 침대에 누워 있었다고 하셨죠?

내담자: 비참한 기분으로 잠에서 깨어났고 일어나기가 너무 힘들어서 남편에게 지각을 하더라도 아이들을 학교에 데려가 달라고 부탁할 수밖에 없었어요.

임상가: 이런 기분이 들면 침대에서 일어나기가 힘드시다는 거죠? 그래서 침대에 누워 있게 되고요. 남편이 아이들을 학교에 데려다 주었는데 기분이 나빠지셨나요?

내담자: 네. 제가 얼마나 이기적이고 게으른 사람인가 하는 생각이 계속 들었어요.

임상가: 그게 기분에 어떤 영향을 미쳤나요?

내담자: 기분이 더 나빠진 것 같아요……. 그리고 침대에서 일어나기가 더 힘들어져서 그냥 몸을 뒤집고 이불을 머리 위까지 뒤집어 쓰게 되었어요.

임상가: 이런 악순환의 고리에 갇혀서 빠져나오는 것이 정말 힘들다는 말씀이시군요?

내담자: 네, 일어나서 세상을 마주하는 것이 점점 더 어려워집니다.

임상가: 제가 드린 우울에 대한 정보를 보셨을 텐데요, 기분이 우울할 때 힘들어하는 다른 사례들을 찾으셨나요?

내담자: 기분이 너무 나빠서 일을 그만둔 남자가 있었던 것 같아요.

임상가: 네. 맞아요. 사실 사람들이 기분이 매우 우울할 때 활동하는 데 어려움을 겪는 것은 매우 흔한 일이며, 이는 우울의 핵심적인 특징 중 하나입니다. 어떻게 생각하시나요?

내담자: 한편으로는 안심이 되지만 언제까지 이렇게 살고 싶지는 않아요.

임상가: 사람들이 우울하다고 느끼면 모든 것이 더 힘들어집니다. 하지만 일을 피하면 기분이 더 나빠지고 자신에 대한 부정적인 생각만 더 커질 수 있습니다. 우리가 같이 작성한 기분 주기를 살펴보면 이런 패턴이 자주 나타나는 것 같나요?

내담자: 네, 확실히 그렇습니다.

임상가: 사실, 무언가를 하는 행위 자체가 에너지 수준과 기분을 개선하는 경향이 있기 때문에 활동하는 것이 이러한 함정에서 벗어나는 가장 효과적인 방법이 될 수 있습니다. 어떻게 생각하세요?

내담자: 일리가 있는 말 같지만, 그 함정에서 벗어나기가 정말 어렵게 느껴져요.

임상가: 그렇군요. 괜찮아요. 다시 시작하려면 노력이 필요할 수 있으니 천천히 마음을 다잡는 것에 대해 생각해 볼 필요가 있습니다. 첫 번째 단계는 아마도 계획할 수 있는 몇 가지 활동을 정한 다음 현실적으로 시작할 수 있는 것이 무엇인지 생각해 보는 것이 어떨까요?

2. 다양한 활동 유형 파악하기

내담자가 이 접근법을 시도하는 데 동의하면, 내담자 자신의 삶에 다시 적용할 수 있는 활동을 파악하도록 안내해야 한다. 여기에는 우울을 경험하기 전에 하던 활동이나 내담자의 치료 목표와 관련된 새로운 활동이 포함될 수 있다. 세 가지 유형의 활동을 목표로 한다(다음 참조).

- 즐거운 활동: 취미, 사교 활동, 휴식, 운동 등 즐거움을 주는 활동. 이러한 활동을 피하면 긍정적인 사건과 감정을 경험할 가능성이 줄어든다.
- 일상 활동: 매일 또는 자주 하는 활동. 예를 들어, 자기관리, 요리 및 집안일 등이 있다. 이러한 일상의 중단은 낮은 기분에 기여한다(Jacobson et al., 2001).
- 필수 활동: 예를 들어, 공과금 납부, 학업 성취 또는 자녀 등교시키기 등 해로운 결과가 발생하지 않도록 하기 위해 수행해야 하는 이러한 활동을 피하면 문제가 쌓일 수 있다.

활동 목록		
기분 저하를 경험하기 전에 정기적으로 참여했던 활동 또는 생활에 도입하고 싶은 새로운 활동을 적어 보세요.		
즐거운 활동 (예: 취미, 사교, 이완, 운동)	일상 활동 (예: 집 청소, 쇼핑, 요리)	필수 활동 (예: 직장 출근, 공과금 납부, 자동차 유지 관리)
친구 만나 커피 마시기 책 읽기 피아노 연습 남편, 아이들과 자전거 타기 휴가 가기 친구들과 라이브 음악 공연 가기	샤워하기 설거지하기 청소기 돌리기 다림질하기 쇼핑하기 아이들 등교시키기 요리하기 세탁기 돌리기 정원 가꾸기 조깅하기	직장 출근하기 서비스 받기 위해 차량 맡기기 여유공간 정리하기 새로운 직장 찾아보기

[그림 10-1] Alison의 즐거운, 일상의 그리고 필수 활동 목록

Alison의 활동 목록이 포함된 [그림 10-1]과 같은 워크시트를 주고 내담자가 이러한 활동을 할 수 있도록 도와야 한다([글상자 10-1] 참조).

때때로 내담자는 일상적인 활동과 필요한 활동을 구분하기 어렵다고 느낀다(Richards, 2010a). 세 가지 유형이 균형 있게 잡혀 있다면 이러한 구분이 중요하지는 않다. 내담자가 오랜 기간 동안 기분이 좋지 않은 경우, 즐거운 활동을 식별하기 어려울 수 있다. 이러한 상황에서는 새로운 활동을 찾을 수 있게 도와주는 것이 필요할 수 있다. 자조 자료는 종종 이러한 예시를 보여 준다. 마찬가지로, 질병으로 인해 우울해진 내담자 역시 생활방식을 조정하고 새로운 유형의 활동을 고려할 필요가 있다.

3. 활동의 위계 순서 정하기

다음 단계는 나열된 활동을 가장 쉬운 것부터 가장 어려운 것까지 단계별로 정리하는 것이다. 목표는 내담자가 활동을 다시 시작할 때 단계적으로 접근하여 너무 빨리 많은 일을 하려다가 부담감을 느끼지 않도록 돕는 것이다. 그러나 때때로 내담자 입장에서 청구서 납부 등 즉각적인 주의가 필요한 작업을 우선순위로 두어야 할 수도 있다. [그림 10-2]는 Alison의 활동 위계 구조를 보여 준다.

4. 일상의, 필수의 그리고 즐거운 활동 계획하기

활동을 위계로 나눈 후 내담자는 **활동 일지**를 활용하여 다음 주에 해야 할 몇 가지 활동을 계획할 수 있다. 처음에는 내담자에게 일주일 동안 활동 일지를 작성하게 하여 현재 활동 수준을 기록하도록 요청하는 것이 도움이 된다. 이를 통해 기준선을 설정하고 행동 패턴과 기분에 미치는 영향을 파악할 수 있다.

대부분의 사람은 다양한 활동에 참여함으로써 이득을 얻으며, 활동이 제한되면 삶의 질이 떨어진다. 따라서 내담자가 일상적이고 필요하며 즐거운 활동을 골고루 구성하도록 권장해야 한다. 활동을 계획할 때는 큰 작업을 작은 작업으로 나누어 관리 가능하고 현실적으로 구성하는 것이 중요하다. 핵심은 편안하게 달성할 수 있는 작은 개별 작업을 설정하는 것이다. [그림 10-3]은 다음 주 활동 계획이 포함된 Alison의 활동 일지 예시를 보여 준다. 또한 내담자에게 활동을 수행할 때 자신의 우울 수준을 평가하도록 요청할 수 있다. 이렇게 함으로써 내담자는 활동이 자신의 기분에 미치는 영향을 확인할 수 있다.

임상가는 내담자에게 계획한 활동을 모두 달성하지 못할 수도 있음을 경고하고 일지에 융통성을 발휘할 수 있도록 하는 것이 유용할 수 있다고 알려 주어야 한다. 이렇게 하면 내담자가 계획을 완전히 준수하지 못할 경우에 낙담하지 않도록 방지할 수 있다. 다음 치료 회기에 내담자와 함께 일지를 검토하는 것은 필수적인 과정이다. 이는 내담자를 격려하고, 학습을 촉진하며, 해당 과제가 치료의 중요한 부분이라는 메시지를 강화하는 역할을 한다. 또한 임상가는 내담자의 진행 상황을 확인하고 어려움을 해결하는 데 도움을 줄 수 있다.

활동 위계	
가장 쉬운 것부터 가장 어려운 활동 순으로 적어 보세요. 즐거운, 일상의 그리고 필수의 활동들을 포함시켜 적어 보세요.	
난이도 '하'에 해당하는 활동	샤워하기 설거지하기 쇼핑하기 식사 준비하기 세탁하기 친구 만나 커피 마시기 직장 출근하기
난이도 '중'에 해당하는 활동	다림질하기 정원 가꾸기 책 읽기 피아노 연습하기 서비스 받기 위해 자동차 맡기기
난이도 '상'에 해당하는 활동	조깅하기 아이들 등교시키기 청소기 돌리기 친구들과 라이브 음악 공연가기 남편, 아이들과 자전거 타러 가기 여유 공간 정리하기 휴가 가기 새로운 직장 구하기

[그림 10-2] Alison의 활동 위계

활동 일지

활동과 우울 수준을 0~10점(0 = 전혀 우울하지 않음, 10 = 매우 우울함) 척도로 기록하세요.

	월	화	수	목	금	토	일
오전	샤워 아침 식사/ 설거지	샤워 아침 식사/ 설거지	업무	샤워 아침 식사/ 설거지	업무	샤워 아침 식사/ 설거지	
오후	세탁물 넣기	정원 가꾸 기 20분	업무	친구 만나 커피 마시기	업무	남편과 쇼 핑하기	부모님 집에 서 가족과 함 께 점심 식사 하기
밤	남편, 아이들과 저녁 요리 및 식사		피아노 연습 20분		남편, 아이들과 저녁 요리 및 식사		

[그림 10-3] 활동 일지

연습 10-1 ❀ 활동 일지 작성하기

다음 주에 할 수 있는 즐거운, 일상의 필수 활동의 목록을 작성하고, 이 활동들이 골고루 섞여 있는지 확인해 보라. 이를 활동 일지에 계획하여 다음 한 주 동안 실행하라. 일주일 동안 기분에 대한 평가를 포함하여 일지를 완성하라. 자신의 기분에 대해 어떤 점을 느꼈는가? 계획을 지키는 데 어떤 어려움이 있었다면 어떤 것이 있었는가?

행동 활성화 적용 시 겪게 되는 일반적 어려움

내담자는 활동을 수행하기 전에 피로가 덜하기를 기대한다

일부 내담자는 행동 활성화에 참여하기 전에 피곤함을 덜 느끼거나 무기력감을 줄여야 한다는 믿음을 굳게 갖고 있을 수 있다(Jacobson et al., 2001). 임상가는 내담자와 이 점을 주의 깊게 살펴보고 우울 상태에 있는 사람들이 일반적으로 활동을 시작하면 더 활력을 느낀다는 점을 설명해야 한다. 이것은 COM-B(행동에 영향을 미치는 역량, 기회와 동기) 모델에서 언급되는 내담자의 **심리적 능력**을 증가시키는 수단이다(Michie et al., 2011). 예를 들어, 우울할 때 활동하는 것은 배터리가 방전된 자동차의 시동을 거는 것과 비슷하다는 은유가 유용할 수 있다(Stott et al., 2010). 내담자가 여전히 확신이 없는 경우, 피곤할 때 계획한 활동을 시도해 보고 전후의 에너지 수준을 측정하는 등 보다 실험적인 접근방식을 제안하는 것이 유용할 수 있다.

목표가 너무 거창한 경우

또 다른 일반적인 문제는 비현실적으로 높은 기준을 가지고 지나치게 거창한 목표를 설정하는 것이다. 이로 인해 내담자는 부담감을 느껴 계획한 활동을 전혀 수행하지 못할 수 있다. 예를 들어, '집안일하기'보다는 '아침 식사 후 설거지하기' 또는 '다림질 20분 하기'와 같이 구체적이고 달성 가능한 목표를 설정하는 것이 더 유용하다. 필요한 경우 이러한 작업을 더 세분화할 수도 있다. 여기서 핵심은 시작하는 것이다. 내담자가 자신의 능력 수준 내에서 점진적으로 활동 수준을 높이고 명확한 목표를 설정할 수 있도록 안내한다면 성공 가능성이 높아져 동기부여와 낙관주의가 높아질 가능성이 높다.

즐거움의 결여

일부 내담자는 이전에 즐겼던 활동을 할 때 즐거움이 느껴지지 않는다고 보고한다. 당연히 이러한 경우 내담자는 이러한 활동에 참여하는 것의 가치에 대해 의문을 제기할 수 있다. 내담자에게 즐거움을 되찾는 데는 시간이 걸리므로 끈기가 필요할 수 있음을 알려 주는 것이 좋다. 또한 내담자가 단순히 자신을 행복하게 해 준다고 생각하는 활동이 아니라 과거에 즐거움을 주었던 활동을 선택하고 있다는 사실을 확인시키는 것도 중요하다.

다른 사람이나 날씨에 의존하는 활동 설정

때때로 다른 요인이 방해가 되어 활동을 수행하기 어려울 수 있다. 예를 들어, 친구가 특정 시간에 만날 수 없다고 하거나 날씨가 좋지 않아 야외에서 활동하기 어려울 수 있다. 동기 수준의 저하는 우울의 핵심 증상이므로 이러한 어려움으로 인해 내담자가 빨리 포기할 수 있으므로 미리 생각하고 대안을 계획하는 것이 유용하다(Kinsella & Garland, 2008).

행동 활성화는 내담자가 우울의 굴레에서 벗어날 수 있도록 돕는 가장 효과적인 방법 중 하나로 알려져 있다. 원칙적으로는 간단한 접근방식이지만, 높은 수준의 협업과 숙련된 접근방식을 통해 진행 과정을 잘 다루어야 한다. 우울 환자는 자존감이 낮은 경우가 많으므로 임상가는 내담자의 자기비난에 주의를 기울여야 한다. 이는 내담자가 치료의 근거를 명확히 이해하고, 선택한 활동이 의미 있고, 기대치가 적절히 유지되도록 하며, 장애물을 주의 깊게 탐색함으로써 극복할 수 있다.

도움이 되지 않는 사고에 도전하기

제8장과 제9장에서 살펴본 것처럼, 인지는 문제가 어떻게 유지되는지 이해하는 데 핵심적인 역할을 한다. 내담자가 자신의 어려움을 이해하는 방식에는 자신, 세상 또는 미래에 대한 지나치게 부정적인 견해(우울)나 위협에 대한 과도한 지각(불안증)이 포함될 수 있다. 이런 인지적 편향이나 **도움이 되지 않는 사고방식**은 기분 상태에 강력한 영향을 미치고 회피와 같은 행동을 하도록 유도하여 문제를 더욱 악화시키는 악순환으로 이어질 수 있다. 도움이 되지 않는 사고방식은 네 가지 범주로 분류할 수 있다(〈표 10-2〉 참조). 부정적인 사고에 도전하는 데 유용한 첫 번째 단계는 내담자 자신이 자주 사용하는 도움이 되지 않는 사고방식을 파악하도록 격려하는 것이다. 내담자가 이러한 사고방식에 익숙해지면 자신의 행동이 특정 사고방식에 의해 영향을 받는 경우를 식별하기 시작한다.

표 10-2 도움이 되지 않는 사고 유형과 예시들

도움이 되지 않는 사고
자기비난
• 개인화: '내가 좀 더 좋은 아내였다면 남편이 그렇게까지 피곤해하지는 않았을 거야.' '내가 아니었다면 아이들이 학교에서 더 잘할 텐데.'
• 자기비난: '나는 좋은 엄마가 아니야.' '나는 내 일을 충분히 잘하지 못해.'
• 명명하기: '나는 패배자, 시간 낭비, 소홀한 엄마야.'
직관적 사고
• 독심술: '내가 불안하다는 걸 모두 다 알아, 그들은 나를 바보라고 생각해.'
• 미래에 대한 부정 예측: '상황은 더 나빠지겠지.' '기분이 나아지지 않을 거야.'
• 감정 반응에 근거한 추론: '내가 이렇게 불안해하는 것을 보니 위험한 상황임에 틀림없어.'
선택적 주의
• 과일반화: '나는 아이들과 시간을 보내지 않아.' '남편이 모든 것을 다 해야 해.'
• 긍정적인 면 축소하기: '매니저가 나를 불쌍히 여겼기 때문에 나를 칭찬했겠지.'
• 모든 책임 떠안기: '일이 잘못되면 다 내 잘못이야.'
• 부정적인 사건 확대하기: '너무 불안해서 회의에서 나가야만 했고, 이건 내가 이 일을 감당할 수 없음을 증명하는 거야.'
극단적 사고
• '전부 아니면 전무' 사고: '나는 항상 사람들을 실망시켜.' '제대로 하는 일이 없어.'
• 비현실적인 기준: '다른 사람들은 문제가 있어도 그냥 잘 살아간다.' '나처럼 힘들어하는 사람은 없다.'

도움이 되지 않는 사고에 도전하기(인지 재구조화라고도 함)는 내담자가 편향된 사고를 인식하고 체계적으로 이에 도전하도록 도와 악순환의 고리에서 벗어날 수 있도록 하는 기법이다. 생각에 도전하는 과정을 거치는 데는 시간이 많이 걸리기 때문에 임상가의 역할은 일반적으로 이 방법을 소개하고, 예시를 제공하고, 일지 항목을 작성하도록 내담자를 코칭하고, 다양한 단계를 안내할 수 있는 적절한 자조 자료를 제공하는 역할까지로 제한이 된다.

글상자 10-2 도움이 되지 않는 사고에 도전하기에 유용한 자조 자료들

사고 도전하기에 유용한 자조 자료의 예는 다음과 같다.
- Greenberger & Padesky (2015).
- Williams (2014).
- https://psychologytools.com/cbt-thought-record.html
- www.getselfhelp.co.uk/docs/ThoughtRecordSheet.pdf

도움이 되지 않는 사고에 도전하기를 위한 각 단계는 다음과 같다.

1. 내담자에게 치료 방향에 대해 오리엔테이션하기

사고 도전에 대해 소개할 때는 내담자의 사례공식화를 참고하여 문제를 유지하는 데 내담자의 인지가 얼마나 중요한지를 설명하는 것이 유용하다. 또한 내담자에게 우리의 생각이 기분 상태에 크게 영향을 받는다는 점을 설명하는 것도 도움이 될 수 있다. 그 결과, 기분이 우울할 때 생각은 더 부정적인 경향이 있을 수 있으며, 마찬가지로 불안감을 느끼면 생각은 본질적으로 더 파국적인 경향이 있어 악순환이 더욱 강화될 수 있다.

2. '뜨거운 생각(핵심 인지)' 찾아내기

다음으로, 내담자는 자신에게 괴로움을 주는 도움이 되지 않는 생각이나 뜨거운 생각(핵심 인지)을 알아차리도록 격려받는다. 이러한 생각은 부정적인 기분 변화와 가장 밀접하게 연관되어 있다. 내담자는 자신의 기분 변화를 알아차리는 순간을 일지로 작성하여 이러한 생각을 알아차릴 수 있다. 이 일지에는 기분 유발 상황(또는 유발 요인), 그 상황과 관련된 생각 및 감정을 적는다. 일지를 꾸준히 쓰다 보면 특정 상황에서 떠오르는 전형적인 생각을 인식하고 패턴을 파악하는 데 도움이 될 수 있다(사고 일지의 예는 [그림 10-4]와 [그림 10-5] 참조).

상황	감정	감정의 강도(%)	사고	믿음의 정도(%)
직장에서 약속 중 하나를 혼동함	비참	90	일을 진짜 제대로 못한다.	70
남편과 쇼핑 가기로 함-도저히 갈 수 없어서 혼자 보냄	슬픔	60	나는 나쁜 엄마다.	80

[그림 10-4] 사고 일지: 우울

상황	감정	감정의 강도(%)	사고	믿음의 정도(%)
쇼핑 중에 심장이 빨리 뛰는 것을 느낌	공포	90	심장발작이 올 거야.	70
사람들이 많은 카페에서 공황 증상을 느낌	불안	70	공황발작이 올 거고 기절할 것 같은데 아무도 나를 도와주지 않을 것이다.	60

[그림 10-5] 사고 일지: 불안

사고 일지를 처음 작성할 때는 생각과 감정의 차이를 내담자가 이해할 수 있도록 도와주는 것이 중요하다. 생각은 내담자의 마음속에서 일어나는 언어적 설명으로 다음과 같이 표현된다. '나는 실패자야.' '기분이 나아지지 않을 거야.'(우울), '기절할 거고 심장마비가 올 거야.'(공황장애). 이러한 생각은 사건에 대한 개인의 인식이나 자신에 대한 평가를 반영하는 경향이 있다. 때때로 이들은 사람의 마음속에 이미지로 나타날 수도 있다. 감정은 분노, 슬픔, 두려움, 죄책감 등의 감정 상태를 말한다. 일반적으로 한 단어의 묘사어로 구성된다(제3장 참조).

3. '핵심 인지'를 평가하고 도전하기

내담자가 자신의 뜨거운 생각(핵심 인지)을 찾아내고 모니터링하는 데 능숙해지면, 다음 단계에서는 보다 균형 잡힌 관점을 발전시키기 위해 이를 평가하고 문제 제기하는 방법을 배워야 한다. 여기에는 뜨거운 생각(핵심 인지)을 뒷받침하는 증거와 모순되는 증거를 모두 찾아보고 이를 종합적으로 검토하는 과정이 포함된다. 이를 위해 워크시트를 사용할 수 있다. 우울을 앓고 있는 Alison이 작성한 워크시트의 한 예가 [그림 10-6]에 나와 있다.

부정적 사고에 도전하기 워크시트

생각: 일을 진짜 제대로 못한다.(70%)

감정: 비참(90%)

지지 증거	반대 증거
• 수요일에 예약 중 하나를 혼동하여 환자가 예약시간을 놓쳤다. • 환자 중 한 명에게 예약 리마인더 메시지를 보내는 것을 잊었다. • 직장에서 활동 계획표를 조직화하는 것에 어려움을 겪었고, 결국 Jenny가 나를 도왔다. • 동료에게 내가 평소의 쾌활한 모습이 아닌 것 같다는 말을 들었다.	• 이전에 한 번도 약속을 혼동한 적이 없었다. • 평상시에 늘 하듯 다른 모든 환자에게는 리마인더 메시지를 보냈다는 것을 기억했다. • 다른 접수원은 내가 너무 성실해서 약속을 혼동한 것에 놀랐다고 했다. • 상사가 내가 일을 잘한다고 해서 작년에 접수 담당을 맡았다. • 한 환자가 지난달 수술에 대한 감사 카드를 보냈고, 치과 치료에 대해 겁에 질린 딸에게 내 이름을 언급하며 친절하다고 했다.

• 지금은 그 생각을 얼마나 믿으시나요? 40%

• 지지와 반대 증거를 고려할 때, 생각해 볼 수 있는 다른 대안은 무엇인가요? 좀 더 균형잡힌 생각은 무엇일까요?

• 균형잡힌 생각: 지금은 우울로 인해 업무에 집중하기 힘들지만, 나는 대체로 일을 잘 해낸다. (50%)

• 감정: 비참(30%)

[그림 10-6] Alison이 작성한 사고에 도전하기 워크시트

내담자는 먼저 어떤 뜨거운 생각(핵심 인지)을 다룰 것인지 결정해야 한다. 그런 다음 그 생각을 뒷받침하는 증거를 찾아야 한다. 대개 내담자는 이 작업을 쉽게 수행할 수 있지만, 사실적이고 구체적으로 작성하는 것이 중요하다. 예를 들어, '나는 내 일을 끔찍하게 못한다.'라는 생각에 대한 증거를 제시하라는 요청을 받았을 때 Alison은 처음에 다음과 같이 말했다. "저는 항상 실수를 해요." 하지만 임상가가 몇 가지 구체적인 예시를 들어볼 수 있는지 부드럽게 유도하자, Alison은 자신이 실수한 사례를 두 가지밖에 찾을 수 없다는 것을 깨달았다.

자신의 생각을 뒷받침하는 몇 가지 증거를 나열한 후, 내담자는 자신의 생각과 모순되는 증거를 찾아보라는 지시를 받는다. 당연히 내담자는 이 과정에서 어려움을 겪는 경향이 있

다. 따라서 다른 관점에서 사물을 볼 수 있도록 마련된 촉진 질문(프롬프트)을 사용하는 것이 도움이 될 수 있다. 자조 가이드에서 이러한 촉진 질문(프롬프트)을 제공하는 경우가 많다(예: Greenberger & Padesky, 2015; Williams, 2014). 다음에 내담자가 반박 증거를 구축하기 위해 스스로에게 물어볼 수 있는 질문의 예가 나와 있다.

- 이 생각이 사실이 아니라는 것을 경험을 한 적이 있으세요?
- 좋은 친구나 가까운 직장 동료라면 뭐라고 말하겠어요?
- 같은 상황에 처한 친구에게 나는 뭐라고 말하겠어요?
- 다른 관점에서 이 문제를 바라볼 수 있을까요?
- 이런 기분이 아닐 때는 이 사건을 다르게 볼 수 있을까요?
- 1년 후에도 같은 말을 할 수 있을까요?
- 성급하게 결론을 내리고 있지는 않은가요?
- 나 자신에게 설정한 것과 동일한 기준을 다른 사람에게도 적용하고 있나요?

도움이 되지 않는 사고 패턴에 대한 워크시트를 다시 참조하는 것도 내담자가 어떤 패턴에 빠져서 편향된 사고를 하고 있는지 인식하는 데 도움이 될 수 있다.

내담자가 부정적 사고에 도전하기 워크시트의 두 열을 모두 작성했다면, 두 가지 증거를 모두 고려하여 새로운 관점을 적용할 수 있는지 검토해야 한다. 이렇게 함으로써 Alison은 '지금은 우울로 인해 업무에 집중하기 힘들지만, 나는 대체로 일을 잘한다.'라는 생각을 떠올릴 수 있었다. 이렇게 균형 잡힌 관점을 취함으로써 Alison은 자신에 대해 덜 부정적으로 느꼈고, 그 결과 기분이 개선되었다고 보고했다(자신이 '비참하다'고 느끼는 비율이 30%로 감소). 이 방법에 익숙해지면 부정적인(또는 불안한) 생각에 도전하는 데 능숙해지기 위해 기분

연습 10-2 ✿ 핵심 인지에 도전하기

최근 기분에 부정적인 변화가 있었던 상황을 떠올려 보라. 사고 일지를 사용해 이러한 기분 변화와 관련된 떠오르는 생각을 찾아보라. 이 작업을 마친 후에는 부정적인 생각에 도전하기 워크시트를 작성한다. 결과로 뜨거운 생각(핵심 인지)이 바뀌었는가? 좀 더 균형 잡힌 생각을 떠올릴 수 있었는가? 이것이 감정에 어떤 영향을 미쳤는가? 이 과제를 수행하면서 어떤 어려움을 겪었는가? 이 과제를 일주일 동안 매일 수행해야 한다면 어떻게 준비하겠는가? 예를 들어, 자료를 어디에 보관하고 언제 시트를 작성하겠는가?

의 변화를 느낄 때마다 매일 연습을 할 수 있도록 내담자를 격려해야 한다. 예를 들어, 필요할 때마다 사고 워크시트를 활용하여 바로 기록할 수 있도록 그리고 매일 일정한 시간을 정해서 기록할 수 있도록 안내할 필요가 있다. 스마트폰용 앱을 이용하면 이 과정을 쉽게 진행할 수 있다.

인지 재구성 적용 시 겪게 되는 일반적 어려움

확고한 신념에 대해 도전해 보기

특히 우울을 치료할 때 내담자가 경험하는 생각은 '나는 실패자'와 같은 뿌리 깊게 자리 잡은 신념이 반영된 것일 수 있다. 이러한 경우 내담자는 저강도 접근방식 내에서는 이러한 신념을 재구성할 능력이 부족한 경우가 많으며, 일반적으로 자조 자료에서는 이러한 신념을 중점적으로 다루지 않는다. 표준 인지행동치료 모델에서는 세 가지 수준의 인지가 설명되어 있다(Beck et al., 1979).

- 핵심 신념: 가장 깊이 자리한 인지 수준으로 자기 자신, 타인, 세상 전반('나는 실패자다.' '타인은 항상 나를 거부할 것이다.' '세상은 위험한 곳이다.')에 대한 지속적인 태도를 표현한다. 이는 초기 경험의 결과물로 발달하는 경향이 있으며 일반적으로 매우 일반화된 진술로 나타난다.
- 삶에 대한 가정 또는 규칙: 이는 한 사람이 세상과의 상호작용에 영향을 미치는 지침서로, 일반적으로 한 가지가 다른 한 가지를 조건으로 내세우는 경우가 많다('열심히 일하면 성공할 것이다.' '사랑받기 위해서는 다른 사람을 기쁘게 해야 한다.' '나를 두렵게 하는 것은 항상 피해야 한다.' '그렇지 않으면 압도당할 것이다.'). 이러한 생각은 개인의 핵심 신념에 의해 만들어지며 삶에 대한 일종의 정신적 지침서 역할을 한다(Beck, 1976).
- 부정적 자동 사고: 마음에서 습관적으로 떠오르는 부정적인 생각이다. 일반적으로 핵심 신념 및 삶의 대한 관련 규칙에서 비롯되지만, 현재의 상황에 대한 즉각적인 평가를 반영하기 때문에 더 구체적이다('일주일 내내 아무도 내게 전화를 걸지 않았어. 그들은 나에게 질렸어.' '하루 종일 아무것도 하지 않았어. 나는 너무 게을러.' '오늘 일어나지 못했어. 나는 가족을 실망시켰어.').

규칙과 핵심 신념은 본질적으로 개인에게 깊이 그리고 확고하게 자리 잡고 있기 때문에 바꾸기가 매우 어렵다. 이를 해결하기 위한 효과적인 전략이 있지만, 보다 집중적인 인지행동치료 접근방식이 필요하다. 그럼에도 불구하고 저강도 인지행동치료 임상가는 이러한 다양한 인지 수준에 대해 잘 파악하여 내담자가 부정적 자동 사고Negative Automatic Thoughts: NATs에 계속 집중할 수 있도록 하는 것이 중요하다. 한 가지 방법은 '나는 모든 면에서 실패자이다.'가 아니라 '나는 업무 능력이 부족하다.'와 같이 평가 대상인 특정 상황과 관련된 생각에 집중하는 것이다(Kinsella & Garland, 2008).

도전적인 생각은 제한적이지만 변화로 이어질 수 있다

때때로 내담자는 자신의 생각에 도전한 후에도 신념 평가에서는 거의 변화를 경험하지 못한다. 특히 초기에는 작은 변화라도 내담자에게 안도감과 함께 변화가 가능하다는 것을 보여 줄 수 있으므로 이러한 변화가 도움이 될 수 있다는 점을 인식하게 하는 것이 중요하다. 또한 내담자가 작업하기에 적합한 생각을 선택했는지 확인하는 것도 유용할 수 있다. 이전 절에서 언급했듯이, 핵심 신념에 도전하려는 시도는 거의 또는 전혀 변화를 가져오지 못할 가능성이 높다. '아이들이 나를 형편없는 엄마라고 생각하면 어쩌지?' 또는 '남편이 나를 떠나기로 결정하면 어쩌지?'와 같이 생각을 질문의 형태로 표현할 때, 또 다른 어려움이 발생할 수 있다. 질문은 말로 표현하기 어렵기 때문에 '내가 아이들을 실망시키고 있다.' 또는 '남편이 나에게 싫증을 내고 있다.'와 같이 명확히 표현하도록 내담자를 안내해야 하는데, 이러한 유형의 생각은 평가에 더 쉽게 접근할 수 있기 때문이다. 또한 질문은 본질적으로 도전하기 어려운 미래에 일어날 수 있는 사건에 대한 걱정을 나타낼 수도 있다. 이러한 걱정에 대한 탐색은 단순히 더 많은 걱정으로 이어질 수 있으며, 이것이 범불안장애Generalised Anxiety Disorder: GAD에서 사고에 대한 도전이 잘 작동하지 않는 이유 중 하나이다.

사고에 도전하기는 언제 소개해야 하는가

우울 내담자와 함께 작업할 때는 활동 수준을 높이면 기분이 금방 좋아질 수 있지만, 기분이 매우 저하된 상태에서는 생각을 바꾸기가 어려울 수 있으므로 일반적으로 행동 활성화부터 시작한 다음 사고 전략에 초점을 맞추는 것이 좋다. 어떤 사람들에게는 행동 활성화만으로도 충분할 수 있지만, 행동 활성화 이후에도 계속해서 상당한 수준의 부정적 사고와 낮은 기분을 경험하는 사람들에게는 부정적 사고에 도전하는 데 초점을 맞출 필요가 있다.

불안장애의 경우, 노출 또는 행동 실험에 참여하기 전에 일부 사고에 도전하는 것이 도움이 될 수 있다. 이 기법에서는 내담자가 큰 불안을 유발하는 상황에 직면하도록 하는 것이 포함된다. 내담자가 이러한 기법을 꺼려 한다면 처음에는 생각에 도전하는 것이 참여도를 높이는 데 유용할 수 있다. COM-B 모델에 따라 자신감과 동기를 높일 수도 있다(제7장 참조). 그러나 다음에 자세히 설명하는 노출이나 행동 실험을 추가하지 않고는 불안 증상을 치료하는 데 충분하지 않을 수 있다.

노출

회피는 불안장애를 유지하는 데 핵심 요소이다. 회피는 단기적으로 불안 증상을 완화할수 있지만, 장기적으로는 위협에 대한 과도한 지각을 유지하고 새로운 학습을 방해하는 안타까운 결과를 초래할 수 있다. 노출 기법은 두려운 상황에 체계적으로 직면하여 관련 불안을 감소시킬 수 있는 기법이다. 두려운 상황에 직면하고 그 상황에 머무르면 자연스럽게 불안이 줄어든다는 것을 알게 된다. 이를 **습관화**라고 한다. 노출 치료는 다양한 불안장애에 매우 효과적인 것으로 밝혀졌다(Deacon & Abramowitz, 2004; Norton & Price, 2007).

글상자 10-3 - 점진적 노출에 유용한 자조 자료들

- Farrand & Chellingsworth (2016).
- http://www.moodjuice.scot.nhs.uk/exposure.asp

제9장에서 설명한 것처럼, 위협에 직면하면 상황에 효과적으로 대처할 수 있도록 뇌와 신체에 변화(투쟁, 도피 또는 얼어붙음)가 일어난다. 아드레날린이 혈류로 방출되어 심박수 및호흡 증가와 같은 변화가 나타난다. 아드레날린은 제한된 시간 동안만 체내에 머물 수 있으므로 결국 신체는 정상 상태로 돌아간다. 그러나 불안 반응이 가장 강렬할 때 두려운 상황에서 벗어나게 되면, 두려운 상황에 계속 머물러 있을 경우 결국 불안이 줄어들 것이라는 학습을 못하게 된다. 결과적으로, 그 상황에 들어갈 때마다 같은 수준의 불안을 계속 경험하게된다. 노출은 불안 반응이 줄어들 때까지 그 상황에 충분히 오래 머물러야 하므로, 불안 반응이 무한정 높게 유지될 수 없으며 결국에는 그 상황에 습관화된다는 것을 학습할 수 있다.

노출은 점진적으로 이루어지거나(점진적 노출), 최악의 두려움에 먼저 직면하는 매우 집중적인 형태(홍수)로 이루어질 수 있다. 내담자는 일반적으로 홍수 노출이 너무 불안을 유발한다고 생각하므로, 불안을 가장 적게 유발하는 상황부터 시작하여 점점 더 두려움을 유발하는 상황으로 사다리를 오르는 것처럼 점진적(단계적) 접근방식을 사용하는 것이 더 일반적인 방법이다.

단계별 노출이 효과적이려면 네 가지 조건이 필요하다.

- 불안을 유발하는 상황의 위계를 만들어 **단계별**로 노출해야 한다.
- 노출의 **지속성**이 중요하다. 다시 말해, 각성이 감소할 수 있을 만큼 충분히 오래 그 상황에 머물러야 하며, 그렇지 않으면 불안이 감소할 수 있다는 것을 배울 기회를 갖지 못하게 된다. [그림 10-7]은 불안이 높은 상황을 반복적으로 피하면 새로운 학습이 이루어지지 않고 그 상황에 접근할 때마다 동일한 수준의 높은 불안을 경험할 가능성이 높다는 것을 보여 준다. 그 상황에 충분히 오래 머무르면 처음에는 불안 반응이 증가할 수 있지만 시간이 지남에 따라 습관화되면서 감소할 수 있다. 하지만 내담자는 직접 체험해 보기 전까지는 이러한 사실을 확신하기 어렵다. 따라서 낮은 수준의 두려움에 대한 최초의 노출 경험이 매우 중요한 교육이 될 수 있다. 불안이 50% 감소하여 상당한 수준의 습관화가 이루어졌다고 판단될 때까지 그 상황에 머무르는 것이 좋다.
- 한 번의 노출로 일반화할 가능성이 낮기 때문에 노출은 **반복**될 필요가 있다. 이를 위해서는 임상가가 내담자를 격려하고 명확한 근거를 제시하면서 치료 기간 동안 일주일에 여러 번 노출을 해야 할 수도 있다.
- 주의가 산만하지 않은 상태에서 노출 작업에 참여해야 한다. 내담자는 다음과 같은 방법을 사용할 수 있다. 상황에 대해 생각하지 않으려 하거나 주의를 다른 곳으로 돌리는 등 완전한 각성을 경험하지 않기 위해 매우 미묘한 수단을 사용할 수 있다. 이는 내담자가 불안을 충분히 경험하지 못하게 하여 습관화가 일어날 가능성을 낮출 수 있다. 임상가는 내담자가 이러한 행동을 인지하도록 돕고 그러한 행동을 하는 것이 왜 비생산적인지 설명할 수 있어야 한다.

노출 작업을 위한 단계는 다음과 같다.

1. 치료 오리엔테이션

임상가는 이 기법을 소개하는 것으로 시작해야 한다. '투쟁, 도피 또는 얼어붙음' 반응을 참고하여 불안을 유발하는 상황을 피하거나 벗어나려는 내담자의 충동을 정상화하는 것이 도움이 될 수 있다. 내담자의 사례공식화를 활용하면 이러한 행동의 결과를 설명하는 데 도움이 될 수 있다. 즉, 지각된 위협을 회피하거나 도피함으로써 불안은 감소하지만, 그 두려움이 위협의 수준에 비해 지나치게 과도하다는 것을 미리 학습함으로써 회피의 악순환으로 이어진다는 것을 설명할 수 있다. [그림 10-7]에 표시된 간단한 그래프로 이를 설명하는 것이 도움이 될 수 있다. 그런 다음 임상가는 이러한 악순환을 끊는 한 가지 방법은 내담자가 점차 두려움에 직면하여 불안 수준이 자연스럽게 낮아지기 시작할 때까지 그 상황에 머무르면서 습관화를 유도하는 것이라고 설명할 수 있다.

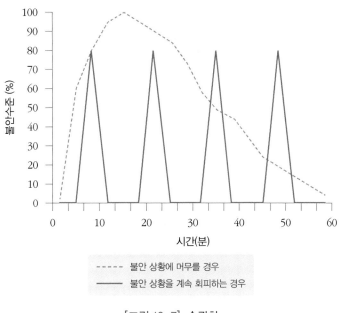

[그림 10-7] 습관화

다음의 축어록은 쥐 공포증이 있는 25세 여성 Helen에게 이 모델이 어떻게 소개되었는지를 보여 준다(제9장 참조). Helen은 항상 쥐를 두려워해 왔지만, 최근 들어 쥐에 대한 두려움이 더 큰 문제가 되고 있다. 그녀는 쓰레기통 근처나 패스트푸드점이 있는 거리, 강변, 공원 등에서 쥐를 마주칠까 봐 두려워하는 상황을 피한다.

임상가: 쥐에 대한 두려움 때문에 극심한 고통을 겪는 것 같군요, Helen. 어떻게 대처하시고 있나요?

내담자: 솔직히 말해서 힘들어요. 쥐가 보일 만한 곳에 가지 않으려고 노력하지만, 그렇게 해도 정원에 쓰레기가 쌓여 있는 집을 지나가다 보면 집이 방치된 것처럼 보이고 쥐가 돌아다니는 것은 아닐까 하는 걱정이 들기 시작해요.

임상가: 그래서 쥐에 대한 두려움을 다루는 주된 방법은 쥐와의 접촉을 최대한 피해 가는 것이겠지만, 아무리 계획을 세워도 모든 상황을 예측하거나 피할 수는 없겠죠?

내담자: 네……. 정말 우스워요……. 쥐가 어디에나 있는 것 같아요.

임상가: 완전히 피해가기는 어렵고 이를 해결하기 위해 에너지를 들이고 계획도 세워야 할 것 같은데요?

내담자: 그렇긴 한데 상황이 점점 더 나빠지는 것처럼 느껴져요.

임상가: 그래서 더욱 힘들어지고 있는 것 같나요? 쥐를 피하고 싶은 마음이 드문 일은 아니지만, 이것이 마치 당신에게 진짜 문제가 된 것 같나요?

내담자: 네, 맞아요. 저는 도시에 살고 있고 주변에 쥐가 있을 수밖에 없어요. 쥐를 완전히 피할 수는 없죠.

임상가: 글쎄요, 다른 답이 있을지도 모르겠네요. 당신의 주기를 분석해 보니 쥐를 마주치거나 볼 수 있는 상황에서 불안감이 가장 높은 것 같군요. 그리고 그 상황에서 벗어나면 불안이 가라앉기 때문에 이런 행동을 계속하는 것은 이해할 수 있지만, 그 상황에 계속 머물러 있으면 어떤 일이 일어날지 알 수 있는 기회는 없는 것 같네요?

내담자: 네, 하지만 그런 생각을 하는 것조차 끔찍해요.

임상가: 충분히 이해가 되네요. 그렇지만 두려움에 직면하는 것이 공포증을 가진 사람들에게 정말 효과적이거든요. 처음에는 높은 수준의 불안을 견뎌야 하지만 불안이 영원히 지속되지는 않고 몇 분 안에 줄어들 수 있겠지만 직접 경험해 보셔야 할 것 같네요? [그런 다음 임상가는 내담자와 함께 자조 자료의 습관화 곡선 예시를 보며 반복 노출을 통해 불안이 어떻게 줄어드는지 설명해 준다.] 이 방법을 시도해 보시겠어요?

내담자: 이렇게 해야 할 것 같긴 한데, 솔직히 말하면 정말 무서워요.

임상가: 그래요. 정말 무서울 거예요. 하지만 천천히 점진적으로 시작할 수 있습니다. 예를 들어, 쥐가 그려진 만화 그림을 보는 건 어떨 것 같으세요? 준비가 되셨습니까?

내담자: 좋지는 않지만 그게 더 쉽기는 하겠네요. 네. 준비가 된 것 같아요.

임상가: 두려움이 덜 느껴지는 자극에 직면하는 것부터 생각해 보는 것이 도움이 될 수 있습니다. 두려움에 직면하는 방법을 점차적으로 익힐 수 있도록 다른 유사한 예를 생각해 보는 것은 어떨까요? 이 방법을 더 자세히 설명하는 책자를 드릴게요. 집에서 읽어 보시고 궁금한 점이 있으면 다음번에 다시 가지고 오세요. 이 책자에는 두려운 상황의 위계 구조를 작성하는 방법에 대한 지침도 나와 있습니다. 다음 주에 당신이 작성한 목록을 살펴보는 건 어떨까요? 어떻게 생각하시나요?

내담자: 좋아요. 그렇게 할게요.

2. 두려움 상황에 대한 위계 정하기

내담자에게 불안을 유발하는 상황의 목록을 작성하도록 안내하고, 각 상황의 불안 정도에 따라 점수를 매긴다. 목록은 난이도에 따라 세분화할 수 있다. 임상가는 내담자가 미처 생각하지 못한 아이디어를 소개하거나 위계의 항목을 더 작은 단계로 세분화하는 데 도움을 줄 수 있다(그림 10-8 참조).

위계 구조 단계	불편감 수준(%)
난이도: 상	
쓰레기통 옆 바닥에 앉기	100
애완용 쥐 안기	95
새장 안에 있는 애완용 쥐 보기	90
난이도: 중	
쓰레기통에 쓰레기 버리기	85
강둑을 따라 걷기	75
공원으로 이동하기	70
난이도: 하	
쥐 사진 보기	65
장난감 쥐 안아 보기	60
쥐에 관한 만화 영화 보기	50

[그림 10-8] Helen의 단계별 위계 구조

3. 노출 작업하기

　계층 구조를 만든 후에는 내담자가 목록에 있는 항목을 하나씩 실행하도록 권장해야 한다. 이 단계에서는 앞서 설명한 대로 불안이 줄어들 때까지 그 상황에 머무르는 것이 중요하다는 점을 강조하고, 효과적인 노출을 위해 요구되는 다른 조건들도 함께 실행해야 한다. 내담자에게 이러한 내용을 명확하게 설명하는 자조 자료를 제공하여 내담자가 기법을 연습할 때, 그 근거를 상기할 수 있도록 하는 것이 중요하다. 임상가는 내담자가 노출 작업을 계획할 수 있도록 가이드하고 COM-B 모델을 적절히 사용하여 어려운 문제를 해결하도록 도울 수 있다.

　첫 번째 단계로 Helen은 쥐에 관한 애니메이션 만화 영화 한 편을 시청하기로 동의했다. 5분마다 자신의 불안 정도를 평가한 결과, 처음에는 50%에서 시작하여 60%까지 상승했지만 20분 분량의 영상이 끝날 무렵에는 20%로 감소한 것을 발견했다. 다음 날에도 같은 방법으로 반복한 결과, 10분 후에는 불안감이 훨씬 낮아져 5%로 감소했다. Helen은 이 목표를 달성한 후 두 번째 항목인 장난감 쥐를 만지고 안아 볼 수 있다는 자신감을 갖게 되었다. 내담자가 자신감을 얻게 되면, 이후 임상가와 만날 때마다 그 결과를 보고하고 독자적으로 다음 단계로 올라갈 수 있게 된다. 매번 접촉할 때마다 진행 상황을 검토하여 내담자가 학습한

연습 10-3 ♨ 단계적 노출 설정하기

발표를 하거나, 새로운 것을 시도하거나, 가벼운 공포증에 직면하는 등 불안을 유발하는 상황을 생각해 보고 단계별 노출의 원리에 기반하여 실험을 해 보기 바란다. 이 장에 제공된 워크시트나 추천된 자조 웹사이트의 자료를 사용하여 위계를 만들어 보라. 위계 구조의 처음 몇 단계를 수행하면서 네 가지 필수 조건을 충족하는지 확인하라. 불안이 시작될 때, 최고조에 달했을 때, 그리고 노출을 마친 후의 불안 정도를 평가한다. 불안 수준이 감소했는가? 단계별 노출을 준비하고 실행하는 데 어떤 어려움이 있었는가?

내용을 통합하고 치료 목표를 달성하는 데 진전이 있는지 인식하도록 도와야 한다.

노출 및 반응 방지

노출 및 반응 방지Exposure and Response Prevention: ERP 기법은 인지행동치료에서 사용되는 전통적인 노출 접근법을 변형한 것으로, 강박장애 치료를 위해 개발된 치료법이다. 제9장에서 설명한 것처럼 강박장애는 반복적인 강박적 사고와 특정 행동을 수행해야 한다는 강박이 특징인 장애이다. 강박장애는 강박활동(예: 손 씻기)을 하지 않으면서 두려운 상황(예: 세균에 오염된 상황)에 직면하도록 훈련한다. Herbst 등(2012)이 수행한 연구결과에 따르면, 길잡이식 자조 접근법을 사용하여 노출 및 반응 방지 기법을 실행할 때 희망적인 결과가 나타났다.

저강도 인지행동치료에서 내담자와 함께 노출 및 반응 방지 기법을 사용할 때는 기존 노출과 동일한 조건(즉, 단계별로 실시하고, 충분한 시간 동안 노출하되 반복적으로 해야 하며, 주의 분산이 되지 않는 노출이어야 함)을 적용하되, 다섯 번째 중요한 조건인 **강박에 관여하지 않는 노출을 추가해야 한다.** 강박에 관여하지 않음으로써 내담자는 자신이 두려워하는 결과가 발

글상자 10-4 ─ 노출 및 반응 방지에 유용한 자조 자료들

노출 및 반응 방지 기법을 실행하는 데 유용한 자조 자료들은 다음 사이트에서 확인 가능하다.

- www.anxietybc.com/adults/exposure-therapy-ocd-erp
- www.get.gg/ocd.htm
- www.get.gg/docs/ERPform.pdf

생히지 않으며, 시간이 지남에 따라 불안 수준이 감소한다는 것을 배울 기회를 갖게 된다.

노출 및 반응 방지 기법의 단계가 다음에 설명되어 있다.

1. 치료 오리엔테이션하기

다른 기법과 마찬가지로, 명확한 설명이 나와 있는 자조 자료를 사용하여 내담자에게 먼저 그 근거를 설명하는 것이 매우 중요하다. 강박에 빠지게 하는 신념은 매우 파국적인 경향이 있으며, 종종 다른 사람, 특히 가까운 사람에게 해를 끼칠 수 있다는 두려움과 관련이 있다. 자조 자료([글상자 10-4] 참조)는 비슷한 경험을 하고 노출 및 반응 방지를 성공적으로 경험한 다른 사람들의 사례를 제공하기에 유용하다. 내담자의 사례공식화를 사용하면 강박장애 환자가 강박에 몰입하는 것이 자신을 악순환에 빠뜨리고 강박사고와 강박활동의 필요성 사이의 연결을 지속적으로 강화한다는 사실을 인식하는 데 도움이 될 수 있다.

2. 강박사고 및 강박활동에 대한 일지 쓰기

먼저 내담자는 자신의 강박사고와 강박활동의 발생 상황을 모니터링해야 한다. 이를 통해 내담자와 임상가 모두 강박사고의 유형과 강박활동, 그로 인한 스트레스 수준, 강박이 일상생활에서 차지하는 시간을 파악할 수 있다. [글상자 9-5]에 소개된 Ayesha의 사례로 돌아가 보면, Ayesha는 32세 여성으로 아파트에 혼자 살고 있다. 그녀는 집을 나서거나 잠자리에 들 때 오븐, 전기 제품, 전등 스위치가 꺼졌는지 강박적으로 확인하는데, 이는 제대로 확인을 하지 않은 것이 아닌가 하는 걱정과 화재를 일으킬 수 있다는 두려움 때문이다. 또한 홍수가 날 경우를 대비해 수도꼭지가 잠겨 있는지 확인한다. 이러한 강박은 하루 중 몇 시간을 차지할 수 있다. [그림 10-9]에 Ayesha의 강박의식 일지가 나와 있다.

3. 노출 및 반응 방지 위계 만들기

강박활동을 모니터링하기 위해 일기를 작성한 후, 내담자는 노출 및 반응 방지 위계 구조를 작성하도록 안내받는다. 일지에 기반하여 위계도에 적합한 항목을 파악해야 하며, 그 목적은 강박활동의 수행을 억제하기 위함이다([그림 10-10] 참조).

날짜	상황	강박사고	불편감 수준(%)	강박활동	보낸 시간
6월 2일	친구 만나러 외출	오븐과 고데기를 켜 둔 채 집을 나섬—아파트에 화재가 날 것이다.	70	오븐이 꺼져 있는지, 헤어 드라이기가 꺼져 있는지 계속 확인	30
6월 2일	잠자리 들기	오븐을 끄지 않아 불이 날 것이다.	65	오븐이 꺼져 있는지 계속 확인	40
6월 3일	예약한 시간에 치과 가기(결국 예약을 놓침)	모든 것을 끄지 않은 채 집을 나와 불이 날 것이다.	85	오븐, 전등 스위치, 주 전자가 제대로 꺼져 있는지 수차례 확인	45
6월 3일	다림질 후 잠자리에 들기	다리미를 제대로 끄지 않아 불이 날 것이다.	60	다리미가 꺼져 있는지 확인	35
6월 5일	친구와 주말을 보내 기 위해 집을 나섬	모든 것을 제대로 끈 것인지 수도꼭지를 제대로 잠갔는 지 확실하지 않다—불이 나 거나 집이 침수될 것이다.	95	오븐이 꺼져 있는지, 전기 스위치를 껐는 지, 수도꼭지를 잠갔 는지 계속 확인	80

[그림 10-9] Ayesha의 강박사고 및 강박활동 일지

4. 노출 및 반응 방지 실행하기

내담자가 노출 및 반응 방지 위계 단계에 따라 작업하도록 돕기 위해 많은 격려가 필요할 수 있다. 앞서 언급했듯이, 성공적인 단계별 노출을 위한 조건이 제대로 지켜지고 있는지 확인하는 것이 무엇보다 중요하다. 첫 번째 단계로, Ayesha는 잠자리에 들기 전에 주방 조명이 꺼져 있는지 한 번만 확인하기로 합의했다. 그녀는 이 작업을 수행하기 전과 그 후 30분 동안 10분마다 자신의 불편감 수준을 평가했다. 훈련을 시작할 때 그녀의 불안 수준은 45% 였다. 30분이 지나자 불안 점수가 20%로 감소했고, 그녀는 이 목표를 달성한 것에 만족감을 느꼈다. Ayesha는 다음 주에 다음 단계로 올라가는 데 동의했다. 단계별 노출과 마찬가지로, 진행 상황을 검토하고 장애물이 있는지 확인하거나 필요에 따라 단계를 더 작은 목표로 세분화하는 것이 중요하다.

위계에 따른 단계	불편감 수준(%)
난이도: 상	
주말에 외출할 때 오븐이 꺼져 있는지 한 번만 확인하기	100
외출할 때 고데기가 꺼져 있는지 한 번만 확인하기	85
난이도: 중	
외출하기 전 다리미 플러그를 뽑았는지 한 번만 확인하기	70
수도꼭지를 잠갔는지 확인하지 않고 잠자리 들기	65
전기플러그 소켓이 꺼져 있는지 확인하지 않고 잠자리 들기	60
난이도: 하	
세탁기 꺼져 있는지 확인하지 않고 외출하기	55
잠자리 들기 전 주방의 조명이 꺼져 있는지 한 번만 확인하기	45

[그림 10-10] Ayesha의 노출 및 반응 방지 위계

노출 기법 적용 시 경험하게 되는 일반적 어려움

내담자의 회피

점진적 노출과 노출 및 반응 방지법은 불안장애에 매우 효과적인 치료법으로 입증되었지만, 내담자가 높은 수준의 고통을 견뎌 내야 하기 때문에 치료를 회피하고 중도 탈락할 확률이 높을 수 있다(Choy et al., 2007). 따라서 내담자의 '역량'을 극대화하기 위한 수단으로(Michie et al., 2011), 내담자가 노출 작업을 하는 것에 대한 확실한 근거를 가질 수 있도록 하는 것이 핵심이다. 또한 프로그램 초기 단계에서는 내담자가 몇 가지 안전 행동을 하도록 허용하고 시간이 지남에 따라 점진적으로 단계적으로 없애는 것도 도움이 될 수 있다(Rachman et al., 2008). 내담자가 접근방식에 대한 자신감을 갖게 되면 더 어려운 과제로 넘어가면서 모든 안전 행동을 없애는 작업을 할 수 있다.

임상가가 노출 실행하는 것을 꺼리는 경우

초보 임상가는 습관화가 일어날 것이라는 확신이 부족하거나 내담자가 두려워하는 상황에 노출되면 상황이 악화될 수 있다는 걱정 때문에 내담자의 회피 행동을 다루기 어려울 수 있다. [연습 10-3]에서 제안한 대로 스스로 두려워하는 상황에 대해 기법을 활용하여 연습하는 것이 도움이 될 수 있다. 마찬가지로, 임상가는 앞서 설명한 인지 전략을 사용하여 잘

못될 수 있는 상황에 대한 내담자 자신의 두려움에 도전하도록 할 수 있다. 또한 슈퍼비전, 즉 지도감독은 임상가의 걱정을 살펴보고 노출 기법이 올바르게 실행되고 있는지 확인하는 데 중요한 역할을 한다.

긴장 유지하기

긴장 유지하기는 혈액손상공포증을 치료하는 데 사용되는 기법이다. 제9장에서 설명한 것처럼, 이러한 유형의 공포증은 일반적으로 혈압이 떨어져 실신할 수 있다는 점에서 일반적인 불안 반응과는 다른 신체의 생리적 반응을 보인다. 긴장 유지하기는 내담자가 혈압 강하의 초기 징후를 인식하고 이를 역전시키는 방법을 배우도록 도와 실신을 예방하는 기법이다(Öst & Sterner, 1987).

글상자 10-5 긴장 유지하기를 위한 유용한 자조 자료들

- www.anxietybc.com/sites/default/files/AppliedTension.pdf
- www.getselfhelp.co.uk/phobias.htm
- www.guysandstthomas.nhs.uk/resources/patient-information/all-patients/over-coming-your-fear-of-needles.pdf

---

긴장 유지하기를 실행하는 데 필요한 단계가 다음에 설명되어 있다.

1. 치료 오리엔테이션

혈액손상공포증이 있는 사람에게 실신을 유발하는 신체적 변화에 대해 설명한 다음, 긴장 유지하기 기법과 그에 수반되는 내용을 소개한다. 예를 들면 다음과 같다.

사람들이 주사를 맞을 때 불안감을 느끼거나 피를 보면 메스꺼움을 느끼는 것은 매우 흔한 일입니다. 하지만 기절할 것 같거나 기절할 것 같은 느낌이 든다면 이는 분명히 더 심각한 문제이며, 당연히 많은 스트레스를 유발합니다. 왜 이런 일이 발생하는지 설명하려고 합니다. 불안은 일반적으로 혈압을 상승시키는 반면, 출혈공포증이 있는 사람은 혈압이 처음에 상승하다가 갑자기 혈압이 떨어지게 되는 경향이 나타납니다. 실신으로 이어지는 것이 바로 이러한 반응이

죠. 그래서 혈압을 높이기 위해서 몸의 근육을 긴장시키는 간단한 기술이 도움이 되는데, 이를 '긴장 유지하기'라고 부릅니다.

2. 기법 소개하기

내담자에게 문서로 된 지침을 주고 과제로 해 보라고 요청하는 것으로 충분할 수 있지만, 어떤 경우에는 회기중에 연습을 해 보는 것이 도움이 될 수 있다. 내담자에게 얼굴에서 온기가 느껴질 때까지 몸의 여러 근육을 10~15초간 긴장시키도록 지시한다. 그런 다음 20~30초 동안 긴장을 풀라고 지시한다. 이 절차를 5회 더 반복한다. 내담자는 다음 한 주 동안 과제로 하루에 다섯 번씩 이 기법을 연습하도록 요청받는다.

3. 공포를 경험하는 상황에서 이 기법 사용하기

일주일 동안 이 기법을 연습한 후 점진적 노출 기법을 수행하면서 긴장 유지하기 기법을 사용할 수 있다.

긴장 유지하기 기법을 사용할 때 경험하는 일반적 어려움

긴장 유지하기를 사용할 때 주의해야 할 핵심 내용은 내담자가 긴장 유지하기를 안전 행동으로 사용하기 시작한 건 아닌지 확인하는 것이다(Kennerley et al., 2017). 이는 내담자가 두려운 상황(예: 병원 프로그램 참관, 헌혈 등)에서 항상 긴장 유지하기 기법을 사용하면서 그렇지 않으면 기절할 것이라는 믿음으로 나타날 수 있다. 일정 기간 동안 이 기법을 사용하는 데 성공하면 전략에 의존하지 않고 두려운 상황에 접근할 수 있게 된다.

행동 실험

아직 심리적 웰빙 실무자PWP 커리큘럼의 정규 과정은 아니지만, 점점 더 많은 자조 자료에 행동 실험이 포함되어 있으므로 이 절에서는 행동 실험이 무엇이며 어떻게 진행되는지 살펴보려고 한다. 노출은 주로 두려운 상황에 충분히 오래 머무르면 불안 상태가 가라앉는다는 것을 배우는 데 도움이 되지만, 행동 실험은 위협에 대한 평가를 직접 목표로 삼는 데 사용된다. 이는 과도한 불안이 위협에 대한 과장된 지각에서 비롯된 것으로 여겨지는 불안장애에 특히 유용하다. 행동 실험을 통해 내담자는 이러한 신념을 직접 테스트하고 교정 정보를 배울 수 있다. 노출과 달리 불안에 습관화하는 것이 목적이 아니라 내담자의 위협 수준에 대한 새로운 정보(예: 두려워하는 결과가 발생할 가능성이 낮거나, 발생하더라도 그 결과가 상상만큼 치명적이지 않다는 정보)를 수집할 수 있는 기회를 제공하는 것이 목적이다. 이렇게 하면 위협의 수준에 대한 개인의 왜곡된 믿음에 도전하여 불안의 악순환을 끊는 데 도움이 될 수 있다. 예비 연구 결과에 따르면, 이 방법은 노출보다 더 효과적인 기법일 수 있으며(McMillan & Lee, 2010), 효과가 더 오래 유지되는 것으로 나타났다(Craske et al., 2014).

행동 실험이 효과적이려면 다음 사항이 포함되어야 한다.

- 두려워하는 결과에 대한 정확한 예측
- 예측을 검증할 수 있는 구체적인 방법
- 실험 전후에 실험 참가자가 예측을 얼마나 믿는지에 대한 평가
- 학습 내용 검토

행동 실험은 특히 신념에 도전하는 강력한 방법이 될 수 있으며, 실험에 적극적으로 참여해야 하기 때문에 인지적 재구성만 하는 것보다 더 효과적이다.

글상자 10-6 -행동 실험에 유용한 자조 자료들-
- www.get.gg에서 Behavioural Experiment worksheet 참고.
- https://psychologytools.com/behavioral-experiment.html

행동 실험을 진행하기 위한 단계가 다음에 설명되어 있다.

1. 치료에 대한 오리엔테이션

먼저, 내담자에게 행동 실험의 개념을 소개하는 것이 중요하다. 이 과정에서 이전에 공유한 사례를 다시 언급하는 것이 중요한데, 이해를 돕기 위해 [글상자 9-3]에 제시된 Angela의 사례로 다시 보자. Angela는 48세 여성으로 3개월 전에 공황발작이 시작되었다. 공황발작이 일어나면 숨을 멎을 것 같은 두려움을 느낀다. 그래서 그녀는 사람이 많은 곳에 가는 것을 피하기 시작했고 쇼핑을 할 때마다 남편을 데리고 가게에 잠깐만 머무른다. 공황 증상을 유발하는 상황에 놓이면 가능한 한 빨리 자리를 떠나 두려움을 확인할 수 없게 한다. 다음 녹취록에서 발췌한 내용은 임상가가 행동 실험을 어떻게 도입하여 이를 검증했는지 보여 준다.

임상가: 상점에서 호흡이 달라졌다는 것을 느꼈고, 이 때문에 매우 두려워졌나요?

내담자: 정말 무서웠어요. 숨이 멎을 것 같아서 밖으로 나가야겠다고 생각했어요.

임상가: 정말 무서웠겠네요. 왜 가게를 떠나고 싶었는지 이해가 되네요. 이런 일이 자주 일어나나요?

내담자: 네. 복잡한 매장에 있거나 사람이 많은 곳에서 발작이 오는 것을 느낄 때마다 그래요.

임상가: 공황발작으로 숨이 멈출 것이라고 생각하지 않아도 공황발작에 대해 불안해하실 것 같으세요?

내담자: 그럴 것 같지는 않은데……. 마치 그런 일이 일어날 것 같은 느낌이 들어요.

임상가: 그렇게 될 거라고 아주 강하게 믿고 계시군요. 0~100점 척도에서 0은 전혀 믿지 않는다는 뜻이고, 100은 완전히 확신한다는 뜻입니다. 100은 그 상황에 계속 있으면 숨을 멈출 것이라고 완전히 확신하는 것을 의미하는데, 그 믿음이 얼마나 강한가요?

내담자: 글쎄요. 아마 95 정도인거 같아요.

임상가: 아주 강하게 믿고 계시네요. 그렇죠? 왜 100은 아닌가요?

내담자: 글쎄요. 불안 반응에 대해 주신 자료를 읽은 후 제 두려움일지도 모른다는 생각이 들기 시작했지만, 막상 그 상황에 처하면 위험을 감수하고 싶지는 않아요.

임상가: 이해가 되네요. 숨이 멈춰질지도 모른다는 생각이 들면 정말 큰 위험에 처한 것처럼 느껴지시죠?

내담자: 네 그런 일이 일어날까봐 정말 무서워요.

임상가: 하지만, 그 두려움이 근거가 있는, 타당한 두려움인지 알아볼 기회는 전혀 없었다는 뜻일까요?

내담자: 네 그렇죠.

임상가: 네. 그리고 그것이 사실이 아니라는 것을 알게 된다면 도움이 될까요?

내담자: 네 물론이죠. 아마 큰 도움이 될 거예요. 하지만 어떻게 해야 할지 모르겠어요.

임상가: 사람들이 공황발작을 극복하는 데 가장 효과적인 방법은 공황 주기에 갇히게 만드는 신념을 확인해 보는 것입니다. 그 믿음에 따라 그 상황을 벗어나거나 또는 호흡을 조절하려고 다른 무엇인가를 하게 됩니다. 이렇게 하면 두려움이 실제로 벌어질 일 때문인지 아닌지 확인할 수가 없습니다. 하지만 실험을 해 보면 확인하는 데 도움이 될 수 있습니다. 어떻게 생각하세요?

내담자: 무섭게 들리기는 하지만 일리가 있기는 해요. 어떻게 해야 할지 모르겠어요.

임상가: 좋습니다. 가능하다고 생각하시는 만큼 신중히 계획을 세워 그 페이스에 맞춰 진행해 보도록 할게요. 어떻게 진행하는지 자세히 설명해 주는 책자가 있습니다. 과제로 이 책자를 살펴보고 다음 시간에 같이 논의해 볼까요? 어떻게 생각하세요?

내담자: 좋아요.

2. 구체적으로 예측하고 실험하기

내담자가 행동 실험을 하기로 동의한 후에는 구체적으로 예측하고 그를 바탕으로 실험을 진행해야 한다. 이때 가능한 한 구체적으로 예측하는 것이 중요하다. 예를 들어, '기분이 나쁠 것이다.'라는 예측은 다소 모호하기 때문에 실험하기 어렵다. Angela는 '당황하기 시작할 때 상황을 벗어나지 않으면 숨을 멈출 것이다.'라고 예측했다. 예측을 정하고 난 다음에는 내담자의 예측에 대한 믿음 수준을 평가해야 한다. 이는 내담자의 신념의 강도에 대한 중요한 정보를 제공할 뿐만 아니라 실험 수행 후 나타난 변화를 설명하기 위한 기준 측정치를 제공해 주기도 한다.

3. 예측에 대해 실험할 방안들을 확인하기

구체적으로 예측하기 위해서는 이를 어떻게 실험해야 할지, 구체적으로 무엇을 할 것인지, 언제 어디서 실행할 것인지 명시해야 한다. Angela의 경우, 공황발작이 시작되더라도 남편과 함께 한적한 시간에 카페에 가서 그곳에 머물기로 결정했다. 그런 다음 내담자는 어떤 핵심 안전 행동을 중단할 것인지 파악해야 한다. 그렇지 않으면 안전 행동을 함으로써 두려운 결과가 발생하지 않았다는 결론을 도출할 수 있다. Angela는 호흡을 조절하려고 시도하지 않기로 했다. 제9장에서 설명한 것처럼, 불안 증상을 줄이려는 내담자의 시도는 종종 정반대의 효과를 가져오곤 하는데, 예를 들어 호흡을 더 깊게 하면 혈중 산소 농도가 높아져 불안의 생리적 증상을 악화시키는 경향이 있다. Angela는 항상 남편과 동행하고 하루 중 조용한 시간에 외출하는 등 다른 안전 행동도 사용 중인 것이 확실해 보인다. 그러나 앞서 언급했듯이 처음에는 내담자가 첫 걸음을 내디디도록 격려하기 위해 안전 행동 중 일부를 허용하는 것이 중요할 수 있다. 임상가가 내담자를 안내할 수 있다. 이 상황에서 호흡을 조절하는 것은 호흡이 멈출 것이라는 두려움과 밀접한 관련이 있는 것으로 나타나, 차라리 호흡을 조절하는 것은 포함시키지 않는 것이 더 큰 학습일 가능성이 높다. 그런 다음 향후 실험에서는 내담자에게 나머지 안전 행동을 중단하도록 권장해야 한다.

4. 학습 내용 검토하기

내담자가 실험을 수행한 후에는 어떤 일이 일어났는지 기록하고 원래의 예측에 대한 믿음을 다시 평가해야 한다. Angela는 호흡을 통제하지 않으면서 카페에 그대로 있었을 때 증상이 줄어들기 시작했고 호흡이 정상으로 돌아오기 시작했다는 것을 알게 되었다. 이를 통해 도피하거나 호흡을 조절하지 않으면 숨이 멎을 것이라는 생각을 버릴 수 있었고, 그녀의

행동 실험 워크시트	
예측	믿음 정도(%)
공황발작이 시작될 때 그 상황을 벗어나지 못하면 숨이 멎을 것이다.	95
어떻게 예측한 것을 확인할 것인가?	어떤 안전 행동을 멈출 것인가?
조용한 시간대에 남편과 함께 카페에 갔고, 공황 증상이 시작되고 호흡이 어려워지더라도 계속 카페에 머물러 있었다.	천천히 그리고 깊이 호흡하려는 것을 멈췄다.
무슨 일이 일어났는가?	
남편과 함께 카페에 들어갔는데 사람들이 더 많이 들어오자 정말 불안해지기 시작했다. 호흡이 정말 빨라지고 매우 당황스러웠다. 남편의 손을 잡고 그곳에 머물렀다. 15분 후 공황이 가라앉기 시작했고, 호흡이 느려지기 시작했다. 40분이 지나자 호흡이 거의 정상으로 돌아온 것 같았다.	
행동 실험 후 예측에 대한 믿음 정도(%)	어떤 점을 새롭게 배웠는가?
40	그런 일이 일어날까 봐 정말 무서웠는데, 호흡을 조절하기 위해 아무것도 하지 않아도 호흡이 느려졌다는 것을 알게 되었다.

[그림 10-11] Angela의 행동 실험 워크시트

믿음은 40%로 줄어들었다([그림 10-11] 참조).

　행동 실험이 끝나면 결과를 검토하고 새롭게 배운 점을 생각해 보는 것이 중요하다. Angela의 경우, 호흡을 조절하기 위해 아무것도 하지 않아도 호흡이 멈추지 않고 오히려 호흡이 느려진다는 것을 배우게 되었다. 이는 공황발작을 유지하는 핵심 믿음을 상당히 약화시키는 데 도움이 되었다. 이후 Angela는 더 어려운 행동 실험을 할 준비가 되었다고 느꼈다. 남편과 함께 붐비는 가게에 가서 공황 증상이 나타나기 시작하면 호흡을 조절하려고 시도하지 않는 것이다. 나중에 그녀는 남편 없이도 동일한 행동 실험을 수행할 수 있었다.

연습 10-4 ❦ 행동 실험 고안하기

행동 실험을 계획해 본다. 프레젠테이션을 하거나, 새로운 것을 시도하거나, 공포증에 직면하는 등 불안을 유발하는 상황을 생각해 본다(가능하면 점진적 노출 훈련에서 사용한 것과 동일한 예시를 사용하기). 행동 실험의 모든 단계를 진행하면서 확실하고 검증 가능한 예측을 해 보고, 그 예측에 대한 믿음의 수준을 평가해 본다. 실험을 한 후에는 믿음 수준을 다시 한번 검토해 본다. 어떤 변화가 있었는가? 실험을 계획하고 실행하는 과정에서 어떤 어려움이 있었는가? 점진적 노출을 실시할 때와 비교했을 때 어떤 차이점이나 유사점이 있었는가? 이 실험을 통해 내담자와 함께 이 과정을 진행하면서 무엇을 배웠는가?

행동 실험할 때 흔히 경험하는 일반적 어려움

내담자 또는 임상가의 회피

노출과 마찬가지로 내담자의 회피는 흔한 일이며, 임상가도 내담자에게 실험을 강요하는 것을 꺼릴 수 있다. 내담자는 두려운 상황에 직면하는 것에 대해 확실히 불안해하며 여러 가지 이유로 실험을 미루려고 할 수 있다. 작은 단계부터 시작하면 내담자의 자신감을 높이고 동기를 부여할 수 있다. 핵심은 내담자의 신념에 변화를 가져오는 것이다. 성공할 경우 임상가는 좀 더 도전이 될 만한 것들을 시도해 볼 수 있다. 초보 임상가는 실험이 '잘못될까'라는 두려움 때문에 긴장하는 경우가 많다. 예측한 것을 '증명하거나 반증'하기보다는 새로운 정보를 수집하는 방법으로 실험을 설정하면 도움이 될 수 있다. 이렇게 하면 실험이 '잘못될' 가능성이 없다. 또한 임상가는 내담자에게 두려움에 직면하도록 요청하는 것에 대한 자신의 신념을 탐색하고 이 과정을 돕기 위해 슈퍼비전, 즉 지도감독을 적극 활용해야 한다.

잘못 설정된 실험

내담자를 돕기 위해 제공되는 자료가 충분히 자세히 설명되어 있는지, 내담자가 이를 충분히 이해하고 모든 단계를 따르는지 확인하는 것이 중요하다. 특히 예측은 구체적이고 검증 가능한 것이어야 하며, '기분이 나쁠 것 같다.'와 같은 막연한 예측은 검증하기 어렵다. 임상가는 '끔찍하다'는 것이 무엇을 의미하는지에 대해 자세히 알아보고, 내담자에게 어떤 일이 일어날까 봐 두려워하는지를 묻고, 내담자의 사례공식화를 통해 도출된 핵심 신념을 다시 참고하는 등 내담자가 예측을 보다 구체적으로 할 수 있도록 도울 수 있다.

문제해결 훈련

문제해결은 중요한 삶의 기술이다. 안타깝게도, 기분이 좋지 않거나 불안감이 높은 사람들은 문제해결에 어려움을 겪는 경우가 많다. 이는 기술이 부족하기 때문일 수도 있고, 더 자주 우울이나 불안과 관련된 증상으로 인해 원래 가지고 있던 기술을 활용하지 못하기 때문일 수도 있다. 우울의 일반적인 증상으로는 의욕 저하, 에너지 부족, 절망감, 집중력 저하, 높은 수준의 자기비난, 무감각 등이 있다. 이러한 증상은 어려움이 발생했을 때 적극적으로 대처하는 것을 방해할 수 있으며, 문제가 누적되면 압도감을 느끼고 어려움을 관리할 능력이 떨어질 수 있다. 문제해결을 회피하는 것은 범불안장애에서 특히 흔하게 나타난다. 제9장에서 설명한 바와 같이, 범불안장애의 핵심 특징은 걱정하는 경향이다. 이는 확실하지 않은 상황과 관련된 모든 부정적인 결과를 예상하려는 시도로 볼 수 있다. 안타깝게도, 이러한 걱정은 실제 문제와의 관련성은 점점 줄어들고 점점 더 파국적인 결과를 초래하는 걱정으로 이어질 수 있다. 그 결과, 불안감이 고조되고 발생하는 문제에 대처할 수 있는 능력이 더욱 떨어지게 된다.

글상자 10-7 문제해결에 도움이 되는 자조 자료들

- Chellingsworth & Farrand (2016).
- www.getselfhelp.co.uk/problemsolving.htm
- www.moodjuice.scot.nhs.uk/problemsolving.asp

문제해결 훈련은 내담자에게 문제에 접근하는 구조화된 방법을 알려 주는 것을 목표로 한다. 내담자는 종종 필요한 기술을 가지고 있지만 증상이 이를 실행에 옮기는 데 방해가 될 수 있다. 문제해결을 위한 구체적인 구조를 제시하면 내담자가 자신의 어려움에 접근하는 방향을 설정하고, 이를 수행하는 방법에 대한 명확한 틀을 마련하는 데 유용한 수단이 될 수 있다. 문제해결 치료가 우울치료에 효과적이라는 좋은 증거가 있다(Bell & D'Zurilla, 2009; Cuijpers et al., 2007b; Dowrick et al., 2000; Mynors-Wallis et al., 1995). 또한 범불안장애와 문제해결 회피가 밀접하게 연관되어 있다는 점을 고려할 때 이 접근법을 범불안장애 치료에도 사용할 수 있는 분명한 근거가 있다(Dugas et al., 2007). 저강도 인지행동치료 내에서 문제해결 기법은 프로그램의 일부로 사용되거나 4~6회기로 구성된 개별 치료로 제공될 수도 있다

(Mynors-Wallis & Lau, 2010).

문제해결 단계는 다음에 나와 있다.

1. 오리엔테이션하기

처음에는 내담자에게 문제를 경험하는 것이 우리 일상생활의 일부이며, 이미 문제를 성공적으로 해결한 경험이 있을 것이라는 점을 상기시키는 것이 도움이 될 수 있다. 그런 다음 임상가는 현재 증상이 이 과정을 어떻게 방해하고 있는지 살펴보고 문제해결을 회피하면 결국 더 큰 부담을 느끼고 적극적인 대처를 할 수 없게 되는 악순환으로 이어질 수 있음을 논의해야 한다. 내담자에게 해결해야 할 문제 파악, 가능한 해결책 생각해 내기, 해결책 선택 및 실행, 결과 평가 등의 단계를 안내하는 자조 자료를 제공함으로써 문제해결 접근방식을 설명하고 방향을 제시할 수 있다. 이러한 단계는 다음에 자세히 설명되어 있다.

2. 해결해야 할 문제 식별하기

근거를 제시하고 내담자가 이해했는지 확인한 다음 단계는 문제 목록을 작성하는 것이다. 이 목록에서 해결해야 할 문제를 파악해야 한다. 이때 임상가가 몇 가지 지침을 제공해야 할 수도 있다. 예를 들어, 가장 쉬운 문제로 시작하는 것이 효과적일 수 있는데, 이는 접근방식을 적용하는 데 있어 내담자의 이해를 돕고 자신감을 키우는 데 목적이 있다. 그러나 더 시급한 문제가 있을 수 있고 그 문제를 해결하면 증상 완화로 이어질 가능성이 더 높다. 특히 범불안장애가 있는 내담자와 작업할 때는 발생할 가능성이 낮은 미래의 상상된 사건, 즉 **가상적 걱정**(제9장 참조)에 초점을 맞추기보다는 **실제 또는 즉각적인 문제**에 초점을 맞추는 것이 중요하다.

제9장에서 소개한 Martin의 경우를 예로 들어 설명해 보면, Martin은 48세의 남성으로 과민성 대장 증후군 증상을 호소하며 상담실에 방문했다. 그는 항상 걱정하는 경향이 있었지만, 특히 작년 직장에서 정리해고가 발표된 직후에 그런 경향이 두드러졌다. 그의 걱정은 하루의 대부분을 차지했으며 주로 실직에 대한 두려움, 빚에 대한 두려움, 노부모와 자녀에 대한 걱정이 주를 이루었다. Martin의 걱정 대부분은 부모님의 병환과 같이 미래에 일어날 수 있는(또는 가상의) 사건과 관련된 것이었지만, 보다 즉각적이고 현실적인 문제, 즉 보일러가 고장난 것도 생각해 냈다. Martin은 고장 난 보일러를 고쳐야 한다는 생각에 온몸이 마비되었다. 문제가 예상보다 심각하거나 수리 비용을 마련할 수 없거나 배관공이 무능한 상황 등 이 과정에서 잘못될 수 있는 모든 상황을 상상하기 시작했고, 또다시 **가상의 걱정**에 사로잡히게 되었다. 임상가의 도움으로 Martin은 **진짜 걱정거리**(또는 당면한 문제)가 보일러를 수리하는

것임을 파악할 수 있었다. 따라서 이것이 바로 해결해야 할 문제임을 확인하게 되었다.

3. 가능한 해결책 작성해 보기

문제를 명확히 파악했다면 다음 단계는 가능한 한 많은 해결책을 만들어 내는 것이다. 예를 들어, 보일러 고장에 대한 해결책으로 '이사'와 같이 가능성이 낮거나 극단적인 방법도 포함하도록 내담자를 격려해야 한다. 이는 해결이 불가능해 보이는 문제에서 벗어날 수 있도록 도와주는 것으로, 내담자가 '상자 밖으로' 나와 보다 창의적인 해결책을 고려하도록 돕기 위함이다.

4. 선택하기

여러 가지 가능한 해결책을 확인한 후, 최종 해결 방법을 결정해야 한다. 이를 결정하는 데 유용한 방법은 각각의 장단점을 고려하는 것이다. [그림 10-12]는 Martin이 이 과정을 어떻게 진행했는지를 보여 준다.

가능한 한 각 해결책의 장단점을 고려한 후, Martin은 배관공에게 연락하는 것이 가장 좋은 해결책이라고 결정했다.

문제: 고장 난 보일러 수리하기		
해결책	장점	단점
배관공에게 연락하기	문제 확인 후 보일러 수리할 수 있음.	배관공이 무능하거나 문제를 알아내지 못할 수도 있음. 문제해결하는 데 비용이 많이 들 가능성이 있음. 보일러를 새로 설치해야 할 수도 있는데, 그렇게 되면 돈이 많이 듦.
문제를 보지 않고 무시하기	걱정에 대해 신경 쓸 필요가 없게 됨.	문제가 사라지지 않음. 난방이나 온수를 사용할 수 없음.
혼자서 수리해 보기	저렴하게 수리할 수 있음. 바로 처리가 가능해짐.	내가 뭔가 잘못해서 문제가 악화될 가능성이 있음.
이사하기	보일러 수리하지 않아도 됨.	해결해야 할 문제가 더 많아질 수도 있음.

[그림 10-12] 문제해결을 위한 해결책의 장단점 검토해 보기: Martin

5. 해결책 실행하기

내담자가 선호하는 해결책을 결정했으면 다음 단계는 해결책을 실행하기 위해 필요한 단계를 생각해 보는 것이다. 불안한 내담자는 최악의 시나리오를 다시 상상하기 시작하여 피하고 싶은 충동이 강해지기 때문에 이 단계에 집중하기 어려울 수 있다. 마찬가지로 우울한 상태의 내담자 역시 해결책을 성공적으로 실행할 가능성에 대해 상당히 낙담하고 비관적으로 느낄 수 있으며, 낮은 수준의 동기부여가 장애물로 작용할 수 있다. 따라서 달성 가능한 목표를 설정하면 내담자가 목표에 집중하고 다음 단계로 나아갈 수 있도록 동기를 부여하는 데 도움이 된다. Martin이 선호하는 해결책은 배관공에게 연락하는 것이었기 때문에 그는 이를 여러 단계로 세분화했다. 그 단계는 다음과 같다. (a) 친구 몇 명에게 연락하여 배관공 추천을 받고 평판이 좋은 거래 웹사이트 찾아보기, (b) 추천받은 배관공 몇 명에게 전화하기, (c) 두 명의 배관공에게 작업 견적을 받기 위해 방문 예약하기이다. 아울러 Martin은 이 작업을 하기 위한 소요 시간도 정해 놓았다. 이 접근방식은 모든 문제가 직접적인 해결책을 가지고 있다고 가정하지 않는다는 점에 주목할 필요가 있다. 예를 들어, Martin이 보일러를 새로 설치해야 한다면 보일러 설치 비용을 마련하는 데 어려움을 겪을 수 있다. 이 경우 문제해결 단계를 처음부터 다시 밟아야 할 수도 있으며, 이번엔 '새 보일러를 살 돈을 구하는 것'이 문제가 될 수 있다.

6. 결과 검토하기

내담자가 해결 방법을 실행한 후에는 결과를 검토하고 이 경험을 통해 배운 점을 검토할 필요가 있다. 이는 어려움과 성취한 바를 모두 고려할 수 있는 기회가 될 수 있다. 핵심 목표는 회피보다 적극적인 접근방식이 더 도움이 된다는 것을 내담자가 배움으로써 저조한 기분이나 불안을 지속시키는 도움이 되지 않는 악순환에서 벗어날 수 있도록 하는 것이다. 또한 이 과정을 통해 대부분의 문제를 작은 단계로 나누면 해결이 가능하고, 문제 접근 시 경험하게 되는 초기의 불안감이 사라진다는 것을 보여 줄 수 있다.

연습 10-5 ❧ 문제해결 연습하기

예를 들어, 동거인과의 갈등, 자동차 문제, 금전 문제, 시간 관리 등 최근에 겪었지만 아직 해결하지 못한 문제를 생각해 보자. 문제해결 절차를 차근차근 따라 해 보라. 도움이 되었는가? 해결책을 찾을 수 있었는가? 각 단계를 진행하는 과정에서 어떤 어려움을 겪었는가?

문제해결 접근법을 사용할 때 흔히 경험하는 일반적 어려움

내담자가 창의력을 발휘하여 해결책을 도출하는 데 어려움을 겪을 수 있으므로 이 단계에서 난관에 봉착할 수 있다. 임상가가 브레인스토밍 단계에서 아이디어를 제안하여 도움을 주거나 친구나 파트너의 도움을 받는 것이 내담자에게 도움이 될 수 있다. 또한 처음 문제에 접근하기 시작하면서 불안 수준이 높아져 회피로 이어질 수도 있다. 임상가는 내담자가 어떤 방해 요소가 있는지 인식하도록 돕고, 회피가 문제를 유지하는 데 어떻게 작용하는지 설명하는 것이 중요하다. 어떤 경우에는 문제를 해결하려면 다른 사람에게 도움을 요청해야 하는 경우가 많은데, 내담자가 자기주장 기술이 부족해 문제에 접근하는 능력이 충분하지 않을 수 있다. 이를 인식하는 것이 중요하며(COM-B 모델 참조), 이러한 상황에서는 내담자에게 자기주장 기술에 관한 심리교육을 받도록 안내하여 역량을 강화할 수 있다.

걱정 시간 따로 정하기

범불안장애가 있는 내담자에게 특히 도움이 될 수 있는 전략은 **걱정 시간**을 따로 정해 두는 것이다. 이 전략의 목적은 내담자가 가상의 걱정거리를 잘 다룰 수 있도록 돕는 것이다. 앞서 제9장에서 설명한 바와 같이, 범불안장애의 핵심은 자신이 거의 통제할 수 없는 미래의 사건에 대해 걱정하는 경향이 있다는 점이다. 이를 다루는 한 가지 방법은 걱정하는 시간을 따로 정해 두는 것이다. 이렇게 하면 나머지 시간 동안 걱정을 내려놓을 수 있는 여유를 가질 수 있으며, 동시에 걱정이 자신이 통제할 수 있는 범위 내에 있다는 것을 보여 줄 수 있다. 이를 실행하는 단계가 다음에 설명되어 있다.

> **글상자 10-8** -걱정 시간 따로 정하기에 유용한 자조 자료들-
> • Chellingsworth & Farrand (2016).
> • www.getselfhelp.co.uk/worryzones.htm

1. 기법 소개하기

첫 번째 단계는 내담자가 실제 걱정과 가상의 걱정을 구분할 수 있도록 안내하는 것이다(아직 하지 않았다면). 미래의 사건(일어날 수도 있고 일어나지 않을 수도 있는)에 대해 지속적으로 걱정하는 것이 어떻게 불안과 근육 긴장, 짜증, 수면 부족과 같은 관련 생리적 증상을 증가시키고 현재에 집중하기 어렵게 만드는지 내담자가 인식하도록 도울 수 있다. 걱정 시간을 따로 정해 두는 것은 걱정하는 시간을 제한하고 걱정을 통제할 수 있다는 것을 보여 주는 방법임을 알려 줄 수 있다.

2. 걱정 시간 따로 정하기

내담자는 하루 중 언제 얼마나 걱정할지를 정하도록 안내받게 되는데, 보통 30분 정도면 충분히 매일 연습할 수 있다. 내담자는 이 방법을 몇 번 시도한 후 이 시간을 줄이거나 늘릴 수 있다. 걱정하는 시간은 다른 사람의 방해를 받거나 방해받지 않는 시간대에 잡아야 한다.

3. 가상의 걱정 목록을 작성하고 걱정에서 벗어나 현재에 집중하기

다음 단계는 내담자가 하루 종일 떠오르는 가상의 걱정 목록을 작성하는 것인데, 매일 새로운 목록을 작성하는 것부터 시작한다. 가상의 걱정이 떠오를 때마다 이를 기록하되, 예정된 걱정 시간 동안에는 이 걱정에만 온전히 집중한다는 단서를 달아야 한다. 실제 걱정거리, 즉 해결해야 할 즉각적인 문제가 발생하면 가능한 한 그때그때 문제해결 방식을 사용하여 처리해야 한다. 일단 내담자가 가상의 걱정을 기록한 후에는 현재 활동에 주의를 집중하고 그 경험에 온전히 참여함으로써 걱정으로부터 주의를 돌리는 것이 목표이다. 예를 들어, 출근할 때는 주변의 광경과 소리에 집중하고, 설거지를 할 때는 물의 온도와 설거지의 촉감을 느끼며, 저녁 식사를 할 때는 음식의 질감, 냄새, 맛에 주의를 기울이는 등 내담자가 그 순간에 경험하는 감각에 주의를 기울이면서 이러한 목표를 달성할 수 있다.

4. 걱정 시간 활용하기

예정된 걱정 시간에는 하루 동안 작성한 가상의 걱정 목록을 읽고 목록에 있는 걱정에 온전히 집중하면서 각각의 걱정을 해결해야 한다. 일부 걱정은 이미 지나간 것일 수 있으며, 이 경우 목록에서 지우고 다음 걱정에 집중할 수 있다. 걱정 시간이 끝나면 내담자는 현재에 다시 집중하도록 안내받는다. 이때 걱정거리에 '×'자 표시를 하거나 목록을 버려서 걱정 시간이 끝났음을 표시하는 것도 도움이 될 수 있다.

5. 학습한 것 검토하기

예정된 걱정 시간이 끝나면 그 경험이 자신에게 어떤 경험이었는지 되돌아보아야 한다. 자조 자료는 이 시점에서 스스로에게 물어볼 수 있는 유용한 질문을 제공한다. 예를 들어,

걱정 시간을 처음 적었을 때와 비교하여 걱정 시간 동안 걱정에 대해 어떻게 느꼈는지, 목록에 적힌 걱정이 다시 떠올랐을 때 더 이상 문제가 되지 않았는지, 걱정 시간 동안 걱정에 집중할 수 있었는지 등을 살펴볼 수 있다(Chellingsworth & Farrand, 2016). 종종 내담자는 걱정이 처음 시작되었을 때와 동일한 수준의 걱정이 더 이상 없다는 것을 알게 되는데, 이는 걱정이라는 생각이 주의를 기울이지 않으면 지나갈 수 있다는 것을 이해하는 데 도움이 된다. 마찬가지로 내담자는 걱정거리에 집중하려고 할 때 걱정거리에 계속 주의를 기울이는 것이 어렵다는 것을 발견할 수 있으며, 이는 걱정거리에 대한 생각을 멈출 수 없다는 생각에 도전하는 데 도움이 될 수 있다.

걱정 시간 따로 정하기를 하는 데 흔히 경험하는 일반적 어려움

이 기법이 효과를 발휘하려면 시간과 연습이 필요하다. 내담자는 걱정에서 벗어나 현재에 집중하는 것이 어려울 수 있다. 내담자가 다시 집중하는 데 도움이 되는 다른 활동을 기록할 수 있도록 장려하는 Chellingsworth와 Farrand(2016)의 워크시트 같은 것을 사용하면 도움이 될 수 있다. 임상가는 내담자와 함께 회기 중에 5분간 연습하면서 '지금 여기'에 집중하는 방법을 설명하며 감각을 사용하도록 안내할 수 있다. 마찬가지로, 내담자는 의도적으로 걱정거리에 시간을 할애해야 한다는 생각에 매우 불안해할 수 있으므로, 걱정거리에 대해 무엇을 배울 수 있는지 알아보기 위한 실험으로서 이 방법을 시도해 보도록 권장하는 것이 도움이 될 수 있다. 많은 내담자가 자신이 생각했던 것보다 걱정을 더 잘 통제할 수 있다는 것을 알게 될 것이다.

이완 훈련

이완 훈련은 지속적으로 높은 수준의 긴장을 경험하는 내담자에게 도움이 될 수 있으며, 이는 불안장애와 우울 모두에 공통적으로 나타나는 특징이다(장기적인 신체 건강 상태에서의 사용법에 대해서는 제14장 참조). 이완은 근거 기반이 확립된 범불안장애 치료에 가장 일반적으로 사용되고 있다(Arntz, 2003; Borkovec & Costello, 1993; Öst & Breitholtz, 2000). 이완은 긴장을 풀고 즐거움을 느낄 수 있는 기회를 제공하며, 수면 개선에 도움이 될 수 있다. 그러나 특정 장애(예: 공황장애)에 이완법을 사용할 경우 자칫 불안 증상이 위험하다는 믿음을 강화하는 역할을 할 수 있으므로 신중하게 이완법을 사용하는 것이 매우 중요하다. 따라서 임상가는 이완법을 도입하는 명확한 근거를 가지고 이완을 소개하고 내담자가 이완을 안전 행동으로 사용할 가능성에 대해 인지하는 것이 중요하다.

잘 알려진 이완 훈련 방법으로는 1930년대에 Jacobson(1938)에 의해 개발된 점진적 근육 이완Progressive Muscle Relaxation: PMR이 있다. 이 기법은 내담자에게 근육을 긴장시켰다가 이완하도록 가르치는 것으로, 신체의 여러 근육 부위를 체계적으로 작동시킨다. 내담자는 두 신체 상태의 차이에 주의를 기울이면서 각 근육을 5초 동안 조였다가 긴장을 풀도록 지시받는다. 목표는 깊은 이완감을 촉진하는 동시에 내담자가 자신의 신체가 긴장 상태에 있을 때를 인식하도록 돕는 것이다. 이는 긴장감에 익숙해져 이를 정상으로 여기는 범불안장애를 가지고 있는 내담자에게 특히 유용할 수 있다.

글상자 10-9 - 이완에 도움이 될 만한 유용한 자조 자료들 ----------

- www.moodjuice.scot.nhs.uk/relaxation.asp
- www.youtube.com/watch?v=ihO02wUzgkc

치료를 위한 단계는 다음과 같다.

1. 접근방식 소개

다음 대화 발췌문은 임상가가 과민성 대장 증후군 치료를 받고 있는 (앞서 언급한) Martin에게 어떻게 점진적 근육 이완 기법을 소개했는지 보여 준다. 먼저 이완을 해야 하는 명확한 근거를 설명한 다음 접근방식에 대한 오리엔테이션이 이어진다. 점진적 근육 이완 기법 사용의 목적은 Martin이 겪고 있는 신체적 긴장에서 벗어나 휴식을 취하고 수면을 개선하는 데 도움을 주는 것이었다.

임상가: Martin, 걱정에서 벗어나 휴식을 취하는 게 어려운 것 같네요? 어떤가요?

내담자: 좋지 않아요……. 계속 불안하고 다음에 또 뭐가 잘못될까 생각하게 되고 미래에 대해 계속 걱정하고 있어요.

임상가: 그것이 몸으로는 어떻게 느끼고 있나요?

내담자: 말씀드린 것처럼 불안해서 밤에 잠을 잘 수가 없고요. 아내는 제 식욕에 대해 걱정하고 있지만 배가 고프지 않으니 억지로 먹을 수가 없어요. 담배를 너무 많이 피우는 것도 도움이 되지 않는 것 같아요.

임상가: 근육이 뭉치는 듯한 신체적인 변화를 느끼신 적이 있으세요?

내담자: 어깨에 계속 통증이 있고요. 두통도 심한데 의사가 긴장성 두통이라고 했어요.

임상가: 힘드실 것 같아요. 긴장을 풀 수 있는 방법은 찾으셨어요?

내담자: 예전에는 달리기를 하곤 했는데, 지난 몇 달 동안은 하지 못했어요.

임상가: 과거에는 그런 방법이 긴장을 푸는 데 도움이 되었나요?

내담자: 네, 마음을 비우는 데 도움이 되었던 것 같아요.

임상가: 운동은 불안할 때 도움이 될 수 있고, 수면을 개선하는 데도 도움이 될 수 있습니다. 운동이 걱정에서 벗어나 휴식을 취하는 데도 도움이 될 것 같나요?

내담자: 최근 들어 그런 일들이 많이 뒷전으로 밀려나서 하고 싶다는 생각이 들지 않네요.

임상가: 사람은 걱정이 많아지면 긴장을 푸는 데 도움이 되었던 것들을 포기하는 경우가 종종 있습니다. 조깅을 하거나 걱정에서 벗어날 수 있는 다른 일을 하는 시간을 다시 만들 수 있다면 휴식을 취하는 데 도움이 될 수 있습니다. 걱정만 하다 보면 악순환에 빠질 수 있다는 이야기를 한 적이 있었는데 기억하시나요? 걱정으로 인해 느끼는 불안감은 몸을 긴장하게 만들고 이는 뇌에 어떤 위협이 있다는 신호를 보내 불안감을 증가시켜 걱정에 더 오래 머무르게 할 가능성이 높아집니다.

내담자: 네, 빠져나오기 힘들어요. 그런 생각에서 벗어나는 것이 좋을 거 같은데……．

임상가: 좋습니다. 저희가 한 가지 고려해 볼 수 있는 것은 이완 기법입니다.

내담자: 어떤 것인가요?

임상가: 불안 증상을 가진 사람들을 돕는 데 매우 효과적으로 입증된 특정 이완 기법입니다. 이 기법은 긴장이 느껴질 때를 알아차리고 긴장을 유지하고 있는 근육을 이완하는 방법에 대해 배우는 것입니다. 어깨에 긴장을 많이 하고 있다는 것을 알고 계신 것 같은데요?

내담자: 네. 긴장된 어깨를 풀어 보려고 노력하지만 도움이 되지는 않는 것 같아요.

임상가: 그렇군요. 제가 소개해 드릴 기법이 도움이 되고, 말씀 드린 것처럼 수면에도 도움이 되었으면 합니다. 한 번 해 보시겠어요?

내담자: 네, 도움이 된다면 무엇이든 시도해 볼게요.

임상가: 여기서 먼저 해 보고 도움이 된다면 집에서도 할 수 있도록 안내 자료를 드릴까요?

2. 치료 회기 중 이완 기법 소개하기

이완 기법을 소개할 때는 상담 중에 내담자와 함께 연습을 하는 것이 내담자가 지침을 잘 따르고 있는지 확인하는 데 가장 도움이 될 수 있다. 이완 기법은 내담자가 과도하게 불안해하지 않는 시간에 연습하는 것이 좋다. 임상가와 내담자가 모두 참조할 수 있는 스크립트를 준비해야 한다. 주의가 산만해지는 것을 방지하기 위해 연습하는 동안 눈을 감고 하는 것이 도움이 될 수 있지만, 이는 내담자가 편안하게 느끼는 경우에만 가능하다.

3. 과제로 연습해 보기

내담자에게 이 기법을 소개한 후에는 매일 연습하도록 권장해야 하며, 하루 중 방해받지 않는 조용한 장소와 시간을 찾아 편안한 의자에 똑바로 앉아 잠이 들지 않도록 해야 한다. 앞에서 언급한 자조 자료들에는 점진적 근육 이완 운동의 오디오 클립이 포함되어 있으며, 스마트폰용 앱을 포함하여 다른 자조 자료들도 널리 이용 가능하다(스크립트 예시는 제14장 참조). 반복적인 연습을 통해 내담자는 신체의 긴장에 대한 인식이 향상되는 경향이 있으며, 안내에 따라 전체 동작을 수행하지 않고도 필요할 때마다 이 기법을 적용할 수 있다.

Martin은 하루에 20분씩 이완 기법을 사용하면 긴장을 덜 느끼게 되고 걱정에 덜 사로잡히게 된다는 것을 알게 되었다. 잠자리에 들기 직전에 이완 기법을 사용하면 숙면에도 도움이 된다는 것을 알게 되면서 이 기법을 사용하기 시작했다.

이완 훈련 중 흔히 경험하는 일반적 어려움

내담자가 이완 기법을 안전 행동으로 사용하기 시작했는지(예: 이완을 사용하지 않고는 불안을 유발하는 어려운 상황에 직면할 수 없다고 믿기 시작하는 경우)를 모니터링하는 것이 중요하다. 또한 공황장애가 있는 내담자에게는 불안 증상이 위험할 수 있다는 믿음을 강화하는 경향이 있으므로 이완 기법을 사용하도록 권장해서는 안 된다. 불안장애의 주요 유지 요인은 다양한 상황에서 초래되는 위협 수준에 대한 과장된 믿음이라는 점을 기억할 필요가 있다. 불안은 위협에 대한 정상적인 반응이며, 어느 정도의 불안은 삶의 어려움을 극복하는 데 유용할 수 있다는 점을 알리는 것이 중요하다. 인지행동치료의 중요한 이점은 내담자가 높은 수준의 불안을 견딜 수 있도록 돕고, 불안한 상황에서도 불안을 유발하는 상황에 성공적으로 대처할 수 있다는 것을 깨닫도록 돕는 것이다.

불면증 치료하기

수면장애는 우울과 범불안장애 모두에서 흔히 나타나는 증상이다. 연구에 따르면, 우울과 범불안장애를 보이는 사람의 3/4 정도가 수면 문제를 추가로 경험할 수 있다(Bélanger et al., 2004; Staner, 2010). 우울치료 후에도 불면증을 계속 경험하는 사람들은 재발에 더 취약할 수 있다(Franzen & Buysse, 2008). 또한 수면 부족으로 인해 우울이 발생할 수 있다는 증거도 있다(Ford & Kamerow, 1989; Riemann & Voderholzer, 2003). 수면장애에 잠들기와 수면 유지의 어려움, 이른 아침 기상, 그리고 수면의 질 저하 등이 포함된다. 특히 우울 상태에서는 낮에 과도하게 자거나 낮잠을 자는 경우도 발생할 수 있다. 충분히 수면을 취해야 효과적으로 기능할 수 있다. 수면이 부족하면 기분에 영향을 미칠 뿐만 아니라 집중력, 기억력, 인지 능력이 저하되고 과민 반응이 증가하며 통증 역치도 낮아질 수 있다.

불면증에 대한 저강도 인지행동치료 개입은 치료 계획의 일부로 포함되어 다른 치료 전략과 함께 심리교육 자료로 전달할 수 있다. 적어도 치료 초기에, 특히 피로가 내담자의 치료 참여 능력을 방해할 수 있는 경우, 수면 부족을 줄이는 데 중점을 두어야 할 수도 있다.

글상자 10-10 불면 치료에 도움이 되는 자조 자료들

- Anderson (2018).
- Espie (2011).
- https://web.ntw.nhs.uk/selfhelp/leaflets/Sleeping%20Problems.pdf
- https://www.nhsinform.scot/illnesses-and-conditions/mental-health/mental-health-self-help-guides/sleep-problems-and-insomnia-self-help-guide
- https://www.nhs.uk/every-mind-matters/mental-health-issues/sleep/

불면증 치료에는 다음과 특징들이 포함되어야 한다(Espie et al., 2007).

1. 정상 수면 과정에 대한 정보

내담자에게 정상적인 수면에 관한 명확한 정보를 제공하는 것이 중요한 시작점이 될 수 있다. 평균적으로 사람들은 하루 7~9시간의 수면이 필요한 것으로 알려져 있지만, 그보다 적은 수면으로도 생존할 수 있는 사람도 있고 더 많은 수면이 필요한 사람도 있다. 필요한 수면 시간은 나이가 들면서 감소하는 경향이 있다. 기분 저하, 스트레스, 약물 복용, 불규칙한 수면 루틴, 수면 환경 등 다양한 요인이 수면을 방해할 수 있다. 자가 진단 자료(앞의 내용 참조)를 제공하여 내담자가 이러한 요인 중 어떤 것이 자신과 관련이 있는지 파악하고, 수면 부족이 일상생활 기능에 미치는 영향을 이해할 수 있도록 도울 수 있다.

2. 수면 위생에 관한 조언

수면 위생에 관한 정보를 제공해야 한다. 이는 건강한 수면 습관을 개발하는 것을 말하며, 다음의 설명과 같이 수면의 질에 영향을 미치는 환경적·정신적 요인 및 행동을 변화시킴으로써 달성 가능하다.

규칙적 수면 및 기상 시간

시차를 두고 여행하거나 불규칙한 수면 패턴으로 인해 신체 내부의 생체 시계가 주변 환경과 동기화되지 않을 때 수면장애가 발생할 수 있다. 따라서 수면 위생의 핵심 전략은 낮잠을 자지 않고 정해진 시간에 잠자리에 들고 일어나도록 권장하는 것이다.

잠들기 전 각성제, 알코올, 과식 피하기

카페인이나 니코틴과 같은 각성제는 수면을 방해하는 경향이 있으며, 일부 의약품은 저녁 늦게 복용하면 각성 효과가 지속될 수 있다. 과도한 음주와 늦은 밤의 과식은 수면을 더욱 방해할 수 있으므로 피해야 한다.

수면 유도에 도움이 되는 환경 조성하기

수면 환경도 고려해야 할 중요한 사항이다. 좋은 매트리스가 있는지, 방이 너무 덥거나 춥지 않은지, 수면(또는 성관계)만을 위한 공간인지 등 침실을 편안하게 만드는 것이 도움이 된다. 소음 수준과 침실로 들어오는 빛의 양을 조절하는 것도 중요하다.

규칙적인 신체운동하기

규칙적인 신체활동은 불면증을 줄이고 양질의 수면을 촉진하는 데 도움이 될 수 있다고 알려져 있다(Driver & Taylor, 2000). 그러나 장시간 또는 저녁에 집중적으로 운동하는 것은 지나치게 자극적이어서 수면에 해로울 수 있다. 따라서 걷기, 자전거 타기, 수영과 같이 비교적 가벼운 운동을 하는 것이 더 도움이 될 수 있다.

3. 건강한 수면 패턴을 확립하기 위한 수면 계획 세우기

앞에서 설명한 것처럼 규칙적인 취침 및 기상 시간을 설정하는 것은 개인의 내부 신체 시계를 재설정하는 것을 돕기 때문에 숙면을 촉진하는 데 매우 중요하다. 내담자는 매일 밤 같은 시간에 잠자리에 드는 것을 목표로 삼아야 한다. 일찍 잠자리에 들려고 한다면 점진적으

요일	몇 시에 잠자리에 들었나요?	밤에 얼마나 자주 깼나요?	몇 시에 일어났나요?	잠을 잔 시간은 얼마나 되나요?	얼마나 휴식을 취하셨나요?(0~10) (0 = 전혀 쉬지 못함; 10 = 완전 휴식을 취함)
월					
화					
수					
목					
금					
토					
일					

[그림 10-13] 수면 일기

로 잠자리에 들도록 유도하는 것이 도움이 될 수 있다. 예를 들어, 매일 밤 10분씩 일찍 잠자리에 들어 장시간 침대에 누워 답답해하지 않도록 하는 것이 좋다. 또한 주말이나 숙면을 취하지 못한 날에도 기상 시간이 달라지지 않도록 일정한 시간을 정해야 한다. 수면 일기를 작성하여 수면 시간, 수면 방해 요인 및 수면의 질을 기록할 수 있다([그림 10-13] 참조). 취침 패턴을 만들면 잠잘 시간이 되었을 때 신체에 신호를 보내는 데 도움이 될 수 있다. 여기에는 전자기기 끄기, 이완 운동, 독서, 따뜻한 우유(카페인 없음), 음악 듣기, 뜨거운 목욕 등 긴장을 푸는 데 도움이 되는 활동을 하는 것이 포함될 수 있다.

4. 수면을 방해하는 사고 패턴 파악하기

내담자는 종종 충분한 수면을 취하지 못했을 때 발생할 수 있는 결과에 대해 매우 걱정할 수 있다. 또한 실제 수면 시간을 과소 평가할 수도 있다. 수면 부족은 분명히 기능에 해로운 영향을 미치기는 하지만, 때때로 내담자가 이에 대해 과도하게 걱정하는 경우 각성 수준을 높여 잠을 자지 못하고 반추하는 상태로 누워 있을 수 있다. 수면에 대한 정확한 정보를 제공하고 앞서 소개한 인지 기법 중 일부(예: 사고 도전)를 사용하면 이를 극복하는 데 도움이 될 수 있다.

다음 사례연구는 우울을 앓고 있는 내담자에게 이 접근법을 어떻게 적용했는지 보여 준다. 이 장의 앞부분과 제8장에서 언급한 Alison은 지난 2개월 동안 잠들기가 힘들고 잠에서 깨는 일이 잦았다. 그녀는 수면 부족으로 인해 가족에 대한 짜증이 증가하고 직장에서 집중하는 데 문제가 생길까 봐 걱정하고 있다. 그 결과, 그녀는 잠을 보충하기 위해 더 오래 '늦잠'을 자거나 낮잠을 자는 경향이 있다. Alison은 낮에는 매우 피곤하고 저녁에는 텔레비전을 보며 시간을 보내다가 자정이 넘도록 소파에서 잠드는 경우가 많다. Alison의 수면을 개선하기 위해 여러 가지 조치를 취했다.

- 임상가는 Alison에게 정상적인 수면 과정과 수면 위생에 대한 정보를 제공했다. 이를 통해 Alison은 규칙적인 수면 패턴을 확립하는 것의 중요성과 낮잠을 피해야 할 필요성에 대해 이해할 수 있었다. 또한 저녁에 카페인 섭취를 줄여야 한다는 것을 깨달았고, 취침 시간 이후 TV를 시청하는 것도 잠들기 어렵게 만드는 원인이라는 것을 인지했다.
- Alison은 잠자리에 들고 일어나는 시간을 규칙적으로 정하기로 했다. 그녀는 다음과 같은 목표를 세웠다. 매일 밤 10시 30분에 잠자리에 들고 아침 7시에 일어나기로 목표 시간을 정하고 이를 위해 노력했다. 또한 잠자리에 들기 한 시간 전에 TV를 끄고, 아침에 입을 옷을 준비하고, 따뜻한 우유를 마시고, 불을 끄기 전에 30분 동안 소설을 읽는 등의 루틴을 세웠다.
- Alison은 수면을 모니터링하기 위해 수면 일기를 작성하고 임상가와 상담할 때마다 이를 검토했다.
- 임상가와의 추가 탐색을 통해 Alison은 자신이 잠을 자지 못했을 때 발생할 결과에 대해 걱정하며 깨어 있다는 사실을 파악할 수 있었다. 그녀는 '잠을 충분히 자지 못하면 가족에게 짜증을 내고 가족은 내 곁에 있기를 원치 않을 것이다.'라는 생각을 주제로 이러한 생각에 대해 도전하는 생각 워크시트를 작성했다. 이 과정에서 Alison은 여러 가지 반대 증거를 생각해 낼 수 있었다([그림 10-14] 참조). 이를 통해 수면 부족에 대한 걱정을 줄일 수 있었고, 밤에 이런 생각을 하는 시간이 줄어들었다는 것을 알게 되었다.
- 도전적인 생각 기록을 마친 후 Alison은 남편과 자신의 고민에 대해 이야기할 수 있었다. 그런 다음 그녀는 남편과 자조 자료를 공유했고, 부부는 잠자리에 들고 일어나는 시간을 정하기로 합의했다. 시간이 지남에 따라 그녀는 더 쉽게 잠들 수 있었고 수면 중간에 깨는 일이 줄어들어 기분 개선에 도움이 되었다는 것을 알게 되었다.

도전적 생각 워크시트

생각: '잠을 충분히 자지 못하면 가족에게 짜증을 많이 낼 것이고 가족도 내 옆에 있기 싫어하겠지.' (80%)

감정: 슬픔(60%), 불안(70%)

지지 증거	반대 증거
• 지난주에 피곤해서 딸에게 화를 냈더니 딸도 벌컥 화를 냈다. • 남편은 내가 잠을 잘 못 잤을 때 더 우울해 보인다고 말했다. • 목요일에 잠을 제대로 못 잤을 때 나에게 휴식을 주기 위해 남편이 아이들을 데리고 나가겠다고 제안했다. • 목요일에 내가 잠을 제대로 자지 못했을 때 남편이 아이들을 데리고 나가며 잠시 쉬라고 제안했다.	• 남편은 내가 기분이 좋지 않을 때에도 내가 얼마나 아이들이 뛰어노는 것을 잘 보는지 칭찬해 주었다. • 딸이 학교에 데려다 달라고 하는 것을 보니 나와 시간을 보내고 싶은 것 같다. • 피곤했지만 가족 모두 영화관에서 즐거운 시간을 보냈다. • 피곤하긴 하지만 그렇다고 항상 짜증을 내는 것은 아니다. • 남편과 아이들도 때때로 짜증을 내지만 이것이 내가 그들 곁에 있고 싶지 않다는 것을 의미하지는 않는다.

• 지금 그 생각을 얼마나 믿으시나요? 30%

• 그 생각에 대한 찬성과 반대의 증거를 고려할 때 다르게 생각할 수 있는 방법은 없을까요?

• 균형 잡힌 생각: 잠을 잘 못 자면 더 짜증이 나지만, 항상 짜증을 내지는 않고 가족들도 나와 함께 시간을 보내고 싶어 하는 것 같다. (60%)

• 감정: 슬픔(20%), 불안(40%)

[그림 10-14] Alison이 수면에 대해 작성한 도전적 생각 워크시트

불면증 치료할 때 경험하는 일반적 어려움

수면 루틴을 확립하는 어려움

임상가의 핵심 과제는 내담자가 치료를 잘 따르도록 하는 것이다. 내담자는 수면과 관련된 루틴, 특히 잠을 제대로 자지 못한 후 정해진 시간에 일어나는 습관을 지키기 어려워할 수 있다. 임상가는 COM-B 모델(Michie et al., 2011)에 설명된 대로 내담자의 자신감 수준과 '능력'을 고려하여 치료법을 고수해야 하는 명확한 근거를 제시하고, 내담자가 수면 부족을

견더 내야 일상적인 생활이 가능할 수 있음을 경고함으로써 도움을 줄 수 있다. 또한 치료를 계속할 경우의 장기적인 이점과 치료를 중단할 경우의 비용에 대해서도 설명할 수 있다. 앞의 사례연구에서 볼 수 있듯이, 루틴을 설정하고 따르는 과정에 가족 구성원을 참여시키는 것도 도움이 될 수 있다.

수면을 방해하는 다른 요인

의학적 문제와 약물 복용도 수면 부족의 원인이 될 수 있다. 만성 통증이나 관절염과 같은 건강 문제가 있는 내담자는 증상으로 인해 수면에 어려움을 겪을 수 있다. 일부 약물은 각성제로 작용할 수 있으며 수면제를 장기간 복용하면 수면 패턴이 흐트러질 수 있다. 그럼에도 불구하고 수면 위생용품을 사용하고 정해진 취침 시간과 일과를 지키면 어느 정도 개선될 수 있다. 또한 내담자가 일차 진료의와 이에 대해 더 자세히 논의하도록 권장할 필요가 있다.

불안과 우울에 불면증이 만연해 있다는 점을 고려할 때, 서비스에서는 개별 치료 전 또는 치료와 함께 수면 문제를 관리하는 방법에 대한 심리교육 프로그램을 운영하는 것도 고려해 볼 수 있다.

연습 10-6 🌱 수면 위생 그룹 설정하기

지속적인 불면증에 대해 심리교육 프로그램을 제공하기 위한 프로토콜을 개발해 보라. Espie 등 (2007)이 설명한 단계를 따르는 것이 도움이 될 수 있다.

신체활동 증가

운동은 우울을 경험하는 사람들에게 효과적인 개입이며(Schuch et al., 2016), 경도에서 중등도 또는 지속적인 역치 이하의 우울을 가진 사람들에게 권장되는 저강도 치료법이라는 증거가 발표되었다(NICE, 2009). 운동이 불안장애에 대한 인지행동치료에 도움이 될 수 있다는 일부 증거가 있지만(Jayakody et al., 2013), 특정 치료법으로 추천하기 위해서는 더 많은 연구가 필요하다(Stonerock et al., 2015). 하지만 활동적인 생활방식은 정신건강에 전반적으로 긍정적인 영향을 미칠 가능성이 높다.

많은 연구가 특정 운동 프로그램을 다루고 있지만, 전반적인 신체활동 늘리기의 일환으로 운동을 고려하는 것이 더 도움이 될 수 있다(Taylor, 2010). 운동으로 인한 직접적인 생리적 변화(예: 엔도르핀 수치 증가)로 인해 기분이 좋아질 뿐만 아니라 부정적인 생각에서 벗어나 다른 사람과의 접촉을 늘리고 성취감을 통해 자존감을 향상시킬 수 있기 때문에 운동은 기분 전환에 도움이 되는 것으로 보인다. 그러나 '운동'이라는 용어가 일부 사람들에게는 다음과 같은 부정적인 의미를 가질 수 있다. 경쟁적인 스포츠나 헬스장에 가는 것과 관련이 있으며, 일부 내담자에게는 실력이 부족하거나 신체 이미지가 좋지 않다는 두려움으로 인해 운동을 꺼릴 수 있다. 사회적 위축, 부정적인 자아상, 낮은 에너지 수준과 같은 우울의 주요 측면도 운동에 참여하는 데 장애가 될 수 있다. 또한 운동처방사는 고령자, 장애가 있거나 비만이나 고혈압과 같은 건강 문제가 있는 내담자와 함께 일하고 있을 수도 있다. 따라서 개인에게 맞는 목표를 설정하는 것이 중요하다(제13~15장 참조).

NICE 가이드라인에서는 12주 동안 매주 3회 정도 적당한 강도의 운동(45~60분)을 권장한다(NICE, 2009). 처음에는 내담자에게 어려운 목표일 수 있으므로 주당 신체활동을 10%씩 늘리는 등 점차 운동량을 늘려 나가는 것이 내담자 입장에서 더 수용하기 쉬울 수 있다(Taylor, 2010). 활동 종류는 내담자의 관심사에 맞게 내담자와 신중하게 협의해야 하며, 현실적인 목표를 세우는 것이 중요하다. 따라서 걷기, 정원 가꾸기, 자전거 타기, 수영, 달리기, 댄스 수업 또는 팀 스포츠와 같이 신체활동을 장려하는 모든 것을 고려할 수 있다.

신체운동의 이점을 이해하는 데 도움이 되는 정보(예: www.getselfhelp.co.uk/depression.htm)를 제공하여 에너지 수준을 높이고 다른 사람과의 접촉 빈도를 늘리며 부정적인 생각에서 벗어나 즐거움과 성취감을 느낄 수 있는 기회를 제공해 우울의 악순환에서 벗어나는 데 도움을 줄 수 있다. 내담자는 행동 활성화의 초기 단계에서 임상가가 하는 방식과 마찬가지로 자신이 참여할 수 있다고 느끼는 활동의 종류와 양에 대해 생각할 수 있도록 격려해야 한다.

Taylor(2010)는 신체활동 프로그램을 실행할 때 사용할 수 있는 저강도 프로토콜의 예를 제시하고 있다. 또한 신체적 또는 정신적 건강 문제가 있는 사람들이 계획된 방식으로 운동에 다시 참여할 수 있도록 돕기 위해 만들어진 다양한 커뮤니티 출처가 준비되어 있다. 영국에서는 일차 진료의가 우울 등 다양한 질환에 대한 치료법으로 운동을 처방할 수 있는 처방운동Exercise on Prescription이 시행되고 있다. 일반적으로 자선단체나 보건 당국의 지원을 받는 건강 생활 센터가 영국의 여러 지역에 존재하며, 특히 소외된 지역사회에 일반적인 건강 및 운동 프로그램을 제공하고 있다.

글상자 10-11 운동을 위한 유용한 자조 자료들

- www.nhs.uk/live-well/exercise/exercise-health-benefits/
- https://www.torbayandsouthdevon.nhs.uk/uploads/continuing-to-exercise-in-the-future.pdf
- www.helpguide.org/articles/healthy-living/the-mental-health-benefits-of-exercise.htm

약물치료 지원

우울과 불안장애의 치료에는 약물 사용이 일반적이다. 의사는 NICE 가이드라인(잠재적 부작용 포함)에 나와 있는 대로 권고되는 약물치료법을 숙지해야 한다. 불안 및 우울치료에 사용되는 주요 약물은 다음과 같다.

- 항우울제: 주로 중등도에서 심도의 우울을 치료하는 데 사용되며 세로토닌과 노르아드 레날린과 같은 신경전달물질이라고 하는 뇌의 특정 화학물질 수치를 높여 기분을 개선 하는 데 도움이 준다. 또한 진정 효과로 인해 범불안장애와 강박장애 치료에도 흔히 사용된다.
- 베타 차단제: 베타 차단제는 불안의 신체 증상을 관리하기 위해 처방되는 경우가 많다. 아드레날린과 같은 호르몬의 작용을 차단하여 심장의 활동을 감소시키는 방식으로 작용한다.
- 경미한 진정제: 심한 불안증에 처방될 수 있지만, 단기적인 조치로만 사용해야 하며 그렇지 않으면 내성이 생겨 의존성이 생기고 약을 끊는 데 어려움을 겪을 수 있다. 경미한 진정제는 중추 신경계를 억제하여 신체와 뇌의 기능을 느리게 하여 진정 효과를 나타낸다.

정신건강 자선단체인 마인드$_{Mind}$와 영국 국가보건서비스$_{NHS}$와 기관에서는 불안과 우울치료를 위한 약물 사용에 대한 내담자의 이해를 돕기 위해 상세하고 접근하기 쉬운 자료를 제공하고 있다([글상자 10-12] 참조).

글상자 10-12 약물치료에 도움이 되는 웹사이트

- www.nhs.uk/conditions/
- www.rcpsych.ac.uk/healthadvice/treatmentsandwellbeing.aspx#T
- www.mind.org.uk/information-support/drugs-and-treatments/
- www.ocduk.org/medication

아쉽게도, 약물 요법의 순응도는 낮은 경우가 많으며, 신체적 건강보다 정신적 건강에서 비순응도가 더 높게 나타난다(Cramer & Rosenheck, 1998). 이는 환자의 회복에 해로운 영향을 미칠 수 있으며, 재발률을 높일 수 있다. 약물 복용 비순응도는 다음을 의미할 수 있다.

- 처방된 약 복용을 꺼림.
- 지시대로 약을 복용하지 않는 경우.
- 내담자가 약물의 효과를 충분히 보기 전에 약물을 중단하는 조기 중단.

약을 복용하지 않는 이유는 다양하며, 명확한 정보 및 지침 제공 부족, 매일 반복되는 약물 복용에 적응하기 어려움, 부작용, 약물 복용의 잠재적 부작용 또는 위험성에 대한 두려움, 낙인 및 의존성에 대한 우려 등이 있다(Mitchell & Selmes, 2007; Myles & Rushforth, 2007).

물론 내담자는 단순히 약물을 복용하지 않는 것을 선호할 수 있으며, 이러한 내담자의 선택을 존중하는 것이 중요하다. 그러나 무엇보다도 내담자가 충분한 정보를 바탕으로 결정을 내릴 수 있도록 하는 것이 중요하다. 약물이 어떻게 도움이 되는지, 약물을 중단했을 때의 위험성은 무엇인지에 대한 정보를 제공해야 한다. 실제로 내담자가 충분히 정보와 지원을 제공받으면 약물치료를 계속할 가능성이 높다고 응답하는 경우가 많았다(NICE, 2011b). 그러나 이러한 지원이 부족한 경우가 많으며(Mitchell & Selmes, 2007), 약물치료를 지속할 가능성을 낮추는 요인을 포함하여 약물 복용에 대한 내담자의 생각을 이해하기 위해 내담자와 협력하는 것이 중요하다는 인식이 점점 더 커지고 있다.

저강도 인지행동치료를 시행하는 임상가는 약물을 처방하지는 않지만 약물 관리에서 중요한 역할을 할 수 있으며, 이를 통해 앞서 설명한 많은 장벽을 극복하는 데 도움을 줄 수 있다. '순응'이라는 용어는 내담자가 수동적인 역할을 수행한다는 것을 의미할 수 있다. 실제로는 내담자의 입장을 고려하는 협력적 접근방식(일치$_{concordance}$라고도 함)이 치료에 대한 순응도를 높일 가능성이 높다(Myles & Rushforth, 2007). 이를 위한 단계는 다음과 같다.

1. 정보 수집

초기 평가 시 임상가는 처방된 약물에 대한 정보를 수집하고, 내담자가 약물을 처방받은 이유와 약물 부작용에 대해 잘 이해하고 있는지 살펴봐야 한다. 상담치료의 보조제로서 약물의 잠재적 이점을 탐색하고 약물 중단의 위험성을 설명하면 순응도를 높일 수 있다. 불안 및 우울치료에 사용되는 약물의 종류와 부작용, 금단 증상에 대해 쉽게 설명한 자료를 제공할 수 있다(유용한 웹사이트는 [글상자 10-12] 참조).

2. 약물 순응도 모니터링

임상가는 매 상담 시 내담자의 약물 사용 여부를 검토해야 한다. 대부분의 경우, 이는 내담자가 처방해 준 대로 약을 계속 복용하고 있는지를 확인하는 것이다. 그러나 내담자가 일차 진료의$_{PCP}$와 상의하지 않고 약을 줄이거나 복용을 중단한 경우, 추가 조사를 할 필요가 있다.

3. 약물 순응도를 방해하는 장애물 탐색

앞서 설명한 것처럼, 치료 순응도는 약물 사용에 대한 내담자의 신념과 태도에 영향을 받을 수 있다. 안타깝게도, 내담자들은 도움을 받지 않으려는 사람으로 비칠까 두려워 자신의 의구심을 솔직하게 표현하기 어려울 수 있다. 마찬가지로 성기능 장애나 체중 증가와 같은 부작용에 대해 이야기하는 것을 부끄러워할 수도 있다. 이러한 우려는 부드러운 방식으로 조심히 탐색하는 것이 좋다. 임상가가 내담자가 약물을 중단하거나 감량하는 이유를 파악할 수 있게 되면 적절한 교정 정보(예: 내담자가 의존성에 대해 걱정하는 경우)를 제공할 수 있는 더 나은 위치에 있게 된다. 내담자가 약물의 효과가 거의 없다고 생각한다면, 처방해 준 대로 약물을 복용하고 있는지 확인하는 것이 중요하다. 일부 약물은 효과가 나타나기까지 몇 주가 걸린다는 사실을 모르는 내담자도 있다. 약을 복용한 지 몇 주가 지나면 부작용이 감소하는 경우가 많다. 부작용이 심하지 않다면 내담자가 약을 끊지 않고 좀 더 견디도록 권유할 수 있다. 지시에 따라 약을 복용했는데도 효과가 없는 경우, 담당 의료진이 직접 또는 내담자에게 의료진과의 상담을 요청하도록 지시하여 간접적으로 살펴볼 필요가 있다. 부작용이 더 심하거나 특히 불쾌감이 지속될 경우, 일차 진료의와 상의하는 것이 도움이 된다. 임상가는 정서적 동요나 자살 충동이 상승되는 징후에 주의를 기울여야 하며, 이 경우 약물 검토가 필요할 수 있으므로 즉시 일차 진료의에게 알려야 한다(Myles & Rushforth, 2007).

일부 내담자는 약물 복용을 실패의 신호로 인식하거나 그 결과로 다른 사람들이 자신을 어떻게 인지할지에 대해 걱정한다(Myles & Rushforth, 2007). 내담자와 함께 이에 대해 같이 이야기해 보고, 앞서 설명한 인지 기법을 사용하여 내담자가 새로운 관점을 갖도록 돕는 것이 도움이 된다. 또한 두려움을 정상화하거나 낙인감을 줄이는 데 도움이 될 수 있는 약물에 대한 정보를 추가로 제공하는 웹사이트, 가령 Mind 또는 OCD-UK와 같은 기관에 내담자를 안내하는 것도 유용하다. 다른 극단적인 경우, 불안 증상에 대한 두려움이 중심이 되는 공황 장애의 경우처럼 내담자가 약물 중단을 두려워하여 약물 사용 자체가 안전 행동이 될 수도 있다. 다른 안전 행동을 치료하는 것과 같은 방식으로 노출 또는 행동 실험을 통해 일차 진료의와 상의하여 치료할 수 있다.

연습 10-7 ❀ 약물에 대한 정보

[글상자 10-12]에 언급된 웹사이트를 살펴보고 불안과 우울에 사용되는 약물의 일반명 및 상품명을 포함하여 그 종류를 자세히 알아 둔다. 내담자와 함께 상담할 때 기억하기 쉽도록 일반적인 부작용을 찾아보고 요약표를 작성한다. 불안 및 우울에 대한 약물 사용에 관한 NICE 가이드라인을 참조해 보라.

결론적으로, 내담자가 약물 복용과 관련하여 스스로 통제할 수 있다고 느끼는 것이 중요하다. 정보를 제공하고, 내담자의 신념을 탐색하고, 약물의 효과를 이해하도록 도와줌으로써 내담자는 치료에 대해 충분한 정보에 근거한 결정을 내릴 수 있는 기회를 갖게 된다. 내담자가 항상 약물 처방 의사와 이에 대해 더 자세히 이야기하도록 권장해야 한다. 저강도 인지행동치료 임상가는 치료 전반에 걸쳐 내담자의 약물 사용을 모니터링하고 약물 변경 사항에 대해 일차 진료의와 연락하며 심리치료가 어떻게 진행되고 있는지에 대한 정보를 제공해야 한다. 이러한 방식으로 약물 순응도를 최적화하고 필요한 경우 약물을 점차 줄이는 과정을 통제 가능하고 유익한 방식으로 진행할 수 있다.

재발 방지

치료의 중요한 부분은 내담자가 이룬 성과를 유지할 수 있도록 돕는 것이다. 완전히 회복된 사람들도 향후 어느 시점에 삶의 어려움을 겪을 가능성이 있으며, 이로 인해 다시 임상적으로 우울하거나 불안해질 수 있기 때문이다. 재발은 우울에서 특히 흔하며, 이 장애가 있는 내담자의 절반 정도에서 발생할 수 있다(Kupfer, 1991). 저강도 인지행동치료가 끝났을 때 우울이 일부 남아 있는 사람들은 재발할 가능성이 더 큰 것으로 보이므로(Ali et al., 2017), 치료 후에도 치료 전략을 계속 사용하는 것이 지속적인 회복을 보장하는 데 중요할 수 있다. 저강도 인지행동치료 모델은 재발 예방에 적합하다. 내담자는 치료 과정에서 매우 적극적인 역할을 수행하는 데 익숙해지게 된다. 다양한 자료를 수집하고 정리하며 자조 자료에 익숙해질 것이다. 치료가 완료되는 시점에 지금까지 학습한 내용을 통합하고 향후 좌절에 대처하기 위한 전략을 구체적으로 담은 명확한 재발 방지 계획을 수립할 수 있다. 이 계획은 또한 내담자가 자신의 웰빙을 유지하는 전략을 지속적으로 사용할 수 있도록 하는 방법이기도 하다.

글상자 10-13 ─재발 방지에 유용한 자조 자료들─────────────────

- http://cedar.exeter.ac.uk/iapt/iaptworkbooksandresources/에서 Relapse Prevention workbook 참고.
- https://get.gg/docs/RelapsePrevention.pdf

재발 방지 계획을 작성할 때 다루어야 할 영역이 다음에 자세히 설명되어 있다.

1. 내담자가 자신의 장애에 대해 배운 것

재발 방지 계획의 첫 번째 부분은 처음에 제시했던 어려움과 관련하여 내담자가 학습한 내용을 탐색하는 것이다. 여기에는 초기 유발 요인에 대한 이해 부족과 이러한 어려움을 지속시키는 데 기여한 요인(예: 우울의 비활동성, 불안의 회피 및 안전 행동)이 포함된다. 내담자는 어떤 치료 전략이 이러한 유지 사이클을 깨는 데 도움이 되었는지 파악하여 치료가 끝난 후에도 계속 사용할 수 있도록 해야 한다. 어려움이 시작된 요인에 대한 인식이 높아지면 내담자는 향후 치료에서 배운 전략을 다시 실행해야 할 때 이러한 요인에 주의를 기울일 수 있다. 내담자에게 행동 활성화 일기, 행동 실험 워크시트, 생각 일기, 수면 위생 정보 등 특정 자료를 여분의 사본으로 보관하도록 권해야 한다. 치료 후 몇 달 후에 후속 회기를 예약하는 것도 내담자가 필요에 따라 전략을 계속 사용하고 있는지 확인하는 데 유용할 수 있다. 일부 내담자는 약물치료를 중단했을 때 증상이 다시 나타날 수 있으므로 일차 진료의와 연락하여 일차 진료의가 제공하는 약물 복용 평가와 연계하는 등 일차 진료의와 소통하는 것이 도움이 된다.

2. 도움이 되는 대처방법 유지

내담자가 정신건강을 계속 유지할 수 있는 방법을 생각하도록 격려해야 한다. 여기에는 은유를 사용하는 것이 도움이 될 수 있다. 예를 들어, 헬스장에 다니면서 체력을 단련하는 사람은 지속적으로 운동을 해야만 체력을 유지할 수 있다. 정신건강을 유지하는 것도 이와 마찬가지로 치료 후 회복에 효과적이었던 전략을 지속적으로 실천해야 하는 과정이라고 볼 수 있다. 우울에서 회복된 사람은 부정적인 생각에 도전하는 연습을 계속해야 할 수 있으며, 불안장애를 겪은 사람은 안전 행동에 다시 빠지지 않도록 경계하고 배운 기술을 사용하여 이전에 피했던 활동에 계속 참여해야 한다.

3. 좌절이 닥쳤을 때 해야 할 일

좌절에 대한 계획에는 도움이 되지 않는 악순환에 다시 빠지고 있다는 것을 나타내는 징후와 증상을 파악하는 것이 포함된다. 일시적인 재발과 완전한 재발을 구분하는 것도 도움이 될 수 있다. 재발의 징후로는 범불안장애에 압도당하기 시작하거나, 수면 패턴이 나빠지거나 부정적인 생각(우울)에 빠지거나, 확인 빈도가 증가하거나(강박장애), 공황발작을 두려워하는 상황(공황장애)을 회피하는 등의 증상으로 나타날 수 있다. 이러한 징후를 조기에 인식하면 내담자가 재발을 방지하기 위해 치료 과정에서 배운 전략을 실행하도록 상기시키는 역할을 할 수 있다. 또한 직장에서의 스트레스, 이별, 실직 또는 질병과 같이 앞으로 더 취약해질 수 있는 사건이나 상황을 파악하는 것도 효과적이다. 도움이 될 수 있는 치료 전략, 지지 네트워크에서 즉각 도움을 줄 수 있는 사람, 필요한 경우 추가(부가) 회기를 마련하는 방법 등을 포함하는 비상 계획을 작성할 수 있다. 내담자에게 재발 방지 계획을 다른 중요한 문서와 함께 안전한 곳에 보관하거나 컴퓨터나 휴대폰 등 쉽게 접근할 수 있는 곳에 보관하도록 권장해야 한다.

매달 일정 시간을 정해 잘되고 있는 부분과 그렇지 않은 부분을 살펴보면서 진행 상황을 검토하는 것도 도움이 된다. 이렇게 하면 상황이 나빠지고 있다는 징후를 경계하고 어려움을 관리하기 위한 적극적인 접근방식을 장려하는 데 도움이 될 수 있다.

연습 10-8 ❀ 재발 방지

빚 갚기, 체중 감량, 운동 시작, 금연 등 생활방식에 변화를 시도했거나 새해에 결심했던 것을 생각해 보라. 변화를 시도하는 데 어떤 요인이 도움이 되었는가? 어떤 것들이 방해가 되거나 오래된 습관에 빠질 가능성을 높였는가? 재발했을 때 기분이 어땠는가? 다시 일상으로 돌아갈 수 있었다면 어떻게 그렇게 할 수 있었는가? 변화를 유지하는 데 어떤 요인이 도움되었는가?

재발 방지하는 데 일반적인 어려움

내담자 요인

본인의 회복에 대한 책임을 지는 것에 대해 어려움을 느끼는 내담자는 재발 예방 단계에서도 이러한 태도를 지속하고 치료 과정에 완전히 참여하지 않을 수 있다. 따라서 치료 기간 내내 이 점을 인식하고, 저강도 인지행동치료 모델에 대해 환자가 이해하고 있는지, 자신의 회복에 있어 어떤 역할을 하는지 살펴보는 것이 중요하다. COM-B 모델의 맥락에서 동기부여 및 역량과 같은 요소를 탐색하는 것도 도움이 될 것이다. 일반적으로 인지행동치료는 내담자와 임상가 간의 긴밀한 협력이 필요하다. 협력하는데 균형을 맞추는 방법은 치료가 진행됨에 따라 달라지는데, 초기에는 임상가가 치료를 더 많이 지시하고 회기가 진행됨에 따라 내담자가 더 많은 주도권을 갖도록 격려하는 것이 바람직하다. 치료가 마지막 단계로 접어들고 내담자가 자신의 행동 패턴과 취약성에 더 익숙해지면 향후 발생할 수 있는 문제와 좌절로 이어질 수 있는 요인을 예측할 수 있는 충분한 위치에 있게 된다. 내담자가 내년에 세운 목표와 이를 달성하기 위해 어떤 전략을 사용해야 하는지 물어보는 것이 도움이 될 수 있다. 일부 내담자는 재발 가능성에 대해 비현실적인 기대를 가질 수도 있다. 특히 우울을 경험한 적이 있는 사람은 기분이 가라앉는 징후가 재발의 징후라고 두려워할 수 있으므로, 내담자가 정상적인 기분 변화와 임상적 우울을 구분할 수 있도록 도와야 한다.

임상가 요인

재발 방지 계획은 마지막 회기에서만 다루어서는 안 되는데, 마지막 회기에서만 다룰 경우 이를 다룰 충분한 시간을 가지지 못하거나 다소 피상적인 방식으로 다룰 수 있기 때문이다. 이 과정에 내담자를 완전히 참여시키는 좋은 방법은 치료 전반에 걸쳐 재발 방지 계획을 세우고, 치료가 진행됨에 따라 특히 도움이 되는 전략을 메모해 두며, 모든 단계에서 배운 내용을 복습하는 시간을 갖는 것이다.

결론

이제 여러분은 우울과 불안을 다루는 주요 저강도 인지행동치료 접근법에 대해 잘 알고 있을 것이며, 치료가 끝난 후에도 치료 효과를 유지할 수 있는 방식으로 특정 치료 전략을 실행하는 방법을 이해했을 것이다. 다음 단계는 이를 여러분의 실제 치료 장면에 적용하는 일이다. 이 장에서는 이러한 기법을 구현할 때 발생할 수 있는 문제를 다루는 데 도움이 되는 몇 가지 유용한 방법을 소개했다. 하지만 경험을 대신할 수 있는 것은 없으며, 이러한 치료 전략을 잘 적용하려면 실제 내담자와 만나 치료를 해 보는 많은 시간이 필요하다. 슈퍼비전, 즉 지도감독은 이 과정에서 매우 중요한 부분인데, 제17장에서 이에 대해 자세히 설명할 것이다.

요약

- 정신건강 서비스에 저강도 인지행동치료 접근법이 도입되면서 우울과 불안치료에 대한 접근성이 높아졌고, 치료 방법에 대한 선택의 폭이 넓어졌다.
- 주요 저강도 인지행동치료 치료법은 다음과 같다. 즉, 행동 활성화, 인지 재구성, 점진적 노출, 노출 및 반응 방지, 행동 실험, 문제해결, 걱정 시간 따로 가지기, 이완 훈련, 운동 및 수면 위생 등이다.
- 약물치료 또한 제공되어야 하며, 필요한 경우 임상가는 약물 처방하는 일차 진료의와 연락해야 한다.
- 재발 방지는 필수적이며, 치료가 완료될 때까지 내담자가 치료 과정에서 보인 효과를 잘 유지하고 강화할 수 있는 계획을 수립해야 한다.

이 장에서 배운 내용을 생각해 보자. 특별히 기억에 남은 점이 있는가? 몇 가지 자조 자료에 대한 안내를 받았으므로 내담자와 함께 활용할 수 있는 다른 자료를 모으는 것을 고려해 보자(자조 자료 선택에 대한 추가 지침은 제2장 참조). 이 장에서 설명한 각 치료 전략을 다루는 관련 자조 자료 파일을 찾아 작성하는 것을 시작해 보자.

추가로 읽어 볼 자료와 활동들

- 저강도 개입에 대한 광범위한 내용을 보려면, Bennett-Levy 등(2010b)을 참고하라.
- 일차 진료 기관에서 다루는 정신건강 문제에 대한 저강도 개입 및 약물 관리에 대한 일반적인 가이드라인이 필요할 때 Myles와 Rushforth(2007)를 참고하라.
- 불안치료를 위한 심리교육 그룹을 구성하는 방법에 대한 지침은 White(2000)를 참고하라.
- 인지행동치료 모델에 대한 더 자세한 내용이 궁금하다면 Kennerley 등(2017)을 참고하라.

포용적 가치와 관점
Mark Papworth & Bobbie Petford

- 내담자 관점에서 포용적 임상가 가치의 필요성을 이해한다.
- 정신적 고통의 원인과 저강도 인지행동치료를 위한 교차 접근법을 개발한다.
- 포용적 치료를 위한 입법 및 정책적 동기를 인지한다.
- 저강도 인지행동치료에서 치료 관계에 미치는 힘의 역동을 이해한다.
- 저강도 인지행동치료에서 윤리 규범을 개발하고 준수한다.

서론

내가 치료를 받으러 가면 내 이야기를 들어 주실 건가요?

최고의 마술쇼에서 하는 것처럼 나를 3분등하실 건가요?

내가 양성애자라 아프다고 생각하나요?

내 어두운 것을 보고 있나요?

나의 성적 지향은 안 보이나요?

논바이너리non~binary가 바보 같은 합병증이라도 되는 것 같나요?

나를 이해해 줄 수 있나요?

퀴어, 블랙, 논바이너리에 체크해야 하는 설문조사가 아닙니다.

전 여기 있어요.

내가 바로 진짜라구요.

나를 봐요.

나를 봐요!

내 모든 것이 당신의 도움을 필요로 합니다.

저를 분리하지 마세요.

나를 치료할 때 나를 존중해 주시겠어요?

『The greatest trick』(Jacq Applebee, 2014). 허가를 받아 게재함.

심리적 문제를 치료하기 위해 병원에 가는 것은 대부분의 사람에게 두려운 일이다. 이 시는 다양한 '개인적 특성'을 가진 사람이 겪을 수 있는 몇 가지 추가적인 우려, 즉 사회 전반에서 발생할 수 있는 편견과 오해의 형태가 상담실에서도 재현될까 하는 걱정을 표현해 놓은 것이다. 예를 들어, 이러한 우려는 (a) 상담 출석률이 떨어지거나, (b) 상담 중 더 큰 불안감을 경험하거나, (c) 경험의 중요한 측면에 대해 덜 개방하는 등의 결과를 초래할 수 있다. 포용적 치료란 필요에 따라 그리고 개인적 특성에 맞게 모든 개인이 정신건강 서비스를 이용할 수 있도록 함으로써 이러한 불균형을 해소하기 위한 접근법을 말한다. 다시 말해, 장애가 있거나 소수자 그룹에 속하는 사람을 포함하여 배제되거나 소외될 수 있는 개인이 기회와 자원에 동등하게 접근할 수 있도록 보장하는 것을 말한다. 이전의 불안정한 심리 서비스 상태에 대응하여 이러한 우선순위가 영국 심리치료 접근성 향상Improving Access to Psychological

Therapies: IAPT 프로그램에 통합되었다. 예를 들어, 한 국립 보고서에 따르면, "많은 정신건강 서비스에서 심리치료 조항이 일관되지 않고, 체계적이지 않으며, 특이한 경우가 많다. 그리고 잠재적으로 안전하지 않을 수 있다"(DoH, 2004: 1). 이 보고서의 권고 사항은 "노인…… 학습 장애가 있는 사람, 소수 민족의 심리치료 요구에 대한 관심"(p. 2)을 갖도록 하는 것이었다. 따라서 이 장의 내용은 다양한 특성을 가진 개인과 함께 일하는 저강도 인지행동치료ᴸᴵᶜᴮᵀ 임상가를 지원하는 것을 목표로 한다. 이 장은 독자들에게 고통의 원인과 경험의 차이에 대한 방향을 제시한다. 제12장에서는 이 프레임워크를 확장하여 임상가가 개인의 필요에 맞게 치료법을 조정할 수 있도록 안내한다. 마지막으로, 제13장부터 제15장까지는 특정 그룹의 개인을 참여시키고 치료하기 위해 조정해야 하는 것과 관련된 요인들을 다룬다.

저강도 인지행동치료에서 포용성을 다뤄야 하는 특별한 이유가 있을까? 좋은 임상가라면 모든 사람을 똑같이 대하지 않을까? 기술적인 측면에서 효율적인 방식으로 치료를 제공하는 것만으로도 충분하지 않을까? 이러한 질문에 대한 답은 간단하지 않지만, 이는 정신적 고통의 원인과 치료에 대한 증거, 그리고 합법적이고 윤리적인 치료에 대한 설명에서 드러난다. 즉, 임상가는 상담 장면에서 모든 사람에게 포용적이어야 할 의무가 있으며, 결과적으로 더 효과적인 치료가 가능하다는 것을 의미한다. 그러나 (a) 특정 문제별 개입 프로토콜에 명시된 대로 근거 기반과 표준화된 서비스를 제공하는 것, (b) 다양한 삶의 경험을 가진 내담자의 욕구를 충족하기 위해 필요한 접근방식의 다양성을 의미하는 포용적인 치료를 실천하는 것 사이에는 긴장감이 존재한다(Beck, 2016; Kirmayer, 2012a). 영국과 다른 국가에서는 더 많은 사람이 심리치료를 이용할 수 있도록 하는 데 어느 정도 진전이 있었음에도 불구하고 여전히 불평등이 존재하고 있다. 서비스 자원은 여전히 부족하고(We Still Need to Talk Coalition, 2013), 소외된 지역에서는 회복률이 낮지만(Delgadillo et al., 2015), 연구에 따르면 단일 문화권으로 보이는 지역에서도 다양한 인구가 서비스를 이용하는 것으로 나타났다(Bassey & Melluish, 2012; Jackson-Blott et al., 2015; Kirk et al., 2014; Loewenthal et al., 2010; Prina et al., 2014).

포용적 실무가 무엇을 의미하는지 살펴보기 전에, 우리 자신의 생생한 경험과 가치 기반이 여기서 학습하는 데 어느 정도 영향을 미칠 것이므로 저자와 독자의 관점을 파악할 필요가 있어 보인다. 저강도 인지행동치료와 정신건강 치료에 관해 일부 출판된 연구는 저자와 독자의 관점을 다수 인종의 관점으로 가정하고, 소위 '소수자 그룹'을 위한 치료와 임상 실습을 적용하는 것에 대해 문제가 있다고 결론을 내리고 있다. 이러한 관점은 편견을 포함하고 있고 부정확하기 때문에 문제가 될 수 있다(Anthias, 2013; Hilton, 2015; Richards & Whyte, 2011). 따라서 여기서는 이러한 가정을 하지 않으며, 대신 상담사와 내담자 모두 다양한 배경을 가지고 있고 다양한 인구통계학적 특성을 가지고 있다는 선제에서 출발한다.

포용적인 가치와 관점을 고려하려면 이를 위해 공유 어휘를 사용하는 것이 좋다([글상자 11-1]). 하지만 단어의 의미는 시간이 지남에 따라 변하므로 다음의 정의를 확정적인 것으로 간주해서는 안 된다.

글상자 11-1 ─ 포용적 실무와 관련된 용어집

- **흑인, 백인, 유색인종**black, white, people of colour: 시간이 지남에 따라 변화하고 긍정적 또는 부정적 의미를 담고 있는 피부색을 기반으로 하는 광범위한 분류.

- **시스젠더**cisgende: 개인의 성 정체성이 출생 시 부여된 성별과 일치하는 경우(성/성별 참조).

- **문화**culture: 식별 가능한 그룹의 가치, 행동, 신념, 전통 및 활동에 대해 사회적으로 구성되고 전승되는 범위.

- **탈식민지화**decolonisation: 백인이 아닌 것, 유럽인이 아닌 것을 열등한 것으로 간주하는 지배적인 사회, 경제적·문화적 내러티브에 대항하는 것.

- **장애**disability: 법률에서는 정상적인 일상 활동을 수행하는 능력에 '실질적'이고 '장기적'으로 부정적인 영향을 미치는 신체적 또는 정신적 장애로 정의.

- **차별**discrimination: 편견과 결합된 권력의 행사. 직접적이거나 간접적일 수 있음. 여기에는 미세한 공격(예: 무의식적이고 미묘한 모욕)에서 증오 범죄에 이르기까지 다양함.

- **다양성**diversity: 사회과학의 맥락에서 일반적으로 인구통계학적 특성을 나타내는 다양한 차이의 사실 또는 상태.

- **민족성**ethnicity: 피부색, 언어, 출신지 등 다양한 특성을 바탕으로 한 주관적인 자기self 정의로, 개인이 스스로 정의해야 함.

- **평등 또는 형평성**: 여기서 평등은 모든 사람에게 똑같이 주거나 대우하는 것을 의미하며, 형평성은 보상의 형태를 통해 사람들을 다르게 대우해야 할 수도 있는 공정성을 적극적으로 창출하는 것을 의미함.

- **교차성**Intersectionality: 한 번에 두 가지 이상의 특성으로 인해 특권을 누리거나 차별을 받을 수 있는 가능성을 인정하는 것으로, 개인의 특성으로 인한 다양한 경험을 인정하는 것.

- **LGBT+**: 레즈비언, 게이, 양성애자, 트랜스젠더의 약자. 더하기 기호가 추가되어 나열된 네 가지 이외의 다양한 성별 및 성적 지향 정체성을 포함.

- **소외**Marginalised: 특정 특성에 근거한 배제, 고립 및/또는 차별을 의미하며, 한 그룹 내에서 소수 그룹과 다수 그룹이 모두 경험할 수 있음.

- **소수**Minority: 인종, 국적, 성적 지향 또는 기타 특성으로 정의되는 인구의 일부에 속하는 것을 말함.
- **권력**Power: 다른 사람을 통제하거나 영향을 미칠 수 있는 능력(또는 자신의 삶을 통제할 수 있는 능력).
- **편견과 편향**Prejudice and bias: 편견은 어떤 사물이나 사람에 대한 강한 성향이며, 편향은 긍정적 또는 부정적인 선호가 있을 수 있음. 둘다 의식적이거나 무의식적일 수 있음.
- **보호된 특성**Protected characteristics: 2010년 「평등법」에 명시된 아홉 가지 보호 특성([글상자 11-2] 참고).
- **인종**Race: 생물학적으로 뚜렷하게 구분되는 인종 그룹이라는 개념은 오래전부터 반박되어 옴. 인종에 대한 사회적 정의는 구분이 되는 개별 인구로 또는 그룹 간 차이점에 기반한 사회적 범주로 이해됨.
- **성과 성별**Sex and gender: 성(명사)은 일반적으로 남성과 여성이라는 두 가지 주요 범주를 나타내며, 생식 기능을 기준으로 함. 이분법적으로 정의되는 경우가 많지만, 성별과 성은 모두 스펙트럼에서 고려되어야 하며, 일부 사람들은 트랜스젠더, 인터섹스 및/또는 논바이너리로 식별함.
- **성적 지향**Sexual orientation: 성적 파트너의 성/성별에 대한 선호도 또는 선호도 부재. 여기에는 레즈비언, 게이, 양성애자, 이성애자, 무성애자 등 다양한 정체성으로 표현되는 경우가 많음.

출처: Beck (2016); Hill-Collins & Bilge (2016); Lockwood et al. (2012); Riggs & das Nair (2012); Sewell (2013b).

이 장은 독자들이 각자의 삶의 경험에서 임상가와 내담자의 가치를 모두 습득하고, 포용적인 가치를 발전시킬 수 있는 방법을 고려하도록 안내한다. 먼저 ADDRESSING[1] 프레임워크([연습 11-3] 참조; Hays, 2001)를 통해 다양성 관련 특성을 설명하고 이해하는 방법을 살펴볼 것이다. 그런 다음 모든 사람에게 공통적으로 나타나는 고통에 대한 다양한 영향과 이러한 영향이 편견과 차별로 인해 정신적 고통의 위험이 더 큰 사람들에게 어떤 영향을 미칠 수 있는지 살펴본다. 이 장의 마지막 절에서는 치료 관계와 윤리적 실제 내에서 권력에 대해 다룬다. 이러한 주제는 제12장에서 포용적 치료와 관련된 개념의 틀을 잡는 데 사용된다.

---

1) 역자 주: Hays가 제안한 ADDRESSING 프레임워크의 ADDRESSING은 문화적 특성을 나타내는 10가지의 특성 변인 앞 글자를 의미한다. 10가지 특성에는 Age and Generational influences(연령 및 세대 영향), Developmental Disability(발달 장애), Disability Acquired Later in Life(후천적 장애), Religion and Spiritual Orientation(종교 및 영적 지향), Ethnicity/Race Identity(민족/인종 정체성), Socioeconomic Status(사회경제적 지위), Sexual Orientation(성적 지향), Indigenous Heritage(토착 유산), National Origin(출신 국가), Gender(성별)가 포함된다.

연습 11-1 ❀ 건강과 질병에 대한 나의 이해는?

다른 사람의 관점을 민감하게 이해하려면 자신의 관점을 인식하는 것이 도움이 된다. 다음 질문에 대해 생각해 보고 메모해 보라.

- 정신적으로 건강하다는 것은 여러분에게 어떤 의미인가?
- 정신건강 또는 심리적 고통distress은 무엇인가?
- 그것의 원인은 무엇인가?
- 어떻게 회복하는가?
- 이 주제에 대한 여러분의 생각과 신념은 어디서 비롯되었는가?

친구나 동료와 여러분의 생각을 공유해 보라. 서로의 생각이 같은가, 다른가? 그 이유는 무엇인가?

포용적 가치, 법률 및 정책

'만능' 모델은 존재하지 않는다. 따라서 포용적 돌봄의 역량에는 개인적 배경과의 관련성을 성찰하는 능력과 타인의 문화를 탐구하는 능력이 모두 포함된다(Kirmayer, 2012b). 인간의 상태와 발달에 대한 우리의 이해는 후자에 의해 향상되며(Nielsen & Haun, 2017), Beck(2016)은 문화적으로 유능한 임상가가 '민감한sensitive' 또는 '조정된adapted' 형태로 인지행동치료를 시행할 때 특정 그룹에 대한 조정되지 않은 치료non-adapted보다 더 나은 결과를 가져온다고 강조했다(Chowdhary et al., 2014). 그러나 우리는 또한 내담자가 이미 경험한 부정적인 차별 경험이 반영될 수 있는 방식으로 무의식적으로 한 특성을 다른 특성보다 특권화하지 않도록 주의해야 한다(Anthias, 2013; Conrad, 2014). 따라서 서비스 및 임상가 수준에서 포용적 접근방식을 공평하게 구현해야 할 필요가 있다. 우리는 내담자가 주도하고 그들의 관점을 존중해야 한다. 이러한 방식으로 자신을 인식하고 개방적이고 호기심 많으며 수용적인 태도를 개발하면 보다 효과적이고 포용적인 접근이 가능해진다(Riggs & Fell, 2010; Sewell, 2013b; Singer & Tummala-Narra, 2013).

포용적 실무는 어떤 수준에서는 가르칠 수 없는 것으로, 스스로 믿어야 하고 정신의 일부이자 가치 기반의 일부가 되어야 하기 때문이다(Brown, 2016, 임상가 인용).[2]

연습 11-2 🌿 나의 가치는 무엇인가

가치관은 우리에게 가장 중요한 것이 무엇인지를 나타내며 일상생활에서 어떻게 행동할지를 결정하는 것이다. 예를 들어, 부와 관련된 강한 가치관을 가진 사람은 기업가가 되는 것을 선택하고, 영성과 관련된 핵심 가치관을 가진 사람은 수도승이 되는 것을 선택할 수 있다. 가치의 예로는 정직, 믿음, 아름다움, 정의, 부 등이 있다. 인터넷에서 '핵심 가치' 목록을 찾아 확인해 보라(예: jamesclear.com/core-values 참조).

자신에게 중요한 가치 목록을 작성해 보라. 그 가치들이 삶의 여러 영역에 어떻게 영향을 미치고 있는지 파악해 보라. 정신건강 문제를 경험하는 사람들과 포용적인 태도로 일할 수 있는 가치관은 어떤 것일까? 스스로 그런 가치관을 어떻게 키울 수 있을까?

당신의 가치관과 영국 국영의료서비스$_{NHS}$ 정관에 나와 있는 가치관을 비교해 보라(https://www.gov.uk/government/publications/the-nhs-constitution-for-england/the-nhs-constitution-for-england). 어떻게 다른가? 이러한 가치를 어떻게 스스로 키울 수 있을까?

영국에서는 「2010년 평등법」에 따라 아홉 가지 보호 대상 특성([글상자 11-2])이 명시되어 있으며, 모든 고용주는 차별을 방지하기 위해 특정 의무를 이행해야 한다. 이를 정신건강 서비스에 적용할 경우, 의료 기관과 의료진이 서비스를 제공할 때 동일한 의무를 이행해야 한다는 것을 의미한다. 다른 많은 국가에서도 이와 유사한 상호 교차적 인권 법안이 존재하며 보건의료에 영향을 미치고 있다(Human Rights Watch, 2017; Lockwood et al., 2012; Sewell, 2013b).

글상자 11-2 -아홉 가지 보호 특성들 --------------------

- 나이
- 장애
- 성별 정정
- 결혼 및 시민 파트너십
- 임신 및 출산
- 인종
- 종교 또는 신념
- 성(성별)
- 성적 지향

---

2) 제11장과 제12장의 임상가 인용문은 두 번째 저자의 연구 중 미발표된 내용에서 발췌한 것임.

포용성에 영향을 미치는 또 다른 요소로는 조직의 가치와 실무 강령이며, 전자의 경우 잘 못된 사례를 통해 수정하려는 시도가 나타나고 있다(예: 스프링거Springer의 '2013년 프란시스 보고서Frencis Report' 요약본 참조). 이러한 방식으로 조직과 건강 전문가는 전문가에게 요구되는 가치에 대해 보다 명확하게 규정하고 있으며, 이는 변화의 원동력으로 작용하고 있다. 영국에서 심리적 웰빙 실무자는 아직 규제를 받는 전문직은 아니지만, 심리치료 단체들은 치료할 때 회원들이 보호 대상자를 차별하지 않으면서 치료해야 하는 치료 표준을 가지고 있다. 이러한 기관은 또한 포용적 치료를 장려한다(BABCP, 2017; BPS, 2012, 2015, 2017).[3] 모든 저

연습 11-3 🌿 나의 ADDRESSING 특성은 어떻게 교차하는가

Hays(2001)의 ADDRESSING 프레임워크는 연령 및 세대 영향, 발달장애, 또는 후천적 장애, 종교 및 영적 성향, 인종, 사회경제적 지위, 성적 지향, 토착 유산, 출신 국가, 성별 등의 특성을 고려하라고 말한다. 이 활동은 자기 인식과 자신의 특성과 삶의 경험 사이의 관계를 증진하는 데 도움을 주는 것이 목적이다.

자신의 개인적 특성(연령, 자신에게 영향을 준 문화, 성별, 인종, 신앙/신념, 장애, 성적 지향, 성전환, 결혼/시민 파트너십, 임신/출산, 인간관계/우정/가족, 사회 계층 및 자신과 관련이 있다고 생각하는 기타 사항) 목록을 작성해 보라. 이것에 대해 생각하는 데 도움이 되는 몇 가지 유용한 정보 및 질문이 'https://www.apa.org/about/policy/multicultural-guidelines.pdf'에 나와 있다. 문화에 대한 예를 들면, "여러분의 가치관과 세계관은 여러분 세대의 사회 운동이나 그에 따른 영향으로부터 어떻게 형성되었는가?"이다. 그런 다음 각 특성에 대해 원을 그려서 각 원이 교차하거나 분리되도록 배열하여 각 특성이 어떻게 연결되거나 독립되어 있는지를 보여 준다. 예를 들어, '젊은 여성' 또는 '나이 많은 남성'이라는 이유로 다른 사람들로부터 특정 방식으로 대우받는다고 느낀다면 우리의 나이와 성/성별이 밀접하게 관련되어 있을 수 있다. 또는 우리의 특성이 전혀 관련이 없을 수도 있다. 예를 들어, 인종은 우리의 신념이나 믿음과 거의 관련이 없을 수 있다. 다이어그램을 그린 다음, 그 주위에 자신의 특성과 관련된 삶의 면면을 적어 보라. 일, 선호하는 여가 활동, 어울리거나 피하고 싶은 사람들의 모임, 정치나 도덕에 대한 견해 등이 여기에 포함될 수 있다. 마지막으로, 자신이 차별을 경험하거나 경험한 적이 있는 그룹의 일원이라고 생각되는 삶의 단면을 나타내는 동그라미에 음영을 넣어 보라. 이는 여러분 자신과 여러분의 삶의 경험에 대해 무엇을 말해 주는가? [그림 11-1]에 저자 중 한 명(Bobbie)이 작성한 예가 나와 있다.

3) 역자 주: 'BABCP'는 영국인지치료학회(British Association for Behavioural & Cognitive Therapies)의 약칭이고, 'BPS'는 영국심리학회(British Psychological Society)의 약칭이다.

강도 인지행동치료 임상가는 자신의 도움을 필요로 하는 모든 개인의 요구를 충족할 수 있도록 자신의 치료 방식을 조정하는 것이 좋다.

모든 내담자는 그들의 이야기를 경청하고 존중하며 그들의 신념과 문화를 고려할 수 있는 임상가를 필요로 한다. 문화적으로 유능한 사람이 되는 길은 호기심을 갖고 이해하지 못하는 것에 대해 질문하는 것이라고 생각한다. 이는 내담자가 어떤 기분을 느끼는지, 내담자에게 정말 중요한 것이 무엇인지 알고자 하는 고급 공감 능력의 한 형태이다(2016년, 임상가 인용).

고통은 어디에서 오는가

정신적 고통의 원인은 사람마다 다르지만 빈곤, 열악한 교육, 급격한 사회 변화, 스트레스가 많은 근무 환경, 성차별, 사회적 배제, 폭력 노출에의 위험, 인권 침해, 건강에 해로운 생활 습관 및 신체 질환, 일부 성격 및 심리적 요인 등이 정신건강 문제를 결정하는 대표적인 요인이다(Marmot Review Team, 2010; McCartney et al., 2013; WHO, 2016). 이러한 요인들(그리고 개인의 어린 시절 발달 과정과 같은 다른 요인들)은 훗날 정신적 고통의 취약성과 유발 요인

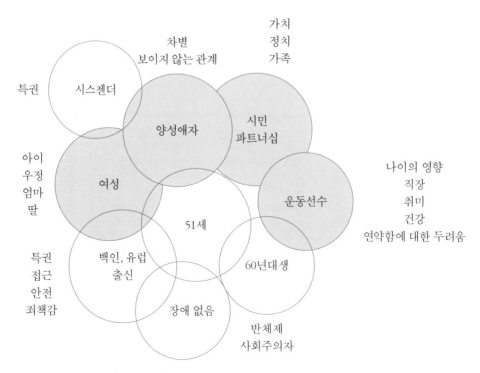

[그림 11-1] Bobbie의 교차하는 ADDRESSING 특성들

으로 이어진다. 예를 들어, 빈곤은 '생활 사건'의 증가로 이어질 수 있다(예: 임대료를 지불할 수 없어 강제 이주해야 하는 경우). 생활 사건은 개인의 생활방식에서 표준을 벗어난 중대한 변화를 의미한다(Holmes & Rahe, 1967).

이 사례에서는 빚이 생활 사건을 촉발하고 있다(다른 요인도 영향을 미칠 수 있지만). 빚의 수준이 정신건강에 상당한 영향을 미친다는 증거가 있다(Fitch et al., 2011). 풍요로움은 실직과 같은 다른 삶의 사건에 대한 완충제 역할을 할 수 있다. 청구서를 지불할 능력이 없는 경우 청구서는 심각한 스트레스가 될 수 있으며, 결국 법정 소송으로 이어질 수도 있다(따라서 빚으로 인해 사소한 사건이 큰 사건이 될 수 있다). 이 두 가지 요인 간의 관계는 **양방향적**일 수 있으며, 각각이 다른 요인에 영향을 미칠 수 있다. 그러므로 생활상의 사건으로 인해 빚이 발생할 수도 있다. 빚은 부정적인 삶의 사건을 증가시킬 수 있다. 이처럼 개인은 양파 껍질과 같이 개인을 둘러싸고 있는 '삶의 맥락'으로 구성된 다층적 '생태계' 안에 존재하며, 개인은 그 중심에 있다([그림 11-2] 참조; Bronfenbrenner, 1979; Smail, 1990). 이제 이러한 생태계의 다양한 층을 좀 더 자세히 살펴본 다음, 그 영향이 개인에 따라 어떻게 달라질 수 있는지 살펴보려고 한다.

연습 11-4 🌿 생활 사건

> Holmes와 Rahe(1967)는 생활 사건이 건강에 미치는 영향을 측정할 수 있는 척도를 개발했다. 이 척도는 일반적으로 인터넷에서 사용할 수 있다(www.mindtools.com/pages/article/newTCS_82.htm 또는 www.stresstips.com/lifeevents.htm). 이 척도를 작성하고 생활 사건이 스트레스 관련 질병을 일으키는 데 기여할 가능성이 있는지 확인해 보자.

영향의 층

지역사회 심리학자와 사회학자들은 개인과 가족을 넘어 '시스템적' 수준([그림 11-2]에서 중심을 둘러싸고 있는 양파의 층)에 속한 웰빙에 영향을 미치는 요인들을 탐구해 왔다. Smail(1990)은 개인과 가까운 수준을 '근거리' 영향, 더 먼 수준을 '원거리'로 분류한다. 개인은 원거리 요인과 직접 접촉하지는 않기 때문에 원거리 요인을 잘 인식하지 못한다. 하지만 그럼에도 불구하고 이들은 매우 큰 영향을 미친다.

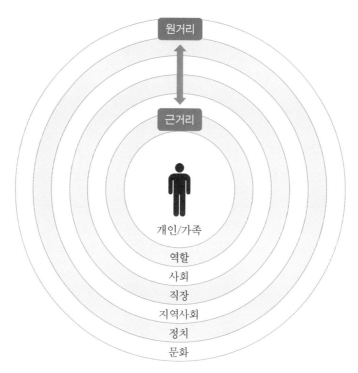

[그림 11-2] 정신적 고통에 영향을 주는 생활 환경

가장 원거리에 있는 층은 우리가 살고 있는 **문화**이다. 문화는 우리를 둘러싸고 있지만 대부분 인식하지 못하고 있다는 점에서 공기와 비슷하다고 볼 수 있다. 문화의 고전적인 정의는 "지식, 신념, 예술, 도덕, 법, 관습, 그리고 인간이 사회의 구성원으로서 획득한 기타 모든 능력과 습관을 포함하는 복잡한 전체"(Tylor, 1871: 1)이다. 문화의 영향에 대한 이해는 몇 가지 예를 통해 쉽게 이해할 수 있다. 동양 문화(일본과 중국 등)에서는 삶에 대한 '전체론적' 철학을 더 강조하는 반면, 서양에서는 문제를 보다 개별적인 방식으로 이해하는 경향이 있다(Leung & Sung-Chan, 2002). 이는 주요 신체 기관이 균형 잡힌 시스템으로 서로 연결되어 있다고 보는 동양의 의학 접근방식에 반영되어 있다. 따라서 동양의 치료는 신체를 치료하기보다는 신체의 '조정' 또는 '보충'에 중점을 두어 건강한 균형을 회복하는 데 중점을 둔다(Norwood, 2002). 마찬가지로 동양 문화에서는 일반적으로 가족 단위가 더 큰 우선순위를 갖는다. 가족 유대가 가장 중요하게 여겨지며, 가족은 아버지/남편을 가장으로 하는 위계적 구조를 가지고 있다(Leung & Sung-Chan, 2002). 따라서 전통적으로 자녀의 결혼을 주선하고 배우자를 선택하는 등 성인이 된 자녀의 결정에 영향을 미치거나 결정에 관여한다. 이러한 예는 문화가 사회와 개인의 삶에 직접적인 영향을 미치는 방식을 보여 준다.

다음 층은 **정치** 시스템이다. 정부가 수립하는 정책은 공중 보건에 큰 영향을 미친다. 예를 들어, 소득이 더 평등하게 분배되고 영국에 비해 복지 혜택이 더 관대한 스칸디나비아 국가에서는 일관되게 더 나은 건강 결과가 발견되었다(Marmot, 2005). 이러한 관계의 정확한 메커니즘은 다음에서 설명하는 몇 가지 근거리 요인에서 나타나며 다음과 같은 것들이 있다. (a) 가난하다는 '낙인 찍기' 효과로 인해 개인이 스스로를 사회 내에서 가치가 낮은 존재로 여기게 되고, (b) 보수가 낮은 직종에 종사하는 사람들은 근무 환경에 대한 통제력이 떨어지고, 이로 인해 스트레스가 증가하며, (c) 임금 간의 격차가 커지면 사회 내에서 지원보다는 경쟁을 유발한다(Wilkinson & Marmot, 2003). 부정적인 낙인과 편견의 반복적인 특성은 건강 악화로 이어지고, 중요한 것은 도움을 구하는 수준도 낮아진다는 것이다(Williams & Wyatt, 2015). 그러나 한 곳에서 가난한 것이 다른 곳에서 가난한 것과 건강에 미치는 영향이 같지는 않으므로(Kirmayer, 2012b) 상대적 박탈감과의 관련성을 살펴볼 필요가 있다([연습 11-5] 참조).

연습 11-5 ✿ 상대적 박탈감

이제 막 일을 시작한 새로운 팀이 있다고 상상해 보자. 팀원들은 새로운 도전에 매우 들떠 있다. 여러분은 다른 팀원들과 같은 역할을 수행하고 있다. 계속 읽기 전에 다음 질문에 대한 답을 적어 보자.

- 새로운 역할에 대해 어떻게 느껴지는가?
- 동료들에 대해 어떤 생각이 드는가?

이제 동료 중 두 명이 자신과 다른 팀원들보다 월등히 높은 연봉을 협상했다는 사실을 알게 되었다고 상상해 보자. 이제 다음 질문에 대한 답을 적어 보자.

- 이 상황에 대해 어떻게 생각하는가?
- 이 상황이 동료들을 대하는 감정에 영향을 미치는가?
- 이 정보가 당신의 역할과 서비스에 대해 느끼는 감정에 어떤 영향을 미치는가?
- 새로운 정보를 습득하면서 무엇을 잃었는가?
- 이 연습을 통해 무엇을 배웠는가?

세 번째 층은 **지역사회**이다. 물리적 환경(예: 주택, 공원, 상점, 예배 장소)은 웰빙에 영향을 미친다. Hannay(1981)는 5층 이상의 고층 아파트에 거주하는 사람들 중에서 정신과적 증상이 더 많이 나타난다는 사실을 발견했다. Robert Putnam(1941~)은 신뢰와 서로 돕고자 하는 의지 등 지역사회의 긍정적인 사회적 특성을 나타내는 '사회적 자본'이라는 개념을 널리 알렸다. 당연히 사회적 자본이 많은 커뮤니티가 사회적 자본이 적은 커뮤니티보다 더 건강하다는 연구 결과도 있다(Baum, 1999; Kawachi et al., 1999; McCulloch, 2001).

우리 중 많은 사람이 또 다른 지역사회에 존재한다. 바로 우리의 **직장**이다. 직장은 더 큰 지역사회 내에 위치하므로 다음 단계의 더 가까운 층에 해당한다. 경영 학자들은 각 업무 조직마다 고유한 문화가 있다는 사실을 발견했다. 조직은 이러한 문화에 따라 문제를 해결하고 조직을 구성하는 방식을 결정한다(Schein, 2010). 조직의 가치는 이러한 광범위한 문화의 일부이며, 직원의 행동에 영향을 미치고 조직의 성격을 정의한다. 역기능적인 가치는 성과를 저해하고 직원 복지에 영향을 미쳐 일부 조직을 일하기 힘든 곳으로 만들 수 있다. 영국의 한 병원 재단에서 높은 세균 감염률(클로스트리듐 디피실레균)로 인해 약 90명이 사망한 사건이 발생하여 많은 부정적인 관심을 받았다(Healthcare Commission, 2007). 공식 조사 결과, 대기 시간 등 성과 목표 달성과 관련된 조직의 가치관이 감염 발생에 기여했다는 결론을 도출해 냈다. 병상 점유율을 높여야 한다는 압박으로 인해 환자가 병상을 사용하는 중간에 병상을 철저히 청소할 시간이 부족했다. 침대를 너무 가깝게 배치하여 주변을 제대로 청소할 수 없었고, 부적절한 공간에 환자를 배치하여 화장실 시설 또한 제대로 갖추지 못했다. 또한 인력 부족으로 인해 환자에게 침대 시트에 배변을 하도록 지시하고, 직원들은 환자나 병동 장비를 위생적으로 청결하게 유지할 시간이 없었다. 이 사례는 조직의 가치관이 어떻게 비참한 결과를 초래할 수 있는지를 보여 주며, 이러한 결론은 최근의 연구에서도 뒷받침되고 있다(Griffiths et al., 2014). 공식 보고서에는 직원들의 사기에 대한 설명이 없었지만, 이러한 근무 조건과 부적절한 직원 배치 수준으로 미루어 볼 때 매우 열악했을 가능성이 높다. Cary Cooper(1940~)와 같은 조직 심리학자들은 과소 또는 과잉 요구와 직장 내 통제력 부족이 스트레스 관련 증상을 유발할 수 있다고 밝혔다. 이처럼 조직 문화에 따라 업무는 정신건강에 긍정적 또는 부정적 영향을 미칠 수 있다(제16장 참조).

대부분의 개인은 업무 환경 밖에서 접촉하는 가족 및 친구로 구성된 '자연스러운' 지지 체계를 가지고 있다. **사회적 지지**는 이 모델의 다음 단계로, 개인이 정신건강 문제의 발병에 대한 저항력을 갖게 하는 데 있어 중추적인 역할을 하는 것으로 나타났다. Kessler와 McLeod(1985: 215)는 "지지는 일반 인구 표본에서 웰빙 및 심리적 고통의 부재와 유의미한 관련이 있다는 강력한 증거가 있다."와 같이 언급하고 있다. 예를 들어, 연구에 따르면 지속적인 정신건강 문제로 고통받는 사람들의 입원율 감소, 외래 클리닉에 더 자주 출석하는 것뿐만 아니라 사회적 기능 향상과 회복이라는 측면에서 이점이 있다(Boath et al., 2004; Green et al., 2002).

이 모델의 마지막이자 가장 가까운 층은 지역사회 내에서 개인이 맡는 **역할**로 구성되어 있다. 역할은 우리를 사회적 관계망에 배치하고 사회 내에서 우리의 지위를 정한다(Jackoway et al., 1987; Moen et al., 2000). 역할은 개인이 맡지만 지역사회 내에서 배치된다. 역할은 서로 다른, 중첩된 수준에서 발생한다고 생각할 수 있다. 예를 들어, 한 사람이 시민, 남편, 아버지, 콘서트 피아니스트, 지역사회 자원봉사자 역할을 동시에 수행할 수 있다. 또한 시민으로서의 역할의 한 부분에는 일과 관련된 기대가 포함되며, 이는 또 다른 역할인 콘서트 피아니스트의 역할도 포함한다.

Sarbin(1970)은 이런 역할이 사회 안에서 개인의 가치에 미칠 수 있는 영향을 이해하기 위한 틀을 제시하고 있다. 그는 역할을 지위, 가치, 참여라는 세 가지 차원으로 이해할 수 있다고 제안한다. **지위** 연속체의 한쪽 끝에는 **귀속된** 역할이 있다. 귀속된 역할은 일반적으로 생물학적 특성(예: 노동 가능 연령, 이성애자 남성 등) 및 사회적 특성(예: 시민, 아버지 등)과 관련이 있다. 이 차원의 다른 쪽 끝에는 **성취된** 역할이 있다. 성취된 역할은 성취를 특징으로 한다. 따라서 우리는 콘서트 피아니스트가 되는 것을 선택할 수는 있지만, 어떤 성을 가지고 태어날지는 선택할 수 없다. 또한 콘서트 피아니스트라는 역할을 달성하기까지 20년 동안 훈련을 했을 수도 있지만, 남자로 태어나는 것은 개인적인 노력이 필요하지 않다. 따라서 전자는 성취한 쪽에 속하고 후자는 타고난 쪽에 속한다.

다음으로 연결된 차원은 이러한 역할의 상태와 관련이 있다. 일부 할당된 역할은 개인적으로 큰 가치를 가질 수 있지만, 지역사회에서는 달성한 역할에 할당된 **가치**를 부여하는 경우가 극히 드물다. 예를 들어, 좋은 시민이 되었다는 이유로(예: 항상 지역사회의 법을 준수하는 등) 돈이나 훈장을 받는 것은 드문 일이다. 하지만 훌륭한 콘서트 피아니스트가 되어 많은 돈을 벌거나 상을 받을 수도 있다. 이처럼 주어진 역할에는 일반적으로 지위가 거의 부여되지 않지만, 성취한 역할을 통해 많은 지위를 얻을 수 있다.

마지막 차원은 **참여**이다. 할당된 역할의 경우, 이러한 역할을 수행하는 데 많은 시간과 에너지를 소비한다는 점에서 일반적으로 참여 수준이 높다. 그러나 성취된 역할의 경우 훨씬 적은 투자가 필요하다. 장례식에 참석하거나 친구에게 방문할 때 콘서트 피아니스트의 역할에서 벗어날 수는 있지만, 시민(예: 사회에서 벗어남)이나 남성의 역할에서 벗어나는 것은 일반적으로 불가능하다. 이처럼 Sarbin은 적은 투자로 개인의 정체성에 더 긍정적으로 기여할 수 있다는 점에서 성취된 역할의 우월성을 잘 설명하고 있다.

연습 11-6 ❦ 성취한 역할과 할당된 역할

　　자신이 맡고 있는 역할을 생각해 보라. 이러한 역할을 각각 할당된 역할과 성취한 역할 범주에 할 당해 보라(실제로는 연속선상에 있지만). 할당된 역할의 예로는 '누나'와 '엄마 또는 아빠'가 있고, 성 취한 역할의 예로는 '승마 팀원'과 '노조 대표'가 있다. 이제 자신의 역할 목록을 작성해 보라(먼저 할 당된 역할을 적고 그다음 성취한 역할을 적어 보라).

　　이제 지역사회에서 잘 아는 내담자나 은퇴한 가족 구성원에 대해 동일한 연습을 해 보라. 그들의 정보를 표의 마지막 두 열에 적어 보라.

- 자신과 친척 또는 내담자의 서로 다른 역할 프로파일에서 어떤 점을 발견했는가?
- 이로 인해 어떤 결과가 초래될 수 있다고 생각하는가?
- 내담자를 위해 이러한 역할의 균형을 맞추는 데 도움이 된다면 어떻게 해야 할지에 대해 미리 생 각해 본 것이 있는가?

　　이제 모델의 여섯 가지 계층을 모두 검토했으며, 이를 바탕으로 이 장과 제12장에서 우리 생각의 틀을 잡을 것이다. 이 장의 서두에서 이미 언급했듯이, '다양성'이라는 용어는 개인 그룹 간의 차이를 강조하기 위해 사용된다. 여러 저자가 다양성과 관련된 차이의 범위를 설 정하는 체계를 제시했다. [연습 11-3]에서 Hays(2001)의 ADDRESSING 프레임워크의 구성 요소를 도표로 살펴보았다. 이제 사례연구를 통해 이를 보다 자세히 설명하려고 한다.

　　Nina는 보스니아 출신의 망명 신청자이다. 그녀는 1933년에 태어났으므로 이 글을 쓰는 시 점에는 82세이다. 나이와 세대의 영향을 고려할 때 지금은 '노인'이지만 제2차 세계대전 당시에 는 10대/청년이었다. 유고슬라비아 연방에서 독립한 보스니아 전쟁(1992~1995년) 당시 영국 으로 건너왔다. 같은 세대의 다른 사람들과 마찬가지로, 그녀는 의료 전문가를 더 존중하는 경향이 있으며 정신건강 문제를 더 낙인찍는 경향이 있다. 발달장애 또는 후천적 장애와 관련 하여 Nina는 20년 전 좌반구 뇌졸중으로 인해 몸의 오른쪽을 움직이기 힘들고 말의 유창성도 떨어졌다. 하지만 지팡이를 짚고 짧은 거리는 걸을 수 있으며 구두로 의사소통을 할 수 있다.

　　많은 보스니아 사람과 마찬가지로 Nina도 무슬림이다. 그녀의 가족은 모두 종교와 정신적 지향을 공유한다. 그녀의 민족은 보스니아계로 보스니아어를 모국어로 사용하며 영어로도 효과적으로 의사소통할 수 있다. 사회경제적 지위와 관련하여 Nina는 보스니아에서 건축가 로 일했다. 영국에서는 조교로 일하다가 65세에 은퇴해야 했다. 따라서 이민 전에는 중산층 으로 간주되었을 수도 있지만, 영국에 정착한 후 경제적인 측면에서 보면 하류층에 속하게 되었다. Nina는 자신의 성적 지향을 이성애자라고 말했다. 토착민은 공통의 문화적 정체성을 공유하며 한 땅이나 한 지역 출신이다. 따라서 Nina의 **토착 유산**과 관련하여 부모와 조부모는 보스니아계이다. Nina의 **국가 정체성**은 보스니아인이지만, 그녀는 보스니아 국가 정체성이 유고슬라비아에 편입된 시기에 태어났다. 1990년대 유고슬라비아가 해체된 후 보스니아 전쟁으로 인해 보스니아인에 대한 전쟁 범죄(대량 학살 포함)가 발생했다. **성별**과 관련하여 Nina는 여성이며 자녀가 없다.

Hays는 임상가가 내담자의 ADDRESSING 프로파일을 살펴보고 내담자가 각 영역에서 소외된 그룹의 구성원인지 여부를 결정하도록 한다.[4] 이러한 요소는 포괄적인 치료의 측면에서 임상가가 고려해야 할 영역이다. 그러나 임상가는 자신과 내담자 사이의 차이점을 파악하기 위해 자신의 ADDRESSING 프로파일도 고려해야 한다. 이는 내담자가 소외된 그룹에 속하고 임상가가 우세한 그룹의 구성원인 경우 중요할 수 있다(다음 참조).

연습 11-7 🌿 Nina의 ADDRESSING 특성은 어떻게 교차하는가

[연습 11-3]을 반복하되, 이번에는 Nina의 ADDRESSING 목록을 작성한다. Nina의 각 특성에 대해 원을 그린다. 각 원이 교차하거나 분리되도록 배열하여 Nina의 특성이 어떻게 연결되거나 독립적인지 보여 준다. 다이어그램을 그린 후, Nina의 특성과 관련된 삶의 측면을 그 주위에 적고 원에 음영을 주어 차별을 경험할 수 있는 영역을 표시한다.

- 이를 통해 Nina와 그녀의 삶의 경험에 대해 무엇을 알 수 있는가?
- 이제 Nina의 다이어그램과 자신의 다이어그램을 비교해 보라.
- 이를 통해 당신이 살아온 경험과 Nina가 겪은 경험의 유사점과 차이점에 대해 무엇을 알 수 있는가? 여러분과 Nina와의 협력 작업에 어떤 시사점을 줄 수 있는가?
- Nina와 만나기 전에 어떤 부분을 살펴보는 것이 도움이 될 것 같은가(힌트: Nina의 프로파일과 자신의 프로파일의 음영의 차이점을 생각해 보라)?

다음 연습에서는 장애가 일상생활에 미치는 영향과 사회 내에서 개인이 장애를 정의하고 경험하는 데 기여하는 메커니즘에 대해 생각해 보자.

---

4) 이 버전에서는 '소수'라는 용어 대신 '소외된'이라는 용어를 사용한다. 이는 소외된 그룹이 일반적으로 권력 측면에서 소수에 속하지만, 인구 측면에서는 반드시 소수일 필요는 없기 때문이다. 남아프리카공화국의 아파르트헤이트(Apartheid) 제도가 이 점을 잘 보여 주는 예이다. 그러나 이러한 그룹이 배제되는 정도나 여부는 시대와 문화에 따라 다를 수밖에 없다.

연습 11-8 🌱 장애의 사회적 모델

지금까지 보낸 오늘 하루를 생각해 보라. 마치 영화를 보는 것처럼 상상해 보라. 여러분이 수행한 모든 활동(예: 알람 시계 끄기, 씻고 옷 입기, 아침 시간 텔레비전 시청하기, 아침 식사 준비 및 요리하기, 버스 정류장에 도착하여 시내로 가는 버스 타기)을 나열해 보라. 이제 이러한 활동 중 한두 가지를 더 자세히 생각해 보라(예: 버스 타기). 여기에는 구체적으로 무엇이 포함되었는가? 예를 들어, 앞면의 번호판을 보고 올바른 버스인지 확인하고, 버스에 올라타서 운전자에게 돈을 지불하고, 버스 안을 돌아다니며 좌석을 선택하고, 정류장에 가까워지는 시점을 파악하고, 벨을 눌러 버스 기사에게 알린 다음 올바른 정류장에서 내리는 과정이 관련되었을 수 있다.

[연습 11-3]의 교차하는 특성 다이어그램을 사용하여 이러한 활동을 다시 한번 생각해 보고, 자신이 다른 특성을 가지고 있다고 가정하고 수행한다고 상상해 보라. 예를 들어, 장애가 있다면 더 이상 장애가 없거나 다른 장애로 바뀌었다고 상상해 보라. 장애가 없다면 거동이 불편하거나 청각 또는 시각에 장애가 있는 상태를 상상해 보라. 이제 앞서 자세히 설명한 활동을 수행하는 데 변화가 있는가?

이 활동을 통해 사회의 본질을 생각해 보라. 누구를 위해, 누구에 의해 설계되었는가? 개인의 일상 활동 수행 능력과 서비스 이용 능력에 어떤 영향을 미칠 수 있는가?

장애인권위원회에서 제작한 다음 동영상도 이 점을 잘 설명해 준다.

- www.youtube.com/watch?v=FZfOVNwjFU0
- www.youtube.com/watch?v=A9a2ZqLhuAwVNwjFU0

포용적 치료와 문화

우리는 내담자와 임상가 모두를 위해 다양성을 폭넓게 다루는 ADDRESSING 접근 프레임워크를 사용하는 방법을 살펴봤다. 이제 (앞서 설명한 모델을 구성하는) '삶의 맥락'([그림 11-2] 참조)이 어떻게 정신건강 증상에 영향을 미치고 임상가에게 필요한 접촉 방식을 어떻게 조정할 수 있는지 소개하려고 한다(자세한 설명은 제12장 참조). 여기서는 모델의 첫 번째 층인 문화부터 시작하며, 다른 계층은 제12장에서 자세히 설명할 것이다.

모든 내담자는 임상가와 유사한 또는 다른 문화에서 성장해 왔다. 이는 내담자의 정신건강에 대한 이해는 물론 심리적 어려움의 발달과 의미에 큰 영향을 미칠 수 있다. 예를 들어, 중국에서는 우울 진단을 거의 하지 않는다. 이는 부분적으로 중국 문화에서 '광기'라는 개념이 기괴하거나 반사회적인 행동(우울의 한 측면이 아님)으로 더 강조되고 있기 때문이다. 또한 중국인은 특히 가족 이외의 사람들과 감정에 대해 이야기하는 것을 꺼리는 것으로 보고되고 있다(Lin, 1983). 서양에서는 관찰되지 않는 뚜렷한 정신건강상의 어려움이 다른 문화권에서 나타나기도 한다. 그중 한 가지 예가 타이진 교후쇼Taijin Kyofusho이다. 이는 일본인이 경험하는 것으로 신체나 신체 기능(예: 불쾌한 냄새 방출)으로 인해 다른 사람을 불쾌하게 하는 것에 대한 극심한 두려움이다. 이 장애의 초점은 자신보다는 타인의 고통을 피하는 것과 관련이 있다. 이 장애의 특성상 그룹(또는 개인 그룹)의 기능을 더 강조하는 문화권에서 이 장애가 발생할 가능성이 더 높다는 것은 분명하다.

문화와 정신질환에 대해 마지막으로 말하고 싶은 것은 일반적으로 지배적인 문화가 '정상'을 정의한다는 점이다. 이로 인해 규범에서 벗어난 사람들은 '미친 사람'으로 분류되어 행동을 바꾸거나 사회 전반에서 이들을 제거하기 위해 개발된 치료법을 제공받게 된다. 이러한 방식으로 현상 유지가 되고 정신건강 실무자가 일종의 '정상성 단속 경찰'로서 사회의 대리인 역할을 할 위험이 있다. 과거에 정신질환으로 분류되었던 '동성애'가 그 역사적 예이다. 1960년대와 1970년대에 걸쳐 퀴어 운동이 증가하면서 결국 1973년 미국정신의학협회APA에서 동성애를 정신질환으로 분류하지 않게 되었다.

저강도 인지행동치료 임상가는 어떻게 이러한 요인에 대한 지식을 강화해야 할까? 첫째, Hays(2001)는 해당 문화에 대해 적극적으로 조사할 것을 제안했다. 임상가는 상담실에서 이루어지는 대화를 통해 내담자의 문화에 대해 배울 수밖에 없지만, Hays의 방법을 보면 이것만으로는 충분하지 않다는 것을 알 수 있다. 예를 들어, 그녀는 임상가가 책, 영화 및 기타 미디어, 역사 및 정치학 관련 서적, 그리고 임상가가 잘 알지 못하는 문화와 특성을 나타내는 그룹(예: 종교 기관, 지원 단체 및 레크리에이션 센터)을 적극적으로 활용하는 것이 좋다고 제안한다. 이러한 정보를 활용할 때는 저자 또는 단체의 소속, 사용 중인 자료 또는 출처가 해당 특성을 가진 사람들이 만든 것인지 여부 등을 염두에 두어야 한다. 저자의 소속이 얼마나 중요한지 예로 들면, 사냥에 관한 책은 사격 전문가가 썼는지 동물권 운동가가 썼는지에 따라 강조하는 바가 분명히 다를 것이다!

문화는 단순히 인종, 민족 또는 신앙/신념에 관한 것이 아니라는 점을 기억하는 것이 중요하다(Meer & Mir, 2014; Weatherhead & Daiches, 2009). Mona 등(2006)은 장애가 있는 사람들이 불이익을 경험한 배경에서 비롯된 공통점으로부터 공유되는 문화를 가지고 있다고 설명한다. 예를 들어, 특정 형태의 유머, 불확실성이나 원치 않는 결과에 대한 높은 인내심을 포함한 여러 가지 핵심 가치로 구성되어 있다. 이는 레즈비언, 게이, 양성애자 및/또는 성전환자LGBT+ 또는 청각장애인으로 정체화하는 사람들에게도 동일하게 적용된다(Riggs & Fell, 2010). 이처럼 문화는 모든 특성과 관련이 있다.

치료 관계

유능한 임상가는 내담자와의 관계에 세심한 주의를 기울여야 한다. 비특이적 요인(예: 임상가가 보여 주는 따뜻함, 공감, 진정성)이 내담자의 치료 효과를 상당 부분 설명할 수 있다(Lambert & Barley, 2002). 또한 치료 효과를 극대화하기 위해 임상가는 의식적으로 자신의 행동을 변화시켜 관계에 유익한 영향을 미친다. 예를 들어, 다른 치료적 맥락에서 Young(1999)은 부적응적인 초기 경험(예: 임상가의 양육 및 돌봄 관련 행동을 증가시킴으로써 정서적 박탈감을 다룸)에 대응하는 데 도움이 되는 방법으로 관계를 사용할 것을 권장한다. 저강도 인지행동치료 접근법과 Nina의 사례로 돌아가서, 임상 현장에서의 관계 변화는 임상가와 Nina 사이의 힘의 차이를 유발하는 다양한 요인에 의해 결정된다. Proctor(2002)는 치료에서 권력을 행사하는 데는 몇 가지 요소가 있다고 말한다. 이들은 다음과 관련이 있다.

- 임상가의 역할
- 개인 이력들(임상가와 내담자 모두)
- 사회 내에서의 위치

임상가의 역할 측면에서 볼 때, Nina의 임상가가 가지고 있는 전문 지식은 대체로 그녀의 심리적 상태 및 적절한 치료 선택과 관련이 있으며, 또한 전문 지식('전문가 권력')을 통한 권력의 한 형태이기도 하다. 또한 앞서 언급한 바와 같이, 임상가는 따뜻함이나 공감과 같은 비특이적 요인뿐만 아니라 긍정적인 피드백과 같은 다른 요인을 통해 치료 관계를 통한 권력('참조 권력')을 발휘할 수도 있다. 임상가에게 권력의 또 다른 원천은 내담자에게 전달할 수 있는 연구 결과 또는 모범 사례에 대한 정보이다(임상가가 자신을 도울 수 있다는 내담자의 기대와 관련된 합법적 권력). 개인의 이력을 살펴보면, Nina의 저강도 인지행동치료 임상가는 백인 영국 중산층 출신이다. 따라서 이 둘의 ADDRESSING 프로파일을 비교하면 억압이 특징인 Nina의 사례에 유의할 필요가 있음을 시사하는 몇 가지 영역이 드러난다. **사회적 지위** 측면에서, 사회가 임상가에게 부여하는 권위를 통해 임상가는 내담자의 상황에 직접적인 영향을 미칠 수 있는 능력('생태적 권력'; 예: 주택이나 복지 기관에 지지 서한을 작성하는 등)도 가지고 있다. 이러한 요인 및 기타 요인에 따라 치료를 변경하는 방법에 대한 자세한 내용은 제12장에 나와 있다.

연습 11-9 ✿ 권력과 관계

권력을 가진 다른 사람(예: 변호사 또는 배관공)에게 의존하고 있는 상황을 생각해 보라. 이 권력은 어떤 형태인가? 이 권력이 나와 그 사람과의 관계 및 상호작용에 미치는 영향은 무엇인가(다시 그 상황으로 돌아가서 생각, 감정, 행동, 신체적 감각 및 신념을 떠올려 보라)? 직업과 관련이 없는 관계 (예: 친구, 상점 점원)에서의 상호작용과 내가 더 많은 권력을 쥐고 있는 관계에서의 상호작용을 비교했을 때 어떤 점이 다른가? 이 경험을 통해 저강도 인지행동치료와 관련하여 배운 점은 무엇인가?

윤리적 실천

이 장의 마지막 주제는 윤리적 실천이다. 포용성과의 관련성 때문에 여기서 다루지만, 이는 모든 내담자와의 관계에 적용될 수 있는 훨씬 더 광범위한 주제이다. 윤리는 도덕적으로 올바른 행동의 기본 원칙으로, 임상 활동의 여러 측면의 본질에 영향을 미친다. 이는 정신건강 문제를 겪고 있는 내담자에게 특히 중요한데, 이러한 어려움은 개인의 취약성을 높일 수 있기 때문이다. 이러한 원칙은 전문가를 위한 행동 강령에 요약되어 있다. 이러한 원칙은 직업적으로 바람직하지 않은 행동을 방지하고, 다른 사람들이 전문가의 업무를 면밀히 검토할 수 있도록 함으로써 전문가에 대한 징계 또는 법적 조치와 관련된 판단의 기초를 마련한다. 행동 강령이 모든 사안을 포괄할 수는 없다. 그보다는 임상가 개개인이 올바른 행동 방침을 스스로 결정할 수 있도록 하는 일반적인 의사결정 도구이다. 또한 개별 조직마다 윤리적 문제와 관련된 정책이 있을 것이다. 당연히 이러한 문제도 감독 내에서 적절히 논의되고 관리자에게 보고된다.

먼저 의료 분야의 일반적인 윤리적 실무 원칙을 개괄적으로 살펴본 다음 심리치료의 실무와 더 밀접하게 관련된 원칙을 살펴보려고 한다. 그런 다음 윤리와 특히 관련이 있는 문제를 살펴본 후 마지막으로 임상 실습과 관련된 몇 가지 윤리적 딜레마(연습 내)를 살펴볼 것이다.

의료 분야의 일반적인 윤리적 실천 원칙

우리 각자는 스스로 개발한 개인적 도덕 규범에 따라 행동한다. 이 '내면의 나침반'은 옳고 그름을 판단하는 데 도움이 된다. 자선단체에 돈을 기부해야 할까? 유기농 식품을 구매

해야 할까? 혼외정사는 허용될 수 있을까? 사람마다 도덕성은 다르며, 이는 개인이 성숙해 짐에 따라 변화할 가능성이 높다. 업무상 도덕적 또는 윤리적 실천을 개인의 선택에 맡기는 것은 용납될 수 없다. 오히려 일반 대중을 보호하고 전문가 그룹의 명예를 지키기 위해 전문 직은 행동에 대한 적절한 한계를 정의하고 의사결정을 안내하는 행동 강령을 공표한다.

행동 강령에는 의료 서비스 수행을 위해 제시된 네 가지 일반적인 윤리적 원칙이 포함되어 있다(Beauchamp & Childress, 2012). 첫 번째는 내담자의 **자율성**을 존중하는 것이다. 이 원칙은 치료 결정에 내담자를 참여시키지 않는 것에 대해 경고한다. 다음 원칙은 **비악의성**이다. 이는 무엇보다도 임상가가 내담자에게 해를 끼쳐서는 안 된다는 것을 의미한다. 저강도 인지행동치료의 일부 측면은 내담자에게 어려울 수 있지만, 이러한 기법은 효과적이므로 궁극적으로 해롭기보다는 유익한 것으로 밝혀졌다. 따라서 이러한 기법의 사용은 윤리적으로 정당화된다. 이 원칙은, 예를 들어 확립된 저강도 인지행동치료 원칙에서 벗어나는 잘못된 관행에 대해 경고한다. 여기에는 '중간 강도 이탈'[5]뿐만 아니라 저강도 인지행동치료 임상가의 역할이나 직무 설명에서 벗어난 기법을 사용하는 것이 포함될 수 있다. 후자는 시간이 지나면서 3단계의 어려움에 처한 상태에서 저강도 인지행동치료를 사용하거나 2단계 맥락 내에서 수정된 고강도 인지행동치료High Intensity Cognitive Behavior Therapy: HICBT 모델 또는 개입을 부적절하게 적용하려는 시도가 일어나면서 임상가의 치료 방식이 바뀔 때 발생한다. 세 번째 **정의**의 원칙은 공정성과 관련이 있다. 이 원칙의 가장 대표적인 적용 사례는 모두를 위한 서비스 제공이다. 다양한 그룹의 개인 참여에 초점을 맞추고 개방형 접근(자가 의뢰 및 원격 형태의 개입)에 중점을 두는 저강도 인지행동치료 접근방식은 특히 공정한 방식이라고 할 수 있다. 윤리적 의료 서비스의 마지막, 보다 일반적인 원칙은 **유익성**이다. 이는 임상가가 다른 사람(임상가 본인 포함)을 희생시키지 않으면서 사람들에게 도움이 되는 방식으로 행동해야 한다는 의무를 말한다.

때때로 이러한 원칙은 서로 충돌할 수 있다. 예를 들어, 자살 생각을 가진 환자가 그들의 의지와 달리 위기팀에 의뢰될 수도 있다. 이러한 상황에서 '자율성 존중'과 '비악의성'이라는 원칙 사이에 긴장이 존재하게 된다. 이는 윤리적 딜레마의 토대가 된다(비록 적절한 조치가 명확하게 나와 있지만; 제6장 참조).

---

5) 역자 주: '중간 강도 이탈'이 의미하는 바는 저강도 인지행동치료 임상가가 시간이 지나면서 저강도 인지행동치료 기법의 일부가 아닌 더 높은 강도의 치료 기술이나 방법을 사용하려는 경향을 의미한다.

심리치료의 윤리적 원칙

임상 장면에서의 실무 강령은 형식과 내용은 다르지만 일반적으로 앞에서 설명한 원칙들을 포함하고 있다. 그러나 여기에는 동료를 존중하고, 유능감을 갖춰야 하며(예: 보수교육CPD을 유지하거나 건강/개인적 상황에 중대한 영향을 받는 경우 치료를 하지 않음), 항상 청렴성을 유지해야 한다는 필요성(도덕적 원칙을 일관되게 준수하는 것과 관련된 특성)도 명시되어 있다. 또한 다른 시나리오에 대한 적절한 행동도 기술하고 있다. **이중관계**는 다른 능력으로 내담자(또는 전 내담자)와 관계를 맺을 수 있는 가능성을 말한다. 가장 극단적인 형태로는 내담자와 성적인 관계를 맺는 것이다(이 경우 전문가 등록이 '취소'될 수 있음). 또한 강령은 일반적으로 내담자에 대한 **정보**를 처리하는 적절한 접근방식을 명시하고 있다. 여기에는 비밀 유지에 대한 판단뿐 아니라 메모 작성과 관련된 기준도 포함된다. 이 주제는 서비스 내 정보의 안전한 저장과도 관련이 있다. 임상가의 **허위 진술**도 중요한 문제이다. 예를 들어, 임상가가 직접 또는 암시를 통해 자신의 직업적 역할이나 자격을 잘못 표현하는 경우(예: 내담자가 임상가를 '의사'라고 부적절하게 부르는 경우 이를 바로잡지 않거나 학생이 자신이 수련 중이라는 사실을 내담자에게 알리지 않는 경우)가 이에 해당한다. 또한 강령에서는 **위험**에 대한 적절한 대응(내담자 또는 실습생)은 물론 **내담자의 다양성**에 맞춘 치료의 적용과 조정에 대해서도 논의한다. 일반적으로 **재정** 문제와 이해 상충도 포함되어 있다. 이는 내담자와의 만남을 통해 부적절한 금전적 이득을 추구하거나 받는 행위(예: 고가의 선물 수령)와 관련이 있다.

윤리적 행동의 마지막 영역은 임상 서비스 제공 방식과 보다 직접적으로 연관되어 있다. 여기에는 내담자에게 최선의 이익이 되는 방식으로 평가와 중재를 제공하는 것이 포함된다. 따라서 개인적인 호기심만을 충족하기 위해 평가 내에서 질문을 하는 것은 부적절하다. 효과적인 개입만 사용해야 하며 평가할 수 있는 방식이어야 한다. 효과가 없다고 판단되는 개입은 신속하게 종료해야 하며, 필요한 경우 내담자를 다른 전문가에게 신속히 의뢰하여 보내야 한다.

연습 11-10 🌱 윤리적 딜레마에 대처하기

다음은 '도덕적 나침반'을 시험해 볼 수 있는 몇 가지 윤리적 딜레마에 관한 것이다. 이러한 상황에서 어떻게 대응할지 차례로 생각해 보라. 영국 행동 및 인지 심리치료협회, 영국 상담 및 심리치료협회, 영국 심리학회 등의 행동 강령을 참고할 수 있다. 또 다른 관련 문서로는 심리적 웰빙 실무자 PWP가 직접 작성한 심리적 웰빙 실무자 코드가 있다.

만약 여러분이 심리치료 서비스 분야에서 일하고 있다면, 여러분의 결정에 대해 지도감독자와 상의하고 관련되어 있는 조직의 방침을 찾아보길 바란다.

- 개인적 관계: (a) 수년 전 친분이 있는 지인이 여러분의 서비스를 소개받거나, (b) 내담자와 치료를 시작한 후 내담자의 파트너가 참석했는데, 그 파트너가 수년 전 친분이 있는 사람인 경우, (c) 내담자를 처음 만났을 때 그 사람이 평소 점심을 먹던 동네 카페에서 일한다는 사실을 알게 된 경우.
- 이중관계: (a) 여러분이 미혼이고 치료 종결을 한 내담자와 우연히 만난 후, 그 내담자가 당신에게 호감을 갖고 퇴근 후 함께 술을 마시자고 요청하는 경우, (b) 여러분이 술집에서 친구를 기다리는 동안 1년 전에 치료 종결한 내담자가 다가와 대화를 나누게 되는 경우, (c) 전 내담자가 어떤 형태로든 여러분의 서비스에 참여하게 되는 경우.
- 금전적 문제: (a) 내담자가 크리스마스 선물로 또는 마지막 연락을 할 때 와인 한 병을 선물하는 경우, (b) 내담자가 지인을 통해 휴가철에 아주 좋은 할인 혜택을 받을 수 있는 기회를 제공하는 경우, (c) 내담자가 동료들에게 자신의 사업체를 위한 광고를 배포해 달라고 요청하는 경우, (d) 내담자가 감사의 표시로 보석이나 새 서류가방을 선물하는 경우.
- 비밀 유지: (a) 내담자가 사례 노트의 사본을 보여 달라고 요청하는 경우, (b) 내담자가 자신의 병력이나 상태에 대한 민감한 정보를 기록하지 말아 달라고 요청하는 경우, (c) 내담자가 추천인에게 보내는 서신에서 특정 정보를 생략해 달라고 요청하는 경우, (d) 내담자가 18세인데 내담자의 어머니가 내담자에 대한 걱정으로 극도로 괴로워하며 내담자의 진행 상황을 논의하고 싶다고 전화하는 경우, (e) 내담자가 어떤 형태의 급여 사기 또는 불법 약물 사용을 인정하는 경우.

결론

자신의 삶의 경험과 가치관, 그리고 자신의 특성, 문화, 그리고 이것이 세계관에 미치는 영향을 고려하라는 요청에 얼마나 익숙한지에 따라 이 장과 성찰 연습의 일부 내용에 대해 어느 정도 내적 저항을 느꼈을 수도 있다. 이는 우리의 선입견에 도전하라는 요청을 받았을 때 흔히 나타나는 반응이다. 이 장의 어떤 부분이 여러분에게 어렵게 느껴졌는지, 그리고 이것이 공평하고 포용적인 저강도 인지행동치료 실무에 어떤 시사점을 줄 수 있는지 생각해 보기 바란다.

요약

- 포용적인 가치, 관점, 윤리 및 관계는 공평하고 효과적인 저강도 인지행동치료에 필수적이다.
- 법률은 공공 기관과 정신건강 실무자에게 공평한 서비스를 제공해야 할 의무를 부여하고 있다. 전문 기관은 좋은 업무 수행을 위해 포용적 가치의 중요성을 강조한다.
- 교차 접근법은 임상가가 자신의 특성과 삶의 경험, 내담자의 특성과 삶의 경험, 그리고 이들 간의 유사점과 차이점을 이해하는 데 도움이 된다. 이를 통해 치료적 만남에서 필요로 하는 적절한 조정을 할 수 있다.
- 정신적 고통에는 다양한 기여 요인이 있으며, 이는 여러 층의 영향력 내에 존재하는 것으로 개념화할 수 있다. 이 중 일부는 빈곤, 범죄, 무력감의 영향을 받는다.
- 대인관계는 저강도 인지행동치료에 영향을 미치는 핵심 과정이다. 따라서 임상가는 관계에서 권력의 역할과 자신과 내담자 사이의 권력 불균형으로 인한 잠재적인 부정적 영향을 최소화하는 방법을 알고 있어야 한다.
- 윤리적 원칙은 안전하고 효과적인 치료에 필수적인 요소이다.

추가로 읽어 볼 자료와 활동들

- Hays(2001)의 책은 사례연구와 자기개발 연습 그리고 ADDRESSING 프레임워크에 대한 자세한 설명을 제공하고 있다.
- 불안과 우울에 대한 다문화적 인지행동치료에 관한 Beck(2016)의 저서에서는 치료에 대한 적응적이고 민감하게 접근할 수 있는 방식에 대한 자세한 내용을 제공한다.
- 교차성, 섹슈얼리티, 심리치료에 관한 Das Nair와 Butler(2012)의 책은 주로 포용적 실천과 성적 지향에 초점을 맞추고 있지만 다른 보호 대상 특성에 대한 고려 사항도 포함하고 있다.
- 치료 서비스 내에서 윤리적 실천과 관련된 정책이 있는지 조사해 보아야 한다.

제**12**장 **포용적 실무**

Mark Papworth & Bobbie Petford

- 내담자의 효과적인 참여, 평가 및 치료를 위한 포용적 저강도 인지행동치료 실무의 필요성을 이해한다.
- 내담자가 살고 있고 서비스가 제공되는 환경의 특성을 이해한다.
- 내담자의 회복과 웰빙을 지원하기 위한 적절한 자원과 서비스를 파악한다.
- 내담자의 특성, 관점, 필요를 고려하여 치료적 만남을 조정한다.

서론

제11장에서 논의했듯이, 모든 임상가와 모든 내담자는 자신만의 인구통계학적 특성, 삶의 경험 및 관점을 가지고 있다. 때때로 임상가와 내담자 사이에는 유사성이 있을 수도 있지만 때로는 차이점이 있기도 하다. 유사점과 차이점 모두 내담자와 완전히 소통하고 치료하는 데 필요한 조정 과정에 영향을 미친다. 따라서 임상가는 전문 기관의 지시에 따라 이러한 조정을 통해 내담자의 치료 장벽을 최소화하고 치료 효과를 극대화할 수 있다. 예를 들어, 영국 상담 및 심리치료 협회British Association for Counselling and Psychotherapy: BACP는 다음과 같이 명시하고 있다. "상담사는 다양한 작업 환경과 문화와 관련된 다양한 프로토콜, 관행 및 관습에 대해 배우고 이를 고려할 책임이 있다"(2007: 8). 최근에는 영국심리학회(BPS, 2012, 2015, 2017)가 모든 활동에서 포용적 행동을 약속하고, 이를 위한 전략과 특정 보호 특성을 가진 내담자와 함께 작업하기 위한 지침을 발표했다. 또한 Roth와 Pilling(2015)은 심리치료 지도감독을 위한 일반적 역량과 전문적 역량을 제시했는데, 일반적 역량에는 '차이와 함께 일하기' '차별에 도전하기' 등이 포함되어 있다. 따라서 지도감독자는 임상가와 동일한 의무를 수행해야 하며, 임상가가 포용적 치료를 할 수 있도록 지원해야 한다.

저강도 인지행동치료LICBT 임상가는 다양한 요소와 맥락을 고려하여 포용적으로 일할 수 있어야 한다(일부는 제11장에 소개되어 있음). 다음은 이러한 맥락이 서로 연결되어 있지만 보다 '근거리 고려 사항'에 대해 설명하려고 한다(해당 장의 '생활 맥락' 모델 및 [그림 11-2] 참조). 이 수준에서 고려해야 할 사항은 치료 관계의 잠재적 변화와 포용적 치료에 도움이 되는 실질적인 편의시설이다. 그런 다음 점차 더 '원거리' 요소, 즉 임상 서비스 및 지역적 맥락에 대한 고려로 넘어갈 것이다. 이 장의 후반부에서는 사회적 역할/지원, 지역사회 및 문화적 맥락에 따라 실무 요소가 어떻게 영향을 받을 수 있는지 살펴볼 것이다.

적응 치료 및 실질적 편의 제공

이 책의 다른 장에서 이미 논의했듯이, 저강도 인지행동치료는 일반적인 정신건강 문제에 대한 표준화된 증거 기반 치료법이다. 그러나 치료 개입이 내담자의 특정 필요에 맞게 맞춤화되도록 해야 한다. 평가와 문제 공식화를 내담자와 협력하여 같이 작업한 후, 임상가로서 우리는 먼저 우리에게 알려 주는 증거 기반을 사용하여 내담자의 문제에 맞는 치료법을 찾아낸다. 그러나 우리는 또한 내담자의 특성은 물론 이러한 특성과 내담자의 고통 및 회복과의 관련성을 고려하여 치료 계획과 치료 관계의 측면을 내담자에게 맞게 조정해야 한다. COM−B(행동에 영향을 미치는 역량, 기회와 동기) 모델은 맞춤형 치료의 일부 측면을 지원할 수 있다(제7장 참조). 또한 길잡이식 자조 자료가 내담자에게 적합한지도 확인해야 한다(제2장 참조; UCL, 2015). 이러한 개인화 과정은 종종 '문화적 역량' 또는 '민감한' 또는 '맞춤형' 실무라고도 하며, 다양한 관련 맥락에서 내담자에 대한 고려와 함께 실질적인 편의 제공이 포함될 수 있다(Beck, 2016).

이 과정에는 많은 요소가 포함될 수 있다. 신앙과 믿음은 사람이 세상을 바라보는 방식과 건강에 중요한 영향을 미친다. 따라서 치료 과정에서 신앙을 대화에 포함시키는 것은 내담자에게 도움이 될 수 있다(Meer & Mir, 2014; Weatherhead & Daiches, 2009). Beck(2016)은 쿠란Quranic의 가르침이 무슬림 내담자의 치료를 향상시키는 데 어떻게 사용될 수 있는지 자세히 설명하고 있다(예: 문제가 있는 인지에 반박하는 증거를 제공하고 치료에 대한 보다 적극적인 접근을 장려하는 것). 장애가 있는 사람들은 치료에 필요한 장소와 자료/자원에 접근할 수 있도록 실질적인 편의(고용 또는 교육적 맥락에서 흔히 '합리적 조정'이라고 함)가 필요할 수도 있다(Artman & Daniels, 2010; Dagnan et al., 2015; Lockwood et al., 2012). 이 책의 다른 부분(제13~15장 참조)에서 개인에 대한 맞춤 치료와 조정을 하는 것에 대한 추가 정보와 지침을 찾을 수 있다.

임상가가 내담자와 다른 언어를 사용하는 경우, 통역 및 번역 서비스를 이용하는 것이 필요하다. 이는 수화에도 동일하게 적용된다. 내담자가 어떤 언어를 사용하는지 사전에 정확히 파악하는 것이 중요하다. 대부분의 국가에서 두 개 이상의 언어 및/또는 방언이 사용되기 때문이다. 청각장애가 있다고 해서 모두 수화를 사용하는 것은 아니며, 시각장애가 있다고 해서 반드시 점자를 읽을 수 있는 것은 아니다. 또한 통역 모델에는 여러 가지가 있으므로 혼동을 피하기 위해 통역사와 내담자 모두와 논의해야 한다. 통역사가 단어 하나하나를 번역하는 '블랙 상자' 또는 언어적 모드, 통역사가 목소리 톤과 제스처도 전달하는 '트라이앵글', 이중 언어를 구사하는 동료가 적극적으로 치료 프로그램을 지원할 수 있는 모드가 있다(Beck, 2016). 응급 상황을 제외하고는 가족이나 친구가 통역사 역할을 하도록 허용하는 것은 적절하지 않다. 비전문가인 통역사가 고통을 받을 위험이 있기 때문이다. 또한 내담자와 친척 사이에 잠재적인 이해 상충이 있을 수 있으며, 내담자의 말을 편향적으로 해석할 가능성이 높다. 통역사와 함께 일할 때, 임상가는 다음과 같은 사항을 고려하고 내담자 및 통역사와 사전에 합의해야 한다(Beck, 2016; Costa, 2016; Resara et al., 2015).

- 통역사 준비 및 디브리핑
- 역할, 경계, 기대치의 명확성
- 회기에 대한 추가 시간을 포함하여 대면 또는 전화로 작업할 때 필요한 실질적 고려 사항
- 치료 동맹에 미칠 수 있는 잠재적 영향

제11장에서 소개한 내담자로 돌아가서, Nina의 신체적 건강 제약에 대응하기 위해 1층 상담실 사용 또는 승강기 이용 제공 등의 실질적인 편의 제공이 필요할 수 있다. Nina의 영어 읽기 능력에 따라 번역된 자료를 사용하는 것이 도움이 될 수도 있다. 상담 회기의 타이밍도 중요할 수 있다. 예를 들어, 이슬람 축제 기간에는 상담 일정을 조정하거나 피하거나, 라마단 축제 기간(금식 기간 포함) 동안 에너지와 집중력 측면에서 상담에 가장 적합한 시간대를 탐색할 수도 있다. Nina가 대중교통을 이용할 수 없거나 날씨가 추울 때는 전화로 연락하는 것도 도움이 될 수 있다.

> 자신과 다른 문화에 대해 모든 것을 아는 것은 불가능하다……. 가장 중요한 것은 유연한 태도를 가지고 내담자가 가져오는 어떤 것이든 기꺼이 받아들이고 적응하려는 자세이다. 예를 들어, 랩 음악과 스핏 바에 대해 이야기하는 젊은 내담자가 있었다. 나와 내담자 모두 이 분야가 생소한 분야라는 것을 알고 있었지만, 나는 녹음 스튜디오에서 그가 음악 프로젝트를 진행할 수 있도록 도와주었다. 음악은 그에게 정말 중요했고, 이것이 그의 관심을 불러 일으켰고 우울에서 회복하는 데 도움이 되었다(익명, 2016, 임상가 인용).

글상자 12-1 -실질적 편의 제공의 예 -

- 난독증이 있는 개인을 위해 오디오 형식의 자조 자료 제공.
- 시력이 나쁘고 단기기억이 떨어지는 노인을 위해 상담 회기 내에서 큰 글씨로 된 자료와 구두 요약본 제공.
- 주의력 결핍 장애가 있는 내담자가 집중할 수 있도록 자조 자료와 워크시트에 컬러풀한 이미지 추가.
- 휠체어 사용자를 위해 치료실의 가구 배치 변경.
- 청각장애 내담자와의 접촉에 대비하여 몇 가지 핵심 문구(예: 인사말, 상담사 및 통역사 이름)에 대해 '수화'하는 방법 배우기.
- 무슬림 내담자를 위해 매일 기도하는 시간에 맞춰 상담 시간 조정하기.

치료 관계

제11장에서는 소외된 그룹의 개인과 함께 일할 때 발생하는 권력과 대인관계의 관련성에 대해 살펴보았다. 간단히 말해, 임상가의 역할(전문가, 참고인, 합법적 존재), 개인의 역사(임상가와 내담자), 사회 내에서의 위치(생태학적 권력)와 관련된 다양한 권력의 원천은 모두 치료 관계 내에서 영향력을 발휘한다. 임상가는 내담자에게 서비스를 제공할 때 이러한 요소들에 신중하게 개입해야 한다. 예를 들어, 전문가 권력과 관련된 임상가의 역할은 내담자가 저강도 인지행동치료 접근방식에 익숙해지고 스스로 더 많은 의제를 지시할 수 있게 되면서 과도한 접촉을 줄여야 한다. 반면에 참고인의 권력은 치료가 진행되는 동안 유지될 가능성이 높다. 임상가는 초기부터 Nina의 문화적 배경의 결과로 존재하는 더 큰 차이를 줄이기 위해 Nina의 힘을 높일 수 있는 가능한 방법을 고려해야 한다. 여기에는 (a) 정신건강 치료와 관련하여 Nina가 속한 연령 그룹에 대한 오해에 대응하기 위해 초기에 더 많은 시간을 할애하여 저강도 인지행동치료 접근법에 대한 기대에 적응할 수 있도록 하고, (b) 특히 주의를 기울이고 더 많은 시간을 들여 Nina에게 저강도 인지행동치료 접근법/기술의 근거를 설명하고, (c) 정보에 기반한 선택을 할 수 있도록 평소보다 더 다양한 선택 범위를 함께 탐색하여 (예: 과제 관련) 그녀의 능력을 강화하는 것이 필요하다. 후자에는 토론을 통해 나온 선택 사항을 거부하거나 수정할 수 있는 선택권을 주는 것도 포함되어야 한다. 임상가는 중간에 끼어드는 것과 같은 '권력 행동'을 줄이거나 자제할 필요가 있다.

임상가는 생태학적 힘을 활용할 때 대인관계도 염두에 두어야 한다(다음 참조). Nina와 같은 처지에 있는 많은 사람은 망명 신청, 복지 혜택 또는 주택 신청 절차에서 도움을 받기 위해 지지 진술서를 필요로 한다. 이러한 상황에서 임상가는 진술서의 내용에 대해 신중하게 논의하고, 보내기 전에 내담자에게 초안을 보여 주며, 내담자가 진술서를 이해하고 만족하면 완성된 진술서를 가져가서 직접 게시할 수 있도록 함으로써 권력 차이를 줄일 수 있다.

연습 12-1 ☘ 권력 행동의 사용

동료들과 함께 3인 1조를 구성하여 번갈아 가며 임상가, 내담자, 관찰자 역할을 맡는다. 관찰자는 역할극이 끝날 때 임상가와 내담자 역할을 맡은 사람들에게 피드백을 제공한다. 역할극은 부록에 있는 사례를 사용하거나 직접 사례를 선택하면 된다.

적절한 한도 내에서, 임상가 역할을 맡은 사람은 이 연습의 각 '라운드'에서 자신의 대인관계 스타일을 다음 연속선의 두 가지 극단 중 하나에 부합하도록 변경해야 한다. 일부 형태의 권력적 행동(예: 지시하기, 끼어들기)은 자연스럽게 같이 연습할 수 있다. 권력 행동 변화의 효과를 완전히 탐색할 때까지 다른 연속선 또는 같은 연속선의 다른 끝을 사용하여 연습을 반복한다.

- 지시적 ↔ 비지시적

지시 모드에서는 내담자가 더 나아지기 위해 어떤 작업을 수행해야 하는지를 알려 주게 된다. 따라서 내담자와 협상할 일이 줄어들고 내담자의 의견이 어떠한지 반응을 확인하는 일도 줄어든다. 비지시 모드에서는 내담자에게 제안과 결정을 내릴 책임을 전적으로 맡긴다.

- 중간에 끼어들어 개입하기 ↔ 길게 멈추는 시간을 가진 후 말하기

중간에 끼어들기 모드에서는 마음속에 떠오르는 생각에 따라 내담자가 말하고 있는데 중간에 끼어들게 된다.

- 판단적 ↔ 비판단적

판단 모드에서는 내담자의 과거 행동과 상담에 대한 내담자의 기여도에 대해 도움이 되는 점과 도움이 되지 않는 점에 대해 자주 언급하게 된다.

- 지시하기 ↔ 구체적인 조언하지 않기

지시 모드에서는 더 많은 조언과 근거 자료를 제공한다.

- 강화 ↔ 긍정 피드백 제공하지 않기

강화 모드에서는 내담자의 의견, 성과, 과거 행동에 대해 가능한 한 긍정적인 피드백을 제공하게 된다.

참여, 평가 그리고 서비스가 제공되는 맥락

정신적 고통을 경험하고 도움을 요청할 때 서비스가 친절하고 신뢰할 수 있는 곳이라면 치료에 참여할 가능성이 더 높다. 내담자가 서비스를 처음 접할 때 그것이 어떻게 비칠지 생각해 보자. 내담자에게 편지, 리플렛 및/또는 전화를 한다면 포괄적이고 참여하고 싶게 만드는 내용이 포함되어 있는지 생각해 보자. 일반인이 이해하기 쉬운 언어인지, 해당 지역에 사용되는 모든 언어로 서비스가 제공되는지, 전화 응대는 어떻게 이루어지는지, 이에 대한 내담자의 경험은 어떠한지 등을 생각해 볼 필요가 있다. 인구통계학적 데이터를 수집하는

'사전 스크린' 전화를 할 경우, 내담자에게 민감하게 반응하며 세심하게 진행되는지, 필요한 경우 개선의 여지가 있는지, 그렇다면 누가 이것에 대한 도움을 줄 것인지를 고려할 필요가 있다(Bassey & Melluish, 2012; Beshai et al., 2016; BPS, 2012; Kirk et al., 2014; Prina et al., 2014).

환경적 요인이 환자 경험과 회복에 영향을 미치기 때문에 물리적 환경도 중요하다(Crawford & Kvangarsnes, 2014; Hassan et al., 2015). 정신건강 서비스가 제공되는 건물이 장애인(휠체어 사용자만 의미하는 것이 아님)도 이용할 수 있는 시설이 구비되어 있는지, 시각·청각장애인이 사용할 수 있는 큰 활자, 점자, 오디오 출처 등이 구비되어 있는지, 다양한 배경의 개인을 포괄하는 통역 및 번역 서비스가 가능한지, 조직 내에서 이러한 서비스를 제공하는 책임자는 누구인지, 건물의 외관이 사람들을 포용하는 이미지인지, 포스터를 게시하는 경우 사진에 등장하는 사람들이 지역 인구의 모든 사람을 대표하는지 등 고려해야 할 것이 많다.

내담자를 평가할 때 사용하는 서류는 어떤 모습인지, 언어가 포용적인지, 예를 들어 내담자의 결혼 여부만 묻는지, 아니면 함께 사는 사람이 있는지, 「민법」상 동거 관계에 있는 사람과 사는지, 아니면 그냥 동거 관계에 있는 사람과 사는지 등 앞선 질문에 후자, 즉 동거 관계에 있는지의 정보를 추가함으로써 포용성이 어떻게 향상되는지 주목할 필요가 있다. 어떤 특성에 대해 어떤 질문을 하고 어떻게 질문할 것인지, 이에 대해 질문하는 데 자신감이 있는지 등 점검하고 미리 생각해 볼 것이 많다(Dein et al., 2011; Hanna & Cardona, 2013; Hassan et al., 2015).

> 시각장애인인 내가 의사에게 가면 의사들은 항상 내가 장애인 보조금을 받고 직업을 가질 수 없다고 가정한다. 그들은 내가 더 이상 할 일이 없을 거라고 생각하기 때문에 한낮에 진료 예약을 하려고 한다! 또 한 번은 교회에 갔는데 신부님이 간병인을 위해 기도하라고 했다. 나는 간병인이 없다. 나는 누구의 도움도 필요하지 않다(Galbarczyk, 2016, 임상가 인용)!

내담자의 어려움, 공식화 및/또는 문제의 요약에 대한 평가에 내담자의 사회적 맥락과 특성이 포함되어 있는가? 내담자가 자신의 고통과 회복과 관련하여 무엇이 중요한지 말하도록 했는가? 차별의 대상이 될 수 있는 특성을 가진 내담자들은 임상가가 이러한 측면에 대해 자주 묻지 않으며, 그러한 경험을 말하지 않고 방치하면 회복을 저해할 수 있다고 보고한 바 있다(BPS, 2012; Kirmayer, 2012b; Loewenthal et al., 2010; Meer & Mir, 2014; Riggs, 2004; Riggs & das Nair, 2012).

내가 무시당했거나 이해받지 못했거나 나에 대한 잘못된 추측을 했을 때를 떠올리면 매
우 좌절감을 느낀다. 그때를 기억하면 더욱 나은 방식으로 내담자와 소통하는 데 도움이 된다
(Brown, 2016, 임상가 인용).

앞의 질문에 대한 답변을 통해 여러분의 서비스가 포용적인 서비스라는 확신을 가질 수
도 있고, 반대로 격차와 불일치를 발견할 수도 있다. 모든 내담자의 복지를 위해 이 문제를
개선하기 위해서는 서비스 내 누구에게 문제를 제기할 수 있을까?

나는 누군가를 내 사례로 받아들이는 순간부터 포용적 실무를 시작하는데, 예를 들어 건물
에 대한 접근성이나 설문지 또는 자조 자료를 읽을 수 있는지 등 고려해야 할 사항이 있는지에
대한 메모를 읽고 내담자가 서비스를 받기 이전에 이미 돌봄을 받고 있다는 느낌을 받을 수 있
도록 준비한다(Galbarczyk, 2016, 임상가 인용).

평가 또는 분류 면담에서 내담자는 자신의 배경 중 다양성과 관련된 측면이 임상 증상과
어떤 형태로든 상호작용하고 있음을 자연스럽게 언급할 가능성이 높다. 이러한 문제가 발
생하지 않았거나 추가적으로 논의할 필요가 있는 경우, 기타 정보 항목에서 이를 자연스럽
게 논의할 수 있다. Hays(2001)는 장애와 관련하여 "장애를 겪은 경험이 있습니까?" "당신이
가지고 있는 장애가 여기 참여하여 해결하고자 하는 어려움의 일부입니까?" 등의 촉진적 질
문 사용에 대한 몇 가지 지침을 제공하고 있다. 영성과 관련하여, "이제 이슬람 사원에 가는
것을 그만두셨다고 하셨습니다. 이전에는 종교가 귀하의 삶에서 어떤 역할을 했는지 말씀
해 주시겠습니까?"

지역적 맥락

임상가는 개인의 보호 특성을 이해하는 것뿐만 아니라 서비스를 제공받는 사람들과 해당
지역에 존재하는 특정 건강 불평등/문제가 있는지를 알아보고 그것에 대해 잘 아는 것이 중
요하다. 이러한 정보는 해당 지역에 대한 공중보건 및 인구조사 자료 그리고 지역 비영리 기
관에 대해 알아봄으로써 얻을 수 있다. 이러한 지식은 치료의 일환으로 내담자를 성공적으
로 안내하는 데 핵심적인 역할을 한다(Artman & Daniels, 2010; Bassey & Melluish, 2012; Beshai
et al., 2016; BPS, 2012). 또한 해당 지역의 다양한 특성을 가진 사람들이 서비스를 이용할 수

있는지 여부를 파악하는 데 도움이 될 수 있다.

연습 12-2 🌿 지역사회 자원 포트폴리오 개발

제1장과 제5장에서는 지역사회 서비스 및 기관을 목록으로 작성하는 지역사회 자원 포트폴리오를 개발하라는 요청을 받았을 것이다. 이 귀중한 자료는 내담자가 다른 도움과 지원을 받을 수 있는 곳, 그리고 회복을 유지하는 데 도움이 되는 활동을 빠르게 찾아볼 수 있도록 안내하는 역할을 할 것이다. 이를 염두에 두고 포트폴리오로 돌아가서 해당 지역의 인구에 대해 알게 된 정보를 바탕으로 필요한 추가 정보를 여기에 추가하기 바란다. 부족한 부분은 더 없는지, 있다면 어디에서 내담자에게 도움을 줄 수 있는 소스를 찾을 수 있을지, 모든 내담자의 회복과 복지를 가장 잘 지원할 수 있는 방법은 무엇인지 질문해 보길 바란다.

포용적 실무와 정치적 · 공동체적 · 사회적 · 역할적 맥락에 대한 고려

역사적으로 봤을 때, 독특한 특성을 가진 사람들은 국가와 민족에 의해 차별과 박해를 받곤 했다. 가장 극악무도한 예로 나치 독일에 의한 유대인 박해를 들 수 있다. 차별과 증오 범죄를 경험한 사람들의 삶은 여전히 불공평하다. 이러한 관행은 일반적으로는 불법이지만, 개인은 고용, 주택 또는 교육 기회에 대한 접근이 제한되는 측면에서 불평등에 직면할 수밖에 없다. 이러한 사례는 언론에 정기적으로 보도되고 있으며, 영국에서는 시의회가 망명 신청자를 퇴거시키거나 수용을 거부하는 사례(BBC, 2010; Kemp, 2010), 지역사회에서 학대받는 망명 신청자(Mason et al., 2016), 동성 관계에 있는 개인이 휴가 숙소나 상황에 맞는 웨딩 케이크를 거부당하는 사례(Minchin, 2011; MacDonald, 2016), 의료 서비스가 제도적으로 특정 연령을 차별한다는 주장(Evans, 2009; Willey, 2013) 등 다양한 사례에서 볼 수 있다. 편견은 사회 전반에 만연해 있으며, 백인이 아닌 피부 타입에 맞는 반창고를 찾지 못하거나 특정 인종을 나타내는 인형을 살 수 없는 것과 같은 일상적인 문제에서도 관찰할 수 있다(McIntosh, 1998). 이는 위탁, 설계, 접근성, 임상 실무, 지도감독에 이르기까지 의료 시스템 전반에 걸쳐 포용적 관행이 필요하다는 것을 명백히 보여 준다(Hill-Collins & Bilge, 2016; Sewell, 2013a).

심리적 고통의 정치적 원인에 미치는 영향력([그림 11-2] 참조)에 도움이 될 수 있는 개입에는 종종 임상가가 자신의 생태학적 힘을 활용하는 것(예: 내담자를 대신하여 편지를 쓰거나 회의에 참석하는 것)이 포함된다. 또한 Smail(1990)은 관련 지원 그룹에 참석함으로써 내담자의 개인적 힘과 사회적 지지 수준을 향상시킬 수 있다고 강조한다. Nina의 경우, 그녀의 저강도 인지행동치료 임상가는 그녀를 위해 보스니아 헤르체고비나 지역 센터와 자문 포럼, 사회 활동 프로그램을 제공하는 지역 커뮤니티를 찾을 수 있었다.

Nina가 영국에 왔을 때, 그녀는 대도시의 열악한 주택 단지에 배치되었다. Sarbin(1970)은 '소수자 그룹'의 개인은 종종 지역사회에서 소외된 지역(역할 수행의 기회가 더 제한적인 지역)에 함께 묶여 '게토화'되는 경우가 많다고 지적했다. 이는 내담자가 사회적 자본 수준이 낮을 때 발생하는 문제(예: 범죄 증가)와 관련된 지역사회 문제를 경험한다는 것을 의미한다([그림 11-2] 참조). 이는 Nina에게 큰 영향을 미쳤으며, 그녀의 역사적 배경과 나이를 고려할 때 취약성을 더 크게 느끼게 했다. 또한 본국에서 서로 적대적이었던 망명 신청자들이 서로 가까운 곳에 수용된 경우도 있다. 이는 내담자에게 부정적인 영향을 미칠 수 있다. 이러한 상황에서 임상가는 내담자가 다른 곳으로 이주할 수 있도록 지원할 뿐만 아니라 진료실에서 조성하는 환경이 지역사회에 존재할 수 있는 스트레스가 많은 현실을 반영하지 않도록 유의해야 한다. 저강도 인지행동치료 클리닉의 내담자 대기 순서를 고려하면 내담자 대기실에서 다른 내담자(예: 경쟁관계에 있는 다른 파벌 인종의 내담자)로부터 위협을 느끼는 것을 방지할 수 있다. 또한 통역사의 인종적 배경을 고려해야 하며, 내담자가 통역사를 거부하고 다른 통역사와 새롭게 시작할 수 있는 기회를 제공해야 한다. 대기실 자료를 면밀히 검토하여 내담자가 불편함을 느끼지 않도록 해야 한다. 예를 들어, 영국 군단British Legion(퇴역 군인 단체)을 광고하는 포스터는 퇴역 군인에게는 편안함을 줄 수 있지만, 군대와 관련된 부정적인 경험을 가진 사람들(일반적으로 일부 난민 및 망명 신청자)에게는 불쾌감을 줄 수 있다. 또한 그룹치료 활동의 구성원을 고려할 때, 예를 들어 지배적인 문화에 더 잘 적응하는 프로파일(제11장 참조)을 가진 내담자 중 소외된 그룹의 개인 한 명을 포함시켜 더 큰 사회의 억압적인 상황을 재현하지 않도록 해야 한다(심리교육그룹PEG에서는 이러한 그룹 형식의 내담자 간 상호작용이 적기 때문에 이러한 요인이 덜 발생할 가능성이 있지만). 반대로, 일부 소수자 그룹의 친밀한 특성으로 인해 그룹치료 중 비밀 유지가 훼손될 수 있다는 점도 염두에 두어야 한다.

Nina가 처음 영국에 왔을 때 그녀는 일할 권리가 없었고 정부에 노동권을 신청해야만 했다. 이는 보스니아에 남아 있는 가족에게 재정적 지원을 제공할 수 없다는 것을 의미했다. '삶의 맥락' 모델의 노동 영역을 고려할 때, 나이, 성별, 장애, 문화와 관련하여 차별이 흔히 발생한다(BBC, 2005, 2007). 일자리 및/또는 의미 있는 활동에 대한 접근성을 높이는 방법은 제16장에 자세히 설명되어 있다. Nina의 경우, 처음 영국에 왔을 때 영어 실력이 매우 낮았기 때문에 지역 난민 서비스에서 언어 능력을 향상시키기 위해 지역 대학에 등록할 수 있도록 도와주었다. 그 후 그녀는 지역 단체와 학교에서 난민 문제에 대한 강연을 하며 난민 서비스에서 자원봉사를 하자는 제안을 수락했다. 이런 식으로 난민 서비스는 그녀의 기술과 경험의 레퍼토리를 넓혀 취업 가능성을 높였다. 이 활동을 통해 맺은 인맥을 바탕으로 Nina는 결국 현지 학교에서 조교로 일하고 싶다는 목표를 달성하게 되었다(현재는 은퇴한 상태). 이를 통해 Nina는 지역사회에 적응하고 추가로 사회적 지원 네트워크를 개발할 수 있었으며, 자신에게 매우 가치 있는 역할을 성취할 수 있었다([그림 11-2] 참조). Nina의 경우 난민 서비스에서 만난 사람들이 그녀의 삶에 이러한 긍정적인 변화를 촉진했다. 유사한 사례에서 저강도 인지행동치료 임상가는 고용 및 교육 자문가를 소개함으로써 의미 있는 활동으로 나아갈 수 있도록 지원할 수도 있다. 제7장에 설명된 Michie 등(2014)의 COM-B 모델은 포괄적인 저강도 인지행동치료 실무에 도움이 될 수 있다.

Nina의 사례는 다른 기관과의 네트워크를 구축하는 것이 얼마나 유용한지 잘 보여 준다. 성취된 역할, 사회적 지원 수준, 보람 있는 활동을 증가시키는 수단이 단지 유급 고용의 영역에만 있는 것은 아니라는 점에 주목할 필요가 있다. 예를 들어, Nina가 저강도 인지행동치료 임상가와 접촉하는 동안 달성한 목표에는 지역사회 행사(예: 이슬람 사원에서 다른 여성들과 함께 요리하기)에 더 많이 참석하고 주간 성인 교육 수업에 참석하여 '소속감'을 높이는 것이 포함되어 있었다.

치료적 목표와 문화적 맥락

치료 목표에 대한 가능한 조정 사항을 고려할 때, 임상가는 개인의 문화와 관련된 가치를 고려해야 한다. Leung과 Sung-Chan(2002)은 중국인 내담자를 위해 치료법을 수정한 사례 연구를 보고하고 있다. 이 여성은 유산 후 요통(알려진 신체적 원인 없이)으로 의뢰되었으며, 이후 결혼 문제가 드러났다. 이 경우 서양의 치료법이라면 개인 중심의 목표(예: 자존감과 관련된 목표)가 포함되었을 수 있다. 그러나 이러한 문화적 맥락에서는 이러한 목표가 부부 관계를 불안정하게 만들 가능성이 있다. 그 결과, Leung과 Sung-Chan은 가족의 화합을 촉진하기 위한 목표와 수치심을 감소시키는 개인적 속죄(문화적으로 용납할 수 없는 과거의 성적 관계와 연관된)를 촉진하기 위한 희생적인 과제를 포함시켰다. 이러한 방식으로 임상가는 문화적 가치를 활용하여(따라서 '삶의 맥락' 모델의 외층을 고려) 치료의 방법과 목표, 즉 과거의 잘못을 속죄하는 것과 가족 혈통을 이어 가는 것과 관련된 미덕을 목표로 삼고 있었다[개입 전략에 종교적 개념을 통합하여 효과를 높인 Beck(2016)의 예시도 참조].

연습 12-3 ❀ 문화적 가치, 특성 그리고 치료적 목표

다음과 같은 의뢰를 받았다. 30세의 여성인 Ghazala는 영국에 거주하고 있으며, 부모님은 파키스탄에서 태어났다. Ghazala는 기혼이며, 자신과 배우자 모두 장시간 일하고 즐거운 활동을 할 시간은 거의 없다. Ghazala는 대학에 다니기 전에는 가족 및 친구들(현재는 150마일 떨어진 곳에 살고 있음)과 어울리곤 했다. 이전에는 행복한 사람이었지만 지난 몇 년 동안 직장 생활의 요구로 인해 사교 활동을 할 기회가 거의 없어지면서 점점 우울해졌다. 그녀는 이제 혼자 있을 때 눈물을 흘리며 힘들어하고 있다.

그녀의 기분을 전환하는 데 도움이 될 만한 치료 목표는 무엇이라고 생각하는가? 계속 읽기 전에 이 질문을 생각해 보라.

Ghazala의 문화적 가치, 그녀의 특성 및 환경을 고려했는가? 이러한 것들이 Ghazala의 정신건강에 어떤 영향을 미칠지 가정해 보았는가? Ghazala의 문제를 평가할 때 그녀에게 추가로 물어볼 수 있는 것이 있는가?

이제 Ghazala가 문화적 가치관 때문에 배우자를 부양해야 한다고 느끼며 그렇게 하지 못하면 수치심을 느낄 것이라고 상상해 보라. 또한 가족 외부의 다른 사람이나 같은 문화적 배경을 가진 여성이 아닌 다른 사람들과 어울리는 것은 부적절하다고 생각한다. 이것이 앞서 설정한 치료 목표에 영향을 미치겠는가?

또는 Ghazala에게 동성 배우자가 있고 이러한 형태의 관계는 자신과 같은 문화적 배경을 가진 사람들에게 받아들여지지 않는 경향이 있다고 상상해 보라. 이 경우 앞서 설정한 치료 목표에 영향을 미치겠는가?

이 글에 소개된 사례연구('Ghazala'의 사례 등)를 통해 알 수 있듯이, 개인별 연구와 문화적 경험을 통해 임상가는 더 많은 정보를 바탕으로 질문을 할 수 있고 관련 정보를 더 빨리 얻을 수 있지만, 이러한 가정이 지나치게 확정적일 경우 수반되는 위험도 존재한다는 사실을 알 수 있다. 이는 한 아프리카게 임상가가 제공한 다음과 같은 예에서 확인할 수 있다.

가정을 하지 않는 것이 중요하다. 예를 들어, 나를 찾아온 한 백인 여성이 있었는데, 내가 그녀의 삶에 대해 질문하지 않았다면 그녀가 아프리카에서 온 이민자라는 사실을 결코 알지 못했을 것이다. 그녀는 불안과 공황을 경험하고 있었고, 외출을 많이 하지 못하게 하는 거주 지역에 대해 낯설게 느끼면서 상황이 더욱 악화되었다. 따라서 내가 [이에 대해] 물어보길 잘한 일이었고, 그렇지 않았다면 그녀에게 필요한 것이 무엇인지에 대해 부정확한 결정을 내리기 쉬웠을 것이다 (Sinclair, 2016, 임상가 인용).

결론

포용적 실무와 관련하여, 임상가는 개인에게 제공하는 도움과 더불어 전문적인 발견에 대한 항해를 하고 있다. 그러나 내담자의 발전은 대부분 6~8주간의 저강도 인지행동치료 접촉을 통해 이루어지지만, 임상가의 성장 발달은 임상가 경력 전반에 걸쳐 이루어진다. 임상가는 자신의 삶의 맥락이라는 렌즈를 통해 내담자를 바라본다.

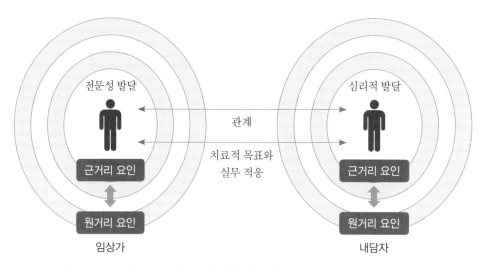

[그림 12-1] 임상가와 내담자의 생활 상황 및 치료적 적응을 위한 고려 사항

이러한 과정을 통해 임상가는 치료 관계를 의식적으로 조정하고, 심리적 도움을 제공하는 과정에 필요한 실질적인 지원, 서비스 및 평가 과정, 그리고 접촉 목표를 통해 내담자의 필요를 더 잘 충족시킬 수 있다.

요약

- 전문직 행동 강령에 따르면, 임상가는 모든 내담자를 존중하고 존엄하게 대해야 하며, 개인과 그 특성을 포용하는 방식으로 치료해야 한다고 명시되어 있다.
- 서비스 지역과 인구에 대한 지식은 치료 및 안내를 위한 출처가 내담자와 관련이 있고 적절한지 확인하는 데 도움이 될 수 있다.
- 개인의 고통에는 개인 또는 가족 단위의 수준을 넘어서는 다양한 영향이 있을 수 있다. 이러한 영향은 문화, 정치적 요인, 지역사회와 직장의 특징, 소셜 네트워크, 개인의 역할 등에서 비롯된다.
- 이러한 영향을 이해함으로써 임상가는 개인과 관련이 있을 수 있는 문제를 고려하고 적절히 조절할 수 있다.
- 내담자를 도울 때 임상가는 자신의 배경을 고려하고 이를 바탕으로 지속적인 전문성 개발을 위해 초점을 맞춰야 한다. 이는 필요한 조정이 부분적으로 임상가 자신의 경험에 따라 달라질 수 있기 때문이다.

추가로 읽어 볼 자료와 활동들

- Hays와 Iwamasa(2006)는 다양한 소수자 그룹의 개인에게 인지행동치료를 제공하는 것과 관련된 유용한 배경 정보 및 사례연구를 제공하고 있다.
- Proctor(2002)는 심리치료에서 권력이 미치는 영향에 대해 전반적으로, 그리고 일부 치료 접근법(인지행동치료, 개인중심 치료, 정신역동적 심리치료)과 관련하여 보다 구체적으로 소개하고 있다.
- 지역사회 출처 포트폴리오를 참조하고 잘 알지 못하는 그룹에 대해서는 개인적으로 조사해 보기 바란다. 다음과 같은 질문을 하며 접근해 보자. 그 그룹에 대해 어떤 정보를 얻을 수 있을까? 해당 단체를 방문하여 구성원들에 대해 알아볼 수 있을까? 직접 방문을 하면서 정신건강 치료 서비스를 홍보하고 서비스를 알지 못하거나 관련성이 있다고 생각하지 않을 수 있는 사람들에게 접근성을 높일 수 있는 기회로 활용해 보길 바란다.

이미 내담자를 만나고 있는 임상가라면 이 장의 내용 중 여러분이 만나고 있는 내담자와 관련된 내용이 있는가? 그렇다면 다음 질문을 고려해 보자.

- 의식적이든 무의식적이든 그들과의 접촉에 어떤 조정이 있었는가?(지도감독자와 함께 살펴보기 바란다.)
- 이 장을 읽기 전에는 몰랐던 조정이 필요하다면 어떤 추가 조정을 할 수 있을까?
- 이것이 내담자와의 접촉에 어떤 영향을 미칠 수 있는가?
- 자신과 다른 특성을 가진 개인과 함께 일할 때 도움이 될 수 있도록 개인적으로 개발할 수 있는 다른 방법(예: 단체 자원봉사)이 있는가?

아직 내담자를 만나지는 않았지만 이 분야의 서비스에서 일하고 있다면, 소수자 그룹을 구성하여 각자 다양한 특성을 가진 내담자에 대한 가상의 사례연구를 개발해 보길 바란다. 각 특성과 그 특성이 다른 특성과 어떻게 교차하는지 고려해 보자. 인터넷, 책, 잡지, 신문, 영화, 연극, 워크숍, 지역사회 행사 등을 통해 내담자의 문화, 세계관, 정신건강에 대한 이해에 관한 정보를 찾아보자. 정보를 공유하고 그룹에서 해당 내담자의 필요를 충족하기 위해 평가와 치료를 어떻게 조정하여 변화시킬 수 있는지 고려해 보자. 다음은 이 연습에서 고려해야 할 몇 가지 프롬프트이다[이러한 영역에 대한 자세한 정보가 필요한 경우 Hays(2001) 참조].

- **실제적인 준비**: 시간, 장소, 좌석 배치, 통역사 사용 및 물리적 환경 등.
- **자료**: 큰 글꼴 및 번역된 정보.
- **기법**: 예를 들어, 속도 조절 및 적절한 임상 사례 활용.
- **언어적 의사소통**: 적절한 내담자 이름(성 또는 이름), 임상가의 자기 공개, 언어/의사 소통의 변경.
- **비언어적 의사소통**: 예를 들어, 악수 및 개인 공간.
- **권력과 관계**: 예를 들어, 권력 역학 관계의 성격과 이것이 접촉에 미칠 수 있는 영향.
- **평가에 대한 절차적 조정**: 총 할당 시간 등.
- **공식화 및 치료 목표에 대한 조정**: 예를 들어, 웰빙의 의미에 대한 임상가 개인의 견해에 따라 목표가 부과되지 않도록 해야 함.
- **증상의 문화적 의미**: 예를 들어, 증상에 대한 내담자의 신앙에 기반한 해석에 민감하게 반응해야 함.

지도감독자 또는 동료와 함께 내담자와 함께 있는 자신의 비디오를 시청해 본다. 자신의 '권력 행동'이 적절한지 고려한다([연습 12-1] 참조). 여러분의 권력 행동에 영향을 줄 수 있는 요인에는 어떤 것들이 있는가(예: 시간적 압박 또는 내담자의 성격)? 지도감독자와 함께 또는 자기 성찰을 통해 내담자의 참여를 가장 잘 촉진하기 위해 이러한 요인을 어떻게 조정할 수 있을지 생각해 보자.

제13장 노인과 함께 작업하기

Claire Martin & Daniel Collerton

- 노화에 대한 도움이 되지 않는 잘못된 가정을 성찰하고 이해하며 이에 도전해 본다.
- 현재 노인의 심리와 향후 10년간의 변화 가능성을 이해한다.
- 불안과 우울을 포함한 일반적인 정신건강 문제가 나이에 따라 어떻게 영향을 받을 수 있는지 인지한다.
- 평가를 수행할 때 건강 상태와 같이 노년기에 흔히 발생하는 요인을 고려해 본다.
- 노인의 필요를 충족하기 위해 개입을 조정할 수 있는 능력을 키운다.

서론

심리적 개입을 통해 노인을 돕는 것은 보람 있고 교육적인 경험을 준다. 이 장에서는 여러분 자신의 지식과 기술을 발전시키고, 여러분이 현재 하고 있는 일을 되돌아보며, 노인을 만나 치료할 수 있는 기회를 최대한 활용할 수 있도록 도와주려고 한다.

먼저, '노년기'의 개념과 그것이 오늘날 어떤 의미를 갖는지 생각해 보자. 다음으로, 다양한 노인 그룹에 대한 역사적 맥락과 내담자가 제시하는 문제에 대한 여러분의 생각과 사례개념화를 하기 위한 체계를 살펴보자. 이를 위해 Knight와 Pachana(2015)의 수정 버전인 '심리치료 적용의 맥락적 성인 생애주기이론Contextual Adult Lifespan Theory for Adapting Psychotherapy: CALTAP' 모델을 소개하려고 한다. 사례연구를 통해 이러한 아이디어를 현실화하고 노인들이 평가와 상담을 위해 저강도 인지행동치료LICBT 전문가에게 접근할 때 직면할 수 있는 장벽을 줄이는 방법에 대해 논의할 것이다. 마지막으로, 노년기에는 건강과 관련된 요구가 흔하기 때문에 노인의 경우 의료 서비스 네트워크가 필요할 수 있다. 따라서 지역 및 국가 차원의 지원 서비스에 대한 지식이 여러분의 역할에서 어떻게 필수적인 부분이 될 수 있는지 강조할 것이다.

노년기란

그렇다면 '노년'은 언제부터 시작되는 것일까? 흔히 시간적 나이(사람이 살아온 기간)와 기능적 나이(특정 수준의 신체적·정신적 능력과 관련된 나이)를 구분한다. 나이에 비해 비정상적으로 건강한 사람은 시간적 나이는 80세지만 기능적 나이는 70세일 수 있다. 비정상적으로 몸이 좋지 않은 사람은 시간적 나이는 60세지만 실제로는 75세처럼 기능할 수 있다. 따라서 사람들은 "나이에 비해 젊다." 또는 "나이보다 늙었다."라고 말하곤 한다. 시간이 지남에 따라 은퇴 연령이 높아지고 60~70대 사람들이 더 건강하게 오래 살게 되면서 생활방식, 활동 및 업무 역할 측면에서 노년층이 아니라 중년층과 더 비슷해졌다(Baruch et al., 2014). 따라서 85세 이상의 사람들을 '노년층'이라고 부르기도 한다. 노년기에 대한 사회적 관점은 일반적으로 인구의 최상위 10~20%에서 형성된다. 중세 시대에는 약 40세였고 현재는 약 80세가 되었다(Thane & Botelho, 2005). 그러나 노년기에 대한 공식적인 정의는 기대 수명의 증가에 뒤처져 있다. 영국에서 노령 연금이 처음 도입되었을 때, 아동기를 무사히 넘긴 경우의 평균 기대 수명이 70세였기 때문에 70세부터 연금이 지급되었다. 이후 남성은 65세, 여성은 60세로 낮춰졌고 최근까지도 그 기준이 유지되고 있다. 지금은 거의 모든 사람이 그 나이를 훨씬 넘겨 살고 있지만, 많은 서비스에서 여전히 65세를 '노령'의 기준점으로 삼고 있다.

연습 13-1 ❧ 우리 자신의 노년기를 내다보기

본인의 노년을 떠올리면 어떤 모습이 떠오르는가? 기대되는 경험의 특정 모습이 있는가? 이 시기의 삶에 대해 걱정되는 점은 무엇인가? 나이가 든다는 것이 여러분에게 어떤 의미라고 생각하는가? 여러분이 생각한 가정이나 답변에 놀란 적이 있는가?

전통적으로 노년층을 대상으로 하는 전문 서비스는 은퇴 연령을 반영하여 65세 이상의 사람들을 대상으로 했다. 심리치료 접근성 향상Improving Access to Psychological Therapies: IAPT 서비스가 처음 도입되었을 때, 이 서비스는 주로 근로 연령대의 성인을 대상으로 하였는데, 이는 사람들이 유급 일자리로 복귀할 수 있도록 돕는다는 재정적 명분과 관련이 있었기 때문이었다. 그러나 이후에는 노년층을 포함시키는 데 초점을 맞추기 시작했다.

단기간에 기대 수명의 놀라운 변화를 확인할 수 있는데, 1992년부터 2014년까지 22년 동안 여성과 남성의 기대 수명은 약 4년씩 증가했다[이러한 추세는 Office for National Statistics(ONS, 2015) [그림 1]에서 확인할 수 있다]. 현재 출생 시 기대 수명은 3일이 지날 때마다 하루씩 증가한다. 따라서 주말에 태어난 아기는 주초에 태어난 아기보다 평균 이틀 더 오래 살 것으로 예상할 수 있다(Kontis et al., 2017). 현재 태어난 사람의 절반 이상이 100세 이상까지 살 것으로 예상된다(ONS, 2015). 2014년 영국에서는 남성은 평균 84세, 여성은 86세까지 살 것으로 예측했다(지역마다 차이는 있지만).

연습 13-2 ❧ 노년의 현실

이 연습에서는 노년기에 대해 가지고 있는 몇 가지 신념에 대해 생각해 볼 수 있다. 각 질문에 대해 가장 잘 추측한 답을 적고 이 장의 마지막에 나와 있는 답을 확인하라. 문제를 풀기 전에 답을 미리 찾아보지는 말라.

1. 80세 이상 인구 중 몇 %가 치매(기억력, 언어 및 기타 인지 능력의 상실)에 걸렸다고 생각하는가?
2. 치매는 점점 더 흔해지고 있는가, 아니면 점점 덜 흔해지고 있는가?

〈계속〉

3. 65세 이상의 사람들에게 우울이 얼마나 흔하다고 생각하는가?

4. 젊은 성인과 비교하면 어떠한가?

5. 65~75세 인구 중 몇 %가 인지 기능 저하가 없다고 생각하는가?

6. 재정적인 측면에서 65세 이상 인구는 우리 사회에 순비용일까, 아니면 순기여액일까?

7. 65세 이상 인구 중 정기적으로 무급 노동을 하는 사람의 비율은 몇 %인가?

8. 65세 이상의 사람들에게 불안이 얼마나 흔하다고 생각하는가?

9. 이는 젊은 성인과 어떻게 비교되는가?

10. 나이가 드는 것이 노인의 성생활에 어떤 영향을 미친다고 생각하는가?

11. 노년층은 인지행동치료$_{CBT}$에 얼마나 잘 반응하는가?

[연습 13-2] 문제에 대한 답과 [글상자 13-4] 문제의 내용을 비교해 보라. 차이가 있다면 어떤 차이가 있는가? 여러분의 생각에 놀랐는가(긍정적이든 부정적이든)? 여러분의 견해와 기대가 노인과 함께 일하는 태도에 어떤 영향을 미칠 수 있다고 생각하는가? 노년층을 포함한 대다수의 사람들은 노년기에 대해 현실에 근거한 것보다 더 부정적인 견해를 가지고 있다(Kite & Wagner, 2002). 이러한 편견은 미디어와 사회 전반에서 묘사되는 노년기에 대한 부정적인 시각에 근거하는 경향이 있다(Robinson et al., 2008).

영국의 현재 노인 세대는 정신건강에 대한 언론의 낙인이 지금보다 훨씬 더 심했던 지난 수십 년 동안 성장을 거듭해 왔다(Goulden et al., 2011). 정신질환에 대한 인식과 치료율은 낮았고(Royal College of General Practitioners, 2014), 정신건강 서비스는 주로 전기 경련 치

연습 13-3 ❧ 고령자의 서비스 이용에 대한 장벽

정신건강과 노화에 대한 태도는 노년층이 영국에서 IAPT 서비스를 포함한 정신건강 서비스에 대한 접근성이 낮은 것과 관련이 있다(Laidlaw, 2017). 이는 노년층에 대한 사회적 배제에 대한 전반적인 주제를 반영하는 것이다(Foster & Walker, 2014). 2011년에 보건부는 IAPT에 의뢰된 사람들의 12%가 65세 이상이어야 한다는 목표를 설정했다. 5년이 지난 지금도 이 목표는 달성되지 않았으며, 국가 보고에 따르면 6.1%에 그쳤다(Age UK, 2016a). 노년층이 저강도 인지행동치료를 이용할 가능성이 낮은 몇 가지 이유를 고려해 보라. 여러분의 생각을 이 장의 마지막에 있는 목록과 비교해 보라([글상자 13-5]; IAPT, 2009에서 편집). 낙인 문제가 여러분과 여러분이 종사하는 서비스에 어떤 영향을 미칠 수 있다고 생각하는가?

료, 약물치료, 입원 등의 개입으로만 이루어졌으며(Horwitz, 2010), 회복률도 낮았다(Ruscio & Khazanov, 2016). 심리적 치료는 거의 이루어지지 않았다. 결과적으로, 노년층은 정신질환에 대한 두려움이 더 크고 이러한 질환에 대한 도움을 받으려는 의지가 낮을 수밖에 없었다(Mackenzie et al., 2006).

심리적 개입이 노인에게 도움이 될 수 있는가

IAPT 서비스를 이용하는 고령자들은 65세 미만의 사람들보다 더 잘 반응하는 경우가 많다(Age UK, 2016a). 영국 국민보건서비스_{NHS}(NHS, n.d.b) 자료에 따르면 2014/2015년에 노인의 회복률은 65세 미만보다 1/3이 더 높았다. 이러한 긍정적 결과에 기여할 수 있는 한 가지 요인은 참여 수준인데, 고령자는 더 자주 출석하고, 중도 탈락률이 낮으며, 치료 과제에 더 적극적으로 참여하였다. 즉, 이들과 함께 일하는 것은 임상가들에게 활력을 불어넣는 경험이 될 수 있다.

노년기의 다양성

분명한 것은 IAPT 서비스가 노인들에게 도움이 될 수 있다는 점이다. 다음에서는 저강도 인지행동치료 클리닉에서 노인을 가장 잘 도울 수 있는 방법을 결정할 때 고려해야 할 요소에 대해 자세히 설명하고 있다.

노인은 동질적인 그룹이 아니며 이는 서비스에 영향을 미친다(Age UK, 2012). 전통적인 은퇴 연령인 65세부터 100세까지 35년 이상의 기간은 '주니어 노인'과 '시니어 노인'(앞서 설명한 후자)으로 불리는 두 세대를 포함할 수 있으며, 젊은 노인은 종종 늙은 노인의 간병인이 되기도 한다(〈표 13-1〉 참조).

고령 세대는 65세 미만 세대보다 인종적으로 덜 다양한 경향이 있다. 예를 들어, 유대인 공동체와 같은 일부 문화는 수세기 동안 형성되어 왔다고 할 수 있다. 카리브해 출신과 같은 다른 문화는 제2차 세계대전 이후에야 상당수 유입되었다. 내담자의 치료 참여를 촉진하기 위해서는 내담자의 문화적 경험에 주의를 기울이는 것이 중요할 수 있다(제11장 및 제12장 참조).

노년층과 함께 일할 때는 역사적 맥락을 이해하는 것도 도움이 된다. 지난 60년 동안 다양한 형태의 다양성에 대한 태도가 크게 달라져 왔다(Age UK, 2012).

표 13-1　사회 및 건강 차원에 따른 세대 간 비교

	65세 이하	주니어 노인(65~85세)	시니어 노인(85세 이상)
돌봄 책임	자녀와 부모	부모	배우자와 자신
형성기	1970대 이후	1950~1960대	1930~1950대
다양성	점점 다양해짐	대규모 이민의 시작 사회적 자유의 증가	소규모 이민 성 역할에 대한 '전통적' 태도
건강 및 능력	건강	질병 및 장애 발생 시작	질병 및 장애

기술, 즉각적인 커뮤니케이션, 세계 여행, 세탁기나 텔레비전과 같은 사치품에 대한 기대(적어도 '제1세계'에서는)가 특징인 현재의 문화는 오늘날의 노인들이 자란 시대에 존재했던 문화와는 매우 다르다. 지금 1980~1990대인 사람들은 대량 실업과 경제 대공황이 있었던 1930년대에 태어났을 것이다. 10년이 지나면서 직업을 가진 사람들의 생활 수준은 크게 향상되었다. 1930년대 말에는 폭격을 피하기 위해 도시에 살던 많은 어린이가 시골로 대피해야 했다. 1930년대까지 대부분의 사람에게 전기가 공급되지 않았고, 국민보건서비스가 아직 설립되지 않았기 때문에 대부분의 개인이 자신의 의료 비용을 전액 부담해야 했다. 1940년대는 제2차 세계대전이 휩쓸고 지나갔다. 실제로 전쟁에 참전했던 사람들 중 아직 생존해 있는 사람은 거의 없지만, 당시 어린이들에게 전쟁은 중요한 경험이었다.

> 삼촌이 휴가를 나와 집에 돌아왔을 때 바나나를 가져다주셨던 기억이 납니다. 삼촌은 저에게 바나나 하나를 주셨고 저는 학교에 가져갔습니다. 모두가 제 주위로 몰려들었고 선생님은 반 전체에게 바나나를 보여 주셨죠. 귀중한 보물처럼 보였어요. 그날 저는 정말 인기 많은 소녀였어요. 모두들 제가 열어 먹기를 원했지만 전 먹지 않았어요. 집에 가져가서 까맣게 변할 때까지 놔뒀는데도 여전히 냄새가 너무 좋았어요. 지금도 저는 그 기억을 떠올리지 않고는 잘 익은 바나나 냄새를 맡을 수 없습니다(www.scoilnet.ie/uploads/resources/15875/15537.doc).

1950년대에도 제2차 세계대전의 영향은 여전히 널리 퍼져 있었다. 대부분의 아버지가 전쟁에 참전했고, 주요 도시에는 여전히 폭격으로 폐허가 된 곳이 많았으며, 전쟁이 끝난 후에도 1953년까지 배급이 계속되었다. 인구는 대부분 토착민이었으며, 해외에서 태어난 사람은 2013년의 13%에 비하면 3%에 불과했다(Migration Watch UK, nd). 완전 고용이 이루어졌고 남성은 '생계부양자'가 될 것이라는 기대가 있었던 반면, 여성은 일반적으로 직업을 가질 것으로 기대하지 않았다. 일을 하더라도 결혼해서 아이를 낳을 때까지만 일을 하는 것이 일반적이었다. 성관계와 결혼에 대한 대중의 태도는 매우 보수적이었으며 낙태와 동성애는 여전히 금지되어 있었다(Quinault, 2001).

사람들이 건강 전문가와 관계를 맺는 방식은 수십 년 동안 변화해 왔다. 영국 의학 저널의 한 편집자(Godlee, 2008: 3035)는 다음과 같이 언급했다. 그는 "진실하고 잘 돌아가는 파트너십 관계라면 양 당사자 사이에 존중과 경의가 넘쳐나야 하며, 의사도 환자의 진실성을 동등하게 존중하고 경의를 표할 수 있어야 한다."라고 주장했다. 그러나 현재 영국의 기성세대는 사회에서의 역할로 인해 의사와 건강 전문가에게 존경과 경의를 표하는 데 익숙해져 있을 수 있다. 그 결과 일부 노년층은 서비스를 쉽게 요청하지 않거나 완전히 이해하지 못하는 주제 또는 동의하지 않는 과제에 대해 의문을 제기하지 않을 수 있다. 따라서 "그게 이해가 되나요?" "이론적으로 맞는 것 같나요?" "다른 의견이나 궁금한 것은 없나요?" 등의 질문을 통해 이러한 분들의 이해 수준이나 우려 사항을 보다 적극적으로 확인하는 것이 중요하다.

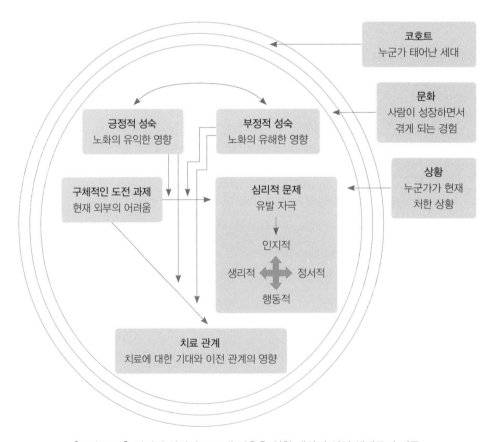

[그림 13-1] 개정된 심리치료 모델 적용을 위한 맥락적 성인 생애주기 이론

출처: Knight & Pachana (2015), p. 3.
© 2015 Oxford University Press. 허가를 받아 수정하여 게재함.

이러한 문화적 차이로 인해 치료받는 사람의 연령대와 그들이 자란 세대에 대해 생각하는 것이 일반적으로 도움이 될 수 있다. Knight와 Pachana(2015)의 심리치료 적응을 위한 맥락적 성인 생애주기이론CALTAP([그림 13-1] 참조)은 임상가가 노인들의 삶과 이야기를 이해하는 데 사용할 수 있는 유용한 프레임워크를 제시하고 있다.

이 모델을 활용하면 노년층에 대한 폭넓은 이해를 바탕으로 개발된 사례공식화를 상담에 포함시킬 수 있도록 도울 것이다. 특정 세대, 문화, 맥락은 특히 고려해야 할 중요한 영역이다.

이 모델은 여러 요소로 구성되어 있으며, 그 안에 다섯 가지 영역 모델을 포함하여 저강도 인지행동치료와 함께 사용할 수 있도록 했다(제3장 참조). 여기에는 내담자와 가장 원거리(또는 더 먼 거리)에 있는 요소부터 근접한(또는 더 가까운 거리) 요소까지 차례로 설명하고 있다. 이 모델에서 가장 먼 영역은 세대이다. 10년 이내에 태어난 사람들은 같은 세대에 속하며 유사한 역사적 맥락에서 성장한 경험이 있다. 그 기간 동안 형성된 태도와 신념은 나이가 들어도 안정적으로 유지되는 경향이 있다. 다음 모델은 문화이다. 개인의 문화적 환경(사회적 환경, 종교적 환경, 민족적 환경 또는 기타 환경)은 자신이 속한 그룹 내에서 가치관과 신념에 영향을 미친다. 문화는 그들이 태어난 세대에 대한 경험을 매개한다. 도움을 구하고 웰빙(정신건강 포함)에 대한 이해와 같은 요소는 개인의 문화에 의해 영향을 받는다. 문화 안에는 개인의 맥락이 있다. 이는 개인이 현재 처한 사회적ㆍ환경적 상황이다. 환경적 상황의 변화는 개인의 관리 능력에 큰 영향을 미칠 수 있으며, 이는 노화로 인한 발달 변화와는 완전히 무관할 수 있다. 주거 환경이나 병원 환경은 인지장애가 없더라도 사람들을 불안하게 하는 문제를 야기할 수 있으며, 이로 인해 행동이 변화할 수 있다. 사람이 환경 변화에 대응하는 방식에서 나이 자체는 그다지 중요하지 않다. 더 중요한 것은 사전 대처 전략, 변화에 대한 회복력, 현재 상황에 대한 이해, 새로운 환경에서의 지지 수준이다. 개인의 어려움을 평가할 때는 관계적 맥락(가족, 친구 및 더 넓은 사회 네트워크)도 고려해야 한다. 사회적 자본(개인과 그룹 생활 간의 상호작용)은 정신건강과 연관성이 있는 것으로 밝혀졌으며(Gray, 2009; Nyqvist et al., 2013), 따라서 개인의 관계적 맥락에서 중요한 측면이다.

이 모델의 핵심에는 다른 중요한 요소도 있다. 긍정적 성숙과 부정적 성숙은 시간이 지나면서 나타나는 개인의 발달과 관련된 측면을 말한다. 나이가 들어감에 따라 인지적ㆍ정서적 능력과 회복탄력성이 증가하여 긍정적인 성숙과 사회적 자본이 증가할 수 있다(Nyqvist et al., 2013). 노인은 일반적인 지식과 능력('결정화된 지능'이라고 함)의 축적과 함께 일반적으로 더 긍정적인 감정으로의 변화(Chellingsworth et al., 2016)를 가져올 수 있으며, 여러 신체적 건강 문제가 있는 상황에서도 향상된 감정 조절 기술(유연하고 사회적으로 적절한 방식으로 까다로운 상황에 감정적으로 대응하는 능력; Carstensen, 2006)을 발휘할 수 있다(Collerton et al.,

2009). 부정적인 성숙에는 신체적 쇠퇴와 연령에 따른 정상적인 인지 변화(예: 반응 속도, 단기 기억력 및 주의력 감소; Schaie, 2005a, 2005b)가 포함될 수 있다. 특정 질병과 장애도 잠재적으로 성숙에 부정적인 영향을 미칠 수 있다. 예를 들어, 파킨슨병은 단기 기억력과 반응 시간을 손상시킬 수 있다. 그러나 자신에 대한 기대와 타인에 대한 기대 모두 인지 능력에 영향을 미칠 수 있다는 점에 유의하는 것이 중요하다. Hess 등(2009)의 연구에 따르면, 노인은 일반적으로 기억력 검사에서 성적이 좋지 않다는 말을 들으면 기억력 검사에서 훨씬 더 낮은 점수를 받는 것으로 나타났다.

이러한 모든 요인을 취합하여 환자에게 어떤 특정 문제가 있는지, 그리고 이러한 문제가 현재 문제와 치료 관계에 어떤 영향을 미칠 수 있는지에 대한 이해를 도울 수 있다. 저강도 인지행동치료 프레임워크 내에서 현재 나타나는 문제는 다섯 가지 영역 모델(유발 요인, 감정, 사고, 행동, 신체 감각) 내에서 공식화할 수 있다. [그림 13-2]는 [연습 13-4]에 등장하는 내담자 Mary(72세 여성)에 대해 작성된 심리치료 적용을 위한 맥락적 성인 생애주기이론 CALTAP 도표이며, 공식화한 작업 내용이 다음에 기술되어 있다.

평가

일반적으로 저강도 인지행동치료를 위해 의뢰된 노인을 평가하는 것은 다른 연령대의 사람을 평가하는 것과 크게 다르지 않다(저강도 인지행동치료 평가 프로토콜은 제5장 참조). 대부분의 경우 잠재적으로 도움이 될 수 있는 치료법으로 저강도 인지행동치료를 선택한 사람에 의해 의뢰될 가능성이 높다. 심각한 신체적 문제가 있거나 인지장애가 있거나 매우 고령인 노인은 노인 이차 진료 서비스에서 진료를 받아야 할 수 있으므로 의뢰될 가능성이 낮다. 따라서 인지장애는 나이가 들어감에 따라 점점 더 흔해지고 이차 진료 서비스 업무의 큰 부분을 차지하고 있으며, IAPT 서비스에 의뢰된 사람들에게는 그러한 인지장애가 상대적으로 드물게 나타난다.

좋은 평가의 핵심 기능은 연령에 관계없이 동일하다. 내담자의 말을 충분히 경청하고, 추측을 피하고, 면담, 설문지, 다른 사람(가족, 간병인 또는 전문가 등)을 포함한 다양한 출처로부터 데이터를 수집하고, 수집한 정보를 사용하여 가설을 검증하는 것(제5장 참조)은 모든 내담자에게 사용하는 것과 동일한 핵심 기술이다. 조정이 필요한 경우, 자연스럽게 스스로 조정하는 경우가 많지만, 이 장에서 소개한 자료를 참고하는 것이 가장 좋다. 조정이 필요한 부분을 알아내는 가장 좋은 방법은 내담자에게 물어보는 것이다. 내담자는 자신의 가치관,

한계 및 대처방법에 대한 통찰력을 가지고 있으므로 무엇이 내담자를 돕는 가장 좋은 방법인지 판단하는 데 도움을 줄 수 있다. 예를 들어, "내 말이 잘 들리나요?" 또는 "저 의자가 편한가요?"와 같은 질문은 신체적 건강 문제가 참여에 영향을 미칠 수 있는지를 파악하는 데 도움이 될 수 있다(CALTAP의 '부정적 성숙도'). 내담자가 참석하기 전에 회기의 시간, 기간, 빈도 또는 장소에 대해 유연성을 제공하는 것이 도움이 될 수 있다. 회기 내에서 속도, 약속 시간, 다루는 내용, 적절한 목소리 높낮이, 조명 및 외부 소음과 같은 환경적 요소는 모두 내담자가 약속 시간을 어떻게 찾을지 고려하여 조정할 수 있는 요소이다. 만약 내담자가 변경을 요청하는 경우, 이러한 변경이 내담자에게 여전히 유용한지 아닌지에 대해 깊이 생각하고 고민해 볼 필요가 있다.

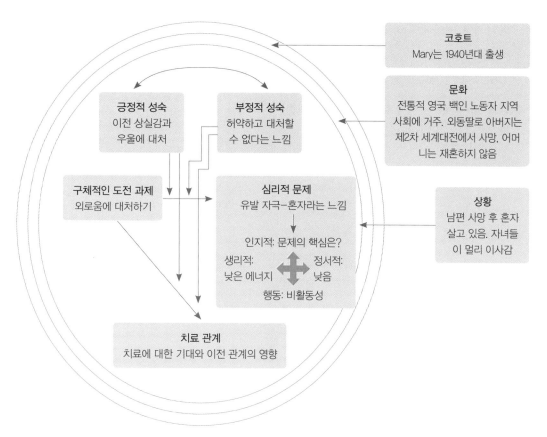

[그림 13-2] 개정된 심리치료 모델 적용을 위한 맥락적 성인 생애주기이론: Mary 사례

출처: Knight & Pachana (2015). p. 3.
© 2015 Oxford University Press. 허가를 받아 수정하여 게재함.

일부 노년층은 시력이 좋지 않거나 그 세대에 비해 교육 기회가 제한되어(다른 연령대의 사람들과 마찬가지로) 글로 된 정보에 어려움을 겪을 수 있다. 이 점을 세심하게 고려하고 같은 목적을 달성할 수 있는 다른 방법을 찾는 것이 필요할 수 있다. 마찬가지로, 해당 세대에 적합한 용어를 사용하면 이해를 도울 수 있다(예: '파국'보다는 '적절치 않은 상황'). 노인과 함께 작업할 때 도움이 되는 IAPT 긍정적 실천 가이드(https://babcp.com/Portals/0/Files/Therapists/NHS%20Talking%20Therapies%20Older%20People%20Positive%20Practice%20Guide%202024.pdf?ver=2024-02-29-165840-357)에는 다른 유용한 지침도 수록되어 있다.

회기가 끝날 때 피드백을 요청하여 다음 회기에 필요한 변경 사항을 계획함으로써 임상가는 각 내담자의 필요에 맞게 상호작용 방식을 조정할 수 있다. 예를 들어, "오늘 우리가 당신을 더 편하게 하기 위해 달리 할 수 있었던 것은 없나요?" 그러나 노년기에만 국한된 것은 아니지만 노인에게 더 흔히 발견되는 몇 가지 요인이 있으므로 이를 염두에 두는 것이 도움이 된다.

연습 13-4 ❀ 노년기 치료에 필요한 요인들

노년기에 더 흔하게 나타나는 요인과 개별 내담자의 필요를 충족하기 위해 저강도 인지행동치료를 변경할 필요가 있는지 여부에 영향을 미칠 수 있는 요인은 무엇이라고 생각하는가? 다음 사례연구를 읽으면서 노년기의 특징이라고 생각되는 요인에 대해 밑줄을 그어 보라. Mary는 '우울한 기분이 든다'는 이유로 의뢰되었다. 그녀는 "그냥 나아갈 수가 없다."라고 한다. 3년 전 남편이 사망한 이후, 특히 막내딸이 최근에 다른 도시로 이사한 이후부터 외로움을 느꼈다. 그녀는 연약해지고 더 이상 예전의 자신이 아니라고 느낀다. 그녀는 자신이 병에 걸리면 어떻게 대처할 수 있을지 자신이 감당하지 못할까 봐 걱정한다.

고려해야 할 핵심 요소는 신체적 건강 상태(CALTAP의 '부정적 성숙')이다. 이는 그 자체로 심리적 고통의 원인이 될 수 있다. 예를 들어, 만성장애는 우울과 관련이 있으며, 그 결과 즐겁거나 만족감을 주는 활동을 포기해야 한다. 또는 장애가 삶에 미칠 수 있고 예측하지 못하는 영향 때문에 불안해할 수도 있다(제14장 참조). 반면에 신체적 건강 문제는 피로, 기력 상실, 식욕 부진, 수면 부족과 같은 만성질환과 우울의 특징이 겹치기 때문에, 때때로 심리적 문제로 오인되거나 그 반대의 경우도 있다. 따라서 신체적 건강과 정신적 건강을 구분하는 것은 이따금 매우 어려울 수 있다. 가끔은 증상에 대한 신체적 원인을 찾을 수 없어 심리적 어려움으로 추정되어 의뢰되는 경우도 있다. 이러한 경우 설명할 수 있는 심리적 원인을 파악하는 것이 중요하다. 원인을 찾을 수 없는 경우에는 일차 진료의에게 다시 의뢰하여 추가적인 신체 검사를 받아야 할 수도 있다.

이를 구별하는 한 가지 방법은 특히 건강 상태가 심각한 경우 내담자의 신체 상태보다는 감정과 인지에 더 집중하는 것이다. 우울은 지속적으로 기분이 가라앉고 비관적이고 자책하며 비판적인 생각을 하는 것으로 확인할 수 있다. 불안은 내담자가 긴장하고 초조해하며 위험, 위협, 피해에 대한 생각에 집중하는 것으로 파악할 수 있다. 이를 위해 사용할 수 있는 몇 가지 가능한 질문이 [글상자 13-1]에 나와 있다.

글상자 13-1 - 신체 건강이 불편한 노인의 일반적인 정신건강 어려움을 파악하기 위한 질문 --------

1. 몸이 아플 때 기분 저하를 파악하기 위한 질문
   - 질병이 자신을 보는 방식에 어떤 영향을 미치나요? (자기비난적 답변 찾아보기)
   - 앞으로 일이 잘 풀릴 것 같나요? (절망감, 무력감, 아무것도 나아질 게 없다는 기대감 등의 주제를 찾아보기)
   - 질병이 남은 인생에 어떤 영향을 미쳐 왔나요? (지금 가치가 있거나 즐거움이 느껴지는 게 없다는 주제 찾아보기)
   - 다른 사람들은 당신의 병에 어떻게 반응했나요? (이해받지 못하거나, 돌봄을 받지 못하거나, 도움을 받지 못한다는 주제 찾아보기)

2. 누군가 아플 때 불안을 파악하기 위한 질문
   - 질병이 당신을 어떻게 변화시켰나요? (취약성이 커지고, 회복력이 약했다는 주제를 찾아보기)
   - 질병이 당신의 삶에 어떤 영향을 미쳤나요? (예측 가능성이 떨어지거나 더 많은 예방 조치를 해야 한다는 주제 찾아보기)
   - 질병으로 인해 생활방식을 변화시켜야 했던 적이 있었나요? (과잉 보호와 회피 주제 찾아보기)
   - 다른 사람들은 당신의 질병에 어떻게 반응했나요? (과소 보호 또는 과잉 보호받았다는 느낌 찾아보기)

증상이 이렇게 중복되는 것은 사용하는 척도에 대한 시사점이 있다. 생산연령 성인을 대상으로 개발된 Beck 우울 척도인 BDI 또는 BDI-II(Beck et al., 1996I)와 노인을 대상으로 개발된 노인 우울 척도인 GDS(Yesavage et al., 1983)를 비교한 결과, BDI-II에 있는 신체 상태에 관한 대부분의 질문이 GDS에는 없다는 것을 알 수 있다. 대신 GDS는 노인의 우울을 식별하는 데 더 효과적이기 때문에 감정과 인지에 중점을 둔다. IAPT 서비스에서 일반적으로

사용되는 척도 중 일반 불안장애 평가 척도General Anxiety Disorder Assessment에는 질병과 약물의 영향에 민감한 두 가지 질문('편하게 있기가 어렵다' 및 '너무 안절부절못해서 가만히 있기가 힘들다')이 있다. 또한 우울 환자 건강 설문지Patient Health Questionnaire에는 이 영역 전반에 걸쳐 민감한 여러 항목이 있다('일 또는 여가 활동을 하는 데 흥미나 즐거움을 느끼지 못함' '잠이 들거나 계속 잠을 자는 것이 어려움, 또는 잠을 너무 많이 잠' '피곤하다고 느끼거나 기운이 거의 없음' '입맛이 없거나 과식함' '신문을 읽거나 TV를 보는 것과 같은 일에 집중하는 것이 어려움' '다른 사람이 알아차릴 수 있을 정도로 너무 느리게 움직이거나 말함, 또는 그 반대로 평소보다 많이 움직여 안절부절못하거나 들떠 있음'). 따라서 이러한 항목의 점수만으로 기분을 측정하는 데 사용해서는 안 된다. 병원 불안-우울 척도Hospital Anxiety and Depression Scale(Bjelland et al., 2002)는 노인을 위해 특별히 개발된 것은 아니지만, 신체 건강의 영향을 상대적으로 덜 받으므로 노인 그룹에 유용하게 사용할 수 있다.

노년층은 높은 수준의 질병에도 불구하고 젊은층에 비해 덜 괴로워하는 경향이 있으며 삶의 질이 좋다고 보고한다(Steptoe et al., 2015). 이는 건강 상태가 반드시 기분 상태에 영향을 미칠 필요는 없음을 시사한다. 내담자의 건강 상태에 대한 정서적 반응을 통합하는 방식은 일반적으로 임상가가 저강도 인지행동치료 접근법 내에서 현실 가능한 심리적 목표로 집중할 수 있게 해 준다(제14장 참조).

내담자와 함께 작업할 때 가끔은 노후에 대한 개인적인 가정을 피하기가 어려울 수 있다. 앞서 언급한 바와 같이, 노후에 대한 부정적인 가정은 매우 흔한 일이며 긍정적인 정서적 변화의 가능성을 과소 평가하는 것으로 이어질 수 있다(Hess et al., 2009). 노년층은 많은 역경을 경험할 수 있다(CALTAP의 '도전과제'). 앞에서 언급한 바와 같이, 이는 전문가들로 하여금

연습 13-5 ❀ 노년기 질병

심장병이나 류머티즘과 같은 심각한 만성질환을 앓고 있다면 어떤 기분이 들겠는가? 제3장의 다섯 가지 영역 모델을 살펴보라. 심부전이 있을 때 불안감을 느끼는 이유에 초점을 맞춰 다이어그램을 작성한 다음, 우울감을 느끼는 이유에 대해 또 다른 다이어그램을 작성해 보라.

제14장 '만성질환에 대해 작업하기'를 참조하라. 같은 질환을 앓고 있는 노년층이 젊은층과 다르게 느끼는 이유는 무엇이라고 생각하는가? 우리는 대부분의 사람이 임상적으로 불안해하거나 우울해하지 않고 신체적 질병을 관리한다는 것을 알고 있다. 여러분이 작성한 다섯 가지 영역 모델 다이어그램을 살펴보면, 여러분의 감정 상태를 개선하는 데 도움이 되는 인지 또는 행동에는 어떤 것들이 더 있을까?

연습 13-6 ✿ 노인과 함께 작업하며 긍정적 태도 유지하기

건강 상태가 좋지 않은 사람에 대한 자신의 감정이 내담자를 평가하는 방식에 영향을 미치지 않도록 하려면 어떻게 해야 하는가?

[연습 13-4]로 돌아가서 Mary의 사례를 다시 읽어 보라. Mary의 우울한 기분이 좋아질 것이라는 희망은 어느 정도인가? (0~10점 척도로 평가)

이제 Mary의 우울한 기분에 기여하는 각 요인을 다섯 가지 영역 모델에 넣어 보라. 그런 다음, 각 영역을 살펴보고 Mary의 기분을 향상시키기 위해 무엇을 할 수 있을지 생각해 보라. 이 과정은 가능한 치료 계획을 세우는 데 도움이 될 것이다.

이제 Mary와 함께 치료에 참여하는 것에 대해 얼마나 낙관적으로 생각하는가? (0~10점 척도로 다시 평가)

고통이나 괴로움을 노년기의 피할 수 없는 부분('이해 가능 현상'; Blanchard, 1992)으로 간주하고 따라서 치료할 수 없다고 생각하게 만드는 효과를 가져올 수 있다(Prince et al., 2015). 이 두 가지 태도는 모두 잘못된 것이다. 노인은 회복력이 강하고 고통을 이례적으로 겪는 경향이 있다. 따라서 평가의 목적은 노인의 경우 불안하거나 우울한 것이 이례적일 수 있으므로, 내담자의 상황에도 불구하고 불안하거나 우울한 이유를 알아내는 것이다.

또 다른 위험은 임상가가 속상하다고 느끼면 내담자에게도 똑같이 괴로운 일일 수 있다고 가정하는 것이다. 중립적 소크라테스식 질문 방식은 잠재적으로 오해의 소지가 있는 가정을 하는 것에 대한 좋은 대응책이 될 수 있다.

노인들과 함께 일한 경험이 많지 않다면 이 분야의 전문가(예: Age UK 또는 전문 의료 서비스)와 상의하는 것이 매우 도움이 될 수 있다. 이런 전문가를 통해 해당 상황에서 예상되는 정상적인 감정의 범위에 대해 더 많은 관점에서 조언을 얻을 수 있다. 예를 들어, 말기 질환을 앓고 있는 사람들과 함께 일할 때는 호스피스 직원이나 암간호 전문 간호사와 이야기하여 이러한 상황에서 사람들이 일반적으로 어떻게 반응하는지 알아보는 것이 도움이 될 수 있다. 전문 간호사나 특정 내담자와 관련된 전문가와 상의하면 여러분이 가지고 있는 정보에 맥락을 더하는 좀 더 개별적인 시각을 얻을 수 있다.

내담자와 대화를 나누며 어려운 상황에 처했을 때 기분이 나빠지지 않도록 돕는 것이 무엇인지 물어보는 것이 가장 유익할 수 있다. 노년층은 회복탄력성 수준이 높으므로([글상자 13-2] 참조) 이러한 보호 요인에 주의를 기울이는 것이 도움이 된다. 상황이나 신체적 능력의 변화 없이도 사람의 감정 상태를 향상시키기 위해 개발할 수 있는 인지 및 행동 패턴 내

글상자 13-2 ·노인의 회복력에 영향을 미치는 요인(및 영향을 미치는 접근방식)

- 적응적 대처(일반적으로 문제와 이슈를 피하지 않고 접근하는 것).
- 낙관적이고 희망적인 태도(인지 재구성을 통한).
- 긍정적인 경험과 감정에 집중하기(예: 더 긍정적인 관계 등 이로 인한 긍정적인 효과 강조).
- 과거나 미래에 너무 집중하지 않고 현재를 개선하는 데 집중하기.
- 사회적 지원 및 지역사회 활동 참여['사인 포스팅(활동 참여 정보가 나와 있는 게시물)'을 통해 강화].
- 일상생활 활동(바쁘게 지내기—행동 활성화를 통해 변화).
- 독립성(보조기구 및 공식적인 의료 서비스 지원을 통해 도움).
- 신체활동['사인 포스팅(활동 참여 정보가 나와 있는 게시물)'을 통해 향상됨].
- 성별(여성이 남성보다 회복력이 더 높은 경향이 있음).

출처: MacLeod et al. (2016).

에는 종종 기능적 요소가 있을 수 있다.

한 가지 유용한 성찰적 질문은 내담자의 기분이 전반적인 장애를 가중시키고 있는지 스스로에게 물어보는 것이다. '내 내담자가 불안감(또는 우울감)을 느끼지 않고 다른 변화가 없다면 어떤 차이가 있을까?' 어떤 상황에 대해 크게 불안하거나 우울감을 느끼면서 상황이 개선되는 경우는 거의 드물다. 기분이 개인의 삶의 질을 어떻게 제한하는지 **구체적으로** 파악하면 잠재적인 치료 목표와 에너지를 어디에 투자해야 할지 더 잘 알 수 있다.

글상자 13-3 - Mary를 위한 개입

Mary의 우울한 기분이 상황을 개선하기 위한 시도를 제한하고 있을 수 있다. 기분이 나아지면 딸과 다른 아이들을 방문할 수 있을 것이다. 또한 인터넷을 사용하여 자녀 및 다른 사람들과 소통하는 방법을 배울 수도 있다. 피트니스 프로그램을 통해 쇠약해진 체력을 보강할 수도 있다. 새로운 활동을 통해 그녀의 시간을 채울 수 있다. 다른 사람을 돕기 위해 자원봉사를 할 수도 있다. 이것이 실제로 도움이 될지 여부는 예측하기 어렵지만, 우울한 기분은 시도조차 하지 못하게 할 것이다.

장애를 유발하는 감정(불안 또는 우울)이 확인되면 이를 내담자의 개인적인 맥락에 대입해 보자. 모든 노인의 특징 중 하나는 오랫동안 살아왔다는 점이다. 이러한 경험은 현재의 감정 상태를 이해하는 데 도움이 될 수 있다. 탐색해야 할 한 가지 핵심 영역은 이것이 그들에게 새로운 감정인지(적어도 이 정도 강도는), 아니면 이전에 경험했던 감정의 재발인지 여부를 파악하는 것이다. 저강도 인지행동치료에서는 심각하고 만성적인 문제가 있는 사람들을 만나게 되는 경우가 드물기 때문에, 일반적으로 이전에 회복된 적이 있는지 물어보게 된다. 이러한 경우, 이전에 어떻게 정상 상태로 돌아갔는지 물어보면 임상가와 내담자 모두 기존의 강점을 파악할 수 있으므로 다음과 같은 질문을 해 보길 바란다. "무엇이 회복에 도움이 되었다고 생각하십니까? 자신을 위해 무엇을 했고 다른 사람들은 당신을 위해 무엇을 했습니까?" 그다음 질문은 "그때의 회복 과정을 되돌아보았을 때, 도움이 될 만한 것이 있다면 지금 해 보는 건 어떨까요?"이다.

연습 13-7 ✿ 과거 회복 경험 활용하기

Mary를 평가할 때, 그녀가 말년에 돌보던 부모님이 돌아가신 후 우울에 시달린 적이 있었다는 사실을 알게 되었다. 그녀는 지역 도서관에서 일하게 되면서 기분이 나아졌다. Mary의 이전 우울을 유발하고 회복하는 데 도움이 된 요인은 무엇이라고 생각하는가? 그 요인들이 현재에도 관련이 있다고 생각하는가? 치료를 위해 어떤 방법을 제안해 볼 수 있겠는가?

노인의 특정 정서장애 평가하기

이 장의 앞부분에 제시된 퀴즈의 정답에서 일부 정서장애는 노년층에게 흔하지 않다고 언급했다. 이러한 장애가 발생하는 경우, 생산연령인구와 유사한 특성을 보이므로 이와 유사한 평가 과정을 통해 관련 정보를 수집할 수 있다. 그러나 노년층에서는 일반적인 진단 범주에 맞지 않는 잘 정의되지 않은 형태의 불안이나 우울을 보이는 경우가 더 일반적이다(예: Schuurmans et al., 2005). 이러한 경우보다 일반적인 모델이 도움이 될 수 있다. 이러한 경우 감정은 종종 좋은 출발점이 된다. 사람들은 자신의 감정을 설명할 수 있는 자신만의 언어가 있을 수 있으며, 이는 자신의 속한 세대에 따라 매우 특정적일 수 있다. 불안한 사람은 '초조하다' '스트레스를 받는다' '긴장된다' 또는 '뭔가 이상하다'라고 말할 수 있다. 우울한 사람들은 '우울하다' '비참하다' '귀찮다' '지쳤다' 또는 '우울하다'와 같은 용어를 사용할 수 있다.

생산연령인구의 성인과 마찬가지로, 당사자가 직접 사용하는 단어는 개인의 경험을 담아내기 때문에 더 도움이 되는 경우가 많지만, 시간이 지나면 이러한 단어가 감정적 반응의 일부라는 것을 알 수 있도록 도와주는 것이 자조 자료를 이해하는 데 도움이 될 수 있다.

불안 평가 및 공식화

[그림 13-3]은 노인을 대상으로 작업할 때 직면할 수 있는 몇 가지 평가 도전과제와 함께 불안에 대한 인지행동치료CBT 모델의 핵심 구성요소를 보여 주고 있다. 이제 순서대로 살펴 보겠다.

불안 관련 감정은 위협, 위험 또는 위협감에서 비롯된다. 내담자가 느끼는 두려움의 핵심 을 파악하는 것이 가능할 수도 있지만, 때때로 노인은 불안의 정확한 본질을 파악할 수 있는 관련 인지에 접근하지 못하는 경우가 있다. 이러한 상황에서는 미지의 것에 대한 두려움이 나 조건화된 두려움(특정 상황과 명확한 인지적 연관성이 없는 불안감 사이의 연관성)을 경험할 수 있다. 때때로 사람들은 두려움을 경험하는 것 자체를 두려워할 수도 있다. 내담자가 접근

[그림 13-3] 불안 인지행동치료 모델의 핵심 요소

할 수 없는 특정 인지를 찾으려는 시도는 실패할 가능성이 높다. 따라서 내담자가 자신이 무엇을 불안해하는지 쉽게 이해하지 못한다면 인지적 요소는 제쳐 두는 것이 좋다. 노인은 불안을 관리하기 위해 제한된 일상만을 활용할 가능성이 높다(예: Yardley & Smith, 2002). 이들에게 새로운 상황은 낯설고 예측이 불가능하기 때문에 두려움을 유발할 수 있다. 행동 실험(다음 참조)을 통해 사람들이 두려워해야 하는 것이 무엇인지 알아보는 것도 한 가지 방법이될 수 있다.

이전 장에서 설명한 것처럼 감정 상태의 변화는 각성과 관련된 신체적 변화도 이끌어 낸다. 이러한 변화는 대화에서 다르게 표현될 수 있고 신체적 질병이나 약물의 영향과 혼동될수는 있지만, 노인에게도 나타나는 경향은 비슷하다. 노인은 '숨이 차다' '가슴이 답답하다' '꽉 조인다' '뱃속에 공이 꽉 찬 느낌' 등 자신만의 언어로 감각을 설명할 수 있다. 어떤 사람들은 이러한 감각을 말로 표현하는 것이 어렵다고 느끼기도 한다. 이런 경우에는 '기분이 나쁘다'로 충분히 판단이 가능하다.

이러한 변화의 타임라인에 대해 물어보면 그 원인을 파악하는 데 도움이 될 수 있다. 불안감을 느낄 때 이러한 증상이 나타난다는 것은 각성 상태가 원인이라는 상당히 강력한 증거이다. 하루 중 특정 시간대에 정기적으로 발생하는 에피소드는 신체적 질병이나 약물 복용이 영향을 미치고 있음을 시사한다. 이 분야는 정확한 결론을 내리기 위해 경험이 필요한 전문 영역이다. 따라서 내담자를 잘 아는 다른 의료 전문가와 연락하는 것이 도움이 될 수 있다. 때로는 시간이 지나면서 내담자에 대해 더 많은 지식을 쌓아야만 확실한 결론을 내릴 수있다.

특히 주의해야 할 점은 신체적 질병의 증상과 불안 증상이 겹치는 경우이다. 예를 들어, 심장질환이 있는 사람이 불안할 때 가슴 통증을 느끼거나 만성 폐쇄성 폐질환이 있는 사람이 걱정할 때 숨이 가빠지는 증상이 나타날 수 있다. 이러한 조합은 두려움이 커질수록 두려워하는 근거가 더 분명해 보이므로 사람들에게 공포심을 유발할 수 있다. 만성질환에 초점을 맞춘 제14장에서는 각성과 신체 증상 사이의 가능한 상호작용에 대한 자세한 정보를 다룬다.

마지막으로, 사람들은 자신을 보호하기 위해 자연스럽게 행동한다. 위험을 피하기 위한 조치를 취하거나, 피할 수 없는 경우 안전 행동을 통해 위험을 줄이려고 한다(제9장 참조). '심장이 좋지 않은' 사람은 심장마비가 아닌지 안심하기 위해 불안감을 느낄 때 응급 서비스에 연락할 수 있다. 마찬가지로 기도 질환이 있는 사람은 숨이 차지 않도록 운동을 피할 수 있다.

이러한 단계를 사용하면 내담자의 경험이 진단 범주에 딱 들어맞지 않더라도 내담자가이해할 수 있는 주기를 파악하는 데 도움이 될 수 있다.

예를 들어, 치료 중 Mary는 외출을 더 많이 하기 시작했다. 집에서 멀리 떨어진 곳을 여행한 지 오래되어서 그런지 불안한 마음이 들었고, 가끔씩 '심장 박동이 멈추는' 느낌이 들기도 했다. 남편이 심장마비로 사망한 적이 있는 그녀는 자신에게도 같은 일이 일어날까 봐 걱정되었다. 외출할 때 불안감을 느낄수록 심장이 더 나빠진 것 같다는 악순환이 시작되었다. 임상가와 상의한 결과, 그녀는 본능적으로 임상가에게 폐를 끼치고 싶지는 않았지만 걱정에 대해 뭔가 조치를 취해야겠다고 결심했다. 그 후 그녀는 검진을 받으러 갔고, 그 결과 심장은 괜찮다는 판정을 받았다. 그 후로 그녀는 외출하는 것이 훨씬 더 편안해졌고 심장이 '안정'된 것 같았다.

누군가가 치료를 받으러 온다는 사실이 함축하는 것은 이러한 주기가 다음과 같이 극단적이라는 가정을 내포하고 있다. (a) 당면한 상황에 대해 필요하거나 정상적인 수준보다 더 많은 불안을 느끼거나, (b) 다른 사람들보다 더 높은 수준의 위협과 위험을 감지하거나, (c) 자신의 감각에 압도되어 과잉 보호 방식으로 행동하는 경우이다. 그러나 생산연령인구의 사람들과 함께 작업할 때와는 달리 이러한 문제가 전적으로 과장된 것은 아닐 수 있다. 정말로 걱정해야 할 일이 있을 수 있으며, 특히 특정 경고 신호에 대응하거나 겨울철 체온 유지와 같이 건강을 실질적으로 보호해야 할 필요가 있을 수 있다. 기능적 반응과 과장된 반응을 구분하는 것은 노인에게는 어렵고 시간이 걸릴 수 있다.

마지막으로 살펴봐야 할 영역은 노인이 직면할 수 있는 위험에 대한 다른 사람들의 시각이다. 노인 치료에 관여하는 다른 전문가들은 노인이 처한 위험 수준을 어떻게 평가하고 있는가? 가족은 노인과 노인의 위험을 어떻게 바라보고 있는가? 배우자와 자녀가 노인을 과

연습 13-8 ❀ 위험 및 불안관리

Grace는 이전에 세 번의 심장마비를 겪었고, 마지막 발작 때는 거의 죽을 뻔했다. 또한 심장이 제대로 뛰지 않는다고 생각할 때 공황발작을 겪기도 한다. Grace가 느끼는 적절한 불안의 정도를 어떻게 파악할 수 있는가?

• Grace의 일차 진료의, 심장 전문의 또는 전문 간호사 모두 Grace의 위험에 대한 각자의 견해를 알려 줄 수 있다. 그들에게 직접 물어보거나 상담을 진행하면서 Grace가 직접 그들에게 물어보도록 지원할 수 있다. Grace의 심장 치료를 담당하고 있는 의사와 함께 공동 진료를 받는 것이 도움이 될 수 있다.

심장마비를 겪은 다른 사람들은 어떻게 불안으로 인한 장애를 피할 수 있는가?

- 심장 재활 그룹에 참석하여 심장질환을 경험한 후 '적응'하는 가장 좋은 방법을 알아보고, 치료를 담당하는 의료진에게 위험을 관리하는 가장 좋은 방법을 물어보고, 인터넷에서 건강 악화에 대처하는 방법에 대한 조언을 찾아볼 수 있다.

  심장이 걱정될 때 적절한 기능적 반응은 무엇인가?

- 그녀의 경험을 되돌아보면 심장 마비와 공황발작의 차이점은 무엇이었는가? 어떻게 시작되고 진행되었는가? 어떤 증상이 있었으며 당시 기분이 어땠는가?

  Grace가 실제로 심장마비가 왔다고 생각하는 경우 취할 수 있는 최선의 대응책은 무엇인가?

- Grace가 또다시 심장마비가 올 것이라고 생각하는 경우 어떻게 해야 자신을 보호하고 불안을 관리할 수 있는지 계획을 세워 보라.
- Grace가 심장마비라고 걱정하지만 실제로는 공황발작을 겪고 있는 경우의 대처방식과 어떻게 다른가?
- 내담자 및 가족과 함께 계획을 수립하여 내담자가 과잉 반응하지 않고 위험에 처하지 않도록 할 수 있다.

잉 보호하거나 함부로 대하진 않는가? 다른 사람들이 자신을 어떻게 보는지 내담자에게 직접 물어보는 것은 매우 도움이 될 수 있다. Mary는 불안감이 줄어들자 자신의 딸인 Maggie에게 방문하기로 했다. Maggie는 Mary가 혼자서 여행할 수 없을까 봐 걱정이 되어 방문을 미루려고 했고, Mary는 속상해했다. 담당 임상가와 상의한 후, Mary는 딸의 다음 방문이 끝나면 Maggie와 함께 그녀의 집에 갔다가 혼자 돌아와도 되는지 물어보기로 했다. Maggie는 그 제안에 만족했고 결과는 성공적이었다.

우울 평가 및 공식화

[그림 13-4]는 우울에 대한 인지행동치료 모델의 핵심 구성요소를 보여 준다. 사람들이 왜 이런 기분을 느끼는지 직접 설명할 수 있는 방법을 탐색하면 우울한 인지를 이해하는 데 도움이 될 수 있다. 다시 한번 강조하지만, 임상가가 중요하다고 생각하는 것이 아니라 내담자의 개인적인 상황에서 무엇이 그들을 화나게 하는지에 초점을 맞추는 것이 중요하다. 예를 들어, 경험이 부족한 많은 임상가는 노인이 죽음에 가까워지면 우울해할 것이라고 예상

한다. 하지만 놀랍게도 실제로는 그렇지 않다. 대부분의 노인은 평온한 마음으로 임종을 맞이한다. 노인의 관점에서 노년기의 피할 수 없는 특징(예: 죽음)을 어떻게 관리하고 있는지 이해하는 기회를 가지면, 임상가 스스로도 매우 어려울 것으로 예상하는 사건에 대처할 수 있는 기능적이고 보호적인 방법(CALTAP의 '긍정적 성숙')을 잘 이해할 수 있다.

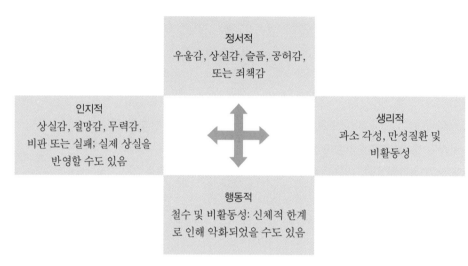

[그림 13-4] 우울 인지행동치료 모델의 핵심 요소

우울의 신체적 변화는 다양한 신체질환, 특히 류머티즘, 심부전 또는 폐쇄성 폐질환과 같은 만성 신체질환의 신체적 변화와 겹칠 수 있다. 이러한 질환은 마찬가지로 신체적·정신적 에너지 부족으로 이어진다. 불안과 마찬가지로 우울은 불안에 비해 증상이 더 천천히, 더 광범위하게, 덜 구체적으로 나타나는 경향이 있기 때문에 어떤 증상이 기분에 의한 것인지, 어떤 증상이 신체질환(또는 약물)에 의한 것인지를 파악하는 것이 어려울 수 있다. 다른 전문가와 컨설팅을 통해 상의하는 것도 도움이 될 수 있지만, 때로는 우울을 치료한 후 어떤 문제가 남아 있는지 확인하는 것이 심리적 요인이 어떤 기여를 하고 있는지 알 수 있는 유일한 방법일 수 있다.

결과적으로 사람들이 건강이 좋지 않아서 활동을 할 수 없는 것인지, 아니면 마음 상태 때문에 활동을 할 수 없는 것인지 알기 어려울 수 있다. 다시 말하지만, 변화를 시도하고 그 결과를 확인하는 실험적 접근방식을 취하는 것이 신체적 요인과 심리적 요인의 상대적 기여도를 검증하는 가장 좋은 방법일 수 있다. 많은 기성세대는 건강이 나빠지면 휴식과 회복을 통해 대처하는 것이 가장 좋은 방법이라고 배웠다. 이들은 상황이 어려울 때 이 전략을 따르는 경향이 있으며, 자신도 모르게 점점 더 많은 일을 덜고, 점점 더 많은 일을 어려워하며, 결국 우울 유지 사이클을 강화하게 된다. 비활동성은 일반적으로 신체적·정신적 건강을 회복하는 데 가장 나쁜 방법으로 간주되며, 천천히 활동을 늘리는 것이 훨씬 더 효과적인 접근 방식이다(예: Waddell, 1993).

　마지막 질문은 (치료가 도움이 되는) 우울과 (일반적으로 치료가 필요하지 않은 기능적 적응으로 이어지는 자연스러운 반응인) 슬픔을 어떻게 구별할 수 있는가 하는 것이다(Stroebe & Schut, 1999). 특히 노년기에 배우자와 친구를 잃고 슬픔에 빠지는 경우가 흔하다(CALTAP의 '관계적 맥락'). 신체적·정서적으로 슬픔과 우울은 매우 비슷하게 느껴질 수 있다. 그러나 인지적·행동적으로 차이가 있어 구분할 수 있다. 인지적으로 슬픔은 상실한 사람이나 사물에 초점이 있으며, 슬픔에 빠진 사람은 자신과 삶의 다른 영역이 만족스럽다고 인식한다(당장은 긍정적으로 느끼지 못하더라도). 반면 우울은 삶의 모든 측면에 색을 입힌다.

　행동적으로 슬픔에 시달리는 사람들은 그저 일상적인 동작을 반복하는 것처럼 느껴지더라도 활동적인 상태를 유지하는 경향이 있다. 우울에 걸리면 활동량이 줄어드는 경향이 있다. 우울은 상실의 형태에 의해 촉발될 수도 있다는 점에서 많은 부분이 겹칠 수 있다. 때로는 시간이 지나면서 기분이 나아질 때까지 기다리는 것이 최선이자 유일한 방법일 수도 있다. 경험에 따르면, 상실에 적응하는 데는 최소 6개월이 걸린다(Zisook & Shear, 2009). 적응하지 못하고 있다는 확실한 증거가 없는 한 이 기간 동안은 주의 깊게 모니터링하는 것이 가장 좋은 방법일 수 있다. 10명 중 1명 정도는 이러한 증상이 장기간 지속되며 복합애도를 경험할 수 있으며, 이는 그 자체로 치료가 필요할 수 있다(APA, 2013; Shear et al., 2011).

치료

　평가와 마찬가지로, 노인을 대상으로 치료를 진행할 때 좋은 출발점은 특별한 이유가 없는 한 젊은 사람들에게 사용하는 것과 동일한 치료법을 고려하는 것이다.

노인과 함께 목표 세우기

　다른 연령대의 내담자와 함께 작업할 때와 마찬가지로, 저강도 인지행동치료의 목표는 다음과 같다. (a) 정서적 고통을 줄이고, (b) 더 많은 기능적 인지를 가지도록 하며, (c) 장애를 줄이는 것이다. 합리적인 초기 목표는 최소한 최적의 최근 기능 수준으로 되돌리는 것이다. 더 개선될 가능성이 있을 수 있지만 미리 예측하기는 어렵다.

때때로 임상가는 환자의 만성적인 문제 때문에 부담감을 느낄 수 있다. 임상가들은 수십 년 동안 지속되어 온 심리적 문제가 비교적 최근에 발생한 문제보다 치료하기가 더 어렵다고 생각할 수 있다. 하지만 이는 사실과 다르다(Bennabi et al., 2015). 특정 시점이 지나면 치료되지 않은 장애의 기간은 결과에 큰 영향을 미치지 않는 것으로 보이며, 적절한 치료를 제공하면 환자는 반응을 나타낼 것이다. 반면에 반응이 좋지 않은 상태에서 치료 기간이 길어지는 것이 더 중요한 요인이다. 몇 년 동안 많은 치료를 시도했지만 별다른 효과를 보지 못한 사람은 반응이 더 나빠질 가능성이 높다.

나이가 들어감에 따라 기능이 변화한 노인의 경우에는 이러한 치료 반응에 도달할 수 있는 방법이 다를 수 있다. 무엇을 변화시키기 위해 노력할 것인지 우선순위를 정하는 것은 시간을 투자할 가치가 있는 매우 중요한 작업이다. 특히 사람들이 할 수 있는 일의 양이 제한되어 있는 경우에는 목표의 질이 양보다 더 중요할 수 있다.

올바른 목표를 찾으려면 내담자에게 진정으로 가치와 의미가 있고 정서적으로 큰 보상을 제공할 수 있는 곳에 관심을 집중해야 한다. 신중하게 계획하고 실행하면 성공 가능성이 높아지며, 특히 인지적 또는 신체적 한계(CALTAP의 '부정적 성숙')를 보조 도구의 도움으로 극복할 수 있는 경우 성공 확률이 더욱 높아진다. 한 가지 문제점은 사람들이 전반적으로, 특히 새로운 상황에서 자신의 감정 반응을 예측하는 데 서툴다는 것이다. 행동 실험은 효과적인 대안을 찾는 데 매우 중요한 수단이 될 수 있다. 따라서 어떤 것이 최선의 선택이 될지 미리 파악하는 데 너무 많은 시간을 소비하기보다는 새로운 것을 시도하고 그 효과로부터 배우는 것이 더 낫다.

일반적 조정

앞서 설명한 대로 개입 방식을 조정해야 하는지 알아보는 좋은 방법은 내담자에게 물어보는 것이다. 이 장에서 소개하는 자료도 고려하면 도움이 되는 부분을 안내해 준다. 회기 시작 전, 회기 중, 회기 후에 정기적으로 피드백을 받는 것도 매우 유용하다. "이 생각이 ○○ 씨에게 어떻게 들리세요?" "우리가 같이 이야기한 변화를 어떻게 받아들이셨나요?" "○○ 씨가 한 반응을 고려했을 때 우리가 달리 해야 할 것이 있나요?" 등의 질문은 모두 치료 과정의 일부를 조정해야 할 필요가 있는지 알아보는 데 사용할 수 있는 질문의 예이다. 소크라테스식 질문과 요약에 강조점을 둔 인지행동치료의 협업 구조는 내담자에게 초점을 맞추고 융통성을 발휘하는 데 도움이 된다.

모든 노인은 서로 다르다. 오히려 노인들은 다른 연령대보다 더 다양한 모습을 보인다.

각 세대별로 임상가가 이해하는 데 걸리는 시간이 다를 수 있다. 확실하지 않은 경우 내담자에게 같은 연령대의 다른 사람들이 어떻게 느끼는지 물어보면 세대별 차이를 파악하는 데 도움이 될 수 있다.

물론 다른 연령대에도 이런 형태의 조정은 필요하지만, 노인과 함께 일할 때는 더 많이 필요할 수 있다. 그러나 앞서 살펴본 바와 같이 전반적으로 노인은 젊은 사람보다 치료에 더욱 잘 반응하는 편이어서 조정이 필요하다면 그러한 조정은 효과적일 수 있음을 시사한다.

일부 세대는 치료 방식에 익숙하지 않을 수 있으며 임상적 맥락(CALTAP의 '세대' 및 '문화')에서의 일반적인 관계보다 더 '친근한' 관계를 추구할 수 있다. 일반적으로 예의를 갖추려는 의도로 개인적인 질문을 자주 할 수 있다. 이러한 경우 제한적인 정보를 제공하되 신속하게 치료 주제로 돌아가는 것이 정보 제공을 거부하는 것보다 더 효과적이다. 예를 들어, 임상가가 휴가를 떠난 사실을 알면 휴가에 대해 묻는 경우가 많다. 이때는 일반적인 답변으로 충분하다. "휴가는 즐거웠습니다. 이제 돌아왔으니 당신을 돕는 데 집중하겠습니다."라고 대답하면 된다. 세대 간 문제에 대해서는 이에 더 많은 경험을 가진 동료와 함께 상의하면 큰 도움이 될 수 있다.

저강도 치료에서의 구체적인 조정 방안

근로 연령 성인을 대상으로 사용하는 저강도 인지행동치료 치료법(제10장 참조) 일부는 약간의 조정이 필요할 수 있으며, 노인에게도 마찬가지로 적용된다. 고려해야 할 영역의 종류는 다음에 설명되어 있다.

행동 활성화

모든 실제 접근방식과 마찬가지로, 내담자와 함께 진행하는 활동이 현재 또는 잠재적으로 내담자의 신체적 능력 범위 내에 있는지 확인하는 것이 중요하다. 때때로 활동이 활발하지 않은 경우, 그것이 신체적 능력 때문인지 아니면 마음 상태 때문인지 구분하기 어려울 때가 있다. 결과에 주의를 기울이면서 예전에 하던 활동을 부드럽게 다시 시작하면 성공할 확률이 높아지는 경향이 있다. 비활동적인 사람들이 건강을 회복하는 데는 시간이 걸리므로(제14장 참조) 인내심이 필요할 수 있다. 몸이 아프거나 허약한 사람의 생활방식에 활동을 다시 도입할 때 발생할 수 있는 잠재적 위험에 대해 확신이 서지 않는다면 그들을 돌보고 있는 다른 사람들과 상의하는 것이 좋다. 그러나 이러한 과정을 거친 후에도 내담자의 수행 능력이 불분명할 수 있으며, 이 경우 행동 실험에 대해 논의할 수 있다.

행동 실험

행동 실험은 내담자가 새로운 치료 정보를 발견하기 위해 수행하는 실험 또는 관찰을 기반으로 하는 계획된 활동이다.

노인의 경우 행동 실험을 통해 현재 무엇을 할 수 있는지, 연습을 통해 무엇을 할 수 있는지, 성공하려면 어떤 지원이나 적응이 필요한지 등 여러 가지 질문에 답할 수 있다. 내담자와 협력하면 적절한 수준으로 실험을 설정하여 위험과 기회의 균형을 유지하고 성공 가능성을 극대화하는 데 도움이 된다. 특히 고령 내담자의 경우 예측이 어렵기 때문에 잠재적인 결과에 대해 열린 마음을 유지하는 것이 중요하다. 예를 들어, 광장공포증 증상 완화 효과를 검증할 때 내담자가 미끄러져 넘어질 수도 있다. 또한 새로운 활동을 시도할 기회가 제한되어 있는 경우 실험 기간을 더 길게 잡아야 할 수도 있다.

연습 13-9 ✤ 활동량 늘이기 및 위험 관리하기

Mary가 다시 집 밖으로 나가기 시작했다. 그녀의 담당 임상가로서 어떻게 하면 그녀가 안전하게 외출할 수 있도록 할 수 있을까? 하루 중 어느 시간이 좋을까? 어디로 갈 계획을 세워야 할까? 문제가 발생하면 누군가에게 어떻게 연락할 수 있는가? 지나치게 조심하는 행동과 무모한 행동 사이에서 어떻게 하면 적절한 균형을 맞출 수 있을까? 너무 많은 일을 시도했다면 '플랜 B'를, 예상보다 훨씬 더 많은 일을 할 수 있다면 '플랜 C'를 실행할 준비를 갖추고 있는가?

인지 재구성

노인과 함께 작업을 할 때는 현실적인 평가보다는 도움이 되는 평가에 초점을 맞추는 것이 가장 효과적이다. 역경에 직면한 사람들에게는 희망적이고 적극적인 인지(반드시 현실에 근거한 것은 아니지만)가 회복력을 촉진하는 경향이 있다. 변화할 수 없는 것은 수용하고 수용할 수 없는 것을 변화시키는 방법을 다룬 수용 및 전념 치료(Hayes & Lillis, 2012)의 일부 내용이 매우 도움이 될 수 있다. 개인이 가치 있다고 생각하는 것을 함께 작업하면 현실적으로 가능한 범위 내에서 의미 있는 삶을 다시 확립하기 위한 목표를 안내하는 데 도움이 된다(Harris & Hayes, 2009). 이는 저강도 인지행동치료와는 다른 치료 방법이지만, 할 수 없거나 다른 많은 것을 희생해야만 달성할 수 있는 것이 아니라 비교적 쉽게 할 수 있는 것에 시간과 에너지를 투자하는 것을 강조하는 것은 변화가 어려운 문제에 적응하는 과정에 도움이 될 수 있다. 내담자의 개인적 맥락 내에서 저강도 인지행동치료의 목표를 구체화하는 데 시간을 투자하면 임상가는 가장 효과적인 변화가 가능한 영역을 파악할 수 있다.

점진적 노출

행동 활성화 및 행동 실험과 마찬가지로, 점진적으로 회피를 줄이는 것이 가장 효과적이다(Wuthrich & Rapee, 2013). 명확한 방향성을 제시하되 상황에 따라 조정할 수 있는 유연한 일정과 목표를 설정하는 것도 좋은 방법이다. 불안을 덜 느끼기 위해 궁극적으로 얼마나 많은 진전을 이룰 수 있을지 또는 실제로 얼마나 더 발전해야 할지 예측하는 것은 매우 어려울 수 있으므로, 정기적으로 검토하면서 초기 단계에 집중하는 것이 위계의 최상위에 도달할 의도로 작업하는 것보다 더 효과적일 수 있다. 가족이나 간병인 등 다른 사람의 도움을 받아 노출을 도와주는 것이 유용할 수 있지만, 무리하게 강요하거나 또는 지나치게 수용적인 태도를 취하지 않도록 적절한 수준의 지원과 격려를 제공할 수 있는지 확인해야 자칫 자신도 모르게 통제하는 지원자가 되지 않을 수 있다.

수면 위생

수면 문제는 모든 연령대에서 흔히 나타나며, 특히 정신건강에 문제가 있는 사람들에게서 더 흔하다. 렘$_{REM}$수면 행동 장애와 같은 수면장애(수면이 극도로 불안정하고 단편적으로 나타나는 수면장애)는 노년기에 더 흔히 나타난다(Ancoli-Israel & Cooke, 2005). 단순한 불면증 이상의 증상이 의심되는 경우 다른 전문가에게 조언을 구하는 것이 좋다.

사람들은 나이가 들면서 수면의 필요성이 줄어드는 경향이 있지만, 사람들이 기대하는 것만큼 그 차이는 크지 않다. 변화가 발생하는 경우, 일반적으로 비렘$_{non-REM}$수면이 감소하고 일찍 잠에서 깨는 시간이 증가하여 수면과 기상 시간이 모두 앞당겨질 수 있으며, 잠에서 깨어 있는 시간이 더 길어질 수 있다. 수면의 질 변화는 신체적 불편함, 약물 복용, 환경 변화, 배우자와의 사별 등 다른 변화를 반영하는 경우가 많다. 일부 세대는 수면과 관련된 강한 신념을 가지고 있다. 이러한 신념을 탐색해 보고 수면 습관에 대한 최신 증거에 기반한 교육을 제공함으로써 사람들이 인식하는 문제에 좀 더 편안하게 대처할 수 있도록 도울 수 있다. 예를 들어, 어떤 사람들은 수면 부족이 건강에 해롭다고 생각하는 반면, 어떤 사람들은 충분한 신체적 휴식을 취하는 한 실제 수면 시간이 적어도 의외로 잘 지낼 수 있다. 깨어 있는 것이 그다지 즐겁지는 않을 수 있지만 실제로 해를 끼치지는 않는다.

치료는 침대에서 보내는 시간을 줄이고, 잠을 자러 가기 위해서만 잠자리에 들고 그것에 대해 걱정하지 않는 것이 목표라고 요약할 수 있다(Taylor & Pruiksma, 2014). 이 모든 것이 말처럼 쉽지는 않다. 잠을 잘 자는 경향이 있는 사람들은 하루의 미완성된 업무에 대한 느낌 없이 잠자리에 들고, 잠자리에 드는 것에 대해 정말로 생각하지 않고, 잠자리에 들려고 노력하지 않으며, 잠이 천천히 오더라도 크게 걱정하지 않는다. 장기간 수면 부족이 지속되면 이러한 태도를 갖기 어렵다.

따라서 수면을 개선하기 위한 접근방식은 수면 제한을 통해 양보다 질을 우선시하는 것이 핵심이다. 내담자는 말 그대로 잠이 들 것 같을 때만 잠자리에 들고, 실제로 잠이 들지 않을 때는 다시 '졸음이 쏟아질 때까지' 잠자리에서 일어나 있는 것이 좋다. 기분이 어떻든 간에 기상 시간을 매일 똑같이 설정하는 것이 필요하다. 이런 변화의 영향으로 수면 패턴이 재설정될 때까지 사람들은 낮 동안 매우 피곤함을 느끼게 된다. 낮 동안 깨어 있는 상태를 유지하는 것은 필요하지만 쉽지 않다. 졸릴 때 한두 시간 운동(2시간 이내로 잠을 자기보다는 20~30분 정도 심박수를 높이는 운동)을 하면 도움이 될 수 있다. 중요한 것은 운동량이 아니라 심박수의 증가이며, 심박수 증가를 달성하는 데 필요한 운동량은 많지 않으므로 보통 상당히 허약한 노인도 이를 달성할 수 있다. 독거 생활이나 일부 요양원과 같은 일부 환경은 활동을 권장하지 않기도 한다. 이러한 상황에서는 내담자가 계속 깨어 있도록 다른 사람의 도움이 필요할 수 있다.

문제해결

노인이 직면하는 많은 문제는 보호자의 도움을 받더라도 혼자서 해결할 수 없는 경우가 많다. 여러 건강 전문가가 협력하여 불안과 우울을 치료하는 협력치료의 기본 원칙(Archer et al., 2012 참조)이 좋은 지침이 될 수 있다. 지방자치단체 또는 자원봉사 기관의 다른 서비스와 협력하고 가족 및 친구와의 협력이 필요할 수 있다. 치료가 성공하려면 다른 사람을 참여시킬 시기를 결정할 때 임상가와 내담자 간의 협력 과정이 필요하다. 다른 서비스가 잘 처리되지 않으면 내담자는 버림받았다고 느끼거나 실망할 수 있으며, 결과적으로 치료 관계에 영향을 미칠 수 있다. 임상가의 역할은 주로 문제해결에 대한 심리적 장벽을 해결하는 것이다. 과도한 절망감이나 두려움은 치료의 주된 초점이 될 수 있으며, 내담자가 다른 사람들과 함께 일할 준비가 되기 전에 해결해야 할 수도 있다. 그러나 내담자와의 업무 관계를 유지하고 실제로 문제를 해결하기 위해 때때로 보고서 또는 이와 유사한 문서 등을 제공함으로써 임상가-내담자 간 엄격한 경계를 벗어나는 것도 도움이 될 수 있다.

치료 전달 방법

다음에서는 노인들이 어떻게 다양한 치료 '방법'에 참여할 수 있는지 간략하게 설명하려고 한다.

인터넷 기반 인지치료

젊은 사람들의 일반적인 생각과는 달리, 은퇴한 사람들은 컴퓨터에 대해 긍정적으로 접근하는 경향이 있다(Wagner et al., 2010). 컴퓨터에 대한 경험이 많지 않고 처음에 더 많은 지원이 필요할 수 있는 노인의 경우에는 다를 수 있다. 그럼에도 불구하고 많은 사람이 가족 덕분에 이 기술에 익숙해지고 있다. 다른 치료 기법과 마찬가지로 열린 마음을 가지고 사람들이 어떻게 지내는지 지켜보는 것이 가장 좋은 방법이다.

전화치료

전화치료Telephone therapy에 대한 태도는 사람마다 다르지만 일반적으로 노인은 대면 접촉을 선호하는 경우가 많다. 그러나 연구 결과에 따르면 두 가지 방식에서 치료 결과는 비슷하게 나타나고 있다(Floyd et al., 2004).

그룹치료

노인은 종종 그룹이 제공하는 사회적 접촉을 즐기곤 한다. 그러나 장애가 있는 사람들이 접근할 수 있는지, 그룹치료 과정이 너무 빠르게 진행되어 노인을 배제하지는 않는지 주의를 기울여야 한다. 노인을 대상으로 한 연구 결과는 거의 없지만, 젊은 성인 참가자를 대상으로 한 연구에 따르면 개인치료와 그룹치료의 결과에는 큰 차이가 없는 것으로 나타났다.

요약

- 노년기는 인생에서 급변하는 시기이다. 모든 세대는 다르게 나이가 들어간다.
- 저강도 인지행동치료에 의뢰된 노인은 젊은 성인과 많은 공통점을 가지고 있다.
- 각 노인 그룹 내에서의 다양성은 젊은 성인과의 차이보다 훨씬 더 크다.
- 대부분의 노인은 회복력이 강하고 심각한 정서적 고통 없이 일상생활을 관리해 나간다.
- IAPT 프로그램의 연구 결과에 따르면, 노인들의 회복률이 다른 연령대보다 높은 것으로 나타났다.
- 저강도 인지행동치료의 핵심 기능은 때때로 그들의 요구를 충족하기 위해 약간의 조정이 필요할 수 있다. 치료 회기를 진행하는 데 있어 현실적인 부분에 반영하는 민감하고 융통성 있는 대처가 도움이 된다.

- 특정 세대, 문화적·신체적·사회적 맥락에 기반하여 개인별 기분을 파악하고 사례공식화를 해 나가는 데 주의를 기울이는 것이 효과적인 개입을 선택하는 가장 좋은 방법이다.
- 개입은 때때로 개별 노인에 맞게 조정해야 할 수도 있지만 대체로 잘 작동한다.

글상자 13-4 -[연습 13-2]에 대한 답안 -------------------------------

1. 80세 이상 인구 중 몇 %가 치매에 걸렸다고 생각하는가?
- 정답: 80세 이상 인구의 7명 중 1명, 즉 약 12%가 치매를 앓고 있으며(Aronson et al., 1991), 88%는 치매가 없다.

2. 치매는 점점 더 흔해지고 있는가?
- 정답: 모든 연령대의 치매 발병률은 감소하고 있다(Matthews et al., 2016). 그러나 이는 노인 인구의 증가로 인해 상쇄된 결과이기 때문에 전체적으로 치매 환자의 총 수는 매우 천천히 증가하고 있다.

3. 65세 이상의 사람들에게 우울이 얼마나 흔하다고 생각하는가?
- 정답: 지역사회의 60세 이상 인구 중 25%가 우울 증상을 보이지만(Craig & Mindell, 2007), 완전히 진행된 우울은 더 드물다. 요양원에 있는 사람이나 돌봄 역할을 하는 사람 등 일부 그룹은 우울위험이 훨씬 더 높다(최대 40%; Age UK, 2016b).

4. 젊은 성인과 비교해서 어떠한가?
- 정답: 이는 중년층에서 나타나는 비율의 약 3/4에 해당한다(Regan et al., 2013).

5. 65~75세 인구 중 몇 %가 인지 기능 손실이 없다고 생각하는가?
- 정답: 95%. 75세 미만에서는 치매가 드물게 발생한다. 치매는 노화의 '정상적인' 과정은 아니다(Aronson et al., 1991).

6. 재정적 측면에서 65세 이상 인구는 우리 사회에 순비용일까, 아니면 순기여액일까?
- 정답: 65세 이상은 사회에 순재정적 기여를 한다. 여성 왕립 자원봉사 서비스(the Women's Royal Voluntary Service, 2011)는 연금, 복지 및 의료 비용을 공제한 후 65세 이상 인구가 세금 납부, 소비력, 자선단체 기부, 자원봉사 등을 통해 영국 경제에 400억 파운드(한화 약 69조 7,088억 원)의 순 기여를 하는 것으로 추산했다. 노인들은 또한 760억 파운드(한화 약 132조 4,186억 원)의 소비력, 340억 파운드(한화 약 59조 2,439억 원) 상당의 비공식 사회적 돌봄 제공, 연간 100억 파운드(한화 약 17조 4,247억 원)의 숨겨진 가치를 지닌 자원봉사, 자선단체 및 가족에 대한 100억 파

운드(한화 약 17조 4,247억 원)의 기부 등 다양한 경로를 통해 재정적으로 기여하고 있다. 노인을 위한 사회적 돌봄 비용은 연간 80억 파운드(한화 약 13조 9,397억 원)에서 100억 파운드(한화 약 17조 4,247억 원)에 달한다(Forder & Fernandez, 2010).

7. 65세 이상 인구 중 정기적으로 무급 노동을 하는 사람의 비율은 몇 %인가?
- 정답: 65세 이상 30%, 75세 이상 20%가 자원봉사를 한다.

8. 65세 이상의 사람들에게 불안이 얼마나 흔하다고 생각하는가?
- 정답: 14~20%이며, 65세부터 80세 이상까지 점점 증가하고 있다(Beaumont & Lofts, 2013).

9. 젊은 성인과 비교하면 어떤 차이가 있는가?
- 정답: 이는 중년 성인 비율의 약 3/4에 해당한다.

10. 나이가 드는 것이 노인의 성생활에 어떤 영향을 미친다고 생각하는가?
- 정답: 인간의 성적 반응은 노화로 인해 느려질 수 있지만 피할 수 없는 것은 아니다. 성행위의 제한은 노화 자체보다는 파트너의 부족, 부정적인 고정관념 또는 신체 건강 문제, 약물 효과 또는 불안과 우울과 같은 심리적 요인과 더 관련이 있다(Gott & Hinchliff, 2003).

11. 노년층은 인지행동치료에 얼마나 잘 반응하는가?
- 정답: 전반적으로 노년층도 젊은 성인과 비슷하거나 더 잘 반응한다(Kishita & Laidlaw, 2017; Age UK, 2016a).

글상자 13-5 -[연습 13-3]에 대한 답변 --------

- 임상 불안과 우울 수준이 낮기 때문에 치료가 필요한 노인은 적을 수도 있다.
- 우울이나 불안이 있는 분들의 경우, 증상을 인지하지 못하거나 다른 질병의 영향과 혼동할 수 있으며, 이러한 질병으로 인해 저강도 인지행동치료가 효과적인 치료가 되지 않을 수도 있다. 예를 들어, 기억 상실은 치료 과정을 따라갈 수 없음을 의미한다.
- 의뢰인은 노인의 문제가 저강도 인지행동치료로 치료할 수 있다고 생각하지 않거나 서비스 이용에 현실적인 문제가 있다고 생각할 수 있다.

출처: IAPT (2009).

추가로 읽어 볼 자료와 활동들

다음 링크로 클릭해 들어가면 도움이 될 만한 몇 가지 기관을 확인할 수 있다. 해당 기관이 제공하는 지원에 대해 알아보라.

- Age UK(www.ageuk.org.uk): 노인에게 조언과 실질적인 도움을 제공하는 주요 자선 단체이다. 도움이 될 만한 지역별 연락처와 서비스가 많으며, 노인의 정신건강에 관한 훌륭한 보고서도 제공한다.
- Alzheimer's Society(www.alzheimers.org.uk): 치매 환자와 보호자를 지원하는 주요 자선 단체이다. 치매와 간병의 특정 측면에 대한 다양한 자료가 있다.
- Carers UK(www.carersuk.org): 간병인을 지원하는 주요 자선 단체이다. 모든 유형의 간병인을 위한 혜택과 현실적인 지원에 대한 조언을 제공한다.
- Independent Age(www.independentage.org): 노인을 위한 지원과 조언을 제공하며, 노년기의 독립성 유지에 대한 조언도 제공한다.
- The Silver Line(www.thesilverline.org.uk): 정서적 또는 현실적 어려움에 처한 노인을 위한 24시간 지원 헬프라인이다.
- The University of the Third Age(www.u3a.org.uk): 노인을 위한 또래 학습 단체로 정신건강 활동 또는 비슷한 관심사를 가진 사람들을 만나기에 좋다.
- Citizens Advice(www.citizensadvice.org.uk): 혜택, 임대차 및 법률 문제에 대한 도움을 제공한다.
- Royal Voluntary Service(www.royalvoluntaryservice.org.uk): 사회 활동에 실질적인 도움을 줄 수 있는 자료가 있다.

APT(2009)는 노인과 함께 일할 때 필요한 임상 실무에 관한 조언을 추가로 제공하고 있다. DoH(2013)는 노인이 서비스를 이용하기 어려운 이유를 파악하고 줄이는 데 도움이 된다. IAPT(2010a)는 노인 및 기타 그룹을 위한 자조 자료에 적응하는 방법에 대한 조언을 제공해 준다. 마지막으로, Chellingsworth 등(2016)은 노인과 저강도 개입을 하는 데 특별히 초점을 맞춘 최신 가이드이다.

제**14**장 **만성질환에 대해 작업하기**

Chris Penlington

- 만성질환과 관련한 저강도 인지행동치료 작업에 내재된 원리를 이해한다.
- 만성질환이 있는 사람들에게 제공되는 저강도 인지행동치료 개입 및 평가에서 요구될 수 있는 조정을 알아본다.
- 만성질환이 있는 사람들을 대상으로 한 저강도 인지행동치료 작업에서 흔히 쓰이는 구체적인 기술들에 친숙해진다.

서론[1]

'만성질환'은 현재로서 치료약이 없으나 약물이나 다른 치료 혹은 요법을 통해 통제되는 건강상의 문제를 말한다(DoH, 2010). 영국에서만 1,500만 명의 사람이 만성질환을 가지고 살아가고 있다(DoH, 2011).

이에 해당하는 예로는 당뇨병, 심혈관계 질환, 만성 통증, 만성 폐쇄성 폐질환을 들 수 있다. 만성질환을 가지고 있는 사람들은 상당한 기능장애를 함께 경험하고 있을 가능성이 있으며, 이는 차별에 대한 법적 보호를 제공하는 「영국 평등법 2010」의 소관에 해당한다. 만성질환과 더불어 살고 있는 사람들에서의 우울과 불안은 일반 인구에 비해 두세 배가량 더 흔하다(Naylor et al., 2012). 신체적 건강과 정신적 건강 사이의 관계는 양방향적이다. 신체적인 만성질환을 가지고 있는 사람들 중 30%가 정신건강 문제를 경험하며, 정신건강 문제를 가지고 있는 사람들 중 46%가 신체적인 만성질환을 가지고 있다(Naylor et al., 2012). 또한 정신건강의 악화가 광범위한 신체적인 건강문제의 발생 증가(De Hert et al., 2011; Harris & Barraclough, 1998)와 신체적 문제들에 대한 더 좋지 못한 임상 결과와 관련이 있다는 강력한 증거가 있다(Naylor et al., 2012). 60세 이상의 인구 중 절반이 만성질환을 가지고 있으며, 사회경제적 지위가 더 낮은 그룹에 해당하는 사람들에서 이 문제가 더 흔하게 나타난다(DoH, 2011).

현재 심리치료 접근성 향상Improving Access to Psychological Therapies: IAPT 서비스는 만성 폐쇄성 폐질환, 심장병, 당뇨병에 초점을 맞추고 있으며, 향후 암과 만성통증에 대해 서비스를 확대할 계획을 가지고 있다. 각 장애를 상세하게 기술하는 것은 이 장에서 다룰 범위를 벗어나는 내용이다. 대신 원인과 무관하게 만성적인 신체 증상을 포함하는 어떤 상태에도 적용될 수 있는 심리적인 개입법에 대해 초점을 맞추고자 한다. 문제의 특정 만성질환에 대한 정보는 NHS Choices 또는 영국 폐재단British Lung Foundation, 영국 심장재단British Heart Foundation, 당뇨병 영국Diabetes UK 웹사이트에서 확인할 수 있다. 대안적으로 심장질환(Souter, 2014), 만성 폐쇄성 폐질환(Currie, 2009), 당뇨(Matthews et al., 2008)에 대한 유용한 정보들은 책을 통해 찾아볼 수 있다.

---

[1] Sarah Wood가 이 장의 앞부분을 기술하는 데 도움을 줌.

생물심리사회적 모델

질환에 대한 치료법이 없을 때, 증상 관리와 증상이 개인에게 미치는 영향을 감소시키는 방향으로 초점이 전환된다. 수년에 걸쳐, 개인의 신체 증상과 심리적 증상 및 사회적 요인들 간의 관계와, 이 복잡한 상호관계가 개인의 증상에 영향을 미칠 수 있다는 점에 대한 이해가 증대되어 왔다. 종합하자면, 이 요인들은 생물심리사회적 모델을 구성한다(Engel, 1977). 대부분의 만성질환에 대한 현대의 평가와 관리는 이 모델을 근간에 두고 있다. 심리적 개입은 주로 심리적인 요인들에 초점을 맞추고 있으나, 이 모델은 모든 분야에서 통용되며, 전체 모델이 만성질환 환자 그룹에 대한 다섯 가지 영역 모델과 함께 고려되고 통합된다는 점이 중요하다(후자에 대한 상세한 설명은 제3장 참조). [그림 14-1]에 나오는 다이어그램은 생물심리사회적 모델을 수정한 것으로, 다섯 가지 영역 모델에서의 다양한 요인 간의 양방향적 연결을 보여 주고 있다.

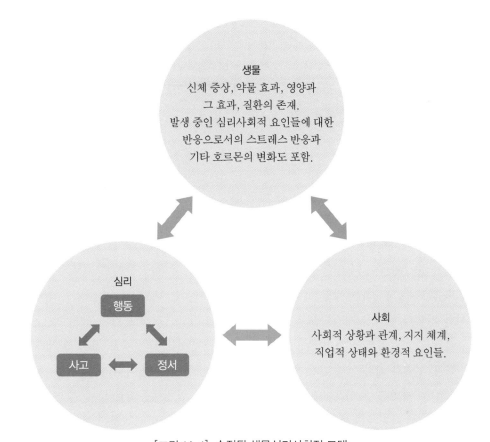

[그림 14-1] 수정된 생물심리사회적 모델:
유발 인자는 생물학적 영역과 사회적 영역으로부터 발생할 수 있음

출처: Engel(1977)에서 수정함.

연습 14-1 ✿ Kathy의 어려움을 이해하기

　　Kathy는 8세 때 제1형 당뇨병으로 진단을 받았다. 10대 때의 몇 년을 제외하고 평소 그녀의 증상은 잘 조절되는 편이었다. 최근에 그녀는 딸이 대학을 가기 위해 집을 떠나게 된 일과 어머니와의 사별을 연이어 겪으며 힘든 시간을 보내게 되었다. 그 결과 약 1년간 당뇨병을 조절하는 것이 무척 어려워졌고, 생애 처음으로 왼쪽 눈의 출혈을 포함한 아주 심각한 합병증을 경험하게 되었다. 이 사건을 계기로 일종의 각성이 되어 혈당 수준을 향상시키기 위해 새로이 노력을 하게 되었지만, 발과 하지의 통증이 증가되기 시작하였다. Kathy는 통증을 조절하는 것이 어려웠고, 긴 시간 동안 서 있으면 통증은 거의 견딜 수가 없을 지경이 되곤 하였다. 그녀가 평소 좋아하는 긴 산책을 하는 중이나, 하고 난 후도 예외는 아니었다. 그녀는 최근에는 철회되어 지내며 거의 자포자기하여 집에서 더 긴 시간 머무르게 되었으며, 사람들을 피하고 가족들에게도 예민하게 굴게 되었다. 그녀는 '이건 모두 내 잘못이야.' '계속 상황은 나빠지기만 하겠지.' '어떻게 즐겁게 지낼 수 있을까, 더 이상 아무것도 할 수 없어.' 와 같은 생각들을 과도하게 반추하였다. [그림 14-1]의 수정된 생물심리사회적 모델을 사용하여 Kathy 의 현재의 어려움을 그려 보라. 그리고 이 장의 마지막 부분에 있는 [그림 14-3]을 통해 Kathy의 세부적인 사항들을 포함하고 있는 모델을 보라.

자기관리 지원

자기관리의 핵심에 있는 가정은 만성질환이 현재로서는 치료될 수 없다는 사실이다. 오히려 목표는 증상과 증상의 영향을 조절하는 것이다. 이것은 사람들이 그들의 건강 상태를 관리할 수 있도록 지원하는 장을 마련한다. 자기관리에서는 내담자들이 매일 증상을 조절하기 위한 기술과 방안을 개발하도록 도와줄 수 있는 건강관리 전문가와 협력적인 관계를 맺도록 하는 것을 목표로 한다(Bodenheimer et al., 2005). 이는 활동 속도 조절, 문제해결, 단계적인 목표 수립과 이완 등과 같은 명시적인 기술을 포함할 뿐만 아니라, 괴로운 생각들의 영향을 줄이는 것과 같은 암묵적인 방안들도 포함한다. 인지행동치료CBT에 기반한 개입의 본질적인 특성이 자기관리 맥락에서 사용하기에 이상적이며, 만성질환이 동반이환하는 사람들에게 있어 치료 순응도, 심리사회적 적응, 대처 기술과 삶의 질을 개선할 뿐만 아니라 개인이 건강관리 서비스를 덜 이용하는 데도 도움이 되는 것으로 나타났다(Spurgeon et al., 2005; Thompson et al., 2011).

동반이환하는 정신건강 문제는, 예를 들면 동기의 수준에 영향을 미쳐서 자기관리를 특히나 어렵게 만든다. 이러한 점에서 불안이나 우울에 초점을 맞추는 전통적인 인지행동치료 개입법이 치료 패키지에서 중요한 부분을 차지할 수 있다. 심리적인 어려움에 대한 해결이나 개선은 신체적인 건강 문제의 자기관리를 개선하는 것으로도 이어질 수 있다고 기대된다. 신중한 평가는 이 작업의 범위와 목적을 정의하는 데 중요하다. 이는 (신체적인 건강 문제와 관련한) 자기관리 기술에 초점을 맞출 수도 있고, 동반이환하는 정신건강 문제의 심리적 증상에 초점을 맞출 수도 있다.

평가를 시행할 때에는 신체 증상 및 이들과 심리적 증상 간의 상호관계에 대해 마음에 새겨야 할 중요한 요인들이 있다. 신체 증상이 문제가 될 때, 이 증상이 고정된 것이고 변할 수가 없다거나 의학적인 수단으로만 해결할 수 있다고 흔히 가정한다. 신체 증상을 경험하는 내담자가 정신건강 서비스에 의뢰될 때 흔히 하게 되는 경험은 이들의 어려움이 이들의 신체 증상에 대한 이해할 만한 반응이고, 그래서 해 줄 것이 별로 없다는 이야기를 듣는 것이다. 동시에 내담자는 의학적 장면에서 그들의 증상 심각도가 생물학적인 요인에 의해 설명될 수 없으며, 그러므로 이는 '심리적인' 요소가 어려움에 기여하고 있을 가능성이 높다는 이야기를 들을 수도 있다. 이런 식으로 내담자는 그들이 애매한 위치에 있어 요구를 충족시키기가 어렵다고 느끼게 된다. IAPT 서비스의 넓은 범주 아래에 만성질환을 포함하고자 하는 최근의 노력들이 앞으로 이 간극을 좁히는 데 도움이 되기를 바란다.

저강도 인지행동치료LICBT 임상가로서 다양한 요인에 따라 신체적인 증상이 발생하거나 강도에서의 변화가 야기될 수 있다는 점을 이해하는 것은 중요하다. 이 요인들이 꼭 질환의 유무나 심각도에 대한 좋은 지표라는 의미는 아니다. 일차 진료 기관에서 보고되는 3/4 정도의 증상이 불확실한 원인으로부터 유래하며, 그 기원에 심리적이거나 행동적인 차원을 내포하고 있을 가능성이 높다(Kroenke & Mangelsdorff, 1980).

모든 신체 증상에서 중요한 차원은 그 기능이다. 우리가 경험하는 많은 신체적 감각의 기능은 우리의 행동을 이끈다는 것이다. 예를 들어, 목마름은 뭔가를 마시도록 하는 행동을 촉진하고, 우리의 몸 속 세포들이 다시 수분 공급이 다 되기도 훨씬 전에, 충분한 양의 물을 마시면 멈추도록 한다. 유사하게, 피로와 통증은 우리를 쉬고 회복하도록 함으로써 치유를 돕고 잠재적인 자해를 감소시킬 수 있도록 해 준다. 신체적 감각은 기저의 욕구(혹은 이에 대한 신체의 해석)가 충족되지 않을 때 하나의 증상으로 발달하게 된다.

신체 증상에는 일반적으로 이유가 있게 마련이지만, 그 자체로 정서적인 반응을 촉발하기도 한다. 상당한 피로감을 느끼는 사람을 예로 들자면, 자신이 왜 피로하다고 느끼는지에 대해 걱정을 할 수 있고 피로가 자신의 생활방식에 미치게 될 영향으로 인해 좌절할 수도 있다. 그들은 증상이 혹시 심각한 질환과 관련된 것은 아닐지 걱정할 수도 있다. 이 같은 정서적 반응은, 확인되지 않은 경우 생리적인 경로를 활성화할 수 있으며(예: 스트레스 반응과 같은) 이는 신체 증상을 강화시키고 질환을 악화시킬 수도 있다. 또한 기억해야 할 것은 불안과 우울이 피로, 두근거림, 호흡곤란 또는 통증과 같은 기존에 있던 문제들을 악화시킬 수 있는 신체 증상을 포함할 수 있다는 점이다.

결론적으로 말하자면, 전통적으로 문제를 '의학적'이거나 혹은 '심리학적'이라고 간주해 온 의료체계 내에서 일할 때, 임상가들의 책무는 이 요인들 간의 관계에 대해 고려하면서 평가와 개입을 시행해야 한다는 것이다. 이러한 방식의 작업은 내담자와 임상가 모두 현재 문제를 더 조잡한 생물의학적 이해로 쉽게 구분될 수 있다고 보게 만들어 심리학적 접근이 어떻게 도움이 될 수 있을지 이해하기 어렵게 한다는 점에서 문제를 야기할 수 있다.

평가

만성질환에 대한 작업을 할 때 평가 과정은 존재하는 독특한 요인들에 맞추어 조정될 필요가 있다. 환자 본인이 도움을 요청하지 않았거나 정신건강 문제를 전혀 호소하지 않았을 수도 있다는 점을 기억하는 것이 중요할 것이다. 게다가 많은 사람이 자신의 신체적인 건강 문제와 관련하여 의학적인 해결책을 찾을 것이며, 심리적인 개입이 도움이 될 수 있을지, 혹은 어떻게 도움이 될 수 있을지에 대한 확신이 부족할 수 있다. 심리학적 서비스에 의뢰된 만성질환 환자들 중 자신의 증상이 오인되었다거나, 속았다고 느끼거나 혹은 자신들의 증상을 '마음의 문제'로 본다고 느끼는 경우가 드물지 않다. 그러한 염려들이 있다면 초기에 이를 언급하고, 심리적인 개입이 신체 건강과 관련한 상태를 치료하는 데 종종 도움이 된다는 점을 설명하는 것이 중요하다. 만성질환이 스트레스를 높이고, 활동력을 감소시키고, 약물의 불쾌한 부작용을 겪는 등의 원치 않는 다양한 결과를 야기할 수 있다는 점을 내담자에게 설명하는 것이 일반적으로 도움이 된다. 이러한 결과로 인해 자주 불안과 우울을 느낄 수 있으며, 이는 상태를 관리하는 것을 더욱 어렵게 만들 수 있다. 상태 그 자체는 완치될 수 없지만, 심리학적 개입은 상태로 인해 초래되는 결과에 반응하고 관리하는 것을 도울 수 있고, 이를 통해 만성질환과 관련한 신체 증상이 악화될 가능성을 감소시킨다. 환자가 '나약하다' 거나 '대처할 능력이 없다'는 암시를 주는 것보다 이러한 것이 상태를 관리하는 과정의 정상적인 일부라는 점을 강조하는 것이 중요하다.

다른 저강도 인지행동치료 작업을 할 때와 같이 평가는 다섯 가지 영역 모델에 의해 진행되어야 한다(제3장 참조). 만성질환과 관련하여, 신체적인 증상은 드러나는 가장 중요한 부분으로, 보통 가장 우선적으로 논의되며, 그 후에 개인의 정서적인 반응, 행동, 사고와 유발요인을 다루게 된다. 앞에서 대략적으로 설명한 바와 같이, 만성질환의 맥락에서 발생하는 생리적인 변화는 정서가 신체에 미친 영향을 반영할 수 있으며, 만성질환 그 자체의 증상이거나, 만성질환으로 인해 초래된 생활방식의 변화의 효과일 수도 있고, 가장 그럴 듯하게는 이 모든 요인 간의 상호작용에 의한 것일 수 있다.

내담자와 임상가는 공통적으로 나타난 모든 신체적인 증상이 만성질환에 의해 야기된 것이라고 가정하기 쉽다. 이 같은 가정은 심리학적인 개입이 과연 도움이 될 수 있을지에 대해 의문을 가지게 만든다. 임상가는 내담자의 관점에 대해 고려하는 것뿐만 아니라 자기 스스로의 관점에 대해 곰곰이 생각해야 할 필요가 있다. 대부분의 만성질환이 느리게 진행된다는 점을 기억하는 것이 도움될 것이다. 즉, 숨이 차거나 통증이 느껴지는 것, 피로하고 어지러운 것 등의 증상들은 매일매일 혹은 하루 안에도 변화가 크며, 다섯 가지 영역 간의 상호작용에 의해 영향을 받을 가능성이 높다. 의심되는 경우에는, 해당 문제와 관련한 경험이 있는 개원의로부터 조언을 구하는 것도 유용하다.

　　Kathy의 사례([연습 14-1] 참조)에서, 다리의 지속적인 통증은 당뇨 합병증으로 발생한 말초신경증에 의한 것으로 알려졌다. 그녀가 혈당 조절을 다시 시작했기 때문에 해당 증상이 더 악화될 것으로는 여겨지지 않았다. 이는 일상적인 수준에서 그녀의 통증 변화에 기여하는 다섯 가지 영역 간의 상호작용에 해당한다. 다음에 임상가가 다섯 가지 영역에 걸친 정보들을 수집하는 Kathy와의 평가면담으로부터 발췌한 내용이 제시되어 있다.

임상가: 약 10분가량 그간 어떤 일들이 있었는지 이야기하고, 당신이 어떻게 지내셨는지 파악하려고 합니다.

내담자: 네, 좋아요.

임상가: 증상이 어떠셨는지, 증상으로 인해 어떤 영향을 받으셨는지 저에게 말씀해 주실 수 있을까요? [초기 개방형 질문]

내담자: 지금 주요한 문제는 다리의 통증이에요. 항상 통증이 느껴지고 조금이라도 걸을 때는 다리가 너무너무 아파요.

임상가: 그러셨군요. 그래서 다리에 통증이 심하고, 통증이 걷는 것에 많이 영향을 받는 거네요. [반영]

내담자: 제가 서 있을 때면 항상 영향을 받지요. 산책을 하러 가는 것이거나 심지어는 저녁을 만들거나 다림질을 하려고 일어설 때도 마찬가지예요.

임상가: 다른 불편한 증상들은 없으세요?

내담자: 다른 건 그리 심하지 않아요. 주로 다리의 통증이 문제죠.

임상가: 산책을 하시거나 서있을 때 통증이 심해지면, 그게 어떤 영향을 주는 것 같은가요? [영향에 대한 개방형 질문]

내담자: 통증이 그냥 너무 심해지죠. 다른 건 전혀 생각할 겨를도 없어요. 드러누워서 진통제를 먹고, 최대한 가만히 있으려고 하지요. 조금이라도 움직이면 엄청 아플 걸 아니까요.

임상가: 정말 힘드시겠어요. [공감적 발언] 그렇게 하셔야 할 정도로 통증이 심해지는 것은 얼마나 자주 있는 일인가요? [명료화를 위한 폐쇄형 질문]

내담자: 예전에는 항상 그런 상태였는데, 지금은 일주일에 두 번 정도인 것 같아요. 저는 이제 제 한계를 알게 되었거든요. 예전에 하던 많은 일을 이제는 할 수가 없어요.

임상가: 그렇군요. 이로 인해서 활동에 어떤 제약을 받으시는지 조금 더 말씀해 주실 수 있을까요? [행동에 미친 영향을 탐색]

내담자: 글쎄요, 예전에는 시골길을 따라 한참 산책을 하는 것도 좋아했지만 이제 더 이상 그렇게 할 수가 없어요. 길모퉁이에 있는 가게에나 겨우 갈 수 있을 정도니까요. 친구들이랑 쇼핑 가는 것도 그만두었어요. 밤중에 외출을 한다고 하더라도 한 장소에 계속 있을 거라는 걸 확인하고 가요. 요리도 정말 즐겨 했었는데 이제는 통증이 견딜 수 없이 심해지기 전까지 마쳐야 하는 번거로운 집안일이 되고 말았어요. 제가 예전에 즐기고, 당연스럽게 하던 대부분의 일을 이제는 할 수가 없어요. 너무나 좌절스러워요.

임상가: 정말 그러실 것 같아요. 자주 좌절스럽다고 느껴지시나요? [타당화와 폐쇄형 질문을 통한 명료화]

내담자: 네, 항상 그렇죠.

임상가: 말씀을 들어 보니 정말 그러실 만하다는 생각이 들어요. 다른 감정들도 혹시 느껴지시나요? [정상화와 추가 탐색]

내담자: 나 자신에게 정말 화가 나요. 결국 나 자신이 이 모든 걸 초래한 바보 같은 짓을 했다고 스스로에게 계속 얘기를 하게 돼요.

임상가: 그러니까, 때때로 좌절감을 느끼고 스스로에게 화가 나서 이 모든 상황을 내가 초래한 것이라고 생각하게 되신다는 거죠? [반영]

내담자: 네. 그랬었죠. 이 모든 것이 어머니가 돌아가셨을 때 1년 동안이나 내가 혈당을 조절하지 못해서 벌어진 일이니까요.

임상가: 당신에게 정말 힘든 시간이었을 것 같다는 생각이 들어요. 사는 게 가장 힘들 때에는 누구나 자기 자신을 돌보는 게 어려울 것 같아요. 하지만 그 결과로 당신은 증상들을 계속적으로 겪으면서 심지어 그 증상이 당신 잘못으로 인해 발생한 것이라는 생각마저 하게 되었네요. [공감과 신체 증상과 개인적 의미 사이의 연결]

내담자: (조용히) 네.

임상가: 이 증상들에 영향을 받을 때 드는 다른 생각들도 있으신가요? [사고에 미치는 영향 탐색]

내담자: 계속 나빠질 거라는 생각을 해요. 그리고 제가 모든 사람을 실망시키고 있다는 생각도요. 아시다시피 예전처럼 저는 더 이상 사람들을 쫓아다닐 수가 없으니까요. 혼자 계신 아버지 걱정도 되지만 찾아뵙거나 돌봐 드릴 수가 없으니 스스로가 이기적으로 느껴지고, 나쁜 딸이 된 것만 같아요. 아버지를 돌봐 드려야 하는데 그러지를 못하고 있는 거죠.

임상가: 감사합니다. 이 모든 생각이 어떻게 당신의 감정에 영향을 미치는지가 궁금해요. [기분에 심리적인 증상이 미치는 영향을 탐색]

내담자: 전혀 도움이 안 된다고 생각해요. 가끔은 마냥 앉아서 울기만 하는 상태가 되기도 하고, 할 수 있다고 하더라도 밖에 나가 이런 모습을 보이고 싶지는 않아요. 정말 한심하죠.

임상가: 저는 한심하다고 생각하지 않아요. 당신의 상황이 정말 힘들었다고 생각하고, 그로 인해 종종 모든 것이 당신을 압도하는 느낌을 주었을 거라고 생각해요. 그래서 제가 여기 그 모든 것에 대해 도움을 드리려고 있는 것이고요. [공감과 정상화] 그러니 제가 이때까지 저희가 함께 논의한 내용들을 제대로 이해하고 있는지 한번 살펴봐 주세요. 당신은 다리의 통증이 심하고 걷거나 많이 서 있을 때는 증상이 더 심해집니다. 종종 화가 나고 좌절감을 느끼게 되어서 무척 속이 상하기도 합니다. 당신은 이것이 당신 잘못이라고 생각하고 이 때문에 상태가 나빠질 뿐이고 당신이 사람들을 실망시키고 있다고 생각합니다. 또한 평소에 하던 활동들을 제한하고 있고, 특히 최악의 경우에는 드러누워서 통증이 사라질 때까지 최대한 가만히 있으려고 합니다.

내담자: 네, 맞아요. 저한테도 가망성이 있을까요?

임상가: 우리가 함께 살펴볼 수 있는 것들이 분명히 있고, 변화를 만들어 낼 수 있기를 바라요. 우리는 당신의 증상이 행동과 생각, 감정에 영향을 미치는지 함께 논의를 했고, 그 영역들 각각에 도움이 될 만한 제안점들을 찾을 수 있을 겁니다.

내담자: 좋아요. 도움이 될지는 모르겠지만 한 번 시도해 보겠어요.

어떤 내담자는 자신이 불안이나 우울을 경험하고 있다고 명확하게 지각하고 있고 이것이 방문의 주된 목적이 된다. 불안과 우울이 중요한 요인이라면, 이는 만성질환과 다양한 방식으로 상호작용할 수 있다.

- 우울과 불안이 신체 증상보다 먼저 있었을 수 있고, 신체 증상과 관련은 없으나 공존하고 있을 수 있다.
- 심리적 문제는 생리적 경로와 행동적 반응을 통해 신체 증상을 악화시킬 수 있다.
- 신체 증상이 생긴 이후로 과거 사용하던 대처 전략(예: 계속 바쁘게 지내거나 달리기를 하는 것 등)이 신체 증상으로 인해 사용될 수 없게 되어 우울과 불안이 악화될 수 있다.
- 신체 증상이 발생한 이후로 이전에 사용하던 대처 전략을 사용할 수 없게 되어서 우울과 불안이 발병하였을 가능성이 있다. 또는 만성질환에 적응하는 것의 어려움, 예후나 병으로 인한 제한이 우울과 불안을 야기했을 수 있다.

종종 만성질환의 발병은 과거에 매우 요긴하게 쓰이던 전략이나 기준, 법칙 같은 것들을 적용하거나 지속하는 것을 불가능하게 만든다. 불안이나 우울은 변화가 일어날 때 이 같은 '인생 규칙'과 관련한 유연성이 부족하여 발생하거나, 신체 증상이 주요한 문제가 될 때 적응에 필요한 지식이 부족해서 발생할 수 있다. 예를 들어, 어떤 내담자는 집안일에 대한 기준이 매우 높아서 매일 청소기를 돌릴 수 없을 때 심한 스트레스를 경험할 수 있다. 일반적인 상황에서 이것은 문젯거리가 되지 않는다. 청소를 잘하고 나면 기분이 좋아지고 신체적으로 힘을 씀으로써 기분을 개선시킬 수도 있다. 그러나 만성질환의 증상으로 인해 청소를 하는 것이 체력을 소진하는 힘든 일이 되고 더 이상 매일매일 청소를 하는 것이 어려워질 수 있다. 이 같은 경우, 내담자가 자신의 기대와 행동을 조정하지 못하면 지속적인 내적 갈등 상황에 휩싸이게 된다. 결과적으로, 내담자는 자주 불안감을 느끼고 실패하고 있다는 생각을 하게 될 수 있다.

만성질환이 있는 사람들은 공통적으로 증상을 무시하고 자기 자신을 더 밀어붙임으로써 자신이 느끼는 바와 맞서 싸우거나 저항하려는 경향이 있다. 이런 방법은 장기적으로 효과적인 대처전략이 아니며, 보통 당장 그 순간 혹은 수 시간 혹은 수 일이 지난 후에 증상이 일시적으로 증가되도록 만든다. 이 같은 양상은 시간에 걸쳐 증상 진행에 기여할 수 있고(달리 말하면, 증상이 유지되는 양상의 한 부분이 될 수 있다), 아마 이는 내담자가 과도하게 일을 했을 때 증상이 증가하게 되고, 여기에 대처하기 위해 자주 쉼으로써 발생하는 신체적인 영향의 결과일 수 있다.

만성질환이 내담자에게 미치는 영향을 탐색하는 것은 잠재적인 불안과 우울의 동반이환으로 인해 제법 복잡해질 수 있다. 신체 증상과 정서적 반응 간의 공변량을 탐색하는 이 부분의 평가를 하는 동안, 이 요인들이나 다른 어떤 정신건강 문제가 내담자의 삶이나 요인들 각자에 미치는 영향들을, 신체적·심리적 증상 모두에 대처하기 위해 채택된 부적응적 대처전략의 영향을 포함하여 살펴보는 것이 중요하다. 이 단계에서는 자기비난적 사고와 신념이 무엇이든 간에 구체적으로 물어보는 것이 도움이 된다. 이는 이 장의 치료 절에서 더 풍부하게 논의될 것이다. 이 단계에 해당하는 평가를 Kathy와 시행한 것을 발췌한 부분은 다음과 같다.

임상가: 이제 저는 당신이 생활을 유지하기 위해 변화했던 점들에 대해 여쭤 보고, 어떻게 그 상태가 영향을 미쳤는지 여쭤 보도록 하겠습니다. 만성질환으로 인해 생활에서 달라진 부분은 무엇인가요?

내담자: 큰 변화로는 예전에는 제가 스스로 원하는 때, 원하는 것을 뭐든 상당히 할 수 있었다는 거죠. 이제 제가 천천히 일하지 않거나 발에서 무게를 덜어 주지 않으면 더 이상 아무것도 할 수 없으리라는 것을 알고 있어요.

임상가: 그러니까, 하던 일들을 줄이고 쉬는 시간을 중간중간 가져서 통증이 견디지 못할 정도가 되지 않도록 했다는 말씀이군요. 이로 인해서 좌절감을 많이 느끼셨다는 것도 말씀하셨죠. 이 통증이 있기 전에, 운동이나 바쁘게 지내는 것이 당신의 감정을 다루기 위해 사용했던 대처방법이었

나요? [여기서 임상가는 요약을 하며 만성질환의 맥락에서 어려움을 야기하는 공통된 양식에 대한 특정적 질문을 하기 전에 공감을 표하고 있음.]

내담자: 생각해 보면 그렇죠. 특히 시골길을 한참 산책하는 것이요. 혹은 때로는 스트레스가 느껴질 때 음악을 틀어놓고 집안일에 몰두하곤 했는데, 그러면 스트레스를 태워 없애는 것 같은 느낌이 들었어요.

임상가: 이제는 더 이상 쓸 수가 없는 몇몇 대처방법들이 있었군요. [반영]

내담자: 그걸 생각해 본 적은 없었는데…… 그러네요.

임상가: 증상으로 인해 발생한 제약과 더불어 당신 스스로 좌절하고, 자신에게 화가 나고 속상한 것들을 초래하기도 했네요. 당신이 감정에 다른 어떤 방식으로 대처하셨는지 궁금하네요. [신체증상으로 인해 불가능해진 대처방법을 대체할 새로운 대처방법이 필요할지도 모른다는 가설을 탐색하기 시작함.]

내담자: 때로 친구와 이야기를 하지요. 하지만 귀찮게 굴지 않으려고 애쓰는 편이에요. 가끔은 제가 너무 칭얼거리는 것처럼 느껴져서요. 세상에는 나보다 힘든 사람들도 많고, 내 상황이 그렇게 나쁜 건 아니라고 스스로에게 얘기해요.

임상가: 그러니까 친구와 이야기를 하기도 하고, 당신보다 더 힘든 사람들도 있다고 스스로에게 얘기하시기도 하는군요. [반영] 이런 게 도움이 되나요?

내담자: 가끔은요. 종종 친구와 이야기를 하면 도움이 되지요. 그렇지만 이야기를 하고 난 후에는 '그 친구가 나에 대해 어떻게 생각할까? 내가 그런 식으로 이야기를 하면 안 되는 것이었는데……'라고 생각하며 기분이 더 안 좋아지기도 해요. 또 온갖 일들을 다 하는 다른 사람들에 대해서 생각하면 또 다른 관점으로 보이죠. 나는 왜 항상 칭얼거리지 않고 그냥 일을 해낼 수가 없는 걸까 의구심이 드는 거예요.

임상가: 가끔은 스스로에게 제법 비판적이라는 생각이 드시나요? [더 자세한 세부 사항을 탐색하기 위해 자기비난적 사고로 다시 돌아감.]

내담자: 네. 저는 항상 자신에게 그렇게 엉망으로 만들지 말라고, 그렇게 해서는 안 되는 것이었다고 얘기를 하죠. 정말 바보 같아요.

임상가: 그것이 당신에게 미치는 영향은 어떤 것인가요, 당신이 스스로를 비난할 때 말이에요? [행동의 영향에 대한 탐색]

내담자: 사실대로 말씀 드리자면 도움이 되는 것 같지는 않아요.

임상가: 상황이 어렵고, 특히 보통 자신이 쓰던 대처방법들을 사용하지 못하게 될 때 스스로를 비난하거나 몰아붙이는 건 흔한 일이지요. 말씀하신 것처럼, 장기적으로는 그게 도움이 되지는 않지만요. 그래서 말씀을 들어 보니, 통증 때문에 원래 즐기시던 모든 일을 못하시게 되었고 정서

적으로 대처하기 위해서 하시던 것들도 방해를 받고 있으신 것 같네요. 동시에 좌절감과 분노를 느끼게 하고 역시 도움이 되지 않는 자기비난적인 생각에 빠지게 되고요. [요약]

내담자: 네.

임상가: 좌절감이나 분노가 느껴질 때, 혹은 더 잘 대처했어야 한다고 생각할 때, 이런 것들이 통증에 영향을 미치나요? [행동적 반응과 증상 간의 관계 및 행동적 반응이 이후의 증상에 미치는 영향 간의 관계를 연결시킴]

내담자: 나 자신을 밀어붙이지 말아야 한다는 걸 잊게 되는 것 같아요. 제가 막 나를 다그쳐서 억지로 일을 계속하게 하고, 멈추지 않도록 할 때, 그 순간에는 느낌이 괜찮아요. 그런데 그러고 나면 다시 드러눕게 되고 통증이 확 올라오는 걸 느끼게 되죠.

임상가: 그러니까 통증이 좌절감과 분노를 일으킬 수 있군요. 또한 통증 때문에 이전에 도움이 되던 대처방법 중 일부를 못 쓰게 되었고요. 이로 인해 자기비난적인 생각에 빠져들게 되면 견디기 힘들만큼 통증이 올라올 정도로 스스로를 밀어붙이게 되시고요. [요약 및 잠정적인 문제 진술 제시]

내담자: 네, 빠져나갈 방법이 없는 것 같아요.

임상가: 비록 통증에 대해서는 치료제가 없지만 도움이 될 만한 방법들은 있습니다. 면담 후반부에 거기에 대해서 함께 말씀 나누도록 할게요.

결과 측정 도구

범불안장애 7문항 척도Generalized Anxiety Disorder: GAD-7(Spitzer et al., 2006), 우울증 선별 도구Patient Health Questionnaire: PHQ-9(Kroenke & Spitzer, 2002), 직업 및 사회 적응 척도Work and Social Adjustment Scale(Mundt et al., 2002)가 IAPT 프로그램 내에서 널리 쓰이며, 만성질환 그룹에도 역시 유용하다. 15문항 버전의 PHQ-15(Korenke et al., 2002) 또한 특히 다양한 신체 증상에 대해 측정한다는 점에서 추가적으로 고려될 수 있다. 유럽 삶의 질 척도EuroQol Scale(EuroQol Group, 1990)는 건강 상태와 관련한 삶의 질을 측정하는 데 유용하게 쓰인다. 추가적인 결과 측정 도구로 심장 문제가 있는 사람들과 작업을 할 때 병원 불안-우울 척도Hospital Anxiety and Depression Scale: HAD(Zigmond & Snaith, 1983)가, 만성 폐쇄성 폐질환에는 만성 폐쇄성 폐질환 평가 테스트COPD Assessment Test: CAT(Jones et al., 2009)가, 당뇨가 있는 내담자에게는 당뇨 관련 스트레스 척도Diabetes Distress Scale: DDS(Fisher et al., 2008)가 유용하다. 통증을 호소하는 내담자들에게는 통증 자기효능감 설문지Pain Self-Efficacy Questionnaire: PSEQ(Nicholas, 2007)와 단순통증척도Brief Pain Inventory: BPI(Tan et al., 2004)가 도움이 된다. 제3장에서 논한 바와 같이, 신체 증상이 있는 경우

글상자 14-2 만성질환에 특화된 결과 측정 도구에 대한 유용한 출처

- 심혈관계 질환 평가 검사는 www.catestonline.org에서 얻을 수 있다
- 병원 불안-우울 척도는 인터넷에서 찾을 수 있다. 예: www.gl-assessment.co.uk/products/hospital-anxiety-and-depression-scale-hads/
- 당뇨 관련 스트레스 척도와 관련한 추가적인 배경지식은 Stern(2014)을 참고하라. www.diabetesed.net/page/_files/diabetes-distress.pdf를 참조하라.
- 단순통증척도 또한 널리 사용될 수 있다. 예: npcrc.org/files/news/ briefpain_short.pdf
- 유럽 삶의 질 척도(EuroQol scale)에 대한 정보와 자료는 euroqol.org/information-and-support/에서 얻을 수 있다.
- 통증 자기효능감 설문지는 https://www.hamiltonhealthsciences.ca/wp-content/uploads/2021/09/Referral-Package-Pain.pdf에서 얻을 수 있다.

일반적으로 사용되는 척도들에서 점수가 높게 나타날 수 있다.

목표 설정

만성질환이 있는 상태에서 목표를 설정하는 것은 복잡할 수 있다. 왜냐하면 내담자와 임상가 모두 특정 목표가 현실적인지를 가늠하는 것이 만성질환으로 인해 더 어려워지기 때문이다. 이 평가 면담 부분에서, 저강도 인지행동치료 임상가들은 평소보다 지도와 안내를 더 많이 제공하는 것이 도움이 된다는 것을 알게 될 것이다. 일반적으로 만성질환의 특성상 증상에 대한 '치료제'나 완전한 해결책은 있을 수 없다. 심리적인 접근을 통한 이점은 증상을 스스로 조절할 수 있는 능력을 증진시키는 것으로부터 얻어지거나, 신체 증상을 중심으로 발달한 도움이 되지 않는 생각, 감정, 행동의 양상을 보다 도움이 되는 방향으로 개선함으로써 얻어질 수 있다.

다음과 같은 구체적인 질문이 가능하다. "이러한 증상에 어떻게 대응하고 싶으십니까?" 혹은 "어떤 활동들을 새로이 혹은 다시 시작하고 싶으신가요?" 스트레스와 신체 증상 간의 부정적이고 발생가능한 상호작용에 초점을 맞추어 활동과 휴식의 주기에 대해 간단하게 설명하는 것이 이 단계에서 도움이 될 수 있다(다음 참조). 치료의 합리적인 목표는 내담자들로 하여금 자신의 상태로 인한 증상에 반응하는 다양한 방법을 실험하고, 이를 통해 증상이 인생에 미치는 영향에 대해 조절하는 최선의 방법을 발견하는 것이다. 이러한 방식으로 목표

를 항상 SMART하게 설정할 수 있는 것도 아니다(다음 참조). 여기 이 단계의 면담을 시작하는 데 도움이 될 만한 아이디어/문구가 있다[내담자의(증상) 표현에 따라 달라질 수 있음].

> 지속되는 신체 증상과 더불어 살아가는 것은 힘이 듭니다. 최선의 대처를 방해하는 몇 가지 흔한 양상이 있습니다. 이 중에 어느 것이라도 당신에게 해당하는 것이 있다고 생각하신다면, 그것에 대해 더 알아보는 목표를 세우고, 변화하는 것이 도움이 될지 살펴보는 것이 가치가 있을 것입니다. 첫째 양상은 활동 수준입니다. 종종 사람들은 신체 증상을 경험하고 있음에도 불구하고 자신이 할 수 있는 최대치를 하려고 합니다. 이것은 사람들이 뭔가를 매우 열심히 하게 하지만 일이 끝나고 나서 몇 시간 혹은 수일 동안 지치고 통증에 시달리는 주기를 만들게 됩니다. 우리는 이것을 '활동과 휴식 주기'라고 부르며, 이는 시간에 걸쳐 증상을 더욱 악화시킵니다. 둘째로, 신체 증상은 스트레스, 걱정 혹은 불안을 촉발합니다. 이러한 상태가 지속되면, 혈류 내의 스트레스 호르몬 지수를 장기간 상승시키게 됩니다. 그 결과로 피로감과 통증에 대해 증가된 민감성을 가지게 됩니다. 또한 신체 증상은 우리로 하여금 무엇이 잘못되었는지에 대해 초점을 맞추도록 합니다. 이는 항상 부정적인 측면에 초점을 맞추도록 이끌며, 그저 하고 싶어서 혹은 즐거움을 위해 뭔가를 하는 시간을 내는 것이 불가능하다고 느끼도록 만듭니다. 즉, 이전에 에너지와 즐거움을 가져다주었던 활동들을 결국 모두 포기하게 됩니다. 이 중에 어느 것이라도 당신에게 해당하는 것이 있나요? 그렇다면 어떤 일이 일어나고 있는지 조금 더 알아보는 목표를 세우고 변화를 만들기 시작하는 것이 가치가 있을 것입니다.

이 같은 개입 방법에 대한 자세한 정보는 이 장에 포함되어 있는 치료에 대한 다음 절에 제시될 것이다. 목표를 지향하는 과정에서 내담자와 초기 행동 실험에 대해 동의하는 것이 중요한데, 이를 통해 내담자가 자신의 경험으로부터 다른 방식으로 행동해 보는 것의 효과를 발견할 수 있기 때문이다. 행동 실험은 치료 과정에 걸쳐 지속적으로 도움이 될 것이다. 아마도 이 단계에서 가장 간단한 과제는 그들이 기존의 방식으로 얼마나 해낼 수 있는지와 통증, 피로감, 호흡이 딸리는 등의 신체 증상에도 불구하고 밀어붙이는 방식 대신 자발적으로 보다 부드러운 방식, 즉 '조금씩 자주' 일을 하는 것을 비교하는 것이다. 이 과정의 일부로서 내담자는 이 같은 변화의 효과에 대해 평가하게 되며, 실천하는 것에 방해가 되는 모든 것을 기록해 볼 수 있다. 이 과정은 내담자가 자신의 경험을 알아차리고 반응하고, 이를 통해 자신이 어떻게 수행해야 하는지에 대한 역기능적인 신념으로부터 벗어날 수 있도록 도울 수 있다.

치료

만성질환과 더불어 살아가는 것은 매우 어려운 일이다. 사실 신체 증상이나 건강 문제 없이도 건강한 삶을 사는 것은 어려울 수 있다. 가능한 한 최대한 건강하게 지내기 위해서 일정한 기술, 행동과 습관은 필수적이다. 예를 들어, 다음과 같은 것을 지키는 것이 필수적이다.

- 자신의 요구를 자각하여 우선순위 정하기.
- 건강을 증진하는 방식으로 행동하기.
- 건강한 선택들에 방해가 되는 장애물들과 정서적 문제들 다루기.

대부분의 사람이 건강한 삶을 영위하는 것의 중요성을 알고 있음에도 불구하고 좌식 생활습관이나 과식, 과음과 흡연 등 건강하지 않은 행동을 하는 것은 매우 흔한 일이다. 만성질환으로 진단을 받으면 신체적으로나 정서적인 측면 모두에서 건강한 생활방식이 더욱 중요해진다. 이 같은 방식으로 사는 것이 이전부터 어려웠다면 다루기 힘든 증상들이 발병하고, 이로 인한 제약과 불확실성에 노출된다고 해서 건강한 삶의 방식으로 사는 것이 쉬워질리는 없을 것이다. 사실 신체적인 증상이 오히려 어려움을 가중시킬 수 있는 대처 시도들, 이를테면 특정 활동을 완전히 회피한다거나 있는 그대로의 행동 제약을 무시하려고 하는 등을 야기하는 일이 흔히 나타난다.

이 부분에서는 저강도 인지행동치료 임상가들이 만성질환이 있는 사람들을 대상으로 더 효과적인 대처방법을 학습할 수 있도록 돕는 데 쓰는 접근들을 기술할 것이다. 개입방법은 증상에 대해 더 도움되는 방식으로 반응하는 것을 촉진하는 것과 더 이상 도움이 되지 않는 반응들을 감소시키는 것 모두를 목표로 한다. 〈표 14-1〉에서는 다음에서 설명된 개입 방법들이 어떻게 만성질환을 가진 사람들의 각기 다른 요구에 맞춰질 수 있는지를 보여 준다.

표 14-1 만성질환에 대한 심리적인 개입법과 적용 맥락

문제의 종류	다룰 영역	원리	개입
개인적 투자의 부족	요구의 우선순위를 세울 수 없음	방전되는 것은 건강하지 않다. 우리 자신의 요구에 대해 관심을 가지는 것은 다른 사람의 요구에도 지속적으로 반응을 할 수 있을 것이라는 점을 의미한다.	이완, 안정화 기법 호흡 훈련, 속도 조절, 단계별 의미 있는 활동하기, 주장성
자기관리의 방해물	증상의 생물심리사회적 특성을 충분히 이해하지 못함	문제의 생물심리사회적 특성에 대해 잘 이해하는 것은 도움이 되는 개입의 중요한 첫 단계이다.	교육과 정보 제공하기, 내담자 상태에 맞는 책 추천하기, 특정한 의문점들을 다루기 위해 행동적 실험 계획하기
	심리적 유연성의 부족이나 상실	스트레스는 유연성을 감소시킨다. 스트레스를 줄이고 수행방식에 대해 내담자가 고수하려고 하는 규칙을 검증하는 것을 목표로 한다.	유연한 사고의 필요성에 대한 정보를 제공하기, 다양한 방법으로 핵심적인 목표를 성취하는 데 관련된 주제들에 대한 행동 실험 계획하기, 스트레스의 영향에 대항하기 위해 이완 사용하기
	과활동/휴식 주기	이는 다른 요인과는 상관없이 시간에 걸쳐 통증과 피로감을 가중시킨다.	속도 조절, 목표 설정
	스트레스 주기	만성질환을 가지고 있는 것은 스트레스가 된다. 해결되지 않는 한 이것은 시간이 갈수록 상황을 더욱 힘들게 만든다.	이완, 안정화 기법 호흡 훈련, 사실/의견 기록, 단계별 의미 있는 활동하기
	부정적인 것에 초점을 맞추는 경향	어려운 시기에 이 같은 행동은 정상적이다. 따라서 여기에 대항하는 노력을 하는 것이 도움이 된다.	사실/의견 기록, 사고에 도전하기, 단계별 의미 있는 활동하기
	적응/상실 문제	인생에서의 큰 변화가 적응이나 상실 반응을 초래하는 것은 정상적이고 능히 있을 만한 일이다.	적극적인 경청, 표지판 게시, 교육
	자기비난의 증가	어려운 시기에 흔한 일이다. 이것을 다루지 않게 되면 상황에 대처하는 것이 더 어려워진다.	교육, 정상화, "비슷한 상황에 있는 친구에게 어떻게 반응하시겠어요?"

〈계속〉

	신체 증상에 대한 두려움	증상에 대한 두려움은 회피나 안전 행동으로 이어질 수 있다.	건강관리전문가와 연계시켜 주기, 교육, 속도 조절, 점진적으로 의미 있는 활동하기, 안정화 기법 호흡 훈련
동반이환	불안	불안은 증상에 영향을 미칠 수 있기에 중요하게 다루어져야 한다. 개별적인 평가를 통해 불안이 주요한 문제인지 혹은 증상 악화의 주된 원인인지 결정할 필요가 있다.	모든 표준 저강도 인지행동치료 불안 개입법을 신체적 제한을 고려하여 적용하기, 때로 만성질환에 대한 자기관리 능력이 증진됨으로써 불안이 개선되기도 함.
	우울	우울은 증상에 영향을 미칠 수 있기에 중요하게 다루어져야 한다. 개별적인 평가를 통해 우울이 주요한 문제인지 혹은 증상 악화의 주된 원인인지 결정할 필요가 있다.	모든 표준 저강도 인지행동치료 우울 개입법을 신체적 제한을 고려하여 적용하기, 때로 만성질환에 대한 자기관리 능력이 증진됨에 따라 우울증이 개선되기도 함.

치료의 핵심에는 다양한 인지 및 행동적 접근이 포함되며, 이 중 많은 것이 일반적인 정신건강 문제에 적용되는 것들과 유사하다. 다만 이 접근들은 나타나는 신체적 증상에 적합한 형태로 조정될 필요가 있을 것이다. [글상자 14-3]에서는 자료를 찾아볼 만한 출처와 워크시트, 소책자가 제시되어 있으며, 이 중 일부는 만성질환과 함께 사용할 수 있도록 개정되어야 할 것이다.

글상자 14-3 IAPT 만성질환 치료 출처

유용한 출처들이 다음에 제시되어 있다.

• 건강 교육 영국 홈페이지: https://www.england.nhs.uk/ourwork/clinical-policy/ltc/resources-for-long-term-conditions/

• 만성질환과 의학적으로 설명되지 않는 증상(Medically unexplained Symptoms, MUS)을 위한 'IAPT' 경로에 대한 NHS 자료들: https://www.england.nhs.uk/publication/the-improving-access-to-psychological-therapies-iapt-pathway-for-people-with-long-term-physical-health-conditions-and-medically-unexplained-symptoms/

- IAPT 적용 가이드: https://www.rcpsych.ac.uk/improving-care/nccmh/service-design-and-development/iapt?searchTerms=IAPT
- Coventry 등(2015)의 유용한 논문: www.bmj.com/content/350/bmj.h638/related
- 만성질환: 당뇨나 심장질환 등을 위한 통합 CBT의 매뉴얼화된 접근
  - 환자 매뉴얼: www.bmj.com/content/350/bmj.h638/related
- 심리적 웰빙 실무자PWP 매뉴얼: www.bmj.com/content/bmj/suppl/2015/02/16/bmj.h638.DC1/covp022174.ww3_default.pdf
- 만성 통증을 포함한 다양한 문제를 위한 유인물과 워크시트: www.getselfhelp.co.uk
- 만성질환에 사용하기 좋은 워크시트 모음: https://www.newellbeing.co.uk/long-term-conditions-worksheets
- 만성 통증과 피로를 포함한 다양한 문제에 도움이 되는 출처 모음: www.moodjuice.scot.nhs.uk
- 만성질환의 다른 증상들과도 상당한 관련이 있는 통증과 함께 살아가는 것에 유용한 정보: 임상가용—www.livewellwithpain.co.uk; 환자용—mylivewellwithpain.co.uk

많은 개입법은 '인지행동치료'라는 용어 안에 포함되어 있다. 2013년 심장질환(Dickens et al., 2013), 폐질환(Conventry et al., 2013)에 대한 개입을 문헌고찰한 연구에서는 개별 치료요소들이 유의하기는 하지만 소폭의 개선만을 가져왔다고 보고하였다. Salkovskis 등(2016)은 개입의 대부분이 일반적인 개입법에 질환 특정적 주제를 다루기 위한 기술을 추가하는 형태로 구성되는 통섭적인(하이브리드) 범진단적/문제—특정적 접근방법을 주장했다. Salkovskis는 의학적으로 설명되지 않는 증상(즉, 객관적으로 검증가능한 병리에 의해 완전히 설명될 수 없는 증상들) 혹은 만성질환에서 중요한 것은 문제에 대한 공유된 이해이며, 이것이 일단 이루어지게 되면 이 공식화에 따라 사용되는 개입의 선택이 자연스럽게 이루어질 것이라고 하였다. 이때까지 이루어진 대다수의 연구성과에서는 하나의 기술보다는 개입 패키지에 초점을 맞추었다(Gulliksson et al., 2011; Howard & Dupont, 2014; Safren et al., 2014). 다음에는 그러한 패키지에 일반적으로 포함된 개입들을 소개하겠다.

행동전략

행동전략은 만성질환에서 매우 중요하며, 첫 번째 개입법으로 자주 사용된다. 주로 사용

되는 전략으로는 속도 조절과 단계별 활동이 있다(속도 조절을 설명하기 위해 활동/휴식 주기에 대해서도 마찬가지로 다음에 기술함).

속도 조절

건강이 좋은 상태라 할지라도 활동과 휴식 간의 균형을 유지하는 것이 중요하다. 영국 보건국Department of Health의 지침에 따르면, 주당 5일 정도는 중간 강도의 신체활동을 적어도 30분가량 하는 것이 추천된다. 좌식 생활습관을 오래 지속하는 것은 모든 원인으로 인한 사망률all-cause mortality을 높이는 데 주요한 위험 요인이다. 비록 이 같은 지침이 겉보기에 간단하고 분명한 근거에 바탕을 둔 것일지라도, 여전히 그것을 준수하는 것은 어려운 경우가 있다.

> **글상자 14-4** ─활동 수준의 영향──────────────────
>
> 지난 한 주 동안 당신의 활동에 대해 생각해 보라. 주당 5일 이상 중간 강도의 운동을 30분 이상 해야 한다는 지침을 얼마나 잘 따랐는가? 어떤 요인들이 이 지침을 따르는 것을 쉽게 혹은 어렵게 만들었는가? 인생에서 이 지침을 충족시키기가 더 쉽거나 어려웠던 시절이 있었는가? 그렇다면 지금과 그때와의 차이를 만들어 낸 중요한 요인은 무엇인가?

건강이 좋을 때 중간 강도의 활동을 하는 능력 또한 최대치에 달할 수 있다. 신체적으로 건강하면 우리가 원할 때 활동하고 필요할 때 쉴 수 있도록 하는 능력을 고도로 유연하게 적용할 수 있다(다음 참조). 이는 군이 주의 깊게 계획하지 않더라도 우리가 원하거나 필요로 하는 일들을 살아가면서 자발적으로 해 나갈 수 있게 해 준다. 신체를 건강하게 하고 단련할 수 있는 즐길 만한 다양한 신체적 활동을 할 수 있을 만큼 운이 좋다면 더 즐겁고 생산적인 신체적 활동들을 할 동기가 올라올 것이다.

내담자의 경우, 이 유연성은 만성질환과 그에 동반되는 신체 증상으로 인해 자주 방해를 받는다. 만성질환은 신체 증상, 이를테면 피로, 호흡곤란, 통증 등에 의해 자주 특징지어지며, 치료 또한 시간과 에너지를 소모한다. 만성질환에 대해 처방된 약들은 종종 졸림과 같은 부작용이 있어서 환자가 일상 활동들과 정해진 일과를 지속해 나가는 것을 어렵게 한다. 몸이 부과된 요구에 유연하게 반응하는 능력이 감소함에 따라 일상적인 활동들이 더욱 버겁고 진을 빼는 것이 된다. 많은 경우 그 결과로 이전에 비해 더 이상 할 수 있는 일이 많지 않게 된다. 이 단계에서 활동을 주의 깊게 계획하지 않으면 많은 만성질환 환자가 활동/휴식 주기에 빠지게 된다.

활동/휴식 주기

활동/휴식 주기는 일정량의 활동을 해 오던 사람들이 만성질환으로 초래된 신체 증상에 의해 활동에 영향을 받게 되었을 때 일반적으로 발생한다. 이 같은 상황에서는 시간이 지남에 따라 점차 할 수 있는 일이 줄어드는 일이 흔히 발생한다. 그러나 이렇게 할 수 있는 일이 줄어드는 것이 관여의 감소로 인해 발생할 확률은 낮다. 오히려 어떤 일들은 마무리되지 못한 채로 남게 되고 이는 좌절감을 빚어 내기 시작한다. 결과적으로, 사람들은 매우 자주 주기적으로 자신이 했어야만 한다고 지각하는 일들을 '따라잡기' 위해서 최대한 자기 자신을 밀어붙이는 시기에 빠져든다. 단기적으로 이는 (과업의 성취와 활동의 생리적인 효과를 통한) 정적 강화와 (부정적 감정의 감소를 통한) 부적 강화 모두를 제공한다. 그러나 이러한 주기는 일정 시간 동안 그 이상의 추가적인 활동이 불가능할 정도로 통증과 피로의 신체 증상을 증가시키는 의도치 않은 장기적 결과를 초래할 수 있다.

만약 이 같은 강제적인 휴식이 수 시간 혹은 그 이상 지속되면, 이는 신체적인 탈조건화를 재빨리 초래하게 되고 좌절의 원인이 되기가 쉽다. 높은 수준의 활동에 이어 강제적인 휴식이 뒤따르며 전환되는 양상은, 해결되지 않는 경우 경험하는 신체 증상을 더욱 심화시킬 수 있다.

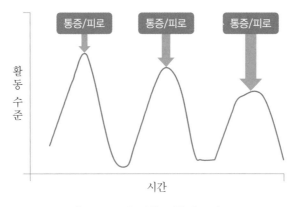

[그림 14-2] 과활동/휴식 주기

속도 조절(계속)

속도 조절은 이 양상을 멈추기 위해 적용되는 개입방법이다(Philips & Rachman, 1996). 속도 조절의 목표는 활동/휴식 주기에 의해 증상이 악화되는 것을 멈추는 것이다. 첫 단계는 이 같은 활동 양상의 영향을 지각하고 이해하는 것이다. 주기에 대해 설명하면 많은 사람은 그들의 행동이 여기에 얼마나 잘 들어맞는지를 즉시 알아차린다. 일부 다른 사람들에게는 날씨가 좋을 때 활동을 줄이고 살살하도록 애써 보자는 이야기를 짧게만 나누어도 충분하다. 이와 관련한 논의를 할 때 회기가 끝나면 가져갈 수 있도록 유인물이나 손으로 그린 다이어그램 등을 배부하면 메시지를 더 강조할 수 있다([그림 14-2]와 [글상자 14-5] 참조). 활동/휴식 주기는 가장 간단한 상황에서도 고치는 데 시간과 노력, 지속적인 상기가 필요한 확고한 습관인 경우가 많다.

글상자 14-5 활동/휴식 주기와 관련한 출처

다음이 도움이 될 것이다.

- 만성 폐쇄성 폐질환이나 천식에 대한 정보: www.mylungsmylife.org
- 모든 원인에 의한 통증이나 피로감에 대한 정보: https://www.psychologytools.com/resource/pacing-for-pain-and-fatigue/

많은 내담자는 활동/휴식 주기를 놓아 버리는 것이 매우 어렵다고 느낄 것이다. 더 많은 일을 하고 완결하는 것은 무척 기분이 좋은 데다 통증이나 피로의 증가와 같은 부정적인 결과는 즉각 나타나지 않기 때문에 이는 상당히 강화가 되기 쉽다. 속도 조절의 뒤에 숨은 원리를 이해하는 것은 도움이 될 수 있으며, 행동적인 실험을 준비하는 것 또한 유용하다(제10장 참조). 이는 내담자가 활동/휴식 주기를 계속 하는 것과 속도 조절을 사용하여 활동을 하는 것 간의 생산성에 대한 믿음을 검증할 수 있도록 하며, 이것이 웰빙에 미치는 영향에 대해서도 고려해 볼 수 있게 해 준다. 이는 개인적인 수준에서 협의가 되고 계획될 필요가 있다. 예시는 다음과 같다.

- 일주일 동안 평소 하던 방식대로 일을 하고 완료한 모든 과제를 적는다. 그리고 한 주간, 속도 조절을 사용하면서 완성할 수 있었던 일들에 대해 기록하는데, 이때 자주 자세를 바꾸고(근골격계 스트레스를 감소시키기 위해), 자주 짧은 휴식을 취한다. 이를 통해 활동/휴식 주기와 속도 조절을 할 때 얼마나 많은 일을 할 수 있는지 비교할 수 있다.
- 핵심 과제를 고른다. 평소 하던 방식대로 일을 하고 얼마나 걸렸는지 적는데, 이 때는 활동 뒤에 따르는 '회복 시간'을 함께 고려한다. 그 다음번에는 다른 방법으로 일하는 것을 계획하는데, 쉬는 시간을 중간중간 가지고 그 일을 하는 데 덜 힘든 방식을 찾아볼 것이다. 각 방식대로 과제를 했을 때의 효과를 비교해 본다.

내담자에게 하루 종일 수행할 핵심 활동들을 계획하고 기록하기 위해 일지를 완성하도록 요청하는 것이 도움이 될 수 있다. 시간에 걸쳐 워크시트를 작성하다 보면 어떤 계획된 활동들은 속도 제한하에 구조적인 방식으로 할 때 쉬워진다거나 더 많은 양을 할 수 있다는 함의를 얻을 수도 있다.

속도 조절에 대해 설명하는 것은 쉽지만 그것을 실제로 행동에 옮기는 것은 매우 어려운 기술이다. 우리 대부분은 직접 우리 인생에서 이를 실행하는 것이 어려울 것이다. 내담자에게는 일상적인 활동 중 하나 혹은 두 개 정도에 이것을 적용해 보는 것으로 시작하여 이후에 기술 습득이 되면 점진적으로 활동의 범위를 넓혀 나가도록 권유하는 것이 도움이 된다. 이제 논의될 단계를 따라야 한다.

1. 기저선 찾기

기저선은 수 시간 혹은 그 이후까지 활동력을 감소시킬 정도로 증상의 두드러진 악화를 초래하지 않고, 어떤 활동을 신뢰롭게 수행할 수 있는 수준의 측정치이다. 각기 다른 활동에는 다른 기저선이 존재할 것이다.

각 활동에 있어 목표는 확 불타오르지 않고 꾸준하게 완료할 수 있는 활동량을 찾는 것이다. 증상과 에너지는 다른 일상적으로 요구되는 사항들과 마찬가지로 매일 달라지는 것이 자연스럽기 때문에 이는 어려운 일이다. 따라서 각 활동에서 기저선을 확립하는 것에 한 주 혹은 그 이상이 걸리기도 한다. 이 같은 접근법의 기본적인 원칙은 '짐작해 보고, 더 적게 하고 검증해 보라'는 것으로 설명할 수 있다. Kathy가 처한 상황으로 돌아가 보면, 그녀는 자신이 약 30분가량 걸을 수 있을 것으로 짐작했다. 그녀는 일주일 전에 친구와 함께 산책을 30분가량 했고 그 이후에 썩 상태가 나쁘지 않았다는 점을 기억해 냈다. 그녀는 이 목표를 5분 정도 줄여서 아침마다 집 주변을 25분가량 걷기로 계획을 세웠다. 그녀는 첫날 이 목표를 달성하였으나 이튿날 이를 반복하려 하자 몸이 뻣뻣해짐을 느꼈다. 셋째 날에는 10분 정도 걷고 나자 멈춰서야만 했으며 그 후로 몇 시간 동안이나 엄청난 고통 때문에 거의 아무것도 할 수가 없었다. 이 경험을 한 뒤로 그녀는 그녀의 목표치를 줄여서 매일 15분만 걷기로 하였다. 결과적으로 그녀의 산책에 대한 최초의 기저선은 매일 15분으로 합의되었다.

2. 해당 기저선 내에서 활동을 자주 반복하며 반응을 모니터링하기

일단 기저선이 확립되면, 다음 단계는 이 활동 수준을 규칙적으로 반복하는 것이다. 이것의 목표는 점진적으로 신체적 상태를 개선하는 것뿐만 아니라 몸이 감당할 수 있는 수준 내에서 활동에 적응하고, 활동과 증상 심화 간에 자동적으로 학습된 연합을 반전시키는 것이다.

Kathy는 매일 15분씩 걷는 것을 시작하였다. 그녀는 증상을 상당히 악화시키지 않고 이를 해낼 수 있게 되었다. 몇 주가 지난 후로 그녀는 산책이 조금 더 쉬워졌다는 것을 알게 되었다.

3. 기저선을 서서히 올리기

일단 기저선이 쉽게 성취 가능한 수준이 되면 기저선을 점진적으로 올려야 한다. Kathy는 한 주 동안 어려움 없이 매일 산책을 한 후로 산책 시간을 17분으로 증가시켰다. 그리고 나서 그녀는 매주 1분 혹은 2분씩 시간을 증가시켰다. 때로는 증상이 심해져서 그 전주의 수준으로 돌아가야만 하는 경우도 생겼지만, 일반적으로 이는 확실히 잘 통하는 편이었다. 일 년이 지나자 그녀는 주에 2회씩 한 시간씩 정기적으로 산책을 하게 되었다. 그녀는 시간적인 제약 때문에 매일 산책을 하는 것은 어려웠지만 다른 날에는 30분 정도 걷는 것을 지속하였다. 또한 그녀는 같은 방법을 사용하여 더 많은 활동에 참여할 수 있는 능력을 키웠다.

목표 설정: 의미 있는 활동을 증가시키기

속도 조절 기술을 배우고 매일의 정기적인 활동에 적용하는 것이 상당히 도움이 되며, 이와 관련한 개입으로서 같은 원리를 내담자들이 자신의 인생에서 의미 있는 활동들을 증대시키기 위해 사용할 수 있다. 이 접근법은 전통적으로 건강 분야에서 '목표 설정'이라 불려 왔으나 실제로는 정신건강 분야에서의 행동 활성화 기법과 유사하다. 표준적인 행동 활성화와 마찬가지로 목표 활동은 내담자에게 중요하고 의미가 있어야 한다는 점이 중요하다. 만성질환의 결과로 의미 있고 즐길 만한 활동이 감소할 수 있기 때문에 특히 그러하다. 내담자에게 이전에 즐기던 활동들을 다시 하거나 새로운 관심사를 개발하는 것에 대해 고려하도록 하는 것이 적절하다(그중 후자는 기능 손상의 수준에 더욱 잘 맞을 수 있다).

기본적인 지침으로서 목표는 다음의 두 준거 중 적어도 하나를 충족해야 한다.

- 즐길 만한 것이어야 한다: 내담자가 자신의 목표를 이루고자 할 때 즐거움을 경험한다면, 그들의 노력이 강화될 가능성이 상당히 크고, 이는 매일의 어려운 상황에도 불구하고 내담자가 자신의 노력을 지속하여 성공할 확률을 높인다.
- 개인적으로 의미가 있어야 한다: 목표는 핵심적인 개인적 가치를 충족하는 데 도움이 되어야 한다. 여기에는 개인차가 있으므로 내담자로부터 목표가 도출되어야 한다. 여기에 도움이 될 만한 질문으로는 "증상이 당신에게 크게 문제되지 않았다면 무엇을 하고 싶으십니까?" "왜 이것이 중요합니까?" 혹은 "이 요구를 충족시키기 위해 당신이 즉각적으로 해 볼 수 있는 더 쉬운 활동이 있습니까?" 등이 있다. 개인적으로 의미가 있는

목표의 흔한 예로는 좋은 부모, 친구, 배우자가 되는 데 도움이 되는 것, 신체적으로 도전해 보는 것, 자신을 신체적·정서적으로 돌보는 것, 지역사회에서 중요한 구성원이 되거나 새로운 지식이나 기술을 발달시키는 것을 들 수 있다. 비록 만성질환이 내담자가 이 같은 가치를 추구하는 데 어려움을 야기할지라도, 개인적으로 중요한 것들에 의해 목표가 정해지면 활동이 의미 있어지며 꾸준히 추구될 가능성이 높다.

목표 설정을 돕기 위해 다양한 두문자가 만들어졌다. SMART 목표 설정이 아마도 가장 널리 쓰이는 것일 것이다.

- 구체적인Specific: 명확하게 정의된 것이 좋다. 예를 들어, '주 3회 30분씩 산책'이 '산책 더 잘하기'보다 좋다.
- 측정 가능한Measurable: 목표를 추구하는 과정이 쉽게 추적될 수 있고, 성취했을 때 쉽게 알 수 있는 방식으로 기술해야 한다.
- 성취 가능한Achievable: 현 상황에 기초하여 내담자가 성취 가능할 확률이 높아야 한다. 현재 개인의 능력과는 동떨어진 목표를 잡는다면 더 어렵고 장기적인 목표를 향한 과정을 지지할 수 있는 단기적인 목표부터 잡도록 격려할 수 있다.
- 보상이 되는Rewarding: 즐길 만하거나 개인적으로 의미가 있어야 한다.
- 시한이 있는Timed: 미리 정해진 시간에 맞춰 시행할 수 있어야 한다.

대안적으로 다음과 같은 원칙하에 활동을 계획하는 것도 도움이 된다.

- 의미 있는Meaningful: 내담자가 가치 있다고 생각하거나 자신의 인생에서 중요하다고 믿는 것과 관련된 것이어야 한다.
- 측정 가능한Measurable: 목표를 추구하는 과정이 쉽게 추적될 수 있고, 성취했을 때 쉽게 알 수 있는 방식으로 기술해야 한다.
- 감당할 수 있는Manageable: 현재 내담자의 능력 안에서 가능한 범위이며 점진적으로 계획을 잡을 수 있어야 한다.

목표 설정을 위해 널리 사용되는 구조화된 워크시트가 있다(예: https://cedar.exeter.ac.uk/v8media/facultysites/hls/cedar/resources/Goal_setting_workbook_website.pdf).

이 같은 종류의 활동 계획은 만성질환이 있는 경우 신체적 제약으로 인해 더욱 어려워진

다. 사람들은 처음에 스스로에게 지나친 것을 기대하고 이를 성취하기 위해 분투하는 과정
에서 활동/휴식 주기에 빠져 버리게 되는 경우가 흔하다. 목표는 따라서 더 낮은 수준에 맞
춰져야만 한다. 이 과정에서 이때까지 회피해 왔을 가능성이 높은, 현재의 한계점이 어느 정
도인지가 강조될 수 있기 때문에 내담자에 대한 섬세한 지지가 필요하다. 또한 목표를 지키
거나 속도를 조절하기가 어려운 상황들에 대해 논의하는 것이 도움이 된다. 생활 사건들과
약속들은 그 자체로 속도 조절과 목표 설정을 사용하는 것을 종종 어렵게 만들기에, 일반적
으로 도움이 되는 대안에 대해 탐색해 보는 것이 도움이 된다. 이때 탐색된 정보는 향후에
발생 가능한 유사한 상황에 어떻게 접근하는 것이 좋을지 계획을 세우는 데 사용될 수 있다.

인지적 전략

만성질환의 맥락 내에서 표현되는 다양한 염려가 신체적 건강 문제와 그것이 개인의 삶
에 미치는 영향에 대한 아주 현실적인 걱정들을 반영하기에, 처음에는 만성질환의 맥락 내
에서 인지적 전략이나 개입을 적용하는 것이 상당히 어렵게 느껴질 수 있다. 따라서 표준적
인 사고 워크시트는 때로 사용하기 어렵거나 전혀 도움이 되지 않기도 한다. 그럼에도 불구
하고 발생하는 모든 사고는 그것이 촉발하는 생리적 경로를 통해서, 또한 정서, 행동, 및 다
른 수반되는 신체적 감각들과의 연결을 통해서 웰빙에 장기적인 영향을 미친다. 이는 정신
건강보다 만성질환에 더 잘 맞는 이야기이다. 만성질환은 스트레스 호르몬에 대한 민감도
를 증가시키는 생리적인 결과를 불러올 수 있으며, 동시에 잔류 스트레스 수준을 더 상승시
키는 경향이 있다. 따라서 스트레스 호르몬의 증가가 눈에 띄는 생리적인 효과를 야기하기
전에도 완충 작용이 거의 없을 수 있다.

만성질환을 가진 사람들에게 저강도의 인지적 기술을 적용하는 데 도움이 될 만한 방법
은 다음과 같다.

- 내담자에게 증상이 순수한 의학적 원인이 있으나 동시에 자신이 촉발하는 사고와 정서
에 의해 악화될 수도 있음을 인지하도록 한다.
- 내담자에게 사건(질환에 관한 것들을 포함하여)에 대한 정서적·행동적 반응은 우리가
사건을 어디에 귀인하는가에 의해 매개될 수 있으며, 우리가 사실이라고 생각하는 것
들이 실제로는 의견인 경우도 많다는 개념을 소개한다.
- '자기비난적 사고'나 '부정적인 것에 초점 맞추기'와 같은 도움이 되지 않는 사고방식을
찾아내고 논의한다.

- 특정 귀인이 내담자가 기능하는 데 얼마나 도움이 되거나 되지 않는지 탐색해 본다.
- 내담자가 자신의 어려움과 관련하여 더 균형 잡힌 사고를 발달시킬 수 있도록 돕는 전략들에 대해 교육한다.

앞의 내용들을 읽어 보면 내용이 만성질환에 특정적인 것이 아님을 명확히 알 수 있을 것이다. 오히려 다양한 문제에 걸쳐 적용될 수 있는 표준적인 저강도 인지행동치료의 개입 방법을 반영하고 있다. 사실 사용되는 대부분의 심리학적 기술은 만성질환에 고유한 것들은 아니다. Salkovskis 등(2016)이 언급한 바와 같이, 현존하는 문제에 기여할 수 있는 모든 관련 요인에 대해 내담자와 공유된 이해를 발달시키는 것이 강조되어야 한다. 이것이 성취되면 정신건강 장면에서 사용되는 것들과 다르지 않은 방법을 적용할 수 있을 것이다.

연습 14-2 ❦ 만성질환의 증상과 인지적 작업 간의 관계에 대한 통찰 발달시키기

Kathy와의 치료 면담에서 발췌한 다음의 내용을 읽어 보라. 앞에서 언급된 어떤 부분들을 임상가가 다루고 있는가? Kathy와 임상가가 함께 논의하면 도움이 될 만한 다른 것들도 있는가?

임상가: 저는 당신의 증상이 당신의 생각에 어떻게 영향을 미치는지, 그리고 그 생각이 가진 영향에 대해서도 함께 말씀을 나눠 보고 싶어요.

내담자: 좋아요. 썩 이해가 되지는 않지만요. 제 통증은 실재하는 것이고 그건 신경학적인 원인이 있어요. 마음속에 존재하는 게 아니라고요.

임상가: 네, 저도 그것이 실재한다는 걸 알아요. 통증이 실재한다는 것은 분명한 사실이고 의문의 여지가 없지요. 하지만 통증은 종종 그것이 얼마나 지속될지에 대한 생각이나 통증이 더 나빠질지도 모른다는 생각을 촉발하기도 합니다. 당신이 더욱 잘 대처하면 좋을 만한 자기비난적인 생각을 유발하기도 하지요. 통증은 유쾌하지 않은 생각들을 촉발해서 통증에 대처하는 것을 더욱 어렵게 만들기도 해요. 그러니 당신이 어떤 생각을 하시는지, 또 그 생각들이 당신에게 어떤 영향을 미치는지 말씀해 주시면 좋겠어요.

내담자: 저는 그런 류의 생각들을 제법 많이 한답니다. '내가 더 잘 대처해야 하는데⋯⋯.'라는 생각을 자주 하지요.

임상가: 당신이 아마 할 수 있는 최선을 다하고 있음에도 불구하고 통증은 내가 더 잘 대처해야 한다는 생각을 촉발한다는 거예요. 신체적인 증상이 문제가 될 때 이런 생각은 흔하답니다. 일단 그런 생각이 떠올랐다면 당신은 이 생각을 통증과 더불어 다루어야 합니다. [종이에 쓴다: '통증-더 잘 대처해야 한다.'] 당신은 이것이 당신이 감정을 경험하는 데 도움이 되거나 반대로 되지 않는 방식으로 영향을

미친다고 생각하시나요?

내담자: 도움이 되지 않는다고 생각해요. 때로 저를 더 불안하게 느끼도록 만들거든요.

임상가: [다이어그램에 '불안'을 추가한다.] 말이 되네요. 당신은 높은 수준의 통증을 경험하고, 이것은 당신이 더 잘 대처해야 한다는 생각을 초래하며 더 불안감을 느끼게 된다는 것이네요. 이것은 매우 중요한데, 우리가 장기간 불안감을 느끼면 피로감과 통증에 대한 민감도를 증가시키는 효과가 있는 호르몬이 방출되기 때문이에요. 즉, 더 잘 대처해야 한다는 생각과 통증이 불안으로 이어지면, 시간이 지날수록 통증을 악화시키는 호르몬의 방출을 야기하게 된다는 것이지요.

내담자: 그러니까 제가 거기에 대해 생각하는 것 때문에 나 자신을 더 안 좋은 상태로 몰아간다는 말씀이신가요?

임상가: 아니요. 그런 뜻이 아니에요. 그보다는 생각은 자동적으로 촉발될 수가 있고 그 영향이 쭉 지속될 수가 있다는 거예요. 우리가 이런 생각을 하게 될 때 한 가지 문제는 우리가 자동적으로 마치 사실인양 그 생각을 믿게 된다는 것이지요. 어떤 생각들은 사실일 수도 있지만 대부분은 의견이거든요. '내가 더 잘 대처해야 해.'가 사실이라고 생각하시나요, 아니면 의견이라고 생각하시나요?

내담자: 아마도 의견이겠지요.

임상가: 맞아요. 의견이라는 것은 꼭 사실일 필요는 없는 것이거든요. 우리를 괴롭히는 생각들의 큰 힘은 우리가 그것을 사실이라고 믿는 데서 나와요. 따라서 어떤 생각이 의견인지를 알아차리고 우리 자신에게 '꼭 사실은 아니야.'라고 이야기해 주는 것이 도움이 될 수 있겠지요.

내담자: 하지만 저는 더 잘 대처해야 한다고요.

임상가: 다른 생각보다 그 생각을 특히 더 믿게 되는 때가 있으신가요?

내담자: 저는 거의 항상 그 생각을 믿는 편이지만 특히 제가 하고 싶었던 것을 못하게 되었을 때 그 생각을 더 믿는 것 같아요.

임상가: 이것이 의견의 특성이지요. 사실은 항상 진실이지만 의견은 어떤 일이 발생하거나 우리가 어떤 감정을 느끼는 과정에서 촉발될 때 더 믿게 되거든요. 또한 그 의견이 우리에게 도움이 되는지 아닌지를 생각해 보는 것도 중요해요.

내담자: 제가 더 잘 대처해야 한다는 생각이 대체로 저에게 도움이 된다고는 생각하지 않아요.

임상가: 좋아요. 그러니까 어떤 것들이 당신이 더 잘 대처해야만 한다는 생각을 촉발하는 거지요. 그것이 의견이지 사실이 아니라는 점을 기억하고 그게 당신에게 도움이 되는지를 확인할 수 있어요. 그게 도움이 되지 않는다면 스스로에게 그건 단지 의견일 뿐이라고 이야기하는 연습을 해 볼 수 있어요. 그런 생각을 할 수는 있지만 당신이 그걸 꼭 믿어야 한다는 뜻은 아니니까요.

내담자: 말하는 게 행하는 것보다 쉽지요.

임상가: 확실히 그래요. 보통 상당한 연습이 필요해요. 도움이 될 만한 워크시트를 가지고 왔어요. 이럴 때 당신 자신에게 말하면 도움이 될 만한 것들을 생각해 내어 목록을 만드는 데도 유용할 거예요.

내담자: 한번 시도해 볼 만한 것처럼 들리는데요.

임상가: 좋습니다. 여기 워크시트를 보시면 생각들을 기록할 수 있도록 되어 있고 무엇이 그 생각들을 촉발하는지, 그것이 사실인지 혹은 의견인지 쓰도록 되어 있어요. 다음 시간에 우리가 만나기 전에 한 번 시도해 보시고 어떠셨는지 함께 확인해 볼까요?

증상에 관한 교육

우리는 종종 증상에 대해 이분법적으로 생각한다. 증상은 신체적이거나 정신적이며, 실재하거나 혹은 심리적으로 야기된 것이라고 말이다. 우리가 정서적 요인들과 신체적 요인들을 상당히 분리된 것으로 보는 의학적 모델이 지배하는 사회에서 살고 있으니 이렇게 생각하는 것도 무리는 아니다. 하지만 증상에 대해 이 같은 방식으로 생각하는 것은 사실이 아닐 뿐더러 도움이 되지도 않으며 특히 만성질환의 맥락에서 그러하다. 현실 내에서 신체적 웰빙과 정서적 웰빙은 한 동전의 양면과 같은 것이며, 분리되어 고려될 수 없다. 의학적인 치료가 불가능하거나 완전하지 못할 때(만성질환을 겪고 있는 경우와 같이), 이 둘을 분리하는 것은 사람들에게 자신의 증상이 신체적인 것이며 그에 대해 자신이 할 수 있는 것은 전혀 없다는 (그리고 아마도 뭔가 더 해 줘야 하는 건강 전문가들에 의해 방임되고 있다는) 느낌을 받도록 한다. 그 연속선상의 반대쪽에서는 개인이 자신의 증상에 대해 어쨌거나 책임이 있으며, 부적절하고, 나약하며 스스로를 제대로 충분히 돌보지 못하고 있다고 믿게 만들기도 한다. 이 연속선상의 양극단에 속하는 사람들에게 증상이 실재하는 것이면서 **동시에** 자기 자신을 위해서 뭔가 할 수 있는 일이 있다는 것을 이해하도록 돕는 것은 그 자체로 강력한 개입이 될

글상자 14-6 정신신체의학에 대한 소개글 -

다음의 사항이 도움이 될 것이다.

- 정신신체의학 및 다양한 신체적 상태에 대한 그 용도와 잠재력에 대한 논문들: www.jabfm.org/content/16/2/131.short
- 생물심리사회적 모델, 플라시보 반응, 신체 건강에 대한 스트레스의 효과에 대해 논의하고 있는 길지만 꼼꼼한 인터넷 글: www.healthy.net/scr/article.aspx?Id=1949
- Pain Concern에서 환자들을 위해 발간한, 통증 관리에서 생물심리사회적 모델을 사용하는 것에 대해 개관하는 소책자: http://painconcern.org.uk/managing-emotions-2/

수 있다. 이 주제에 대한 논의는 가능한 경우 서면 자료로 보충할 수 있다. 이들 중 대부분은 현재 '정신신체의학'이라는 제목으로 인터넷에서 찾아볼 수 있다([글상자 14-6] 참조).

인지에 대해 작업하기

사고에 도전하기('인지 재구성'이라고도 불림; 제10장 참조)는 만성질환을 겪고 있는 내담자에게 사용하는 데 도움이 되는 기술이다. 그러나 예후에 대한 걱정이나 신체 상태로 인해 겪게 된 제한 등과 같은 만성질환과 관련한 사고는 매우 적절할 수 있기 때문에 사고에 도전하기 작업을 할 때는 주의가 필요하다. 내담자의 사고가 사실인지 혹은 의견인지를 물어보고, 만약 의견이라면 내담자에게 도움이 되는 것을 묻는 것이 좋은 시작점이 될 수 있다. 내담자는 어떤 특정 사고에 초점을 맞추는 것의 영향을 스스로에게 물어봄으로써 탐색해 보도록 격려를 받게 된다. "이러한 생각에 초점을 맞추는 것이 나에게 도움이 되는가? 혹은 내 관심의 초점을 대부분 다른 곳으로 돌리는 것이 더 도움이 되는가?" 이 접근법의 워크시트는 'www.newellbeing.co.uk/long-term-conditions-worksheets'를 참조하라.

글상자 14-7 -Kathy의 인지 --

Kathy는 자신을 더 기분 나쁘게 만드는 여러 생각을 찾아낼 수 있었다.

- '내가 당뇨를 조절하지 않아서 지금 이 지경이 된 거야.'
- '나는 너무 멍청해. 이건 다 내 잘못이야.'
- '내가 이전에 하던 모든 일을 다 해내서 내가 잘 대처하고 있다는 걸 보여 줘야 해.'
- '이미 다 손상이 되었으니까 이제 내가 그냥 먹고 싶은 걸 먹는 게 낫겠어.'

각각의 생각에 대해 사고에 도전하거나 도움이 되는지 기록하는 것이 더 적절할지, 교육 자료를 제공하는 것이 유용할지 생각해 보라.

내담자가 불쾌한 사고들을 억지로 마음속에서 밀어내려는 함정에 빠지지 않는 것이 중요하다. 왜냐하면 이것이 피하고자 애쓰고 있는 바로 그 생각들의 강도와 발생을 더 증대시킬 수 있기 때문이다. 임상가는 내담자로 하여금 1~2분가량 어떤 것에 대해 생각하지 않도록 요청하는 사고 억제 실험(Wegner, 1987; 백곰 실험의 예)을 통해 이를 증명해 보일 수도 있다. 대부분의 사람은 무언가에 대해 생각하지 않으려고 하는 노력 자체가 마음속에 계속 남아 있기 때문에 이것을 해내는 것이 어렵다고 생각한다. 시간이 지날수록 이 전략은 피로감

을 유발할 수 있고 만성질환의 신체 증상을 악화시킬 수 있다. 사고를 회피하려고 애쓰는 대신, 내담자가 자신의 사고를 수용하면서도 대부분의 주의를 다른 곳에 돌리는 것이 훨씬 도움된다. 이러한 것들은 내담자에게 의미가 있거나 중요한 것을 하는 것, 혹은 작은 단계별로 목표를 세워 나가는 것이 될 수도 있다(시내까지 이동하는 능력을 키우기 위한 한 단계로 길거리의 한 구획을 정기적으로 걷는 것 등). 관심이 있는 영화를 골라서 보는 것도 이완하고 즐거움을 누리는 기회가 될 수 있으므로 자기돌봄에 도움이 된다. 영화를 보거나 개인적으로 중요하거나 즐길 만하다고 느끼는 무언가를 하는 것은 신체 증상으로부터 '채널을 바꾸는 것'과 비슷하다고 할 수 있다. 신체 증상은 여전히 그대로이지만, 그것이 주의의 주된 초점일 필요는 없다는 것이다.

저강도 인지행동치료 임상가와의 논의 중에 Kathy는 자신의 증상이 증가할수록 자신이 그 문제를 초래한 것이며, 더 잘 대처해야 한다는 생각을 더 많이 하게 된다는 점을 알아차렸다. 그녀는 이러한 생각들에 초점을 맞추는 것이 도움이 되지 않는다는 것도 인식하였다. 저강도 인지행동치료 임상가의 지지와 더불어 그녀는 두 개의 목록을 작성할 수 있었다. 첫 번째 목록에는 도움이 되지 않는 생각들이 자신의 사고를 지배할 때 스스로에게 해 줄 수 있는 말들이 포함되었다. 두 번째 목록에는 자신의 사고와 맞서 싸우기 위해 애쓰는 대신 초점을 맞출 수 있는 실용적인 것들이 포함되었다(〈표 14-2〉 참조).

주의분산이 언제 정서의 강도를 감소시키는 보호적 반응으로서 이해될 수 있는지를 언급하는 것이 중요한데, 불안에 대한 노출 치료의 맥락에서는 그것이 적절한 전략으로 추천되지 않기 때문이다(Salkovskis, 1991; 제10장 참조). 여기에 기술된 전략의 목적은 Kathy가 자신이 가진 생각과 상관없이 도움이 되는 방식으로 행동하는 능력을 개발할 수 있게 돕는 것이다. 그것은 그녀의 사고에 맞서 싸우거나 통제하기 위해 애쓰는 방법은 아니다.

Kathy는 생각들이 너무도 강력하게 느껴져서 그것을 멈추는 것이 어렵다고 느꼈다. 처음에는 생각에 압도당하는 느낌이었다. 저강도 인지행동치료 임상가와 더 논의한 끝에 그녀는 자신도 모르게 주의를 완전히 전환하기 위한 목적으로 여전히 자신의 사고에 맞서 싸우

표 14-2 역기능적 인지에 대한 기능적 반응

나 자신에게 말하면 도움이 되는 것들	초점을 맞추면 도움이 되는 것들
내가 이런 생각을 한다고 해서 그게 사실이라는 뜻은 아니야.	천천히 숨을 쉬고 10까지 숫자를 세기
지금 이 순간 나에게 도움이 될 만한 무엇을 할 수 있을까?	앉아서 채소를 썰기
좋아, 긴장을 풀자.	책을 한 챕터 읽기
내 친구가 이렇게 생각한다면 나는 뭐라고 이야기해 줄까?	주변을 둘러보고 색깔을 찬찬히 살펴보기

고자 애쓰고 있다는 점을 알아차렸다. 그녀는 80/20 법칙을 사용해 보기 시작하였다. 이것은 그녀의 생각이 여전히 거기 그대로 있다는 점을 수용하고, 때로 그 생각이 그녀의 초점을 '잡아채기'도 한다는 것을 알면서도, 주의의 80%는 다른 것에 초점을 맞추어 보는 것을 목표로 하는 것이다. 그녀는 자신의 어려운 생각들이 존재한다는 것을 수용하면서도 다른 뭔가에 초점을 맞출 수 있을 때, 자주 그 생각들이 힘을 잃어버린다는 것을 발견하였다. 안정화기법 호흡 훈련([글상자 14-8] 참조)은 초점 맞추기를 연습하는 한 방법이다. 다른 사람들에게 이것을 소개할 계획이 있다면 반드시 먼저 스스로에게 몇 번 시도해 보라.

글상자 14-8 -안정화 기법 호흡 훈련 -

　주의의 초점을 대부분 호흡하는 리듬에 맞추는 것으로 시작하라. 우리가 호흡에 초점을 맞출 때 우리가 일반적으로 잘 알아차리지 못하는 세부 사항에 대해 인식하게 되는지를 알아차려라. 숨을 쉴 때마다 몸이 강하고 미묘하게 움직이는 것과 들숨과 날숨에 따른 온도나 건조함의 감각에 주의를 기울여 보라. 마찬가지로 숨을 내쉬고 들이마시는 길이가 같아지도록 애써 보라. 도움이 된다면 각 숨을 들이쉴 때 숫자로 3이나 4까지 세고, 마찬가지로 숨을 내쉴 때에도 그렇게 하라. 불편감이나 생각이나 소음 등 당신이 지각하고 있는 다른 것들이 있다고 하더라도 걱정하지 말라. 그것들을 있는 그대로 두되 대부분의 주의를 호흡하고 수를 세는 데(만약 그렇게 하기로 했다면) 기울여라.

　조금 더 깊은 숨을 두세 번 더 쉬어 보라. 숨을 내쉴 때 몸이 어떻게 반응하는지 살펴보라. 당신이 수를 세는 것을 멈추어 호흡이 정상으로 돌아왔다면 이를 지속적으로 알아차리라. 숨을 내쉴 때 어깨가 어떻게 느껴지는가? 가슴은 어떻게 느껴지는가? 종종 숨을 들이쉬는 것에는 상당한 노력이 필요하지만 숨을 내쉬는 것은 자연스럽고 편안하게 이루어진다는 것을 알 수 있다. 때로 우리가 숨을 내쉴 때 몸은 몸의 긴장을 일부 놓아 버린다. 우리는 마음이 몸으로부터 배우도록 할 수 있다. 우리가 숨을 내쉴 때, 몸이 긴장을 해소하듯이, 마음도 생각에 매여 있는 것 중 일부를 해소할 수 있다. 마음은 통제해야 한다는 욕구를 일부 놓아 버릴 수 있다. 사물을 있는 그대로 둠으로써 안정화가 될 수 있다.

　이 연습의 오디오 버전은 다음의 사이트에서 찾아볼 수 있다: www.resilientmindtraining.com/audio-downloads

　앞에 소개된 것을 연습해 보라. 당신의 몸에 주의 초점을 맞추는 것이 어떤지, 생각이나 다른 산만한 것들을 애써 막으려고 하지 않으면서 숨을 쉬고 숫자를 세는 것이 어떤 느낌인지 알아차려 보라. 주의 초점을 더 엄격하게 통제하려고 애쓸 때에 비해 어떤 느낌이 드는지 비교해 보라.

연습을 통해 내담자들은 자신의 사고를 더 잘 수용하는 법을 배울 것이며, 이를 통해 사고에 맞서 싸움으로써 그 강도를 증가시키지 않게 될 것이다. 내담자들은 생각을 있는 그대로 내버려 둠으로써 생각의 힘이 줄어들고 덜 문젯거리가 된다는 것을 배울 수 있을 것이다. 마찬가지로 생각은 의견이며 꼭 사실은 아니라는 점을 지속적으로 상기시키는 것 또한 도움이 될 것이다.

사고의 양상

사람들이 상황의 부정적인 측면에 초점을 맞추는 것은 흔한 일이다. 이 같은 경향성은 어떠한 잠재적인 위험이라도 우선적으로 다루고자 하는 진화적인 목적에서 유래되었다. 그러나 이것은 현대의 일상생활에서는 문제를 야기할 수 있으며, 특히 일상적인 스트레스와 압박감에 더해 만성질환에 대처해야 하는 사람들에게 특히 그러하다. 내담자가 적극적으로 다르게 행동하기를 선택하지 않는 이상 상황의 부정적인 측면에 자동적으로 초점을 맞추게 될 가능성이 높다는 것을 이해하는 것이 도움이 된다.

임상가는 내담자에게 사람들이 빠지기 쉬운 도움이 되지 않는 사고방식들의 목록(제10장의 〈표 10-2〉 참조)을 보여 주고 자신에게 흔히 일어나는 것은 무엇인지 식별하도록 격려할 수 있다. 이것은 자신의 사고가 부정적으로 편향되어 있을 때를 눈치채기 시작한 사람들에게 도움이 되는 방법이다. 평가 부분에서 논하였듯이, 자기비난적 사고는 만성질환에 대한 최적의 자기관리에 흔한 장애물이다. 내담자는 자기 자신이 스스로에게 지나치게 엄격한 경향이 있으며, 비슷한 상황에 처한 다른 사람에게는 결코 꿈에라도 이야기하지 않을 법한 가혹한 사고 양상을 보인다는 것을 알아차리고는 한다. 자신의 증상에 대해 더 잘 대처하지 않는다고 스스로를 비난하는 것이 흔한 일이다. 이같이 흔하고 자기비난적인 사고방식은 사람들이 스스로 거의 이야기하지 않고 다른 사람들로부터 반대되는 증거를 자연스럽게 이끌어 내지도 못하기 때문에 강화되는 경향이 있다. 임상 장면에서 대부분의 내담자는 같은 상황에 처한 친구보다 스스로에게 훨씬 더 엄격하다는 점에 쉽게 동의할 것이다. 종종 개입에서 중요한 부분은 단순히 이것을 정상화시켜 주는 것이다. 내담자들은 보통 자신들의 어려움에 대한 흔한 반응으로 부정적인 사고와 자기비난적 태도가 나타날 수 있다는 점을 들음으로써 도움을 받는다. 그런 다음 내담자가 그러한 상황에 처한 친구에 대해 어떻게 생각하고 말해 줄지 스스로에게 질문하도록 격려하는 것이 도움이 될 수 있다. 종종 이 친구에게 자신이 해 줄 말을 스스로에게 말하는 연습을 해 보는 것이 도움이 될 것이다.

글상자 14-9 ─ 스트레스 관리 ─────────────────

만성질환은 스트레스의 주된 근원이 될 수 있다. 스트레스는 만성질환의 예후에 부정적인 영향을 미치는 것으로 알려져 있다. 스트레스 관리 접근법은 다른 곳에서도 널리 다루어진 바 있어 이 장에는 포함하지 않았다. 스트레스를 알아차리고 관리하기 위한 자료의 목록은 다음과 같다.

- 환자들에게 도움이 되는 정보와 팁을 제공하는 유익하고 상호적인 웹사이트로서 스코틀랜드 정부에 의해 제작되었다: Stepsforstress.org
- (만성질환과의 관련성이 특히 높은) 만성 통증과 수면 문제를 포함한 다양한 신체적 문제를 겪고 있는 환자들을 위해 정보를 제공하는 자조 사이트: www.moodjuice.scot.nhs.uk
- Sapolsky(2004)의 책은 스트레스와 스트레스를 이해하는 방법에 대한 것으로, 스트레스에 대한 과학과 스트레스가 다양한 정신적 · 신체적 건강 증상에 미치는 영향을 흥미롭고 균형 잡힌 방식으로 제시하고 있다. 이 주제에 관심이 있는 전문가분만 아니라 일반 독자에게도 적합하다.

연습 14-3 🌿 스트레스의 역할에 대해 소개하기

스트레스가 내담자의 만성질환의 원인은 아니지만, 스트레스 반응이 만성질환의 증상으로 인해 초래될 수 있는 동시에 증상을 악화시킬 수 있다는 점에서 중요하다는 것을 설명하는 역할극을 당신의 동료와 함께 연습해 보라.

이완

대부분의 사람에게 어떤 형태로든 이완하는 것은 도움이 된다. 제10장에서 기술된 바와 같이, 이완은 긴장으로부터 벗어나는 시간이나 즐거움을 느끼는 기회를 제공할 수 있으며 수면을 개선하는 데 도움이 될 수 있다. 이는 만성질환을 겪는 내담자들에게 특히 중요하다. 심리적 웰빙 실무자_PWP_로서 내담자들에게 사용하라고 권하기 전에 스스로 이완 연습을 실습해 보고 익숙해지는 데 시간을 쓸 필요가 있다. 이는 당신이 연습을 하면서 겪게 되는 어떤 문제나 염려들을 다루는 데 도움이 될 것이다. 이완을 위한 각기 다른 다양한 방법이 존재한다(점진적 근육 이완에 대한 기술은 제10장 참조). 심상-초점_imagery-focused_ 연습에는 조용한 장소를 상상하며 그곳이 휴식을 취할 수 있는 나만의 '안전한 공간'이라는 안내를 받는 것이 포함된다. 많은 사람이 다른 것에 비해 특정한 이완 연습의 종류에 대한 자연스러운 선호를 보일 수 있으므로, 다양한 종류를 시도해 보는 것을 추천한다.

이완은 배우고 이득을 얻기까지 시간이 걸리는 기술이다. 이완 연습이 도움이 되는지 결정하기 전에 2~3주간 매일 이완 연습을 실습해 보는 것이 표준적인 추천 사항이다. 이완은 실제로 적용하기 전에 상대적으로 차분한 상황에서 실습을 먼저 해 보아야 한다. 일단 익숙해지면 스트레스가 더 심한 상황에서도 유용하게 사용될 수 있다.

만성질환이 있는 일부 내담자들에게 이완은 호흡의 어려움이나 통증을 비롯한 신체 증상에 대한 자각을 높일 수도 있다. 이는 이완 연습 동안 신체나 호흡에 더욱 주의를 기울이게 되어서라거나, 혹은 단순히 그 시간 동안 다른 형태의 주의분산이 제거되기 때문일 수도 있다. 따라서 내담자가 어떻게 반응해야 할지 모르는 채로 이 같은 감정들에 압도당할 가능성을 감소시키려면 짧은 이완 연습을 시작해 보는 것이 도움이 된다. 연습을 해 나가면서 일부 내담자들은 이완이 자신에게 맞지 않는다고 결정하는 반면, 다른 내담자들은 신체운동을 하는 것과 마찬가지로 점진적으로 이완을 해 나갈 수 있는 능력을 키워 나갈 수 있을 것이다.

사실 많은 경우 일상생활 내에서 정식 이완 훈련을 15분 혹은 20분씩 하는 것이 가능하지 않을 수 있다. 스스로를 차분하게 만들 필요가 있는 상황에서 오히려 이것이 더 어려울 수 있다. 호흡과 함께 이완하기는 이럴 때 도움이 될 수 있다.

이완을 사용하는 방법에 대한 추가적인 정보는 Payne과 Donaghy(2010)에서 확인할 수 있다.

글상자 14-10 ㅡ호흡과 함께 이완하기ㅡㅡㅡㅡㅡㅡㅡㅡㅡㅡㅡㅡㅡㅡㅡ

이 훈련은 말할 필요가 없는 한 어떤 상황이나 어떤 자세로든 할 수 있다. 상황이나 선호에 따라 수 초 혹은 더 길게 연습할 수 있다. 잠시 시간을 들여 자신의 몸에 집중해 보라. 호흡에 초점을 맞춰 보라. 몸이 숨을 들이쉬고 내쉼에 따라 어떻게 움직이는지를 알아차려라. 당신이 숨을 들이쉴 때 몸이 더 강해지며 행동할 준비를 하는 것을 상상해 보라. 숨을 내쉴 때 몸이 얼마나 자연스럽게 긴장을 푸는지를 알아차려라. 목과 어깨 부분에서 가장 쉽게 알아차릴 수 있지만, 몸의 다른 부분에서도 분명히 느낄 수 있다. 숨을 내쉴 때 긴장을 푸는 몸의 느낌에 계속해서 초점을 맞추어 보라. 숨을 들이쉴 때 시원하고 평온한 공기를 들이마신 다음, 몸에 모여 있던 스트레스와 긴장을 검은 연기의 형태로 내뿜으면, 그것이 바닥에 흩어져 사라진다고 상상해 보라.

신체운동

규칙적인 운동은 스트레스를 관리하는 데 훌륭한 방법이며, NICE 가이드라인에서도 만성질환에 동반되는 역치하 혹은 경도의 우울에 최우선 치료로서 권고된다(신체운동의 사용에 대한 더 심도깊은 논의는 제10장 참조). 신체운동을 만성질환에 대한 개입법으로 포함할 때 이 장 앞부분의 속도 조절에서 기술한 바와 같이 점진적인 방식으로 진행하는 것이 중요하다.

Kathy는 보행 능력이 저하됨에 따라 이전에 참여하던 신체운동량 또한 그만큼 감소하였다는 것을 알아차렸다. 그녀는 보행 능력을 키우기 위해 운동을 하는 것에 더해서 대체 운동으로 수영을 해 보기로 하였다. 그녀는 곧 일주일에 두 번 30분씩 수영을 하고 아쿠아핏 수업에 정기적으로 참여하게 되었다. 몇 주가 지나자 그녀는 기분이 나아짐은 물론이고 자신의 몸에 대한 느낌도 개선되었다는 것을 알아차리기 시작하였다.

사례 결론

Kathy는 자신의 신체 증상에 반응하기 시작한 방식들을 상세히 살펴보게 된 것이 도움이 되었다고 느꼈다([그림 14-3] 참조). 그녀는 스스로를 잘 통제하지 못해서 지속적인 통증을 야기했다고 자책할 때, 자기비난과 도움이 되지 않는 행동으로 빠지는 경향이 있다는 것을 알아차렸다. 언제든 이러한 일이 발생할 때 그녀는 자기 자신에게 '나는 그때 내가 할 수 있는 최선을 다했던 것뿐이야.'라고 이야기하기 시작하였으며, 자신이 하고 있는 활동에 의도적으로 초점을 맞추었다. 마찬가지로 감당 가능한 범위 내에서 활동 계획을 세움으로써 통증이 심하게 악화되지 않도록 하였고, 이로써 이 같은 반응에 빠지는 빈도가 줄어든다는 사실을 발견했다. 매일 오후 차를 마신 후 5분간 이완을 하기 시작하였다. 개입이 끝나갈 즈음에도 그녀는 신경통을 계속 경험하고 있었다. 그러나 그녀는 자신이 통증을 더 잘 다룰 수 있는 기술이 있다고 느꼈으며, 건강한 선택들을 하고 있다는 자신감이 있었기 때문에 증상 악화를 막을 수 있을 것이라고 확신했다. 그녀는 이러한 기술들을 자신의 삶에서 지속적으로 사용할 필요가 있다고 생각했다.

생물
당뇨병성 신경통, 약물의 효과,
영양학적 · 유전학적 요인들과
Kathy의 증상과 증상에 대한
반응으로 촉발된 스트레스 및
다른 호르몬의 효과

심리
행동: 걷는 것을 회피,
즐겁거나 흥미로운 활동의 감소,
활동/휴식 주기

사고: 내 잘못이야,
내가 할 수 있는 건 아무것도 없어,
난 사람들을 실망시키고 있어.

감정: 좌절된, 불안한, 처지는,
죄책감이 드는

사회
어머니와의 사별, 딸이 집을 떠남,
아버지를 돌봐야 하는 책임과
현재의 집안 상황을 포함한 요인,
동네 유형, 재정적 안정성 등의
환경적 요인들도 마찬가지로
관련이 있음

[그림 14-3] Kathy 사례의 세부 사항을 포함한 수정된 생물심리사회 모델

요약(과 잠재적인 난제)

- 조심스럽게 적용한다면, 저강도 인지행동치료 작업의 표준적인 평가와 개입 과정은 만성질환이 있는 사람들에게도 충분히 유용하게 사용될 수 있다.
- 임상가와 내담자 사이의 생물심리사회적 틀에 대한 공유된 이해는 성공적인 치료의 결정적인 전제조건이다.
- 일단 공유된 이해가 자리를 잡으면, 정신건강 접근과 매우 유사한 방식으로 심리적인 작업을 진행하되, 핵심적인 사항에서 일부 조정이 필요할 것이다.

- Salkovskis 등(2016)이 논의한 바와 같이, 필요한 만큼 충분한 시간을 들여 문제에 대한 공유된 이해를 발달시키는 데 초점을 맞추어야 한다. 이 같은 공유된 이해가 다른 모든 개입법의 기초가 되기 때문이다.

- 내담자에게 경험하는 증상과 그것이 어떻게 변동하는지에 대한 기록을 남기도록 하는 것은 치료에 유용한 정보를 제공할 수 있다. 대부분의 만성질환에서 질환과 관련한 변인들은 통증이나 호흡곤란과 같은 증상이 변동하는 것만큼 그 심각도가 변화하지는 않는다. 이 같은 변동에 대해 기록하는 것은, 행동 실험의 맥락에서 논의된 바와 같이, 내담자와 임상가 모두가 다양한 요인의 기여 효과에 대해 이해하고 있다는 자신감을 가지는 데 도움이 될 수 있다. 이는 변동이 발생할 때 어떻게 도움되는 방식으로 대처할지에 대한 계획을 세울 수 있게 해 줄 것이다.

- 신체 증상은 저강도 인지행동치료에서 사용하는 표준적인 행동 개입에 잠재적으로 방해가 될 수 있다. 이 어려움에 대해 다루기 위해, 증상의 영향에 대해 매우 조심스럽게 고려하여 치료가 계획될 필요가 있다.

- 다음의 전략들은 만성질환을 가진 사람의 증상과 삶의 질을 모두 개선시킬 수 있다. (a) 내담자에게 자신의 삶에서 의미 있는 활동들을 지속하거나 혹은 다시 시작하는 데 도움을 주기 위해 속도를 조절하기, (b) 내담자가 자신이 할 수 없는 일에 초점을 맞추기보다는 할 수 있는 일에 초점을 맞추도록 격려하기(아마도 조정이 필요할 수 있음), (c) 사고의 내용보다는 영향에 더욱 초점을 맞추어 도움이 되지 않는 생각을 다루는 다양한 방법 학습하기 등이다.

- 단계별 활동 위계를 포함하는 개입을 만성질환을 가진 내담자에게 적용할 때는 신체적으로 건강한 내담자에게 시행할 때에 비해 종종 더 작은 단계들로 나누어 천천히 진행한다.

- 만성질환의 장기적인 특성으로 인해, 저강도 인지행동치료 전략은 다소 정도의 차이는 있을지라도 지속적인 차원에서 적용되어야 할 가능성이 높다.

- 증상이 정서적인 요인에 의해 발생하였는지 혹은 신체적인 요인에 의해 발생하였는지 구분하기 어려운 경우(예: 만성 폐쇄성 폐질환을 가진 환자가 불안과 호흡곤란 모두를 경험하는 경우), 내담자의 일차 진료의 다른 관련 건강 전문가와의 협진을 통해 내담자의 어려움을 공식화하는 것이 중요하다. 주의 깊게 계획된 행동 실험 또한 같은 맥락에서 중요하며, 이 같은 문제에 대한 해답을 제공할 수 있다. 단, 이때는 의학적 조언을 따르는 것이 필요하다.

- 좋은 결과란 내담자가 이를 성취하는 데 방해가 되는 것들을 제거함으로써 긍정적인 자기관리 행동에 참여하는 능력이 개선된 것으로 간주할 수 있다.

추가로 읽어 볼 자료와 활동들

- 각 만성질환에 대한 글을 읽고, 개별 질환들의 구체적인 특성에 친숙해질 필요가 있다(적절한 글의 예로 https://readingagency.org.uk/no_need_for_dr_google_library_scheme_gets_brits_reading_their_way_to_better_health/를 참조하라.

- 짝을 이루어 심리사회적 요인들이 신체건강과 관련한 증상에 어떻게 기여하는지에 대해 논의하는 것을 연습해 보라.

- 이 장의 글상자에서 제공된 정보로부터 직접 관련이 있거나 만성질환에 사용하도록 조정될 수 있는 매뉴얼이나 워크시트의 정보를 취합해 보라.

제**15**장 **학습장애가 있는 사람들을 위한**
저강도 인지행동치료 적용

Dave Dagnan

이 장에서는 학습장애를 경험하는 사람들의 요구에 맞추어 수정된 심리치료 접근성 향상 (IAPT) 시행 절차와 저강도 인지행동치료에 대해 다룰 것이다. 독자들은 다음에 대한 이해를 넓힐 수 있을 것이다.

- 학습장애의 특성과 학습장애가 있는 사람들에서의 정신건강과 관련한 역학을 이해한다.
- 학습장애가 있는 사람들에게 최소한의 자료를 사용하는 방법을 비롯한 평가과정을 조정하는 방법을 이해한다.
- 학습장애가 있는 사람들의 요구에 맞춰 저강도 인지행동치료 개입을 조정하는 방법을 이해한다.

서론

학습장애Learning Disability는 다음과 같이 정의된다.

- 새롭거나 복잡한 정보를 이해하고 새로운 기술을 습득하는 능력의 현저한 저하(개인의 IQ가 70 미만인 경우)
- 독립적인 대처기술의 저하(일반적으로 관찰과 적응행동 척도에 의해 측정됨)
- 이 두 가지 모두 성인이 되기 전에 시작되어 발달상 지속적인 영향을 미침(DoH, 2001)

학습장애는 유전자나 염색체와 관련한 문제(예: 다운증후군), 출생 전 혹은 출생 시 발생한 외상(예: 태아 알코올 증후군 혹은 출생 시 저산소증) 혹은 아동기의 감염이나 외상(예: 사고로 인한 외상이나 뇌수막염 같은 감염)의 결과로 발생할 수 있다. 성인기의 뇌손상을 발생시키는 외상이나 치매 등으로 인한 신경퇴행적 과정을 겪게 되는 사람의 경우 또한 학습장애를 가지고 있는 사람들과 유사한 요구가 있을 수 있으나, 이는 성인기에 시작되므로 학습장애로 분류되지는 않는다.

영국의 교육체계 내에서는 학습을 방해하는 어려움을 가지고 있는 경우에 학습장해learning difficulty가 있는 것으로 분류된다. 이는 '학습장애'와도 매우 유사하여 혼란을 야기한다. 누군가 학습장해로 의뢰된다면 그 장해가 무엇인지 확실히 하는 것이 중요하다. 중등도와 심도의 학습장해는 종종 학습장애와 동의어로 사용된다. 그러나 특정 학습장해는 글을 해독하거나 글을 유창하게 쓰는 능력이 다른 능력에 비해 유의하게 저조한 난독증 등을 포함할 수 있는데, 이들에게는 이 장에서 논의된 바와 유사한 조정이 필요할지 모르지만 학습장애에는 해당하지 않는다.

마지막으로, 영국의 전문 용어는 미국과 다르다는 점을 숙지하는 것이 도움이 된다. 미국에서는 학습장애가 '발달 및 지적장애'로 알려져 있으며 난독증과 같은 장애가 특정학습장애로 불린다. 인터넷으로 학습장애에 대한 조사를 하게 되면 미국의 저자들이 유사한 용어에도 불구하고 사뭇 다른 그룹을 언급하고 있다는 점을 알아 두는 것이 중요하다.

글상자 15-1 -- Jonathan 1: 소개 -----------------------

이 사례연구는 경도의 학습장애로 저강도 인지행동치료$_{LICBT}$에 의뢰된 남성에 관한 것이다. 사례연구는 이 장에 걸쳐 조금씩 소개될 것이다.

Jonathan은 43세 남성으로 그의 일차 진료의에 의해 의뢰되었다. 그는 심각하지 않은 신체적 불편감이나 염려를 주호소로 일차 진료의를 상당히 자주 찾아오는 사람이었다. 그는 점이나 무릎관절의 통증, 만성적인 위통과 두통을 포함한 건강 문제에 대한 염려가 있었다. Jonathan은 학습장애 서비스 기관에서 평가를 받은 이력이 있으며, 전체 지능은 68점이었다. 그는 78세인 어머니와 함께 살고 있으며, 아버지는 낙상 후 합병증으로 15년 전에 사망하였다. 그의 형제자매들은 모두 결혼하여 자녀를 두고 있었다. Jonathan은 학교를 떠난 후에 직업을 가진 적이 없으나 학습장애가 있는 사람들을 위한 팀에 속한 사회복지사가 그를 위해 준비해 준 지역사회의 정원 가꾸기 작업에 참여하고 있었다. Jonathan은 자신이 동료들보다 더 능력이 있다고 생각했기 때문에 직업이 만족스럽지가 않았고, 자신의 수행이나 지도감독관과의 관계에 대해 지속적으로 반추하였다. Jonathan의 어머니는 점차 쇠약해지고 있었으며 그들이 함께 사는 집의 아래층을 사용하기 시작하였다. Jonathan의 어머니는 집안일의 많은 부분을 그에게 의지하고 있었다. 그는 항상 어머니와 함께 살았으며 아버지가 돌아가신 뒤로는 어머니를 돌봐 왔다고 이야기하였다. Jonathan은 의사소통 능력이 좋았으며, 그를 아는 사람들 중 누구도 그가 학습장애가 있다는 것을 분명히 알지는 못하였다. 그는 자신이 텔레비전 방송편성표를 보고 자신이 좋아하는 럭비팀의 경기 결과를 읽기도 하고, 텔레비전 프로그램 방송 시간을 찾을 수도 있다고 하였다. 또한 자신의 이름과 주소를 쓸 수 있다고 하였으나, 어머니가 주로 돈 관리를 하시고 대신 편지를 읽어 주시거나 필요한 서류를 써 주시기 때문에 그다지 글을 쓸 일은 없다고 하였다. 지난 4주 동안 그는 거의 매일 직장에 나가지 못했고, 어머니와 자신에게 필요한 물건들을 사러 나가는 것에도 어려움이 있었으며, 그의 미래에 대해 반추하였다고 보고하였고, 이 같은 문제에 대해 언급하는 동안 눈물이 고여 있었다.

연습 15-1 ❦ 학습장애가 저강도 인지행동치료 도구와 기술을 사용하는 데 미치는 영향

학습장애는 복잡하고 추상적인 개념에 대해 이해하고 의사소통하는 것의 어려움으로 정의할 수 있으며, 학습장애가 있는 경우 읽거나 쓰는 것이 어려울 수 있다. 다음의 장에서 가능한 조정안들을 읽기 전에 학습장애의 정의에 대해 찬찬히 생각해 보고, 정의된 문제들이 당신이 임상적 작업에서 전형적으로 사용하고 있거나 사용할 수 있는 기술이나 도구들에 어떤 영향을 미칠지 고려해 보라.

학습장애의 역학

　어떤 사람에게 학습장애가 있다고 기술하려면 적어도 개인의 지적 수준을 측정하기 위해 고안된 표준화된 검사에서 70 미만의 지능지수를 얻어야 한다. 지능검사의 예는 다음의 사이트를 참고하라(www.pearsonclinical.com/psychology/products/100000392/wechsler-adult-intelligence-scalefourth-edition-wais-iv.html#tab-details).

　일반 인구에서 지능지수의 정규 분포를 볼 때 인구의 약 2%는 70 미만의 지능지수를 가지게 된다. 따라서 10만 명당 2,000명 정도가 이에 해당한다고 볼 수 있다. 그러나 영국 전역에서 해당 인구 중 20%도 안 되는 사람들만이(10만 명당 400명가량) 서비스를 이용하거나 등록되어 있다. 이는 70 미만의 지능지수를 가진 80%에 해당하는 사람들이(10만 명당 1,600명가량) 학습장애로 확인되지 않은 상태에서 치료를 위해 심리치료 접근성 향상Improving Access to Psychological Therapies: IAPT에 참여하는 등 서비스를 이용하고 있음을 시사한다. 영국 보건국 웹사이트에는 학습장애의 국가 및 지역 역학을 이해하는 데 도움이 될 만한 다양한 논문과 보고서가 제공되고 있다(www.improvinghealthandlives.org.uk/about/ihal).

　지능지수가 임상가가 학습장애가 있는 사람들을 위한 심리치료 방법을 찾아내는 데 도움이 될지를 고려함에 있어서, 먼저 두 가지를 명심할 필요가 있다. 첫째, 지능지수의 측정은 정확하지 않다. 예를 들어, 지능지수의 측정에서 알려진 오차는 측정된 지능지수가 69점인 사람의 경우, '진짜' 지능지수는 66에서 75 사이의 어딘가에 해당한다는 점을 의미한다. 둘째, 지능지수를 통해 특정 기술을 정확하게 예측하는 것은 매우 어렵다. 지능지수가 69인 사람과 80인 사람은 종종 비슷한 기술을 보이며, 비슷한 조정이 필요한 수준일 수 있다. 이 장의 나머지 부분에서의 논의는 학습장애가 있는 사람들(즉, 지능지수가 70 미만인 사람들)에 대한 내용들이다. 그러나 지능지수가 80까지 되는 사람들에게도 해당 내용이 동등하게 적용될 수 있다. 이것은 치료법의 조정이 얼마나 많은 사람에게 도움이 될 수 있는지에 상당한 영향을 미치게 된다. 지능지수가 70 미만인 인구는 전 인구의 2%에 불과하지만, 80 미만인 인구는 거의 10%에 달할 것이다.

　마찬가지로 중요한 점은 일반적으로 기능적 문해력이 부족하다고 생각되는 인구의 비율은 대략 16% 정도이고, 인구의 1%는 문해력이 전혀 없다는 점이다(Great Britain Department for Business, Innovation and Skills et al., 2011). 지능지수가 80 미만인 사람들과 기능적인 문해력이 부족한 사람들이 완전히 같지는 않겠지만, 이들 사이에는 상당한 교집합이 있을 것이다. 이 장의 적용 I에서는 임상가들이 이러한 더 큰 그룹의 사람들을 대상으로 접근법들을 조정하는 데 도움이 될 것이다.

연습 15-2　🌿 저강도 인지행동치료에서 문해력 부족의 영향

현재 보고 있는 사례들 중 문해력에 문제가 있는 사례가 있는가? 그렇지 않다면 문해력에 어려움
이 있는 사람을 곧 만나려 한다고 상상해 보라. 읽고 쓰기를 잘하지 못하는 사람을 대상으로 어떻게
상호작용을 조정할지 고려하라. 트리아지(치료 우선순위를 정하기 위한 내담자 분류), 평가와 치료 프
로토콜 중 어느 부분에서 어떤 영향을 받을 것인가([그림 5-1] 참조)? 문해력 문제에 대해 언급하지
않는 것이 잠재적으로 내담자가 치료에 참여하는 데 실패하게 하는 요인이 될 것인가?

학습장애가 있는 사람들에서의 정신질환 역학

연구에 따르면 일반적으로 학습장애가 없는 사람들에 비해 학습장애가 있는 사람들에게
서 더 높은 비율로 정신질환이 발견된다. 가장 세심하게 시행된 연구들에서 학습장애가 있
는 사람들의 20~25%가 정신질환을 경험하는 것으로 확인되었다(Cooper et al., 2007). 우울
과 불안은 학습장애가 있는 사람들에서 가장 흔히 경험되는 형태의 정신질환이었으며, 이들
에게 우울은 일반 인구에 비해 종종 더 만성적인 것으로 나타났다(NICE, 2016).

연습 15-3　🌿 학습장애와 정신건강 간의 관계

학습장애가 있는 사람들의 일상생활에서 어떤 요인이 이들에게 정신건강 문제를 더 많이 야기하는
것일까? 생물심리사회적 모델에 대해 떠올려 보라(제14장과 en.wikipedia.org/wiki/Biopsychosocial_
model 참조). 어떤 요인이 생물학적(예: 유전과 신체 건강), 심리적(예: 행동과 대처 전략과 관련한 요
인) 혹은 사회적(예: 관계나 사회와 관련한 요인)인가?

학습장애가 있는 사람들은 일상생활에서 정신질환과 연관이 있는 사건들과 어려움들을
경험할 가능성이 더 높다. 학습장애가 있는 사람들은 심혈관계 문제, 당뇨나 뇌전증과 같은
신체적 질환을 더 높은 비율로 겪는다. 또한 이들은 학대를 비롯한 기타 외상, 차별과 가난
을 더 높은 수준으로 경험하는 것으로 알려져 있으며, 삶에서의 부정적인 경험들을 감당하
는 데 필요한 자원 또한 부족하다(사회적 지지의 부족, 지적인 어려움, 정서 조절 전략).

연습 15-4 🌿 타인의 취약성을 염두에 두고 최선의 치료를 제공하기

학습장애가 있는 사람들이 기관에서 경험할 수 있는 학대의 예시를 읽어 보라(다음은 공적으로 알려진 몇몇 사건들이다).

- www.communitycare.co.uk/2012/08/07/winterbourne-view-a-case-study-in-institutional-abuse/
- www.theguardian.com/society/2006/jul/05/longtermcare.uknews
- https://www.challengingbehaviour.org.uk/wp-content/uploads/2021/03/Out-of-Sight-Report.pdf
- www.independent.co.uk/news/uk/home-news/adults-with-learning-disabilitiesat-risk-of-abuse-say-charities-9909302.html

왜 이 사람들이 특히 학대에 취약했을지 생각해 보라(성적, 신체적, 심리적, 경제적/물질적, 방임, 기관의 학대 등). https://dudleysafeguarding.org.uk/adults/i-use-services-for-adults/what-is-abuse-adults/를 참조하라. 이 같은 사실들은 당신이 내담자를 만날 때 어떤 함의를 제공할 수 있을까?

IAPT와 학습장애를 위한 『긍정적 실천 안내서』를 읽어 보라(Dagnan et al., 2015).

학습장애가 있는 사람들과의 저강도 인지행동치료 작업에서의 가정

수정된 IAPT와 학습장애를 위한 『긍정적 실천 안내서』(Dagnan et al., 2015)에서는 학습장애가 있는 사람들을 대상으로 한 IAPT 제공에 대해 몇 가지 가정을 하고 있다.

1. IAPT 임상가들은 학습장애가 있는 사람들과 작업할 수 있는 기술을 가지고 있다. 심리적 웰빙 실무자Psychological Wellbeing Practitioners: PWPs와 다른 IAPT 임상가들이 사용하는 훈련, 기술, 모델들을 통해 경도와 중등도의 불안과 우울에 대한 구조화되고 근거에 기반한 치료법을 적용할 수 있다. 흔한 정신건강 문제에 대한 NICE(2011a)의 안내가 학습장애가 있는 사람들에게 적용되지 않으리라고 가정할 하등의 이유가 없으며, 최근 학습장애가 있는 사람들에서의 정신건강 문제에 특화된 안내서는 양질의 근거를 제공하지 못하고 있다(NICE, 2016).

2. 기관 종사자들이 이러한 기술들을 사용할 수 있도록 지원하기 위해서는 서비스 기관에서 학습장애가 있는 사람들을 식별하기 위한 체계를 마련하여 기관종사자들이 특정한

조정이 필요한 사람들을 식별하는 것을 도와야 한다. 학습장애가 있는 사람들이 항상 자신이 학습장애가 있다는 것을 아는 것도 아니며, 다른 서비스 기관에 의해서 학습장애로 식별되는 것도 아니다. 이 장에서 기술되는 접근들로부터 도움을 받을 만한 사람들을 식별하기 위한 의뢰가 이루어지는 시점에 치료법을 조정해야 하거나 간단한 선별검사가 필요할 수 있으며, 여기에 지역사회 서비스팀과의 긴밀한 협조가 포함될 수 있다(Dagnan et al., 2015).

3. 여기서 기술된 학습장애가 있는 사람들을 위해 특별히 수정된 기법들은 아직 공식적으로 학습장애라고 진단받지 않은 훨씬 더 많은 사람에게 도움이 될 수 있으며, 학습장애로 식별되는 데 필요한 범위를 약간 벗어나지만 문해력, 숫자 읽기, 추상적이고 복잡한 사안에 대한 사고력에 어려움이 있는 많은 사람에게 도움이 될 수 있다.

4. 지능지수만으로는 개인이 필요로 하는 개입을 어떻게 조정할지 잘 예측할 수 없다. 비록 지능지수가 69인 사람과 130인 사람과 작업하는 것이 상당히 다른 것은 사실이지만, 지능지수의 범위가 공식적인 학습장애의 진단을 받을 수도 있고 그렇지 않을 수도 있는, 60~80에 걸쳐 있는 경우 사용되는 기술에는 큰 차이가 없을 것이다.

학습장애가 있는 사람들과의 초기 만남

학습장애로 진단받을 만한 사람들 중 상당수는 자신이 그렇다고 생각하지 않는 경우가 흔하며, 다른 사람들에게 자신의 인지적 어려움을 노출하는 것을 피하기 위한 전략들을 습득한 경우가 많다. 임상가가 내담자에게 학습장애가 있다고 진단할 수 있는 몇 가지 방법은 다음과 같다.

- 의뢰자가 의뢰서를 통해 내담자에게 학습장애가 있다는 점을 알려 줄 수 있으며, 저강도 인지행동치료 서비스에서 사용되는 정보시스템에서 이전에 해당 내담자가 학습장애로 진단된 적이 있거나 현재 학습장애를 가지고 있다는 점을 확인할 수 있다.

- 서비스 기관에서 특별한 의사소통 기술이 요구되는 사람들을 식별하는 데 도움이 되는 정보를 수집할 수 있다. 현재 서비스 기관에서는 영국 NHS Accesible Information Standard(www.england.nhs.uk/ourwork/accessibleinfo/)를 사용해야 하며, 여기서는 표준적인 양식으로는 정보를 습득하기 어려운 사람들을 위해 필수적으로 별도의 이해하기 쉬운 정보를 제공하라는 점을 기술하고 있다. 이에 따르면, 내담자들이 어떠한 장애

나 감각적 손실의 결과로 의사소통이나 정보 제공과 관련하여 도움이 필요하다면 임상가는 항상 내담자와 함께 이에 대해 작업할 것을 권고하고 있다. 안내서에서는 임상가가 내담자가 이해할 수 있는 형태로 정보를 받을 수 있도록 접근법을 수정하고 자료를 선별할 것을 요구하고 있다.

- 초기 회기에서의 조심스러운 면담을 통해 혹은 내담자를 참여시키는 당신의 역량에 따라 내담자가 평가나 개입을 이해하기 어렵다는 점을 알아챌 수 있다. 특정 내담자를 학습장애로 확진하기 위한 명확한 질문은 없으나 다음의 영역들은 도움이 될 수 있다.
  - 내담자가 과거 아동기 혹은 성인기에 다른 서비스를 받았는지 질문해 보라. 특히 특수교육을 받은 적이 있는지 혹은 성인일 때 학습장애가 있는 사람들을 위한 특수 서비스를 받은 적이 있는지 물어보라.
  - 병원이나 다른 건강 서비스 기관으로부터의 편지 등과 같은 문서를 읽는 데 도움이 필요한지 물어보라.
  - 정부 행정기관으로부터 혜택을 받기 위한 양식을 작성하는 데 보통 도움이 필요한지 물어보라.
  - 시간표나 일지를 작성하거나 가게에서 잔돈을 돌려받는 것 등을 위해 도움이 필요한 것과 같이 숫자를 사용하거나 세는 것에 어려움이 있는지 물어보라.
  - 높은 수준의 학습 기술이 요구되는 특정 기술을 습득한 적이 있는지, 예를 들면 이론 시험을 통과해야 하는 운전면허를 땄는지를 확인하는 것이 이들의 기능적인 학습 기술을 검증하는 좋은 방법이다.
  - 일상생활의 다른 면에서 혹시 다른 사람의 도움을 받는 부분이 있는지 물어보라.

글상자 15-2 Jonathan 2: 참여 요구 사항에 대한 이해

만약 Jonathan이 학습장애가 있는 사람이라는 사전 정보 없이 당신에게 의뢰되었다면 그가 참여하는 데 어려움이 있다는 점을 알아차렸을 것이다. 예를 들어, 검사에 요구되는 최소한의 자료를 완성하여 제출하는 것에 어려움이 있었을 것이고, 제출했다고 하더라도 회기에서 보고한 바와 불일치하는 응답을 보였을 것이다. Jonathan 스스로 읽기와 쓰기에 어려움이 있기는 하지만 그럭저럭 해 나가고 있다고 말하기 때문에 그의 문해력과 산술 능력에 대한 논의를 하는 것은 어렵다. 그러나 그의 어머니가 돈 관리를 하고 그에게 온 모든 편지를 읽고 답한다는 점을 볼 때 어려움이 있는 것은 분명하다. 또한 그는 자신이 학습장애가 있는 성인들을 위한 팀에서 서비스를 받았다고 이야기한다.

구조화된 평가 사용하기

IAPT 프로그램에는 내담자를 만날 때마다 완성해야 하는 최소한의 자료가 있다. 학습장애가 있는 사람들이 직면하는 주된 어려움은 이들 중 대부분이 읽기가 어려워서 누군가의 도움 없이는 척도를 완성할 수 없다는 점이다. 임상가는 회기의 일부 시간을 내담자를 도와 척도를 완성하는 데 할애하거나 치료 계획을 조정하여 척도를 가지고 오게 하거나 다른 사람(내담자의 일상생활에서 도움을 제공하고 있는 사람)의 도움을 받아 척도를 완성하게 할 수 있다. 이는 학습장애가 있는 사람들을 대상으로 한 치료에 필수적인 단계로서, 문해력이 매우 부족한 사람의 경우, 척도를 완성하는 것을 도와주지 않고 지속적으로 완성해 오라는 기대만 하게 되면 이를 매우 부정적으로 인식하여 치료에서 중도탈락할 가능성이 높아진다.

연습 15-5 ⚘ 문해력 수준 평가

정부의 공식적인 수치들에 따르면, 6명 중 1명은 기능적인 독해력이 없다(예: 일상생활에서의 요구를 충족시키는 데 필요한 만큼 잘 읽고 쓰지 못함). 당신은 현재 최소한의 자료를 제출하기 위해 필요한 독해력이 없는 사람들을 어떻게 확인하고 돕고 있는가? 어떤 시점에 이 평가가 가장 도움이 되는 방식으로 이루어질 수 있을까?

IAPT 최소 자료 세트는 학습장애가 있는 사람들에게 잠재적으로 적용 가능하다. 이는 ICD-10 문제 기술서를 사용하는 것을 포함한다. 최소 자료 세트의 핵심적인 평가는 학습장애가 있는 사람들을 대상으로 널리 기술되거나 검증된 적이 없기에 아직 해당 그룹에서의 특정적인 심리측정적 속성에 대해 논하기는 이르다. 그러나 일반 인구를 대상으로 사용된 불안과 우울 자기 보고 척도가 학습장애가 있는 사람들을 대상으로 사용되었을 때 어떤 특성이 있는지를 검증한 많은 연구가 있다. 이 같은 연구들은 일반적으로 학습장애가 있는 사람들에게 적용되었을 때도 매우 유사한 척도 속성이 관찰된다고 보고한다(예: Dagnan et al., 2008). GAD-7, PHQ-9를 비롯한 불안장애의 평가를 위해 권고되는 다른 척도들을 포함하는 핵심 자료 세트는 세심하게 사용되기만 한다면 충분히 적용할 수 있는 도구이다.

척도들을 가장 잘 시행하는 방법에 대해 고려할 때, 이해하기 쉬운 척도들의 개발에 대한 핵심적인 문헌들이 도움이 될 수 있다(Boynton & Greenhaulgh, 2004). 예를 들어, 임상가들은 다음에 대해 예민해야 한다.

- 일상적인 설명과 척도에서 사용되는 전문용어, 기술적인 단어와 흔치 않은 단어, 예를 들어 PHQ-9의 2번 문항에서는 내담자들이 '기분이 가라앉거나, 우울하거나, 희망이 없다'고 느끼는지 묻는데, '우울하거나'에 대해 임상가가 뜻하는 바가 내담자와 공유되지 않을 수 있다(일상적인 슬픔을 기술하기 위해 그 단어를 사용하는 내담자의 경우). 마찬가지로 '희망이 없다'는 것을 일상적인 맥락에서 사용하면 그 뜻이 모호해진다. '희망이 없다'는 것은 임상적인 해석으로서 '미래에 대한 희망이 없다.'는 뜻보다는 다른 사람들에게 뭔가를 잘하지 못한다는 뜻으로 해석될 수 있다. 이 같은 제안은 사용하는 모든 단어에 대해 의미가 같은지 확인하라는 뜻이라기보다는 임상가나 척도가 의도한 바와 다른 의미로 내담자가 단어를 해석할 잠재적인 가능성에 대해 예민할 필요가 있다는 뜻이다.

- 일부 평가 척도들은 진단적 목적하에 증상의 핵심적인 요소를 측정하기 위해 길고 복잡한 문장을 포함하고 있는 경우들이 있다. 이는 특히 PHQ-9와 같은 우울 척도에 해당하는데, 연속선상의 반대극점이 모두 스트레스를 시사하는 경우이다. 예를 들면, PHQ-9의 8번 문항은 '초조감'의 연속선상에서 각 끝점에 대해 측정하기 위하여 사람들이 눈에 띄게 운동이나 말하는 속도가 느려졌는지 혹은 유의하게 더 초조해하는지를 하나의 질문을 통해 묻는데, 결과적으로 이로 인해 복잡한 질문이 되어 버렸다. PHQ-9의 모든 문항은 "당신은 이것, 저것 혹은 다른 것에 해당합니까?"의 다중적인 요소를 포함하는 형태의 질문이다. 이러한 문항들의 의도는 여러 비슷한 의미를 제시하여 해당 개념에 대해 내담자로 하여금 생각하고 반응할 수 있게 하는 것이다. 그러나 이러한 대안들을 제공함으로써 복잡한 문장을 해석하고 기억하는 데 자신감이 부족한 사람들은 정확하게 반응하는 데 어려움을 겪게 된다. 만약 내담자가 학습장애가 있는 경우, 치료자가 각 질문들을 한 번에 하나씩 하는 것을 추천한다. 예를 들어, PHQ-9의 2번 문항은 "당신은 기분이 가라앉은 적이 있나요?"라고 묻고, 대답이 '아니요'라면 "우울하다고 느낀 적이 있습니까?"라고 묻는 식이다. 만약 이 중 어떤 질문에라도 대답이 '예'라면 해당 질문에 점수를 매기고 다음 질문으로 넘어갈 수 있다.

- 일부 척도들은 대답의 형태가 복잡하다. PHQ-9와 GAD-7은 지난 2주 기간 동안에 대해 '전혀 없음' '며칠 동안' '일주일 이상' '거의 매일'로 대답하게 되어 있다. 이는 복잡하며, 학습장애가 있는 사람들에게 이 같은 시간에 기초한 단계들은 응답하기 어려울 수 있다. 어떤 대답을 할지 고민하는 동안 네 가지 가능한 선택지들을 기억해 두는 것이 어려울 수 있다. 이 같은 경우에는 4점 척도를 3개의 '혹은' 질문으로 대체할 수 있다. 예를 들어, "희망이 없다고 느꼈습니까?"라고 질문을 할 때 대답이 '아니요'라면 '전혀 없

음'에 체크를 한다. 만약 대답이 '그렇다'라면 "거의 매일 그랬나요, 혹은 이따금 그랬나요?"라고 묻고, 대답이 '거의 항상 그랬다'는 것이면 '거의 매일'에 체크한다. '이따금 그랬다'고 응답하면 "조금 그랬나요 혹은 많이 그랬나요?"라고 물어서 각각에 '며칠 동안' 혹은 '일주일 이상'으로 체크할 수 있다. 이 같은 기술은 조금만 연습하면 쉽고 빠르게 사용할 수 있으며, 효과적인 것으로 확인되었다.

- '아날로그 응답' 형태, 즉 점점 크기가 커지는 네 개의 토막의 형태로 대답을 하게 하는 것 또한 도움이 된다. 사용하는 특정 척도의 단어에 기준을 두고 이를 시행할 수 있다. 그 예로 [그림 15-1]을 참조하라.

글상자 15-3 ─ Jonathan 3: 심리척도 완성하기 ─────────────────────────

Jonathan과 작업을 함께하며 그가 PHQ-9와 같은 척도의 문항들을 읽는 것이 어렵다는 것이 분명해졌다. 그는 일부 문항을 이해할 수 있었지만 각 척도의 설명을 이해할 수 없었기에 체크하는 것을 불안해하였다. 임상가는 다양한 선택지를 고안하였다. Jonathan은 매 회기 전 직장에서 함께 척도를 읽으면서 푸는 데 도움을 줄 수 있는 활동지원가가 있었다. 활동지원가와 Jonathan이 만나서 해당 척도의 비밀유지에 대해 논의하고, 활동지원가가 이를 이해하고 있는지 확인해야 할 수도 있다. 대안적으로, Jonathan이 문항을 함께 읽는 동안 이해하는 것이 가능하다면 시각적 아날로그 척도를 다음 [그림 15-1]과 같이 제공하고 최소한의 자료 세트를 회기에서 10분 이내에 완성하도록 할 수도 있다. Jonathan은 다른 사람들이 자신의 장애와 그가 저강도 인지행동치료를 받는 것을 눈치채는 것에 대해 민감하였기에 임상가는 초기에 그를 위해 문항을 읽어 주기로 결정하였다.

요약하면, 학습장애가 있는 사람들과 작업할 때 저강도 인지행동치료 임상가들이 표준 척도를 사용하기 위해 지켜야 할 단순한 규칙이 있다.

1. 최소 자료 세트에 해당하는 설문지는 치료 회기 내에 읽어 주는 것이 좋다.
2. 문항의 개별 요소들을 한 번에 하나씩 질문하는 것이 가능하다. 예를 들어, '불안하고 [잠깐 멈춤], 걱정이 되고[잠깐 멈춤] 혹은 가장자리에 선 것 같은[잠깐 멈춤] 느낌'을 느낀 적이 있는지'가 있다. 내담자가 각 요소들에 한 번에 하나씩 응답하면 치료자가 응답을 기록하고 다음 질문으로 넘어갈 수 있다.
3. 앞서 기술한 바와 같이, 단순한 아날로그 시각 자료 혹은 양자택일 식의 응답이 가능한 문항을 사용하는 것을 고려할 수 있다.

4. 정말로 필요할 때는 척도의 단어를 바꾸어야 하지만 되도록 이를 최소화해야 한다(여러 단어를 바꾸기보다는 한 단어를 바꾸기).

5. 일관성을 가지고 당신이 수정한 것을 모두 기록하여 내담자를 평가할 때 매번 사용할 수 있도록 하라. 접근성을 개선하기 위해 제공하는 양식이 달라지더라도 단어가 같은 이상, 척도의 해석에 미치는 영향은 미미하다는 근거가 얻어진 바 있다(예: Dagnan et al., 2008).

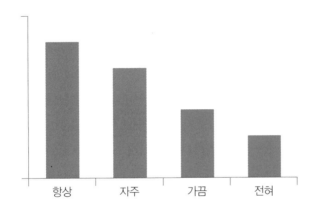

[그림 15-1] 학습장애가 있는 사람들에게 사용하기 적합한 시각적 아날로그 척도

개입법 조정하기

연습 15-6 🌿 실무에서 개입법 조정하기

저강도 인지행동치료 임상가는 함께 작업을 하는 내담자에 맞춰 접근법을 조정한다. 이 부분을 준비하는 과정에서 당신이 내담자의 요구를 충족시키기 위해 조정하는 것으로 알고 있는 치료 요소들이 무엇인지 고려해 보라. 이 같은 조정이 학습장애가 있는 사람들과의 작업에 얼마나 관련이 있다고 느끼는가?

학습장애가 있는 사람들에게 저강도 인지행동치료를 적용하는 것의 주된 어려움은 단순하게 제시하고 접근하되, 분명하게 IAPT 모델을 유지해야 한다는 점이다. 이 절에서는 지금부터 어떻게 이것을 할 수 있는지 개관할 것이다.

1. 이해하기 쉬운 방법으로 의사소통하기, 읽기 쉬운 투약 설명서와 자조 안내서

아주 훌륭하고 읽기 쉬운 다양한 자료가 있다(예: www.cwp.nhs.uk와 www.rcpsych.ac.uk/healthadvice/problemsdisorders/learningdisabilities.aspx). 이러한 사이트는 마찬가지로 읽기 쉬운 자료들을 어떻게 가장 잘 구성할 수 있는지에 대한 안내를 제공한다. 읽기 쉬운 자료와 이해하기 쉬운 자료들은 언어의 복잡성, 사용한 이미지의 유형에 있어 상당히 다를 수 있다. 그러나 학습장애가 있는 대부분의 사람은 읽지 못한다는 것을 함께 기억할 필요가 있다. 따라서 읽기 쉬운 자료의 목적은 치료자가 자료와 내용을 소개할 때 사람들을 지속적으로 참여시키는 매체의 역할을(예: 이미지를 풍부하게 제공함으로써) 하면서, 핵심적인 개념들을 이해할 수 있도록 하고, 치료 경험이 적은 활동지원가가 회기 외의 장면에서 내담자와 함께 자료를 다시 찾아볼 수 있도록 하는 것이다. 읽기 쉬운 자료 중 일부는 형태와 접근이 매우 단순하다. 비록 이는 학습장애가 있는 일부 사람들에게 유용하나, 자신이 학습장애가 있다고 생각하지 않는 다른 사람들에게는 지나치게 유치하다고 느껴질 수 있다. 따라서 임상가는 상당한 조정이 필요하나 자신이 그 같은 조정이 필요하다고 생각하지 않는 사람들에게 민감하게 반응해야 한다.

글상자 15-4 -Jonathan 4: 치료 조정하기 -------------------------------------

임상가는 Jonathan이 자신에게 가치 있는 활동을 전혀 하지 않고 있었기 때문에, 기존에 참여하던 도움이 제공되는 지역사회의 정원 가꾸기 사업에 참여하고 일상적인 필요에 의해 어머니가 지시하는 활동들을 하기보다는 행동 활성화 접근을 통해 도움을 받을 수 있을 것이라고 결정하였다. 초기에 임상가는 Jonathan과 그가 과거에 참여하였던 활동들을 살펴보았으며 그의 목표와 가치에 대해 찾아보았다(예: 그에게 세 가지 소원이 있다면 무슨 소원을 빌지, 가능하다면 자신의 삶을 바꿀 가장 중요한 방법이 무엇인지 물음). 이는 임상가가 성공적인 활동이 이루어질 수 있는 영역을 밝혀내는 데 도움이 되었다. Jonathan은 한 주 동안 그가 주로 하는 활동들에 대한 간단한 일기를 쓰도록 요청받았다. 한 단어로 기술하는 것을 협의하에 연습하였다. 또한 그 활동을 하면서 행복했는지 슬펐는지 밝히도록 요청받았다. Jonathan의 삶이 개선되고 있는지 그려 보기 위해 일기를 함께 살펴보았다. 임상가는 Jonathan이 초기 활동을 계획할 수 있도록 지지하였고, 지역 럭비 리그 클럽에 참여할 시간을 찾아보도록 하였다. 그러나 이후 회기에서 Jonathan은 단순한 일기를 써 오는 것에는 성공하였으나, 활동을 실행하는 것에는 어려움이 있었다.

2. 개입 구조 내에서 인지적 요소를 덜 강조하고 행동적 요소를 더 강조하기

일부 인지행동치료CBT 접근은 정서적 고통감이 효과적이지 못한 인지적 처리 기술과 관련이 있다는 가정에 기초한다(정신적 능력은 학습, 기억, 주의, 문제해결과 자기 조절 등과 같은 활동을 포함한다). 우리는 이를 인지 '결함' 모델이라고 한다(Dagnan & Chadwick, 1997). 따라서 문제해결(Loumidis & Hill, 1997)과 같은 접근법은 사람들이 자신의 문제에 대해 생각하는 방법을 구조화하는 법을 가르치고, 자기 모니터링(Korotitsch & Nelson-Gray, 1999)과 같은 접근은 사람들이 자신의 행동에 대해 관찰하고 평가하는 기술을 가르치며, 자기에게 말하기 접근은 사람들에게 긍정적이고 독립적인 자기 조절 기술을 제공한다(Smith et al., 2015). 인지 '왜곡' 모델은 정서가 인지적으로 매개되지만 그 인지의 내용 혹은 사람들이 자신을 둘러싼 세계나 직면한 문제에 대해 부여하는 의미가 도움이 되지 않는다고 가정한다(제8장과 제9장을 보라; Dagnan & Chadwick, 1997). 일반적으로 학습장애가 있는 사람들은 결함 모델에 근거한 접근에 비해 왜곡에 기반한 치료법을 가지고 일반화할 수 있는 전략을 창조해 내는 것을 어려워한다.

일부 개입법, 예를 들면 심리교육(Ashworth et al., 2017)에서는 높은 수준의 정서 조절 기술을 가정하지 않는다. 유사하게, 행동 활성화와 같은 개입법은 활동과 정서가 어떻게 연결되어 있는지 단순히 이해하면 되고, 문제해결과 같은 일부 개입법들은 스트레스를 유발할 만한 상황에 다르게 대처하는 복잡한 기술을 습득할 수 있도록 가르친다(제10장 참조; Jahoda et al., 2015). 따라서 치료자는 내담자가 인지적 요소에 중점을 둔 접근법을 더 많이 사용할 수 있다는 점이 분명해질 때까지 초기에 이러한 종류의 접근법에 초점을 맞추는 것이 도움이 될 수 있다.

3. 작은 단위의 개입을 잘 제공하는 데 초점을 맞추고 상당한 반복이 필요하다는 점을 예상하기

학습장애가 있는 사람들은 회기와 회기 사이에 핵심 정보와 기술들을 보유하는 데 상당히 큰 문제를 보일 수 있다. 이와 관련하여 두 가지 제언이 가능하다. 첫째, 핵심적인 개입법 하나를 가르치고 탐색하는 데 가능한 회기들을 사용하고 다양한 접근법을 가르치려고 하지 말라. 예를 들면, 길잡이식 자조GSH를 사용하여 수면 위생 교육을 하려고 한다면, 행동 활성화를 동시에 시도하지 말라. 내담자는 나중에 서비스에 다시 와서 이전에 학습한 개입법이 안정화된 이후에 다른 개입법에 참여할 수 있을 것이다. 하나의 기술을 확실하게 교육하는 것이 제대로 배우지 못한 다양한 기술을 가르치는 것보다 훨씬 큰 효과를 보일 수 있다. 결과적으로, 학습장애가 있는 사람들을 대상으로는 한 회기 내에서 일반적으로 훨씬 많은 반복이 필요하며, 핵심 기술을 완전히 습득할 수 있도록 여러 회기에 걸쳐 연습해야 한다. 특히 회기 사이에 일주일 이상의 시간이 있다면(예: 임상가나 내담자의 휴가 등의 일로 인해), 기술을 회상하는 것이 상당히 어려울 수 있고 이전 회기에 대한 보다 집중적인 반복이 요구될 수 있다.

4. 필요하다면 회기의 길이 조정하기(주의집중에 어려움이 있다면 회기를 더 짧게 하고, 결과 측정치와 최소 자료 세트를 완성하려면 회기를 더 길게 한다)

일부 서비스는 회기 길이를 조정할 수 있는 체계를 갖추고 있을 것이다. 만약 이것이 가능하다면 도움이 될 것이다. 회기 길이를 바꾸는 것이 가능하지 않다면 어떻게 필수적인 내용들을 전달할 수 있을지 조심스럽게 고려해 보라. 만약 최소 자료 세트가 회기 내에서 작성되어야 한다면, 정보를 모으고 제공하는 활동들에 사용할 수 있는 시간들이 줄어들 것이며, 남은 시간 동안 하나의 기술을 잘 가르치는 데 초점을 맞추는 것이 특히 중요해질 것이다. 더 짧은 회기는 학습장애가 있는 사람들의 주의집중을 보다 잘 유지하는 데 도움이 된다.

5. 회기 내용을 최대한 구체적이고 활동적으로 꾸리기

이것은 다양한 방법을 통해 가능하다. 표준 회기 프로토콜을 공유하기 위해 회기 목표를 사용하는 것(제5장 참조)은 각 회기가 넓은 의미에서 유사한 구조라는 점을 보장함으로써 친숙성을 만들어 낸다. 이는 내담자가 각 회기에 참여할 때 느끼는 어려움이나 불안의 수준을 낮추는 데 도움이 될 수 있다. 표준 회기 목표는 네 가지 요소를 중심으로 단순화될 필요가 있다(예: 진행 상황 및 과제 검토, 안전과 설문지 점수 확인하기, 새로운 목표 설정, 과제를 계획하고 실행하기). 가능하다면 프로토콜의 범주 내에서, 학습장애가 있는 내담자가 회기 목표를 세우고(예: 문항들을 나타내기 위해 단순한 그림 그리기), 회기 목표를 잘 이루었는지 살펴보는 것(내담자는 펜을 받아서 각 문항이 완성되었는지에 따라 체크하거나 빗금을 그어 볼 수 있다)이 가능하다.

학습장애가 있는 사람들을 위한 치료는 활동적이고 구체적이어야 한다. 활동은 가능한 한 핵심 요소를 분명히 보여 주고 탐색적인 논의를 지지하기 위해 사용되어야만 한다. 예를 들어, 선호하는 활동을 찾아보기 위하여 이미지를 골라 볼 수 있다. 디지털 기술이 참여를 높이기 위해 사용될 수도 있다. 예를 들어, 내담자나 활동지원가가 논의된 장면이나 활동에 대한 그림을 가지고 오도록 하는 것은 과정을 더욱 구체적으로 만드는 데 도움이 된다. 내담자에게 휴대폰을 사용하여 참여한 활동이나 치료 목표 등에 대한 사진을 찍거나 영상을 찍도록 요청할 수 있다. 역할극이나 다른 방법들을 사용하면 기술과 연습을 더욱 구체적으로 시행할 수 있으며, 이는 매우 유용할 가능성이 높다. 여기에는 역할극 기술, 문제해결 혹은 역할극 과제 활동 등이 포함된다.

6. 회기 전체 혹은 일부에 활동지원가를 참여시키는 것을 고려하기

학습장애가 있는 많은 사람은 특정 활동에서 그들을 도와줄 수 있는 활동지원가에 대한 비용을 지불받을 수 있다. 활동지원가가 없는 사람들의 경우 그들의 독립적인 생활을 돕는 배우자나 가족구성원이 있을 것이다. 활동지원가를 포함함으로써 더 넓은 맥락에서 내담자에 대한 치료를 일반화할 기회를 증진시킬 수 있다는 점과 더불어, (a) 특정 학습의 확립, (b) 과제 시행, (c) 척도 완성하기, (d) 출석과 같은 실질적인 요소에 대한 지원을 받는 것을 포함한 추가적인 지지를 받을 수 있다. 활동지원가와 함께하게 되면, 회기 내에서 그들에게 기대하는 것에 대해 제대로 알려 주는 것이 중요하다(예: Jahoda et al., 2015). 그러나 활동지원가가 함께할지, 누가 활동지원가가 될지에 대한 내담자 본인의 바람에 민감할 필요가 있다는 점이 항상 중요하다.

글상자 15-5 —Jonathan 5: 치료 지원 ---------------------------------

Jonathan은 초기에 활동지원가 없이도 회기와 평가 과제를 완성할 수 있을 것이라고 이야기하였다. 그러나 일기를 완성하는 것이 가능하였던 반면, 회기 내에서 논의된 활동들을 실행하는 것이 어려웠고 회기 내에서 세운 계획들을 실천에 옮기는 데 필요한 요구들이 지나치게 과중하다고 느끼게 되었다. 그는 임상가의 도움을 받아 자신이 참여하는 정원 가꾸기 작업에서의 활동지원가 중 한 사람에게 다음 회기에 함께해 달라고 부탁하였다. Jonathan은 이미 만들어진 치료 계획에 동의하였고, 활동지원가는 면담 중 의사결정 및 종료 회기에 함께 참여하여 Jonathan의 활동에 도움을 주는 데 동의하였다. 뒤이은 회기에서 이 목표가 달성되었고, 나머지 회기에서도 임상가와 Jonathan이 목표를 세우면 활동지원가가 어떻게 활동을 할지 계획을 세우는 데 참여하는 식의 유사한 패턴이 이어졌다.

요약

- 저강도 인지행동치료 임상가는 학습장애가 있는 사람들과의 작업을 위한 기술을 가지고 있다. 그들의 표준적인 훈련, 기술과 모델을 통해 그들은 학습장애가 있는 많은 사람에게 도움이 될 수 있는 방식으로 경도 혹은 중등도의 불안과 우울의 치료를 하는 데 있어 구조화된, 근거 기반 의 접근법들을 제공할 수 있다.

- 기관 구성원들이 이 같은 기술을 사용할 수 있게 하기 위하여 서비스 기관은 학습장애가 있는 사람들을 식별하고, 구성원들이 치료 계획의 일환으로 이들의 요구를 고려하도록 도와야 하 며, 임상가는 이 장에서 기술된 바와 같이 내담자의 요구를 충족시키기 위해 조정이 필요한 부 분들이 있는지 확인하는 데 도움이 될 만한 핵심 질문들을 고려해야 한다.

- 여기서 기술된 발달장애가 있는 사람들에게 특별히 맞춘 조정안들은 공식적으로 학습장애로 진단되지 않은 훨씬 더 많은 수의 사람에게 도움이 될 수 있다.

- 훨씬 심각한 학습장애가 있는 사람들은 학습장애 전문가가 포함된 팀의 치료를 받을 필요가 있을지도 모른다. 그러나 시간이 지남에 따라 IAPT 서비스에서 치료에 대한 자신감이 높아졌 으며, 점점 더 이 그룹이 IAPT 서비스 내에서도 그들의 욕구를 충족시킬 수 있을 것으로 기대 된다.

- 문항이 조심스럽게 검토되고, 이들의 이해를 돕기 위한 방식으로 나누어 제시되기만 한다면, 학습장애가 있는 사람들에게도 IAPT 자료 세트의 최소 정보를 얻기 위한 설문지를 충분히 실 시할 수 있다.

- 학습장애가 있는 사람들의 요구를 충족시키기 위해 치료법은 충분히 수정될 수 있다. 개입방 법에서는 행동적이고 기술중점적인 요소들이 강조되어야 한다. 많은 기술을 익히는 것보다는 딱 맞는 기술을 잘 배우는 것에 초점을 맞추어야 하며, 더 많은 반복과 함께 구체적인 내용을 포함해야 한다.

- 개입을 위해 내담자의 삶에서 중요한 보호자나 다른 사람들을 어떻게 효과적으로 포함시킬지 고려하는 것이 도움이 된다.

학습장애가 있는 사람들을 위한 인지행동치료와 구조화된 치료에 초점을 맞추고 있는 책은 소수에 그치고 있다.

- 비록 20여 년 전에 쓰이기는 하였으나, Kroese 등(1997)의 책은 여러 저자가 기술한 다양한 장에서 학습장애가 있는 사람들을 위한 인지치료에 여전히 유용한 실용적인 안내를 제공한다.
- Taylor 등(2013)은 임상가가 치료를 준비하는 데 관련이 있을 만한 여러 주제를 망라하고 있으며, 학습장애가 있는 사람들을 위한 치료 개입적 접근에 대한 다양한 최신 지견을 제공한다.
- Raghavan(2012)은 학습장애가 있는 사람들에서의 불안과 우울에 대한 여러 관점을 소개하고 있으며, 여기에는 사례공식화, 정신약리학적 개입, 인지치료, 정신역동적 접근과 문제 초점적 치료 등이 포함된다.

소속된 지역사회의 학습장애 지원팀에 연락하는 것을 고려해 보라. 그들은 협업 절차를 구축하는 데 관심을 보일 수 있다. 이들은 전문가 지도감독과 조언을 제공할 만한 자원이 있을 수도 있으며, 적어도 당신을 자신들의 팀으로 초청하여 서비스를 제공하고 있는 내담자들과 자신들이 일하고 있는 방식을 소개해 줄 수 있다.

제 **16** 장 **직업과 웰빙**

Theresa Marrinan

- 직업과 웰빙 간의 관련성을 인식한다.
- 내담자가 직업 관련 주제를 잘 다룰 수 있도록 돕는 데 있어 저강도 인지행동치료 임상가의 역할을 이해한다.
- 고용자문가나 직업 건강 등 관련 서비스의 역할에 대해 개관하고 이 같은 서비스들을 어떻게 효과적으로 연계할 수 있는지 이해한다.

서론

이 장에서는 직업과 정신건강 간의 연관성에 대해 초점을 맞출 것이다. 이전 장들에서 다루어진 것처럼, 정신건강 문제는 일상생활 내에서 정상적인 활동을 수행하는 데 높은 수준의 스트레스와 어려움을 겪는 것과 관련이 있다. 직업 활동은 여기에서 핵심적이며 우울과 불안은 직장에서 개인을 무척 힘들게 할 수 있다. 불행히도, 직장에서 우울과 불안을 겪고 있는 사람들에게 제공하는 도움은 종종 불충분하며, 이는 때로 고용주들의 인식 부족 때문이기도 하고 개인이 낙인에 대한 우려로 인해 도움을 구하지 않는 것 때문이기도 하다(Liliott et al., 2008; Sainsbury Center for Mental Health, SCMH, 2007a; Steadman et al., 2015). 도움이 제공되지 않을 때 업무 수행이 상당히 저하될 수 있으며 이로 인해 징계 조치를 받거나 좌천될 가능성이 높아지고, 병가를 연장해서 쓰는 경우 건강 문제로 인해 해고되거나 퇴직을 하게 될 위험이 커진다(Lelliott et al., 2008). 게다가 실직 역시 정신건강상의 어려움이 발생할 가능성을 매우 높이기 때문에(Drydakis, 2015; McKee-Ryan et al., 2005), 연구자들은 "실직은 정신건강에 심각한 위협이다."라고 결론을 내린 바 있다(Paul & Moser, 2009: 280).

역사적으로, 정신건강 문제가 있는 이들을 돕기 위해 필요한 정신건강 서비스와 고용주들 간의 교류는 부족한 편이었다. 직업 건강 서비스에서는 스트레스에 대처하기 위한 개입법을 중점적으로 제공하였으며, 일반적으로 정신건강 문제가 있는 사람들을 위한 적절한 도움을 제공하지는 않았다(Gilbody et al., 2012). 그러나 최근 직업 관련 문제가 있는 내담자들을 돕기 위해 정신건강 실무자들과 협업을 하는 고용자문가들이 소개되었고, 연계 서비스와 이러한 주제들을 직접 다루는 것이 내담자들로 하여금 직업을 유지하거나 일자리로 돌아올 수 있도록 돕는다는 점에서 긍정적인 효과가 있으며, 따라서 그들의 건강에 대한 부정적인 영향을 줄일 수 있는 것으로 확인되었다(Hogarth et al., 2013). 이 장에서는 직업이 정신건강에 왜 그렇게 중요한지 살펴보고, 직업 관련 문제가 있는 내담자를 돕는 데 있어 저강도 인지행동치료_{LICBT} 임상가들의 역할을 탐색할 것이다. 여기서 핵심은 내담자가 직장에서 겪는 어려움을 관리하거나 직업이 없는 사람이 다시 일할 수 있도록 돕는 훈련된 전문가, 이를테면 고용자문가나 직업 건강 전문가와의 연계 필요성이다. 이 장 전체에 걸쳐 사례연구를 제시하여 직업 관련 문제가 있는 내담자를 돕는 데 있어 저강도 인지행동치료 임상가의 역할을 실제로 보여 주고, 다른 서비스 및 전문자문가들과 어떻게 적절히 연계하는지를 설명할 것이다.

'직업'이란 무엇인가

'직업'이란 돈을 받고 고용된 상태를 이르는 의미로 자주 사용되지만 실제로는 훨씬 더 광범위한 개념을 지칭한다. Waddell과 Burton(2006)은 유용한 정의를 제공하고 있는데, 이들에 따르면 직업이란 신체적 혹은 정신적 노력을 포함하며 기술과 지식 혹은 다른 개인적 자원의 적용을 요구하는 모든 활동이라 할 수 있다. 수당을 받는 작업뿐만 아니라 이것에는 "돈을 받지 않는 일이나 자발적인 일, 교육과 훈련, 가족 부양과 돌봄"(Waddell & Burton, 2006: 4)이 포함될 수 있다. 직업은 고용주와 직원 간의 계약 관계로서 금전적인 보수(금전적인 대가)를 포함하는 고용과는 차이가 있다. 무직이라는 용어는 수당을 받는 어떤 형태의 일에도 참여하지 않고 있는 사람들을 지칭하기 위해 사용되며, 실업자라고 공식적으로 분류된 사람들(적극적으로 일자리를 찾고 있으며 실업급여를 받고 있는 사람들)과 더불어 병이나 가족부양 등의 이유로 현재 직업을 찾고 있지 않는 사람 모두를 포함할 수 있다.

직업의 이점을 탐색할 때, 우리는 가장 광범위한 의미에서 이 용어를 사용한다. 이 관점을 통해서는 보수를 받지 않는 일들도 고용된 것과 같이 많은 이득을 제공한다고 볼 수 있다. 예를 들면, 자원봉사는 일상생활에 규칙성을 제공하고, 목적과 의미를 더하며, 사회적 접촉을 증가시키고 개인이 기술을 개발할 수 있도록 한다. 반대로 열악한 직업 환경에 고용되는 것은, 예를 들면 안전보장이 잘 되지 않거나 스트레스 수준이 높고 직업적 안정성이 보장되지 않는 경우, 개인의 건강에 썩 도움이 되지 않거나 심지어 해가 될 수도 있다(Dodu, 2005; Harbey et al., 2017; Stansfeld & Candy, 2006). 게다가 직업 시장에서 이탈하는 것이 항상 개인의 건강과 웰빙에 해롭다고 가정할 수는 없다. 어떤 사람들은 가족부양을 하거나 보수를 받는 고용 상태에서 잠시 벗어나기로 선택할 수도 있다. 다른 사람들은 심각하거나 만성적인

연습 16-1 ☙ 직업의 이점

직업의 잠재적인 이점에 대해 고려해 보자. 당신이 처한 상황을 생각해 보라. 당신이 일하거나 공부를 하고 있다면 그 결과로 얻게 되는 이득이 무엇인지 생각해 보라. 당신이 현재 고용된 상태가 아니라면, 혹시 자원해서 하는 일을 하고 있는가? 여기에 모두 해당하지 않는다면, 당신이 어떤 형태로든 직업을 가지고 있었거나 공부를 했을 때를 돌이켜 생각해 보라. 이러한 활동들에 참여함으로써 당신이 경험한 모든 이점에 대해 목록을 작성해 보라. 금전적 보수나 자격을 따는 것 등의 즉각적 요인들 이외의 것들을 생각해 보라.

질환 등의 이유로 일을 하지 못할 수도 있다. 따라서 웰빙에 대한 직업의 영향을 고려할 때, 임상가는 이 같은 요인을 모두 고려할 필요가 있다.

직업과 웰빙

직업은 개인의 웰빙에서 핵심적인 역할을 하는 것으로 여겨진다. 왜 그런지를 이해하기 위해서는 직업이 개인에게 이득이 될 수 있는 다양한 방식에 대해 고려할 필요가 있으며, 직업을 가지지 않는 것이 왜 부정적인 영향을 미칠 수 있는지 생각할 필요가 있다.

보수를 받는 일을 하는 것의 가장 가시적인 장점은 금전적 보상이다. 가장 근본적으로, 일정한 수준의 소득을 얻는다는 것은 의식주에 대한 우리의 기본적인 요구를 충족시키는 데 필수적이다. 안정적인 수입과 의지할 수 있는 저축이 있다는 점은 개인에게 재정적 안전감을 증대시킬 가능성이 높으며, 사회활동이나 여가활동에 참여할 수 있게 해 준다. 이미 다른 이들이 지적한 바와 같이, 유급고용에 대한 권리는 너무나도 근본적인 것으로 간주되기에 'UN 인권선서'의 제23장에도 명시되어 있다(Dodu, 2005; Lelliott et al., 2008). 무직인 상태는 경제적인 어려움과 미래의 불확실성으로 이어지기 쉽다. 복지 체계가 없는 나라들에서 유급 직장은 수입의 유일한 방편일 수 있다. 복지 체계가 존재하는 곳에서는 실업급여의 형태로 재정적 지원이 제공될 수 있고, 이를 통해 실직의 영향이 완충될 수 있으나, 그러한 비용을 수령하기 위해 요구되는 조건이나 제공되는 금액의 측면에서 각 국가마다 상당한 차이가 있다. 조건이 충족되지 않는 경우, 급여는 중지될 수 있다. 이것이 야기하는 불확실성은 금전적 제약과 더불어 높은 불안으로 이어질 수 있고, 대상자들과 그들에게 의지하는 사람들에게 영향을 미칠 수 있다. 마찬가지로, 직업적 안정성이 불확실한 일시적인 직업을 가진 경우 스트레스가 개인의 정신건강에 영향을 미칠 수 있다(Harvey et al., 2017).

그러나 재정적 안정성이 고용되는 것의 유일한 이득은 아니다. 직업은 우리의 삶에서 의미와 목적을 제공하는 데 중요하며, 일상을 구조화하고 규칙을 부여하며, 보상으로 느껴질 만한 활동에 참여하고 개인적인 성취감을 느낄 수 있도록 하며, 가족을 넘어서는 사회적 상호작용의 중요한 원천이 되기도 한다(Dodu, 2006; Jahoda, 1981; Lelliott et al., 2008).

더 광범위한 수준에서 직업을 가진다는 것은, 일을 하는 것이 일종의 규준인 사회에 소속감을 느끼도록 돕는다는 점에서 중요하다. 이는 우리의 정체성과 사회적 역할, 지위에 있어 근본적인 것일 수 있다(Jahoda, 1982; Waddell & Burton, 2006). 산업화된 세계에서 우리가 하는 일은 우리의 정체성과 사회적 지위를 정의 내리는 데 중요한 역할을 하는 경향이 있으며,

결과적으로 우리가 자기 자신을 어떻게 바라보는지에 필수불가결한 요소이다. 사실, 직업은 우리가 새로운 사람을 만났을 때 처음으로 알아내는 것들 중 하나이다. 이는 자존감과 웰빙에 상당한 영향을 미친다(Dodu, 2005). 반대로 실직은 개인에게 자신이 사회의 주변부에서 살고 있다고 느끼게 할 수 있다. 이는 **사회적 소외**로 알려져 있으며, 이 같은 상황에 처함으로써 자신이 살고 있는 사회에서 정상적인 활동에 충분히 참여하는 것이 어려워질 수 있다. 이는 괜찮은 집, 교육, 건강보험에 대한 접근과 더불어 민주적인 절차에 참여하는 것에서 동등한 기회를 가지지 못한다는 점을 포함한다. 사회적 소외 부서Social Exclusion Unit에서는 이를 "사람이나 지역이 실직, 기술 부족, 저임금, 열악한 주거, 높은 범죄율, 나쁜 건강과 가족 붕괴 등과 같은 연계된 문제들 조합으로부터 어려움을 겪을 때 발생할 수 있는 일들에 대한 약칭"(2001:10)이라고 기술하였다.

앞에서 언급된 것과 같은 모든 이유로 인해 직업은 우리의 웰빙에서 핵심적인 역할을 하는 것으로 생각된다. 고용되는 것의 상당한 이점은 재정적 안정성을 초월하며 우리의 웰빙과 전반적인 삶에 대한 만족도에 영향을 미칠 가능성이 높다. 실직은 '이차적인 스트레서의 누적'을 초래할 수 있으며(Price et al., 1998: 307), 개인의 대처 역량을 제한할 뿐만 아니라 그들에게 가까운 사람들에게도 부정적인 영향을 미쳐 사회적 지지를 상실하게 할 잠재적 가능성이 있다. 구직을 하는 과정 또한 반복된 거절과 불확실성으로 인해 정신건강에 역기능적인 영향을 미칠 수 있다(McKee-Ryan et al., 2005). 따라서 실직에서 비롯된 경제적 어려움이 주된 영향을 미치지만 그것이 직면하게 될 유일한 심각한 변화는 아니다([그림 16-1] 참조). 규칙적인 활동과 일상의 구조화를 상실할 수 있으며, 목적적이고 보상이 되는 활동에 참여할 기회 또한 감소하여 개인의 숙달감이나 자기 삶에 대한 통제감이 줄어드는 결과를 초래할 수 있다. 실직하는 것 역시 높은 소외감을 야기하는데, 직장이 종종 사회적인 접촉과 지지를 제공하는 중요한 원천이 되기 때문이다. 더 근본적으로, 개인은 정체성이나 지위의 상실을 경험할 수 있으며, 당연하다고 느꼈던 인생의 일부분으로부터 사회적으로 배제되는 듯한 느낌을 받을 수 있다.

따라서 실직을 한 사람들의 정신건강이 더 나빠지고, 건강 서비스를 더욱 자주 사용하게 되며, 사망률이 올라간다는 것은 그리 놀랄 일이 아니다(Waddell & Burton, 2006). 실직한 사람들은 직업을 가진 사람들에 비해 정신건강 문제를 경험할 가능성이 2배 높으며, 실직 기간이 길어질수록 위험은 증가한다(McKee-Ryan et al., 2005; McManus et al., 2016; Paul & Moser, 2009). 이러한 요인들의 상호작용을 모두 다 풀어내는 것은 어렵다. 예를 들어, 실직은 정신건강이나 신체건강을 더 안 좋게 만드는가 혹은 건강 상태가 좋지 않은 사람들이 일을 구할 가능성이 낮은 것인가? 그럼에도 불구하고 직업을 가졌다가 그만두는 개인들을 종

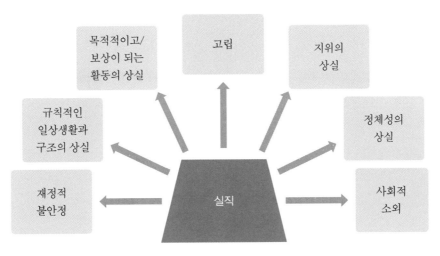

[그림 16-1] 실직의 영향

단적으로 추적한 여러 연구의 결과, 실직 상태가 되는 것이 정신적 웰빙의 감소로 이어지는 반면(Drydakis, 2015; Murphy & Athanasou, 1999; Paul & Moser, 2009), 직장으로 다시 돌아가는 것은 웰빙을 증대한다는 설득력 있는 근거들이 얻어졌다(McKee-Ryan, 2005). 유급고용을 넘어서는 보호 요인으로는 높은 수준의 재정적, 사회적 지지, 높은 자존감 등이 포함된다. 반대로 재정 상황에 대한 염려를 더 많이 하고, 부양할 사람들이 있거나 직장이 자기 자신의 핵심적인 부분이라고 보는 경우, 실직의 나쁜 영향에 더 취약할 수 있다(McKee-Ryan et al., 2005).

　[그림 16-1]을 참고하면 Richard에게 실직이 재정적 불확실성, 규칙적인 활동과 일상의 구조 변화, 목적의식, 지위, 정체성의 상실 가능성 등을 포함한 다양한 방식으로 영향을 미칠 가능성이 높다는 것을 확인할 수 있다. 그러나 Richard에게는 여러 보호 요인도 있다. 그는 저축한 돈이 있고, 부양할 사람이 없고, 가족이 가까이 살고 있어 어느 정도는 그를 지원해 줄 수 있다. 그는 친구가 많고 파트너도 있어서 사회적인 지지를 제공받을 수 있다. Richard는 직장 외에도 체육관에 가고, 친구들과 외출을 하며 정기적으로 경기를 참관하며 응원하는 축구팀이 있는 등 일상에서 규칙적인 활동들에 참여하고 있다. 만약 Richard가 다시 복직을 빨리할 수 있다면 부정적인 영향은 무시할 만할 것이다. 그러나 실직 기간이 길어질수록 좋지 않은 결과로 이어질 가능성이 높아지며, 시간에 따라 보호 요인의 효과는 감소할 것이다. 다음에서 여기에 대해 더 탐색해 보자.

　Richard는 초기에는 새 직장을 찾는 데 희망적이었고, 실직하고 첫 몇 달간은 수많은 입사 지원서를 제출하였다. 시간이 흐를수록 그는 답장이 없거나 탈락 메일을 받는 것에 대해 점

연습 16-2 🌿 실직의 영향

> 작은 회사에서 경리로 일하다가 회사가 폐업하여 실직한 24세의 남성 Richard에 대해 생각해 보자. 그는 16세에 학교를 졸업하고 지역 전문대학교에서 경리 기술에 대해 연수를 받았다. Richard는 저축한 돈이 많지 않았다. 그는 직장 근처 도시 중심가에 가까운 원룸의 월세를 내며 살고 있었고 차도 소유하고 있었다. Richard의 가족은 그의 두 여동생과 함께 근처에 살고 있었으며, 그는 친구들이 많았고 사귄 지 8개월 정도 된 여자친구도 있었다. 직장 외의 그의 주된 관심사는 축구와 몸매 가꾸기, 친구들과 어울리는 것이었다. 더 읽기 전에, Richard에게 실직의 잠재적인 영향이 어떠했을지, 보호 요인은 무엇이었을지 생각해 보라. [그림 16-1]의 모델을 안내 삼아 시도해 보라.

점 더 상심하게 되었다. 그의 실직 기간이 길어질수록, 그는 자신을 가치 있는 사람으로 내세우기 어렵다고 느끼게 되었고, 그로 인해 동기도 감소하게 되었다. Richard가 저축한 돈은 높은 월세를 내느라 금세 바닥을 드러내게 되었다. 불행히도 그의 가족 또한 그를 도울 만한 자원이 충분치 않았다. 실직한 지 수개월이 지나자 그는 더 이상 차를 몰거나, 체육관에 가고 이전에 즐기던 사회적인 활동들에 참여하는 데 드는 돈을 감당할 수 없게 되었고 이 모든 것으로 인해 이전에 그가 누리던 사회적 지지나 일상의 구조가 감소하게 되었다.

Richard의 여자친구는 지지적이었으나 그는 실직이 그녀에게 미칠 영향을 우려하였다. 그는 여자친구가 그들의 사회적인 활동에 드는 비용을 다 감당하기를 원치 않았고, 결과적으로 이전에 비해 그들은 외출을 덜 하게 되었다. 시간이 지날수록 그는 자신감을 잃어 갔으며 그들의 관계에 부과된 제약들을 걱정하게 되었다. 결국 그는 거주하던 원룸을 포기해야만 했지만 가까스로 주택조합을 통해 거주할 곳을 구할 수 있었다. 그러나 이로 인해 그는 가족 및 친구들과 더 멀고 범죄율이 높은 지역에서 살게 되었다. 그는 대중교통을 이용하게 되었으나 급격히 감소한 수입 때문에 이동에 쓸 수 있는 금액이 제한되었다.

실직 후 6개월이 지나자 Richard는 갈수록 구직센터로부터 직장을 찾으라는 압박을 많이 받게 되었다. 구직센터에서는 그가 임금이 낮거나 그의 역량에 미달인 직업이라도 받아들이지 않으면 수당을 잃게 될 것이라는 위협을 하였다. 그가 처음 구직센터에 다니기 시작하였을 때 그는 그곳에 안전요원이 있다는 사실에 놀랐으며, 그들의 역할이 무엇인지 의문스러웠다. 그러나 최근에 그의 자문가와 만난 자리에서 그는 자신이 일을 찾으려는 충분한 노력을 하지 않는다고 몰아붙이는 것 같아 너무나 좌절스럽고 화가 났다. 자문가는 안전 요원을 불러들이는 것으로 반응했으며, 그는 자신이 '문제아'로 보인다는 점을 인식하였다. 그는 연수를 다시 받는 것을 고려하였으나 무엇을 해야 할지 확신이 없었고, 연수 과정에 드는 비용을 감당할 수 있을지 걱정이 되었다.

　Richard의 친구들은 그를 모임에 계속 참여시키려고 노력했다. 한 친구는 최근에 생일 축하파티에 초대를 하며 돈을 모아 그가 집까지 갈 택시비를 대 주겠다고 제안하였다. Richard는 가고 싶었지만 친구가 돈을 대신 내주겠다고 하는 것이 당황스러웠고, 거기에 간다고 한들 술을 살 돈이 없을 것 같아 걱정이 되었다. 또한 실직 상태라는 것이 부끄러워 새로운 사람들을 만나는 것도 꺼리고 있었다. 결국 그는 핑계를 대고 가는 것을 회피하였다. 시간이 지날수록 이러한 일들이 더 자주 발생하였으며, 그는 점점 더 외롭고 소외감을 느끼게 되었다. 그는 이제 혼자 방에서 텔레비전을 보며 많은 시간을 보내게 되었고, 우울감을 느끼며 미래에 대해 걱정하게 되었다.

　Richard의 경험은 재정적인 어려움, 규칙적인 활동과 구조화된 일상의 상실, 관계의 제약, 사회적 지지의 상실, 자존감에 대한 부정적 영향과 사회적 소외 등 실직의 부정적 측면을 생생하게 보여 준다. 확실히 여기서 중요한 부분이 재정과 관련한 것이기는 하지만, 개인의 삶과 정신건강에 더 일반적으로 영향을 미치는 다른 요인도 많이 있다.

연습 16-3 ❀ 장기 실직의 영향

　Richard에 미친 영향을 [그림 16-1]을 보며 다시 한번 살펴보라. 장기간 실직 상태였던 점이 어떻게 부정적인 영향을 증가시켰는가? 이제 이것이 어떻게 그의 정신건강에 영향을 미치게 되었는지 생각해 보라. 사례공식화의 다섯 가지 영역을 사용하여(제8장의 [그림 8-2]를 예시로 살펴보라) Richard에게 발생 가능한 주기를 그려 보라. 이것을 하는 방법 중 하나로 그가 혼자 방에서 우울한 기분을 느끼며 텔레비전을 보는 것으로 하루를 보내고 난 후 어떻게 느꼈을지 상상해 보라. 그의 생각과 감정, 행동과 생리적인 반응에 대해 고려해 보라.

직업과 관련한 문제에 내담자 참여시키기

　직업과 웰빙 간의 긴밀한 연관성을 고려할 때, 저강도 인지행동치료 임상가는 내담자가 서비스에 찾아올 때 일과 관련한 모든 문제를 고려해야 한다. 이것은 다양한 방식으로 나타날 수 있으며, 크게 세 영역으로 나누어진다.

　1. 현재 직장에 다니고 있는 내담자들로, 직업과는 상관없는 요인들로 인해 정신건강 문

제가 발생하고 있으며 이로 인해 직장에서 영향을 받고 있는 사람들

2. 직장에 다니고 있으며 직무 관련 스트레스로 인해 정신건강 문제를 경험하고 있는 내담자들

3. 현재 무직 상태인 내담자들로 우울이나 불안에서 회복 중이며 취업을 다시 준비하고자 하는 사람들

각각의 영역은 다음에서 구체적인 사례연구들을 통해 상세하게 탐색해 볼 것이며, 뒤이어 각 사례에 대해 고려되어야 할 필요가 있는 일반적인 사항들에 대해서도 개관할 것이다. 직무 관련 문제를 겪고 있는 내담자들을 돕기 위한 저강도 인지행동치료 임상가의 역할을 기술하고, 전문적인 자문이나 기타 도입되어야 할 다른 서비스들의 역할에 대해서도 상세하게 고려해 볼 것이다. 마지막으로, 각 사례연구에서 제시된 내담자들에게 맞는 구체적인 개입법에 대해 기술할 것이다.

1. 정신건강 문제로 인해 직장에서 영향을 받고 있는 내담자

직장에서 일하는 사람들 여섯 명 중 한 명가량이 정신질환을 경험하는 것으로 추산된다. 비록 상황이 나아지고 있다는 증거들이 얻어지고 있으나(Henderson et al., 2013), 불행히도 고용주들은 정신건강 문제를 잘 인식하지 못하며, 정신건강 문제로 인해 영향을 받는 사람들을 돕기 위한 정책 및 절차 수립에도 서툴다(SCMH, 2007b; Shaw Trust, 2006). 영국에서 스트레스, 우울과 불안은 직무 관련 질환 중 2번째로 가장 흔한 원인으로, 매해 1,280만 일에 달하는 결근이 이로 인해 발생하고 있으며(Jones et al., 2005), 정신건강으로 인한 병가는 장기결근 중 47%를 차지한다(Lelliot et al., 2008). 정신건강 문제를 겪는 것은 **장기결근**(병으로 인해 휴가를 쓰는 것)으로 이어지거나, **프리젠티즘**presenteeism(실직에 대한 두려움으로 인해 상태가

글상자 16-1 ·사례연구·1: 직무에·영향을·미치는·정신건강·문제·······

Louise는 22세의 콜센터 직원이다. 그녀는 8개월 전 아버지가 돌아가시고 난 후 저조한 기분을 느끼기 시작하였다. 저하된 기분으로 인해 직장에서 집중하는 것이 어려워졌고 사소한 실수들을 많이 하게 되었다. 지각을 2번 하기도 하였으며, 이로 인해 매니저로부터 경고를 듣게 되었다. Louise는 2주 전 병가를 내게 되었다. 그녀는 하루 종일 기운없이 지내며 직장에 대해 불안한 기분을 느끼고 있다. Louise는 저강도 인지행동치료 서비스에 의뢰되었으며, 일주일 전에 첫 회기에 참가하였다.

좋지 않음에도 불구하고 과도하게 긴 시간을 직장에서 보내는 것)을 초래하기도 한다.

프리젠티즘은 저하된 생산성으로 인해 결근보다 고용주들에게 더 큰 경제적인 부담을 주는 것으로 여겨진다(SCMH, 2007b). 사실 우울을 겪는 사람들이 프리젠티즘과 관련하여 발생시키는 비용은 결근을 하는 사람들에 비해 5∼10배가량 높은 것으로 추산된다(Evans-Lacko & Knapp, 2016). 프리젠티즘은 정신건강 문제가 있으면서도 낙인찍힐 것이 두려워 자신의 어려움을 개방하는 것을 어려워하는 사람들을 고려할 때 특히 중요하다(SCMH, 2007a; Steadman et al., 2015). 연구들에 따르면, 정신건강 문제로 병가를 내었던 사람들이 신체 질환으로 인해 병가를 내었던 사람들에 비해 강등되거나, 별도의 지도감독을 받거나 해고당할 위험이 더 높은 것으로 확인되었다(Lelliott et al., 2008). 이 같은 상황을 피하기 위해 많은 사람은 우울이나 불안을 경험함에도 불구하고 계속 일을 한다. 이는 그들을 더욱 아프게 하고 직무수행에도 상당한 장해를 초래한다. 예를 들어, 우울을 경험하고 있는 사람들은 특히 시간 관리, 정신적인 작업, 팀 활동과 같은 대인관계 활동에 어려움을 보이는 것으로 보고한다(Adler et al., 2006; Burton et al., 2004). 저조한 수행은 개인의 직무수행 능력에 대한 부정적인 평가로 이어져, 직원에게 좋지 않은 방향의 조치가 취해지거나 그들의 수행에 대한 과도한 모니터링이 주어지게 되며, 이는 높은 스트레스를 초래한다. 혹은 단기간 병가를 냈다가 완전히 회복되지 못한 채로 복귀하게 되고, 그 결과 병가 기간이 더 길어져 병가 규정 위반 및 징계 조치가 취해질 위험이 있으며, 이는 정신건강에도 부정적인 영향을 미칠 수 있다.

병에서 회복되기 위해 충분한 휴식을 취하는 것이 중요함에도 불구하고, 연장된 결근은 문제가 될 수 있다. 병으로 인해 1년 혹은 그 이상 결근하였던 사람들에게 그들이 다시 직장에 복귀할 수 있으리란 전망은 극적으로 감소한다(Department for Work & Pensions, 2002). 게다가 장기결근은 우울과 불안 증상에 기여하거나 심지어 이를 악화시킬 수도 있다. 특히 장기결근으로 인해 일상의 규칙적인 활동과 구조를 상실하고, 목적적인 혹은 보상이 되는 활동에 참여할 기회가 줄며, 사회적 고립이 증가되면 개인은 부정적 사고에 침잠하게 된다(반추). 이러한 모든 요인으로 인해 업무에 대처할 수 있는 능력에 대한 자신감을 잃고 증상이 장기화되어 결과적으로 업무에 복귀할 가능성이 더욱 낮아지는 악순환이 발생할 수 있다. 이러한 주기가 지속됨에 따라 직장에 복귀하면 정신건강 문제가 악화될까 봐 점점 더 걱정하게 될 수 있다(그림 16-2] 참조).

따라서 직장 복귀에 대해서는 조심스럽게 고려할 사항들이 있다. 프리젠티즘은 직원이나 고용주 모두에게 도움이 되지 않는다. 그러나 장기결근 또한 마찬가지로 개인의 정신건강에 위해를 끼친다. 우울이나 불안으로 일을 떠나게 되었을 때 고립감 속에 남겨지지 않도록 하는 것이 중요하다. 정신건강 서비스와 고용주 간의 협조적인 접근을 통해 개인이 스스

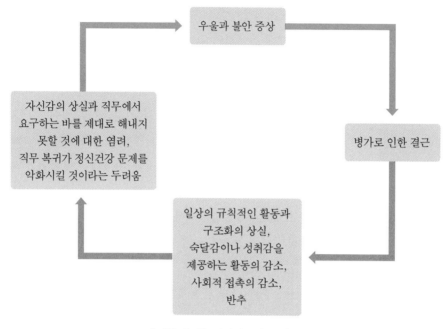

[그림 16-2] 장기결근의 부정적 영향

로 가능하다고 생각되는 즉시 직무에 복귀할 수 있도록 지원이 제공될 필요가 있다. 개인의 요구와 역량에 부합하는 계획이 세워져야 하며, 이는 저강도 인지행동치료 서비스를 통해 받는 어떠한 치료법에도 잘 맞아야 한다. 고용주의 입장에서는 작업 환경에 대한 위험 평가, 역할과 책임의 일시적 변화, 유연근무 시간 및 부가적 지원의 제공 등을 포함할 수 있다. 저강도 인지행동치료 임상가의 역할은 직무 관련 문제들을 식별하여 해당 영역의 관련 전문가들을 연계하고 개인이 현재 받고 있는 치료와도 연결시키는 것이다. 임상가는 내담자의 정신건강과 관련한 요구에 특별히 신경을 써야 하며, 활동 수준을 증가시키기 위해 그들이 관리할 수 있는 것이 무엇일지에 대해 세심한 주의를 기울일 필요가 있다. 제10장에서 언급된 행동 활성화 접근이 내담자로 하여금 직장에 복귀하는 것을 포함한, 보상이 되는 활동에 점진적으로 접근할 수 있도록 안내하는 데 도움이 될 수 있다. 목표가 지나치게 야심찬 경우, 개인은 압도되어 그 과정을 시작하지 못할 수도 있다. 최악의 경우 이는 실패에 대한 두려움을 야기하여 절망감의 수준을 높일 수 있다. 게다가 개인이 준비되기 전에 복귀하게 되면 부진한 수행을 보이게 되고, 이는 그들의 관리자에게 동기 부족이나 자신감 부족으로 해석되어 좋지 못한 결과를 초래할 수 있다.

2. 직무 관련 스트레스를 경험하는 내담자

글상자 16-2 사례연구 2: 직무 관련 스트레스

Judith는 53세의 초등학교 교사로 최근 저강도 인지행동치료 서비스에 의뢰되었다. 지난 몇 년간 그녀는 직장에서 상당한 변화를 맞닥뜨렸고 이로 인해 높은 수준의 스트레스를 겪으며 2년에 걸쳐 총 4번의 병가를 내게 되었다. 그녀가 속한 학교는 수행 미달로 인해 수차례 외부 감사의 대상이 되었으며, 그녀는 이 과정에서 자신이 비난받는 듯한 느낌을 받게 되었다. 결과적으로, 그녀는 수업을 준비하는 데 점점 더 많은 시간을 할애하게 되었지만, 매주 평균 60시간을 일하면서도 결코 요구되는 직무들을 잘 해낸다고 느끼지 못하였다. 수면을 잘 취하지 못하였고, 기분이 저하되었으며 자존 감에도 부정적인 영향을 받게 되었다. 그녀는 미래에 대해 염려하였으며, 대부분의 시간 동안 불안 감을 느낀다고 보고하였다.

1990년 초반 이후 영국에서의 직장 스트레스 수준이 유의하게 증가하였으며, 이 중 여성과 공직에 있는 사람들이 가장 큰 영향을 받았다(Chandola, 2010). 2008~2009년에 걸친 세계 경기 침체의 영향은 직업 불안정성을 높이는 데 기여하였으며, 변화의 속도를 가속화하였고, 직무에서의 요구 사항과 더불어 직장 내에서 대인관계적 갈등을 중대시켰다(Chandola, 2010; Green et al., 2016). 2014년 영국 정부의 위탁으로 시행된 설문에 따르면, 44%의 직원이 자신의 직업이 스트레스를 준다거나 혹은 매우 스트레스를 준다고 평정하였다(Steadman et al., 2015). 연구에 따르면, 높은 수준의 스트레스를 주는 직업에 종사하는 것은 실직하는 것만큼이나 정신건강에 부정적인 영향을 끼칠 수 있다고 한다(Broom et al., 2006; Butterworth et al., 2013).

실제 임상 장면에서 스트레스와 우울 혹은 불안을 구분하는 것은 어려울 수 있는데, 스트레스의 증상이 경도에서 중등도의 우울이나 불안과 매우 유사하기 때문이다. 게다가 직장에서의 스트레스는 개인의 전반적인 기능에 영향을 미칠 수 있고, 이는 직무수행에만 영향을 미치는 것이 아니기에 우울과 불안의 뒤이은 발병에 위험 요인이 될 수 있다(Stansfeld & Candy, 2006). **직무 관련 스트레스**는 직원에게 과도한 압력이나 요구가 있을 때 발생한다고 한다(Health and Safety Executive, 2007). 영국에서 고용주들은 직장에서의 건강 및 안전 규정 관리에 따라 그들의 직원들이 과도한 스트레스를 겪지 않도록 보호해야 할 의무가 있다(Health and Safety Commission, 2000). 업무에 대한 압박감이 그 자체로 문제가 되는 것은 아니며 긍정적이거나 동기를 부여하는 것이 될 수도 있는 반면, 그 압박감에 대처할 수 있는

역량은 무척 중요하다. 압박감에 대처하는 데 대한 어려움은 그 같은 요구 사항을 다루는 데 필요한 자원, 이를테면 충분한 시간이나 지원, 연수 등이 직원에게 제공되지 않을 때 발생하는 경향이 있다. 일을 처리하는 속도를 통제할 수 없거나, 직무가 명확히 규정되지 않은 경우, 따돌림이나 대인관계상의 갈등, 조직 차원의 변화가 잘 관리되지 않는 것 등이 스트레스의 원인이 되기도 한다(Health and Safety Executive, 2007).

저강도 인지행동치료 임상가는 내담자의 직장이 그들의 정신건강 문제의 주요한 원천인지 여부를 알아차리는 것이 중요하다. 이를 통해 그들의 증상을 유지시키는 요인들의 정확한 양상을 파악할 수 있다. 직장 복귀를 계획하는 것에는 직장에 대한 조심스러운 평가와 스트레스의 가능한 원인에 대한 충분한 고려가 따라야 하며, 이를 통해 필수적인 조정 작업을 할 수 있다. 이는 업무량의 축소, 추가 연수나 지원의 제공, 대인관계 갈등의 중재 등을 포함할 수 있다. 이 같은 평가는 관련 전문가들, 이를테면 직업 건강 서비스나 직장 건강 및 안전 대표 등 고용주와 인사팀과 긴밀하게 작업하는 사람들에 의해 가장 잘 이루어질 수 있다. 저강도 인지행동치료 임상가의 역할은 이러한 종류의 개입들에 대해서 더 잘 감독할 수 있는 위치의 전문가들이나 고용자문가들과 연계하는 것을 포함하며, 이는 이 장의 뒷부분에서 다룬다.

3. 일정 기간의 실직 후에 직장에 복귀하는 내담자

글상자 16-3 -사례연구 3: 일정 기간의 실직 후 직장으로의 복귀 -------------

Jim은 가구업계에서 견습 목수로 일하는 23세의 청년이다. 3년 전, 그는 공황발작을 경험하기 시작하였고, 첫 발작은 그가 직장에 있을 때 발생하였다. 당시 그는 자신의 증상을 그가 작동시키고 있던 기계에서 나온 먼지로 인한 목 막힘 때문이라고 생각하였다. 이 사건 뒤로 그는 여러 차례 병가를 썼으며 직장에 나가는 것이 점점 더 어려워졌다. 그는 결국 2년 전에 병으로 인해 퇴직을 하게 되었다. 뒤이어 그는 사람이 많은 공적인 장소, 이를테면 도심지 등에 갈 때마다 공황발작을 경험하게 되었고, 외출하는 것이 점점 더 어렵게 느껴졌다. 그는 저강도 인지행동치료에 의뢰되었으며, 평가 결과 공황발작과 광장공포증으로 진단받았다.

만성적인 정신건강 문제를 겪고 있는 사람들이 직업을 가지는 것을 핵심적인 인생 목표로 삼음에도 불구하고(Secker et al., 2001), 해당 그룹에서의 고용률은 어떠한 다른 만성적인 건강 문제가 있는 경우보다 낮은 경향이 있으며, 이는 약 40% 정도로, 비교 대상인 당뇨는

70%를 살짝 넘는 정도이다(Dudley et al., 2016). 연구들에 따르면, 일정 기간의 실직 후에 직무에 복귀하는 것은 신체적·정신적 건강, 자존감과 전반적인 웰빙 모두에 개선을 가져온다(McKee-Ryan et al., 2005; Waddell & Burton, 2006). 불행히도, 이 과정에서 직무에 복귀하는 데 방해물로 작용할 수 있는 상당한 문제들이 발생한다. 여기에는 상당 기간 동안 실직을 하는 것과 관련된 일반적인 요인과 경제적인 손실 및 낙인이 포함된다.

일반적인 요인

얼마만큼의 기간이건 간에 실직을 하는 것은 업무적인 요구, 책임감과 압박감을 다루는 데 필요한 개인의 역량에 대한 신념과 자신감에 영향을 미칠 수 있다. 이는 정신건강 문제가 있는 사람들에서 더욱 두드러질 수 있으며, 이들은 일반적으로 삶에 대처하는 자신의 역량에 대해 우려하기도 한다. 게다가 장기간 결근을 했던 사람들은 규칙적인 일과나 구조화가 낯설 수 있고 최신 기술이나 지식이 부족할 수도 있다.

재정적인 불이익

직장에 복귀하는 것은, 특히 저임금의 직업인 경우, 일부 사람들에게는 주택수당과 같은 복지수당을 잃게 하고 자녀돌봄이나 이동, 의복에 드는 추가금이 필요하게 만들어 오히려 재정 상태를 악화시킨다. 게다가 복지수당에 기대어 사는 개인이나 가족들의 경우, 일시적이라고 할지라도 이러한 조건들이 철회될 때, 상당한 불안을 경험하게 된다. 예를 들어, 직업을 가진다는 것은 수급이 끊기고 상당 기간이 지난 후에야 첫 달의 월급을 받을 수 있다는 점을 의미하는 것일 수도 있다. 이는 일부 사람들에게 단순히 일을 찾아보는 것이 수급을 끊기게 만들지도 모른다는 공포 수준의 불안을 초래할 수 있다(Department for Work and Pensions, 2002). 게다가 복지 체계에 대해서 더 알아보는 것이 어려울 수 있고, 직업을 가지게 되더라도 유지할 수 있는 잠재적인 수당, 예를 들면 주택수당이나 장애수당 등을 모를 수도 있다.

낙인

낙인은 직장에 돌아오고 싶어 하는, 정신건강 문제가 있는 사람들에게 특히 장애물이 된다(Lelliott et al., 2008). 역사적으로, 정신질환이 있는 사람들은 일자리에 지원할 때 차별받는다고 느껴 왔으며(Read & Baker, 1996), 이는 고용주들이 흔히 부정적인 태도를 가지고 있다는 연구 결과들을 통해 타당화되었다(Manning & White, 1995; Scheid, 2005). 정신건강 문제를 가지고 있는 사람들은 회복할 가능성이 낮으며, 다른 노동자들에 비해 덜 신뢰롭고, 심지어 대중을 대상으로 한 일자리에 그들을 고용하는 것은 위험하다고 여기는 관점들이 여기에 포함된다(Henderson et al., 2013). 불행히도, 이 같은 태도는 경제적 어려움이 가중된 시기에 더욱 두드러지게 되었다. 전 유럽에 걸쳐 2008~2009년 세계 경기 침체의 후폭풍이 있던 시기에 시행된 연구 결과, 정신건강 문제가 있는 사람과 없는 사람들 사이의 실직률 격차가 상당히 더 벌어졌으며, 여기에 낙인의 태도가 유의한 역할을 하는 것으로 나타났다(Evans-Lacko et al., 2013). 그러나 영국 내 고용주들의 태도가 개선되고 있으며, 직원들의 정신건강을 지원하기 위한 더 많은 정책과 절차들이 제공되고 있다는 근거들이 얻어졌다(Henderson et al., 2013). 게다가 「2010년 영국 평등법」이 도입된 이후로, 고용주들이 지원자들의 정신건강 상태에 대해 묻는 것이 금지되었다. 그럼에도 불구하고, 여전히 갈 길이 멀고, 사람들은 정신건강 문제를 개방할 것인가 말 것인가의 딜레마와 싸우고 있다(Brohan et al., 2012). 불행히도, 문제를 개방하지 않는 것은 그들에게 필요한 조정이나 지원을 받을 기회를 차단함으로써 불이익을 초래할 수 있다(Lelliott et al., 2008).

직업과 관련한 문제에서 내담자를 돕기 위한 저강도 인지행동치료 임상가의 역할

저강도 인지행동치료 임상가는 내담자의 고용 문제를 파악하고 관리하는 데 중요한 역할을 한다. 평가 과정에서 임상가는 내담자의 호소 문제의 모든 측면에 대해 정보를 수집하여야 한다(제5장 참조). 특히 탐색해야 할 영역은 고용 상태, 기타 직업적 활동 참여 여부를 포함한 내담자의 기능 수준이다. 병가와 스트레스, 무직 등은 여기에서 함께 고려되어야 할 문제이다. 치료에서의 선택지들을 생각할 때, 임상가는 내담자가 직업과 관련하여 고려해야 할 중요한 문제가 있는지 그리고 이것이 우선적으로 다루어져야 할지 혹은 나중에 초점을 맞추는 것이 나을지에 대해 내담자가 결정을 내리도록 도울 수 있다. 무직 상태라고 해서 직업과 관련한 문제에 필수적으로 초점을 맞추어야 할 이유는 아니라는 점을 명심해야 한다. 앞서 논의하였듯, 사람들이 유급 고용을 선택하지 않는 이유는 다양하다.

직업환경이 내담자에게 있어 주된 스트레스의 근원이라면 이를 가장 먼저 다루는 것이 중요한데, 이는 해당 문제를 해결하는 것이 그들의 정신건강을 회복시키는 데 핵심적이기 때문이다. 한편 직장에서 스트레스를 경험하는 것이 개인에게 우울이나 불안을 야기했을 수 있고, 이것이 해결되기 전까지 그들은 직장 문제를 해결하지 못한다고 느낄 수 있다.

정신건강 문제로 인해 상당 기간 동안 일을 하지 않았던 내담자에게는 직장에 복귀하는 것 이전에 증상을 경감시키는 데 초점을 맞추는 것이 중요할 것이다. 임상가는 일이 유급 고용만 포함하는 것이 아니라는 점을 마찬가지로 명심해야 한다. 자원봉사나 연수 또한 고려할 수 있는 선택지이며, 내담자에게 더 많은 유연성을 제공하거나 단계적으로 업무에 복귀하게 할 수 있다.

저강도 인지행동치료 임상가와 더불어 직장 관련 문제가 있는 내담자를 지원하는 데 도움이 될 가능성이 높은 다른 다양한 분야의 전문가들과 지원 서비스가 있다. 이러한 서비스들을 연계하는 것이 필수적이다. 고용자문가와 직업 건강 서비스는 저강도 인지행동치료 임상가가 처음으로 연락하는 대상이 될 수 있으며, 따라서 그들의 역할과 기능은 특히 중요하게 고려되어야 할 가치가 있다.

고용자문가의 역할

고용자문가Employment Advisers: EAs는 2009년 영국에서 심리치료 접근성 향상Improving Access to Psychological Therapies: IAPT 프로그램의 창설 이후 일차 정신건강 서비스 영역에 처음으로 소개되었다. 그들은 정신건강 실무자들과 함께 일하면서 건강과 관련한 실직 발생률을 감소시키고 투병 기간 이후에 직장에 복귀하도록 돕는 두 가지 목적하에 직무 관련 문제를 겪고 있는 내담자에게 지도와 실질적인 지원을 제공하는 역할을 맡았다. 대략 8명의 임상가에 1명의 고용자문가가 배치되는 것으로 계획되었으며(Layard & Clark, 2014), 정확한 배치와 의뢰 과정은 지역에 따라 결정되었다(Hogarth et al., 2013). 따라서 고용자문가들은 서비스 내에서 혹은 서비스와 연계하여 일하며, 공유된 혹은 독립적인 의뢰 경로를 따라 일한다. 그들은 직업센터나 고용지원가들을 연결하여 서비스를 통합하거나 조율하는 다리 역할을 한다. 고용자문가는 현재 직장이 있기는 하지만 병가를 내고 있는 사람들이나 정리해고에 직면한 사람들을 포함하여 직무에 어려움을 겪고 있는 사람들을 의뢰받는다. 그에 더해 그들은 현재 직장이 없지만 복귀하고 싶어 하는 사람들을 지원하고 안내할 수도 있다. 고용자문가를 채용함으로써 정신건강 실무자들은 그들의 전문 분야가 아닌 고용보다는 정신건강 문제에 집중할 수 있게 되었다. 마찬가지로 이를 통해 이전이라면 시민행정국과 같은 외부 기관으로 내담자를 연계했을 만한 직업 관련 문제들도 통합적 접근을 통해 해결할 수 있게 되었다.

고용자문가 제도에 대한 초기 평가 결과는 긍정적이었는데, 직업 자문에 의뢰된 사람 중 58%가 자신의 어려움이 완전히 혹은 부분적으로 해결되었다고 보고하였으며, 89%는 해당 서비스를 추천할 것이라고 하였다(Hogarth et al., 2013). 고용자문가에 의뢰된 많은 수의 사람들이 그들의 관리자나 동료들과의 관계 문제 혹은 직업적 역할의 변화와 관련하여 방문하였다. 이러한 경우에는 그들의 고용주와 연락을 취하는 것이 문제의 해결에 중요하다. 또한 고용자문가가 정신건강 임상가들과 같은 서비스에 포함된 통합 의뢰 경로가 더 많은 수의 의뢰를 받았으며, 따라서 서비스 조직에 있어 최적의 방법으로 간주된다(Hogarth et al., 2013).

고용자문가에게 의뢰하는 방법은 다양하다.

- 고용자문가가 정신건강 서비스의 팀미팅에 정기적으로 참석하여 서비스에 의뢰된 모든 새로운 의뢰 사례들에 대해 토론한다.
- 병가 중이거나 무직 상태인 모든 내담자의 첫 회기에서 고용자문가와의 평가 회기를 가지는 것이 좋을지 물어본다.
- 치료 중 혹은 지도감독 중의 논의 결과, 내담자가 고용 관련 문제가 있다면 고용자문가에게 의뢰한다.

고용자문가는 내담자가 현재 일을 하고 있는지 직업을 찾고 있는지에 따라 다양한 과업을 수행할 수 있다(〈표 16-1〉 참조). 내담자가 병가를 내고 쉬는 경우, 직장 복귀 계획이나 필수적인 조정들을 고용주 측과 합의할 필요가 있다. 보통 고용자문가는 내담자가 고용주와 연락하도록 격려하거나 지원하며, 내담자의 동의하에 직접 고용주와 연락할 수 있다. 인사팀 역시 이 단계에 포함될 수 있다. 인사팀은 직원들이 어떻게 관리되는지에 대한 전략적인 검토를 담당하는 부서이다. 여기에는 채용 및 선발부터 연수, 직무평가 및 안전에 이르는 모든 것이 포함된다. 직업 건강 혹은 내담자의 노조 등 기타 서비스들에서도 지원과 안내를 제공할 수 있다.

저강도 인지행동치료 임상가는 고용자문가와 함께 긴밀하게 직업하면서 언제 의뢰하는 것이 적절할지, 고용자문가가 내담자와 협업할 필요가 있을지에 대해 결정해야 할 것이다. 문제를 해결하고 개인의 직장 내 상황이 더 이상 악화되지 않도록 하려면 초기 개입이 중요할 것이다. 일부 사례에서는 저강도 인지행동치료 임상가가 고용자문가와 함께 일하면서 내담자에게 지속적으로 치료를 제공하고, 직장 복귀가 치료 계획에 확실히 포함되도록 할 수 있을 것이다. 혹은 저강도 인지행동치료 임상가가 초기에 치료를 제공하여 내담자의 증상이 충분히 경감되어서 직장에의 복귀를 고려할 만큼 준비가 되었다고 느끼게 되면 그때 고용자문가가 참여할 수도 있다. 대안적으로, 직장 관련 스트레스가 주된 걱정거리라면 직장 내 상황으로 야기된 스트레스를 감소시키는 것이 내담자의 어려움을 해결하는 데 핵심적

표 16-1 고용자문가의 담당 작업

병가 중인 내담자를 위한 작업	직장에 복귀하고자 하는 내담자를 위한 작업
• 직장 복귀가 현실적이거나 성취 가능한지를 살펴보는 것을 포함하여, 개인의 고용 상태에 대해 상세한 평가를 시행하기 • 잠재적인 스트레스 요인과 직장 복귀에 방해물이 될 만한 것들을 찾아내기 • 내담자로 하여금 직장에 돌아갈 수 있도록 하는 합리적인 조정들, 예를 들면 단계별 업무 복귀, 교대조의 변화, 물리적 환경에의 적응, 회기 참여를 위한 유연한 근무 시간 및 휴식 시간 등을 고려하도록 돕기 • 내담자가 고용주에게 자신의 어려움에 대해 논의하도록 격려하고 내담자의 동의하에 고용주에게 연락하기 • 내담자가 겪고 있는 어려움에 대해 관리자와 논의하는 기술을 발달시키도록 도움으로써 점차 자신의 문제를 독립적으로 해결할 수 있도록 하기 • 직업 건강 혹은 자원봉사 서비스 등 다른 협력서비스와 연계하기 • 내담자가 복귀하면 추적 회기 제공하기	• 자신감, 기술 혹은 기회의 부족과 같은 취업 장벽에 맞서기 • 기술 감사를 시행하고, 연수에 대한 요구를 파악하여 고용 가능성 기술을 향상시키기 • 자원봉사 등을 통해 기술을 습득하는 방법을 고려하기 • 자문, 연수, 취업 알선 등을 제공해 줄 수 있는 외부 협력기관에 의뢰하기 • 추적 지원 제공하기

일 수 있다는 판단하에, 저강도 인지행동치료 임상가는 한 발 물러서고, 고용자문가가 나서서 내담자가 해당 문제를 다루는 것을 우선적으로 도울 수 있다.

직업 건강 서비스

직업 건강 서비스 또한 정신건강 문제가 있는 직원들이 직무 관련 문제를 다루는 것을 돕는 데 중요한 역할을 맡고 있다. 세계보건기구는 모든 직장인이 직업 건강 서비스에 접근할 수 있어야 한다고 명시하였다(WHO, 1994). 실제로 고용주들이 직원들의 건강을 위해서 또한 병가로 인한 비용을 감소시키기 위해서 이 같은 체계를 마련하는 데 투자해야 할 만한 상당한 이유들이 존재한다(Black, 2008). 그럼에도 불구하고 전 세계의 노동자 중 단지 10~15%만이 직업 건강 서비스를 제공받고 있으며, 개발도상국에서의 해당 수치는 훨씬 더 낮다(Pingle, 2009). 영국에서 직업 건강 서비스의 제공은 최근 수년간 개선되어 51%의 직원들이 해당 서비스에 접근할 수 있다(Steadman et al., 2015).

직업 건강 서비스의 역할은 직원들의 건강을 조직적 차원과 개인적 수준 모두에서 보장하는 것이다. 전형적으로 다양한 전문가가 이 목적을 성취하기 위해 직업 건강 서비스에 고용되는데, 여기에는 의사, 간호사, 물리치료사, 심리치료사뿐만 아니라 건강과 안전 전문가들도 포함된다. 조직적 수준에서 직업 건강 전문가들은 직업 환경뿐만 아니라 직업 환경의 평가 및 모니터링에 관여하여 직원들에 대한 위험을 최소화하고 직업 관련 건강 문제를 예방한다. 그들은 직원들의 전반적인 웰빙을 개선하기 위한 건강 증진 운동 또한 주도할 수 있다.

직원이 정신건강 문제를 겪고 있는 경우, 직업 건강 서비스의 역할은 그 사람이 회복하여 직장에 안전하게 돌아오는 데 필수적인 지원을 제공하는 것이다. 이는 다양한 작업을 포함할 수 있다(〈표 16-2〉 참조).

표 16-2 산업 보건 서비스 기관이 수행하는 작업의 유형

작업들
• 고립감과 불필요하게 긴 병가를 예방하기 위하여 병가 중인 직원들과 연락을 지속하기
• 연장된 병가 후에 평가를 시행하기
• 일차 진료의, 직속관리자, 인사팀 간 연결고리 역할을 하기
• 업무 관련 스트레스 요인과 직무 복귀의 방해물들을 찾아내기
• 직장일을 감당하고 직무에 복귀하기 위해 요구되는 조정안들에 대해 협상하기
• 직무 관련 스트레스와 대인관계 갈등을 다루는 것과 관련하여 관리자들에게 안내를 제공하기
• 상담과 지지 제공하기
• 다른 서비스로의 의뢰 경로로서 역할하기

저강도 인지행동치료 임상가나 고용자문가는 내담자가 기업 건강 서비스에 연락하도록 조언하거나 혹은 내담자의 동의하에 직접 그들에게 접근할 수 있다. 고용 관련 문제가 조심스럽게 다루어지고 있다는 점을 명확히 한다는 점에서 이것은 중요하다. 앞서 기술하였듯이 개인의 직업적 역할이나 고용 형태에 대한 협상은 정신건강 서비스, 직업 건강 서비스, 고용주, 인사팀, 그리고 때때로 노동조합 대표들 간의 긴밀한 협조를 요한다.

기타 지원 출처

고용자문가나 직업 건강 서비스와 마찬가지로 내담자들에게 도움이 될 만한 다양한 기타 서비스가 존재한다.

- 정부 조직, 예를 들어 실질적이고 재정적인 지원을 제공하며, 장애 혹은 건강 문제가 있는 사람들이 일하는 데 방해가 되는 요인들을 극복할 수 있도록 조언을 제공하는 Access to Work(www.gov.uk/access-to-work)
- 직업 탐색, 지원서 쓰기, 자신감 증진 프로그램, 유급 직업에 취업하는 사람들을 지원하기 위해 제공되는 혜택이나 실질 소득을 예측하는 '직장 내 혜택 계산in-work benefit calculation' 등을 돕는 직업 센터 자문가
- 전일제 학생이면서 연구와 관련한 어려움을 경험하고 있는 경우에 적합한 학생 지원 서비스
- 자원봉사를 하고자 하는 사람들을 돕는 자원봉사 기관
- 일반적인 지원과 조언을 제공하는 장애 지원 기관
- 어떤 사람이 일을 할 수 없거나 복직을 준비 중인 경우 어떤 복리후생비를 청구할 수 있는지 논의하는 복지 권익 단체
- 경제적인 어려움을 다루는 데 도움을 주는 부채 상담 서비스
- 무료 법률 원조와 자문을 제공하는 단체들

연습 16-4 ❀ 지식 적용하기

저강도 인지행동치료 임상가가 직무 관련 문제를 겪고 있는 내담자와 함께 일하는 다양한 방법을 탐색해 보았으며, 기타 전문가들과 서비스의 역할에 대해서도 살펴보았으므로, 이 정보를 앞서 제공된 사례연구들에 어떻게 적용할지 고민해 보라(Louise, Judith, Jim의 사례). 각 내담자들에게 사용된 개입법들을 다음에서 읽기 전에 당신 스스로 각 사례를 진행하였다면 어떻게 대처했을지 판단해 보라. Louise, Judith, Jim에게 발생하는 특정한 직무 관련 문제는 무엇인가? 각 사례에서 직무 관련 문제들에 어느 정도 수준의 우선순위를 둘지, 그 결정을 하기 위해 필요한 기타 정보들에 대해서도 생각해 보라. 당신은 어떤 전문가와 함께 일할 것인가? 다른 어떤 서비스들이 포함되는 것이 유용할 것인가?

직무 관련 문제를 경험하는 내담자들을 돕는 과정에 대해 소개하기 위하여 Louise, Judith, Jim에게 제공된 개입법들을 다음에 기술할 것이다.

사례연구 1: Louise

Louise는 8개월 전 아버지가 돌아가시고 난 후 기분이 저조해지기 시작하였다([글상자 16-1] 참조). 그녀는 저강도 인지행동치료 서비스에 의뢰되던 당시 직장에서 실수를 하고 난 후 징계를 받았으며 병가를 낸 상태였다. Louise는 저강도 인지행동치료 임상가와 초기 평가 회기를 가졌으며, 중등도의 우울과 직장 내 상황과 관련하여 상승하는 불안이 동반된 상태로 진단받았다.

평가 후, Louise는 6~8회기의 길잡이식 자조GSH 및 고용자문가와의 1회 약속을 잡았다. 그 약속에서 Louise가 직장 내의 직업 건강 부서에 연락하여 자신의 어려움에 대해 알리고, 노조 위원장에게도 연락하여 징계 조치에 대한 조언을 받아 보는 것이 유용할 것이라는 합의에 이르렀다. Louise는 직업 건강 간호사를 만났으며, 그녀는 Louise가 상황을 잘 헤쳐 나가기 위한 다양한 대안을 논하였다. 그 직업 건강 간호사는 Louise의 관리자와 인사팀, 노조 위원장에게 연락하였으며, Louise가 단축 근무를 할 수 있고 이에 대해 1개월 뒤에 재검토하기로 합의하였다. Louise는 저강도 인지행동치료 서비스의 회기 참석을 위해 근무시간에 빠질 수 있다는 허락을 받았으며, 관리자는 징계를 철회하기로 하였다. Louise는 그러한 성과에 만족하였고, 그 결과 직장에 대한 불안감을 덜 느끼게 되었다고 보고하였다. Louise는 관리자와의 미팅을 하고 6주 후에 저강도 인지행동치료를 마치고 전일 근무로 돌아갈 수 있었다. 저강도 인지행동치료 임상가는 애도 상담 기관에 대한 정보도 제공하였다. 하지만 업무 문제가 해소되자 Louise는 애도 과정을 더욱 잘 감당할 수 있다고 느끼게 되었다.

사례연구 2: Judith

Judith는 직장 관련 스트레스 문제로 저강도 인지행동치료 서비스에 의뢰된 교사였다. Judith는 저강도 인지행동치료 임상가와 평가 회기를 가지고 고용자문가와의 만남을 가지는 것이 좋을 것 같다는 데 동의하였다.

Judith가 고용자문가를 만났을 때, 둘은 Judith의 직장 스트레스의 핵심 원인을 찾아낼 수 있었으며, 근무시간과 책임을 줄이는 것을 포함하여 상황을 개선하기 위해 가능한 변화들 또한 모색할 수 있었다. Judith는 고용자문가가 관리자와 연락하는 것에 동의하였으며,

Judith와 고용자문가, 인사팀장 및 그녀의 관리자가 모두 모이는 회의를 통해 Judith가 경험해 온 어려움들을 토로하고 여러 변화를 위한 요청을 하였다.

관리자와의 회의 결과, Judith의 근무시간과 책임을 한시적으로 줄이기 위한 계획이 실행되었다. 관리자는 Judith가 평가절하되었다고 느껴 왔던 점에 대해 유감을 표하며, 학교에서 부정적인 외부 감사를 연이어 받은 후로 Judith가 학교의 다른 구성원들에게 얼마나 지지적이었는지에 대해 감사를 표하였다. 그녀는 Judith가 일차 진료의에게 요청하여 스트레스와 관련해서 일시적으로 휴직할 수 있도록 하고, 다음 달에 점진적으로 복귀하는 방안을 제안하였다.

관리자와의 회의가 있은 지 6주 후에 고용자문가와 검토를 진행하였으며, Judith는 고용자문가에게 그녀가 직장에 복귀하였고 상태가 훨씬 좋아졌다고 보고하였다. 그녀의 요청에 따라 관리자는 Judith의 근무시간을 영구적으로 줄이는 데 동의하였다.

사례연구 3: Jim

Jim은 저강도 인지행동치료 서비스에 의뢰되기 2년 전, 공황장애와 광장공포증을 겪게 되면서 실직하게 되었다([글상자 16-3] 참조). 그는 저강도 인지행동치료 임상가와의 초기 평가 회기에서 복직하는 것이 최우선 과제라는 점을 확인하였으며, 그 목표를 실현하기 위해서는 공황발작과 광장공포증을 극복하는 것이 필요하다는 것에 동의하였다.

Jim은 저강도 인지행동치료 임상가와 8회기의 길잡이식 자조$_{GSH}$를 하기로 하였다. 치료 결과, 공황발작의 빈도가 유의하게 감소하였고 그는 정기적으로 외출할 수 있게 되었다. 뒤이어 고용자문가와의 만남에서 Jim은 새로 일을 시작하는 것에 대한 두려움, 특히 직장에서 공황발작을 하는 것에 대한 공포를 토로하였다. 고용자문가는 Jim이 자신감을 쌓기 위해서 자원봉사를 먼저 시작해 볼 것을 권유하였다. 또한 고용자문가는 Jim이 직업훈련을 위한 가능한 방법들을 탐색하도록 도와주었다. Jim은 배관공으로 일하는 것에 흥미가 있다고 말하였고, 고용자문가는 지역대학에서 할인된 학비로 배관 기술을 훈련받을 수 있는 과정에 대한 정보를 제공할 수 있었다. 고용자문가는 자원봉사 업체의 자문가와 약속을 잡아 주었으며, 그를 통해 Jim은 고령의 주민들을 위해서 정원 가꾸기나 기타 잡일을 도울 자원봉사자들을 뽑는 주택회사에서 일을 찾을 수 있게 되었다.

Jim의 경과를 확인하기 위해 한 달 뒤에 저강도 인지행동치료 임상가 및 고용자문가 모두와 추적 회의가 계획되었다. 그 회의에서 Jim은 그가 자원봉사 일을 즐기고 있으며 첫날에는 불안하기는 했지만 공황발작 없이 지금까지 업무에 잘 적응하고 있다고 보고하였다. 또한 2개월 뒤에 시작될 배관 교육 과정에도 지원하였다고 하였다.

이러한 사례연구들은 저강도 인지행동치료 임상가와 고용자문가 및 정신건강 문제가 있는 사람들이 직업 관련 문제를 잘 다룰 수 있도록 도와주는 기타 서비스 간의 긴밀한 연결을 보여 주고 있다. 이는 저강도 인지행동치료 임상가가 해당 영역에서의 다른 전문가들의 역할에 대해서 잘 알고 있어야 할 뿐만 아니라, 내담자가 복직하는 것을 도울 수 있는 다양한 서비스와 기관에 대해 숙지할 필요가 있다는 점을 강조한다. 이것의 정확한 본질이나 소관은 지역에 따라 다를 것이며, 이 장에서는 무엇이 가능한지에 대한 일반적인 개관만을 제공하였다. 따라서 임상가의 핵심 업무는 내담자의 근속이나 복직 지원 시 통합적인 접근방식을 촉진하기 위해, 지식을 쌓고 긴밀한 업무 관계를 발전시키는 것이다.

결론

직업은 어떤 형태로든 대부분의 사람의 삶에서 핵심적이다. 재정적인 자원을 공급해 줄 뿐만 아니라(유급고용의 경우), 우리가 의미 있는 활동에 참여할 수 있도록 하고, 목적과 일상의 구조를 제공하며, 사회적인 상호작용의 기회를 주고, 기술을 발달시킬 수 있게 하여 우리가 사회의 일원이라고 느낄 수 있도록 돕는다. 사실 직업은 우리의 정체성을 조형하며 우리의 웰빙에 필수적인 역할을 하는 것으로 밝혀졌다. 반대로 실직하거나 스트레스가 높은 환경 내에서 일하는 것은 정신건강 문제를 발달시킬 위험이 높아지는 것과 관련이 있다. 따라서 정신건강 문제를 겪는 이들이 직업 관련 문제를 잘 다룰 수 있도록 돕는 것은 저강도 인지행동치료 임상가에게 핵심적인 문제일 수 있다. 이때 해당 절차의 일부인 유관 조직과 전문가들을 잘 알고, 긴밀한 연합을 형성하는 것이 필요하다.

요약

- 직업은 웰빙에서 핵심적인 역할을 담당한다. 실직은 다양한 부정적인 영향, 이를테면 재정적 어려움, 일상의 규칙적인 활동과 구조화, 사회적 지지의 상실, 목적의식과 정체감 감소 및 사회적 소외와 관련이 있으며, 이 같은 요인들이 복합될 때 정신건강 문제가 악화될 수 있다.
- 정신건강 문제를 겪는 직장인을 위해서는 지원과 조심스러운 계획이 요구되며, 이를 통해 지나치게 빨리 복직함으로써 혹은 병가가 연장됨으로써 정신건강 문제가 악화되지 않도록 할 필요가 있다.
- 정신건강상의 어려움을 겪은 다음 상당 기간 실직하여 지냈던 사람들은 복직하는 것에 상당한 장애물, 즉 낙인 등에 봉착할 수 있다. 복직하기 위해서는 기술과 자신감을 키우기 위한 단계별 접근이 요구될 수 있다.
- 저강도 인지행동치료 임상가는 고용 문제를 식별하고 내담자가 이 문제를 잘 다룰 수 있도록 돕는 데 중요한 역할을 맡고 있다. 여기에는 해당 과정에 핵심적이고, 다양한 서비스, 이를테면 고용자문가와 직업 건강 서비스 등과의 연계 및 이들에 대한 지식이 요구된다.

추가로 읽어 볼 자료와 활동들

만약 당신이 현재 저강도 인지행동치료 임상가로 활동하고 있다면 당신의 서비스에 고용자문가가 포함되어 있는지 확인하고 미팅을 통해 그들이 맡은 역할에 대해 논의할 필요가 있다. 직업 관련 문제가 있는 내담자와 작업을 할 때 당신이 어떻게 의뢰하거나 연계할지 논의해 보라. 이 장에서 나온 사례연구들 중 일부를 제시하고 그 과정들이 당신의 서비스 장면에서 어떻게 통합될지 살펴보라. 영국에서는 최근 서비스 장면에서 고용자문가의 숫자를 증가시키자는 움직임이 있으나 속한 지역에 고용자문가가 없다면 내담자가 접촉할 수 있는 다른 가능한 지원처, 예를 들면 지역직업센터/고용사무실과 같은 곳을 탐색해야 한다. 당신이 속한 조직 내에서 직업 건강 서비스의 역할에 대해 알아보라. 서비스에 대한 출처를 축적하고, 연계를 하면 가장 도움이 될 만한 곳, 예를 들어 자원봉사 서비스, 지역대학, 복지 권익 기관과 부채 상담 서비스 센터 중 2~3군데를 방문하라.

이 장에서 학습한 지식을 확고히 하기 위해서, 추가로 읽어야 할 핵심적인 참고문헌을 다음에 추천한다. Dodu(2005), Harvey 등(2017), Lelliott 등(2008), McKee-Ryan 등(2005)과 Waddell과

Burton(2006)의 책은 모두 직업이 웰빙에 미치는 영향에 대한 훌륭한 개관을 제공한다. Chandola의 논문(2010)은 직무 스트레스의 효과에 대해 이해하는 데 도움이 될 것이다. Hogarth 등(2013)은 고용자문가의 역할과 시범 계획의 평가에 대한 유용한 정보를 제공한다.

다른 서비스와의 연계에 관해서는 다음의 영국 웹사이트들 역시 유용할 것이다.

- 직업 건강과 관련한 정보를 얻으려면 직업건강협회(www.som.org.uk)를 참조하라.
- 직무 관련 스트레스에 대한 정보는 보건안전국(www.hse.gov.uk/stress)을 참조하라.
- Directgov(www.direct.gov.uk)에서는 부채 상담, 직업 탐색, 실직 수당 계산 등 다양하고 유용한 정보를 제공한다.
- 영국정책원인 Access to Work(www.gov.uk/access-to-work)에서는 장애 혹은 건강 문제가 있는 사람들에게 실질적인 지원과 조언을 제공하며 이직을 위한 재정적 지원 또한 제공한다.
- 장애 권익 UK(Disability Rights UK; www.disabilityrightsuk.org)에서는 장애가 있는 사람들에게 다양한 안내를 제공한다. 안내에는 복지기관에 대한 정보나 재정적 지원을 받기 위한 조언 등이 포함된다.
- 시민 자문(Citizens Advice; www.citizensadvice.org.uk)은 무료로 법률 및 재정 자문을 제공한다.
- Do-it: 간편한 자원봉사(Do-it: Volunteering Made Easy; www.do-it.org.uk)에서는 자원봉사 기회에 대한 정보를 제공한다.

제**17**장 **지도감독**

Mark Papworth & Dominique Keegan

- 저강도 인지행동치료 임상가를 위한 지도감독의 중요성을 이해한다.
- 임상 지도감독의 '전통적인' 형태와 비교하여 저강도 인지행동치료 지도감독의 고유한 특성에 대해 이해한다.
- 사례관리 모델과 기술개발 지도감독을 구분할 수 있다.
- 수련생이나 수련감독자로서 지도감독 과정에 참여하는 데 요구되는 기술을 개발하는 데 이 지식을 적용할 수 있다.
- 저강도 인지행동치료 지도감독 중에 발생할 수 있는 문제점들과 이를 해결하는 방법을 인식한다.

서론

테니스 공을 치든 달걀을 처음 삶든, 우리는 모두 학습의 과정에 참여하고 있다. 이런 것들은 비교적 기초적인 기술이고 혼자서 배우는 것을 시도해 볼 수 있다. 그러나 자동차를 운전하는 법과 같은 복잡한 기술을 익히기 위해서는 행동에 적용되는 원칙을 가르쳐 주고 우리가 해당 기술을 연습할 때 피드백을 제공하며, '도로의 규칙'에 대한 지식을 검증해 주는 강사의 코칭이 필요하다. 내담자에게 심리학적 평가와 개입을 제공하는 과정은 엄청나게 복잡하다. 여기에는 초보 임상가나 경험이 많은 임상가 모두를 위한 유사한 형태의 지도가 필요하다. 이를 '지도감독supervision'이라고 부른다. 초보 지도감독자와 초보 수련생 모두 지도감독 내에서 적합한 과정에 충분히 참여하기 위해서는 추가적인 능력을 활용해야 한다. 또한 초보 임상가에게 지도감독은 상당한 준비가 필요하며, 그들의 치료 레퍼토리와 적절한 태도에 더해 일부 특정한 기술이 요구된다. 이 장에서는 독자들이 저강도 인지행동치료LICBT를 지원하는 임상적인 지도감독의 형태를 명확하게 이해할 수 있도록 돕고, 이를 통해 이 경험의 양측에 해당하는 사람들을 준비시키고자 한다. 이 장에서는 지도감독이 무엇인지, 또한 지도감독이 임상 장면에서 왜 중요한지에 대해 개관하는 것으로 시작할 것이다. 그 후로는 저강도 인지행동치료에서 사용되는 두 가지 형태의 지도감독을 소개하고, 지도감독 중 발생할 수 있는 복잡한 문제들 중 일부를 요약하고 이 문제들을 어떻게 해결할 수 있는지에 대해 설명할 것이다.

임상 지도감독은 무엇이며 왜 중요한가

임상가는 일반적으로 업무에서 크게 관리 지도감독과 임상 지도감독이라는 두 가지 형태의 지도감독을 받는다. 이 중 전자는 조직 구조 내의 임상가를 위한 일선 관리 권한을 가진 개인이 수행한다. 이는 조직의 목표에 부합하는 직무 우선순위를 설정하고(일반적으로 평가 시스템을 통해), 훈련 및 개발에 대한 요구를 식별하는 성과 검토와 관련이 있다. 반대로 임상 지도감독은 임상가에게 자신의 임상적인 작업들을 돌아보고 발달시킬 기회를 제공하며, 자신의 사례를 검토하여 수련이 필요한지 알아보게 한다(Care Quality Commission, 2013). 이 장은 임상 지도감독에 대한 것만 다룰 예정으로, 임상 지도감독은 다음과 같이 정의된다.

한 직종의 상급자가 하급자나 동일 직종의 구성원에게 제공하는 개입. 이 관계는 평가적이며 위계적이고, 시간에 걸쳐 확장되며, 동시에 하위 구성원의 전문적 기능을 향상시키고, 고객에게 제공되는 전문 서비스의 품질을 모니터링하며, 특정 직종에 입문할 사람들을 위한 문지기 역할을 하는 목적을 가지고 있다(Bernard & Goodyear, 2009: 7).

내담자의 치료 성과에 미치는 지도감독의 효과와 관련한 연구 근거는 제한적이며 때로는 해석하기에 어려운 부분이 있지만(Watkins, 2011), 이 같은 형태의 지도감독은 심리치료를 효과적으로 제공하는 데 핵심적인 활동으로 간주된다. 예를 들어, Bambling 등(2006)에 따르면 지도감독을 받은 치료자의 내담자가 자신의 치료자와의 관계에 대해 더 긍정적이라고 평했으며, 증상 개선이 더 많이 이루어졌고, 치료에 대한 만족감이 높았으며 치료에서 중도 탈락할 가능성이 낮았다.

연습 17–1 🌿 발달의 영역 확인하기

[그림 17–1]에 나와 있는 '마인드 맵'의 능력들을 고려하라. 당신이 새로운 지도감독 관계를 시작하는 임상가라면, 이것을 사용하여 당신이 발달시킬 필요가 있는 영역들을 짚어 낼 수 있을 것이다. 지도에서 자신감이 상대적으로 부족하다고 느껴지는 모든 영역을 표시해 보라. 이 영역들에서 당신이 발달시켜야 하는 방법들을 정교화시켜 보라. 예를 들어, '평가 도구의 사용'과 관련하여 자신감이 부족하다면, 이는 내담자에게 평가 결과를 해석해 주는 것이나 장애 특정적인 평가 도구에 대한 지식이나 해당 척도들을 해석하는 것([글상자 3–2] 참조), 정보 수집을 위해 보완적으로 평가 도구를 사용하거나 임상적 개선을 강화하기 위해 도구를 사용하는 최선의 방법과 관련한 요구가 있다는 점을 반영할 수 있다. 마인드 맵에 구애받지 말고, 특별히 나열하지 않은 추가적인 영역들을 포함하라.

임상 지도감독의 기능

Inskipp과 Proctor(1993)는 임상 지도감독이 어떻게 (1) 규준적이고(모니터링 및 책임과 관련하여), (2) 형성적이며(수련생의 학습과 성장을 촉진하며), (3) 회복적(지지를 제공하는지)일 수 있는지를 강조함으로써 임상 지도감독의 여러 다른 기능을 이해하는 방법을 제시하였다. 예를 들어, 전통적으로 지도감독 장면에서 다루어지는 문제 중 하나는 수련생이 내담자와 관련한 임상적 작업의 어려움에 대한 조언을 얻고자 하는 것이다. 지도감독은 수련생이 문

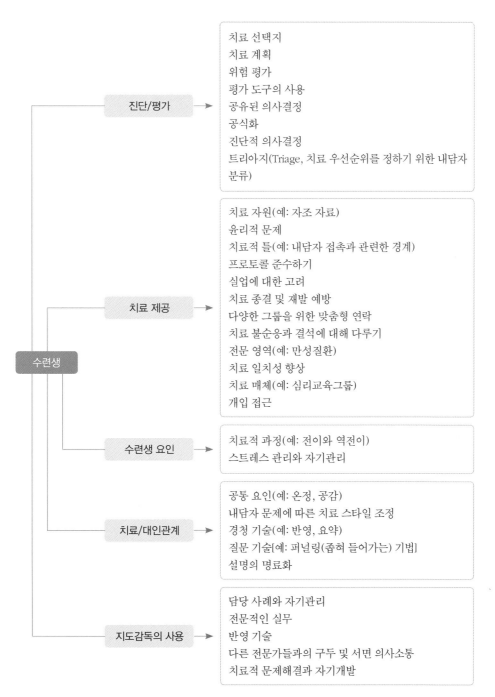

진단/평가
치료 선택지
치료 계획
위험 평가
평가 도구의 사용
공유된 의사결정
공식화
진단적 의사결정
트리아지(Triage, 치료 우선순위를 정하기 위한 내담자 분류)

치료 제공
치료 자원(예: 자조 자료)
윤리적 문제
치료적 틀(예: 내담자 접촉과 관련한 경계)
프로토콜 준수하기
실업에 대한 고려
치료 종결 및 재발 예방
다양한 그룹을 위한 맞춤형 연락
치료 불순응과 결석에 대해 다루기
전문 영역(예: 만성질환)
치료 일치성 향상
치료 매체(예: 심리교육그룹)
개입 접근

수련생

수련생 요인
치료적 과정(예: 전이와 역전이)
스트레스 관리와 자기관리

치료/대인관계
공통 요인(예: 온정, 공감)
내담자 문제에 따른 치료 스타일 조정
경청 기술(예: 반영, 요약)
질문 기술[예: 퍼널링(좁혀 들어가는) 기법]
설명의 명료화

지도감독의 사용
담당 사례와 자기관리
전문적인 실무
반영 기술
다른 전문가들과의 구두 및 서면 의사소통
치료적 문제해결과 자기개발

[그림 17-1] 학습 요구의 발달을 촉진하는 '마인드 맵'

제를 해결할 수 있도록 지식과 기술을 개발하고, 수련생과 함께 문제를 탐색하는 형성적인 역할을 한다고 볼 수 있다. 또한 지도감독은 수련생들이 조직의 책임과 절차를 수행할 수 있도록 한다. 이러한 과업은 위험한 내담자를 정기적으로 모니터링하고, 올바른 의뢰 절차를 지키도록 하며, 정확한 임상 기록을 남기거나 적시에 관리할 수 있도록 하는 것을 포함한다. 이를 통해 지도감독은 규준적인 역할 또한 수행하게 된다. 추가적으로, 지도감독은 임상가가 괴로움을 겪고 있는 내담자와 함께 작업함으로써 얻게 되는 어려움을 다룰 수 있도록 돕는다. 예를 들어, 수련생은 자신을 속상하게 했거나 어려웠던 특정 주제에 대해 논의하고 싶어 할 수 있다. 따라서 지도감독은 수련생에게 이 같은 사례들에 대해 숙고할 수 있도록 함으로써 회복적인 기능 또한 수행한다.

지도감독의 기능에 대해 이런 방식으로 이해하는 것은 저강도 인지행동치료 작업을 지원하는 데 사용되는 임상 지도감독의 두 가지 형태 각각의 역할을 명료화하는 데 유용하다. 이는 '임상 사례관리'와 '기술개발' 지도감독이다. Richards(2010b; Turpin & Wheeler, 2008 재인용)는 이 중 전자(임상 사례관리)가 임상적 활동을 개관함으로써 성공적으로 사례를 관리하고, 근거 기반에 충실한 임상 실무를 할 수 있도록 하여 어떻게 내담자의 이득을 최대화하는지 설명하였다. 또한 이를 통해 임상적 실무를 안전하게 시행하고, 위험을 효과적으로 다룰 수 있도록 보장할 수 있다. 반면에 기술개발 지도감독은 임상가의 요구에 주로 초점을 맞추고 더 적은 수의 사례에 대한 자세한 논의를 통해 임상가들의 기술을 발달시키며 이 같은 학습이 일반화될 수 있도록 한다. 이러한 형태의 지도감독은 수련생을 지원하며, 추가적인 수련상의 요구 사항들을 확인하고 직원들의 소진을 방지할 수 있도록 돕는다.

임상 사례관리와 기술개발 지도감독이 모두 형성적이고, 규준적이며, 회복적인 기능을 수행한다고 주장할 수 있으나, 그 정도는 상당히 다르다. 사례관리 지도감독은 규준적인 기능을 우선적으로 수행하며, 많은 사례를 정기적으로 검토함으로써 일부 형성적이고 회복적인 기능도 하게 된다. 기술개발 지도감독과 관련해서는 임상 지도감독 관련 문헌에서 회복적이고 형성적인 기능이 더욱 강조된다. 그럼에도 불구하고 사례를 지속적으로 모니터링해야 할 필요가 있다는 점을 강조한다는 점에서는 규준적인 기능 또한 수행한다. 통합적으로 볼 때, 두 가지 형태의 지도감독은 서비스 맥락, 즉 임상가뿐만 아니라 내담자에게 중요한, 다양한 우선순위를 다룬다. 저강도 인지행동치료 임상가는 두 가지의 지도감독을 모두 받아야 한다. 그러면 이 둘이 서로 연료를 제공하며 보완하게 된다. 예를 들어, 사례관리 지도감독 중 기술개발 지도감독에서 다룰 만한 주제가 생성될 수 있고, 이 주제를 다룸으로써 저강도 인지행동치료를 제공하는 수련생의 역량을 개발할 수 있다.

저강도 인지행동치료 지도감독이 다른 점은 무엇인가

지도감독의 광범위한 기능과 이것이 저강도 인지행동치료 지도감독과 가지는 관련성을 고려한 후, 저강도 인지행동치료 임상가가 직면하는 특정한 어려움에 대해 고려하는 것이 중요하다. 이를 통해 사례관리와 기술개발 지도감독을 자세히 살펴볼 수 있을 것이다.

첫째, 작업 특성상 저강도 인지행동치료 임상가의 담당 사례의 수는 고강도 심리치료를 시행하는 치료자나 상담가에 비해 훨씬 많을 가능성이 있다. 게다가 저강도 인지행동치료 내담자의 고통감이 경도에서 중등도임에도 불구하고, 자살로 사망한 사람들 중 60%가 우울증이 있었다는 점을 고려할 때, 이 같은 수의 사례를 담당하는 것은 상당한 수준의 위기관리를 불가피하게 만든다(Lönnqvist, 2000). 결과적으로, 저강도 인지행동치료 지도감독자는 많은 수의 수련생 사례들을 효과적이면서도 상세하게 살펴볼 필요가 있다. 그러나 Richards(2010b)가 강조하였듯이 만약 전통적인 지도감독 과정이 저강도 인지행동치료에 적용된다면, 많은 사례가 지도감독에서 누락되어 저강도 인지행동치료 임상가 또는 내담자의 우선사항이 충족되는 범위에 영향을 미칠 수 있다.

둘째, 저강도 인지행동치료 임상가는 대체로 내담자가 스스로를 돕게 하는 일들을 하며, 이는 치료자의 전통적인 역할보다는 사례관리를 하는 것과 관련이 있다. 저강도 인지행동치료 임상가는 교육자나 지원자 역할을 하는 코치나 훈련감독에 가까우며, 내담자가 치료 '수단'에 참여하도록 동기를 부여하는 역할을 한다. 그럼에도 불구하고 그들은 내담자와 치료적인 관계를 형성하고 유지할 수 있도록 수련을 받고, 이 관계에 기여할 수 있는 폭넓은 요인들에 대해서 인식해야 한다. 그러나 임상 지도감독 관련 문헌은 다양한 가정을 바탕으로 작동하며, 그중 일부는 저강도 인지행동치료 지도감독과는 상충되는 것으로 보일 수 있다. 종종 지도감독자의 관점에서 작성된 문헌에는 수련생이 치료자로서 내담자와 작업하는 것으로 가정한다. 이는 일부 지도감독상의 주제가 저강도 인지행동치료와 인지행동치료_CBT 모두에서 흔히 나타나는 반면(예: 내담자가 과제를 해 오지 않는 것에 대한 문제를 어떻게 제기할 것인가), 다른 것은 저강도 접근에서 더 두드러질 것이라는 점을 의미한다(노인을 위한 자조 프로그램 적용 등).

요약하면, 위기관리, 많은 담당 사례 수, 포괄성에 대한 강조, 일반적으로 더 구조화된 문제 기반 접근을 통한 내담자 지원 및 임상가 자기개발 등을 적용하기 위해서 저강도 인지행동치료 지도감독은 다르게 조직화되어야만 한다. 이 목적을 충족하기 위해서는 사례관리와 기술개발의 두 기능이 구분되어야 하며, 각각 다른 지도감독자에 의해 제공되어야 할 것이다. 다음에서 자세히 살펴보자.

사례관리 지도감독

사례관리 지도감독은 임상가의 담당 사례들에 대해 정기적이고 집중적으로 검토하는 것을 촉진하는, 고도로 구조화된 형태의 경험이다. 저강도 인지행동치료 임상가는 매주 최소한 1시간 이상의, 그룹보다는 개인의 형태로 사례관리 지도감독을 받는 것이 최선으로 권장된다(Richards & Whyte, 2011). 이를 통해 합의된 시간 간격 내에서 특정 준거에 맞추어 모든 사례가 논의될 수 있도록 하고, 많은 수의 내담자를 유지하면서 '그물에서 빠져나가는' 사례를 방지할 수 있다. 또한 이를 통해 지도감독자가 저강도 인지행동치료 임상가들 중에 경험이 부족한 사람이나 중요한 정보를 탐지하기 위해 애쓰고 있는 사람을 더욱 재빨리 확인하도록 도울 수 있다. 이것은 확인과 관리가 필요한 위험한 주제들을 가지고 오는 내담자와 작업하는 경우나, 수련생이 저강도 내담자의 전형적인 프로파일에 맞지 않는 사례들을 맡고 있을 때, 특정 접근법에 자신이 없을 때 혹은 내담자의 지원 혹은 퇴원에 대해 어려운 결정을 내려야 할 때 특히 중요하다.

저강도 인지행동치료 임상가가 종종 관리해야 하는 많은 수의 사례를 고려할 때, 모든 환자에 대해 매주 논의하는 것은 가능하지도, 필수적이지도 않다. 따라서 사례들은 가장 논의될 필요가 있는 우선순위에 따라 체계적으로 제시되되, 모든 사례가 정기적으로 다루어지도록 확실히 해 둘 필요가 있다. 사례관리 지도감독의 심리치료 접근성 향상Improving Access to Psychological Therapies: APT 체계에서는 특정 주의 사례관리 지도감독에서 다루어져야 할 사례를 식별하는 데 사용하는 여러 준거를 제안하고 있다(Richards & Whyte, 2011). 해당 준거들은 다음과 같다.

- 모든 새로운 내담자
- 심각한 위험이 있는 내담자
- 결과 척도에서 높은 점수를 보인 내담자
- 최근 논의되지 않았던 환자(지난 4주간)
- 임상가가 추가적인 도움을 주고자 하는 내담자
- 예정된 회기에 참여하지 않은 내담자 혹은 임상가가 최근에 연락하지 않았던 내담자

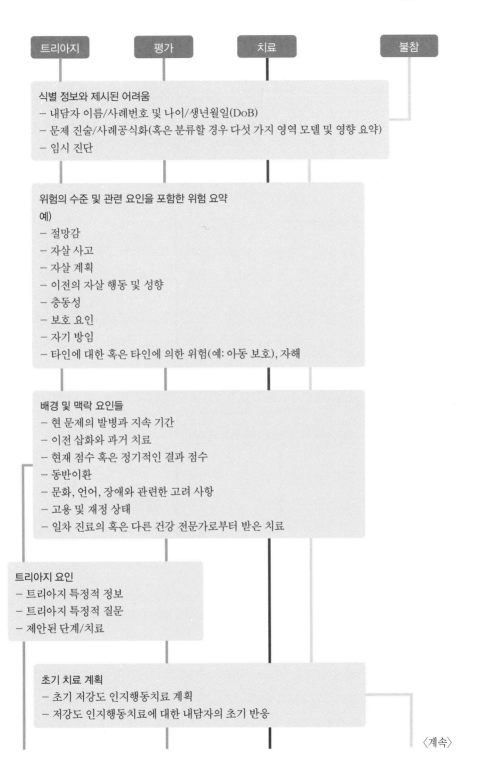

트리아지　평가　치료　불참

식별 정보와 제시된 어려움
– 내담자 이름/사례번호 및 나이/생년월일(DoB)
– 문제 진술/사례공식화(혹은 분류할 경우 다섯 가지 영역 모델 및 영향 요약)
– 임시 진단

위험의 수준 및 관련 요인을 포함한 위험 요약
예)
– 절망감
– 자살 사고
– 자살 계획
– 이전의 자살 행동 및 성향
– 충동성
– 보호 요인
– 자기 방임
– 타인에 대한 혹은 타인에 의한 위험(예: 아동 보호), 자해

배경 및 맥락 요인들
– 현 문제의 발병과 지속 기간
– 이전 삽화와 과거 치료
– 현재 점수 혹은 정기적인 결과 점수
– 동반이환
– 문화, 언어, 장애와 관련한 고려 사항
– 고용 및 재정 상태
– 일차 진료의 혹은 다른 건강 전문가로부터 받은 치료

트리아지 요인
– 트리아지 특정적 정보
– 트리아지 특정적 질문
– 제안된 단계/치료

초기 치료 계획
– 초기 저강도 인지행동치료 계획
– 저강도 인지행동치료에 대한 내담자의 초기 반응

〈계속〉

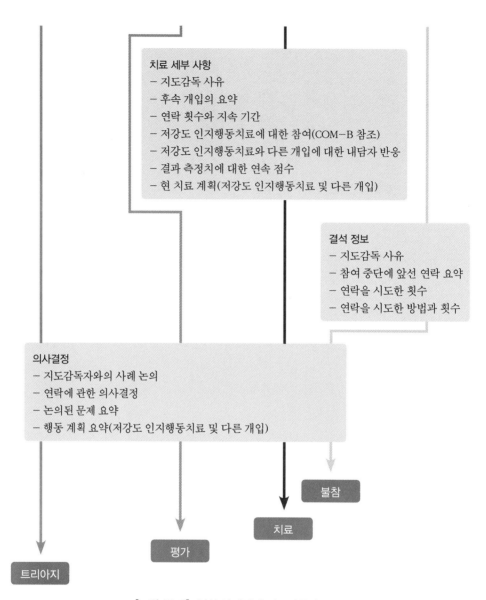

[그림 17-2] 임상 사례관리 지도감독의 구조

저강도 인지행동치료 임상가는 마찬가지로 자주 IAPT 서비스에 의뢰되는 모든 사례에 대한 트리아지 평가에 참여하게 된다(제5장 참조). 이 경우, 트리아지 지도감독은 사례관리 지도감독 과정에서 함께 시행되거나 트리아지 담당 지도감독자에 의한 트리아지 클리닉 말미에 별도로 트리아지 평가를 시행할 수도 있다. [그림 17-2]는 각 그룹의 내담자에 의해 제시된 정보를 개관하며, 이를 통해 독자들이 (1) 트리아지, (2) 새로운 사례, (3) 치료 사례(정기적인 검토, 고위험 혹은 높은 결과 척도 점수와 관련한 이유 및 임상가가 지원을 요청한 내담자를 포함한 사례들), 그리고 (4) 불참 사례에 대해 다루어야 하는 영역들을 순서대로 살펴볼 수 있다. 저강도 인지행동치료 임상가는 전형적으로 지도감독 회기를 현재 보유하고 있는 내담자 사례를 밝히는 것으로 시작하며, 이를 통해 지도감독자는 얼마나 많은 사례를 맡고 있는지 확인할 수 있다. 수련생은 앞의 각 범주들별로 몇 개의 사례를 논의하고 싶은지 이야기한다. 이것은 저강도 인지행동치료 임상가인 Jenny가 회기를 시작하는 방법이다.

> 임상가: 저는 총 42명의 내담자를 맡고 있으며, 오늘 지도감독 시간에는 11명의 사례를 다루고자 합니다.
>
> 지도감독자: 좋아요.
>
> 임상가: 저는 4명의 새로운 내담자가 있고, 정기 검토를 할 1명, 위험군 2명, 높은 점수를 보인 2명, 기한을 넘긴 1명과 조언을 구하고 싶은 1명이 있습니다.
>
> 지도감독자: 그 순서대로 시작해 보면 좋겠습니다.
>
> 임상가: 제 첫 번째 새로운 환자인 ×번 사례부터 시작하겠습니다.

　일단 임상가가 지도감독에 가지고 올 사례들을 결정하면, 지도감독자와 수련생 모두가 치료와 관리에 대해 결정내릴 수 있도록 각 사례에 대한 충분한 정보를 제시해야 한다. 이는 문제 목록(혹은 내담자 트리아지를 위한 주호소 문제 요약)과 임시 진단을 포함한다. 그리고 위험도와 관련한 위험 요인들에 대한 요약이 제공되어야 한다. 수련생은 그다음 내담자의 문제가 언제 시작되었으며, 그 지속 기간은 얼마나 되고, 이전의 삽화와 과거 치료는 어떠했는지를 포함한 배경정보를 제시하게 된다. 이는 저강도 인지행동치료 모델이 도움이 될 것인지를 결정하는 데 유용하다. 결과 척도들에서의 현재 점수들은 증상의 수준을 반영하기 때문에 함께 검토된다. 또한 모든 동반이환이 보고되어야 하는데, 이는 하나 이상의 어려움을 호소하는 내담자는 훨씬 복잡하고 치료에 조정이 필요하기 때문이다(제10장 참조). 다른 중요한 맥락적 정보에는 문화, 언어, 장애(제11장 참조)와 취업 상태(제16장 참조)가 포함된다. 다른 곳에서 받고 있는, 투약을 포함한 모든 치료에 대해 아는 것이 도움이 된다. 비록 해당하지 않는 문항이 있다고 하더라도(예: 내담자가 동반이환이 없는 경우) 이 또한 언급되어야 한다. 정보는 충분히, 순서대로 제시되어야 하며, 그렇지 못할 경우 지도감독자는 정보가 우연히 누락되었다고 가정하게 될 것이기 때문이다. 이러한 경우에는 지도감독자가 끼어들 가능성이 높은데, 그러한 정보들이 이후의 의사결정에서 중요하기 때문이다. 이 같은 중단이 자주 있으면 과제에 대한 시간 압박이 점점 더 커지고, 이는 지도감독 시 전체 의제를 모두 다루는 것이 불가능해진다는 점을 의미한다. 만약 수련생이 조언을 받고자 하는 트리아지 사례를 발표한다고 할 때, 트리아지 특정적 정보와 분류와 관련한 질문들이 모두 제시된다. 한번 이 같은 정보가 새로운 내담자에 대해 제공되면, 임상가는 치료의 초기 계획을 상술한다(혹은 트리아지의 경우, 이용 가능한 서비스나 지역사회 자원 내에서 내담자의 요구를 충족시키는 데 가장 적합할 배치에 대한 아이디어). 이는 그들이 이미 시작한 작업들, 예를 들어 제공된 심리교육적 자료들을 검토하거나 내담자를 고용자문가와 같은 다른 서비스로 연계해 주는 것을 포함할 수 있다.

정기 검토를 위해 보고된 내담자 사례에서 위험에 대한 우려가 있다거나 결과 척도 점수에 대해 논의해야 할 필요가 있는 경우, 추가적인 정보가 요구된다. 이러한 상황에서 수련생은 후속 치료의 내용을 요약하고, 내담자를 만난 횟수와 이러한 연락의 지속 기간을 명시한다. 지도감독자에게 내담자가 치료에 어떻게 참여하였는지에 대해 알리는 것도 마찬가지로 중요하다. 이는 저강도 인지행동치료 접근의 적합성 수준을 결정하는 것에 도움이 될 것이다. 최적의 참여가 이루어지지 못했다면, COM-B(행동에 영향을 미치는 역량, 기회와 동기) 프레임워크가 이를 개념화하는 데 유용하다(제7장 참조). 지도감독자와 수련생은 내담자가 현재까지 진행된 치료에 의해 얼마나 도움을 받았는지에 대해서도 고려한다. 예를 들어, 내담자가 참여는 잘했지만 저강도 인지행동치료가 도움이 되지 않았을 수도 있다. 이는 모든 회기에서의 결과 척도 점수를 제공함으로써 촉진될 수 있는데, 지도감독자가 이 점수들에서 어떠한 경향성을 관찰할 수 있기 때문이다. 이 같은 점에서 지도감독 시에 환자의 전자 기록을 통해 자료를 시각적으로 볼 수 있는 것이 도움이 된다.

내담자가 예정된 약속을 놓쳤거나 회기에 결석하는 경우, 임상가는 그 특성과 그들이 내담자와 연락한 횟수, 연락을 시도한 횟수를 요약해야 한다. 이는 임상가가 내담자를 참여시키기 위한 노력을 더 적극적으로 할 수 있도록 격려하며, 이를 통해 임상적 서비스의 포괄성을 극대화할 수 있다. 예를 들어, 심각도가 다양한 만성 신체질환이 있는 사람들은 정기적으로 출석하는 것이 어려울 수 있다. 수련생은 일과 중 다른 시간에 여러 차례에 걸쳐 내담자에게 전화하거나 의무 기록에 있는 정보 외의 다른 방법으로 연락할 수 있을지 일차 진료의에게 확인하도록 권고될 수 있다.

수련생은 각 내담자에 대한 현재 치료 계획을 검토하고, 그러면 그것이 논의의 주제가 된다. 이는 처음에 고안된 것과는 다른 행동 방침으로 이어지는데, 이를테면 현재 치료법에 대한 조정 혹은 맞춤, 내담자를 다른 치료법으로 단계적으로 이동시키기, 위험을 관리하는 것을 돕거나 충분한 회복을 한 내담자의 치료를 종결하기 위해 기관에 연락하기 등이 여기에 포함된다. 지도감독자는 이 같은 결정을 하는 과정에서 협력적인 방식으로 수련생을 지도한다. 최적의 행동 방침에 대해 결정을 내리면, 수련생은 논의된 주제들과 동의된 행동 계획을 요약한다. 이는 지도감독자가 수련생의 논의에 대한 이해가 지도감독자의 이해와 일치하는지, 그리고 수련감독자가 기억의 최신 효과로 인해 논의의 이전 요소들이 손실되지 않았는지 확인할 수 있도록 하기 위함이다(사람들은 대화의 초반에 논의된 항목들을 잊어버리는 경향이 있다). 다음은 Jenny가 내담자와 관련하여 논의된 내용을 요약하고 있는 내용이다.

> 저희는 처음에 자조 치료에 적합할 것으로 보였던 이 내담자에 대해서 이야기를 나누었으며, 읽기 과제와 관련하여 제가 적용하려고 했던 계획들에 대해서도 논의했습니다. 내담자의 갑상선과 관련하여 현재까지 의사에 의해 시행된 검사가 없다면, 도움이 될 만한 의학적 검사가 있을지 생각해 보았습니다. [논의된 주제를 요약하기]

> 이제 제가 하려고 하는 일은 일반의와 연락하여 가능한 검사들에 대해 이야기를 해서 내담자의 갑상선에 대해 검사를 했었는지 확인하는 것입니다. 왜냐하면 내담자가 겪고 있는 증상들이 갑상선에 문제가 있을 때 나타나는 어려움과 비슷하기 때문입니다. 그리고 제 계획을 꾸준히 진행하면서 내담자에게 특히 행동 활성화와 인지 재구조화에 초점을 맞춘 심리교육을 실시하려고 합니다. [행동 계획을 요약하기]

이후 안건에 대한 모든 사례가 논의될 때까지 과정을 반복한다. 지도감독자와 수련생은 지도감독 워크시트(종이로 되어 있다면)에 동의하고 사인하며, 내담자 노트에 취해야 할 결정 또는 조치를 기록하면서 지도감독을 마무리한다. 전자 기록 시스템은 지도감독자와 수련생 모두 입력할 수 있는 절차를 갖추고 있는 경우가 많다.

앞에 제시된 구조를 통해서 저강도 인지행동치료 임상가에게 핵심적인 과업은 지도감독을 받을 때 임상적인 정보를 분명하고, 빠르고, 정확하고, 효율적으로 제시하는 것임을 확인할 수 있다. 주어진 시간 내에 의제들을 충분히 다루는 것이 핵심적이다(1시간 안에 최소 10명의 내담자를 다루는 것이 전형적이다). 이는 초보 임상가 혹은 다른 방식의 지도감독으로 수련받은 임상가에게는 매우 어려운 일이다. 여기에는 절제된 접근과 고도로 구조화된 형태를 사용하는 것이 요구된다. 또한 수련생은 발표할 정보들에 대해, 보통 요약 템플릿을 사용해서 꼼꼼하게 준비하고 명확하게 이해할 필요가 있다.

연습 17-2 ✿ 사례관리 지도감독 시 내담자에 대해 발표하기

부록에 제시된 6개의 짧은 사례에 대해 발표하는 것을 연습해 보라. 우선, 당신은 모든 사례를 30분 이내에 발표하는 것을 목표로 잡아야 한다. 혼자서도 할 수 있지만 이상적으로는 둘 혹은 셋이 짝을 지어 함께해 보는 것을 권한다. 한 사람이 임상가의 역할을 하고, 다른 사람이 지도감독자를, 세 번째 사람이 관찰자를 맡아 본다. 관찰자는 시간을 확인해 주고, 임상가의 수행에 대해 피드백을 제공하며(올바른 순서로, 정해진 시간 안에 적절한 영역들을 모두 다루는지 확인해 준다.) 지도감독자에게는 그가 임상가에게 작업 중에 물어볼 수 있는 관련 질문들을 제공할 수 있다. 서로 역할을 바꿔 가며 그룹의 모든 구성원이 연습을 할 수 있도록 한다. 수행에 대해 평가해 보고 싶다면 Richards와 Whyte(2011)에 나오는 평가표를 사용하면 된다. 이는 사례관리 지도감독 발표의 과제에 대한 소개로, 적절한 수준의 역량을 확보하기 위해서는 많은 연습이 필요할 것이다.

전체 지도감독 시간 중 약 50%가 지도감독 논의와 각 사례에 대한 공동 의사결정 과정에 소요될 것이기에, 둘 혹은 셋이 함께하는 연습이라면 이 같은 부분을 분명히 하는 것이 중요하다. 다음에는 지도감독자 역할을 할 사람이 적절한 질문을 할 수 있도록 도와줄 만한 프롬프트가 제시되어 있다. 임상가는,

• 내담자가 서비스를 받기에 적합한지 혹은 그렇지 않은지 고려했는가?
• 올바른 서비스 단계와 치료 선택지를 추천했는가?
• 모든 관련 정보를 포함하고 있으며 임시 진단과 일치하는 문제에 대한 설명을 제공하였는가?
• 문제에 대한 진술 및 임시 진단과 일치하는 치료 계획을 제공하였는가(또한 저강도 개입의 역할과 최선의 개입 지침을 준수하였는가)?
• 진단에 걸맞은 투약 종류와 용량인지 고려하였는가? 내담자가 약물의 도움을 받는 것과 관련하여 어떠한 문제도 없는지, 혹은 투약과 저강도 인지행동치료 간에 혹여 상호작용이 발생하고 있지는 않은지 고려하였는가?
• 위험의 수준을 올바르게 추정하였으며 내담자가 보고한 수준이 제안한 서비스 단계나 개입에 적합한 수준인지 고려하였는가?
• 치료에 참여하는 것과 관련하여 어떤 문제가 있을 수 있는지 고려하였는가?
• 지역사회 내의 서비스나 지원(예: '처방에 따라 운동하기' 등)을 추천 목록에 포함하였는가?
• 충족되지 않은 잠재적 요구(예: 동반이환으로부터 비롯된 요구)가 있는지 예상해 보았는가?
• 치료 계획에서 다양성 혹은 실직과 관련한 요구들이 충분히 다루어졌는가?

기술개발 지도감독

　기술개발 지도감독(때로는 '임상 기술 지도감독'이라고도 불린다)에서는 모델링, 역할극, 및 아주 상세한 사례 논의 등의 방법을 통해 수련생이 자신의 능력을 지속적으로 개발하도록 한다. 최선의 경우, 수련 중인 저강도 인지행동치료 임상가는 2주마다 최소 1시간 동안 기술 개발 지도감독을 받을 수 있다(Richards & Whyte, 2010b). 이는 개인이나 그룹 수준에서 이루어질 수 있다. 지도감독을 준비하기 위한 첫 번째 단계로, 특히 수련생이 수련을 받는 중일 때, 지도감독자가 수련생의 요구를 신중하게 공식화하는 것이 중요하다.

지도감독 계약

　기술개발 지도감독의 첫 번째 과제는 지도감독자와 수련생이 지도감독 계약에 대해 논의하고 동의하는 것이다(계약은 사례관리 지도감독에서도 필요하지만 이는 본질적으로 더 표준적인 경향이 있다). 이는 지도감독의 다양한 측면에 대해 동의하는 것이며, 회기의 빈도, 길이, 장소 등 실질적인 것들을 포함한다. 계약은 지도감독의 목표와 지도감독자 및 수련생 각각의 책임의 경계를 명확히 하기 위함이다([연습 17-1] 참조). 저강도 인지행동치료 임상가가 경험을 축적하고 기술을 개발함에 따라 이러한 목표들이 시간에 걸쳐 변화할 수 있음을 고려하는 것이 중요하다. 예를 들어, 초기에는 수련생이 회기 프로토콜을 준수하면서 다른 임상적 증상들을 구분하는 것에 초점을 맞출 수 있다. 수련의 후반부에는, 같은 수련생이 내담자에 개입하는 기술을 개발하거나 특정 치료 전략을 사용하는 기술을 개선하는 데 초점을 맞출 수 있다. 이 같은 방식을 통해, 다른 형태의 계약과는 달리, 이는 진화하는 형태의 문서가 된다. 따라서 그러한 발달에 맞게 계약을 수정하기 위해 목표를 포함한 지도감독 검토 일자를 포함시키는 것이 중요하다.

　사례관리 지도감독과 마찬가지로 의사결정이 된 부분에 대해 공유된 기록을 보관하는 것이 중요하다. 그러나 수련생과 관련한 내용의 사적인 특성들로 인해서, 이러한 기록들은 보통 지도감독을 제공하지 않는 임상가가 접근하지 못하도록 하며, 내담자가 자신에 대한 기록을 요청하는 경우에도 공개되지 않도록 조치된다. 이 기록은 사례관리 지도감독자와 기술개발 지도감독자가 모두 살펴볼 수 있는 경우에 지도감독자들 간의 연속성을 가지게 한다는 점에서 유용하다. 이는 임상가가 합의된 행동들을 얼마나 적용할 수 있었는지, 이 과정에서 수련생에게 어려움은 없었는지, 행동의 결과는 어떠했는지 검토하는 데 쓰일 수 있다. 이

지도감독 계약-기술개발 지도감독

기술개발 지도감독은 어디서 이루어질 예정인가?	폭스 브리지 케임브리지 센터
시간, 길이, 빈도	• 회기 빈도와 길이는 최소 2주에 1시간으로 한다. • Jenny(수련생)는 첫 번째로 장소를 잡을 책임이 있으며 Jenny와 Trevor(지도감독자) 모두에게 약속을 확정할 책임이 있다. • 취소 합의: 취소를 하는 사람에게 대안적인 회기를 잡을 책임이 있다.
목적과 목표	• 지도감독의 목적: 지도감독의 주된 초점은 수련생의 발달로, 이를 통해 서비스를 받는 내담자를 위한 효과적인 치료를 촉진한다. • 지도감독의 목표: 　－저강도 인지행동치료 모델 내에서 임상 기술, 지식, 개념화, 유능성을 개발 　－특히, Jenny는 치료적 대인관계 기술을 초기의 초점으로 지정하였음(예: 질문하기) 　－반영 기술의 개발 이러한 목표들은 한 달을 기준으로 검토할 것이다. 상기 사항들의 각 요소들에 소요할 시간에 대해서는 Jenny와 Trevor가 함께 협의할 것이다.
문제 요약 및 관련한 해결책	• 비밀보장 　－모든 논의된 사적이고, 전문적이며, 임상적인 문제들에 대해 비밀이 보장되며, 지도감독 시간 외에는 논하지 않는다. 분명한 윤리적 예외 사항은 존재한다(예: 환자의 위험이나 전문적인 과실) 　－회기 내용을 녹음/녹화하는 경우, 이는 내담자에게 분명히 고지되고 동의를 받아야만 한다. Jenny는 이 기록들을 사용한 직후 삭제할 책임이 있다. • 관리: 임상적 개입은 노스브리지 신탁의 정책과 저강도 심리치료 자격 취득을 위한 뉴캐슬 대학 졸업후과정의 요구 사항에 따른다. • 임상 지도감독상의 합의가 깨지는 경우의 절차: 이는 처음에 함께 논의되어야 한다. 이것이 가능하지 않은 경우, 서비스 관리자가 적절히 개입해야 한다.

활동 범위	지도감독 방법과 내용은 다음을 포함해야 한다.
	   −치료 관계와 개입 문제에 대한 논의
	   −사례공식화/사례개념화
	   −역할극을 통한 치료 기술 리허설
	   −치료 전략에 대한 논의
	   −사례 발표
	   −오디오, 비디오 테이프 검토
	   −사례관리에 대한 직접적 관찰
	   −수련생의 생각, 태도, 신념이 치료 및 전문적 행위에 영향을
	     미칠 때 이를 식별하고 반영하기
	   −합의된 다른 전략

누가 지도감독을 기록할 것인가?	Jenny가 회기 기록을 완성하여 회기가 끝날 때 날짜를 쓰고 서명을 할 것이다. Jenny와 Trevor는 기록을 복사하여 보관할 것이다.

수련생 서명: Jenny Jones   날짜: 2017년 8월 14일

임상수련 지도감독자 성명(인쇄하시오): TREVOR TAYLOR

임상수련 지도감독자 서명: Trevor Taylor   날짜: 2017년 8월 14일

[그림 17−3] 지도감독 계약서

와 같이 기술개발 지도감독 기록은 신뢰 형성을 위해 수련생 정보에 대한 일정 수준의 비밀보장이 중요하다는 점을 반영하지만, 다른 특정 상황에서는 기록에 대한 접근이 필요한 경우도 있다는 점에서 내담자의 경우와 유사하다(예: 내담자가 자살을 하는 경우나 임상가의 전문성과 관련한 문제로 수행에 대한 공식적인 검토가 요구되는 경우). [그림 17−3]에는 지도감독 계약의 예가, [그림 17−4]에서는 기술개발 지도감독 기록이 제시되어 있다.

이런 방식으로, 지도감독 계약은 신뢰할 수 있는 지도감독 관계 혹은 '동맹'을 발달시키기 위한 환경을 조성한다. 어떤 사람들은 이러한 관계가 지도감독의 효과성에 대한 다른 어떠한 변인들보다 더 영향력이 있다고 본다(Alderfer & Lynch, 1987). Bernard와 Goodyear(2009) 뿐만 아니라 Scaife(2009) 또한 강력한 지도감독 동맹 형성을 촉진하는 방법에 대한 안내를 제공하였다.

실험과 질문, 자기개방을 하기에 안전한 분위기는 아주 기본적이고 실질적인 단계를 통

<table>
<tr><td colspan="2" align="center">워크시트-기술개발 지도감독</td></tr>
<tr><td>지도감독 기록</td><td>날짜: 2017년 9월 13일</td></tr>
<tr><td colspan="2">성명: Jenny Jones</td></tr>
<tr><td colspan="2">주제:
내담자 참여. 내담자가 과제를 해 오지 않음. 이전에 해당 문제에 대해 내담자와 논의했던 것이 효과가 없었기 때문에 이 문제를 어떻게 언급하는 것이 좋을지 확신이 없음.</td></tr>
<tr><td colspan="2">사용된 방식/모델(예: 피드백과 함께 녹화된 비디오 시청, 역할극, 지도감독자 시연, 비디오 평정, 피드백을 제공하며 수련생을 직접 관찰, 특정 기술 연습, 사례공식화):
사례 논의, 비디오를 통한 관찰과 역할극</td></tr>
<tr><td colspan="2">핵심 학습 포인트:
내가 중립적인 태도를 취하려고 애쓰는 순간에도 나의 정서는 다른 사람들에게 드러난다. 탐색적인 태도를 취하는 것은 내담자가 자신을 더 개방적으로 표현할 수 있도록 하고, 나로 하여금 내담자의 동기 결핍을 강화하는 사고의 편향이나 누락을 볼 수 있도록 한다. 그러면 나는 내담자들의 방어를 야기하는 직면을 사용하여 작업하기보다는 내담자가 마음 한 구석으로 밀어 넣어 두었던(억압된) 영역들을 논의함으로써 내담자에게 영향을 미칠 수 있는 더 나은 위치에 있게 된다.</td></tr>
<tr><td colspan="2">행동 포인트:
다음 회기에도 내담자가 과제를 해 오지 않는 경우, 나는 (1) 일상적인 활동이나 지원을 변화시키는 것이 그들이 변화에 초점을 맞출 기회가 될 수 있을지 알아보거나, (2) 그들의 상황에 대해 충분히 고려하여(결정 균형 워크시트) 동기를 강화하는 시도를 하고 그들의 자신감/목표의 중요성을 강화하기 위한 전략들을 사용할 것이다(예: 극단적인 질문하기, 앞뒤 돌아보기, 행동과 가치 간의 불일치 강조하기, 과거의 성공과 현재의 자원에 대해 검토하기 등)</td></tr>
</table>

수련생 서명: Jenny Jones   날짜: 2017년 9월 13일
임상수련 지도감독자 성명(인쇄하시오): TREVOR TAYLOR
임상수련 지도감독자 서명: Trevor Taylor   날짜: 2017년 9월 13일

[그림 17-4] 지도감독 워크시트 예시

해 조성될 수 있다. 수련생이 기술을 적용하도록 요청하기 전에 지도감독자가 기술을 시연하거나 수련생에게 작업을 개방적으로 공유하거나(예: 지도감독자의 치료 장면을 관찰할 수 있도록 함), 내담자와 동료들에게 모두 정중하고 윤리적인 태도를 모델링함으로써 수련생이

지도감독자를 신뢰하고, 이 과정에서 지도감독자는 분명한 지도를 제공하며, 수련생이 개방적으로 질문을 할 수 있도록 강화하고, 수련생의 능력 범위를 벗어나는 문제(예: 내담자의 안전과 관련하여)가 발생하더라도 책임을 질 수 있도록 준비할 수 있게 된다. 드물게는, 그럼에도 불구하고 지도감독 관계가 무너질 수도 있다. 지도감독자와 수련생은 이러한 상황이 발생할 경우의 대처를 위해 계약서 내의 절차에 동의해야 한다. 그런 상황에서 상담할 수 있는 서비스 기관 내의 전문가를 지명해 두는 것이 유용할 수 있다.

기술개발 지도감독의 모델

　지도감독 활동의 과정과 이해를 형성하는 다양한 모델이 존재한다. 이러한 모델들을 상세하게 살펴보는 것은 이 장에서 다룰 범위를 벗어나지만, 전반적인 개관을 한 후에, 특히 관련성이 높은 한 모델을 깊이 있게 설명할 것이다. 지도감독 모델에는 세 가지 넓은 범주가 있다. 즉, (1) 발달적 모델, (2) 지도감독 특정적 모델, (3) 치료 기반 모델이다(Beinart, 2004). 각각의 모델은 지도감독 과정에 대한 초점과 제공하는 통찰의 차원에서 차이가 있다.

　지도감독의 발달적 모델은 수련생이 점차 자신감을 가지는 방향으로 성장하면서 거치는 단계들에 대한 통찰을 제공한다. Howell(1982)은 개인이 학습을 하면서 일반적으로 거치게 되는 4단계가 있다고 하였다. 첫 번째 단계는 '무의식적 무능'으로, 이때 개인들은 자신의 지식과 기술의 격차를 알아차리지 못한다. 두 번째 단계는 '의식적 무능'으로, 학습자는 이러한 결함에 대해 인식하게 된다. 그러면 세 번째 단계인 '의식적 유능' 단계가 부상하며, 개인은 자신의 능력을 발달시키고, 이를 인식하게 된다. 네 번째 단계는 '무의식적 유능'으로 학습한 것이 몸에 확실히 배어서 수행이 자동적인 수준에서 이루어지는 수준이 되는 단계이다. Papworth 등(2009)은 이와 유사한, 발달적인 리더십 모델(Hersey & Blanchard, 1969)을 지도감독 맥락에 적용하였다. 이 모델은 추가적으로 지도감독자가 수련생의 발달상 각기 다른 단계에서의 요구를 충족시키기 위하여 일반적으로 가장 잘 대응하는 방법을 안내한다. 이 단계들은 Howell의 단계들과 겹치는 부분이 많지만, 안타깝게도 완전히 같은 것은 아니다. 이 모델에 따르면, 새로운 역할을 학습할 때, 수련생은 일반적으로 유능성이 낮고 관여도 낮은 단계에서 시작하게 된다. 이 단계에서는 지도감독자가 수련생에게 더 많은 지시와 설명을 제공할 필요가 있다. 두 번째 단계는 여전히 능력치가 낮지만 수련생의 관여가 높아지는 것이 특징적이다. 이 단계에서 지시와 지지를 많이 섞어서 제공하는 것이 수련생에게 도움이 될 것이다. 수련생이 더 발달해 갈수록, 그들은 능력이 증대되지만 동기가 일부 감소하는 세 번째 단계에 들어서게 된다. 이 단계는 일부 수련생들이 보고하는 '기술 저하de-skilling'와 자

연습 17-3 🌱 유능성의 단계

많은 사람이 가지고 있는 흔한 기술로 운전을 들 수 있다. 처음 운전을 배우기 시작했을 때 어떻게 느꼈었는지 돌아보라. 유능성의 단계들을 통과했다는 것을 기억할 수 있는가? 당신이 지금 하고 있는 취미나 기술들이 유능성의 단계에서 어디쯤 와 있는지 생각해 보라. 이제 이 관계를 당신의 저강도 인지행동치료 기술에서의 현재 수준이나 지도감독자로서의 수준과 관련하여 생각해 보라. 이 시점에서 당신이 동일시할 수 있는 단계는 무엇이며, 무엇이 당신을 유능성의 다음 단계로 나아갈 수 있도록 돕겠는가? 예를 들어, 당신이 '무의식적 무능'의 첫 단계에 있다고 해 보자. 지도감독자가 당신의 작업을 관찰하여 개인적인 발달의 측면에서 어디에 초점을 맞출 필요가 있는지 알아보는 것을 도와준다면 도움이 되겠는가? 당신의 지식에서 간극을 알아채기 시작했다면, 어느 영역에 집중하는 것이 유용할지 정확히 파악할 수 있는가? 이 같은 형태의 성찰은 지도감독 계약 내에서 고려될 수 있는 목표를 알려 주는 데 도움이 될 수 있다.

신감 상실을 수반할 수 있는 Howell의 '의식적 무능'과도 일치할 수 있다. 이 시점에는 지속적인 학습의 기조를 유지하기 위해 지지와 격려가 더욱 뚜렷하게 필요해진다. 마지막으로, 높은 수준의 관여와 자신감을 보이는 단계에 들어서게 되는데, 이때 사람들은 높은 수준의 자율성을 누릴 수 있게 된다. 여기서 지도감독자는 지시를 덜 하게 되고, 전반적인 개관에 초점이 맞추어진다.

당연히 사람들은 선행 경험이나 다양한 영역에서의 능력 수준과 같은 요인들에 따라 다른 속도로 발달해 간다. 지도감독자의 역할은 수련생이 지나치게 적은 발달 과업으로 인해 타성에 젖거나, 지나치게 큰 스트레스에 처하거나 압도당하지 않도록 하면서 발달의 최적 경로를 따라갈 수 있도록 지도하는 것이다. Vygotsky(1978)는 이러한 균형을 '근접 발달 영역'이라고 개념화했다. 이 영역은 발달의 잠재적인 영역으로, 수련생이 혼자서 성취할 수 있는 수준을 넘어 지도감독자의 지지하에 성취할 수 있는 잠재적인 발달 영역이다. 이 영역의 외부 경계 너머에는 현재 도달할 수 없는 수준의 학습이 존재한다. 따라서 지도감독자의 역할은, 예를 들어 수련생 피드백이나 사례 및 개념에 대한 논의와 같은 활동, 수련생에 대한 임상적 관찰 등을 통해 수련생의 유능성 수준을 지속적으로 가늠하는 과정을 거쳐 수련생을 이 영역 내에 머무르게 하는 것이다.

지도감독 특정적 모델들(예: Holloway, 1995; Scaife, 1993)은 하나의 모델 안에 지도감독 내에서 고려될 필요가 있는 많은 요인을 함께 포함하려고 한다. 이 요인들은 전형적으로 (1) 지도감독의 초점(고려되어야 할 문제가 무엇인가), (2) 지도감독의 매체 혹은 방법(예: 임상적 회기를 녹화한 비디오를 보거나 사례에 대해 논의하기), (3) 지도감독자 모드(수련생의 발달 단계에 달려 있음; 예: 수련생을 가르칠 수 있고, 격려할 수도 있다), (4) 지도감독 관계의 본질과 발달 단계, (5) 지도감독을 촉진하는 구조(예: 계약), 그리고 (5) 지도감독이 발생하는 다양한 수준의 맥락(지도감독자와 수련생 간의 개인차부터 주최 서비스의 규범이나 유관 전문기관에 이르기까지 다양함)이 있다.

마지막으로, 지도감독의 치료 기반 모델은 (내담자의 발달이 아닌) 수련생의 발달을 촉진하기 위해 해당 치료적 접근의 요소들을 지도감독 경험으로 전달한다. 예를 들어, Milne(2009)는 정신역동적 지도감독과 정신역동적 심리치료는 내적 경험과 기능에 초점을 맞춘다는 공통점이 있는 반면, 인지행동치료 지도감독과 치료는 의제를 설정하고 피드백을 제공하는 등의 공통된 특성이 있다고 보았다. [그림 17-5]에는 Gordon(2012)의 인지행동치료 기술개발 지도감독 모델을 수정한 기술개발 지도감독의 모델을 제시하였다. 이러한 지도감독 단계들은 학습 주기의 단계와도 일치한다(예: Kolb, 1984). 물론 발달과 학습 주기 단계는 제법 다르다는 점을 상기할 필요가 있다. Howell(1982)과 Papworth 등(2009)의 발달 모델은 최대 수년에 이를 수 있는 경과를 설명하는 반면, 학습 주기의 단계는 하루에도 여러 차례 경험될 수 있다. 이런 식으로 보자면, 학습 주기는 건물을 지을 때 벽돌에 해당하며 발달 단계는 건물의 각 층에 해당한다고 볼 수 있다.

여기서는 수련생(Jenny)이 경험하였으며, 이후에 그녀의 지도감독자(Trevor)에 발표했던 문제들을 사용하여 모델의 단계들을 간단하게 개관하고 묘사한다([그림 17-4]에 제시된 지도감독 회기의 기록 참조). Jenny에게 해당하는 문제(1단계)는 그녀가 두 번의 치료 회기에 걸쳐 보았던 환자와 관련한 것으로서, 두 번 모두 내담자는 미리 동의했던 과제를 해 오지 않았다. Jenny는 그 문제에 대해 성찰적 일기 내에서 고려하였으며(2단계), 또한 기술개발 지도감독 시간에 가져오기로 결심했다. 지도감독 시간이 시작되어 의제를 정할 때, Trevor는 Jenny가 이 문제에 초점을 맞추고 싶어 하는지, 우선적으로 다루어야 할 다른 문제는 없는지 확인했다(3단계). Trevor는 또한 이 문제를 가장 잘 탐색하는 데 적합할 만한 도구가 무엇일지에 대해서도 정했다(Jenny는 회기의 비디오 녹화본을 가지고 있었다). Trevor는 Jenny의 사례관리 지도감독자는 아니었기에, 그 사례에 대해 미리 알고 있는 바가 없었다. 그는 Jenny에게 그 문제와 내담자의 과제 제출과 관련한 배경 정보를 간단히 발표하도록 요청했다. Jenny는 사례관리 지도감독에 쓰였던 구조를 사용하여 정보를 제시하였으며, 과제 세트와 과제에서 핵심적이었던 논의 모두에 대해 자세하게 개관하였다. 모델의 이 단계는 간단해야 하며, Gordon(2012)은 지도감독자가 이 단계에서 하는 질문들은 '꼭 알아야 하는' 정보를 찾기 위한 것에 국한되어야 한다고 하였다. 그리고 나서 Trevor는 Jenny에게 회기를 녹

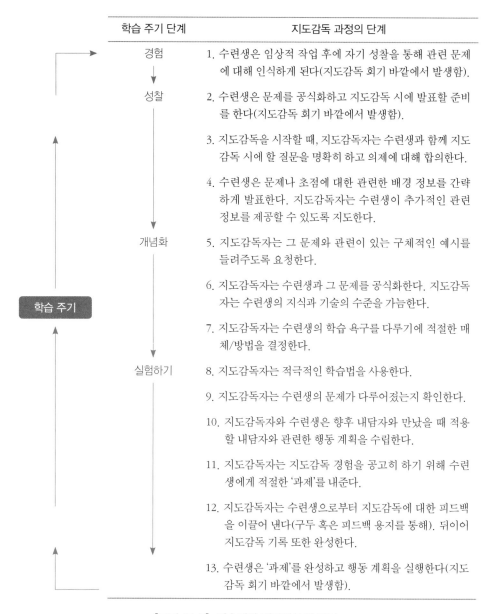

학습 주기 단계	지도감독 과정의 단계
경험	1. 수련생은 임상적 작업 후에 자기 성찰을 통해 관련 문제에 대해 인식하게 된다(지도감독 회기 바깥에서 발생함).
성찰	2. 수련생은 문제를 공식화하고 지도감독 시에 발표할 준비를 한다(지도감독 회기 바깥에서 발생함).
	3. 지도감독을 시작할 때, 지도감독자는 수련생과 함께 지도감독 시에 할 질문을 명확히 하고 의제에 대해 합의한다.
	4. 수련생은 문제나 초점에 대한 관련한 배경 정보를 간략하게 발표한다. 지도감독자는 수련생이 추가적인 관련 정보를 제공할 수 있도록 지도한다.
개념화	5. 지도감독자는 그 문제와 관련이 있는 구체적인 예시를 들려주도록 요청한다.
	6. 지도감독자는 수련생과 그 문제를 공식화한다. 지도감독자는 수련생의 지식과 기술의 수준을 가늠한다.
	7. 지도감독자는 수련생의 학습 욕구를 다루기에 적절한 매체/방법을 결정한다.
실험하기	8. 지도감독자는 적극적인 학습법을 사용한다.
	9. 지도감독자는 수련생의 문제가 다루어졌는지 확인한다.
	10. 지도감독자와 수련생은 향후 내담자와 만났을 때 적용할 내담자와 관련한 행동 계획을 수립한다.
	11. 지도감독자는 지도감독 경험을 공고히 하기 위해 수련생에게 적절한 '과제'를 내준다.
	12. 지도감독자는 수련생으로부터 지도감독에 대한 피드백을 이끌어 낸다(구두 혹은 피드백 용지를 통해). 뒤이어 지도감독 기록 또한 완성한다.
	13. 수련생은 '과제'를 완성하고 행동 계획을 실행한다(지도감독 회기 바깥에서 발생함).

학습 주기

[그림 17-5] 기술개발 지도감독의 구조

출처: Goldon(2012)과 Kolb(1984)에서 수정함.

화한 비디오 중 관련이 있는 부분을 재생하도록 요청했다(5단계). 그 발췌본에서 내담자는 연습을 다 하기에 시간이 충분치 않았으며, 그 앞 주 내내 훨씬 중요한 문제가 많았다고 보고하였다. Trevor는 내담자의 반응 이면에 숨어 있는 것이 무엇일지에 대해 Jenny가 고려해 본 가설이 어떤 것인지 물어보았다. 그들 모두는 (1) 내담자가 이야기한 대로 중요한 문제들이 있었을 수 있으며, 그것은 내담자가 현재 참여하기에는 단지 지나치게 바쁘다는 점을 의미할 수 있고, (2) 참여하는 데 다른 장애물(예: 난독증이나 동반이환)이 있었을 수도 있으며, (3) 그가 불편감에 대한 작업을 더 일반적인 우선순위로 보지 않을 수도 있다고 생각했다. '별개의 장애물'을 변별한 후에, Trevor는 Jenny가 행동 변화를 촉진하기 위한 목적에서 '동기'와 '기회'를 강화하는 접근과 관련하여 무엇을 알고 있는지 질문하였다(6단계; 제7장 참조). Jenny는 이론적인 접근을 요약한 것을 제시할 수는 있었으나, 이번 내담자가 그녀에게는 '양가적인' 첫 번째 내담자였기에, 임상 장면 내에서 그 접근법과 연계된 기술을 연습했던 경험은 없었다. Gordon(2012)이 제안하였듯이 인지행동치료 지도감독 방법은 해당 치료에서 특징적인 적극적이고, 문제해결적인 접근을 반영해야 하므로, Trevor는 나머지 두 가설에 해당하는 시나리오에 대해 역할극을 해 볼 것을 권유하였다(7단계). Trevor는 치료자의 역할을 하고 그다음에 역할을 바꾸어서 Jenny가 다른 사례연구에서 이 기술들을 연습할 수 있도록 하였다(그녀가 단지 Trevor가 했던 질문들을 그대로 반복하는 것을 피하도록 함; 8단계). 이 단계 내에서 Trevor는 Jenny가 역할극을 한 다음에 피드백을 제공하였으나, 역할극을 하고 있는 중에도 종종 멈추도록 하여, Jenny가 관련이 있는 부분에 대한 역할극을 한 즉시 직접 피드백을 받을 수 있도록 하였다. Hawkins와 Shohet(2004)은 지도감독자가 어떻게 정확하고 건설적인 피드백을 줄 수 있는지에 대해 도움이 될 만한 안내를 제공한다(두문자어로 하자면 'CORBS'라고 기억할 수 있다). 그들은 피드백이 다음과 같아야 한다고 제안하였다.

- Clear: 명확하고
- Observation: 추론보다는 관찰에 기초해야 하며
- Regularly: 정기적으로 제공되거나 발생한 사건에 가능한 한 최대한 근시일 내에 제공되며
- Balanced: 균형 잡혀 있고
- Specific: 상세하고 특정적이어야 한다.

이 연습을 하면서, Trevor는 그가 내담자의 역할을 맡았을 때, Jenny가 때로 협동적인 자세보다는 도전적인 자세를 취한다는 점을 초기에 알아차렸다. 그는 Jenny의 불안이나 좌절감이 그녀의 태도에 영향을 미치는 것은 아닌지 궁금하였다. Jenny는 그에 앞서 과제를 해 오지 않는 것이 그녀에게 절망감을 느끼게 하며 앞으로 치료를 어떻게 이끌어 나가야 할지 확신할 수 없게 만든다는 점을 개방한 바 있다. Trevor는 역할극을 멈추고 Jenny에게 다음의 피드백을 제공하였다.

당신이 이 문제를 내담자와 논의하는 것이 옳고, 당신은 상당히 편안한 태도로 이야기를 하고 있어요. [균형 잡힌, Jenny에게 일부 긍정적인 피드백을 제공함] 그러나 당신이 내가 과제를 해 오지 않으면 내가 향상될 수 없다고 말할 때, 그때의 문구나 어조는 일부 내담자들이 듣기에는 핀잔을 주는 것처럼 해석될 수 있겠어요. [명확하고, 특정적이며, 관찰에 기초함] 저는 이것을 훨씬 더 협동적으로 느껴지게 하면서, 더욱 비판단적이며, 문제해결적인 견지를 유지하는 방향으로 표현하는 방법이 있을지 궁금합니다.

그 시점에 그들은 역할극을 '되감기'하고, 관련된 부분을 다시 연기한다. 연습이 진행됨에 따라, Trevor는 Jenny에게 CORBS 접근을 사용하여 다양한 부분에서 피드백을 제공하였다. 때때로 Jenny 또한 역할극을 멈추고 Trevor에게 지도를 요청하기도 하였다. 8단계의 끝 무렵에 Trevor는 Jenny에게 그녀가 경험으로부터 배운 점이 무엇인지 물었다. 그녀는 일부 구체적인 통찰을 보고하였으며(예: 어떻게 특정한 어구가 내담자를 저항하도록 만들 수 있는지), 이 문제를 다루는 데 있어 그녀 자신이 대체로 더 잘 준비되어 있다고 생각하였다(9단계). 그리고 그들은 Jenny의 특정 사례로 주의를 돌려 그녀의 내담자가 다음 회기를 위한 과제를 하지 않았을 경우 연락하는 방법에 대한 행동 방침에 동의했다(10단계). Trevor는 읽을거리를 추천하였으며, Jenny에게 향후 서비스를 제공하고 있는 다른 수련생 임상가와의 역할극 연습에 참여하여 이 기술들을 연습할 것을 권하였다(11단계). 회기가 막바지에 이름에 따라, Trevor는 Jenny에게 이 회기에 대해 어떻게 느꼈는지, 그리고 회기가 그녀에게 더 유용하려면 그가 어떻게 다르게 행동하는 것이 좋을지 물어보았다(12단계). 또는 Jenny에게 '지도감독의 유용한 측면 설문지Helpful Aspects of Supervision Questionnaire'(www.edshare.soton.ac.uk/8819/)를 완성하도록 요청할 수도 있다.

연습 17-4 ❀ 기술개발 지도감독에 대한 당신의 경험

앞에서 묘사된 지도감독 모델과 비교하여 당신의 경험은 어떠한가? 차이가 있을 만한 여러 이유가 있으나(당신의 지도감독자는 다른 모델을 따르고 있을지도 모른다), 당신의 지도감독 경험을 향상시키는 데 유용하게 적용할 만한 것이 어떤 것이라도 있다면, 이를 명확하게 짚고 당신의 지도감독자와 함께 논의하라.

우리는 이렇게 저강도 인지행동치료에서 발생하는 임상 지도감독의 주요한 두 형태에 대해 개관하였다. 이 중 후자는(기술개발 지도감독) 꼭 일대일로 이루어져야 하는 것은 아니며,

따라서 다음 절에서는 그룹의 형태로 전달하는 방식에 대해 더 상세히 설명하겠다.

그룹 기술개발 지도감독

쌍으로 혹은 그룹으로 이루어지는 지도감독에는 일반적으로 (시간과 비용, 전문성의 의미에서) 규모의 경제와 서비스 제공이라는 이점이 있다. 게다가 다른 사람이 지도감독받는 것을 관찰함으로써 배우고, 동료들의 지지(추가적인 출처 혹은 회복을 위한 투입)를 받으며, 임상적인 실습을 하는 것과 관련한 특정 스트레스에 대해 정상화를 할 수 있다는 점에서 수련생에게 이점이 있다. 임상적 작업을 한 것을 녹음/녹화한 테이프를 그룹 내에서 검토하는 것과 관련한 수련생의 불안은 아주 극단적으로 유용한 배움의 기회를 제공하는데, 이는 비단 임상적 작업에 대한 숙고를 한다는 측면뿐만 아니라, 그들이 정기적으로 내담자에게 완료하도록 요청하는 작업들과 이것의(불안에의 노출이라는 측면에서의) 공통점을 볼 수 있게 한다는 점에서 그러하다. 따라서 수련생들은 이 테이프들을 보는 것의 영향에 대한 그들의 예측을 보고하고 검증한다('내가 일을 엉망진창으로 하는 걸 다 보겠네.'). 예측 가능한 일이지만, 반복적으로 이 활동에 참여하는 것을 통해 수련생은 다른 관점을 획득할 수 있으며, 이 학습을 공고히 할 수 있다('내가 항상 제대로 하는 건 아니지만 그래도 꽤 잘하는 걸.').

앞에서 다룬 모델을 사용하여 수련생이 이와 같은 이득을 얻게 하기 위해서는, 그룹 지도감독에서 지도감독의 단계에 따라 개인이 진전할 수 있는 충분한 시간을 제공할 필요가 있다. 그래서 보통 우리는 지도감독 그룹이 3명 이상의 수련생을 포함하지 않도록 하고, 이 정도 크기의 그룹에는 지도감독 회기당 1시간보다 훨씬 더 많은 시간을 할당할 것을 권장한다(보다 일반적으로 2시간). 특히 수련 맥락에서, 더 큰 그룹이 사용되어야 한다면, 그룹 기술개발 지도감독 회기는 추가적인 일대일 지도감독 회기를 통해 임상가들이 자신의 개인적인 목표를 위한 작업을 하는 과정에서 충분한 시간을 들여 개별적인 지원을 받도록 보완할 수 있다.

그룹 지도감독은 개인 지도감독과 같이 수련생의 발달적 수준과 서비스에서의 요구 모두를 충족시킬 수 있도록 조정되어야 한다. Scaife(2009)는 수련생 참여의 차원과 수련감독자-수련생 간 책임의 균형이라는 측면에서 차이가 있는 네 가지의 광범위한 그룹 형태를 설명하였다. 첫 번째는 '권위 있는' 그룹 형태이다. 거의 틀림없이 이 형태는 일반적으로 지도감독이라고 이해되는 것에 비해 워크숍에 더욱 가까운 형태이다. 여기서 수련생은 참가하는 청중에 가까운 역할을 한다. 비록 이 형태에서 부정적인 그룹 역동 요인들(개인들이 함께 상호작용하는 것과 관련한 심리적 과정으로서 다음에 제시되어 있다)을 최소화할 수 있다는 점에서 이점이 있지만, 참가자들은 참여할 만한 부분이 부족하다는 점에서 좌절감을 느낄 수가 있으며, 이 형태는 상호작용을 통해 더 많이 배우는 경향이 있는 사람들에게는 덜 도움이 될 수 있다. '참여적인' 그룹 지도감독에는 교습의 요소가 있다. 그러나 수련생은 동시에 적극적으로 참여하도록 격려된다. 이 형태의 그룹은 흥미롭고 자극이 될 수 있으며, 이는 학습에 상당히 긍정적인 영향을 미친다. 수련생 참여가 더 많고 덜 구조화된 형태로 이루어지므로, 지도감독자는 그룹 과정을 염두에 두고 있어야 한다. 지도감독자는 의제를 세우고 회기를 이끌어 나가는 데 조심스러워야 하며, 개인들의 욕구가 충족되고 있으며 시간이 공정하게 배분되고 있는지에 대해서도 확실히 해야만 한다. 이 형태의 그룹은 저강도 인지행동치료 임상가가 되기 위해 수련을 받고 있는 사람들에게 가장 일상적인 형태일 것이다. '협동적인' 그룹 지도감독 형태에서, 지도감독자는 그룹을 활성화하며, 그룹 구성원들은 지도감독에 대한 과업의 책임을 나누어 가진다. 이 형태의 그룹은 자격이 있으나, 여전히 주니어급에 해당하는 임상가에게 전형적으로 더 잘 맞는다. 이는 모든 참가자로부터 더 높은 수준의 기술과 경험을 요구하고, 평등하고 합의적인 경험을 제공하며, 모든 참가자가 지도감독자로서의 역량을 개발할 수 있도록 한다. 이 같은 형태의 지도감독에서의 위험성은 초점이 흐려지거나, 역기능적인 그룹 역동이 발달될 소지가 크다는 점이다. 마지막 형태로서 '동료' 지도감독이 있다. 이는 전문성의 수준이 높고, 경력이 많은 임상가에게 가장 적합한 형태이다. 여기서 동료들은 지도감독 구조에 대한 책임을 공유하며, 리더십을 비롯하여 다른 그룹 내의 책임(순번을 정해 돌아가며 할 수 있다)에 대해 협의하게 된다.

그룹 지도감독(특히, 참여적이고 협동적인 형태의 경우)이 지도감독자에게 추가적인 기술이나 도전적인 상황을 포함할 수 있다는 점은 명확하다. 개인 지도감독과 마찬가지로, (그룹) 지도감독 계약은 안전한 지도감독을 위한 환경을 조성한다. 계약 이면의 원칙과 세부 사항은 일반적으로 첫 만남에서 정해진다([그림 17-6] 참조). 그룹 역동 문제 또한 고려 대상이다. 수련생은 자신의 개인적 욕구를 충족시키는 것뿐만 아니라 그룹 내에서의 자기 위치를 확고히 하고자 하는 욕구가 있다. 그들의 개인적인 배경과 성격, 타인과 관계를 맺는 패턴은 이러한 환경에서 그들의 행동에 영향을 미칠 가능성이 높다. 유사하게, 그룹 또한 시간에 걸쳐 변화와 발달의 과정을 밟게 된다. 이러한 주제들은 다른 지점에서 영향을 미칠 가능성이 있으며, 이것을 어떻게 관리할지에 대한 원칙들을 다음에 간략하게 제시하였다.

Adair(1983)는 그룹 내에서 세 가지 세트의 상호 연결된 욕구가 어떻게 작동하는지에 대해 기술하였다. '과업' 요구가 가장 뚜렷하다. 이는 그룹의 특정한 목표이자 관심의 초점이다. 특정한 학습이나 임상적 목표와 달리, '개인적' 요구는 수련생이 그룹원들로부터 인식되고 수용되고자 하는 욕구와 관련이 있으며, 그룹 내에서 일정한 수준의 힘을 행사하고자 하

지도감독 계약-그룹 기술개발 지도감독

기술개발 지도감독이 이루어질 곳은 어디입니까?	폭스 브리지 케임브리지 센터
시간, 지속 기간, 빈도	회기 빈도와 지속 시간은 매달 2시간(일대일 지도감독과 교대로) 지도감독자(Trevor)는 9. 30.~11. 30.의 매달 첫 화요일의 예약을 막아 둔다. 예정된 결석(되도록 최소화해야 한다)에 대해서는 미리 양해를 구해야 한다.
목적과 목표	이 그룹은 '참여적인' 지도감독 그룹이므로 수련생들이 그룹의 초점/문제를 생성하고 지도감독을 돕기 위한 관련 자료들을 가지고 올 책임이 있다. • 지도감독의 목적 −지도감독의 주된 초점은 수련생들의 발달이며, 이를 통해 서비스를 받는 내담자들을 대상으로 한 효과적인 치료를 촉진하는 것이다. • 지도감독의 목표: −개인 기술개발 지도감독 계약서에 명시된 개인의 요구와 수련생이 내담자 사례들을 치료하는 과정에서 부상하는 문제들의 조합에 의해 결정되어야 한다. 각 개인들의 목표에 소요할 시간은 의제 처리과정을 사용하여 공정하게 할당될 것이다.
문제 및 관련한 해결책의 요약	• 비밀보장 −논의된 모든 사적이고, 직업적이며, 임상적인 주제들에 대해서는 비밀이 보장되어야 하며, 지도감독 그룹 외부에서 논의되어서는 안 된다. 그러나 여기에는 명백한 윤리적인 예외조항이 존재한다(예: 환자의 위험 혹은 직업적인 과실이 있는 경우) • '안전한 장소'를 만들기 위해 수련생은 −타인의 기여를 존중한다. −예의바른 태도를 취한다(예: 끼어들거나 주의를 기울이지 않는 행동을 하지 않도록 유의한다; 전화기는 꺼 둔다). −지나치게 비판적인 언급은 피한다. −타인에게 '반드시 ~해야 한다'고 지시하는 것을 피한다. −균형 잡혀 있고, 구체적인 피드백을 한다.

	−가능하다면 칭찬과 지지를 제공한다. −타인의 시간을 존중한다(예: 당신의 문제로 타인의 시간을 잡아먹지 않도록 한다). −동료들을 돕고 지지하되, 그룹을 지배하지 않는다. −성공적인 과정을 위해 수련생들의 기여가 매우 가치 있고 필수적인 것이기는 하나, 논의된 사례에 대한 임상적 책임은 지도감독자에게 있다는 사실을 명심한다.
활동 범위	개인 기술개발과 같다([그림 17-3] 참조)
누가 그룹에 속하는가?	[명단] 그룹 내의 어떤 수련생이라도 불편하게 느낀다면, 첫 번째로 해야 할 행동은 이를 지도감독자와 개인적인 수준에서 논의하는 것이다. 그러했음에도 양측이 만족할 정도로 이 문제가 해소되지 않았다면, 서비스 관리자와 이 문제를 추가로 논의할 수 있다.
지도감독 기록은 누가 남길 것인가?	모든 수련생은 그룹 기술개발 지도감독 기록을 작성하여 지도감독자의 사인을 받을 것이다. 지도감독자와 수련생 모두 지도감독 기록을 보관할 것이다.

수련생 서명: Jenny Jones   날짜: 2017년 8월 21일
임상수련 지도감독자 성명(인쇄하시오.): TREVOR TAYLOR
임상수련 지도감독자 서명: Trevor Taylor   날짜: 2017년 8월 21일

[그림 17-6] 그룹 지도감독 계약 예시

는 욕구와도 관련이 있다(다음의 '그룹 원형' 참조). '유지' 요구는 그룹 내에서의 긍정적인 분위기를 발달시키고 유지하고자 하는 요구와 관련이 있다. 지도감독자는 그룹의 성원들에게 공감과 존중, 진정성을 바탕으로 의사소통하는 것의 모범적인 모델을 제공하는 것을 목표로 삼아야 한다. 이는 촉진적인 분위기를 발달시키는 데 도움이 될 것이다. 개인에게 매우 중요한 목표는 그룹에 대한 신뢰를, 임상적인 활동과 관련한 자신의 불확실성과 실수, 의문점 등을 그룹이라는 더 '공적인' 맥락에서 표현할 수 있을 정도로 안전하다고 느끼는 수준으로 발달시키는 것이다.

    시간이 지남에 따라 대부분의 소그룹에서 자연스러운 발달의 경과가 관찰된다. Tuckman (1965)은 5개의 발달적 단계가 있다는 점을 관찰하였다. 첫 번째는 '형성' 단계로 그룹의 규

범이 수립되는 때이다. 여기에서는 그룹 문화가, 예를 들면 얼마나 지지적일지 혹은 비판적일지 등 그룹 문화를 발달시키기 위한 장이 마련된다. 구조와 기본 규칙, 그룹 지도감독 계약에 대한 초기 논의를 하는 것이 이 단계를 촉진할 수 있다. 수련생과 지도감독자의 기대를 명시할 뿐만 아니라, 이들이 고려하는 의미와 함께 그룹의 유형(예: 참여적인)을 명확히 할 수 있다. 그다음 '폭풍' 단계에는 지도감독자와 그룹의 운영 모두에 다소 저항이 발생할 수 있다. 또한 그룹원들 간의 갈등 또한 고조된다. 이를 위해서는 때때로 지도감독자의 단호함이 필요할 수 있으며, 일부 합의를 고수하고 다른 합의를 재협상하는 과정에 참여해야 할 수도 있다(후자는 참여자들에게 교육적인 측면에서 이득을 증대할 수 있을 것이다). 이 같은 이앓이 시기의 문제가 해소되면, 보통 '규범 형성' 단계가 찾아온다. 그룹은 함께 작업하며 상호 지지하는 방법들을 찾아내기 시작한다. 그다음 단계는 '수행' 단계로 이전 단계에서 개인들이 서로에 대해 형성한 신뢰와 존중을 바탕으로 형성된 '안전한 공간'에서 최적의 형태로 지도감독 과정이 진행될 수 있다. 그룹은 수련이 끝나고 지도감독자가 책무를 바꿈에 따라 자연스럽게 종결된다. 그러한 상황에서의 '애도' 단계는 그룹이 해체의 과정에 들어서는 것으로 인식된다. 이 부분의 절차는 그룹에서 개방적으로 논의되어 종결을 촉진하고, 회기가 마무리됨에 따라 내담자가 직면하는 어려움에 대한 통찰을 제공하는 데 사용될 수 있다.

그룹이 이와 같은 '급류'를 잘 헤쳐 나갈 수 있도록 지도감독자는 다양한 역할을 맡아야 한다. 그들은 관리자로서 조직적이고 임상적인 조정들을 맡고, 확신을 주고, 동의한 내용을 준수하면서, 시간을 모니터링하고 주기적인 그룹 점검을 해 나갈 필요가 있다. 또한 회기 의제를 정하고, 학습 경험들을 지시하고 적절한 그룹 행동을 모델링하는 것에 있어 지도자가 되어야 한다. 당연히 그들의 주된 역할은 수련감독자로서의 역할이다. 여기에는 모델링 및 임상적 기술과 관련한 피드백을 제공하는 것이 포함되며, 개념들을 명확히 하고 설명하는 것 또한 해당된다. 마지막으로, 그들은 긍정적인 그룹 지도감독 동맹을 위한 조건을 조성하고, 그룹의 기능을 저해할 수 있는 어떠한 문제라도 해결하기 위한 조력자가 되어야 한다.

지금까지 성공적인 지도감독 운영을 위한 광범위한 원칙들 중 일부를 다루었다. 다음 부분에서는 그룹 문제에 기여할 수 있는 일부 '원형Stereotype'에 해당하는 그룹원에게 어떻게 반응해야 하는지에 대해 살펴볼 것이다(Bieling et al., 2006에서 재인용). 실제 임상 장면에서 문제가 되는 사람들은 이러한 원형들이 미묘하게 섞여 있는 모습일 가능성이 더욱 높으며, 여러 상호작용 모드 사이를 오고 갈 수도 있다. 첫 번째는 '조용하고 말없는' 유형이다. 그들은 보통 그룹 내에서 최소한의 참여만 하는 것을 선호하며, 어쩔 수 없이 자신을 드러내더라도 불편해하며 방어적인 모습을 보인다. 많은 경우, 그룹이 진전됨에 따라 그룹원들 간의 동맹이 자라나게 되고, 그러면 조용한 그룹원들이 더욱 자신감을 가지게 된다. 예를 들어, 순서를 정해서 발언하는 것(특히 초기에 모두가 자유롭게 기여할 수 있도록 규범을 잡아 나가기 위하여)과 같은 그룹의 구조는 모든 그룹원이 참여를 보장할 수 있다. 부드러운 촉진 또한 도움이 될 수 있다. "녹화된 영상에 대한 David의 생각을 함께 들어 보았어요. 혹시 Jenny가 말해 줄 것이 있는지 궁금하네요?" 만약 개인이 의도적으로 보류하고 있는 것이 의심되는 상황이라면 이는 그룹의 발달에 상당한 영향을 미칠 수가 있으므로, 그룹 바깥에서 일대일로 해당 그룹원과 이를 탐색해야 한다.

'고압적인' 그룹원은 여러 면에서 조용하고 말이 없는 유형과는 극단적인 반대 지점에 있는 유형이다. 이 사람들은 자기의 문제로 그룹의 시간을 독점하는 경향이 있다. 이들은 그룹 의제를 곁길로 새게 한 다음 다른 그룹원들으로부터 자신에게로 논의의 중심점을 이동시킬 수 있다. 이러한 사람들을 관리하기 위한 전략에는 보통 미묘하거나 가시적인 봉쇄 전략이 포함된다. 여기에는 그들의 방해하는 행동을 (고개를 끄덕이거나 눈맞춤을 함으로써) 강화하지 않도록 의식적으로 애쓰는 것이나 말을 가로막음으로써 다른 사람에게 주의를 돌려주는 것 등이 포함된다. "그렇게 말해 줘서 고마워요, David. 제가 Robert와 함께 방금 끝낸 역할극에 대해 다른 사람들은 어떻게 생각했는지 궁금하네요." 대안적으로 지도감독자는 대화의 흐름을 끊고 직접 차단할 수도 있다. "미안하지만 지금 시간이 모자라고 다음 의제로 넘어가야만 하기 때문에 그쯤에서 David 당신의 말을 멈추어야만 되겠어요." 다시 한번, 조용하고 말이 없는 유형에서와 마찬가지로, 이러한 전략으로도 적절한 행동을 이끌어 내는 것에 어려움이 있다면, 그룹 환경 외부에서 그들의 행동에 대해 논의하는 것 또한 대안이 될 수 있다. CORBS 프레임워크가 이러한 논의를 할 때 유용할 것이다.

또 다른 문제가 되는 유형은 '떠돌이'이다. 이 사람들은 그룹에 비일관적으로 참여한다. 이는 그룹 응집성의 발달에 영향을 미칠 수 있다. 그들은 결석에 대한 얼핏 보기에 적절한 이유들을 가지고 있지만(예: 연차 휴가, 질병, 임상 회기를 급하게 조정하게 되는 것 등), 그럼에도 불구하고 다른 동료들에 비해 유의하게 더 적은 회기에만 출석한다. 그룹에 한 명 이상의 떠돌이가 있으면, 그룹 환경 내에서 출석의 중요성에 대해 다시 한번 강조하고, 출석은 선택이라기보다는 필수라는 점을 다시 한번 짚고 넘어가는 것이 유용할 수 있다. 어려움이 지속되는 경우, 수련생의 업무 집중도와 시간표를 검토할 수 있는 그 사람의 관리자에게 이 문제를 넘기는 것이 가장 적합하다.

마지막으로, '염세적인' 혹은 '불신하는' 그룹원은 지도감독 내에서 논의되는 것에 대해 지속적으로 저항하고 비판하는 사람이다. 이들은 '네, 하지만……'이라던가 '하지만 만약에……'라는 식의 말을 특징적으로 하며, 이러한 언급은 보탬이 되기보다는 질질 끌기 위한 목적인 것처럼 보인다. 그러한 상황에서, 성격이나 권력 역동power dynamics이 작동할 수 있다.

또는 개인이 이전의 다른 치료적 역할로부터 변화하는 것을 어렵게 느끼고 있을 수도 있다. 이때 다른 그룹원들이 그 사람에게 직접적으로 반응할 수 있도록 하는 것이 도움이 되며, 이렇게 하는 것이 지도감독자와 관련한 어떠한 권력 역동도 단축시킬 수 있다. "Stephan이 행동 활성화의 유용성에 대해서 흥미로운 언급을 하였네요. 이 부분에 대해서 이야기할 사람 있나요?" 대안은 (앞에서 살펴본) 봉쇄 전략을 사용하거나 그룹 환경 바깥에서 양가감정에 대해 탐색하고 해소하고자 애쓰는 것이다. 그들의 언행이 그룹 기능에 파괴적인 영향을 미칠 수 있기에, 여기에 대해서는 관리 지도감독 내에서 다룰 필요가 있다.

연습 17-5 ❀ 그룹 지도감독에 기여하기

만약 당신이 지도감독 그룹의 초보 수련생으로서 앞서 제시한 원형들의 요소들을 상호작용 내에서 알아차렸다면, 이러한 지각에 대해 당신의 지도감독자와 일대일로 논의하라. 이를 통해 당신은 객관적인 피드백을 얻을 수 있을 것이며, 지도감독자는 당신이 그룹으로부터 최대한 많은 혜택을 받을 수 있도록 돕는 작업을 함께해 나갈 수 있을 것이다.

지도감독 내에서의 문제

마지막으로, 개인 및 그룹 지도감독 내에서 발생할 수 있는 다양한 추가적인 문제에 대해 간략하게 다루어 보겠다.

비밀보장

수련생이 내담자의 비밀보장을 지키는 데 필수적이고 충분한 관심을 기울이지 않는다면, 이를 지도감독 내에서 다루어야만 한다. 비밀보장이 위반되면, 이를 서비스 기관에서 공식적으로 문제제기하고, 문서화하여 조사해야 한다. 이 경우, 내담자는 무슨 일이 일어났는지, 그 잠재적인 의미가 무엇인지에 대해 고지받을 권리가 있다. 위반의 경중과 이것이 고용주가 정의한 적절한 행동을 침해하는 정도에 따라, 이는 징계 처분으로 이어질 수 있다.

직업적 기준

지도감독자와 수련생 모두는 직업적 기준에 따라 행동할 의무가 있다. 이는 개인이 임상가나 지도감독자로 등록된 조직에서 정한 행동강령 내에 있을 수 있다. 고용주가 징계 대상이 되는 행동들의 정의를 제공할 수도 있다. 예를 들어, 내담자와 임상가 간에 사적인 관계를 맺는 것은 명백하게 이 영역에 해당한다. 지도감독자와 수련생 간의 이중관계로서, 지도감독자가 수련생과 사적인 관계를 맺는 경우도 그 관계로 인하여 직업적인 행위가 방해될 가능성이 있다는 점을 고려할 때 똑같이 부적절하다. 이를 이중관계에 의해 발생한 이해상충으로 보고, 해당 수련생에게 또 다른 지도감독자를 찾도록 하는 것은 지도감독자의 의무일 것이다. 수련생 또한 이러한 관계를 피해야 할 책임이 있으며, 이 같은 관계가 발생하는 경우 관리자나 (계약에 따라) 상급 전문가에게 보고해야 할 의무가 있다.

자기 보고의 제한

수련생들은 자신이 분투하고 있는 사례에 대해 지도감독 시간에 개방적으로 논의하는 것을 어려워할 수 있다. 지도감독에 관한 문헌들에 따르면 수련생들이 그러한 노출을 함으로써 자신의 역량과 성과가 제대로 반영되지 못할까 봐 두려워하기 때문에 이 같은 일이 발생하는 것으로 보인다(Ladany, 2004; Ladany et al., 1996). 경험이 부족한 임상가들은 중요한 정보를 빠뜨릴 수도 있다. 담당 사례가 많고 업무 압박이 심한 일부 서비스 기관에서는 지도감독 시간에 수련생이 공유할 수 있는 정보가 제한될 가능성이 높다. 그러나 사례관리 지도감독의 형태는 내담자가 '그물 사이로 빠져나가는 것'을 막아야만 한다. 더불어 일부 전자 기록 시스템은 지도감독자와 수련생에게 지도감독이 필요한 내담자들에 대한 알람을 보낼 수도 있다. 이러한 시스템이 없는 경우, 강한 지도감독 관계가 이 문제를 해결하는 데 도움이 될 것이다. 지도감독 계약서 역시 학습 격차에 대해 명시적으로 밝히고, 수련생이 이를 숨기기보다는 논의하도록 유도하는 수단을 제공한다.

역량

다양한 요인이 저강도 인지행동치료 임상가로 하여금 기술이 부족하다고 느끼도록 만들 수 있으며, 사실 이는 수련 중의 발달 단계 내에서 자연스럽게 경험되는 것이다(앞의 내용 참조). 그러나 부적절한 내담자를 의뢰받음으로써 이것이 더욱 촉발될 수 있다. 일부 저강도 인지행동치료 종사자들은 지식과 경험의 부족 때문에 작업을 해 나가면서 어려움을 겪을 수도 있다. 따라서 지도감독은 '무의식적'이고 '의식적인 무능'을 탐색하는 광장이 되어 줄 수 있다. 이 탐색 끝에 임상가의 능력 부족으로 인해 내담자가 위험에 처해 있는 것으로 밝혀진다면, 지도감독자는 수련생과 이 문제를 논의하고 문제를 해결하기 위한 계획을 세워야 한다. 이 계획에는 업무분장 또는 서비스 관리자에게 저강도 인지행동치료 포함 기준의 문제를 제기하는 것이 포함될 수 있다. 저강도 인지행동치료 지도감독자는 수련생의 사례 안전에 대한 임상적인 책임을 지고 있으므로, 내담자가 해당 위험을 고지하는 경우 이들은 더 적극적이고 지시적인 태도를 취할 수 있다. 앞서 언급한 바와 같이, 당장의 우선순위는 효과적인 위험 관리이다. 지도감독자는 이 작업 이후에 수련생이 임상기술을 개발해 나갈 수 있는 방법들을 찾아볼 것이다.

역할에서 벗어나기

저강도 인지행동치료 임상가가 근거 기반에 의해 지지받지 못하는 치료를 제공하고자 할 때 수련의 경계를 넘어서게 된다. 이는 임상가가 이전에 다른 종류의 치료자로서 수련을 받은 적이 있는 경우, 특정 유형의 내담자를 직면하게 될 때 이전의 작업 방식으로 돌아가는 경우에 발생할 수 있다. 이는 또한 임상가가 비-저강도 인지행동치료 접근을 현재의 임상적 작업에 적극적으로 통합하고자 할 때에도 발생할 수 있다. 저강도 인지행동치료 임상가들은 저강도 인지행동치료에 적합하지 않은, 더 집중적인 접근이 요구되는 내담자들에게 관여하려고 애쓸 수도 있다. 이러한 면담 프로토콜에서 벗어나는 현상은 〈표 17-1〉에 포함되어 있으며, '중강도 이동medium intensity drift'이라고도 알려져 있다(Richards & Whyte, 2010a). 이는 특히 치료 성과를 훼손하는 결과로 이어진다는 점에서 문제가 된다. '중강도 이동'에 대한 염려는 기술개발 지도감독에서 제기될 필요가 있다. 또한 만약 '중강도 이동'이 묵인되는 경우, 저강도 인지행동치료 사례 수와 시간 및 자원이 감당하기 어려운 수준의 업무를 야기하여 소진으로 이어질 것이라는 점에 대해서도 고려해야 한다. 게다가 이러한 작업은 의뢰자들(예: 일차 진료의)에게 저강도 인지행동치료의 역할에 대한 혼란을 야기할 뿐만 아니라 저강도 인지행동치료와 고강도 작업자들 간의 직업적인 긴장을 고조시켜 서비스 내 및 서비스 간에 모두 어려움을 야기할 수도 있다.

표 17-1 저강도 인지행동치료 '이동'의 형태

윤리적인 저강도 인지행동치료 임상가라면 하지 않을 일
1. 고강도 인지행동치료를 시행한다.
2. '중강도의, 사이비 치료(근거 기반의 저강도 원칙들을 사용하는 것에서 벗어난 치료)'를 시행하거나 다른 방식으로 자신의 직무 기술에서 벗어난 작업을 한다.
3. 근거 기반이 아닌 개입법을 지지한다.
4. 단계별 건강관리 체계 혹은 지도감독 프레임워크에서 벗어나 다른 동료들과 고립되어 작업한다.
5. 그들은 때때로 정신증이나 양극성장애와 같은 복잡하고, 심각하며, 지속되는 문제들을 가진 내담자들(혹은 건강관리 체계 내의 적절한 '단계'에 있지 않은 다른 내담자들)을 분류는 하되 개입을 제공하지 않는다.

　서비스 조건이 저강도 인지행동치료 임상가를 '이탈'시키는 데 기여할 수도 있다. 예를 들어, 서비스 관리자가 저강도 인지행동치료의 소관에 대해 명확하게 알지 못하여 저강도 인지행동치료 작업을 탄력적으로 정의하고, 임상가로 하여금 저강도 인지행동치료에 적합하지 않은 사례들을 보도록 격려할 수도 있다. 지도감독자는 저강도 인지행동치료의 구체적인 특성에 대해 제한된 이해만을 가지고 있어서 자기도 모르게 저강도 인지행동치료 임상가가 자신의 역량을 넘어서는 작업을 하도록 격려할 수도 있다. 긴 대기 명단, 대체 서비스에 대한 제한된 접근성, 기존의 정신건강 서비스 내에서 저강도 인지행동치료 서비스를 구축해야 할 필요 등이 이러한 '이동'을 초래할 수 있다. 이 같은 상황에서는 사례관리와 기술 지도감독 모두가 결정적인 역할을 한다. 수련생은, 예를 들어 기술개발 지도감독 시간에 내담자와 어떻게 작업할지에 대한 질문을 할 수 있다. 이는 임상가가 그들의 역량과 수련 범위를 넘어서는 작업을 하려고 하며, 내담자는 다른 형태의 심리적인 도움이 필요한 상태라는 것을 강조할 수도 있다. 그 경우, 지도감독자는 우려를 제기하고, 해당 논의를 기록하여 이것이 사례관리 지도감독에 포함되도록 하여 해당 사례에 대해 지도감독자가 검토해야 할 필요성을 알려야 한다. 이후에 저강도 인지행동치료 임상가는 그들의 작업의 경계에 대해서 숙고하고, 필요한 경우 추가적인 조언을 얻도록 격려받게 된다.

단계 상향에 대한 저항

　이와 관련된 어려움은 저강도 인지행동치료 임상가가 내담자를 자신의 관리 사례로 그대로 유지하면서 더 적절한 치료를 받을 수 있도록 조치를 취하지 않는 경우일 수 있다. 다시 말하지만, 다양한 요인이 원인이 될 수 있다. 여기에는 저강도 인지행동치료 임상가가 단계

상향 시 내담자가 스트레스를 받게 될 것이라고 믿거나, 자신의 기술을 더 발전시키려는 야심이 있거나, 지역적으로 다른 서비스 기관에 접근하는 것이 어려운 상황 등이 포함될 수 있다. 다시 한번 강조하지만, 지도감독 시에 내담자의 욕구가 적절히 충족되지 못했을 때 발생할 수 있는 저강도 인지행동치료에서의 소관과 관리 문제를 강조하는 것이 중요하다. 일반적으로 저강도 인지행동치료 지도감독자가 서비스 수준에서 이러한 광범위한 문제들을 제기하고 고려할 수 있는 포럼을 개최하는 것이 도움이 된다.

적절한 지도감독을 확보하기

엄밀하게 저강도 인지행동치료의 독특한 특성과 이에 따른 지도감독상의 요구 사항으로 인해, 저강도 인지행동치료 지도감독을 제공하는 사람은 이해력이 좋아야 하며, 이상적으로는 저강도 인지행동치료 맥락 내에서 일해 본 경험이 있을 필요가 있다. 이는 지도감독자가 수련생의 임상적 작업을 보다 세밀하게 이해하면서 사례에 대한 포괄적인 검토를 잘 통합할 수 있도록 할 것이다. 그러나 동시에 저강도 인지행동치료 지도감독의 일정 부분은 지도감독자가 자신만의 지식과 기술, 저강도 인지행동치료 작업 경험을 보다 더 발달시키는 것을 요구할 수 있다. 예를 들면, 영국에서의 심리적 웰빙 실무자$_{PWP}$의 역할에 포함되어 있는 투약 지원과 관련한 것이 그것이다. 마지막으로, 사례관리와 기술개발 지도감독이 각기 다른 지도감독자에 의해 제공되었다면, 지도감독자들 사이의 원활한 의사소통이 필수적이다. 따라서 이러한 특정 요구 사항을 충족할 수 있도록 서비스를 설정하는 것이 중요하다.

결론

저강도 인지행동치료 임상가는 사회적·임상적 성과 목표에 초점이 맞춰진 압박감을 주는 환경 내에서, 다수의 고통받는 환자들의 사례를 관리하며 여러 어려움에 직면할 수 있다. 이 같은 임상가들은 자신의 임상적 작업과 유능감의 관계에 대해 날카롭게 지각해야 할 필요가 있으며, 동시에 자신의 역할과 인접 서비스의 역할 간의 경계에 대해서도 잘 알아야 한다. 사례관리와 기술개발은 이러한 과제들을 효과적으로 해결하는 데 필요한 두 가지 상호보완적인 형태의 지도감독이다. 저강도 인지행동치료 지도감독자와 수련생은 양쪽 모두 지도감독 과정에 최적의 상태로 참여하기 위해 새로운 영역의 지식과 능력을 개발해야 한다. 이 장은 여기에 대한 소개와 개관을 제공하고자 했다.

요약

- 지도감독은 저강도 인지행동치료 작업의 필수 요구조건이다.

- 지도감독에는 두 가지 형태가 있다. 즉, 사례관리와 기술개발이다.

- 사례관리 지도감독은 더욱 규범적인 기능을 가지고 있으며 고도로 구조화되어 있어, 모든 환자를 정기적으로 다룰 수 있도록 한다.

- 기술개발 지도감독은 더욱 형성적이고 회복적인 기능을 가지고 있으며, 저강도 인지행동치료 임상가의 발달적 요구에 주로 초점을 맞추고 있다. 이는 개인적 수준에서도, 그룹의 형태로도 모두 이루어질 수 있다.

- 모든 형태의 지도감독에는 계약서가 필요하다. 기술개발 지도감독 계약서는 주기적으로 재검토되어야 한다.

- 지도감독자와 수련생은 지도감독 과정에서 발생할 수 있는 어려움에 대해 알고 있어야 하며, 이를 관리하기 위한 적절한 단계들을 밟아 나가야 한다.

- 사례관리와 기술개발 지도감독이 다른 지도감독자에 의해 제공되는 경우, 지도감독자들 간의 원활한 의사소통이 유용하며, 이는 '중강도 이동'과 같은 요인을 감소시키는 데에도 도움이 된다.

추가로 읽어 볼 자료와 활동들

이 장을 통해 당신이 배운 것에 대해 생각해 보라. 특별히 당신의 눈에 띈 부분들이 있는가? 만약 당신이 저강도 인지행동치료 서비스 체계 내에서 일을 하고 있다면, 당신의 지도감독 방식을 개선하기 위해 해야 할 부분이 있는가?

이 장에서는 이미 도움이 될 만한 출처들을 소개한 바 있다. 추가로, IAPT와 Richards(2010b)의 책을 읽어 볼 것을 권한다. Scaife(2009)는 다양한 심리치료 접근에 걸쳐 광범위하게 적용된 임상 지도감독에 대한 더욱 상세한 개관을 제공하고 있다.

임상적 사례관리를 위한 프로토콜과 기술개발 지도감독 모두 지도감독자와 새로운 수련생 양측에 상당한 직업을 요구한다. 특히 임상적 사례관리 지도감독과 관련하여 동영상을 통해 수련생 임상가가 자신의 수행을 살펴볼 수 있도록 하는 것이 도움이 될 수 있다.

그룹 기술개발 지도감독의 경우, 경험이 풍부한 그룹 지도감독자가 촉진자로서 함께 이 활동을 시작하는 것을 추천한다.

부록 사례연구의 활용

Mark Papworth

책의 마지막 장에서는 3개의 긴 사례연구와 6개의 짧은 사례연구에 대해 간략하게 소개할 것이다. 이 사례들은 여러 가지 기능을 할 수 있게 탑재하였다.

첫째, 긴 사례 중 두 개는 이 책에서 사례로 사용한 내담자의 임상적 증상을 설명한다. 특히 제3장, 제5장, 제6장에서는 Tom과 Judy에 대한 자세한 내용을 다루었다. 이런 긴 사례연구는 내담자의 사례에 대한 간략한 전체 요약을 제공한다. 따라서 각 장에 설명된 단편적인 사례들을 종합하여 개개인의 사례 배경과 증상에 대한 개요를 파악하는 데 노력을 기울일 필요는 없다. 또한 내담자가 겪는 어려움의 요소들이 어떻게 결합되어 사례의 증상들을 구성하는지 알 수 있다.

둘째, 책의 여러 지점에서 역할극 연습 형식으로 특정 기술을 연습할 것을 제안했다. 이러한 긴 예시는 내담자 역할을 맡은 개인이 연기할 사례의 기초가 될 수 있다. 그러나 '배우' 역할을 하는 임상가는 내담자의 상태와 관련된 증상을 수정하고(제8장 및 제9장 참조), 이러한 증상에 경험적으로 접근하는 시도를 통해 '역할'에 익숙해지는 것도 추천한다. 이는 가능한 한 내담자와 비슷한 마음가짐을 가지려고 시도함으로써 이루어질 수 있다. 예를 들어, 우울증의 경우 과거에 상실감을 경험했던 시기(예: 연인과의 이별)를 생생하게 상상한 다음, 그 경험과 관련된 감정을 일부 느낄 수 있는 시점에서 실습을 시작하는 것이 좋다. 그러면 의자에 더 자연스럽게 푹 처지게 앉고, 감정이 더 저조해지며, 질문에 대한 반응이 덜 활발해지는 것을 발견할 수 있다. 또한 임상가와 눈을 마주치는 횟수가 줄어들고 바닥을 내려다보는 경향이 있을 수 있다. 이렇게 하면 임상가 역할을 맡은 사람에게 보다 사실적인 경험을 제공할 수 있다.

처음 두 개의 사례연구는 평가 면담 역할극 연습에 유용한 정보를 제공한다([연습 5-2] 참조). 세 번째 사례연구는 치료 면담 역할극 연습을 완료하는 데 필요한 정보와 과제 자료를 제공한다([연습 5-4] 참조). 마지막 여섯 개의 간략한 사례연구는 [연습 17-2]에 제시된 대로 임상 사례관리 지도감독을 연습할 수 있도록 제공된다.

사례연구 1: Judy

의뢰서

동료에게,

Re: Judy Jenkins   생년월일: 1966년 3월 1일
       4 Front Street, Greenside, Newcastle-Upon-Tyne

동네 정비소에서 일하는 이 여성을 치료해 주시면 감사하겠습니다. 그녀는 직장에서 어려움을 겪고 있다고 보고합니다. 그녀는 우울증 증상을 겪고 있으며 지난 4주 동안 직장에 출근할 수 없었습니다. 저는 그녀에게 플루옥세틴 20mg을 처방했습니다. 도움을 주시면 정말 감사하겠습니다.

친애하는 Jones 박사가

어려움에 대한 개관

Judy는 심각한 우울증을 겪고 있다. 이는 직장에서 추가 업무를 맡게 되면서 어려움을 경험한 후 발생했다. 당번을 정하고 고객 약속을 잡는 과정에서 몇 가지 실수가 발생했다. 그 결과, 차고 관리자는 그녀와 공식적인 회의에서 그녀의 성과를 검토했다. 이 과정에서 실패와 관련된 인지 패턴이 활성화되었고 그녀는 회의에서 굴욕감을 느꼈다. 1개월 전에 있었던 이 회의 이후에 그녀는 업무에 임할 수 없다고 느꼈다. 또한 남편이 승진하게 되어 가정 내에서도 스트레스를 받고 있다. 남편은 교육자 역할을 맡게 되면서 저녁에 자료를 준비하고 전국을 출장 다니게 되었다. 그 결과 남편은 집에서 Judy와 함께할 수 있는 시간이 줄어들었다. 그녀는 기분이 우울하고 종종 운다. 그녀는 피곤하고 잠을 잘 자지 못하고 집중하는 데 어려움을 겪고 있다. 집안일을 감당할 수 없고 다른 사람들과 어울리는 것을 피하고 있다. 자살 충동을 경험하지만 행동으로 옮길 의도는 없다.

이런 증상들은 Judy에게 최소 세 개의 주기로 유지된다.

1. 직장에서의 문제가 우울한 기분을 유발하고 부정적인 자기 인식 패턴(예: '나는 실패자이다.')을 활성화시켰다. 여기에는 자신에 대한 역기능적 신념을 확인하는 부정적인 사

고 편향이 포함되며, 자신의 삶과 미래에 대한 비관론도 유발한다. 결과적으로, 활동에 참여하려는 의욕이 떨어지고 생활방식에서 자극과 강화의 수준이 감소한다. 이는 다시 기분에 영향을 미친다.

2. 부정적 인식과 에너지 및 의욕 상실과 같은 신체 증상은 Judy의 대처능력과 문제해결 능력을 약화시킨다. 결과적으로, 그녀는 자신의 삶의 문제에 대한 가능한 해결책을 개발할 수 없다. 그 결과, 문제는 그대로 남아 있고 Judy의 삶은 전혀 나아지지 않는다. 이는 절망감을 불러일으키고, 이는 또다시 그녀의 기분에도 영향을 미친다.

3. 자신감이 떨어지고, 그 결과로 Judy는 더 이상 일하러 갈 수 없다고 믿는다. 이러한 업무 기피는 성공을 경험할 기회가 없다는 것을 의미한다. 이러한 경험은 실패와 관련된 그녀의 신념에 반박하고 부정적인 인식 패턴에 도전하게 도와준다.

Judy 역할극하기

다음은 임상가의 질문에 대한 답변으로 제공할 수 있는 몇 가지 가능한 주제/답변이다. 이 정보는 사례에 대한 추가 배경 정보이기도 하다. 이 답변은 포괄적인 답변이 될 수 없으며 역할극 연습에서는 약간의 즉흥적 연기가 필요할 수 있다.

- 4 'Ws'
  - 문제는 무엇인가? (What)

    우울증(예: 기분 저하, 식욕 부진, 수면장애, 에너지 부족, 실패와 무가치함에 대한 인식, 집중력 저하).
  - 문제는 어디서 발생하는가? (Where)

    Judy는 증상을 경험하는 대부분의 시간을 집에 있다. 그녀는 생필품을 사기 위해 마트에 가는 것 외에는 혼자 외출하는 것을 피한다. 마트에 갈 때 그녀는 이러한 풍경의 변화가 좋다고 느낀다. 그녀는 다른 경우에는 집을 나가고 싶은 동기를 느끼지 못한다.
  - 누구랑 같이 있으면 문제가 더 심해지거나 좋아지는가? (Who)

    그녀의 부모와 양부모는 그녀를 만나기 위해 전화를 걸고, 평소에도 걱정하고 있다. 그들은 그녀의 집안일을 도와주며 실용적인 지지를 제공하고 있다. 그녀는 하루의 단조로움에서 벗어나는 것을 좋다고 느낀다. 그들은 그녀의 어려움을 이해하지 못한다(그들은 그녀에게 '정신 차려야 한다'고 부드럽게 제안한다). 그녀는 가족에게 고통을 주는 것에 대해 죄책감을 느끼며 자신의 문제 때문에 가족에게 폐를 끼친다고 생각한다.

– 문제는 언제 발생하는가? (When)

기분은 아침에 대체적으로 더 악화되는 경향이 있으며, 하루를 시작하는 데 특별히 어려움을 경험한다. John이 같이 시간을 보낼 수 있을 때 그녀의 기분이 조금 좋아진다.

• 다섯 가지의 영역

– 문제의 정서적 측면

저조한 기분을 경험하고 울며, 본인의 어려움으로 인해 다른 사람에게 끼치는 폐에 대해 죄책감을 느낌. 차고 매니저를 향한 어느 정도의 분노가 있음.

– 문제의 자율신경적(생리적) 측면

피로, 무기력감, 잠자는 것이 어렵고 집중하기 힘들다고 보고함.

– 문제의 행동적 측면

활동이 적고, 사회적 및 직장 상황 회피.

– 문제의 인지적 측면

실패자라는 생각과 다른 사람에게 짐이 된다는 생각.

– 유발 요인(현재)

직장에서 연락이 오거나 직장 관련된 상황에 대해 상기가 되면 기분이 악화됨(예: 고용이나 건강과 관련된 뉴스에 노출). 직장에서 있었던 사건에 대한 반추는 저조한 기분을 유발함.

• 위험 평가

– 절망감

경미한 수준.

– 의도: 자살 생각

간헐적이고 일시적임.

– 계획: 구체적인 행동 계획

없음.

– 자살 행동: 현재/과거에 가능한 수단

이전에 기분과 관련된 삽화가 있었으며, 때때로 자살 생각이 있고, 과거 행동이 없음.

– 예방: 사회적 지지망, 서비스

사회적 접촉 감소, 부모 및 양부모가 적극적으로 지원함. 남편도 항상 지지적임.

- 타인에 대한 위험 혹은 타인으로부터 받는 위험

  없음.

- 자기 방임 혹은 타인 방치

  늦은 아침까지 침대에서 일어나지 못하는 경우도 있지만, 매일 씻고 옷을 입음.

• **문제의 영향(결과)**

그녀는 직장을 휴직하고 사교 및 여가 활동(예: 카페와 북클럽에서 친구를 만나거나 남편과 함께 다른 커플과 어울리는 것)을 중단했음.

• **일상적인 평가지 결과**

- PHQ-9

  Q1 = 2, Q2 = 3, Q3 = 2, Q4 = 2, Q5 = 1, Q6 = 3, Q7 = 2, Q8 = 0, Q9 = 1; 총점 = 16.

- GAD-7

  Q1 = 1, Q2 = 2, Q3 = 3, Q4 = 1, Q5 = 0, Q6 = 2, Q7 = 1; 총점 = 10.

- WSAS

  Q1 = 8, Q2 = 6, Q3 = 6, Q4 = 4, Q5 = 5; 총점 = 29.

• **기타 중요한 정보**

- 발병과 유지

  그녀는 10년 전에 연인과 헤어진 경험이 있다. 이로 인해 기분과 관련된 증상이 나타났다. 이 시점에서 그녀는 상담을 받았다. 직장 문제는 앞의 주기 참조.

- 중재 요인

  남편과의 접촉은 기분을 개선시키고, 다른 사람으로부터 받는 실용적인 도움은 기분을 더 저하시킴(다른 사람에게 민폐 끼치는 것과 관련된 인지를 촉발함).

- 내담자는 왜 지금 도움을 원하는가?

  최근 어려움과 관련된 발병.

- 내담자 기대와 목표

  '과거의 나'로 돌아가고 싶어 하며, 예전의 활동과 생활방식으로 돌아가는 것을 원함(후자의 경우 중요성을 10점 중 9점으로 평가함).

- 과거 삽화와 치료

  10년 전 과거 삽화.

- 카페인, 마약 사용 및 알코올 섭취

  알코올 섭취량 증가; 일주일에 서너 번, 와인 한 병의 약 2/3 정도. 하루에 두 잔의 차를
  마심.

- 현재 복용 중인 약물 및 약물치료에 대한 태도

  플루옥세틴, 20mg; 약물치료에 대해 호의적임.

- 제공되고 있는 다른 치료

  없음.

사례연구 2: Tom

의뢰서

동료에게,

Re: Tom Smith   생년월일: 1982년 5월 26일
        8 High Street, Greenside, Newcastle-Upon-Tyne

불안과 관련된 어려움으로 인해 직장에서 병가를 낸 이 환자를 상담해 주시면 감사하겠습니다.
저는 현재 그에게 세로자트 40mg을 처방해 주고 있으며, 불안 수준은 낮아졌지만 여전히 어려움을
경험하고 있습니다. 도움을 주시면 감사하겠습니다.

친애하는 Jones 박사가

어려움에 대한 개관

Tom은 공황장애와 광장공포증을 겪고 있다. Tom은 업무 관련 스트레스를 받은 후 공황
장애가 발병했다. 이 증상으로 인해 직장 출근에 지장을 받았다. Tom은 자신의 공황 증상을
생명을 위협하는 것으로 잘못 해석하고 있다(자신이 심장에 문제가 있다고 생각함). 아버지 쪽
에 심장질환의 병력이 있다. 이러한 어려움으로 인해 그는 자살 충동은 전혀 없지만 기분이
가라앉고 절망감을 느끼고 있다.

여러 개의 주기를 통해 이런 증상은 Tom에게 유지되고 있다.

1. 1주기는 처음에 업무 관련 스트레스로 인해 촉발되었다. 직장에서 Tom의 역할이 변경
   되어 여러 사람을 교육해야 했다. 이로 인해 업무량이 두 배로 늘어났고, 교육생 그룹
   앞에서 자료를 발표해야 하는 상황도 발생했는데, Tom은 이를 매우 힘들어했다. 그는
   불안 증상(심장 두근거림, 가슴 통증, 발한, 어지러움, 열감)을 느끼기 시작했지만 이를 심
   장에 문제가 생기기 시작한 것으로 잘못 해석했다. 이로 인해 스트레스와 증상이 더욱

악화되어 때때로 공황 상태에 빠지기도 했다(그는 아버지가 돌아가시기 직전에 심장마비를 겪는 것을 목격했다). 결국 Tom은 극심한 스트레스를 견디지 못하고 퇴근한 후 의사의 진찰을 받았고 이후 진단서를 받았다. 혈액 검사와 심장 모니터링 등 몇 가지 의학적 검사를 받았지만 아무 이상이 발견되지 않았다.

2. 그 후 Tom은 바쁘고 혼잡한 상황에서 이러한 증상을 경험하는 경향이 있다는 것을 알게 되었다. 여기에는 상점(특히 계산대 줄), 쇼핑 센터, 극장이나 영화관, 붐비는 술집이나 레스토랑이 포함되었다. 또한 Tom이 직장에 복귀할 생각을 할 때에도 이러한 증상이 발생했다. 따라서 그는 이러한 상황을 피하거나 슈퍼마켓이 비어 있는 늦은 밤에 쇼핑을 하러 가기 시작했다. Tom에게는 파트너가 있으며 파트너와 동행해야만 일부 상황에 직면할 수 있다. Tom은 이러한 상황을 회피하기 때문에 자신의 증상이 생명을 위협하고 의료 검사에서 중요한 심장 문제를 놓쳤다는 근본적인 믿음들이 도전받을 기회가 없었다.

3. Tom은 현재 병가 중이며 자신의 심장 상태에 몰두하고 있다. 그는 때때로 자신의 맥박을 쟀는데, 맥박을 잴 때 심박수가 높아진 것을 발견한다. 이 정보를 통해 그는 자신의 건강에 문제가 있는지 확인한다. 또한 가슴과 팔에 통증이 있는지도 민감하게 인식한다. 이러한 통증이 있다면 이는 마찬가지로 그의 두려움을 확인시켜 준다. 실제로 Tom은 이제 정상적인 감각과 현상에 집중하고 잘못 해석하고 있다. 예를 들어, 맥박을 잴 때 그는 맥박이 올라가는 것을 예상하는 예기 불안을 경험하며, 그로 인해 맥박이 올라가게 된다.

4. 마지막 주기에는 Tom이 특정 역기능적 전략을 채택하여 자신을 안전하게 지키려고 시도를 한다. 그는 외출할 때 파트너에게 동행을 요청한다. 심장마비가 오면 파트너가 도움을 요청할 수 있기 때문이다. 그는 또한 '심장 이완'을 위해 허브 칼름스라는 건강 보조제를 복용한다. 또한 동반자 없이 외출해야 할 경우 휴대폰을 '충전'하고 손 가까이에 둔다. 실제로 이러한 '안전 행동'은 Tom이 이러한 상황에서 도움 없이도 대처/생존할 수 있고 증상이 무해하다는 것을 배울 수 있는 기회를 스스로 박탈하는 것을 의미한다.

Tom 역할극하기

다음은 임상가의 질문에 대한 답변으로 제공할 수 있는 몇 가지 가능한 주제/답변이다. 이 정보는 사례에 대한 추가 배경 정보이기도 하다. 이 답변은 포괄적인 답변이 될 수 없으며 역할극 연습에서는 약간의 애드리브가 필요할 수 있다.

- 4 'Ws'
  - 문제는 무엇인가? (What)

    불안 증상(예: 심장 박동, 발한, 더위, 현기증, 가슴과 복부의 불쾌감). Tom은 이러한 증상이 불안과 관련이 있다고 의사가 말했지만 확신하지 못한다.
  - 문제는 어디에서 일어나는가? (Where)

    처음에는 직장에서 업무량이 많아지고 압박감에 시달릴 때, 그다음에는 사람이 많이 모여 있는 상황에서 발생하기 시작했다.
  - 누구와 함께 있을 때 문제가 완화되거나 악화되는가? (Who)

    누구와 동반하고 있으면 Tom은 더 많은 것을 할 수 있다.
  - 문제는 언제 일어나는가? (When)

    '어디에서' 참조. 그는 주로 아침에는 괜찮으며, 낮에 텔레비전을 보느라 주의분산이 되어있다.

- **다섯 가지 영역**
  - 문제의 정서적 측면

    죽음에 대한 공포. 그는 또한 그의 상황과 관련된 저조한 기분과 절망감을 경험하고 있음.
  - 문제의 자율적(생리적) 측면

    앞의 불안 증상 참조.
  - 문제의 행동적 측면

    회피, 도피 및 안전 행동(앞 부분 참조).
  - 문제의 인지적 측면

    불안 증상과 정상적인 신체적 감각을 오해석함.
  - 유발 요인

    사람들이 많이 밀집되어 있는 장소에 있을 때, 그는 갇혀 있고 탈출할 수 없다고 인지함. 직장에 있을 때에는 사람들이 그에게 주의가 집중되어 있을 때 증상들이 촉발됨.

- **위험 평가**

  – 의도: 자살 생각

    간헐적이고 일시적임. '내 파트너는 내가 없는 것이 더 좋을 거야.'

  – 계획: 구체적인 행동 계획

    없음.

  – 자살 행동: 현재/과거에 가능한 수단

    없음.

  – 예방: 사회적 지지망, 서비스

    사회적 접촉이 감소했음.

  – 타인에 대한 위험 혹은 타인으로 받는 위험

    없음.

  – 자기 방임 혹은 타인 방치

    가끔 정오가 되어도 침대 밖으로 나오지 않음. 매일 씻고 옷은 갈아입고 있음.

- **문제의 영향(결과)**

  그는 직장을 쉬고 있으며 여가 활동(예: 동네 술집에서 친구를 만나 다트 게임을 하고 축구를 보는 것)을 중단했음. 그의 파트너는 지지적이지만, 이로 인해 관계에 부담을 주고 있음.

- **일상적인 평가지 결과**

  – PHQ-9

    Q1 = 1, Q2 = 1, Q3 = 1, Q4 = 0, Q5 = 0, Q6 = 2, Q7 = 1, Q8 = 0, Q9 = 1; 총점 = 7.

  – GAD-7

    Q1 = 3, Q2 = 3, Q3 = 2, Q4 = 2, Q5 = 2, Q6 = 1, Q7 = 3; 총점 = 16.

  – WSAS

    Q1 = 8, Q2 = 0, Q3 = 6, Q4 = 0, Q5 = 3; 총점 = 17.

- **기타 중요한 정보**

  – 발병과 유지

    이전에는 특별한 문제가 없었지만 Tom은 불안한 아이였다고 기억한다. 수업 시간에 손을 들기를 꺼려 하고 다른 친구들이 큰 소리로 책을 읽는 것을 싫어했다. 직장 문제로 인해 발병(6개월 전)했으며, 앞에서 설명한 유지 관리 주기 참조.

– 중재 요인

집 밖의 상황들은 파트너와 함께 있으면 더 수월하다고 느낌.

– 내담자는 왜 지금 도움을 원하는가?

그는 직장에 복귀할 수 없다면 곧 해고당할 것이라고 믿음.

– 내담자 기대와 목표

직장으로 복귀하기를 원하며, 여전히 현재의 어려움들이 불안 혹은 심장 문제인지
확신이 없음.

– 과거 삽화와 치료

없음.

– 카페인, 마약 사용 및 알코올 섭취

현재까지는 없음, 디카페인 차를 마심.

– 현재 복용 중인 약물 및 약물치료에 대한 태도

세로자트, 40mg; 약물치료에 대해 호의적임.

– 제공되고 있는 다른 치료

없음.

사례연구 3: Julian

다음은 [연습 5-4]에 자세히 설명된 대로 치료 면담 연습에 사용할 수 있는 사례연구의 세부 사항이다.

일반적 지시 사항

이 작업을 수행하려면 『Rethink: A recovery programme for depression』(Lovell & Richards, 2008)을 사용해야 한다. 이 자료는 다음 링크에서 다운로드할 수 있다(https://www.hpft-talkingtherapies.nhs.uk/resources-and-self-help/self-help-guides/recovery-programme-depression). 이 설명서를 구할 수 없는 경우, 동일한 주제를 다루는 다른 안내식 자가 진단 자료로 이 과제를 수정하여 사용할 수 있다.

임상가 역할을 위한 지시 사항

당신은 역할극에서 다음 상황에 집중하고 있다. 당신은 Julian과의 첫 면담을 마쳤고, 그는 프로그램 2단계(pp. 15-21; 우울증에 대한 정보, 우울증의 악순환, 생각, 행동 및 신체적 측면에 대한 일기 기록, 목표 설정)와 3단계의 1단계(p. 29; 행동 활성화 일기장)를 읽고 완료한 상태에서 회기(세 번째 회기)에 참석했다. 당신의 임무는 이용 가능한 시간에 따라 이 작업을 검토하고 저강도 인지행동치료 역할에 부합하는 방식으로 내담자에게 행동 활성화를 소개하는 것이다. 당신은 내담자에게 매뉴얼의 이러한 부분을 소개한다. 31페이지의 제한된 수의 예시(일상적이고 필요하며 즐거운 활동)에 대해 생각하도록 도와주어 시작하게 한다. 그는 33페이지(어려운 활동, 중간 활동, 쉬운 활동)를 더해 과제로 이 부분을 완료해야 한다. 다음 회기에서 논의할 새로운 행동 활성화 일기를 작성하는 방법을 Julian에게 안내한다(3단계의 2~4단계 완료, 활동 식별하기, 활동 구성하기, 활동 일정 잡기).

내담자 역할

요약이 [그림 A-1]에 제시되어 있다. 역할극과 관련된 정보가 상세하지 않은 경우, 임상가와 내담자는 평가 과정으로 초점을 돌리지 말고 '애드리브'를 해야 한다.

내담자 역할을 위한 지시 사항

　우울증을 앓고 있는 내담자(Julian Roberts, 1979년 4월 3일생)를 연기해야 한다. 그는 직장을 잃은 후 어려움을 겪게 되었다. 임상가의 임무는 행동 활성화 기법(제10장 참조)을 사용하여 내담자의 기분에 긍정적인 영향을 미칠 수 있게 내담자의 행동을 변화시키도록 돕는 것

내담자: Julian Roberts(1979. 4. 3.)

　발병: 실직, 정리해고

　과거 촉발사건: 2년 전에 연인과 헤어지며 힘든 시간을 보냈음(이 시점에서 약물치료를 받았고, 그 이후 장기 연애 관계는 없었음)

정서적: 슬픔, 절망감, 수치심

생리적: 무기력감, 동기 없음, 불면증, 식욕 저하

행동적: 외출하는 것을 회피, 사회적 고립(싱글이지만 친구는 있음), 활동성 저하 패턴, 낮에 낮잠을 잠, 자기관리 감소(예: 옷을 갈아입지 않고 면도를 하지 않음)

인지적: 나는 실패자이다. 나는 쓰레기이다.
　　　다른 사람들은 나를 무시할 것이다. 나를 지루하다고 생각할 것이다.
　　　내 인생은 나아지지 않을 것이다.
　　　자기비난, 집중력 저하, 의사결정의 어려움

문제 진술: 정리해고를 당한 후, 나는 실패자라는 생각을 가지고 있음. 희망이 없다고 느끼고 다른 사람과 연락하거나 전화받는 것을 피하고 있음. 사회적 접촉을 하거나 구직을 하고 있지 않으며, 불면증 증상이 있고, 식욕이 없음.

상황: 싱글이며 당장 경제적인 어려움이 없음, 지지적이며 걱정해 주는 근접한 거리에 사는 부모가 있음, 과거 차 판매원으로 근무했음.
위험: 간헐적인 자살 사고, 행동으로 옮길 의도는 없음.
최근 PHQ-9: 3, 3, 1, 2, 1, 2, 2, 0, 1; 총점 = 15
최근 GAD-7: 0, 2, 1, 1, 0, 2, 2; 총점 = 8
최근 WSAS: N/A, 7, 7, 7, 6; 총점 = 27
약물치료: 세로자트, 20mg; 약물치료에 대한 거부감 없음.

[그림 A-1] Julian에 대한 사례 요약문

이다. 행동 활성화는 일상을 다시 정립하고, 즐거운 활동을 늘리며, 자신에게 필요한 일을 하는 데 집중하는 기법이다. 기본적으로 행동 활성화는 "우울증에서 벗어나기 위해 행동하는 것"(Lovell & Richards, 2008: 27)이다.

말수가 적고, 슬퍼하거나, 에너지와 집중력이 부족하여 대화가 어려울 수 있으며, 눈 맞춤이 제한적일 수 있다. 그러나 단음절로 응답을 하는 것은 임상가가 면담을 지나치게 어렵게 만들 수 있으므로 피하는 것이 좋다. 제8장에 제시된 우울증에 대한 설명을 참조하면 이 역할을 수행하는 데 도움이 될 것이다.

내담자 과제

다음 및 〈표 A-1〉에는 지난 한 주 동안 Julian이 완료한 자료가 나와 있다(연습의 현실감을 높이기 위해 자가 진단 자료의 인쇄물로 작성할 수 있다).

* 영향(Lovell & Richards, 2008: 13의 'Impact sheet'과 관련이 있음):

- 집: '청소하고 요리하며, 청소기 돌리고 침대 정리하고 정리정돈하는 것.'
- 직장: '현재 일하고 있지 않으며, 돌볼 사람은 없다.'
- 관계: '친구들 만나는 것을 피한다. 나는 아무것도 안 하기 때문에 대화할 화제도 없다. 이제 그들과 공통 관심사가 없다고 느낀다. 다른 사람들이 나에게 동정을 느낀다고 생각하며 나는 그것이 싫다.'
- 사회 활동: '대화를 하기 어려우며 다른 사람과 이야기할 만한 주제가 없다. 대화를 하다가 끊길까 봐 걱정되며, 그들이 나를 지루해하거나 나를 만나는 것을 끔찍하게 여기거나 나를 불쌍하게 여길 것 같다.'
- 개인적 영향: '예전처럼 집중하기 어려움, 독서하는 것이 어렵다. 텔레비전도 집중해서 보기 어렵다. 예전에는 흥미로웠던 것들이 이제는 지루하게 느껴진다.'

* 세 가지 영역(Lovell & Richards, 2008: 18의 'Your own personal feelings, behaviours and thoughts'와 관련이 있음):

- 신체 증상: '나는 항상 피곤하며, 에너지가 없지만 잠은 잘 수 없다! 그 무엇도 할 에너지가 없다.'

- 행동: '나는 외출하지 않는다. 그 누구도 무엇도 신경쓰기 귀찮다(무슨 의미가 있는가!). 다른 것들을 찾아볼 노력도 하지 않는다(구직이나 새로운 취미).'
- 생각: '나는 쓰레기다. 나는 쓸모가 없다. 누가 나를 고용하고 싶어 할까? 내가 원해도 계속 직장에 다닐 수 없을 것이다. 내 인생은 끝났다!'

표 A-1

	월요일	화요일	수요일	목요일	금요일	토요일	일요일
아침	침대 안, 11시까지 집에서 혼자	침대 안, 11시30분까지 집에서 혼자	침대 안, 11시까지 집에서 혼자	침대 안, 12:30까지 집에서 혼자	침대 안, 12시까지 집에서 혼자	침대 안, 11시까지 집에서 혼자	침대 안, 오후 4시까지 집에서 혼자
	TV, 집, 11~1:30, 혼자	TV/차 마시기 집, 11:30~2, 혼자	차 마시기, 집, 11~1:30, 엄마와	저강도 인지행동치료 임상가 만나기, 수술, 1~2:30, 엄마와	PC 게임, 집, 12~1:30, 혼자	TV, 집 11~1:30, 혼자	
오후	쇼핑, Asda, 2~4, 엄마와	TV, 집, 2~6, 혼자	고양이를 동물병원에, 시장 보기, 1:30~3, 엄마와	간식 먹기, 집, 3~4, 혼자	점심, 집, 2~2:30, 혼자	쇼핑, Asda, 2~4, 엄마와	점심, 집, 5~5:30, 혼자
	침대, 집, 4~6, 혼자	간식, 집, 6~8, 혼자	씻기, 집, 3~5, 혼자	병원 내원, 수술, 4~5, 엄마와	간식, 집, 4~5, 혼자	PC 게임, 혼자, 4~6, 혼자	씻기, 집, 6~7, 혼자
저녁	저녁, 집, 6~8, 혼자	PC 게임, 집, 8~1:30, 혼자	저녁, 집, 6~8, 혼자	PC 게임, 집, 7~8, 혼자	친구 전화, 집, 7~7:15, 혼자	목욕, 집, 8~9, 혼자	PC 게임, 집, 7~9, 혼자
	TV, 집, 8~2, 혼자		목욕, 집, 8~9, 혼자	TV, 집, 8~11, 혼자	부모 방문, 8~10	TV, 집, 11~1:30, 혼자	

출처: Lovell & Richards (2008), p. 29의 'Behavioural activation diary'와 관련이 있음.

* 목표(Lovell & Richards, 2008: 21의 'My goals'와 관련이 있음):

- 목표 1: '구직 활동을 시작하고 채용 지원서를 작성하는 것' 평가: 0/10.
- 목표 2: '친구들을 만나는 것이 즐거워지는 것' 평가: 1/10.
- 목표 3: '스스로 돌보는 것(예: 더 건강한 식단을 챙겨 먹는 것)' 평가: 2/10.

단축된 사례연구

다음은 임상 사례관리 감독을 연습할 수 있도록 고안된 사례연구 모음이다([연습 17-2] 참조). 물론 연습의 목적상, 특히 프로토콜의 의사결정 섹션에서 사례 자료를 보완하기 위해 약간의 애드리브가 필요할 것이다. 또한 임상 기록([그림 5-2]와 [그림 6-1] 포함)을 바탕으로 템플릿([그림 A-2] 참조)에 정보를 요약하는 것이 도움이 될 수 있다. 이 템플릿은 후속 지도 감독 회기에서 사용하기 위해 수정 및 추가할 수 있다.

내담자 성함: Freddie Morgan   내담자 생년월일: 1987년 1월 11일

연령: 31   사례 번호: 6756   성별: M

- **문제 진술 및 공식화:** 관계가 끝난 이후로 잠을 못 자고, 계속 울기만 하며, 운동을 중단하고 사교 모임 초대도 거절하고 있어 더 고립되고 있다. 다른 사람들이 행복한 관계에 있다는 이야기를 들으면 내가 실패자라는 생각이 들고 결국 혼자가 될 것이라는 생각이 든다.

- **잠정적 진단:** 주요우울장애

- **위험 평가 요약:** 현재 혹은 과거의 자살 계획이나 자살 생각은 없으며, 경미한 절망적인 생각을 가지고 있음(3/10), 자기관리를 하고 있으며, 충동적이지 않고, 타인을 향한 위험은 없다고 보고하며, 위험은 '거의 없음'으로 판단됨.

- **발병과 기간:** 5개월 전 연인과 이별, 일 년 이상 직장에서 스트레스받고 있음.

- **과거 삽화나 치료:** 없음.

- **최근 심리 평가 결과:** PHQ-9 = 4; GAD-7 = 2.

- **공병질환:** 없음.

- **문화적, 언어적, 혹은 장애와 관련 고려 사항:** 없음.

- **직업적 및 경제적 상황:** 회계사로 풀타임 근무 중, 경제적 어려움은 없다고 보고함.

- 일차 진료의나 다른 건강 전문가로부터 받은 치료: 일차 진료의로부터 플루옥세틴 20mg 처방받음.

- 트리아지 관련 정보: 해당 사항 없음.

- 트리아지 관련 질문: 해당 사항 없음.

- 초기 치료 계획: 행동 활성화에 주로 집중한 길잡이식 자조 6회기.

- 저강도 인지행동치료에 대한 초기 반응: 좋음, 활동과 기분과의 연결고리를 찾을 수 있었음, 행동 변화를 주기 시작함.

- 지도감독 이유: 검토

- 향후 치료에 대한 요약: 근로자문가와 연결하여 지지, 행동 활성화, 인지 재구조화 및 카페인 섭취 감소.

- 회기 숫자와 시간: 5회기 × 30분

- 노쇼인 경우, 연락하기 위한 시도 횟수 및 방법: 해당 사항 없음.

- 내담자 준수: 좋음, 자료를 이해했으며 과제를 우선시하고, 치료적 개입을 하는 것에 대한 자신감이 생김.

- 내담자 반응: 근로 자문으로부터 받은 조언을 바탕으로 내담자는 매니저와 만나 업무량을 조정할 수 있었음. 운동 시간과 사회 활동을 늘렸음.
  그는 과거/현재의 업적과 속성을 돌아보며 미래에 대한 희망을 품는 방향으로 변화하고 있음. 그는 이제 가능한 한 디카페인 음료를 마시고 있음.

- 최근 심리평가 점수: PHQ-9 = 16, 14, 10, 8, 4; GAD-7 = 7, 5, 3, 3, 2

- 현재 치료 계획: 재발 방지와 치료 종료

- 지도감독에서 논의된 이슈: [독자가 고려할 것]

- 향후 계획에 대한 요약: [독자가 고려할 것]

[그림 A-2] 완료된 임상적 사례관리 지도감독 요약문 예시

사례연구 4: Roisin MacCarthy(1950년 3월 11일생)

참여한 회기 = 1; 노쇼 횟수 = 0; 취소 회기 = 0; 과거 검토된 적 없음

평가

Roisin은 주요우울장애의 잠정 진단에 부합하는 증상을 보였다. 지난 3개월 동안 특히 기분이 저조했다. 2년 전 여동생이 사망한 이후로 계속 우울한 기분이었다고 보고한다. 최근에는 미래에 대해 매우 우울하고 절망적인 기분이 들기 시작했다. 작년에 친구 한 명이 사망했고, 5년 전에 남편과 사별한 후 자신의 죽음에 점점 더 집중하게 되었다. 그녀는 매우 외롭고 '아무 이유 없이' 눈물을 흘리는 자신을 발견했다고 보고한다. 이전에 우울증 증상을 겪은 적은 없었다.

그녀는 하루 종일 식탁에 앉아 '멍 때리며' 시간을 보낸다. 그녀는 어떤 일을 하려고 동기를 부여하기가 어렵다. 딸이 일주일에 두 번 방문하여 쇼핑과 요리를 대신 해 준다. 식욕이 떨어지고 혼자 있을 때는 스스로 식사를 준비하지 않는다. 지난 1년 동안 체중이 2kg 줄었다. 그녀는 어린 두 자녀를 둔 딸에게 얼마나 많은 스트레스를 주고 있는지 걱정하고 있다. Roisin은 지난 몇 년 동안 활동량이 줄었다. 그녀는 정기적으로 외출하여 여동생과 시간을 보내고, 쇼핑을 하고, 가족을 방문하고, 산책을 하고, 지역 커뮤니티 센터의 친구들과 일주일에 한 번씩 커피를 마시곤 했다. 그녀는 점차 이러한 활동 대부분을 중단했다. 자살에 대한 생각은 없지만, 그녀는 인생에서 잃은 사람들을 언급하며 '곧 내 차례가 될 것'이라고 보고한다.

Roisin은 아일랜드 남부에서 태어나 1966년 영국으로 이주했다. 그곳에서 아일랜드인인 남편을 만났다. 두 사람은 37년 동안 결혼 생활을 이어 왔다. 2년 전 은퇴할 때까지 식당 주방장으로 일했다. 슬하에 두 자녀와 네 명의 손자가 있다. 그녀의 가족은 그녀에게 지지적이다. 그녀는 가끔 술을 마시고 하루에 담배를 5개비 정도 피운다. 예전에는 담배를 많이 피웠지만 15년 전에 흡연량을 줄였다. 마약을 사용한 적이 없다. Roisin은 최근 몇 년 동안 귀가 잘 들리지 않게 되었다. 또한 관절염이 있어 멀리 걷거나 오래 글씨를 쓰는 것이 어렵다. 관절염 치료제로 항염증제를 복용하고 있지만 우울증 치료제는 복용하지 않고 있다. 평가에서 Roisin은 자신의 우울한 기분이 외로움과 '저승사자의 임박한 도착' 때문이라고 생각한다고 말했다. 그녀는 심리적 도움에 대해 비관적이었지만 조언을 받을 수 있어서 감사 인사를 전했다.

그녀와 함께 작성한 문제 진술문이다.

여동생이 세상을 떠난 이후로 매우 우울하고 외로운 기분이 들었고 식욕도 떨어졌습니다. '곧 내 차례가 될 것 같다.'라는 생각이 들며, 우울한 기분은 잃어버린 사람을 떠올리게 하는 일들로 인해 촉발되고, 하루 중 많은 시간을 혼자 앉아 있기 때문에 더 이상 사교 활동을 하지 않습니다.

PHQ-9 = 14; GAD-7 = 8

• 치료 계획: 고려할 의향이 있음

사례연구 5: Zada Dweck(1996년 7월 27일생)

참여한 회기 = 0; 노쇼 횟수 = 1; 취소 회기 = 0; 과거 검토된 적 없음

평가

Zeda는 범불안장애의 잠정 진단에 부합하는 증상으로 서비스를 의뢰받았다. 그녀는 또한 기분 저하로 어려움을 겪고 있다. 의뢰서에는 Zeda가 대학교 1학년 학생이라고 명시되어 있다. 그녀는 원래 시리아 출신으로 고국의 정치적 문제에 연루된 가족에 대한 두려움을 가지고 있다. Zeda는 대학 기숙사에 거주하고 있다. 미혼이며 의뢰서에 위험 요인이 언급되지 않았고 이전 병력도 발견되지 않았다. 일주일 전에 졸로프트_{zoloft(sertraline)} 50mg을 처방받은 적이 있다. 다른 기관과의 접촉에 대한 언급은 편지에 없었다.

Zeda는 지난주에 예약을 제안받았지만 참석하지 않았다. 하루 중 다른 시간대에 세 번이나 전화를 걸었지만 전화를 받지 않았다. 여전히 참석을 원한다면 이번 주말까지 서비스에 연락하라는 메시지를 남겼다.

사례연구 6: Joshua Wilkinson(1990년 3월 18일생)

참여한 회기 = 1; 노쇼 횟수 = 0; 취소 회기 = 0; 과거 검토된 적 없음

평가

Joshua는 특정공포증으로 잠정 진단을 받았다. 그는 13세 때 놀이동산으로 수학여행을 갔을 때부터 고소공포증이 있었다. 롤러코스터를 타기 위해 친구들과 함께 높은 계단을 오르던 중 불안감과 메스꺼움, 어지러움을 느끼기 시작했다. 계단을 내려온 그는 너무 긴장한

나머지 하루 종일 어떤 놀이기구도 타지 못했다. 그 이후로 Joshua는 가능한 한 높은 곳에 올라가는 것을 피하고 있다고 말했다. 그는 약 20피트(약 6미터) 높이까지 올라갈 수 있다. 그보다 높은 곳에 올라가면 불안감을 느낀다고 보고한다. 이러한 상황을 상상하거나 그러한 상황에 처하면 심장이 뛰고, 어지럽고, 속이 메스껍고, 땀이 나고, 몸이 떨리는 등 여러 가지 신체 증상이 유발된다. 그의 주된 걱정은 걸려 넘어지거나 미끄러져 넘어질지도 모른다는 것이다. 또한 기절할지도 모른다고 생각하며 그렇게 되면 다칠지도 모른다고 걱정한다. 20피트 이상 높은 곳에 가야 할 때는 반드시 보호자가 동행해야 한다. 그는 개인이나 장벽/난간을 단단히 붙잡고 다닌다. 이로 인해 그의 삶의 일부 측면이 제한되고 있다. 예를 들어, 작년에 그는 남자친구와 함께 파리에 갔지만 에펠탑에 올라가지 못했다. 하지만 일상적인 생활에서는 그는 높은 곳을 피할 수 있다.

Joshua는 현재 지역 레스토랑에서 웨이터로 일하고 있다. 그는 할아버지로부터 유산을 물려받았으며, 석유 및 가스 업계에서 경력을 쌓기 위해 재교육을 고려하고 있다. 그는 이 업계에서 높은 수준의 상황 관리 능력이 필요하기 때문에 스스로 이 서비스를 받겠다고 내방하게 되었다. 그는 현재 어머니, 아버지, 여동생과 함께 살고 있다. 그는 오래 사귄 애인 (Pete)과 함께 집을 살 수 있도록 돈을 모으기 위해 노력하고 있다. 그는 자신의 삶의 다른 측면과 관련된 어려움을 경험한 적이 없다고 부인한다. 또한 자해나 자살에 대한 현재/과거의 생각, 계획 또는 의도가 전혀 없다고 부인했다. Joshua는 주말에 약 10잔의 술을 마시고 하루에 약 2잔의 차를 마신다고 진술했으며, 마약을 사용한 적이 없다고 보고했다.

Joshua는 공포증과 관련하여 일차 진료의를 만나지 않았으며, 어려움을 해결하기 위한 약을 복용하고 있지 않다. 그는 인터넷에서 인지행동치료$_{CBT}$에 대해 읽었다. 그는 치료가 자신을 긴장하게 만드는 고소공포증에 직면하는 것을 포함한다는 것을 알고 있다. 그러나 그는 참여하고자 하는 동기가 있다. 다음과 같은 문제 진술이 그와 함께 작성했다.

높은 곳에 가면 어지럽거나 떨어서 혹시 발을 헛디디거나 쓰러질 수 있다는 생각에 높은 곳을 최대한 피한다. 이제 이 문제가 이직을 하는 데 걸림돌이 되고 있다.

PHQ-9 = 4; GAD-7 = 9

• 치료 계획: 고려할 의향이 있음

사례연구 7: David Plumpton(1960년 5월 19일생)

참여한 회기 = 5; 노쇼 횟수 = 0; 취소 회기 = 0; 검토된 지 4주 지남

평가

평가 시 David는 5개월 동안 기분이 우울하다고 보고했다. 그의 증상은 잠정적으로 주요 우울장애와 유사하다. 그는 불면증 증상과 식욕이 떨어지고 집중력도 떨어지면서 피곤하고 스트레스를 받고 있다고 보고했다. 그는 이른 새벽에 일어나 자신의 인생에서 '실패'한 것에 대해 반추한다. 그는 일시적으로 근무 시간을 줄였고 지금은 반나절만 근무하고 있다. 그는 휴식을 취하기 위한 주요 수단이었던 산책을 중단했다. 그는 자신보다 훨씬 더 행복하다고 생각하는 친구들과 연락하기가 어렵다는 것을 알게 되었다. 그는 미래에 대해 걱정하지만 자살에 대한 생각을 드러내거나 목숨을 끊을 계획을 세운 적이 없다고 부인했다. 심리적 문제에 대한 가족력은 알려져 있지 않다. 그는 이전에 우울증을 앓은 적이 없다고 보고했다.

David는 컴퓨터 프로그래머로 20년 동안 같은 일을 해 왔다. 그는 결혼했으며 슬하에 성인 자녀 네 명이 있고, 막내가 아직 집에 살고 있다. 아내와의 관계는 지지적이며 아내도 초기 평가 회기에 함께 참석했다. 결혼 생활에 어려움을 겪고 있는 장남에 대한 몇 가지 우려가 있었다. 그는 카페인 음료를 마시지 않고 일주일에 약 9잔의 술을 마시며 하루에 12개비의 담배를 피운다. 마약 사용을 부인하며 처방된 약물을 복용하지 않는다. 그는 직장에서 정리해고 가능성에 대해 몇 가지 걱정을 하긴 했지만, 우울증을 유발한 과거의 계기(발병)에 대해서는 명확하게 설명하지 못했다. 그는 '길을 잃고 혼란스러웠다'고 보고했다. 그의 아내는 신문에서 인지행동치료에 관한 기사를 읽고 남편에게 도움이 될 수 있겠다고 생각했다. 초기 평가에서 다음과 같은 문제 진술을 그와 함께 작성했다.

직장에서 정리해고에 대한 논의와 제가 실패자라는 생각에 절망감을 느끼고, 수면이 부족하고, 식사도 제대로 하지 못하며, 걷거나 친구에게 연락하는 것을 중단했습니다. 그 결과 업무에 어려움을 겪고 있으며 사교 활동도 중단했습니다.

치료 요약

한 번의 초기 평가와 네 번의 대면 길잡이식 자조$_{GSH}$ 치료 회기 등 총 다섯 번의 대면 회기를 가졌다. David는 행동 활성화와 수면 위생에 초점을 맞춘 6번의 자조 가이드 회기에 동의했다. 그는 동기부여를 잘 받았고 자조 자료에 적극적으로 참여했다. 집중력이 떨어져서

정해진 읽기 자료를 모두 읽기 어려울 때가 있다. 현재까지 루틴에 약간의 변화를 주었고 활동량을 약간 늘렸다.

PHQ-9 = 16, 14, 13, 13, 13; GAD-7 = 5, 4, 4, 4, 4

사례연구 8: Awaisha Saleem(1946년 6월 17일생)

참여한 회기 = 3; 노쇼 횟수 = 0; 취소 회기 = 0; 검토한 지 2주 지남

평가

초기 평가에서 Awaisha는 약 6개월 동안 범불안장애의 잠정 진단에 부합하는 증상을 경험했다고 보고했다. 그녀는 지속적으로 불안하고 근육 긴장, 두통, 식욕 부진을 경험했다. 그녀는 잠을 잘 이루지 못했고 삶의 여러 영역에 대해 걱정했다. 10년 전 유방암 진단을 받았고 현재 관해(remission) 상태이지만 암이 재발할까 봐 걱정하고 있다. 그러나 그녀는 항상 걱정이 많았고 일반적으로 '모든 것에 대해' 걱정했다. 지난 한 해 동안 친구 두 명이 암으로 사망하면서 Awaisha는 자신의 건강에 대한 불안감이 더욱 커졌다. 그녀는 4년 동안 남편을 전적으로 간병해 왔다. 남편은 20년 전에 다발성 경화증 진단을 받았고 최근 몇 년 동안 건강이 눈에 띄게 악화되었다. 남편(Yasir)을 돌보기 위해 조교 일을 그만둔 후로 친구와의 접촉이 줄었고 외출도 거의 하지 않고 있다. 과거에는 매주 화요일에는 여자 친구와 함께 카페에 가고, 목요일 저녁에는 이슬람 사원의 여성들과 함께 요리를 하곤 했다. 하지만 지금은 이러한 활동을 중단했다. Awaisha는 Yasir가 자신을 지지해 주지만, 그의 이익을 위해 체면을 유지하려고 노력하기 때문에 이제는 그에게 털어놓기가 어렵다고 말한다. 그녀는 자신에게 무슨 일이 생기면 Yasir가 어떻게 살아남을지 확신할 수 없다고 말했다. 현재 그녀는 삶을 끝내고 싶다는 생각은 없으며 종교적 신앙이 보호 요인으로 보이며 자살 위험을 높이는 과거력이 없다. 하루에 과일이나 허브차를 6잔 정도 마시고, 술을 마시거나 마약을 사용하지 않는다(이러한 행위는 코란에서 '금지'되어 있음). 그녀는 항우울제 처방 제안을 거절했다. 다음 문제 진술은 Awaisha와 함께 작성했다.

몸의 감각들은 암이 재발한 것 같다는 생각을 촉발하고, Yasir의 건강 악화를 감당할 수 없을 것 같다는 생각이 들었습니다. 두통과 수면장애가 생기고 친구들과의 연락도 끊어져 고립되어 가고 있습니다.

치료 요약

3번의 대면 진료가 진행됐다. 초기 평가 1회, 길잡이식 자조 치료 회기 2회이다. 초기 치료 계획은 길잡이식 자조를 사용하는 것이었다. Awaisha는 워크북의 첫 번째 부분을 읽고 걱정 일기를 작성한 후 두 번째 회기에 왔다. 그녀는 자료에 공감하기는 어려웠지만 가상적인 걱정과 실제적인 걱정이 섞여 있는 것을 확인할 수 있었다. 그녀는 걱정 시간 기법에 대해 확신하지 못했지만, 2회기와 3회기 사이에 일주일 동안 매일 실험으로 시도해 보기로 했다. 그러나 세 번째 회기에서 그녀는 과제를 수행할 시간을 찾지 못했다고 말하며 참석에 대해 양가적인 태도를 보였다.

PHQ−9 = 14, 17, 18; GAD−7 = 14, 16, 19

사례연구 9: Freddie Morgan(1987년 1월 11일생)

참여한 회기 = 5; 노쇼 횟수 = 1; 취소 회기 = 0; 검토한 지 4주 지남

평가

잠정 진단에 부합하는 증상을 경험하고 있다고 보고했다. Freddie는 연인과의 헤어짐 이후 지난 5개월 동안 기분이 우울했다. 또한 수면 부족, 식욕 감소, 눈물, 무기력, 실패자라는 생각에 시달렸다. 그는 운동을 중단하고 사회 활동을 피하고 있다. 초기 평가 시점에 그는 기분이 우울하여 약 3개월 전부터 2주간 병가를 낸 적이 있다. 그는 자살 충동을 경험한 적이 없다고 부인했고, 이와 관련하여 어떠한 계획도 세우지 않았으며, 현재 시점에서 자살 위험을 높일 만한 이전 경험도 없다고 밝혔다. 그는 이전에 치료를 위해 정신건강 서비스에 의뢰된 적이 없었다. 정신건강 문제에 대한 가족력도 없었다. 그는 회계사로 풀타임으로 일하고 있으며 5개월 전 파트너가 퇴사한 후 혼자 살고 있다. 일주일에 평균 12잔의 술을 마시고 하루에 8잔의 커피를 마시며 흡연은 하지 않는다. 학생 때는 가끔 암페타민과 엑스터시를 사용했지만 대학을 졸업한 이후에는 사용하지 않았다. 그는 플루옥세틴 20mg을 처방받았으며, 평가 당시 7주 동안 복용하고 있었다. 그는 약물 복용 후 처음에 약간의 메스꺼움을 경험했지만 이후 사라졌다.

Freddie는 자신의 가족이 친밀한 관계에 있다고 보고했다. 그는 부모 및 두 형제와 정기적으로 전화 연락을 주고받는다. 부모는 스코틀랜드에 거주하기 때문에 자주 만나지는 못

한다. 친한 친구 두 명이 있어 속마음을 털어놓을 수 있다. 그는 매니저의 지원이 부족하고 업무 스트레스가 많기 때문에 자신의 직업에 대해 몇 가지 우려를 가지고 있다. 우울증은 연인과의 이별이 계기가 되었다고 말했지만, 지난 1년 동안 상당히 우울한 기분을 느꼈다고 한다. 이전에 인지행동치료로 치료를 받은 적이 있는 친구가 매우 도움이 되었다고 해서 Freddie도 비슷한 접근법을 시도해 보고 싶어 한다. Freddie와 함께 다음과 같은 문제 진술서를 작성했다.

> 관계가 끝난 후 잠을 잘 못 자고, 항상 울고, 외출도 하지 않고, 초대에 응하지 않아 더욱 고립되었습니다. 다른 사람들이 행복한 연애를 하는 것을 보거나 들으면 나는 실패자이고 결국 혼자가 될 것이라는 생각이 듭니다.

치료 요약

전화로 5회기 초기 평가 1회, 길잡이식 자조 치료 회기 4회를 진행하였다. Freddie는 우울증 치료를 위해 6회기의 길잡이식 자조 치료에 동의했다. 그는 현재 5번의 회기를 받았고, 동기부여가 잘되었으며 자료를 적극적으로 잘 활용하고 있다. 회기는 행동 활성화와 인지 재구성 기술에 중점을 두고 있다. 그는 카페인 섭취를 줄이라는 조언을 받았고, 이후 디카페인 커피로 전환하는 데 성공했다. 또한 그는 팀의 고용 고문에게 자신의 업무 상황에 대한 조언을 구했다. 그는 친구들과 외출을 하고 축구를 다시 시작했다. 또한 직속 상사를 만나 업무량을 일부 줄일 수 있었다. 그 결과, 그는 기분이 좋아지고 미래에 대한 희망이 커졌다는 것을 알게 되었다.

PHQ-9 = 16, 14, 10, 8, 4; GAD-7 = 7, 5, 3, 3, 2

참고문헌 🌿

Adachi, Y. (2005). Behavior therapy for obesity. *Japan Medical Association Journal*, *48*, 539-544.

Adair, J.E. (1983). *Effective leadership: A self-development model*. Aldershot: Gower Publishing.

Addis, M., & Martell, C. (2004). *Overcoming depression one step at a time*. Oakland, CA: New Harbinger Publications.

Adelman, C.B., Panza, K.E., Bartley, C.A. et al. (2014). A meta-analysis of computerized cognitive-behavioral therapy for the treatment of DSM-5 anxiety disorders. *Journal of Clinical Psychiatry*, *75*, 695-704.

Adler, D.A., McLaughlin, T.J., Rogers, W.H. et al. (2006). Job performance deficits due to depression. *American Journal of Psychiatry*, *163*, 1569-1576.

Age UK (2012). *Diversity in older people and access to services: An evidence review*. Retrieved 11 January 2018 from www.ageuk.org.uk/Documents/EN-GB/ For-professionals/Research/Equalities_Evidence_Review_Moriarty_2012. pdf?dtrk=true

Age UK (2016a). *Hidden in plain sight: The unmet mental health needs of older people*. Retrieved 29 June 2017 from www.ageuk.org.uk/Documents/EN-GB/ For-professionals/Policy/health-and-wellbeing/ Hidden_in_plain_sight_older_peoples_ mental_health.pdf?dtrk=true

Age UK (2016b). *Later life in the United Kingdom*. Retrieved 29 June 2017 from www.ageuk.org.uk/ Documents/EN-GB/Factsheets/Later_Life_UK_factsheet. pdf?dtrk=true

Alderfer, C., & Lynch, B. (1987). Supervision in two dimensions. *Journal of Strategic and Systemic Therapies*, *5*, 70-73.

Ali, S., Rhodes, L., Moreea, O. et al. (2017). How durable is the effect of low intensity CBT for depression and anxiety? Remission and relapse in a longitudinal cohort study. *Behaviour Research and Therapy*, *94*, 1-8.

American Psychiatric Association (APA) (2010). *Practice guideline for the assessment and treatment of patients with suicidal behaviors*. Washington, DC: APA.

APA (2013). *Diagnostic and statistical manual of mental disorders* (5th edn) (DSM-5). Washington, DC: APA.

Ancoli-Israel, S., & Cooke, J.R. (2005). Prevalence and comorbidity of insomnia and effect on functioning in elderly populations. *Journal of the American Geriatrics Society*, *53*, S264-271.

Anderson, D. N. (2001). Treating depression in old age: The reasons to be positive. *Age and Ageing*, *30*, 13-17.

Anderson, K. (2018). *How to beat insomnia and sleep problems one step at a time: Using evidence-based low-intensity CBT*. London: Little, Brown.

Andrews, G., Cuijpers, P., Craske, M. et al. (2010). Computer therapy for the anxiety and depressive disorders is effective, acceptable and practical health care: a metaanalysis. *PLoS ONE, 5*, Article 13196. Retrieved 14 March 2018 from journals.plos. org/plosone/article?id=10.1371/journal.pone.0013196

Anthias, F. (2013). Moving beyond the Janus face of integration and diversity discourses: Towards an intersectional framing. *The Sociological Review, 61*, 323-343.

Apodaca, T.R., & Miller, R.W. (2003). A meta-analysis of the effectiveness of bibliotherapy for alcohol problems. *Journal of Clinical Psychology, 59*, 289-304.

Applebee, J. (2014) *The greatest trick.* Unpublished poem.

Archer, J., Bower, P., Gilbody, S. et al. (2012). Collaborative care for depression and anxiety problems. *The Cochrane Library, 10*, 1-229.

Arntz, A. (2003). Cognitive therapy versus applied relaxation as treatment of generalized anxiety disorder. *Behaviour Research and Therapy, 41*, 633-646.

Aronson, M. K., Ooi, W. L., Geva, D. L. et al. (1991). Dementia: Age-dependent incidence, prevalence, and mortality in the old old. *Archives of Internal Medicine, 151*, 989-992.

Artman, L. & Daniels, J. (2010). Disability and psychotherapy practice: Cultural competence and practical tips. *Professional Psychology: Research and Practice, 41*, 442-448.

Ashworth, S., Ashworth, S., Jansen, K. et al. (2017). Mind matters: A psychoeducation programme for individuals with intellectual disabilities and co-morbid diagnoses of mental disorder. *Journal of Intellectual Disabilities and Offending Behaviour, 8*, 34-40.

Atkinson, R. L., Atkinson, R. C., Smith, E. E. et al. (1990). *Introduction to psychology* (10th edn). San Diego, CA: Harcourt Brace Jonanovich.

Austin, M.P., Frilingos, M., Lumley, J. et al. (2008). Brief antenatal cognitive behaviour therapy group intervention for the prevention of postnatal depression and anxiety: A randomised controlled trial. *Journal of Affective Disorders, 105*, 35-44.

Ayuso-Mateos, J.L., Nuevo, R., Verdes, E. et al. (2010). From depressive symptoms to depressive disorders: The relevance of thresholds. *British Journal of Psychiatry, 196*, 365-371.

Baguley, C., Farrand, P., Hope, R. et al. (2010). Good practice guidance on the use of self-help materials within IAPT services. *Improving Access to Psychological Therapies.* Retreived 18 November 2017 from eprints.hud.ac.uk/9017/

Bains, M.K., Scott, S., Kellett, S. & Saxon, D. (2014). Group psychoeducative cognitivebehaviour therapy for mixed anxiety and depression with older adults. *Aging and Mental Health, 18*, 1057-1065.

Ballenger, J.C., Davidson, J.R., Lecrubier, Y. et al. (2001). Consensus statement on generalized anxiety disorder from the international consensus group on depression and anxiety. *Journal of Clinical Psychiatry, 62*(Suppl. 11), 53-58.

Bambling, M., King, R., Raue, P. et al. (2006). Clinical supervision: Its influence on client-rated working alliance and client symptom reduction in the brief treatment of major depression. *Psychotherapy Research, 16*, 317-331.

Bandura, A. (1973). *Aggression: A social learning analysis.* Englewood Cliffs, NJ: Prentice-Hall.

Barrera, M., Rosen, G.M., & Glasgow, R.E. (1981). Rights, risks, and responsibilities in the use of self-help psychotherapy. In G.T. Hannah, W.P. Christian & H.P. Clark (Eds.), *Preservation of client rights* (pp.204-220). New York: Free Press.

Baruch, Y., Sayce, S. & Gregoriou, A. (2014). Retirement in a global labour market: a call for abolishing the fixed retirement age. *Personnel Review*, *43*, 464-482.

Bassey, S., & Melluish, S. (2012). Cultural competence in the experiences of IAPT therapists newly trained to deliver cognitive-behavioural therapy: A template analysis focus study. *Counselling Psychology Quarterly*, *25*, 223-238.

Baum, F. (1999). Social capital: Is it good for your health? *Journal of Epidemiological and Community Health*, *53*, 185-186.

Beauchamp, T.L. & Childress, J.F. (2012). *Principles of biomedical ethics* (7th edn). New York: Oxford University Press.

Beaumont, J. & Lofts, H. (2013). *Measuring national well-being: Health, 2013*. Retrieved 29 June 2017 from webarchive.nationalarchives.gov.uk/20160105160709/http:// www.ons.gov.uk/ons/ dcp171766_310300.pdf

Beck, A. (2016). *Transcultural cognitive behaviour therapy for anxiety and depression: A practical guide*. Abingdon: Routledge.

Beck, A.T. (1976). *Cognitive therapy and the emotional disorders*. London: Penguin Books.

Beck, A.T., Brown, G. & Steer, R.A. (1989). Prediction of eventual suicide in psychiatric inpatients by clinical ratings of hopelessness. *Journal of consulting and clinical psychology*, *57*, 309-310.

Beck, A.T., Kovac, M. & Weissman, A. (1975). Hopelessness and suicidal behavior: An overview. *Journal of the American Medical Association*, *234*, 1146-1149.

Beck, A.T., Rush, A.J., Shaw, B.F. & Emery, G. (1979). *Cognitive therapy of depression*. New York: Guilford Press.

Beck, A.T., Steer, R.A. & Brown, G.K. (1996). *Beck depression inventory II*. San Antonio, TX: The Psychological Corporation.

Beck, J. (1995). *Cognitive therapy: Basics and beyond*. New York: Guilford Press.

Bee, P.E., Bower, P., Lovell, K. et al. (2008). Psychotherapy mediated by remote communication technologies: A meta-analytic review. *BMC Psychiatry*, *8*, 60-73.

Beinart, H. (2004). Models of supervision. In I. Fleming & L. Steen (Eds.) *Supervision in clinical psychology: Theory, practice and perspectives* (pp.36-50). Hove: Routledge.

Beitman, B., Goldfried, M. & Norcross, J. (1989). The movement towards integrating the psychotherapies: An overview. *American Journal of Psychiatry*, *146*, *2*, 136-147.

Bélanger, L., Morin, C.M., Langlois, F. & Ladouceur, R. (2004). Insomnia and generalized anxiety disorder: Effects of cognitive behavior therapy for GAD on insomnia symptoms. *Anxiety Disorders*, *18*, 561-571.

Bell, A.C. & D'Zurilla, T.J. (2009). Problem-solving therapy for depression: A metaanalysis. *Clinical Psychology Review*, *29*, 348-353.

Belle, D. & Doucet, J. (2003). Poverty, inequality, and discrimination as sources of depression among US women. *Psychology of Women Quarterly*, *27*, 101-113.

Belzer, K. & Schneier, F.R. (2004). Comorbidity of anxiety and depressive disorders: Issues in conceptualization, assessment, and treatment. *Journal of Psychiatric Practice*, *10*, 296-306.

Bennabi, D., Aouizerate, B., El-Hage, W. et al. (2015). Risk factors for treatment resistance in unipolar depression: A systematic review. *Journal of affective disorders*, *171*, 137-141.

Bennett-Levy, J. & Farrand, P. (2010). Low intensity CBT models and conceptual underpinnings: Overview. In J. Bennett-Levy, D.A. Richards, P. Farrand et al. (Eds.) *Oxford guide to low intensity CBT interventions* (pp.1-2). Oxford: Oxford University Press.

Bennett-Levy, J., Lee, N., Travers, K. et al. (2003). Cognitive therapy from the inside: Enhancing therapist skills through practicing what we preach. *Behavioural and Cognitive Psychotherapy, 31*, 143-158.

Bennett-Levy, J., Richards, D. & Farrand, P. (2010a). Low intensity CBT interventions: A revolution in mental health care. In J. Bennett-Levy, D.A. Richards, P. Farrand et al. (Eds.), *Oxford guide to low intensity CBT interventions* (pp.3-18). Oxford: Oxford University Press.

Bennett-Levy, J., Richards, D.A., Farrand, P. et al. (Eds.) (2010b). *Oxford guide to low intensity CBT interventions*. Oxford: Oxford University Press.

Bernard, J.M. & Goodyear, R.K. (2009). *Fundamentals of clinical supervision* (4th edn). Upper Saddle River, NJ: Merrill.

Beshai, S., Dobson, K., Adel, A. & Hanna, N. (2016). A cross-cultural study of the cognitive model of depression: Cognitive experiences converge between Egypt and Canada. *PLoS ONE, 11*, Article 0150699. Retrieved 14 March 2018 from journals. plos.org/plosone/article?id=10.1371/journal.pone.0150699

Bhui, K., Bhugra, D., Goldberg, D. et al. (2004). Assessing the prevalence of depression in Punjabi and English primary care attenders: The role of culture, physical illness and somatic symptoms. *Transcultural Psychiatry, 41*, 307-322.

Bieling, P.J, McCabe, R.E. & Antony, M.M. (2006). *Cognitive-behavioral therapy in groups*. New York: Guilford Press.

Bjelland, I., Dahl, A.A., Haug, T.T. & Neckelmann, D. (2002). The validity of the Hospital Anxiety and Depression Scale: An updated literature review. *Journal of Psychosomatic Research, 52*, 69-77.

Black, C. (2008). *Working for a healthier tomorrow*. London: The Stationery Office. Blackburn, I. & Davidson, K. (1995). *Cognitive therapy for depression and anxiety*. Oxford: Blackwell Science.

Blackburn, I. & Twaddle, V. (1996). *Cognitive therapy in action*. London: Souvenir Press. Blanchard, M. (1992). The elderly. *International Review of Psychiatry, 4*, 251-255.

Blazer, D.G. (2003). Depression in late life: Review and commentary. *Journals of Gerontology Series A: Biological Sciences and Medical Sciences, 58*, 249-265.

Blenkiron, P. (1999). Who is suitable for cognitive behavioural therapy? *Journal of the Royal Society of Medicine, 92*, 222-229.

Blenkiron, P. (2010). *Stories and analogies in cognitive behaviour therapy*. Chichester: Wiley-Blackwell.

Boath, E., Bradley, E. & Anthony, P. (2004). Users' views of two alternative approaches to the treatment of postnatal depression. *Journal of Reproductive and Infant Psychology, 22*, 13-24.

Bodenheimer, T., MacGregor, K. & Sharifi, C. (2005). *Helping patients manage their chronic conditions*. California Healthcare Foundation. Retrieved 31 July 2018 from www.chcf.org/wp-content/uploads/2017/12/PDF-HelpingPatientsManageTheirChr onicConditions.pdf.

Borkovec, T.D. & Costello, E. (1993). Efficacy of applied relaxation and cognitivebehavioral therapy in the treatment of generalized anxiety disorder. *Journal of Consulting and Clinical Psychology, 61*, 611-619.

Bower, G.H. (1981). Mood and memory. *American Psychologist, 36*, 129-148.

Bower, P. & Gilbody, S. (2005). Stepped care in psychological therapies: Access, effectiveness and efficiency. *British Journal of Psychiatry*, *186*, 11-17.

Boynton, P.M. & Greenhalgh, T. (2004). Selecting, designing, and developing your questionnaire. *British Medical Journal*, *328*, 1312-1315.

British Association for Behavioural and Cognitive Psychotherapies (BABCP) (n.d.). *Guidelines for good practice of behavioural and cognitive psychotherapy*. Bury: BABCP.

BABCP (2017). *Standards of conduct, performance and ethics*. Bury: BABCP.

British Association for Counselling and Psychotherapy (BACP) (2007). *Ethical framework for good practice in counselling and psychotherapy*. Lutterworth: BACP.

British Broadcasting Company (BBC) (2005). *French Muslims face job discrimination*. Retrieved 19 May 2011 from news.bbc.co.uk/1/hi/world/europe/4399748.stm

BBC (2007). *Mothers 'face job discrimination'*. Retrieved 19 May 2011 from news.bbc.co.uk/1/hi/uk/6402933.stm

BBC (2010). *Birmingham City Council to stop housing asylum seekers*. Retrieved 15 May 2011 from www.bbc.co.uk/news/uk-england-birmingham-11501640

British Psychological Society (BPS) (2006). *Risk assessment and management*. Leicester: BPS.

BPS (2008). *Workingwithinterpreters inhealth settings*. Retrieved 21 December 2017 from www.ucl.ac.uk/dclinpsy/training-handbook/chapters/handbook-pdf/SECTION_8_ Appendix_9_BPS_guidance_on_working_with_interpreters_June_2013

BPS (2012). *Guidelines and literature review for psychologists working therapeutically with sexual and gender minority clients*. Leicester: BPS.

BPS, Division of Clinical Psychology (2015). *Inclusivity strategy 2016-2018*. Leicester: BPS. BPS (2017). *Declaration on equality, diversity and inclusion*. Retrieved 18 March 2017 from beta.bps.org.uk/sites/beta.bps.org.uk/files/News%20-%20Files/INF278%20 Declaration%20on%20equality%20v3.pdf

Brohan, E., Henderson, C., Wheat, K. et al. (2012). Systematic review of beliefs, behaviours and influencing factors associated with disclosure of a mental health problem in the workplace. *BMC Psychiatry*, *12*, 11.

Broom, D.H., D'Souza, R.M., Strazdins, L. et al. (2006). The lesser evil: Bad jobs or unemployment? A survey of mid-aged Australians. *Social Science and Medicine*, *63*, 575-586.

Bronfenbrenner, U. (1979). *The ecology of human development: Experiments by nature and design*. Cambridge, MA: Harvard University Press.

Brown, G.K., Have, T.T., Henriques, G.R. et al. (2005). Cognitive therapy for the prevention of suicide attempts: A randomized controlled trial. *Journal of the American Medical Association*, *294*, 563-570.

Brown, G.W. & Harris, T.O. (1978). *Social origins of depression: A study of psychiatric disorder in women*. London: Tavistock.

Brown, J.S.L., Elliott, S.A., Boardman, J. et al. (2004). Meeting the unmet need for depression services with psycho-educational self-confidence workshops: Preliminary report. *British Journal of Psychiatry*, 185, 511-515.

Brown, J.S.L., Elliott, S.A., Boardman, J. et al. (2008). Can the effects of a 1-day CBT psychoeducational workshop on self-confidence be maintained after 2 years? A naturalistic study. *Depression and Anxiety*, 25, 632-640.

Brown, T.A., Campbell, L.A., Lehman, C.L. et al. (2001). Current and lifetime comorbidity of the DSM-IV anxiety and mood disorders in a large clinical sample. *Journal of Abnormal Psychology*, *110*, 585-599.

Bryan, C.J. (2007). Empirically based outpatient treatment for a patient at risk for suicide: The case of 'John'. *Pragmatic Case Studies in Psychotherapy*, *3*, 1-40.

Bryan, C.J., Corso, K.A., Neal-Walden, T.A. & Rudd, M.D. (2009). Managing suicide risk in primary care: Practice recommendations for behavioral health consultants. *Professional Psychology: Research and Practice*, *40*, 148-155.

Bryan, C.J. & Rudd, M.D. (2006). Advances in the assessment of suicide risk. *Journal of Clinical Psychology: In Session*, *62*, 185-200.

Burns, D.D. & Auerbach, A. (1996). Therapeutic empathy in cognitive-behavioural therapy: Does it make a difference? In P.M. Salkovskis (Ed.) *Frontiers in Cognitive Therapy* (pp.135-164). London: Guilford Press.

Burton, W.N., Pransky, G., Conti, D.J. et al. (2004). The association of medical conditions and presenteeism. *Journal of Occupational and Environmental Medicine*, *46*, 38-45.

Butterworth, P., Leach, L.S., McManus, S. & Stansfeld, S.A. (2013). Common mental disorders, unemployment and psychosocial job quality: Is a poor job better than no job at all? *Psychological Medicine*, *43*, 1763-1772.

Byers, A.L., Yaffe, K., Covinsky, K.E. et al. (2010). High occurrence of mood and anxiety disorders among older adults: The National Comorbidity Survey Replication. *Archives of General Psychiatry*, *67*, 489-496.

Care Quality Commission (CQC) (2013). *Supporting information and guidance: Supporting effective clinical supervision*. London: CQC.

Carlat, D.J. (2016). *The psychiatric interview* (4th edn). Philadelphia, PA: Lippincott, Williams & Williams.

Carstensen, L.L. (2006). The influence of a sense of time on human development. *Science*, *312*, 1913-1915.

Castonguay, L.G. (1993). 'Common factors' and 'non-specific variables': Clarifications of the two concepts and recommendations for research. *Journal of Psychotherapy Integration*, *3*, 267-286.

Castonguay, L.G. (2000). A common factors approach to psychotherapy training. *Journal of Psychotherapy Integration*, *10*, 263-282.

Castonguay, L.G. & Holtforth, M.G. (2005). Change in psychotherapy: A plea for no more 'non-specific' and false dichotomies. *Clinical Psychology: Science and Practice*, *12*, 198-201.

Cavanagh, K., Strauss, C., Forder, L. & Jones, F. (2014). Can mindfulness and acceptance be learnt by self-help? A systematic review and meta-analysis of mindfulness and acceptance-based self-help interventions. *Clinical Psychology Review*, *34*, 118-129.

Challacombe, F., Oldfield, V.B. & Salkovskis, P.M. (2011). *Break free from OCD: Overcoming obsessive compulsive disorder with CBT*. London: Random House.

Chambless, D.L., Caputo, G.C., Jasin, S.E. et al. (1985). The Mobility Inventory for agoraphobia. *Behaviour Research and Therapy*, *23*, 35-44.

Chandola, T. (2010). *Stress at work*. London: British Academic Policy Centre. Chellingsworth, M. & Farrand, P. (2015). *How to beat depression one step at a time*. London: Robinson.

Chellingsworth, M.A. & Farrand, P. (2016). *How to beat worry and generalised anxiety disorder one step at a time*. London: Robinson.

Chellingsworth, M., Kishita, N. & Laidlaw, K. (2016). *A clinician's guide to low intensity CBT with older people*. Norwich: University of East Anglia.

Chew-Graham, C., Kovandžić, M., Gask, L. et al. (2012). Why may older people with depression not present to primary care? Messages from secondary analysis of qualitative data. *Health & Social Care in the Community, 20*, 52-60.

Chowdhary, N., Jotheeswaran, A., Nadkarni, A. et al. (2014). The methods and outcomes of cultural adaptations of psychological treatments for depressive disorders: A systematic review. *Psychological Medicine, 44*, 1131-1146.

Choy, Y., Fyer, A. & Lipsitz, J. (2007). Treatment of specific phobia in adults. *Clinical Psychology Review, 27*, 266-286.

Clark, D.M. (1986). A cognitive approach to panic. *Behaviour Research and Therapy, 5*, 27-50.

Clark, D.M. (2011). Implementing NICE guidelines for the psychological treatment of depression and anxiety disorders: The IAPT experience. *International Review of Psychiatry, 23*, 318-327.

Clark, D.M., Fonagy, P., Turpin, G. et al. (2009a). Speaking up for IAPT. *The Psychologist, 22*, 446-447.

Clark, D.M, Layard, R., Smithies, R. et al. (2009b). Improving access to psychological therapy: Initial evaluation of two UK demonstration sites. *Behaviour Research and Therapy, 47*, 910-920.

Collerton, J., Jagger, C., Bond, J. et al. (2009). Health and disease in 85 year olds: Baseline findings from the Newcastle 85+ cohort study. *British Medical Journal, 339*, b4904.

Connor, K., Davidson, J.R.T., Churchill, L.E. et al. (2000). Psychometric properties of the Social Phobia Inventory (SPIN): New self-rating scale. *British Journal of Psychiatry, 176*, 379-386.

Conrad, R. (Ed.) (2014). *Against equality: Queer revolution not mere inclusion*. Oakland, CA: AK Press.

Cooper, S.A., Smiley, E., Morrison, J. et al. (2007). Mental ill-health in adults with intellectual disabilities: prevalence and associated factors. *British Journal of Psychiatry, 190*, 27-35.

Costa, B. (2016). Roles in triangles: The interpreter, the client and the therapist. *The Psychotherapist, 64*, 18-19.

Coull, G. & Morris, P.G. (2011). The clinical effectiveness of CBT-based guided self-help interventions for anxiety and depressive disorders: A systematic review. *Psychological Medicine, 41*, 2239-2252.

Coventry, P.A., Bower, P., Keyworth, C. et al. (2013). The effect of complex interventions on depression and anxiety in chronic obstructive pulmonary disease: systematic review and meta-analysis. *PLoS ONE, 8*, Article 60532. Retrieved 30 May 2018 from: www.ncbi.nlm.nih.gov/pmc/articles/PMC3621386/pdf/pone.0060532.pdf

Coventry, P., Dickens, C., Chew-Graham, C. et al. (2015). Integrated primary care for patients with mental and physical multimorbidity: cluster randomised controlled trial of collaborative care for patients with depression comorbid with diabetes or cardiovascular disease. *British Medical Journal, 350*: h638.

Craig, R. & Mindell, J.E. (2007). *Health survey for England 2005: The health of older people*. London: Information Centre.

Cramer, J. & Rosenheck, R. (1998). Compliance with medication regimens for mental and physical disorders. *Psychiatric Services, 49*, 196-201.

Craske, M.G., Treanor, M., Conway, C.C. et al. (2014). Maximizing exposure therapy: An inhibitory learning approach. *Behaviour Research and Therapy, 58*, 10-23.

Crawford, P. & Kvangarsnes, M. (2014). The design of compassionate care. *Journal of Clinical Nursing, 23*,

3589-3599.

Cuddy, A.J., Norton, M.I. & Fiske, S.T. (2005). This old stereotype: The pervasiveness and persistence of the elderly stereotype. *Journal of Social Issues*, *61*, 267-285.

Cuijpers, P., Donker, T., van Straten, A., Li, J. & Andersson, G. (2010). Is guided selfhelp as effective as face-to-face psychotherapy for depression and anxiety disorders? A systematic review and meta-analysis of comparative outcome studies. *Psychological Medicine*, *40*, 1943-1957.

Cuijpers, P., Muñoz, R., Clarke, G. & Lewinsohn, P.M. (2009). Psychoeducational treatment and prevention of depression: The 'Coping with Depression' course thirty years later. *Clinical Psychology Review*, *29*, 449-458.

Cuijpers, P. & Schuurmans, J. (2007). Self-help interventions for anxiety disorders: An overview. *Current Psychiatry Reports*, *9*, 284-290.

Cuijpers, P., van Straten, A. & Warmerdam, L. (2007a). Behavioral activation treatments of depression: A meta-analysis. *Clinical Psychology Review*, *27*, 318-326.

Cuijpers, P., van Straten, A. & Warmerdam, L. (2007b). Problem-solving therapies for depression: A meta-analysis. *European Psychiatry*, *22*, 9-15.

Currie, G. (2009). *COPD*. Oxford: Oxford University Press.

Dagnan, D., Burke, C. & Davies, J. (2015). *IAPT learning disabilities positive practice guide*. London: Foundation for People with Learning Disabilities.

Dagnan, D., & Chadwick, P. (1997). Cognitive therapy for people with learning disabilities: Assessment and intervention. In B. Kroese, D. Dagnan & K. Loumidis (Eds.) *Cognitive therapy for people with learning disabilities* (pp.110-123). London: Routledge.

Dagnan, D., Jahoda, A., McDowell, K. et al. (2008). The psychometric properties of the hospital anxiety and depression scale adapted for use with people with intellectual disabilities. *Journal of Intellectual Disability Research*, *52*, 942-949.

Dalgard, O.S. (2006). A randomized controlled trial of a psychoeducational group program for unipolar depression in adults in Norway. *Clinical Practice and Epidemiology in Mental Health*, *2*, 15-23.

Das Nair, R. & Butler, C. (Eds.) (2012). *Intersectionality, sexuality and psychological therapies: Working with lesbian, gay and bisexual diversity*. Chichester: Wiley.

De Hert, M., Cohen, D., Bobes, J. et al. (2011). Physical illness in patients with severe mental disorders II: Barriers to care, monitoring and treatment guidelines, plus recommendations at the system and individual level. *World Psychiatry*, *10*, 138-151.

de Silva, P. & Rachman, S. (2004). *Obsessive-compulsive disorder: The facts*. Oxford: Oxford University Press.

Deacon, B.J. & Abramowitz, J.S. (2004). Cognitive and behavioral treatments for anxiety disorders: A review of meta-analytic findings. *Journal of Clinical Psychology*, *60*, 429-441.

Deffenbacher, J.L. (1999). Cognitive-behavioral conceptualisation and treatment of anger. *Psychotherapy in Practice*, *55*, 295-309.

Dein, S., Cook, C., Powell, A. & Eagger, S. (2011). *Religion, spirituality and mental health: Response from the executive committee of the spirituality and psychiatry special interest group*. Retrieved 29 February 2016 from dro.dur.ac.uk/8193/1/8193.pdf

Delgadillo, J., Asaria, M., Ali, S. & Gilbody, S. (2015). On poverty, politics and psychology: The socioeconomic gradient of mental healthcare utilisation and outcomes. *British Journal of Psychiatry*, *28*, 1–3.

Department of Health (DoH) (2001). *Valuing people: A new strategy for learning disability for the 21st century: A white paper, presented to Parliament by the Secretary of State for Health by Command of Her Majesty March 2001*. London: The Stationery Office.

DoH (2004). *Orgnaising and delivering psychological therapies*. London: DoH.

DoH (2007). *Best practice in managing risk*. London: Her Majesty's Stationery Office (HMSO).

DoH (2010). *Improving the health and well-being of people with long-term conditions – World class services for people with long-term conditions: Information tool for commissioners*. London: DoH.

DoH (2011). *Ten things you need to know about long-term conditions*. Retrieved 14 September 2017 from webarchive.nationalarchives.gov.uk/+/http://www.dh.gov.uk/ en/Healthcare/Longtermconditions/ tenthingsyouneedtoknow/index.htm

DoH (2013). *How to make IAPT more accessible to older people: A compendium*. London: DoH.

Department for Work and Pensions (DWP) (2002). *Pathways to work: Helping people into employment* (Cm. 5690). London: DWP.

Dickens, C., Cherrington, A., Adeyemi, I. et al. (2013). Characteristics of psychological interventions that improve depression in people with coronary heart disease: A systematic review and meta-regression. *Psychosomatic Medicine*, *75*, 211–221.

Dodu, N. (2005). Is employment good for well-being? A literature review. *Journal of Occupational Psychology, Employment and Disability*, *7*, 17–33.

Dowrick, C., Dunn, G., Ayuso-Mateos, J.L. et al. (2000). Problem-solving treatment and group psychoeducation for depression: Multicentre randomised controlled trial. *British Medical Journal*, *321*, 1450–1454.

Driver, H.S. & Taylor, S.R. (2000). Exercise and sleep. *Sleep Medicine Reviews*, *4*, 387–402. Drydakis, N. (2015). The effect of unemployment on self-reported health and mental health in Greece from 2008 to 2013: A longitudinal study before and during the financial crisis. *Social Science and Medicine*, *128*, 43–51.

Dudley, C., McEnhill, L. & Steadman, K. (2016). *Is welfare to work, working well?* London: Work Foundation.

Dugas, M.J., Savard, P., Gaudet, A. et al. (2007). Can the components of a cognitive model predict the severity of generalized anxiety disorder? *Behavior therapy*, *38*, 169–178.

Eells, T.D. (2010). History and current status of psychotherapy case formulation. In T.D. Eells (Ed.) *Handbook of psychotherapy case formulation* (pp.3–32). New York: Guilford Press.

Ekers, D., Richards, D. & Gilbody, S. (2008). A meta-analysis of randomized trials of behavioural treatment of depression. *Psychological Medicine*, *38*, 611–623.

Ekers, D., Webster, L., Van Straten, A. et al. (2014). Behavioural activation for depression: An update of meta-analysis of effectiveness and sub-group analysis. *PLoS ONE*, *9*, Article 100100. Retrieved 14 March 2018 from journals.plos.org/plosone/ article?id=10.1371/journal.pone.0100100

Engel, G. (1977). The need for a new medical model: a challenge for biomedicine. *Science*, *196*, 129–136.

Erickson, D.H., Janeck, A.S. & Tallman, K. (2007). A cognitive-behavioral group for patients with various anxiety disorders. *Psychiatric Services*, *58*, 1205–1211.

Espie, C. (2011). *An introduction to overcoming insomnia and sleep problems*. London: Robinson.

Espie, C., MacMahon, K., Kelly, H-L. et al. (2007). Randomized clinical effectiveness trial of nurse-administered small-group cognitive behavior therapy for persistent insomnia in general practice. *Sleep, 30*, 574-584.

European Association for Behavioural and Cognitive Therapies (EABCT) (n.d.). *Specialized interest group on low intensity CBT*. Retrieved 19 July 2017 from www. eabct.eu/low-intensity-cbt/

EuroQol Group (1990). EuroQol: A new facility for the measurement of health-related quality of life. *Health Policy, 16*, 199-208.

Evans, R. (2009). *Specialist doctors say NHS is institutionally ageist*. Retrieved May 2011 from www.hsj.co.uk/news/specialist-doctors-say-nhs-is-institutionally-ageist/ 1975073.article

Evans-Lacko, S. & Knapp, M. (2016). Global patterns of workplace productivity for people with depression: Absenteeism and presenteeism costs across eight diverse countries. *Social Psychiatry and Psychiatric Epidemiology, 51*, 1525-1537.

Evans-Lacko, S., Knapp, M., McCrone, P. et al. (2013). The mental health consequences of the recession: Economic hardship and employment of people with mental health problems in 27 European countries. *PLoS ONE, 8*, Article 69792. Retrieved 14 March 2018 from journals.plos.org/plosone/article?id=10.1371/journal.pone.0069792 Farber, B.A. (2003). Patient self-disclosure: A review of the research. *Journal of Clinical Psychology/In Session, 59*, 589-600.

Farrand, P. & Chellingsworth, M. (2016). *How to beat panic disorder one step at a time*. London: Robinson.

Farrand, P., Perry, J. & Linsley, S. (2010). Enhancing self-practice/self-reflection (SP/ SR) approach to cognitive behaviour training through the use of reflective blogs. *Behavioural and Cognitive Psychotherapy, 38*, 473-477.

Farrand, P. & Williams, C. (2010). Low intensity CBT assessment: In person or by phone. In J. Bennett-Levy, D.A. Richards, P. Farrand et al. (Eds.) *Oxford guide to low intensity CBT interventions* (pp.89-96). Oxford: Oxford University Press.

Farrand, P. & Woodford, J. (2013). Impact of support on the effectiveness of written cognitive behavioural self-help: A systematic review and meta-analysis of randomised controlled trials. *Clinical Psychology Review, 33*, 182-195.

Farrand, P. & Woodford, J. (2015). Effectiveness of cognitive behavioural self-help for the treatment of depression and anxiety in people with long-term physical health conditions: A systematic review and meta-analysis of randomised controlled trials. *Annuls of Behavioral Medicine, 49*, 579-593.

Fava, M., Rankin, M.A., Wright, E.C. et al. (2000). Anxiety disorders in major depression. *Comprehensive Psychiatry, 41*, 97-102.

Feeney, F., Egan, S. & Gasson, N. (2005). Treatment of depression and anxiety in Parkinson's Disease: A pilot study using group cognitive behavioural therapy. *Clinical Psychologist, 9*, 31-38.

Firth, J., Torous, J., Nicholas, J. et al. (2017a). The efficacy of smartphone-based mental health interventions for depressive symptoms: A meta-analysis of randomized controlled trials. *World Psychiatry, 16*, 287-298.

Firth, J., Torous, J., Nicholas, J. et al. (2017b). Can smartphone mental health interventions reduce symptoms of anxiety? A meta-analysis of randomized controlled trials. *Journal of Affective Disorders, 218*, 15-22.

Fisher, L., Glasgow, R.E., Mullan, J.T. et al. (2008). Development of a brief diabetes distress screening instrument. *Annals of Family Medicine*, *6*, 246–252.

Fitch, C., Hamilton, S., Bassett, P. & Davey, R. (2011). The relationship between personal debt and mental health: A systematic review. *Mental Health Review Journal*, *16*, 153–166.

Fitzgerald, S. (2013). *The CBT workbook*. New York: McGraw-Hill.

Floyd, M., Scogin, F., McKendree-Smith, N.L. et al. (2004). Cognitive therapy for depression: A comparison of individual psychotherapy and bibliotherapy for depressed older adults. *Behavior Modification*, *28*, 297–318.

Foa, E.B., Kozak, M.J., Salkovskis, P.M. et al. (1998). The validation of a new obsessive- compulsive disorder scale: The Obsessive-Compulsive Inventory. *Psychological Assessment*, *10*, 206–214.

Ford, D. & Kamerow, D. (1989). Epidemiologic study of sleep disturbances and psychiatric disorders. *Journal of the American Medical Association*, *262*, 1479–1484.

Forder, J. & Fernandez, J.L. (2010). The impact of a tightening fiscal situation on social care for older people. *PSSRU Discussion Paper* 2723, Personal Social Services Research Unit (PSSRU). Retreived 29 June 2017 from www.pssru.ac.uk/pdf/dp2723.pdf

Foroushani, P.S., Schneider, J. & Assareh, N. (2011). Meta-review of the effectiveness of computerised CBT in treatment depression. *BMC Psychiatry*, *11*, 131–137.

Foster, L. & Walker, A. (2014). Active and successful aging: A European policy perspective. *The Gerontologist*, *55*, 83–90.

France, R. & Robson, M. (1997). *Cognitive behavioural therapy in primary care: A practical guide*. London: Jessica Kingsley Publishers.

Franzen, P.L., & Buysse, D.J. (2008). Sleep disturbances and depression: Risk relationships for subsequent depression and therapeutic implications. *Dialogues in Clinical Neuroscience*, *10*, 473–481.

Free, M.L. (2007). *Cognitive therapy in groups* (2nd edn). Chichester: John Wiley & Sons.

Fries, J., Koop, C. & Beadle, C. (1993). Reducing health care costs by reducing the need and demand for medical services. *New England Journal of Medicine*, *329*, 321–325.

Gallo, J.J., Anthony, J.C. & Muthen, B.O. (1994). Age differences in the symptoms of depression: A latent trait analysis. *Journal of Gerontology*, *49*, 251–264.

Gates, K., Petterson, S., Wingrove, P. et al. (2016). You can't treat what you don't diagnose: An analysis of the recognition of somatic presentations of depression and anxiety in primary care. *Families, Systems, & Health*, *34*, 317–329.

Gellatly, J., Bower, P., Hennessy, S. et al. (2007). What makes self-help interventions effective in the management of depressive symptoms? Meta-analysis and metaregression. *Psychological Medicine*, *37*, 1217–1228.

Gellatly, J., Bower, P., McMillan, D. et al. (2014). Obsessive Compulsive Treatment Efficacy Trial (OCTET) comparing the clinical and cost effectiveness of self-managed therapies: Study protocol for a randomised controlled trial. *Trials*, *15*, 278. Retrieved 14 March 2018 from www.ncbi.nlm.nih.gov/pmc/articles/PMC4226946/

Gilbert, P. (2007). Evolved minds and compassion in the therapeutic relationship. In P. Gilbert & R.L. Leahy (Eds.) *The therapeutic relationship in the cognitive-behavioural therapies* (pp.106–142). London: Routledge.

Gilbert, P. & Leahy, R.L. (Eds.) (2007). *The therapeutic relationship in the cognitivebehavioural therapies*. London: Routledge.

Gilbody, S., Bower, P. & Rick, J. (2012). Better care for depression in the workplace: Integrating occupational and mental health services. *British Journal of Psychiatry, 200*, 442-443.

Glasgow, R.E. & Rosen, G.M. (1978). Behavioral bibliotherapy: A review of self-help behavior therapy manuals. *Psychological Bulletin, 85*, 1-23.

Gloaguen, V., Cottraux, J. & Cucherat, M. (1998). A meta-analysis of the effects of cognitive therapy. *Journal of Affective Disorders, 49*, 59-72.

Godlee, F. (2008). Understanding the role of the doctor. *British Medical Journal, 337*, a3035. Goldberg, D.P. & Huxley, P.J. (1992). *Common mental disorders: A biosocial model*. London: Routledge.

Gordon, P.K. (2012). Ten steps to cognitive behavioural supervision. *Cognitive Behaviour Therapist, 5*, 71-82.

Gott, M. & Hinchliff, S. (2003). How important is sex in later life? The views of older people. *Social Science and Medicine, 56*, 1617-1628.

Goulden, R., Corker, E., Evans-Lacko, S. et al. (2011). Newspaper coverage of mental illness in the UK, 1992-2008. *BMC Public Health, 11*, 796.

Grant, A., Townend, M., Mills, J. & Cockx, A. (2008). *Assessment and case formulation in cognitive behavioural therapy*. London: Sage.

Gray, A. (2009). The social capital of older people. *Ageing and Society, 29*, 5-31.

Great Britain Department for Business, Innovation and Skills (BIS), TNS-BMRB and AlphaPlus Consultancy (2011). *2011 Skills for Life Survey: Headline findings*. BIS Research Paper No. 57. London: BIS.

Green, F., Felstead, A., Gallie, D. & Inanc, H. (2016). Job-related well-being through the great recession. *Journal of Happiness Studies, 17*, 389-411.

Green, G., Hayes, C., Dickinson, D. et al. (2002). The role and impact of social relationships upon wellbeing reported by mental health service users: A qualitative study. *Journal of Mental Health, 11*, 565-579.

Green, S.M., Haber, E., Frey, B.N. & McCabe, R.E. (2015). Cognitive-behavioral group treatment for perinatal anxiety: A pilot study. *Archives of Women's Mental Health, 18*, 631-638.

Greenberger, D. & Padesky, C.A. (2015). *Mind over mood* (2nd edn). New York: Guildford Press.

Griffith, K.M., Farrer, L. & Christensen, H. (2010). The efficacy of internet interventions for depression and anxiety: A review of randomised controlled trials. *Medical Journal of Australia, 192*, S4-S11.

Griffiths, P., Dall'Ora, C., Simon, M. et al. (2014). Nurses' shift length and overtime working in 12 European countries: The association with perceived quality of care and patient safety. *Medical Care, 52*, 975-981.

Gulliksson, M., Burell, G., Vessby, B. et al. (2011). Randomized controlled trial of cognitive behavioral therapy vs standard treatment to prevent recurrent cardiovascular events in patients with coronary heart disease: Secondary Prevention in Uppsala Primary Health Care project (SUPRIM*). Archives of Internal Medicine, 171*, 134-140.

Haarhoff, B. & Thwaites, R. (2016). *Reflection in CBT*. London: Sage.

Hackmann, A., Day, S.J. & Holmes, E.A. (2009). Agoraphobia: Imagery and the threatened self. In L. Stopa (Ed.) *Imagery and the threatened self: Perspectives on mental imagery and the self in cognitive therapy* (pp.112-136). Hove: Routledge.

Hagan, T. & Smail, D. (1997a). Power mapping: Background and basic methodology. *Journal of Community*

& Applied Social Psychology, 7, 257-267.

Hagan, T. & Smail, D. (1997b). Power mapping II – Practical application: The example of child sexual abuse. *Journal of Community & Applied Social Psychology*, 7, 269-284.

Haghayegh, S.A., Kalantari, M., Molavi, H. et al. (2011). The efficacy of cognitivebehavior group therapy on health-related quality of life, health anxiety and depression in patients with diarrhea-predominant irritable bowel syndrome. *Pakistani Journal of Medical Science*, 27, 749-753.

Hambridge, J.A., Turner, A. & Baker, A.L. (2009). BraveHeart begins: Pilot results of group cognitive behaviour therapy for depression and anxiety in cardiac patients. *Australian and New Zealand Journal of Psychiatry*, 43, 1171-1177.

Hamilton, M. (1960). A rating scale for depression. *Journal of Neurology, Neurosurgery and Psychiatry*, 23, 56-62.

Hanna, F. & Cardona, B. (2013). Multicultural counseling beyond the relationship: Expanding the repertoire with techniques. *Journal of Counseling and Development*, 91, 349-357.

Hannay, D.R. (1981). Mental health and high flats. *Journal of Chronic Diseases*, 34, 431-432.

Harris, E.C. & Barraclough, B. (1998). Excess mortality of mental disorder. *British Journal of Psychiatry*, 173, 11-53.

Harris, R. & Hayes, S.C. (2009). *ACT made simple: An easy-to-read primer on acceptance and commitment therapy*. Oakland, CA: New Harbinger Publications.

Harvey, S.B., Modini, M., Joyce, S. et al. (2017). Can work make you mentally ill? A systematic meta-review of work-related risk factors for common mental health problems. *Occupational and Environmental Medicine*, 74, 301-310.

Hassan, G., Kirmayer, L., Mekki-Berrada, A. et al. (2015). *Culture, context and the mental health and psychosocial wellbeing of Syrians: A review for mental health and psychosocial support staff working with Syrians affected by armed conflict.* Geneva: United Nations High Commissioner for Refugees (UNHCR).

Hawkins, P. & Shohet, R. (2004). *Supervising in the helping professions* (2nd edn). Maidenhead: Open University Press.

Hays, P. (2001). *Addressing cultural complexities in practice: A framework for clinicians and counsellors.* Washington, DC: American Psychological Association.

Hays, P. & Iwamasa, G.Y. (2006). *Culturally responsive cognitive-behavioural therapy: Assessment, practice and supervision.* Washington, DC: American Psychological Association.

Hayes, S.C. & Lillis, J. (2012). *Acceptance and commitment therapy.* Washington, DC: American Psychological Association.

Health and Safety Commission (2000). *Management of Health and Safety at Work Regulations 1999: Approved Code of Practice and Guidance: L21.* London: HMSO.

Health and Safety Executive (HSE) (2007). *Managing the causes of work-related stress: A step-by-step approach using the Management Standards HSG218* (2nd edn). Norwich: HSE Books.

Healthcare Commission (2007). *Investigation into outbreaks of clostridium difficile at Maidstone and Tunbridge Wells NHS Trust.* London: Healthcare Commission.

Healy, D. (2016). *Psychiatric drugs explained* (6th edn). Edinburgh: Churchill Livingston. Henderson, C.,

Williams, P., Little, K. & Thornicroft, G. (2013). Mental health problems in the workplace: Changes in employers' knowledge, attitudes and practices in England 2006-2010. *British Journal of Psychiatry*, *202*, 70-76.

Herbst, N., Voderholzer, U., Stelzer, N. et al. (2012). The potential of telemental health applications for obsessive-compulsive disorder. *Clinical Psychology Review*, *32*, 454-466.

Hersey, P. & Blanchard, K. (1969). Life-cycle theory of leadership. *Training and Development Journal*, *23*, 26-34.

Hess, T.M., Hinson, J.T. & Hodges, E.A. (2009). Moderators of and mechanisms underlying stereotype threat effects on older adults' memory performance. *Experimental Aging Research*, *35*, 153-177.

Hill-Collins, P. & Bilge, S. (2016). *Intersectionality*. Cambridge: Polity Press.

Hilton, C. (2015). Diversity in older peoples' mental health services: Black and minority ethnic groups of the universality of the rainbow? *International Psychogeriatrics*, *27*, 175-177.

Hoffart, A., Versland, S. & Sexton, H. (2002). Self-understanding, empathy, guided discovery, and schema belief in schema-focused cognitive therapy of personality problems: A process-outcome study. *Cognitive Therapy and Research*, *26*, 199-219.

Hogarth, T., Hasluck, C., Gambin, L. et al. (2013). *Evaluation of employment advisers in the Improving Access to Psychological Therapies programme*. Sheffield: Department for Work and Pensions.

Holloway, E.L. (1995). *Clinical supervision: A systems approach*. Thousand Oakes, CA: Sage.

Holmes, T.H. & Rahe, R.H. (1967). The Social Readjustment Rating Scale. *Journal of Psychosomatic Research*, *11*, 213-218.

Honey, K.L., Bennett, P. & Morgan, M. (2002). A brief psycho-educational group intervention for postnatal depression. *British Journal of Clinical Psychology*, *41*, 405-409. Hopko, D.R., Lejuez, C.W., LePage, J.P. et al. (2003). A brief behavioral activation treatment for depression. *Behavior Modification*, *27*, 458-469.

Horwitz, A.V. (2010). How an age of anxiety became an age of depression. *Milbank Quarterly*, *88*, 112-138.

Houghton, S. & Saxon, D. (2007). An evaluation of large group CBT psycho-education for anxiety disorders delivered in routine practice. *Patient Education and Counselling*, *68*, 107-110.

Howard, C. & Dupont, S. (2014). 'The COPD breathlessness manual': A randomised controlled trial to test a cognitive-behavioural manual versus information booklets on health service use, mood and health status, in patients with chronic obstructive pulmonary disease. *NPJ Primary Care Respiratory Medicine*, *24*, Article 14076. Retrieved 14 March 2018 from www.ncbi.nlm.nih.gov/pmc/articles/PMC4373470/

Howell, W.S. (1982). *The empathic communicator*. Belmont, CA: Wadsworth Publishing Company, University of Minnesota.

Human Rights Watch (2017). *World Report 2017*. Retrieved 2 February 2017 from www.hrw.org/world-report/2017 Improving Access to Psychological Therapies (IAPT) (n.d.). *Psychological wellbeing practitioners: Playing a key role in maintaining the nation's wellbeing: Best practice guide*. National IAPT Programme. Retrieved 12 January 2012 from www.iapt.nhs. uk/silo/files/psychological-wellbeing-practitioners--best-practice-guide.pdf.

IAPT (2009). *Older people positive practice guide*. London: Department of Health.

IAPT (2010a). *Good practice guidance on the use of self-help materials within IAPT services*. London: IAPT.

IAPT (2010b). *The IAPT data handbook*. London: IAPT.

Inskipp, F. & Proctor, B. (1993). *The art, craft and tasks of counselling supervision – Part 1: Making the most of supervision.* Twickenham: Cascade.

Jackoway, I., Rogers, J. & Snow, T. (1987). The role change assessment: An interview tool for evaluating older adults. *Occupational Therapy in Mental Health*, 7, 17-37.

Jackson-Blott, K., O'Ceallaigh, B., Wiltshire, K. & Hunt, S. (2015). Evaluating a 'healthy minds' course for asylum seekers. *Mental Health and Social Inclusion*, 19, 133-140.

Jacobson, E. (1938). *Progressive relaxation.* Chicago, IL: University of Chicago Press.

Jacobson, N.S., Dobson, K.S., Truax, P.A. et al. (1996). A component analysis of cognitive-behavioral treatment for depression. *Journal of Consulting and Clinical Psychology*, 64, 295-304.

Jacobson, N.S., Martell, C.R. & Dimidjian, S. (2001). Behavioral activation treatment for depression: Returning to contextual roots. *Clinical Psychology: Science and Practice*, 8, 255-270.

Jahoda, A., Melville, C.A., Pert, C. et al. (2015). A feasibility study of behavioural activation for depressive symptoms in adults with intellectual disabilities. *Journal of Intellectual Disability Research*, 59, 1010-1021.

Jahoda, M. (1982). *Employment and unemployment: A social psychological analysis.* New York: Cambridge University Press.

James, I.A. (2001). Schema therapy: The next generation, but should it carry a health warning? *Behavioural and Cognitive Psychotherapy*, 29, 401-407.

Jayakody, K., Gunadasa, S. & Hosker, C. (2013). Exercise for anxiety disorders: Systematic review. *British Journal of Sports Medicine*, 48, 187-196.

Johnstone, M. (2007). *I had a black dog: His name was depression.* London: Robinson. Joiner, T.E. (2005). *Why people die by suicide.* Cambridge, MA: Harvard University Press.

Jones, J., Huxtable, C. & Hodgson, J. (2005). *Self-reported work-related illness in 2004/2005: Results from the Labour Force Survey.* London: Health and Safety Executive.

Jones, P.W., Harding, G., Berry, P. et al. (2009). Development and first validation of the COPD Assessment Test. *European Respiratory Journal*, 34, 648-654.

Kaltenthaler, E., Braziet, J., De Nigris, E. et al. (2006). Computerised cognitive behaviour therapy for depression and anxiety update: A systematic review and economic evaluation. *Health Technology Assessment*, 10, 33.

Katon, W., Von Korff, M., Lin, E. et al. (1999). Stepped collaborative care for primary care patients with persistent symptoms of depression: A randomized trial. *Archives of General Psychiatry*, 56, 1109-1115.

Katzow, A.W. & Safran, J.D. (2007). Recognizing and resolving ruptures in the therapeutic alliance. In P. Gilbert & R.L. Leahy (Eds.) *The therapeutic relationship in the cognitive-behavioural therapies* (pp.90-105). London: Routledge.

Kawachi, I., Kennedy, P. & Glass, R. (1999). Social capital and self rated health: A contextual analysis. *American Journal of Public Health*, 89, 1187-1193.

Kearns, C., Tone, Y., Rush, G. & Lucey, J.V. (2010). Effectiveness of group-based cognitive-behavioural therapy in patients with obsessive-compulsive disorder. *The Psychiatrist*, 34, 6-9.

Kemp, J. (2010). *Asylum seekers in Glasgow face eviction.* Retrieved May 2011 from www.guardian.co.uk/society/2010/nov/24/asylum-seekers-glasgow-face-eviction Kennerley, H. (2014). Developing and maintaining a working alliance in CBT. In A. Whittington & N. Grey (Eds.) *How to become a more effective CBT therapist: Mastering metacompetence in clinical practice* (pp.31-43). Chichester: Wiley.

Kennerley, H., Kirk, J. & Westbrook, D. (2017). *An introduction to cognitive behaviour therapy* (3rd edn). London: Sage.

Kessler, D., Lloyd, K., Lewis, G. & Gray, D.P. (1999). Cross-sectional study of symptom attribution and recognition of depression and anxiety in primary care. *British Medical Journal, 318*, 436-440.

Kessler, R.C., Berglund, P., Demler, O. et al. (2005). Lifetime prevalence and age-ofonset distributions of DSM-IV disorders in the National Comorbidity Survey Replication. *Archives of General Psychiatry, 62*, 593-602.

Kessler, R.C. & Bromet, E.J. (2013). The epidemiology of depression across cultures. *Annual Review of Public Health, 34*, 119-138.

Kessler, R.C. & McLeod, J.D. (1985). Social support and mental health in community samples. In S. Cohen & S.L. Syme (Eds.) *Social support and health* (pp.219-240). New York: Academic.

Kinsella, P. & Garland, A. (2008). *Cognitive behaviour therapy for mental health workers: A beginners guide.* Hove: Routledge.

Kirk, J., Sehmi, A., Hazeldine, C. et al. (2014). LIFT psychology primary care group for people with intellectual disabilities: Can IAPT adapt? *Advances in Mental Health and Intellectual Disabilities, 8*, 51-62.

Kirmayer, L. (2012a). Cultural competence and evidence based practice in mental health: Epistemic communities and the politics of pluralism. *Social Science and Medicine, 75*, 249-256.

Kirmayer, L. (2012b). Rethinking cultural competence. *Transcultural Psychiatry, 49*, 149-164.

Kishita, N. & Laidlaw, K. (2017). Cognitive behaviour therapy for generalized anxiety disorder: Is CBT equally efficacious in adults of working age and older adults? *Clinical Psychology Review, 52*, 124-136.

Kitchiner, N.J., Edwards, D., Wood, S. et al. (2009). A randomized controlled trial comparing an adult education class using cognitive behavioural therapy ('stress control'), anxiety management group treatment and a waiting list for anxiety disorders. *Journal of Mental Health,* 18, 307-315.

Kite, M.E. & Wagner, L.S. (2002). Attitudes toward older adults. In T.D. Nelson (Ed.) *Ageism: Stereotyping and prejudice against older persons* (pp.129-169). Cambridge, MA: MIT Press.

Knight, B.G. & Pachana, N.A. (2015). *Psychological assessment and therapy with older adults.* Oxford: Oxford University Press.

Knight, B.G. & Poon, C.Y.M. (2008). Contextual Adult Life Span Theory for Adapting Psychotherapy with older adults. *Journal of Rational-Emotive and CognitiveBehavioural Therapy,* 26: 232-249.

Kolb, D. (1984). *Experiential learning: Experience as the source of learning and development.* Englewood Cliffs, NJ: Prentice Hall.

Kontis, V., Bennett, J.E., Mathers, C.D. et al. (2017). Future life expectancy in 35 industrialised countries: Projections with a Bayesian model ensemble. *The Lancet, 389*, 1323-1335.

Korotitsch, W.J. & Neslon-Gray, R.O. (1999). An overview of self-monitoring research in assessment and treatment. *Psychological Assessment, 11*, 415-425.

Kroenke, K. & Mangelsdorff, A.D. (1989). Common symptoms in ambulatory care: Incidence, evaluation, therapy, and outcome. *American Journal of Medicine, 86*, 262-266.

Kroenke, K. & Spitzer R.L. (2002). The PHQ-9: A new depression diagnostic and severity measure. *Psychiatric annals, 32*, 509-515.

Kroenke, K., Spitzer, R.L. & Williams, J.B. (2001). The PHQ-9: Validity of a brief depression severity measure. *Journal of General Internal Medicine*, *16*, 606-613.

Kroenke, K., Spitzer, R.L. & Williams, J.B. (2002). The PHQ-15: Validity of a new measure for evaluating the severity of somatic symptoms. *Psychosomatic Medicine*, *64*, 258-266.

Kroenke, K., Spitzer, R.L., Williams, J.B. et al. (2007). Anxiety disorders in primary care: Prevalence, impairment, comorbidity, and detection. *Annals of Internal Medicine*, *146*, 317-325.

Kroese, B., Dagnan, D. & Loumidis, K. (Eds.) (1997). *Cognitive therapy for people with learning disabilities*. London: Routledge.

Kropp, P.R. & Hart, S.D. (1997). Assessing risk of violence in wide assaulters. In C.D. Webster & M.A. Jackson (Eds.) *Impulsivity: Theory, assessment and treatment* (pp.302-325). New York: Guilford Press.

Kunik, M.E., Veasey, C., Cully, J.A. et al. (2008). COPD education and cognitive behavioural therapy group treatment for clinically significant symptoms of depression and anxiety in COPD patients: A randomized controlled trial. *Psychological Medicine*, *38*, 385-396.

Kupfer, D.J. (1991). Long-term treatment of depression. *Journal of Clinical Psychiatry*, *52* (Suppl. 5), 28-34.

Ladany, N. (2004). Psychotherapy supervision: What lies beneath. *Psychotherapy Research*, *14*, 1-19.

Ladany, N., Hill, C.E., Corbett, M. & Nutt, L. (1996). Nature, extent, and importance of what therapy trainees do not disclose to their supervisors. *Journal of Counseling Psychology*, *43*, 10-24.

Laidlaw, K. (2017). A deficit in psychotherapeutic care for older people with anxiety and depression. *Gerontology*, *58*, 549-556.

Lambert, M.J. & Barley, D.E. (2002). Research summary on the therapeutic relationship and psychotherapy outcome. In J. Norcross (Ed.) *Psychotherapy relationships that work: Therapist contribution and psychotherapeutic outcome* (pp.17-32). Oxford: Oxford University Press.

Lang, P.J. (1968). Fear reduction and fear behaviour: Problems in treating a construct. In J.M. Shilen (Ed.) *Research in Psychotherapy* (Vol.3, pp.90-102). Washington, DC: American Psychological Association.

Layard, R., Bell, S., Clark, D.M. et al. (2006). *The Depression Report: A new deal for depression and anxiety disorders*. London: London School of Economics.

Layard, R., & Clark, D.M. (2014). *Thrive: The power of evidence-based psychological therapies*. London: Penguin.

LeBeau, R.T., Glenn, D., Liao, B. et al. (2010). Specific phobia: A review of DSM-IV specific phobia and preliminary recommendations for DSM-5. *Depression and Anxiety*, *27*, 148-167.

Lelliott, P., Tullock, S., Boardman, J. et al. (2008). *Mental health and work*. London: Royal College of Psychiatrists.

Lenkowsky, B. & Lenkowsky, R.S. (1978). Bibliotherapy for the learning disabled adolescent. *Academic Therapy*, *14*, 179-185.

Leung, P.W.L. & Sung-Chan, P.P.L. (2002). Cultural values and choice of strategic move in therapy. *Clinical Case Studies*, *1*, 342-152.

Lewinsohn, P.M., Antonuccio, D.O., Steinmetz, J.L. & Teri, L. (1984). *The coping with depression course: A psychoeducational intervention for unipolar depression*. Eugene, OR: Castalia Press.

Lewis, C., Pearce, J. & Bisson, J.I. (2012). Efficacy, cost-effectiveness and acceptability of self-help interventions for anxiety disorders: A systematic review. *British Journal of Psychiatry*, *200*, 15-21.

Lin, T. (1983). Psychiatry and Chinese culture. *Western Journal of Medicine*, *139*, 862-867. Linde, K., Sigterman, K., Kriston, L. et al. (2015). Effectiveness of psychological treatments for depressive disorders in primary care: Systematic review and meta-analysis. *Annals of Family Medicine*, *13*, 57-68.

Lipton, R.B., Stewart, W.F., Stone, A.M. et al. (2000). Stratified care vs stepped care strategies for migraine. *Journal of the American Medical Association*, *284*, 2599-2605.

Lockwood, G., Henderson, C. & Thornicroft, G. (2012). The Equality Act 2010 and mental health. *British Journal of Psychiatry*, *200*, 182-183.

Loewenthal, D., Mohamed, A., Mukhopadhyay, S. et al. (2010). Reducing barriers to accessing psychological therapies for Bengali, Urdu, Tamil and Somali communities in the UK: Some implications for training, policy and practice. *British Journal of Guidance and Counselling*, *40*, 43-66.

Lönnqvist, J. (2000). Psychiatric aspects of suicidal behavior: Depression. In K. Hawton & K. van Heeringen (Eds.) *The international handbook of suicide and attempted suicide* (pp.107-120). New York: Wiley.

Loumidis, K. & Hill, A. (1997). Social problem-solving groups for adults with learning disabilities. In B. Kroese, D. Dagnan & K. Loumidis (Eds.) *Cognitive therapy for people with learning disabilities* (pp.86-109). London: Routledge.

Lovell, K. (2010). Supporting low-intensity interventions using the telephone. In J. Bennett-Levy, D. Richards, P. Farrand et al. (Eds.) *Oxford guide to low intensity CBT interventions* (pp.275-280). Oxford: Oxford University Press.

Lovell, K. & Richards, D. (2008). *A recovery manual for depression*. London: Rethink.

Luoma, J.B., Martin, C.E. & Pearson, J.L. (2002). Contact with mental health and primary care providers before suicide: A review of the evidence. *American Journal of Psychiatry, 1 59*, 909-916.

MacDonald, H. (2016). *'Gay cake' row: Born-again Christian bakers lose court appeal*. Retrieved 2 June 2017 from www.theguardian.com/uk-news/2016/oct/24/born- again-christian-ashers-bakery-lose-court-appeal-in-gay-cake-row

Mackenzie, C.S., Gekoski, W.L. & Knox, V.J. (2006). Age, gender, and the underutilization of mental health services: The influence of help-seeking attitudes. *Aging and Mental Health*, *10*, 574-582.

MacLeod, S., Musich, S., Hawkins, K. et al. (2016). The impact of resilience among older adults. *Geriatric Nursing*, *37*, 266-272.

Macrodimitris, S., Wershler, J., Hatfield, M. et al. (2011). Group cognitive-behavioral therapy for patients with epilepsy and comorbid depression and anxiety. *Epilepsy and Behavior*, *20*, 83-88.

Manning, C. & White, P.D. (1995). Attitudes of employers to the mentally ill. *The Psychiatrist*, *19*, 541-543.

Marie, N., Luckett, T., Davidson, P.M. et al. (2013). Optimal patient education for cancer pain: A systematic review and theory-based meta-analysis. *Support Care Cancer*, *21*, 3529-3537.

Marmot, M. (2005). Social determinants of health inequalities. *The Lancet*, *365*, 1099-1104.

Marmot Review Team (2010). *Fair society, healthy lives: The Marmot Review. Strategic review of health inequalities in England post-2010*. Retrieved 17 March 2016 from www.ucl.ac.uk/marmotreview

Marsh, L. (2000). Anxiety disorders in Parkinson's disease. *International Review of Psychiatry*, *12*, 307-318.

Martell, C.R., Addis, M.E. & Jacobson, N.S. (2001). *Depression in context: Strategies for guided action*. New York: Norton.

Martinez, R. & Williams, C. (2010). Matching clients to CBT self-help resources. In J. Bennett-Levy, D.

Richards, P. Farrand et al. (Eds.) *The Oxford guide to low intensity CBT interventions* (pp.113-120). Oxford: Oxford University Press.

Maslow, A.H. (1943). A theory of human motivation. *Psychological Review, 50*, 370-396.

Mason, R., Pidd, H. & Khomami, N. (2016). *Asylum seekers in North-East claim they are identifiable by red doors*. Retrieved 2 June 2017 from www.theguardian.com/uk- news/2016/jan/20/asylum-seekers-north-east-claim-identifiable-red-doors-houses

Massey University (2016). *Low-intensity help for depression under spotlight*. Retrieved 19 July 2017 from www.massey.ac.nz/massey/about-massey/news/article. cfm?mnarticle_uuid=0D28F409-FB49-014C-3287-1ECA371A2516

Matcham, F., Rayner, L., Huttonb, J. et al. (2014). Self-help interventions for symptoms of depression, anxiety and psychological distress in patients with physical illnesses: A systematic review and meta-analysis. *Clinical Psychology Review, 34*, 141-157.

Mathers, C. (2008). *The global burden of disease: 2004 update*. Geneva: World Health Organization.

Matthews, D., Meston, N., Dyson, P., Shaw., J. et al. (2008). *Diabetes*. Oxford: Oxford University Press.

Matthews, F.E., Stephan, B.C.M., Robinson, L. et al. (2016). A two-decade dementia incidence comparison from the Cognitive Function and Ageing Studies I and II. *Nature Communications, 7*, 11398.

Maynard, C.K. (2003). Differentiate depression from dementia. *The Nurse Practitioner, 28*, 18-19.

McCarthy, P. & Hatcher, C. (2002). *Presentation skills: The essential guide for students*. London: Sage.

McCartney, G., Collins, C. & Mackenzie, M. (2013). What (or who) causes health inequalities: Theories, evidence and implications? *Health Policy, 113*, 221-227.

McCulloch, A. (2001). Social environments and health: A cross-sectional survey. *British Medical Journal, 323*, 208-209.

McEntree, D.J. & Halgin, R.P. (1999). Cognitive group therapy and aerobic exercise in the treatment of anxiety. *Journal of College Student Psychotherapy, 13*, 37-55.

McIntosh, P. (1998). White privilege: Unpacking the invisible knapsack. In M. McGoldrick (Ed.) *Revisioning family therapy* (pp.147-152). London: Guilford.

McKee-Ryan, F., Song, Z., Wanberg, C.R. & Kinicki, A.J. (2005). Psychological and physical well-being during unemployment: A meta-analytic study. *Journal of Applied Psychology, 90*, 53-76.

McLeod, H.J., Deane, F.P. & Hogbin, B. (2002). Changing staff attitudes and empathy for working with people with psychosis. *Behavioural and Cognitive Psychotherapy, 30*, 459-470.

McManus, S., Bebbington, P., Jenkins, R. & Brugha, T. (Eds.) (2016). *Mental health and wellbeing in England: Adult Psychiatric Morbidity Survey 2014*. Leeds: NHS Digital.

McMillan, D. & Lee, R. (2010). A systematic review of behavioral experiments vs. exposure alone in the treatment of anxiety disorders: A case of exposure while wearing the emperor's new clothes? *Clinical Psychology Review, 30*, 467-478.

Meadows, J. & Kellett, S. (2017). Development and evaluation of cognitive analytic guided self-help (CAT-SH) for use in IAPT services. *Behavioural and Cognitive Psychotherapy, 45*, 266-284.

Meer, S. & Mir, G. (2014). Muslims and depression: The role of religious beliefs in therapy. *Journal of Integrative Psychology and Therapeutics, 2*, 1-8.

Meltzer, H., Bebbington, P., Brugha, T. et al. (2000). The reluctance to seek treatment for neurotic disorders.

Journal of Mental Health, 9, 319–327.

Mental Health Foundation (n.d.). *Suicide.* Retrieved 28 September 2017 from www. mentalhealth.org.uk/ a-to-z/s/suicide

Mental Health Innovation Network (2015). *'Where there is no psychologist': Implementing low-intensity psychological interventions for people in communities affected by adversity.* Retrieved 19 July 2017 from www.mhinnovation.net/blog/2015/apr/22/ where-there-no-psychologist%E2%80%9D- implementing-low-intensity-psycho logical-interventions?mode=default

Meyer, T.J., Miller, M.L., Metzger, R.L. & Borkovec, T.D. (1990). Development and validation of the Penn State Worry Questionnaire. *Behaviour Research and Therapy, 28,* 487–495.

Michael, T., Zetsche, U. & Margraf, J. (2007). Epidemiology of anxiety disorders. *Psychiatry, 6,* 136–142.

Michie, M., West, R. Campbell, R. et al. (2014). *ABC of change theories.* London: Silverback Publishing.

Michie, S., van Stralen, M.M. & West, R. (2011). The behaviour change wheel: A new method for characterising and designing behaviour change interventions. *Implementation Science, 6,* 42. Retrieved 14 March 2018 from implementationscience.biomedcentral.com/articles/10.1186/1748-5908-6-42

Migration Watch UK (n.d.). *Population by country of birth.* Retrieved 29 June 2017 from www. migrationwatchuk.org/statistics-population-country-birth

Miller, R.W. & Rollnick, S. (2012). *Motivational interviewing: Helping people change* (3rd edn). New York: Guilford Press.

Milne, D. (2009). *Evidence-based clinical supervision.* Malden, MA: BPS Blackwell.

Minchin, R. (2011). *Gay couple win bed and breakfast snub case.* Retrieved 17 May 2011 from www. independent.co.uk/news/uk/home-news/gay-couple-win-bed-and- breakfast-snub-case-2187347.html

Mitchell, A. & Selmes, T. (2007). Why don't patients take their medicine? Reasons and solutions in psychiatry. *Advances in Psychiatric Treatment, 13,* 336–346.

Moen, P., Dempster-McClain, D. & Erickson, M.A. (2000). *Role transitions, project 2015: The future of aging in New York State.* New York: New York State Office for the Aging.

Mona, L.R., Romesser-Scehnet, J.M., Cameron, R.P. & Cardenas, V. (2006). Cogntivebehavioral therapy and people with disabilities. In P.A. Hays & G.Y. Iwamasa (Eds.) *Culturally responsive cognitive-behavioral therapy: Assessment, practice, and supervision* (pp.199–222). Washington, DC: American Psychological Association.

Morrey, S. (1995). Cognitive therapy. In W. Dryden (Ed.) *Individual therapy: A Handbook* (pp.226–251). Buckingham: Open University.

Morrison, J. (2014). *Diagnosis made easier: Principles and techniques for mental health clinicians* (2nd edn). New York: Guilford Press.

Morrison, N. (2001). Group cognitive therapy: Treatment of choice or sub-optimal option? *Behavioural and Cognitive Psychotherapy, 29,* 311–332.

Mowrer, O.H. (1947). On the dual nature of learning: A reinterpretation of 'conditioning' and 'problem solving'. *Harvard Educational Review, 17,* 102–148.

Mullican, C. (Ed.) (2011). *A national agenda for research in collaborative care.* Rockville, MD: Agency for Healthcare Research and Quality.

Mundt, J.C., Marks, I.M., Shear, K. & Griest, J.H. (2002). The work and social adjustment scale: A simple measure of impairment in functioning. *British Journal of Psychiatry*, *180*, 461–464.

Murphy, G.C. & Athanasou, J.A. (1999). The effect of unemployment on mental health. *Journal of Occupational and Organizational Psychology*, *72*, 83–99.

Murray, J.B. (1996). Depression in Parkinson's disease. *Journal of Psychology*, *130*, 659–668.

Myles, P. & Rushforth, D. (Eds.) (2007). *A complete guide to primary care mental health.* London: Constable & Robinson.

Myles, P. & Shafran, R. (2015). *The CBT handbook: A comprehensive guide to using cognitive behavioural therapy to overcome depression, anxiety and anger.* London: Robinson.

Mynors-Wallis, L.M., Gath, D.H., Lloyd-Thomas, A.R. & Tomlinson, D. (1995). Randomised control trial comparing problem solving treatment with amitriptyline and placebo for major depression in primary care. *British Medical Journal*, *310*, 441–445.

Mynors-Wallis, L. & Lau, M.A. (2010). Problem solving as a low-intensity intervention. In J. Bennett-Levy, D. Richards, P. Farrand et al. (Eds.) *The Oxford guide to low intensity CBT interventions* (pp.151–158). Oxford: Oxford University Press.

National Collaborating Centre for Mental Health (NCCMH) (2010). *The NICE guideline on the treatment and management of depression in adults* (updated edn). London: British Psychological Society and Royal College of Psychiatrists.

NCCMH (2011). *Generalised anxiety disorder in adults: The NICE guideline on management in primary, secondary and community care.* London: British Psychological Society and Royal College of Psychiatrists.

National Institute for Health and Clinical Excellence (NICE) (2005). *Obsessivecompulsive disorder: Core interventions in the treatment of obsessive-compulsive disorder and body dysmorphic disorder.* London: NICE.

NICE (2006). *Computerised cognitive behaviour therapy for depression and anxiety.* London: NICE.

NICE (2007). *Anxiety: Management of anxiety (panic disorder, with or without agoraphobia, and generalised anxiety disorder) in adults in primary, secondary and community care.* London: NICE.

NICE (2009). *The treatment and management of depression in adults.* London: NICE. NICE (2011a). *Common mental health disorders: Identification and pathways to care.* London: NICE.

NICE (2011b). *Generalised anxiety disorder and panic disorder (with or without agoraphobia) in adults.* London: NICE.

NICE (2016). *Mental health problems in people with learning disabilities: Prevention, assessment and management.* London: NICE.

Naylor, C., Parsonage, M., McDaid, D. et al. (2012). *Long-term conditions and mental health: The cost of co-morbidities.* London: King's Fund.

Newby, J.N., Twomey, C., Li, S.S.Y. & Andrews, G. (2016). Transdiagnostic computerized cognitive behavioural therapy for depression and anxiety: A systematic review and meta-analysis. *Journal of Affective Disorders*, *199*, 30–41.

Newman, M.G., Szkodny, L.E., Llera, S.J. & Przeworski, A. (2011). A review of technology-assisted self-help and minimal contact therapies for anxiety and depression: Is human contact necessary for therapeutic efficacy. *Clinical Psychology Review*, *31*, 89–103.

NHS Education for Scotland (n.d.). *Low intensity interventions for anxiety*. Retrieved 19 July 2017 from www.nes.scot.nhs.uk/education-and-training/by-discipline/ psychology/multiprofessional-psychology/child-and-adolescent-mental-healthservices-(camhs)/cognitive-behavioural-informed-interventions/low-intensityinterventions-for-anxiety.aspx

NHS England (n.d.a). *Long-term conditions and medically unexplained symptoms*. Retrieved 22 September 2017 from www.england.nhs.uk/mental-health/adults/iapt/ mus/NHS England (n.d.b). *Older people*. Retrieved 29 June 2017 from www.england.nhs.uk/ mental-health/adults/iapt/older-people

Nicholas, M.K. (2007). The pain self-efficacy questionnaire: Taking pain into account. *European Journal of Pain*, *11*, 153-163.

Nickel, C., Tanca, S., Kolowos, S. et al. (2007). Men with chronic occupational stress benefit from behavioural/psycho-educational group training: A randomized, prospective, controlled trial. *Psychological Medicine*, *37*, 1141-1149.

Nielsen, M. & Haun, D. (2017). Why developmental psychology is incomplete without comparative and cross-cultural perspectives. *Philosophical Transactions Royal Society B*, *371*, 1-7.

Norton, P. & Price, E. (2007). A meta-analytic review of adult cognitive-behavioral treatment outcome across the anxiety disorders. *Journal of Mental and Nervous Disease*, *195*, 521-531.

Norwood, M. (2002). *Eastern versus Western medicine*. Retrieved 10 April 2012 from www.stresssolutions.info/vrs.htm

Nyqvist, F., Forsman, A.K., Giuntoli, G. & Cattan, M. (2013). Social capital as a resource for mental well-being in older people: A systematic review. *Aging & Mental Health*, *17*, 394-410.

Office of National Statistics (ONS) (n.d.a). *Avoidable mortality in England and Wales: 2015*. Retrieved 28 September 2017 from www.ons.gov.uk/peoplepopulationand- community/healthandsocialcare/causesofdeath/bulletins/avoidablemortalityinen glandandwales/2015#suicide-and-self-inflicted-injuries-caused-most-avoidabledeaths-in-children-and-young-people

ONS (n.d.b). *Suicides in Great Britain statistical bulletins*. Retrieved 28 September 2017 from www.ons.gov.uk/peoplepopulationandcommunity/birthsdeathsandmarriages/ deaths/bulletins/suicidesintheunitedkingdom/2015registrations

ONS (2015). *Life expectancy at birth and at age 65 by local areas in England and Wales: 2012 to 2014*. Retrieved 27 June 2017 from www.ons.gov.uk/peoplepopulationandcommunity/birthsdeathsandmarriages/lifeexpectancies/bulletins/lifeexpectancyatbirthandatage65bylocalareasineng landandwales/previousReleases

Öhman, A. & Mineka, S. (2001). Fears, phobias, and preparedness: Toward an evolved module of fear and fear learning. *Psychological Review*, *108*, 483-582.

Oosterink, F.M.D., de Jongh, A. & Hoogstraten, J. (2009). Prevalence of dental fear and phobia relative to other fear and phobia subtypes. *European Journal of Oral Sciences*, *117*, 135-143.

Orwell, G. (1949) *Nineteen Eighty-Four*. London: Secker and Warburg.

Öst, L.G. (1992). Blood and injection phobia: Background and cognitive, physiological, and behavioral variables. *Journal of Abnormal Psychology*, *101*, 68-74.

Öst, L.G. & Breitholtz, E. (2000). Applied relaxation vs. cognitive therapy in the treatment of generalised anxiety disorder. *Behaviour Research and Therapy*, *38*, 777-790.

Overholser, J.C. & Silverman, E.J. (1998). Cognitive-behavioral treatment of depression, Part VIII: Developing and utilising the therapeutic relationship. *Journal of Contemporary Psychotherapy*, *28*, 199-214.

Öst, L.G. & Sterner, U. (1987). A specific behavioral method for treatment of blood phobia. *Behaviour Research and Therapy*, *25*, 25-29.

Papworth, M.A. (2006). Issues and outcomes associated with adult mental health selfhelp materials: A 'second order' review or 'qualitative meta-review'. *Journal of Mental Health*, *15*, 387-409.

Papworth, M.A., Milne, D.L. & Boak, G. (2009). An exploratory content analysis of situational leadership. *Journal of Management Development*, *28*, 593-606.

Papworth, M., Ward, A. & Leeson, K. (2015). Negative effects of self-help materials: Three explorative studies. *Cognitive Behaviour Therapist*, *8*, e30. Retrieved 14 March 2018 from www.cambridge.org/core/journals/the-cognitive-behaviour-therapist/ article/negative-effects-of-selfhelp-materials-three-explorative-studies/1828CF448 3568B6F8354872B3E5B78FC

Pardeck, J. (1998). *Using books in clinical social work practice*. New York: Haworth Press. Paul, K.I. & Moser, K. (2009). Unemployment impairs mental health: Meta-analyses. *Journal of Vocational Behavior*, *74*, 264-282.

Payne, R.A. & Donaghy, M. (2010). *Relaxation techniques e-book: A practical handbook for the health care professional*. Edinburgh: Elsevier Health Sciences.

Pearcy, C.P., Anderson, R.A., Egan, S.J. & Rees, C.S. (2016). A systematic review and meta-analysis of self-help therapeutic interventions for obsessive-compulsive disorder: Is therapeutic contact key to overall improvement? *Journal of Behavior Therapy and Experimental Psychiatry*, *51*, 74-83.

Penedo, F.J., Molton, I., Dahn, J.R. et al. (2006). A randomized clinical trial of groupbased cognitive-behavioral stress management in localized prostate cancer: Development of stress management skills improves quality of life and benefit finding. *Annals of Behavioral Medicine*, *31*, 261-270.

Philips, H.C. & Rachman, S. (1996). The role of activity pacing. In H.C. Philips & S. Rachman. (Eds.) *The psychological management of chronic pain: A treatment manual* (pp.174-184). New York: Springer.

Pingle, S. (2009). Basic occupational health services. *Indian Journal of Occupational and Environmental Medicine*, *13*, 1-2.

Plutchik, R. & Kellerman, H. (1980). *Emotion: Theory, research, and experience: Theories of emotion* (Vol.1). New York: Academic.

Price, R.H., Friedland, D.S. & Vinokur, A.D. (1998). Job loss: Hard times and eroded identity. In J.H. Harvey (Ed.) *Perspectives on loss: A sourcebook* (pp. 303-316). Philadelphia: Taylor & Francis.

Prina, A., Marioni, R., Hammond, G. et al. (2014). Improving access to psychological therapies and older people: Findings from the Eastern Region. *Behaviour Research and Therapy*, *56*, 75-81.

Prince, M.J., Wu, F., Guo, Y. et al. (2015). The burden of disease in older people and implications for health policy and practice. *The Lancet*, *385*, 549-562.

Proctor, G. (2002). *The dynamics of power in counselling and psychotherapy*. Ross-onWye: PCCS Books.

Quinault, R. (2001). Britain in 1950. *History Today 51*. Retrieved 29 June 2017 from www.historytoday.com/roland-quinault/britain-1950

Rabinstein, A.A. & Shulman, L.M. (2000). Management of behavioural and psychiatric problems in Parkinson's disease. *Parkinsonism and Related Disorders*, *7*, 41-50.

Rachman, S., Radomsky, A.S. & Shafran, R. (2008). Safety behaviour: A reconsideration. *Behaviour Research and Therapy*, 46, 163–173.

Raghavan, R. (2012). *Anxiety and depression in people with intellectual disabilities: Advances in interventions.* Hove: Pavilion Professional.

Read, J. & Baker, S. (1996). *Not just sticks and stones: A survey of the stigma, taboos and the discrimination experienced by people with mental health problems.* London: Mind Publications.

Regan, C.O., Kearney, P.M., Savva, G.M. et al. (2013). Age and sex differences in prevalence and clinical correlates of depression: First results from the Irish Longitudinal Study on Ageing. *International Journal of Geriatric Psychiatry*, 28, 1280–1287.

Resara, E., Tribe, R. & Lane, P. (2015). Interpreting in mental health, roles and dynamics in practice. *International Journal of Culture and Mental Health*, 8, 192–206.

Richards, D.A. (2010a). Behavioural activation. In J. Bennett-Levy, D. Richards, P. Farrand et al. (Eds). *The Oxford guide to low intensity CBT interventions* (pp.141–150). Oxford: Oxford University Press.

Richards, D.A. (2010b). Supervising low intensity workers in high volume clinical environments. In J. Bennett-Levy, D. Richards, P. Farrand et al. (Eds.) *Oxford guide to low intensity CBT interventions* (pp.129–136). Oxford: Oxford University Press.

Richards, D.A. & Farrand, P. (2010). Choosing self-help books wisely: Sorting the wheat from the chaff. In J. Bennett-Levy, D. Richards, P. Farrand et al. (Eds.) *Oxford guide to low intensity CBT interventions* (pp.201–208). Oxford: Oxford University Press.

Richards, D.A. & Suckling, R. (2009). Improving access to psychological therapies (IAPT): Phase IV prospective cohort study. *British Journal of Clinical Psychology*, 48, 377–396.

Richards, D. & Whyte, M. (2010a). *Reach out: National programme educator materials to support the delivery of training for practitioners delivering low intensity interventions.* London: Rethink.

Richards, D. & Whyte, M. (2010b). *Reach out: National programme supervisor materials to support the delivery of training for practitioners delivering low intensity interventions.* London: Rethink.

Richards, D. & Whyte, M. (2011). *Reach out: national programme student materials to support the delivery of training for practitioners delivering low intensity interventions* (3rd edn). London: Rethink.

Richardson, R. & Richards, D. (2006). Self-help: Towards the new generation. *Behavioural and Cognitive Psychotherapy*, 34, 13–23.

Richardson, R., Richards, D. & Barkham, M. (2010). Self-help books for people with depression: The role of the therapeutic relationship. *Behavioural and Cognitive Psychotherapy*, 38, 67–81.

Riemann, D. & Voderholzer, U. (2003). Primary insomnia: A risk factor to develop depression? *Journal of Affective Disorders*, 76, 255–259.

Riggs, D. (2004). Challenging the monoculturalism of psychology: Towards a more socially accountable pedagogy and practice. *Australian Psychologist*, 39, 118–126.

Riggs, D.W. & das Nair, R. (2012). Intersecting identities. In R. das Nair & C. Butler (Eds.) *Intersectionality, sexuality and psychological therapies: Working with lesbian, gay and bisexual diversity* (pp.9–30). London: John Wiley and Sons.

Riggs, D. & Fell, G. (2010). Teaching cultural competency for working with lesbian, gay, bisexual and trans clients. *Psychology Learning and Teaching*, 9, 30–38.

Robb, C., Haley, W.E., Becker, M.A. et al. (2003). Attitudes towards mental health care in younger and older adults: Similarities and differences. *Aging & Mental Health*, 7, 142-152.

Robinson, T., Gustafson, B. & Popovich, M. (2008). Perceptions of negative stereotypes of older people in magazine advertisements: Comparing the perceptions of older adults and college students. *Ageing and Society*, 28, 233-251.

Roth, A. & Fonagy, P. (2004). *What works for whom? A critical review of psychotherapy research* (2nd edn). New York: Guilford Press.

Roth, A. & Pilling, S. (2015). *A competence framework for the supervision of psychological therapies.* Retrieved 5 April 2017 from www.ucl.ac.uk/CORE/

Roth, M. & Argyle, N. (1988). Anxiety, panic and phobic disorders: An overview. *Journal of Psychiatric Research, 22*(Suppl. 1), 35-54.

Royal College of General Practitioners (2014). *Management of depression in older people: Why this is important in primary care.* Retrieved 29 June 2017 from www.rcgp.org.uk/clinical-and-research/ toolkits/~/media/97B6C76D1B1F4FA7924B7DBD20 44AEF1.ashx

Roy-Byrne, P.P., Joesch, J.M., Wang, P.S. & Kessler, R.C. (2009). Low socioeconomic status and mental health care use among respondents with anxiety and depression in the NCS-R. *Psychiatric Services*, 60, 1190-1197.

Ruscio, A.M. & Khazanov, G.K. (2016). Anxiety and depression. In R.J. DeRubeis & D.R. Strunk (Eds.) *The Oxford handbook of mood disorders* (pp.313-324). Oxford: Oxford University Press.

Safren, S.A., Gonzalez, J.S., Wexler, D.J. et al. (2014). A randomized controlled trial of cognitive behavioral therapy for adherence and depression (CBT-AD) in patients with uncontrolled type 2 diabetes. *Diabetes Care*, 37, 625-633.

Sainsbury Centre for Mental Health (SCMH) (2007a). Mental health and employment. *Briefing No. 33.* London: SCMH.

SCMH (2007b). Mental health at work: Developing the business case. *Policy Paper 8.* London: SCMH.

Salkovskis, P.M. (1985). Obsessional compulsive problems: A cognitive-behavioural analysis. *Behaviour Research and Therapy*, 23, 571-583.

Salkovskis, P.M. (1991). The importance of behaviour in the maintenance of anxiety and panic: A cognitive account. *Behavioural Psychotherapy*, 19, 6-19.

Salkovskis, P.M., Gregory, J.D., Sedgwick-Taylor, A. et al. (2016). Extending cognitivebehavioural theory and therapy to medically unexplained symptoms and long-term physical conditions: A hybrid transdiagnostic/problem specific approach. *Behaviour Change*, 33, 172-192.

Salkovskis, P.M., Rimes, K.A., Warwick, H.M.C. & Clark, D.M. (2002). The Health Anxiety Inventory: Development and validation of scales for the measurement of health anxiety and hypochondriasis. *Psychological Medicine*, 32, 843-853.

Sapolsky, R.M. (2004). *Why zebras don't get ulcers: The acclaimed guide to stress, stressrelated diseases, and coping* (3rd edn). New York: Holt.

Sarbin, T.R. (1970). The culture of poverty, social identity, and cognitive outcomes. In V.L. Allen (Ed.) *Psychological factors in poverty* (pp.29-46). Chicago, IL: Markham.

Scaife, J.M. (1993). Application of a general supervision framework: Creating a context of cooperation.

Educational and Child Psychology, 10, 61-72.

Scaife, J. (2009). *Supervision in clinical practice* (2nd edn). London: Routledge.

Schachter, S. & Singer, J. (1962). Cognitive, social, and physiological determinants of emotional state. *Psychological Review, 69*, 379-399.

Schaie, K.W. (2005a). *Developmental influences on adult intelligence: The Seattle longitudinal study*. New York: Oxford University Press.

Schaie, K.W. (2005b). What can we learn from longitudinal studies of adult development? *Research in Human Development, 2*, 133-158.

Scheid, T.L. (2005). Stigma as a barrier to employment: Mental disability and the Americans with Disabilities Act. *International Journal of Law and Psychiatry, 28*, 670-690.

Schein, E.H. (2010). *Organizational culture and leadership* (4th edn). San Francisco, CA: Jossey-Bass.

Schneck, J.M. (1944). Studies in bibliotherapy in a neuropsychiatric hospital. *American Journal of Physical Medicine, 8*, 316-323.

Schuch, F.B., Vancampfort, D., Richards, J. et al. (2016). Exercise as a treatment for depression: A meta-analysis adjusting for publication bias. *Journal of Psychiatric Research, 77*, 42-51.

Schuurmans, J., Comijs, H.C., Beekman, A.T.F. et al. (2005). The outcome of anxiety disorders in older people at 6-year follow-up: Results from the Longitudinal Aging Study Amsterdam. *Acta Psychiatrica Scandinavica, 111*, 420-428.

Secker, J., Grove, B. & Seebohm, P. (2001). Challenging barriers to employment, training and education for mental health service users: The service user's perspective. *Journal of Mental Health, 10*, 395-404.

Segal, D.L., Coolidge, F.L., Mincic, M.S. & O'Riley, A. (2005). Beliefs about mental illness and willingness to seek help: A cross-sectional study. *Aging and Mental Health, 9*, 363-367.

Segal, Z.V., Swallow, S.R., Bizzini, L. & Rouget, B.W. (1996). How we assess for shortterm cognitive behaviour therapy. In J.D. Safran & Z.V. Segal (Eds.) *Interpersonal process in cognitive therapy* (pp.102-116). Northvale, NJ: Jason Aronson.

Seligman, M.E. (1973). Fall into helplessness. *Psychology Today, 7*, 43-48.

Sewell, H. (2013a). Applying management rigours. In H. Sewell (Ed.) *The Equality Act 2010 in mental health: A guide to implementation and issues for practice* (pp.222-231). London: Jessica Kingsley Publishers.

Sewell, H. (2013b). *Skilling the workforce*. In H. Sewell (Ed.) (2013). *The Equality Act 2010 in mental health: A guide to implementation and issues for practice* (pp.254-266). London: Jessica Kingsley Publishers.

Shaw Trust (2006). *Mental health: The last workplace taboo*. Bristol: Shaw Trust.

Shear, M.K., Brown, T.A., Barlow, D.H. et al. (1997). Multicenter collaborative Panic Disorder Severity Scale. *American Journal of Psychiatry, 154*, 1571-1575.

Shear, M.K., Simon, N., Wall, M. et al. (2011). Complicated grief and related bereavement issues for DSM-5. *Depression and Anxiety, 28*, 103-117.

Singer, R. & Tummala-Narra, P. (2013). White clinicians' perspectives on working with racial minority immigrant clients professional psychology. *Research and Practice, 44*, 290-298.

Sloan, G. (1999). The therapeutic relationship in cognitive behaviour therapy. *British Journal of Community Nursing, 4*, 58-65.

Smail, D. (1990). Design for a post-behaviourist clinical psychology. *Clinical Psychology Forum, 28*, 2-10.

Smith, D.L. (1995). Psychodynamic therapy: The Freudian approach. In W. Dryden (Ed.) *Individual therapy: A handbook* (pp.18-38). Buckingham: Open University.

Smith, K.A., Shepley, S.B., Alexander, J.L. & Ayres, K.M. (2015). The independent use of self-instructions for the acquisition of untrained multi-step tasks for individuals with an intellectual disability: A review of the literature. *Research in Developmental Disabilities*, *40*, 19-30.

So, M., Yamaguchi, S., Hashimoto, S. et al. (2013). Is computerised CBT really helpful for adult depression? A meta-analytic re-evaluation of CCBT for adult depression in terms of clinical implementation and methodological validity. *BMC Psychiatry*, *13*, 113.

Souter, K. (2014). *Understanding and dealing with heart disease*. Chichester: Summersdale. Social Exclusion Unit (SEU) (2001). *Preventing social exclusion*. London: SEU.

Spitzer, R.L., Kroenke, K. & Williams, J.B. (1999). Validation and utility of a self-report version of PRIME-MD: The PHQ primary care study. *Journal of the American Medical Association*, *282*, 1737-1744.

Spitzer, R.L., Kroenke, K., Williams, J.B. & Löwe, B. (2006). A brief measure for assessing generalized anxiety disorder: The GAD-7. *Archives of Internal Medicine*, *166*, 1092-1097.

Springer, L.S. (2013). NHS failed at every level, says Francis Report. *Nursing in Practice*. Retrieved 19 May 2017 from www.nursinginpractice.com/article/nhs-failed-every- level-says-francis-report

Spurgeon, P., Hicks, C., Barwell, F. et al. (2005). Counselling in primary care: A study of the psychological impact and cost benefits for four chronic conditions. *European Journal of Psychotherapy and Counselling*, *7*, 269-290.

Staner, L. (2010). Comorbidity of insomnia and depression. *Sleep Medicine Reviews*, *14*, 35-46.

Stansfeld, S. & Candy, B. (2006). Psychosocial work environment and mental health: A meta-analytic review. *Scandinavian Journal of Work, Environment and Health*, 443-462.

Steadman, K., Wood, M. & Silvester, H. (2015). *Health and wellbeing at work: A survey of employees*. London: The Stationery Office.

Steele, I.H., Thrower, N., Noroian, P. & Saleh, F.M. (2017). Understanding suicide across the lifespan: A United States perspective of suicide risk factors, assessment & management. *Journal of Forensic Sciences*. doi: 10.1111/1556-4029.13519.

Steptoe, A., Deaton, A. & Stone, A.A. (2015). Subjective wellbeing, health, and ageing. *The Lancet*, *385*, 640-648.

Stern, A.F. (2014). Questionnaire review: The Hospital Anxiety and Depression Scale. *Occupational Medicine*, *64*, 393-394.

Stewart, I. & Joines, V. (2012). *TA today: A new introduction to transactional analysis*. Nottingham: Lifespace Publishing.

Stonerock, G.L., Hoffman, B.M., Smith, P.J. & Blumenthal, J.A. (2015). Exercise as treatment for anxiety: Systematic review and analysis. *Annals of Behavioral Medicine*, *49*, 542-556.

Stott, R., Mansell, W., Salkovskis, P. et al. (2010). *Oxford guide to metaphors in CBT*. Oxford: Oxford University Press.

Stroebe, M. & Schut, H. (1999). The dual process model of coping with bereavement: Rationale and description. *Death Studies*, *23*, 197-224.

Swan, J., Sorrell, E., MacVicar, B., Durham, R. & Matthews, K. (2004). 'Coping with depression': An open study of the efficacy of a group psychoeducational intervention in chronic, treatment-refractory depression.

Journal of Affective Disorders, 82, 125-129.

Tan, G., Jensen, M.P., Thornby, J.I. & Shanti, B.F. (2004). Validation of the Brief Pain Inventory for chronic nonmalignant pain. *Journal of Pain, 5,* 133-137.

Taylor, A. (2010). Increasing physical activity as a low intensity treatment for depression. In J. Bennett-Levy, D. Richards, P. Farrand et al. (Eds.) *The Oxford guide to low intensity CBT interventions* (pp.159-167). Oxford: Oxford University Press.

Taylor, D.J. & Pruiksma, K.E. (2014). Cognitive and behavioural therapy for insomnia (CBT-I) in psychiatric populations: A systematic review. *International Review of Psychiatry, 26,* 205-213.

Taylor, J., Lindsay, W.R., Hastings, R.P. & Hatton, C. (Eds.) (2013). *Psychological therapies for adults with intellectual disabilities.* Chichester: John Wiley & Sons.

Taylor, M.Y., Arriscado, D., Vlaev, I. et al. (2016). Measuring perceived exercise capability and investigating its relationship with childhood obesity: A feasibility study. *International Journal of Obesity, 40,* 34-38.

Tews, R.M. (1970). Progress in bibliotherapy. In M.J. Voight (Ed.) *Advances in Librarianship* (Vol.1, pp.57-62). New York: Academic Press.

Thane, P. & Botelho, L. (2005). *The long history of old age.* London: Thames and Hudson.

Thompson, R.D., Delaney, P., Flores, I. & Szigethy, E. (2011). Cognitive-behavioral therapy for children with comorbid physical illness. *Child and Adolescent Psychiatric Clinics of North America, 20,* 329-348.

Thwaites, R., & Bennett-Levy, J. (2007). Conceptualising empathy in cognitive behaviour therapy: Making the implicit explicit. *Behavioural and Cognitive Psychotherapy, 35,* 591-612.

Thwaites, R., Bennett-Levy, J., Davis, M. & Chaddock, A. (2014). Using self-practice and self-reflection (SP/SR) to enhance CBT competence and metacompetence. In A. Whittington & N. Grey (Eds) *How to become a more effective CBT therapist: Mastering metacompetence in clinical practice* (pp.241-254). Chichester: Wiley-Blackwell.

Thwaites, R., Cairns, L., Bennett-Levy, J. et al. (2015). Developing metacompetence in low intensity cognitive behavioural therapy (CBT) interventions: Evaluating a selfpractice/self-reflection programme for experienced low intensity CBT practitioners. *Australian Psychologist, 50,* 311-321.

Tohoku, J. (2007). Identifying medical interview behaviours that best elicit information from patients in clinical practice. *Journal of Experimental Medicine, 213,* 121-127.

Treoung, L., Egan, S.J. & Gasson, N. (2014). A waitlist-controlled trial of group cognitive behavioural therapy for depression and anxiety in Parkinson's Disease. *BMC Psychiatry, 14,* 19-30.

Tuckman, B.W. (1965). Developmental sequence in small groups. *Psychological Bulletin, 63,* 384-389.

Turpin, G. (Ed.) (2010). *Good practice guidance on the use of self-help materials within IAPT services.* London: IAPT.

Twomey, C. & O'Reilly, G. (2017). Effectiveness of a freely available computerised cognitive behavioural therapy programme (MoodGYM) for depression: Meta-analysis. *Australian and New Zealand Journal of Psychiatry, 51,* 260-269.

Twomey, C., O'Reilly, G. & Meyer, B. (2017). Effectiveness of an individually tailored computerised CBT programme (Deprexis) for depression: A meta-analysis. *Psychiatry Research, 256,* 371-377.

Tylor, E.B. (1871). *Primitive culture.* New York: Harper. University College London (UCL) (n.d.). *Behaviour change models and strategies relevant to psychological wellbeing practitioners.* Retreived 22 September

2017 from sohsc.tees.ac.uk/sites/practicesupport/assets/File/Behaviour%20Change.pdf

UCL (2015). *National curriculum for the education of psychological wellbeing practitioners* (3rd edn). London: UCL.

van Emden, J. & Becker, L. (2004). *Presentation skills for students*. Basingstoke: Palgrave Macmillan.

Verhaak, P. (1995). Determinants of the help seeking process. Goldberg and Huxley's first level and first filter. *Psychological Medicine*, *25*, 95–104.

Vygotsky, L.S. (1978). *Mind in society: The development of higher psychological processes*. Cambridge, MA: Harvard University Press.

Waddell, G. (1993). Simple low back pain: Rest or active exercise? *Annals of the Rheumatic Diseases*, *52*, 317.

Waddell, G. & Burton, A.K. (2006). *Is work good for your health and well-being?* Norwich: The Stationary Office.

Wagner, N., Hassanein, K. & Head, M. (2010). Computer use by older adults: A multidisciplinary review. *Computers in Human Behavior*, *26*, 870–882.

Waller, G. (2009). Evidence based treatment and therapist drift. *Behaviour Research and Therapy*, *47*, 119–127.

Walsh, K. & Bennett, G. (2001). Parkinson's disease and anxiety. *Postgraduate Medical Journal*, *77*, 89–93.

Waraich, P., Goldner, E.M., Somers, J.M. & Hsu, L. (2004). Prevalence and incidence studies of mood disorders: A systematic review of the literature. *Canadian Journal of Psychiatry*, *49*, 124–138.

Watkins, C.E. (2011). Does psychotherapy supervision contribute to patient outcomes? Considering thirty years of research. *Clinical Supervisor*, *30*, 235–256.

We Still Need to Talk Coalition (2013). *We Still Need to Talk: A report on access to talking therapies*. Retrieved 10 April 2016 from www.mind.org.uk/media/494424/ we-still-need-to-talk_report.pdf

Weatherhead, S. & Daiches, A. (2009). Muslim views on mental health and psychotherapy. *Psychology and Psychotherapy: Theory, Research and Practice*, *83*, 75–89.

Webb, C. (2014). *A qualitative study of the therapeutic alliance during telephone cognitive behavioural therapy: Clinician's perspectives*. Doctoral thesis. University of East Anglia.

Webster, C.D., Douglas, D.S., Eaves, D. & Hart, S.D. (1997). Assessing risk of violence to others. In C.D. Webster & M.A. Jackson (Eds.) *Impulsivity: Theory, assessment and treatment* (pp.251–277). New York: Guilford Press.

Wegner, D.M., Schneider, D.J., Carter, S.R. & White, T.L. (1987). Paradoxical effects of thought suppression. *Journal of Personality and Social Psychology*, *53*, 5–13.

Weimerskirsh, P. (1965). Benjamin Rush and John Milton Galt II: Pioneers of bibliotherapy in America. *Bulletin of the Medical Library Association*, *53*, 510–513.

Weiss, D.S. (2007). The impact of Event Scale-Revised. In J.P. Wilson & T.M. Keane (Eds.) *Assessing psychological trauma and PTSD: A practitioner's handbook* (2nd edn, pp.168–189). New York: Guilford Press.

Westbrook, D., Kennerley, H. & Kirk, J. (2011). *An introduction to cognitive behavioural therapy: Skills and applications* (2nd edn). Los Angeles, CA: Sage.

White, J. (2000). *Treating anxiety and stress: A group psychoeducational approach using brief CBT*. Chichester: Whiley.

White, J. (2010a). Large group didactic CBT classes for common mental health problems. In J. Bennett-Levy, D. Richards, P. Farrand et al. (Eds.) *Oxford guide to low intensity CBT interventions* (pp.313–322).

Oxford: Oxford University Press.

White, J. (2010b). The STEPS model: A high volume, multi-level, multi-purpose approach to address common mental health problems. In J. Bennett-Levy, D. Richards, P. Farrand et al. (Eds.) *The Oxford guide to low intensity CBT interventions* (pp.313-322). Oxford: Oxford University Press.

White, J., Keenan, M. & Brooks, N. (1992). Stress control: A controlled comparative investigation of large group therapy for generalized anxiety disorder. *Behavioural Psychotherapy, 20*, 97-114.

Whitfield, G. (2010). Group cognitive-behavioural therapy for anxiety and depression. *Advances in Psychiatric Treatment, 16*, 219-227.

Wilkin, D., Hallam, L. & Doggett, M. (1992). *Measures of need and outcome for primary health care.* Oxford: Oxford Medical Publications.

Wilkinson, A., Meares, K. & Freeston, M. (2011). *CBT for worry and generalised anxiety disorder.* London: Sage.

Wilkinson, R. & Marmot, M. (2003). *Social determinants of health: The solid facts* (2nd edn). Copenhagen: World Health Organization.

Willey, J. (2013). *How NHS doctors deny life-saving cancer drugs to over-70s.* Retrieved 2 June 2017 from www.express.co.uk/life-style/health/380940/How-NHS-doctors- deny-life-saving-cancer-drugs-to-over-70s

Williams, C. (2012). *Overcoming anxiety, stress and panic: A Five Areas approach* (3rd edn). London: Hodder Arnold.

Williams, C. (2014). *Overcoming depression and low mood: A Five Areas approach* (4th edn). London: Hodder Arnold.

Williams, C. & Chellingsworth, M. (2010). *CBT: A clinician's guide to using the five areas approach.* London: Hodder Arnold.

Williams, C. & Morrison, J. (2010). A new language for CBT: New ways of working require new thinking, as well as new words. In J. Bennett-Levy, D. Richards, P. Farrand et al. (Eds.) *The Oxford guide to low intensity CBT interventions* (pp.69-83). Oxford: Oxford University Press.

Williams, C., Wilson, P., Morrison, J. et al. (2013). Guided self-help cognitive behavioural therapy for depression in primary care: A randomised controlled trial. *PLoS ONE, 8*, Article 52735. Retrieved 14 March 2018 from journals.plos.org/plosone/ article?id=10.1371/journal.pone.0052735.

Williams, D. & Wyatt, R. (2015). Racial bias in health care and health: Challenges and opportunities. *Journal of American Medical Association, 314*, 555-556.

Wolpe, J. (1969). *The practice of behavioural therapy.* New York: Pergamon Press.

Women's Royal Voluntary Service (WRVS) (2011). *Gold age pensioners: Valuing the socio-economic contribution of older people in the UK.* Retrieved 29 June 2017 from www.royalvoluntaryservice.org. uk/Uploads/Documents/gold_age_report_2011.pdf

World Health Organization (WHO) (1992a). *International statistical classification of diseases and related health problems* 10th Revision (ICD-10). Geneva: WHO.

WHO (1992b). *The ICD-10 classification of mental and behavioural disorders: Clinical descriptions and diagnostic guidelines.* Geneva: WHO.

WHO (1994). *Declaration on occupational health for all.* Geneva: WHO.

WHO (2016). *Mental health: Strengthening our response.* Retrieved 2 April 2017 from www.who.int/

mediacentre/factsheets/fs220/en/

Wright, S.L. & Persad, C. (2007). Distinguishing between depression and dementia in older persons: Neuropsychological and neuropathological correlates. *Journal of Geriatric Psychiatry and Neurology*, *20*, 189-198.

Wroe, A.L., Rennie, E.W., Gibbons, S. et al. (2015). IAPT and long-term medical conditions: What can we offer? *Behavioural and Cognitive Psychotherapy*, *43*, 412-425.

Wuthrich, V. & Frei, J. (2015). Barriers to treatment for older adults seeking psychological therapy. *International Psychogeriatrics*, *27*, 1227-1236.

Wuthrich, V.M. & Rapee, R.M. (2013). Randomised controlled trial of group cognitive behavioural therapy for comorbid anxiety and depression in older adults. *Behaviour Research and Therapy*, *51*, 779-786.

Yalom, I.D. (1995). *The theory and practice of group psychotherapy* (4th edn). New York: Basic Books.

Yardley, L. & Smith, H. (2002). A prospective study of the relationship between feared consequences of falling and avoidance of activity in community-living older people. *The Gerontologist*, *42*, 17-23.

Yesavage, J.A., Brink, T.L., Rose, T.L. et al. (1983). Development and validation of a geriatric depression screening scale: A preliminary report. *Journal of Psychiatric Research*, *17*, 37-49.

Young, J.E. (1999). *Schema therapy for personality disorders: A schema-focussed approach*. Sarasota, FL: Professional Resource Press.

Zigmond, R.P. & Snaith, R.P. (1983). The Hospital Anxiety and Depression Scale. *Acta Psychiatrica Scandinavica*, *67*, 361-370.

Zimmerman, M. & Mattia, J.L. (2001). The Psychiatric Diagnostic Screening Questionnaire: Development, reliability and validity. *Comprehensive Psychiatry*, *42*, 175-189.

Zisook, S. & Shear, K. (2009). Grief and bereavement: What psychiatrists need to know. *World Psychiatry*, *8*, 67-74.

찾아보기

인명

내용

편저자 소개

Mark Papworth   컨설턴트 임상심리학자이자 뉴캐슬 대학교의 저강도 심리치료 PGCert 과정 디렉터이다(Tees, Esk and Wear Valleys NHS Trust에서 파견되었으며 2021년도에 퇴임함). 현재는 뉴캐슬 Psychology Northeast의 개인 클리닉에서 근무 중이다.

Theresa Marrinan   임상심리학자이자 공인 인지행동치료사이다. 뉴캐슬 대학교 임상심리학 박사 과정의 학장 겸 부학장을 역임했으며, 그 전에는 뉴캐슬 대학교 저강도 심리치료 PGCert의 부학장이었다. 현재 뉴캐슬 임상심리학 박사 과정의 코스튜터로 재직 중이다.

공동 집필진 소개

Anna Chaddock   임상심리학자이자 인지행동치료사로 지난 8년간 심리치료 접근성 향상IAPT 서비스 분야에서 일해 왔으며 현재 뉴캐슬 어폰 타인 병원Newcastle Upon Tyne Hospitals NHS 재단 트러스트의 치료 전문가이자 뉴캐슬 대학교의 임상심리학 박사 프로그램의 책임자로 있다.

Daniel Collerton   노섬벌랜드Northumberland와 타인 앤 웨어Tyne and Wear NHS 재단 트러스트에서 노년층과 함께 일하는 컨설턴트 임상심리학자이다. 뉴캐슬 대학교의 명예 임상교수로 대학원생들에게 인지행동치료CBT와 노인에 대해 강의하고 있으며, 노년기의 정서적 고통에 대한 인지행동치료 이해에 관한 연구를 지도감독하고 있다.

Dave Dagnan 컴브리아_{Cumbria}의 컨설턴트 임상심리학자이자 랭커스터 대학교의 명예교수이다. 수년 동안 학습장애가 있는 사람들을 위한 인지행동치료 개발과 연구 및 실무에 참여해 왔으며, 최근에는 학습장애가 있는 사람들을 위한 심리치료 접근성 향상_{IAPT} 긍정 실천 가이드 개정판 집필에 참여했다.

Dominique Keegan 임상심리학자이자 인지치료사로 1차, 2차, 3차 진료 서비스에서 일했으며, 현재 뉴캐슬 인지행동치료 센터에서 근무하고 있다. 뉴캐슬 대학교의 임상 강사로 근무하며 인지행동치료 디플로마 및 임상심리학 박사 학위를 취득했다.

Claire Martin 노섬벌랜드와 타인 앤 웨어 NHS 재단 트러스트의 노인 정신건강 서비스에서 컨설턴트 임상심리학자로 일하고 있다. 교류분석 치료사 및 EMDR 치료사이며, 뉴캐슬, 티사이드, 랭커스터 대학교에서 임상심리학 강의를 하고 있다.

Chris Penlington 16년 동안 노스 타인사이드와 노섬벌랜드에서 고통과 만성질환에 노출된 사람들과 함께 일해 온 임상심리학자이다. 현재 뉴캐슬 대학교 치과대학에서 행동과학을 가르치고 구강안면통증 서비스에 임상 정보를 제공하고 있다.

Bobbie Petford 심리치료사이자 미들랜즈에서 저강도 심리개입 대학원 교육과정의 프로그램 책임자로 일했다. 현재 영국 국민건강보험공단_{NHS}의 조직 개발 분야에서 일하고 있다.

역자 소개

이종선(Lee, Jong Sun)
King's College London, Institute of Psychiatry 박사
전 한국과학기술원 의과학대학원 연구조교수
　　한국임상심리학회 수석부회장
　　한국인지행동치료학회 부회장
현 강원대학교 심리학과 교수
　　아시아 인지행동치료학회 재무이사
　　임상심리전문가
　　인지행동치료 전문가

〈주요 저 · 역서〉
질투, 나는 왜 그를 믿지 못할까(공역, 학지사, 2022)
잠 못 드는 당신을 위한 밤의 심리학(공저, 책사람집, 2021)
심상을 활용한 인지치료(공역, 시그마프레스, 2017)

허지원(Hur, Ji Won)
서울대학교 뇌인지과학과 박사
전 한국인지행동치료학회 총무이사
　　한국임상심리학회 총무이사
현 고려대학교 심리학부 교수
　　임상심리전문가
　　인지행동치료 전문가

〈주요 저서〉
초저출산은 왜 생겼을까?: 복지 대책의 틈을 채울 7가지 새로운 모색(공저, 김영사, 2024)
정신증 고위험군의 통합적 이해(공저, 센게이지러닝코리아, 2021)
나도 아직 나를 모른다: 뇌과학과 임상심리학이 무너진 마음에게 건네는 따뜻한 말(김영사, 2020)

서수연(Suh, Soo Yeon)

Ohio State University 박사

전 Stanford University 박사후과정 수료

　　고려대 안산병원 인간유전체연구소 연구교수

　　Stanford University 방문교수

현 성신여자대학교 심리학과 교수

　　대한수면학회 국제이사

　　한국임상심리학회 산하 성치료 및 수면 연구회 회장

　　임상심리전문가

　　인지행동치료 전문가

〈주요 저서〉

엄마의 잠 걱정을 잠재우는 책(아몬드, 2022)

심리학의 이해(공저, 학지사, 2019)

사례를 통해 배우는 불면증을 위한 인지행동치료(시그마프레스, 2017)

김소정(Kim, So Jung)

고려대학교 일반대학원 임상 및 상담심리전공 박사

전 한양대학교병원 정신건강의학과 임상심리 전문가(수련감독자)

　　한양대학교 정신건강연구소 연구조교수

　　The Pennsylvania State University 방문연구원

　　삼성서울병원 정신건강의학과 임상심리레지던트/임상심리임상강사

현 영남대학교 심리학과 교수

　　한국임상심리학회 임상심리교육정책연구위원장

　　한국트라우마스트레스학회 교육위원장

　　임상심리전문가

　　정신건강임상심리사 1급

　　인지행동치료 전문가

인지행동치료 입문하기
저강도 인지행동치료(LICBT) 실무 매뉴얼
Low Intensity Cognitive Behaviour Therapy (2nd Edition)

2024년 9월 15일 1판 1쇄 인쇄
2024년 9월 20일 1판 1쇄 발행

엮은이 • Mark Papworth · Theresa Marrinan
옮긴이 • 이종선 · 허지원 · 서수연 · 김소정
펴낸이 • 김진환
펴낸곳 • ㈜ **학지사**
　　　　　04031 서울특별시 마포구 양화로 15길 20 마인드월드빌딩
대표전화 • 02-330-5114　　팩스 • 02-324-2345
등록번호 • 제313-2006-000265호

홈페이지 • http://www.hakjisa.co.kr
인스타그램 • https://www.instagram.com/hakjisabook

ISBN 978-89-997-3234-8　93180

정가 28,000원

출판미디어기업 학지사
간호보건의학출판 **학지사메디컬** www.hakjisamd.co.kr
심리검사연구소 **인싸이트** www.inpsyt.co.kr
학술논문서비스 **뉴논문** www.newnonmun.com
교육연수원 **카운피아** www.counpia.com
대학교재전자책플랫폼 **캠퍼스북** www.campusbook.co.kr